中华民族抗日战争史

1931—1945

中共中央党史研究室第一研究部 编著

王秀鑫 郭德宏 主编

中共党史出版社

图书在版编目(CIP)数据

中华民族抗日战争史/王秀鑫，郭德宏主编；中共中央党史研究室第一研究部编著．—2版．—北京：中共党史出版社，2005.6(2022.3重印)

ISBN 978-7-80199-240-6

Ⅰ．中… Ⅱ．①王… ②郭… ③中… Ⅲ．抗日战争—历史—中国—1931—1945　Ⅳ．K265.06

中国版本图书馆CIP数据核字(2005)第047260号

出版发行　中共党史出版社
责任编辑：霍海丹　潘　鹏
责任校对：龚秀华
责任印制：谷智宇
社　　址：北京市海淀区芙蓉里南街6号院1号楼
邮　　编：100080
网　　址：www.dscbs.com
经　　销：新华书店
印　　刷：北京君升印刷有限公司
开　　本：170mm×240mm　1/16
字　　数：604千字
印　　张：41
印　　数：31031－34030册
版　　次：2005年6月第2版
印　　次：2022年3月第11次印刷

ISBN 978-7-80199-240-6
定　　价：69.00元

前　言

起来！

不愿做奴隶的人们！

把我们的血肉，

筑成我们新的长城！

中华民族到了最危险的时候，

每个人被迫着发出最后的吼声。

起来！起来！起来！

我们万众一心，

冒着敌人的炮火前进！

冒着敌人的炮火前进！前进！前进！进！

这首著名的《义勇军进行曲》，表达了中华民族儿女在 20 世纪三四十年代的抗日战争中的共同心声。一切不愿做亡国奴的炎黄子孙，唱着这支高昂的战歌，同疯狂入侵的日本侵略者进行了不屈不挠的英勇斗争。

中日两国一衣带水，两国人民本来有着两千多年友好交往的历史。但是日本从 19 世纪后半叶明治维新以后，随着资本主义的发展，逐渐向邻国扩张，对中国进行侵略，使中日两国的友好关系发生了曲折。

1874 年，日本侵略者寻找借口，派兵侵犯台湾，随后吞并原被中国保护的琉球国。

1894 年，日本为夺取朝鲜并发动侵略中国的战争，乘朝鲜东学党起义之机，出兵侵略朝鲜，向中国的清王朝寻衅。8月，中日甲午战争爆发。9月17日，日本舰队在黄海海面进攻中国的北洋舰队，使北洋舰队损失惨重，从而控制了中国沿海的制海权。10月，日军分两路进攻中国东北，迅速占领安东（今丹东）、大连、旅顺等地，并在旅顺进行了灭绝人性的大屠杀，使全城6万人只剩下掩埋尸首的36人。12月，日军攻占威海卫。第二年4月，日本政府逼迫清王朝签订了丧权辱国的《马关条约》，迫使中国割让台湾及所有附属岛屿、澎湖列岛及辽东半岛，赔偿军费2万万两，开放沙市、重庆、苏州、杭州为商埠，允许日本人在中国通商口岸任意设立领事馆和工厂等，攫取了大量特权。后来在各国干涉下，日本虽然答应交还辽东半岛，但又逼迫清王朝支付"赎辽费"白银3000万两。《马关条约》的签订，大大加深了中国的半殖民地化和民族危机。

1898年，日本政府向清王朝提出"不把福建省割让或租借与其他国家"的要求，企图把与台湾隔海相望的福建省划为其势力范围。第二年4月，日本政府逼迫清王朝签订条约，取得在福州建立专管租界的特权，达到了上述目的。

1900年，日本同英、美、德、法、俄、意、奥等国一起组成八国联军，攻陷中国的天津、北京等地，到处掠夺财物，残杀人民，犯下了滔天罪行。第二年的9月7日，日本同其他国家一起，逼迫清王朝签订了丧权辱国的《辛丑条约》，使中国赔偿白银45000万两（条约规定分39年付清，本息折合达98000多万两），丧失了大量主权，殖民地化进一步加深。日本和帝国主义列强一道不仅获得大量赔款，掠夺了大量钱财，还获得在北京和北京到山海关一线驻兵的特权，从而为它以后进一步的侵略提供了方便条件。

1904年2月，日本为同俄国争夺中国的东北，在辽东半岛上发动日俄战争。第二年与俄国签订《朴茨茅斯和约》，迫使俄国承认日本在朝鲜的"特殊利益"，并将俄国在中国辽东半岛（包括旅顺和大连）的租借权及附属的一切权益转让于日本，将俄国从中国夺取的长春至旅大铁路及其一切支线和所属一切特权，包括煤矿在内的一切权益，转让于日本。1905年12月22日，日本强迫清王朝承认这个条约。从此日本取代俄国，获得了在中国东北的支配地位。

　　1912 年 7 月，日本又与俄国签订《日俄密约》，规定日本在中国的内蒙古东部有特殊权益，并于第二年获得满蒙 5 条铁路的修筑权，把它的势力伸展到了内蒙古东部。

　　1914 年 8 月，日本利用第一次世界大战的时机，派兵占领了原被德国侵占的中国的胶州湾，控制了胶济铁路以至整个山东。

　　1915 年 1 月 8 日，日本向中国的袁世凯政府提出了旨在独占全中国的 21 条秘密条款，其内容有：日本继承德国在中国山东享有的一切特权，并加以扩大；延长日本对旅顺、大连及南满、安奉两铁路的租借期限为 99 年，并承认日本在南满及内蒙古东部的特权；汉冶萍公司改为中日合办，附近矿山不准公司以外的人开采；中国沿海港湾、岛屿不得租借或割让给他国；中国政府须聘用日本人为政治、财政、军事顾问，中国的警政及兵工厂由中日合办；日本在武昌与九江、南昌间，南昌与杭州、湖州间有修筑铁路权，在福建有投资筑路和开矿的优先权。除对聘用日本人为中国政府顾问等款表示"容日后协商"外，袁世凯全部接受了以上条件。但由于全国人民的激烈反对，日本的上述野心未能得逞。

　　1916 年袁世凯死后，日本积极支持以段祺瑞为首的皖系军阀和以张作霖为首的奉系军阀，与其他帝国主义支持的军阀连年混战，以图扩大在中国的特权，给中国人民造成了沉重的灾难。

　　日本帝国主义在掠夺中国的土地和财富，维护其既得利益的过程中，残酷地镇压中国人民，制造或参与制造了一系列惨案。其典型者，除上述的旅顺屠城惨案和八国联军之役中的有关惨案外，还有 1919 年 11 月的福州惨案，1923 年 6 月的长沙六一惨案，1925 年 5 月的青岛惨案和上海五卅惨案，1928 年 5 月的济南五三惨案，等等。日本侵略者对中国人民欠下了数不清的血债。

　　1931 年 9 月 18 日，日本又悍然发动九一八事变，发起大规模的侵华战争，几个月内迅速占领东北，扶植起它的傀儡工具"满洲国"。随后，又一步步占领热河、察哈尔，侵入华北。到 1937 年 7 月 7 日，终于发动卢沟桥事变（即七七事变），发起了全面的侵华战争。

　　从上述 19 世纪 70 年代至 20 世纪 30 年代的一桩桩事件可以看出，日本对中国的侵略，是由来已久的；日本灭亡中国的野心，是昭然若揭的。

在这半个多世纪中，具有同一切侵略者英勇战斗的光荣传统的中国人民，面对日本的侵略，进行了一次次不屈不挠的抵抗斗争。其中影响和规模最大的，就是1931年至1945年历时14年之久的抗日战争。

1931年九一八事变一发生，中国人民就对日本帝国主义的侵略进行了英勇的抵抗。这既是中国抗日战争的起点，也是世界反法西斯战争的序幕。随后，中国人民的抵抗斗争经历了由局部抗战到全面抗战的发展阶段。1937年七七卢沟桥抗战是中国全民族抗日战争的起点。七七事变以后的八年抗战，经历了战略防御到战略相持再到战略反攻的曲折发展过程。七七事变以前的六年抗战虽然是局部的，但它是整个抗日战争不可分割的一部分，为后来的全面抗战作了准备。七七事变以后的八年抗战，是抗日战争的主体，战略相持阶段占了其中的大部分时间。中国各族人民经过长期的浴血奋斗，克服重重困难，终于以弱胜强，打败了穷凶极恶的日本帝国主义，取得了抗日战争的最后胜利。

这场伟大的抗日战争，是在中国共产党倡导的抗日民族统一战线的旗帜下，以国共两党合作为基础，工农商学兵各界各族人民、各民主党派、各抗日团体、社会各阶层爱国人士和海外侨胞广泛参加的一场全民族抗御日本侵略者的战争。国共合作的实现，是全民族抗战得以实现的关键。全国各族人民的同仇敌忾、团结一致，是抗日战争能够坚持和取得胜利的雄厚基础。

这场伟大的抗日战争，是在中国国民党领导的正面战场和中国共产党领导的敌后战场的互相配合下进行的。正面战场是抗日战争的重要战场，特别是在战争初期，正面战场上的国民党军队抗击了大部分的日本侵略军，广大爱国官兵的抵抗也是英勇的。但随着相持阶段的到来，敌后战场发挥了越来越大的作用，成为抗日战争的中流砥柱。两个战场的配合后来虽然主要是战略上的配合，但都是抗日战争不可缺少的部分，它们共同形成了对日作战的中国战场。

这场伟大的抗日战争，是世界反法西斯战争不可分割的重要组成部分。中国人民的英勇抵抗和中华民族所付出的巨大牺牲，为世界反法西斯战争的胜利作出了重要的贡献。同样，世界各国人民也有力地支援了中国人民的抗战。

这场伟大的抗日战争是自鸦片战争爆发一百年来中国人民反对外敌入侵第一次取得完全胜利的民族解放战争。它的胜利，成为中华民族由衰败走向振兴的转折点，为国家的独立、民族的解放创造了重要的条件。

习近平总书记在纪念中国人民抗日战争暨世界反法西斯战争胜利 69 周年座谈会上的讲话中指出：在中国人民抗日战争的壮阔进程中，形成了伟大的抗战精神，中国人民向世界展示了天下兴亡、匹夫有责的爱国情怀，视死如归、宁死不屈的民族气节，不畏强暴、血战到底的英雄气概，百折不挠、坚忍不拔的必胜信念。伟大的抗战精神，是中国人民弥足珍贵的精神财富，永远是激励中国人民克服一切艰难险阻、为实现中华民族伟大复兴而奋斗的强大精神动力。

为纪念中国抗日战争和世界反法西斯战争胜利 70 周年，总结和宣传抗日战争胜利的历史经验，弘扬抗战精神，增强民族自尊心、自信心和自豪感，振奋民族精神，凝聚民族力量，实现中华民族伟大复兴，我们对这本《中华民族抗日战争史》进行了修订，以作献礼。

目　录

第 一 章

局部抗战的兴起

一、九一八事变和抗日救亡运动的兴起

九一八事变是日本帝国主义进一步争夺殖民地，谋求世界霸权，大举侵略中国的开始，也是中国人民反法西斯战争的起点。

（一）第一次世界大战后的国际形势

第一次世界大战以后，国际形势发生了很大变化。第一个社会主义国家苏联的诞生和逐步强大改变了整个世界的政治格局，两种社会制度的矛盾对国际局势的发展产生了深刻的影响；帝国主义国家之间的发展不平衡更加突出，它们相互争夺霸权的斗争日益尖锐；经过战争浩劫而更加贫困的世界各国人民和被压迫民族日益觉醒，对帝国主义、殖民主义的斗争进一步加强。

1929 年全 1933 年，资本主义世界爆发了一场空前严重的经济危机。这场危机从美国开始，迅速席卷了所有资本主义国家，波及工业、农业等各个经济部门，震动了整个资本主义体系，产生了广泛和深刻的影响。经济危机必然导致政治危机。在经济危机的剧烈震荡下，资本主义固有的各种矛盾尖锐地暴露出来，各国的革命运动出现新的高涨。面对蓬勃发展的革命运动，各国垄断资产阶级想方设法寻找摆脱危机的出路，普

遍加强国家对经济生活的干预，强化对劳动人民的专制统治。但由于各国的政治经济条件不同，各国采取的办法也不同。在英、美等国，垄断资产阶级企图实行经济改良政策来摆脱危机。在德国、意大利和日本，垄断资产阶级为了摆脱危机，完全抛弃了资本主义仅有的一点民主形式，建立了法西斯政权，大肆推行侵略政策和战争政策，成为最富掠夺性的帝国主义国家，法西斯主义大行其道。

法西斯主义的兴起同第一次世界大战后的国际局势发展有着直接的关系。第一次世界大战后民族复仇主义、民族沙文主义势力的膨胀，20年代资本主义世界的经济危机，特别是 20 年代末的大危机，是国际法西斯主义势力得以崛起的重要条件。

"法西斯"一词来自拉丁文，原指中间插着一把斧头的一捆棍棒，象征暴力和强权。法西斯主义是一种极端反动，极端沙文主义、种族主义、军国主义和恐怖主义的政治思潮。法西斯政权是一种公开实行暴力统治的金融资本专政的形式，集中反映了金融寡头集团独裁统治的要求。因此，在资本主义国家，法西斯政权的出现，不是资产阶级政府的一般更迭现象，而是资本主义民主制的国家形式演变为公开实行恐怖专政的独裁制国家形式的标志。法西斯政权是一种高度集中的反革命暴力政权。

法西斯主义最早产生于意大利。意大利的法西斯主义势力兴起于第一次世界大战期间。其头目墨索里尼自 1914 年主办《意大利人民报》以来，就大肆宣传民族沙文主义，鼓吹侵略战争，并于 1919 年 3 月正式组织"战斗的意大利法西斯"党。在法西斯主义思潮的支配下，意大利成为首先恶化第一次世界大战后的欧洲格局的主角。在民族沙文主义的狂潮中，意大利法西斯势力迅速膨胀。1920 年 5 月 24 日，意大利法西斯全国代表大会在米兰召开，确立了以极端民族主义为宗旨、以暴力行动为方针的基本纲领。1922 年 10 月，墨索里尼发动兵变上台，建立了法西斯独裁统治，并逐渐与后起的德国法西斯勾结在一起。

德国是第一次世界大战的战败国。战后，根据 1919 年签订的凡尔赛条约，德国被迫交割出 1/8 的领土和 1/12 的人口，以及全部殖民地和势力范围，并交付巨额赔款。但在英、美扶植下，德国的经济势力得到迅速恢复和发展。随着经济力量的迅速膨胀和垄断资本势力的进一步扩张，德国又重新加入了大国争霸的行列。

德国垄断资产阶级为了镇压革命，实现侵略扩张的野心，需要建立公开的法西斯专政。在这种情况下，德国法西斯头目希特勒及其控制的纳粹党便越来越博得垄断资产阶级的青睐。

希特勒早在 1920 年就建立了"国家社会主义工人党"（简称国社党或纳粹党）。1923 年，他组织党徒在慕尼黑一家啤酒店举行暴动，企图夺取政权。他极力宣扬反动的沙文主义、复仇主义、种族主义，疯狂反对苏联、反对共产主义，鼓吹一整套极端反动的法西斯主义。

希特勒于 30 年代初登上权力宝座成为德国国家总理。随后，他在垄断资产阶级的支持和德国社会民主党的纵容下，自封为德国终身国家"元首"，非法解散国会，取消除纳粹党以外的一切政党，残酷迫害和屠杀一切进步人士和犹太人，积极扩军备战，把全国变成法西斯军营。他的全部对内对外政策都服务于发动侵略战争，图谋称霸世界。为了摆脱凡尔赛和约在军备上对德国的限制，希特勒政府于 1933 年 6 月提出废除凡尔赛和约的军事条款。1933 年 10 月，希特勒借口德国在军事上处于不平等地位，指责英、法、美把德国看成"次等民族"，宣布退出日内瓦裁军会议和国际联盟。1935 年 3 月，希特勒政府又发表声明，宣布不受凡尔赛和约的限制，实施普遍义务兵役法，重建空军和一支 50 万人的军队，德国随即恢复了以往的军事实力，并加紧进一步的扩军备战，准备随时发动侵略战争。希特勒的上台，标志着最反动、最富有侵略性的法西斯专政在德国建立，标志着欧洲最危险的战争策源地的形成。

当欧洲的战争策源地在德国和意大利形成的时候，东方后起的资本主义强国日本成了亚洲的战争策源地。

日本位于世界的东方，与中国、朝鲜相倚为邻。自 1868 年实行明治维新后，日本迅速发展资本主义，成为一个军事的、封建的军国主义国家。

第一次世界大战后期，它的法西斯思想开始萌芽。1916 年 5 月，日本法西斯思想家北一辉提出，日本应取代英国成为"亚洲的盟主"。同年 10 月，日本法西斯的另一个思想家大川周明也提出，日本应该成为"亚洲的领导者"。为实现这一总目标，北一辉提出要通过"国家改造"，即通过政变手段，建立天皇制独裁政权。大川周明则主张用"天皇归一"，即一切都绝对服从于天皇的忠君思想，建立以天皇为绝对权威的"国体意识"，统一国民的思想，使日本强大起来。后来，北一辉与大川周明的思想相互补充，构成了日本法西斯思想的雏形：用"天皇归一"的国体意识来统一国民思想，用"国家改造"来建立天皇制独裁政权，使日本尽快强大起来，以取代欧美列强，成为亚洲霸主。

1919 年，北一辉、大川周明组织了日本第一个法西斯组织犹存社。20 年代初期，在日本内阁、议会、司法机关、军队内部相继出现了一批被称为"右翼"团体的法西斯组织。大川周明、北一辉积极在军队内进行活动。大川的活动重点，是在军部任职的幕僚将校。通过大川的活动，在军部任职的少壮派军官荒木贞夫、小矶国昭、冈村宁次、东条英机等人，在军队内成立了法西斯组织二叶会，标志着军队内"幕僚革新派"的形成。

1922 年，北一辉通过士官生西田税，把他的《国家改造法案大纲》带进军队内，广为流传。在北一辉的煽动下，一部分基层军官转向法西斯，在军队内形成了"基层将校革新派"。基层将校革新派认为，只有军队才能完成"国家改造"这一使命。这就给日本法西斯体系又增加了新内容：军队是实现"国家改造"、使日本成为"亚洲盟主"的主要力量。

军队内的幕僚革新派和基层革新派，统称为"革新派"，它的出现，标志着日本军队内部法西斯派别的正式形成，是日本法西斯发展史上的一个重要标志。

日本的法西斯势力形成后，即极力鼓吹战争，通过各种渠道影响日本国策。1926 年 4 月，日本政府设立了国家总动员机关准备委员会。9 月，陆军省成立了整备局，由法西斯骨干分子永田铁山、冈村宁次分任课长，负责制订总动员计划。出于总动员的资源需要，日本法西斯把中国"满蒙"地区列为侵略的第一个目标。

1929 年至 1933 年的世界性的资本主义经济危机，为日本法西斯势力的膨胀提供了良机。日本统治当局为了摆脱经济危机，在政治上实行法西斯独裁；在经济上加速国民经济军事化，把国民经济纳入战时轨道；

在军事上则连续发动侵略战争，企图以武力扩大势力范围。

日本的法西斯组织产生于 20 年代。1920 年到 1929 年，出现了国本社、一夕会等法西斯团体。这些法西斯团体的大本营就是以垄断财阀为后台的日本军部，军部有许多高级将领是法西斯组织的重要成员。1930 年，军队内最大的法西斯组织——樱会成立，并得到陆相宇垣一成大将、参谋次长二官治重中将、陆军省军务局长小矶国昭少将、参谋本部第二部长建川美次少将等军部首脑的支持，表明日本法西斯已经控制了军部。军部上层将领倒向法西斯，不仅意味着日本法西斯正式登上政治舞台，而且意味着日本新的对外侵略战争的临近。

法西斯统治的强化，必然导致进一步的对外侵略和扩张。日本帝国主义首先把罪恶的侵略魔爪伸向中国。

变中国为日本的独占殖民地，是日本帝国主义的基本国策。早在明治年间，日本军国主义就制订了对外侵略扩张的狂妄计划：第一期征服中国的台湾；第二期征服朝鲜；第三期征服中国的"满蒙"（东北和内蒙古）地区；第四期征服中国"本部"地区；第五期征服世界。这就是说，中国不仅是日本对外侵略的主要目标，而且侵略中国也是日本称霸世界的必经之路。

日本在亚洲和太平洋的扩张，势必打破远东的均势，威胁到英、美的利益。英、美自然不会容忍日本的扩张。1922 年 12 月，在美国首都华盛顿召开的国际会议上，与会的英、美、日、法、意五国的代表签订了一个海军公约，其中规定英国、美国、日本的海军，其战列舰吨位的比例分别为 5:5:3。通过这个公约，日本的海军力量既得到英、美的承认，又受到它们的压抑。但日本的扩张野心并没有受到华盛顿会议后形成的所谓"华盛顿体系"的制约，它的既定政策是独占中国，把英、美势力排挤出亚洲和太平洋。

1927 年 4 月，田中义一任日本内阁首相。6 月 27 日—7 月 7 日，田中义一在东京召集了有外务省、陆军省、海军省官员、参谋本部第二部长以及有关驻华的外交官参加的"东方会议"，决定了对中国的基本政策即"新大陆政策"。其主要内容如下：（一）区别中国"本土"和"满蒙"，坚决把中国东北从中国分裂出来，置于日本势力之下；（二）在当前中国不可能统一的情况下和各地的"稳健派"政权取得联系，极力挑动军阀分裂互斗，从中挑选走卒；（三）日本在华权益以及日侨的生命财产受到侵害之虞时，根据需要采取坚决自卫的措施；（四）万一动乱（中国革命）波及"满蒙"，日本将立即采取措施保卫。7月25日，田中义一致函宫内大臣一木喜德，请他代将"帝国对于满蒙之积极根本政策"密奏日本皇室。这就是所谓的"田中奏折"，其中提出："惟欲征服支那，必先征服满蒙，如欲征服世界，必先征服支那。"[①] 这个"新大陆政策"，露骨地表明了日本帝国主义独吞中国、称霸世界的狼子野心，规定了侵华的方针步骤，成为日本帝国主义对华发动侵略战争的总纲领。正是在"新大陆政策"的指导下，日本加快了武装侵略中国的步伐。

从1929年至1931年，日本参谋本部和关东军在中国东北四次秘密侦察，以期制订侵略中国的作战方案。1931年6月，日本陆军参谋本部和陆军省制订了武力侵占中国东北的《解决满洲问题方策大纲》，决定采取军事行动，并指定由参谋本部和关东军提出作战计划。为了攻占沈阳，日本陆军参谋本部于同年7月从国内运来了24厘米口径重型榴弹炮2门，隐蔽地安置在沈阳南满车站附近的日本独立守备队兵营内，确定和瞄准了攻击目标。同年8月，日本关东军司令本庄繁在致日本陆相书中这样说明要在当时武装进攻中国东北的原因："帝国存在及充实一等国地位，势非乘此世界金融凋落，露国（苏联）五年计划未成，支那统一未达之机，确实占领我三十年经营之满蒙，并达大正八年（1920）出兵西伯利亚各地之目的，使以上各地与我朝鲜及内地打成一片，则我帝国之基，即可能巩固于现今之世界。"[②] 因此，日本帝国主义分子不断制造事端，进行挑衅。

1931年7月，在中国长春市西北的万宝山，日本挑起了中国农民和

---

① 魏宏运主编：《中国现代史资料选编》第3册，黑龙江人民出版社1981年版，第536页。对"田中奏折"的真实性，有的学者提出了怀疑。但不管有没有这个奏折，田中内阁的侵略思想与东方会议确定的方针是一致的，日本后来的侵略行动也是按此计划进行的。

② 陈觉：《九一八后国难痛史资料》第1卷，东北问题研究会1932年版，第33、34页。

朝鲜移民的水利纠纷，日本领事馆的警察开枪伤害中国农民多人。同时，在日方的煽动下，朝鲜国内发生了大规模的排华事件，一周内有 109 名华侨遇害，数千人受伤。日本政府乘机大造侵华舆论，加紧准备武装占领中国。

与此同时，日本参谋本部的军事间谍中村震太郎大尉及其随从 4 人，携带军用地图、测图仪器等，到中国东北的大兴安岭地区葛根庙一带探测地形，搜集军事情报，被东北屯垦军捕杀。日本侵略者便以此事件为借口，叫嚣要"以武力解决悬案"。他们一面调集大量军队到南满各车站，并调驻朝日军到中朝边境的新义州、会宁等地集结，一面唆使在中国东北的日侨在乡军人会采取行动，准备占领中国的东北和内蒙古地区。驻扎在中国东北的日本关东军也从 9 月 14 日起在沈阳北郊中国驻军东北军的营地附近举行夜间实弹演习，加紧进行侵华战争的准备。

（二）九一八事变的爆发

1931 年 9 月 18 日晚，日本关东军自行炸毁了沈阳北郊柳条湖附近南满铁路的一段铁轨，随即诬称中国军队破坏铁路、袭击日本守备队，突然向中国东北军驻地北大营和沈阳城发动进攻，制造了震惊中外的九一八事变。

柳条湖是一个沼泽密布、人烟稀少的荒村，位于沈阳北部，距北大营约 3 华里。9 月 18 日这一天，日本关东军独立守备队第二营第三连连长川岛大尉带领 105 名士兵，在距柳条湖约 6 华里、距北大营约 8 华里处的文官屯设置了前哨指挥所。第三连的和国劲少尉率领一批用金钱收买的日本浪人，部署在爆破现场附近，担任警戒和联络工作。第三连的河本末守中尉带着七八名士兵，携带黄色炸药 42 包赶往现场进行爆炸。当天晚上，河本末守等在柳条湖附近南满铁路东侧单轨的两根铁轨接头处，炸断了路轨，[①] 毁坏了 2 根枕木。

---

① 见〔日〕关宽治、岛田俊彦：《满洲事变》，上海译文出版社 1993 年版，第 225 页。另据《国际联合会调查报告书》，断轨为 31 英寸，即 78.74 厘米。

河本末守完成爆炸任务后，立即向埋伏在文官屯的川岛大尉"报告"：北大营的中国军队炸毁了铁路，现正在激战中。川岛故作惊诧，立即"报告"上级，请求派兵支援。

柳条湖的爆炸声刚响，日军立即按预定计划，分别向北大营和沈阳城区进攻。这时，日本设在沈阳南站大和旅馆内的炮兵阵地，用24厘米口径的重炮向北大营、飞机场等要害部门轰击。关东军独立守备队第二营营长岛本正一命令第一连连长小野、第四连连长高桥、第二连连长川上，在坦克掩护下，率部向北大营进逼。

本来，九一八事变爆发前，中国东北当局已得到密报，东北军将领王以哲准备率部"抵抗"。但是，蒋介石三令五申，命令驻军"暂不抵抗"。王以哲部只得服从命令。9月18日晚10时30分，日军迅速从西、南、北三面包围北大营，并占领了北大营的西北角。19日凌晨2时许，日军迫近营房四周的铁丝网。晨5时30分，北大营全部落入敌手。日军攻进营房，搜掠军械、子弹和钱财，然后纵火焚烧西部营房，烟火弥天，"居民北望，无不挥泪！"

19日零时40分，日军第二十九团团长平田幸弘上校率部由驻地出发，于1时许到达沈阳小西门外。晨4时50分，驻辽阳的日军第二师师长多门二郎也率部抵达沈阳，并迅速占领兵工厂、航空处和东大营。当日拂晓，日军分三路进攻沈阳。6时30分，沈阳沦陷。

日军占领沈阳后，到处鸣枪示威，恣意杀人，不仅见着军服者即格杀勿论，对青年学生也倍加蹂躏。男生被残杀，女生被奸污。上百名无辜市民惨死在日军屠刀之下。日军还把张学良的官邸洗劫一空，夺走价值3200万银元的黄金与8000万银元，以及锦囊细软、烟土、古画等一批贵重物品。其他东北军政显赫人物的官邸也多被洗劫、捣毁。

面对日本帝国主义的侵略，南京国民政府采取了不抵抗政策。九一八事变发生后，蒋介石电令张学良"力避冲突，以免事态扩大"①。东北军接

---

① 《蒋介石给张学良的不抵抗电令》，见黄德昭等选编：《西安事变资料》第1辑，人民出版社1980年版，第1页。

到命令："即使勒令缴械，占入营房，均可听其自便"。对此，爱国士兵极为愤慨，"持枪实弹，怒眦欲裂，狂呼若雷，群情一战，甚有持枪痛哭者，挥拳击壁者"①。

由于南京国民政府的不抵抗政策，近20万东北军不战而退，大片土地很快沦陷。日军于19日侵占沈阳、长春、鞍山、抚顺等城市。21日，驻朝鲜的日军第三十九旅渡过鸭绿江，侵入辽宁、吉林。从9月18日至25日1周之内，辽宁、吉林两省基本丢失。

日本侵略军在攻占中国东北的过程中，烧杀抢掠，无恶不作，数以万计的中国军民被屠杀。事变中，中国官方损失达178亿元，仅沈阳兵工厂就损失步枪15万支，手枪6万支，重炮、野战炮250门，各种子弹300多万发，炮弹10万发。东三省航空处积存的300多架飞机全部被日军掠去，金库所存现金7000万元亦被洗劫一空。

当年在中华大地到处传唱的《松花江上》，曾这样唱出了九一八事变后东北民众以至全中国人民的悲愤情怀：

　　我的家在东北松花江上，
　　那里有森林煤矿，
　　还有那满山遍野的大豆高粱。
　　我的家在东北松花江上，
　　那里有我的同胞，
　　还有那衰老的爹娘。
　　"九一八"，"九一八"，
　　从那个悲惨的时候，
　　"九一八"，"九一八"，
　　从那个悲惨的时候，
　　脱离了我的家乡，
　　抛弃那无尽的宝藏，

①《九一八事变真相》，见罗家伦主编：《革命文献》第34辑，台北1957年版，第879、882页。

流浪！流浪！整日价在关内流浪！

哪年，哪月，才能够回到我那可爱的故乡？

哪年，哪月，才能够收回我那无尽的宝藏？

爹娘啊，爹娘啊，什么时候才能欢聚在一堂？！

（三）抗日救亡运动的兴起

日本帝国主义疯狂侵略，激起中国的举国愤慨，中国各地迅速掀起抗日救国的浪潮。

九一八事变发生后，中国共产党坚决主张对日抗战。1931 年 9 月 20 日，中共中央发表《中国共产党为日本帝国主义强暴占领东三省事件宣言》，揭露日本帝国主义的侵华野心和南京国民政府的不抵抗政策，响亮地提出"反对日本帝国主义强占东三省"的口号。9 月 21 日，中共满洲省委通过《日本帝国主义侵占满洲和目前党的任务》的决议，提出武装民众、发动游击战争。11 月 27 日，刚刚在江西瑞金宣告成立的中华苏维埃共和国临时中央政府发表对外宣言，号召全国人民动员起来，武装起来，反对日本的侵略。

处于抗日前线的东北广大人民和一部分爱国军队，冲破国民政府的禁令，首先展开了英勇的斗争。九一八事变后，沈阳各厂的工人，抚顺、本溪、鞍山等地区的矿山工人，辽宁的纺织工人，安东丝厂的工人，南满铁路工人，纷纷举行罢工，反抗日本侵略军。沈阳兵工厂的一批工人离厂参加了抗日义勇军。广大农民也组织大刀会、红枪会、黄枪会等各种组织，手执自制武器进行抗日斗争。

1931 年 9 月 24 日，上海 3.5 万名码头工人举行大罢工，抗议日本对中国的侵略。他们拒绝为日本船只装卸、搬送货物，迫使船只停靠码头无法行动。9 月 26 日，上海各界市民举行抗日救国大会，邮务、水电、卷烟、针织、棉纺、皮革、造船等行业的 100 多个工会约 10 万人参加。大会通过了对日宣战、武装民众、惩办失职失地官吏等决议案。10 月初，上海 80 万工人组织抗日救国联合会，并派代表赴南京请愿，要求国民政府立即出兵抗日，组织义勇军并颁发军械，检查日货，对日实行经济绝交。上海日资纱厂八万多工人自动组织抗日会，并决定退出各自的工厂，实行对日不合作主义。10月10日，北平邮务工会组织抗日救国会，通电要求：全国一致备战抗日，成立邮工义勇军，组织全国邮工抗日救国会及北平工人救国联合会等。10月18日，北平各界抗日救国联合会成立，包括有邮务、火车、火柴、缝纫、电车、自来水等行业工会，并且通过迅速组织义勇军、实行对日不合作及积极募集爱国捐款等决议。南京、天津、汉口、青岛、太原、长沙等地的工人也积极参加抗日救亡运动，举行集会，发表宣言，向国民政府请愿，要求对日本的侵略采取抵抗政策。

在蓬勃兴起的抗日救亡运动中，爱国青年学生是一支最活跃的力量。九一八事变的消息一传开，北平、上海、南京、天津、杭州、长沙、西安、广州、武汉等城市的大、中学学生，纷纷集会游行，罢课请愿，组织救亡团体，进行抗日宣传，要求国民政府"停止内战，一致抗日"。1931年9月20日，北平的大学生发出"代"电，提出"为今之计，惟为速息内战，一致抗日，并望我国民众实行武装，誓作政府后盾"[①]。各地学生纷纷罢课，走上街头，宣传抗日救亡的道理，许多人脱下学生装参加抗日部队。9月21日，流亡到北平的东北学生3000余人成立东北学生抗日会。同日，流亡到北平的阎宝航、高崇民等爱国人士发起成立东北民众抗日救国会，组织和领导东北民众的抗日救国斗争。9月27日，北平学生组织的抗日救国联合会发表《为东三省事件告全国民众书》，提出"全国的工农商学兵联合起来，打倒日本帝国主义"的口号[②]。这是爱国民众发出的停止内战、团结抗日的最初呼吁。

当时，上海、南京的学生除集会游行外，还纷纷到国民政府和中国国民党中央党部门前请愿。9月28日，南京冒雨请愿的学生，怒不可遏，痛打了国民政府外交部长王正廷。次日，蒋介石被迫接见请愿学生，口

---

① 陈觉：《九一八后国难痛史资料》第3卷，东北问题研究会1932年版，第3页。
② 陈觉：《九一八后国难痛史资料》第3卷，第5页。

头上表示要"抱定与国民同生死之决心，以不负人民之信托"①。为了蒙蔽民众和抵制反蒋派要其下野的呼声，蒋介石又在11月19日于南京举行的国民党四全大会②上声称："本人决心北上，竭尽职责，效命党国"③。于是，在南京请愿的学生发起了"送蒋北上"运动，继续到国民政府门前请愿，要求蒋介石签署出兵日期，并在门上高悬一只大钟，轮番敲打，以示警告。学生们"鹄立于雨夜之中过夜，一任风雨之肆虐者一昼夜，甚至有病苦不支而倒地者，全体一心，至死不去"④。然而，青年学生们赤诚的爱国之心，竟一次次被蒋介石所愚弄，他根本没有"北上"抗日，而是继续南下部署"剿共"。

12月5日，北京大学学生示威团300余人在南京街头示威，国民政府竟指使军警镇压，打伤学生30余人，逮捕185人，制造了一二·五事件。中央大学学生和南京大学学生数千人立即举行示威，声援北京大学学生示威团。他们冒着生命危险，冲进南京卫戍司令部，要求释放被捕学生。上海学生抗日联合会为抗议国民政府镇压北京大学学生示威团，亦于12月7日举行示威游行。12月17日，在南京的全国各地学生3万余人又去国民党中央党部请愿，途经《中央日报》社附近的珍珠桥时，军警竟开枪镇压，打死30余人，打伤100余人，制造了震惊全国的珍珠桥惨案。当夜，国民政府又出动大批军警，对进京学生进行大搜捕，强行把他们赶出南京。

珍珠桥惨案激起了全国人民的更大愤慨，人们强烈抗议国民党当局的罪恶行径。1932年1月10日，上海近万人集会，追悼珍珠桥惨案的死难烈士。

"九一八"的炮声，震颤了每个爱国者的心。在全国救亡运动的推动下，知识界人士也勇敢地行动起来，纷纷发表讲话、通电，创办刊物，

---

① 任泽全：《从九一八到一·二八大事记》，见《民国档案》1985年第1期。

② 当时国民党分宁、粤两派，并分别于11月19日、18日在南京、广州各举行国民党四全大会。

③ 任泽全：《从九一八到一·二八大事记》，见《民国档案》1985年第1期。

④ 《生活周刊》，1931年12月5日出版。

撰写文章，建立组织，举行集会，阐发抗日救国主张，严厉谴责国民党当局"对日交涉不惜忍辱屈服，对于共产党势在必剿"的误国政策，著名爱国老人马相伯发表了《为日祸告国人》的文章，明确提出"立息内争、共御外侮"的主张。王造时发表了《救亡两大政策》的小册子，提出对外准备殊死战争，与日拼命到底，促成日本革命；对内取消一党专政，集中全国人才，组织国防政府、共同抗日。

二、一·二八事变与淞沪抗战

1932年初，日本帝国主义为了转移视线、减轻其侵占中国东北的国际压力，加紧在中国最大的城市上海制造事端，点燃了新的侵略战火。

（一）一·二八事变

日本侵犯上海，也和进攻东北一样，事前进行了精心的策划和周密的准备。1932年1月5日，日本关东军的高级参谋、九一八事变的策划者之一坂垣征四郎大佐，从中国东北飞回日本东京，向裕仁天皇和日军参谋部报告侵占中国东北的情况，随后参与制订在上海发动战争的计划，并从东京给日本驻上海公使馆陆军辅助武官田中隆吉发出如下电报：满洲事变按预计发展，"请利用当前中日间紧张局面进行你策划之事变，使列强目光转向上海"①。田中隆吉在战后的供词中曾这样供出日本当局策划上海事变的真相："日本人想使满洲独立起来，可是，外国方面非常麻烦。于是，关东军高级参谋坂垣征四郎上校打了一个电报给我：'外国的目光很讨厌，在上海搞出一些事来！'就是说打来电报，叫把外国的目光引开，使满洲容易独立。这样，就送了二万日元来。"②

---

① 〔美〕戴维·贝尔加米尼：《日本天皇的阴谋》上册，商务印书馆1984年版，第608页。

② 〔日〕东京广播电台第十二频道报道部编：《证言·我的昭和史》第1卷，1969年版，第172—174页；转引自军事科学院军事历史研究部：《中国抗日战争史》上卷，解放军出版社1991年版，第178页。

田中隆吉接到坂垣征四郎的电报后，立即与汉奸、日本特务川岛芳子（本名金碧辉）密谋，决定借反日情绪较强的上海三友实业社之手，杀死日本莲宗和尚，制造事端，引发中日冲突。

1932年1月18日下午，在川岛芳子指使下，上海江湾路妙发寺日本和尚天崎启升、水上秀雄等5人，来到马玉山路三友实业社总厂外，观看厂内工人义勇军操练，并故意向义勇军投掷石块挑衅，随即引起冲突，发生"互殴"。事后日方声称有一名受伤和尚死于医院。

田中隆吉等人乘机竭力扩大事态。1月20日晨，田中隆吉指使日本宪兵上尉重藤千春指挥上海的日本青年同志会暴徒32人，袭击三友实业社，焚烧三友毛巾厂，砍伤用电话报警的守卫巡捕。接着，他们又与急忙赶来的公共租界华捕发生冲突，戳伤华捕3人。

当天下午，田中隆吉煽动上海的日侨集会，并向日本驻上海的领事馆及海军陆战队请愿，吁请立即增兵，并要求采取强硬手段。集会后，他们沿街挑衅，捣毁中国商店，殴打行人。

日本暴徒的挑衅，激起上海全市工人和市民的极大愤怒。1月20日下午，上海各抗日团体纷纷发表抗日宣言，要求逮捕凶手，并要求日方保证以后不再发生类似事件。21日，上海各大报纸均在显要位置登载了日本人放火烧毁三友毛巾厂的消息。

日本暴徒肇事后，日本驻沪总领事村井仓松竟于12月1日向上海市政府提出书面抗议，并提出四项无理要求：（一）市长向总领事道歉；（二）逮捕处罚凶手；（三）赔偿医疗费用及抚慰金；（四）取缔排日活动，解散上海抗日救国会及各种抗日团体。

对日本方面的四项无理要求，上海各界民众怒不可遏，纷纷敦促南京国民政府、上海市政府予以严词驳复，并要求对日绝交，勿为其武力所胁迫，表示全体市民誓死甘为后盾。对民众的严正要求，南京国民政府表面上加以应付，实际上仍继续采取对日妥协的政策。1月27日，上海市长吴铁城接受日本总领事的要求，同意取消各界抗日救国会，并于深夜11时密令公安局、社会局派员会同各区所，将上海救国会及其浦东、吴淞、杨树浦、曹家渡等6处分会一律查封。两局奉令后，于28日凌晨开始执行，

5个小时后查封完毕。但日本领事对上海市政府取消各界抗日会的措施并不满足，坚持"非将凡有抗日字样之各种团体一律解散不可"。

28日下午3时，吴铁城表示完全接受日方的要求。但是，日方的真意是制造借口，挑起战端，所以，虽然吴铁城妥协，日仍不罢休。当日20时30分，日本驻上海海军舰队司令官盐泽幸一少将，又发出新的通牒，进一步要求中国的第十九路军立即退出闸北。日军唯恐中国当局收到通牒后立时接受其要求，而失去进兵的借口，故通牒刚一发出，就着手采取行动。当晚11时30分，当盐泽幸一的通牒尚未递到上海市政府时，日本海军陆战队的2000余人，已经按预定计划向闸北发动进攻，震惊中外的一·二八事变发生了。

（二）淞沪抗战

面对日军的侵略，驻守上海的中国第十九路军总指挥蒋光鼐、军长蔡廷锴、淞沪警备司令戴戟，在国民政府行政院副院长、京沪卫戍司令长官陈铭枢的支持下，决心御侮争存。事变发生前夕，1月23日，第十九路军将领在龙华警备司令部召开了驻沪营以上军官紧急会议，决定"与倭奴一决死战"，"死守国土"①，密令各部队严阵以待。

28日11时30分，在日本海军陆战队指挥官海军大尉鲛岛具重指挥下，1600多名日军依靠20余辆铁甲车和摩托车的掩护，向上海闸北的宝山路、虹江路、广东路、宝兴路、横浜路、天通庵路、青云路发动突然袭击。29日凌晨1时，蒋光鼐、蔡廷锴、戴戟联名向全国各界发出通电，表示："暴日占我东三省，版图变色，国族垂亡！最近在上海杀人放火，浪人四出，世界卑劣凶暴之举动，无所不至。而炮舰纷来，陆战队全数登岸，竟于俭（二十八）夜十二时在上海闸北公然侵我防线，向我挑衅。光鼐等分属军人，惟知正当防御，捍国守土，是其天职，尺草寸地，不能放弃。为救国保种而抗日，虽牺牲至一卒一弹，绝不退缩，以丧失中华民国军人之人格。此志此心，可质天日而昭世界。炎黄祖宗在天之灵，实式凭之！

---

① 陈觉：《九一八后国难痛史资料》第2卷，东北问题研究会1932年版，第142页。

十九路军总指挥蒋光鼐，军长蔡廷锴，淞沪警备司令戴戟叩艳。"①

在蒋光鼐、蔡廷锴的指挥下，驻守闸北的第十九路军翁照垣旅全体官兵，面对装备精良、暴戾凶狠的日本侵略军的猛烈进攻，立即进行自卫还击。当日军抵达天通庵路时，第十九路军和上海的部分警察沉着应战。29日凌晨3时，天通庵车站的日军全部被歼，车站重新被抗日官兵夺回。进攻闸北江湾路、北四川路的日军，经过激战被迫后退，中国军队乘胜追击，直抵虹口公园附近的日本海军陆战队司令部。在横浜路、虹江路、宝兴路等地，日军利用铁甲车击毁中国守军的防御工事，潜伏在街道两旁高楼里的抗日官兵以密集的火力进行顽强抵抗。中国守军机动灵活，四处阻击，侥幸活命的日本兵被迫败退租界。29日8时，日机开始轰炸北火车站、商务印书馆等处，下午2时，北火车站火势蔓延，大队日军乘机由虹江路包抄而入，激战1小时，将其占领。两个小时后，第十九路军增援反攻，血战到6时，终于又将北火车站夺回。

日军初次进攻没有得逞，便于29日晚上20时通过英、法、美等国驻沪领事向十九路军提出停战要求。第十九路军明知日军是缓兵之计，但因自己也需要调整部署，所以同意停战。双方约定从当晚21时起暂行停战3日。在停战期间，日本海军省派出驱逐舰4艘、巡洋舰3艘、航空母舰2艘，载海军陆战队官兵数千，陆续抵上海。第十九路军也在此时调整了部署，将驻镇江以东地区的第六十师调到南翔、真茹一带，并将第六十一师也调运来沪。

2月3日早晨，日军再次向闸北发动进攻，首先向青云路方面第十九路军阵地炮击，接着由横浜路、兴路、福生路、北河南路等处向守军阵地猛袭。守军坚守阵地与日军激战一昼夜，日军的进攻没有得逞。

4日晨，日军首先以猛烈炮火向闸北猛轰后，分三路向闸北守军阵地再次发起总攻。在守军的顽强抵抗下，日军的攻击仍然毫无进展，被迫于下午后退到原进攻出发地。

5日，日军仍按4日的部署又一次对闸北守军阵地发起进攻，重点攻

---

① 《国闻周报》第9卷第7期，1932年2月22日。

击商务印书馆附近阵地。守军顽强战斗，商务印书馆阵地失而复得。日军指挥官在守军顽强抵抗下，于下午4时下令进攻部队停止攻击，退回原阵地。日军3天的进攻，除付出相当大的伤亡代价外，一无所得。

开战1周以来，日方使用兵力1万多人，主力是海军陆战队，战场主要在闸北地区。由于以第十九路军为主力的中国守军进行了灵活机动的街道巷战，3日、4日和5日这3天，日军损失惨重。

日本当局对盐泽幸一指挥连战皆败大为不满，将其撤职。刚组编的第三遣外舰队司令野村吉三郎中将，奉命于2月5日离日赴沪，接替盐泽幸一指挥上海侵略战事。6日，海军少将植松练磨抵沪，替代鲛岛任日本海军陆战队指挥官。同时，日本当局决定派第九师前往上海，援助海军陆战队。

野村吉三郎上任后，汲取闸北惨败的教训，改变了盐泽幸一的作战方针，避免在闸北进行巷战，侧重用空军轰炸。并将主力北移至江湾、吴淞方面，变巷战为野战，命令海陆空军会攻吴淞炮台，限24小时内攻下。这样，敌我双方就展开了吴淞要塞和蕴藻浜地区的激烈战斗。

7日上午7时50分，日本海军陆战队在植松练磨少将亲自率领下，分两路向蕴藻浜车站进攻，海军、空军也参加了战斗。战至12时，守军将进攻之日本海军陆战队击退。

8日拂晓，于前一天登陆的日军混成第二十四旅分三路向张华浜、蕴藻浜、吴淞镇三处进攻。其海军司令部发言人在上午10时向美国驻沪记者表示：日军决限于午前占据吴淞。

12日上午，日军混成第二十四旅两次企图架桥，均被守军击退。13日拂晓，日军在烟幕弹掩护下强渡蕴藻浜，在曹家桥附近突破守军的防线。曹家桥守军第一二二旅向后包抄，将渡河之日军千余人三面包围。从上午7时起，被围之日军拼死挣扎，狼狈四窜，既不能突围而逃，又不能过桥而退，第十九路军战士全力紧逼，双方肉搏数十次，日本兵退无可退，纷纷落水，数百人溺水丧命。下午4时，日军已死亡过半，仍作困兽之斗。血战至晚9时40分，日军全部被歼。在这次战斗中，十九路军表现了感人的自我牺牲精神。坚守某阵地的60余名战士在最危急的时刻将火油浸湿全身，负重型炸弹，突然猛扑日军阵地，使日军阵线崩溃，60 余名勇士全部壮烈牺牲。蕴藻浜、曹家桥一战，抗日官兵伤亡近千人，为开战以来第一次大血战。

野村吉三郎本打算先攻取吴淞炮台再全力进占闸北。他夸口说："日军渡过蕴藻浜之日，即为日本在沪军事行动终止之时。"① 但是，日军两度攻击吴淞均未奏效，蕴藻浜、曹家桥一战，伤亡惨重，野村吉三郎的计划全盘落空。

日军久攻吴淞不下，野村吉三郎猛攻蕴藻浜又不能得手，日本内阁即任命植田谦吉中将为司令官，率领第九师的 2 万人赴沪增援。植田谦吉率领增援部队携带多种口径的大炮，于 13、14 日分批抵沪。

植田谦吉抵沪后，适逢英、美、法各国公使在沪开展和平活动，这就给了他换防布置的机会。18 日上午 9 时，植田谦吉通过英国公使兰浦森的斡旋，以参谋长田代少将在法租界中日联谊社与第十九路军代表范其务参议会见为由，要求十九路军撤退，当即被范拒绝。

这时，张治中指挥下的中国方面的第五军由南京地区赶到淞沪，参加对日作战。当时，张治中正在国民党中央军校任职，目睹第十九路军孤军奋战，怕不能持久，要求蒋介石派中央军增援。蒋介石任命张治中为第五军军长，率部增援。张部于 18 日前后到达淞沪地区，第十九路军指挥部随之作出新的抗战部署：蔡廷锴率 3 师 1 旅为右翼军，集结于真如、大场之间，待机向虹镇方面出击；张治中率第五军等为左翼军，集结于刘行镇附近，待机向殷行镇方面出击，并相机策应吴淞。

即将投入战斗的第五军广大官兵，士气高昂，决心与第十九路军团结一致，并肩战斗，抵御暴日侵凌。军长张治中特发布了《告全军将士书》，其中写道："深望我军将士，人人抱必死之心，以救国家，以救民族。假如日军犹有一兵一卒留我国内，我们的责任即未完成；反之，我们如尚有一兵一卒，必与日军拼命到底"②。

---

① 华振中、朱伯康：《十九路军抗日血战史》，神州国光社 1947 年版，第 175—176 页。

② 张治中：《第五军参加淞沪抗日战役的经过》，见《文史资料选辑》第 37 辑，文史资料出版社 1963 年版，第 18 页。

植田谦吉上任后，借和议之机，也作了周密部署：集中全部兵力 3 万人、野炮六七十门、战舰数十艘于吴淞口；增加飞机 60 余架，并有陆战队分布在次要战线。植田谦吉在最后通牒碰壁后，于 20 日晨 7 时 20 分下达总攻击令，以在沪日军的海陆空军全部力量，于 7 时半开始向吴淞、江湾、闸北全线大举进攻，其攻击的主要目标在江湾方面，企图中央突破。

20 日晨 7 时 30 分，日军混成第二十四旅在飞机、重炮支援下，向庙行镇方面守军阵地攻击。守军第八十八师部队奋勇抵抗。激战至午后六时，日军终不得进。入夜，日军调整部署，21 日一整天再度进攻，仍不得前进，并且伤亡惨重，不得不暂时停止攻击。

22 日拂晓，日军调整部署后再次发起攻击。其混成第二十四旅第一线部队乘早晨大雾，于 6 时前突入庙行镇东端和麦家宅一带，守军伤亡很大，第二六四旅正、副旅长均负伤，工兵营长阵亡，呈全线不支状态。蔡廷锴得知前线严重局势后，当即于上午 9 时决心由江湾至蕴藻浜全线向日军反冲击，使进攻庙行的日军完全陷入反击部队的包围之中。

日军第九师师长得到混成第二十四旅被包围的情况后，急忙派部增援。增援的日军与被围的日军内外协同与守军激战。黄昏时双方展开白刃格斗。喊杀声、枪炮声响彻云霄，战斗之惨烈为开战以来仅见。经过苦战，被围日军大部分在晚间突围，一小部分被十九路军包围消灭在金穆宅、大小麦家宅一带。据日方资料，此次战斗日军伤亡 800 余人，第十九路军和第五军伤亡 1000 余人。

日军第九师其余各部，在混成第二十四旅攻击庙行地区的同时，对江湾第十九路军阵地也发起攻击。守军在八字桥地区展开英勇的阻击战，打退了日军的进攻。

25 日，日军改变战术，集中第九师主力和飞机、炮兵攻击麦家宅、金家塘以东守军第八十七师阵地，占领了守军第一道防线。第十九路军派部队立即增援，并向侵入小场庙地区的日军反击，夺回了原来阵地。至此，植田谦吉所指挥的两次总攻击均告失败。

植田谦吉发动的总攻击接连失利后，他和重光葵（日本驻华公使）、野村吉三郎等电请东京增兵。日本军事当局决定增兵上海，并设上海派遣军，以原田中义一内阁的陆相、最高军事参议白川义则大将为总司令，接替植田谦吉，并加派菱刈隆大将为副司令官，统率第十一师、第十四师共4万人和200多架飞机来沪参战。至此，侵沪日军总兵力已达8万人。

白川义则大将在听取了情况报告后，于29日上午10时下达了总攻上海的作战命令，其要点是：第九师夺取张家桥、夏马湾线；第十一师团在七丫口附近登陆，然后尽快袭击占领浏河镇，并准备向大场镇、真如镇进攻；海军第三陆战队及海军飞机配合陆军作战。

3月1日晨6时30分，日军对淞沪地区发起全线攻击。他们首先以飞机、炮兵连续轰击守军阵地，然后步兵在坦克、装甲车掩护下发起攻击。守军在优势日军的总攻之下，仍沉着应战，顽强抵抗，但战线不断地被日军突破。日军第十一师团先遣部队亦于3月1日晨6时开始在七丫口登陆，对济河镇进行攻击。

这时日军司令官白川义则抵达上海，下达了进攻浏河的命令。中国方面第五军急派第八十七师第二一六旅增援截击日军。第二一六旅旅长宋希濂率第五二一团1个营首先乘车于12时到达浏河，在茜泾营与日军展开肉搏。但因后续部队被敌轰炸，徒步行进速度迟缓，浏河终于失守。

当浏河危急时，第十九路军和第五军曾请求国民政府军政部速派两师兵力增援浏河，但军政部置之不理。这种情况下，蒋光鼐只得于3月1日下午9时在南翔总部下达全线撤退的命令。于是，与日军苦战了30余日的第十九路军和第五军各部，于3月1日晚在夜幕掩护下撤离第一线阵地，向命令中规定的第二线阵地转移。

3月2日，第十九路军向全国各界发出了退守待援的电文，文中说："我军抵抗暴日，苦战月余，以敌军械之犀利，运输之敏捷，赖我民众援助，士兵忠勇，肉搏奋战，伤亡枕藉，犹能屡挫敌锋。日寇猝增两师，而我以后援不继。自2月11日起，我军日有重大伤亡，以致力于正面战线，而日寇以数师之众，自浏河方面登陆，我无兵增援，侧面后方，均受危险，不得已于3月1日夜将全军撤退至第二道防线，从事抵御。本军决本弹尽卒尽之旨，不与暴日共戴一天。"①

日军指挥部发现中国守军全线撤退后，于 3 月 2 日上午 10 时下达了追击命令。第八十七师第二五九旅第五一七团于 3 月 3 日在葛隆镇附近的娄塘、朱家桥又与敌进行了一场惨烈的战斗。

当日午夜，第五一七团突然遭到日军偷袭。经 2 个小时的抵抗，守军损失达 1/3，前哨线相继被围。但战士们仍死战不退，把日军堵在娄塘附近。第二天 8 时许，敌增加主力 4000 人开始向中方阵地突袭，并从右翼包围。第五一七团孤军力战，弹药将尽，仍拼死相持。至午后，死伤逾半，情势万分危急。下午 4 时，奉张治中之令前来增援的部队赶到，立即部署最后的抵抗线，并向前线增援。第五一七团团长张世希率所部官兵抱必死的决心向外猛冲，终于杀出重围。

在这次战斗中，第五一七团第一营营长朱耀章身中 7 弹，壮烈殉国。在殉国前两日他曾作《月夜巡视阵线有感》诗一首，抒发其抗日报国的胸怀：

风萧萧，夜沉沉，一轮明月照征人。尽我军人责，信步阵后巡。曾日月之有几何！世事浮云，弱肉强争！

火融融，炮隆隆，黄浦江岸一片红！大厦成瓦砾，市镇作战场，昔日繁华今何在？公理沉沦，人面狼心！

月愈浓，星愈稀，四周妇哭与儿啼。男儿百战死，壮士十年归！人生上寿只百年，无须留连，听其自然！

为自由，争生存，沪上麾兵抗强权。踏尽河边草，洒遍英雄泪，又何必气短情长？宁碎头颅，还我河山！②

中国军队全线撤退后，日军于 3 月 2 日占领了闸北、大场、真如，3 日进抵南翔。同日，国联开会决定，要求中日双方停止战争。至此，淞

---

① 《文史资料选辑》第 37 辑，第 9、10 页。
② 《文史资料选辑》第 37 辑，第 25 页。

沪战事乃告结束。

在日本发动的侵略上海的战争中，据不完全统计，中国第十九路军与第五军官兵牺牲4270余人，负伤9830余人。上海市民被日军飞机大炮狂轰滥炸，死亡6080余人，受伤2000余人，失踪10400人，共计损失了16亿元的财产。尤其令人发指的是，战争一开始，日军就出动飞机，有目的地对上海商务印书馆、东方图书馆等文化部门施以滥炸，使中国最大的、历史最悠久的出版机构商务印书馆全部被烧毁，东方图书馆所收藏的数百万卷书籍资料，包括"涵芬楼"所藏的10多万册宋版、元版珍贵古籍图书和清乾隆年间缮写的四库全书，先遭炮火焚烧，后又被日军劫掠。据当时新闻报道，日军以卡车抢运烧剩的书籍达7天之久。

据日方资料统计，在侵略上海的战争中，日方陆军战死620人，负伤1622人；海军战死149人，负伤700人。

在中国军队抵御日军对上海的侵略的淞沪抗战中，第十九路军首先奋起御暴，第五军随之参战。他们以装备简陋的7万之师，抗御装备精良的8万之敌，达33天之久，迫使日军三易主帅，沉重地打击了日本帝国主义者的嚣张气焰，为捍卫民族尊严和洗雪国耻，付出了巨大的牺牲，在中华民族反抗外国侵略的历史上，留下了可歌可泣的悲壮的一页。

（三）上海和全国各界人民的有力支援

淞沪抗战历时33天，中国第十九路军之所以能以劣势装备，抵御住优势装备的日本陆海军的联合进攻，这是与全国各界的积极支援分不开的。

还在一·二八事变发生的前夕，中共中央即发出紧急通知和告全国民众书，指出："日本帝国主义派遣大批的军队来上海，进行着各种挑衅，准备着血的屠杀劳苦群众，镇压革命运动，占领上海"，"我们现在是处于生死存亡的紧急关头。"号召工人和一切民众"自动武装起来，成立义勇军，组织纠查队"，"举行总同盟罢工反对日本帝国主义占领上海！"淞沪抗战爆发后，中国共产党在上海的地下组织，通过工会、学生会和上海各界抗日团体，展开了支援第十九路军抗战的工作，动员各界人民组织义勇军、敢死队、情报队、救护队、担架队、通信队、运输队等，积极参加和支援前线作战。

在中国共产党的领导和号召下，上海人民特别是工人和青年学生，掀起了参加抗日义勇军的热潮。在事变发生后的二三天内，就有数千人登记参加义勇军。有的青年咬破手指写下血书，表示抗日的决心。他们参加义勇军后，有一部分立刻就调到前线去，配合第十九路军作战，有的抢送伤员，递送情报，运送弹药物资。1月31日，义勇军前方办事处成立，各区也相应成立义勇军办事处。义勇军在全市大约有二三千基本群众，以闸北、沪东、沪西、浦东四个区中受共产党影响较大的工厂工人为主。沪西各厂的罢工工人纠察队，在事变发生后即改组和扩大为沪西"民反"义勇军。义勇军的主要任务是深入战区，抢救伤兵和难民，运输武器弹药和食品等军需物资。义勇军中还组成了有200多人的义勇军救护队，在前线救护伤员。闸北义勇军和沪西罢工工人义勇军，经常冒着枪林弹雨，帮助第十九路军挖战壕，筑工事，运物资，送情报，救伤员。2月7日，义勇军前方办事处组织了一次军民联欢大会。会上双方表示，用军民一致的力量，誓死与日本帝国主义血战到底。当时在上海从事抗日救亡活动的红军将领彭干臣，于淞沪抗战开始后，积极帮助上海安徽中学的爱国师生组织了1个营的义勇军，协同第十九路军抗击日军。这个营的壮士大多在战斗中为国捐躯。

广大商人、市民组成的义勇军，在支援前线作战中也发挥了积极的作用。据不完全统计，仅在第十九路军中参加战勤工作的义勇军，就有2万余人，约占当时上海守军总兵力的一半。

上海人民除组织义勇军直接参加前线的战事以外，还积极参加支援前线的各种工作。兵工厂工人日夜赶制军衣，供应前线。前线作战部队需要大量的手榴弹，当第十九路军请求国民政府军政部调拨遭拒绝后，上海总工会动员募集了数万只空烟罐，赶制成"土炸弹"，运送前线使用。2月初，日军进攻吴淞要塞，以飞机和舰艇轮番攻击，守军受到严重威胁，上海工人及时送来五六百块大钢板，供部队构筑掩蔽部，减少了伤亡。凡前线迫切需要的交通工具、通讯器材、建筑物资、医药用品等，均能通过各种社会组织募集和供应。

上海妇女也积极参加支援抗日的斗争。中国共产党领导的妇女反日救国大同盟，积极支援前线作战。闸北分盟的妇女和丝厂的女工，勇敢地在枪林弹雨中爬到前线，抬回受伤的士兵。女青年会和女工夜校的妇女们，不顾疲劳，日夜为前线部队赶制军服。

上海各界抗日团体还纷纷募捐，支援第十九路军。上海市商会发出《征集现金、物品，慰劳十九路军将士》公告。上海地方维持会也积极募集救国捐。该会会长、《申报》负责人史量才捐助7万多美元（合20多万银元）供战事急需。外国驻沪领事署的中国职员，广东潮州、云南、闽南、安徽、浙江等旅沪同乡会也发起捐款劳军活动。汽车司机、售票员、造船厂职工捐出部分工资。逃出战祸的难民纷集资犒军。连生活悲惨的妓女，也参加了爱国捐款。仅1月30日一天，就收到各界献金10万元。全国许多地方如南京、广东、武汉、天津、陕西等地的民众，燕京大学的教职员抗日会、陇海铁路的员工，纷纷捐款，电汇给第十九路军。农村乡民也自愿募捐，转汇上海。如河北省定县贫苦农民集款劳军，表示百姓的爱国心情，并致书赞扬第十九路军："不作军阀的走狗去争地盘，为我民族争（生）存，不怕死，用全力抵抗日本，而作保国卫民的忠勇战士。"

上海各界及全国各方的慰劳品和汇来的慰劳金，源源不断，为此，第十九路军设立了驻沪办事处。办事处主任范志陆面告蔡廷锴："所收得慰劳金约900余万元，均有收支账及片信录公布。"这笔巨款，对第十九路军坚持抗战，解决给养困难起了相当大的作用。

淞沪抗战还得到了宋庆龄、何香凝、冯玉祥等国民党左派领袖和上层爱国人士的热情支持。淞沪抗战爆发后，上海军民捷报频传，冯玉祥称赞第十九路军将士"实抗日之先锋队也！"他多次向蒋介石、汪精卫陈述支援第十九路军的意见，并联合主张抗日的国民党上层人士提出"请政府用兵案"，与李济深等为淞沪抗战问题致电国民党留沪中央执行委员，"请以最大之决心，共谋长期之抵抗"。他极力向各方呼吁，希望在军事、财力及道义上予以大力支援，以保证淞沪抗战能够坚持下去，由此而打开中国抗战的新局面。

宋庆龄、何香凝深为第十九路军捍土卫国的爱国精神所感动，在战火纷飞中，亲临前线慰劳抗日将士。1月30日上午，她们同赴真如第十九路军前线指挥部慰问。宋庆龄在炮火隆隆的阵地上对抗日健儿发表讲话："你们抗战的枪声一响，海内海外，男女老幼，都觉得出了一口气！亿万同胞声援你们，支持你们！"① 在前线巡视中，宋庆龄还手捧一枚炮弹，在战区的断垣残壁前留影，以表示她和第十九路军将士一道抗战到底的决心。

淞沪抗战期间，何香凝在一次亲临前线的慰问中，适逢大雪，看到广大官兵只穿单、夹衣各一套，遂立即回沪发起捐制棉衣运动，5天之内制好新棉服3万多套，运往前线，供将士们御寒。

海外爱国华侨在淞沪抗战爆发后也积极行动起来，从各方面全力支持和援助第十九路军抗战。广大侨胞对第十九路军的英勇抗战之举，莫不热血沸腾，备受鼓舞。载着"遥听捷言，欣慰莫名"、"请坚持到底"、"决不后退"、"誓为后盾"等词句的电报，从世界各地如雪片般飞回祖国。海外侨胞不但在精神上鼓励第十九路军，而且从资金和物力上支持淞沪抗战。淞沪抗战爆发后，海外侨胞立即采取各种形式，积极进行募捐，支持祖国抗日。淞沪抗战爆发后的第4天（即2月2日），第十九路军便收到第一笔华侨捐款，足见侨胞报国之心切，爱国之情深。在马来亚、新加坡，华侨组织救济上海伤兵难民筹赈委员会，设立宣传股、演讲队、劝募队等，积极筹募，不及两月，募集款项即达100万元。当第十九路军奋勇杀敌，不断获胜的消息传到国外时，侨胞们欢呼雀跃，更加踊跃捐资。南北美洲、菲律宾、印尼、缅甸、越南等地侨胞，以及香港、澳门同胞，或团体或私人，络绎不绝汇来巨款，资助第十九路军抗日。其中旅美华侨尤为突出。据统计，淞沪开战以后，美国华侨寄回捐款达500万元，其中仅纽约市2.5万名侨胞就捐款100万元。纽约有一家中国酒饭馆，月捐5000元汇回祖国。一般爱国侨胞均捐每月工资的10%。有两位住宅的杂差虽然月薪不足100元，但淞沪卅战后，即汇款1000元，

---

① 《回忆与怀念：纪念革命老人何香凝逝世十周年》，北京出版社1982年版，第70、110页。

捐赠给第十九路军。旧金山唐人街的华侨，凡有收入的成年人，均捐出1个月的薪金。侨商周崧本人和他开设的成衣公司，各捐助军饷10万元。侨居哥伦比亚的黄兴之女黄澄华变卖首饰，捐助祖国。并且表示："倘外侮日亟，余将为国服务，虽死不辞。"新加坡华侨巨商胡文虎先后3次共捐赠3万元，其中2万元作为沪难救伤之用，1万元资助何香凝组织救护队。菲律宾华侨联合会和杂货商会汇款2万两白银，小吕宋瑞隆兴铁业公司汇款4300元国币慰劳前敌将士。南洋爪哇岛泗水华侨咖啡商公会捐款3万元救济伤兵灾民。加拿大温哥华华侨捐款1.6万美元。阿根廷华侨协进会电汇800元阿根廷币。国民党驻法总支部组织救国募捐团并电汇给第十九路军3000元。据第十九路军司令部统计，淞沪抗战期间，仅捐款一项，在该军收到的1068万元中，就有3/4是华侨捐赠的。

华侨积极支援淞沪抗战，还表现在踊跃归国参战方面。淞沪抗战爆发不久，一支由约200名华侨组成的抗日救国义勇军即迅速开赴上海，编为华侨义勇军第一总队，吴越任总队长。华侨义勇军在淞沪抗战中建立了卓越的战绩。据载："华侨义勇军与上海市民义勇军，是各种义勇军之成绩最佳、最勇敢、最有功勋者。尤其是华侨义勇军，在火线上共同作战，在后方不断地挖掘战壕，所受的苦痛亦最多……"许多华侨志士在淞沪抗战中奋勇杀敌，以身殉国。归侨飞行员、国民政府军政部航空第六队副队长黄毓荃，在淞沪战场的空战中，英勇善战，先后击落日机数架，立下赫赫战功。在2月5日的空战中，他不幸遭到数架日机围攻，血洒长空，壮烈牺牲，时年仅28岁。

淞沪战事结束后，3月14日，中国代表、外交部次长郭泰祺和日本代表、驻华公使重光葵举行会晤，决定自即日起双方停止军事行动。3月24日，中日代表就停战协定问题开始正式会谈。不待抗日将士"忍痛撤守"完，南京国民政府已开始与日本侵略者寻求妥协。5月5日，《淞沪停战协定》在上海签字。按协定规定，中国军队实际上再无权进入苏州—昆山—上海一线以外①。这样，中国最大的工商业中心上海，成了不设防的

---

① 详见《淞沪停战协定》，《国闻周报》第9卷第18期。

城市。淞沪抗战，以中国政府的妥协让步而告终。对于淞沪抗战之受挫原因，当时的舆论曾作了如下的分析："国民主战而政府不战，国民激昂而政府卑怯，国民力援十九路军，而政府坐误戎机，国民纷纷组织义勇军，置身火线，而政府拥兵二百万，参战者不过四十分之一，国民反对议和而政府毅然签字，则一切责任，显然独在当局"①。

三、东北沦陷与东北人民的英勇斗争

日军制造九一八事变，占领辽宁、吉林后，又迅速派兵占领东北全境，建立了伪满洲国，对东北实行残暴的政治统治、经济掠夺和文化奴役，东北人民则纷纷组织义勇军，进行了英勇的斗争。

（一）东北全境的沦陷

日本关东军占领沈阳、长春、吉林等地后，立即准备侵占黑龙江省，但因该省与苏联接壤，日本当局对直接出兵侵占尚有顾虑，因此，企图利用叛国投敌的原洮辽镇守使张海鹏率其属下的伪军攻占龙江（齐齐哈尔），以达不战而得黑龙江省的目的。张海鹏是奉系军阀元老之一，早有图谋黑龙江省政府主席职位的野心。九一八事变后，日本关东军策动张海鹏叛国投敌，这时，向张许以黑龙江省主席职务，令他率部发起进攻。

"九一八"以后，黑龙江省主席兼东北边防军副司令万福麟远在北平，不能返回，张学良遂于1931年10月8日任命步兵第三旅旅长马占山代理黑龙江省主席职务并兼黑龙江省军队的总指挥，谢珂为副总指挥兼参谋长。马即以卫队团和工兵两个连、辎重兵一个连、炮兵一个营布防于嫩江桥北岸，迎击张海鹏伪军的进攻。当时，黑龙江省省会设在齐齐哈尔。这座北满重镇，地处松嫩平原，无险可守，唯嫩江是天然屏障。而跨越嫩江的大桥是通往齐齐哈尔的唯一通道，只有占领这个通道，才能占领齐齐哈尔，进而占领整个北满。10月15日，张部3个团在日军独

---

① 《时事新报》1932年5月5日。

立飞行中队第 8 中队支援下进入泰来，10 月 16 日拂晓向嫩江大桥进攻。守军一齐出阵实施反击，当即将伪军击溃。为阻止伪军再犯，守军将嫩江大桥破坏掉三孔。

10 月 19 日，在嫩江大桥阻击战的胜利声中，马占山到达齐齐哈尔，宣誓正式就任黑龙江省代省长。这位"身材瘦小，才略出奇"的抗日名将，在就职典礼上当众表示：倘有侵犯我疆土，及扰乱我治安者，不惜以全力铲除之，以尽我保卫地方之责。

张海鹏伪军进占黑龙江的企图失败后，日军决定直接出兵攻占黑龙江省。为制造出兵借口，日军以中国军队破坏嫩江大桥损害了日本铁路权益为理由，向黑龙江省当局无理提出由满铁修理嫩江大桥的通告。10 月 27 日，日本关东军代表林义秀少校向马占山提出要求：黑龙江省政府在一周内即 11 月 3 日前将嫩江大桥修复，否则，日方以实力掩护自行修理。10 月 29 日，日方又由驻黑龙江省领事清水再次提出由满铁派人修理，并要求黑龙江省的中国军队不得妨碍并予保护，倘妨碍修理，日本方面将采取适当措施。这时，关东军已决定由第二师第十六团步炮各一个营和一个工兵连组成嫩江支队，到达江桥附近以武力掩护修桥。马占山顾忌到张学良有避免与日军直接冲突的命令，决定采取应付措施，对日方修桥采取放任态度，但嫩江大桥阵地不后撤，以便自卫。

11 月 3 日上午 10 时，日军以铁甲列车和飞机、炮兵掩护强行修桥。守军为避免与日军冲突，将守桥部队后撤到北岸阵地。由于遭日军炮兵、飞机野蛮轰击，守军有部分伤亡。当日下午，一个连的日军在飞机支援下渡过嫩江大桥，对守军阵地发起攻击。守军力求避免冲突，未予还击。日军后来退去。11 月 4 日中午，日军一个连在飞机支援下进攻守军阵地左翼后营子北侧高地，并将大兴车站炸毁。守军忍无可忍，奋勇自卫，将日军击退。

当日下午 6 时，日军一个营在铁甲车掩护下，向守军卫队团阵地正面发起猛攻。守军群情激奋，英勇杀敌。双方展开激烈战斗。11 月 5 日，日军督战，驱使张海鹏叛军打前锋，向中国军队猛攻。守军"抱与城偕亡"的决心，与日伪军在嫩江大桥血战，再次将日伪军击退。敌人伤亡惨重，日军死 167 人,伤 600 人,伪军死伤共 700 余人。中国军队伤亡仅百余人。11 月 6 日拂晓,日军再次向守军攻击。守军继续顽强抵抗,战斗至当日晚,因伤亡过重,趁夜幕后撤到大兴车站北休整补充。

嫩江大桥战斗是自九一八日军发动对东北的侵略战争以来最激烈的一次战斗,是中国军队激于民族义愤所进行的一次自卫战斗。在战斗进行中,全国各地进行了有力声援。11 月 6 日,守军虽然后撤,放弃了嫩江大桥阵地,但仍极振奋,战志不减。11 月 7 日,马占山发表通电,说明了连日战况和与敌继续作战,绝不屈服的决心。接着命令部队在三间房、大小新庄一带布防,准备继续抵抗日军的进攻。三间房位于嫩江大桥和龙江之间,南距嫩江大桥约 25 公里,北距龙江约 35 公里,是保卫龙江的第二道防线。

11 月 8 日,关东军司令官本庄繁发出所谓通告,逼迫马占山下野,马占山未予置理。12 日中午,日军少校林义秀又送来本庄繁通令马占山下野和黑龙江驻军撤退的通告,限令 10 日夜 12 时前答复。马占山当即电北平请示张学良。得复电:"饬死守,勿退却"①。当日晚,马以强硬态度回复日方。

13 日,关东军司令官命令第二师长指挥该师和混成第三十九旅步兵 3 个营以及嫩江支队,向三间房守军阵地进攻。

14 日,日军骑兵进扰汤池防线,用重炮轰击,双方交火,战况激烈。中国爱国官兵在马占山将军率领下浴血奋战,多次击退敌人进犯。但日军依仗优势兵力,几乎摧毁了中国军队的阵地。16 日,日军 300 余名,在野炮飞机掩护下,向中国军队三间房阵地猛攻。两军血肉相搏,中国军队伤亡极大②。

17 日,马占山亲率手枪队猛力反攻,夺回阵地。同日,日军多门二郎中将率领的师配备坦克 8 辆、大炮 30 多门,用猛烈炮火向三间房阵地轰击,中国军队冒着敌人密集炮火,仅靠步枪英勇还击。后来日军又增

---

① 《文史资料选辑》第 6 辑,文史资料出版社 1960 年版,第 42 页。

② 见 1931 年 11 月 19 日《滨江时报》。据《文史资料选辑》第 6 辑所收谢珂《江桥抗战和马占山降日经过》一文记载,日军出动人数 4000 余人。

派飞机12架、坦克12辆，采用陆空配合进行夹击，中国军队奋力还击，持枪与日军肉搏，枪上没有刺刀，就用枪柄打，杀伤了大量敌人，几乎活捉了多门二郎中将。中国军队也付出重大代价，伤亡颇大。19日，马占山率军政两署人员及部队2万余人撤离齐齐哈尔，移师海伦，建立黑龙江省政府，在克山、拜泉、泰安等地建立新防线。同日，齐齐哈尔陷落。

日军占领齐齐哈尔等地后，即将作战方向指向锦州。九一八事变后，从沈阳撤退的东北军大部进入锦州和辽西。9月23日，张学良通电在锦州设立东北边防军司令长官公署和辽宁省政府行署，以张作相代理东北边防军司令长官，米春霖代理辽宁省政府主席。9月底，两署开始在锦州办公。同时，为抵抗日军进攻锦州，调骑兵第三旅、步兵第二十旅和步兵第十二旅沿大凌河布防。

日军大举入侵辽西之前，曾于10月8日空袭锦州，接着收买利用土匪凌印清部骚扰辽西地方治安，策动张学成部叛乱。日军企图以维持地方治安为由出兵辽西，但这两股汉奸土匪势力均被锦州地方当局迅速扑灭，只好再寻别的借口出兵锦州占领辽西。11月间，日本驻沈阳特务机关长土肥原按照关东军的训令，在天津制造了两次暴乱事件。以此为借口，17日凌晨1时，关东军司令官下令混成第四旅团沿奉（沈阳）山（海关）铁路进入大凌河，掩护军主力进入辽西；令第二师和第三十九旅主力迅速向锦西开进。日军混成第四旅进入辽西后，在白旗堡西南的青岗子一带与中国军队发生战斗。此时，日本政府和军部恐引起国际上的反对，于27日两次电令关东军停止前进，因而混成第四旅退回巨流河以东，其他后续部队也退至沈阳。

但是，日本关东军决心侵占锦州和辽西地区，遂一再请求日本当局增派兵力。日本陆军本部经报日本天皇批准，于12月4日及17日派遣混成第八旅等部队进入东北。26日，陆军本部又增派第二十师司令和混成第三十八旅和重轰炸机一个中队进入东北。

12月28日，日军第二师、第二十师、混成第三十九旅、混成第八旅和飞行队向锦州发动进攻。由于南京国民政府与日本于12月初达成一项协议，划定锦州为中立区，命令驻辽西的东北军撤退入山海关内，听候国联调查团前来调查东北问题，驻锦州地区的东北军陆续向关内撤退，仅留公安骑兵3个总队，分驻大凌河南岸地区和锦州，所以日军犹如进入无人之境。1932年1月2日，日军先头部队到达大凌河，向守军骑兵第三总队进攻，强渡大凌河，守军稍事抵抗后即撤入锦州城内。当日夜，日军第二十师开始攻城。城内辽宁省政府人员和军事指挥机关率所有部队向锦西撤退。3日，日军第二十师未发一弹进入锦州。

日军占领锦州后，派出户波支队乘火车向连山附近前进。东北军政当局都逃向关内。日军即占领山海关外的全部辽西地区。至此，辽宁省全部为日军侵占。

随后，日军又将进攻方向转移到北满，准备夺取哈尔滨。哈尔滨当时是东三省特别行政区官署所在地，为北满政治、经济中心，是中苏共管的中东铁路的总枢纽。九一八事变日军占领沈阳、长春后，因顾虑对苏关系，暂时未以武力夺取哈尔滨，而是策动与日军早有勾结的特区军政长官张景惠建立伪组织。11月间，远在锦州的原吉林军政长官张作相电令在宾县设立吉林省政府，委派诚允为省政府主席，李振声代理吉林边防副司令长官。宾县抗日政权建立后，迅速恢复各县政权组织，对日军占领整个北满是一个严重威胁。这时，日军一方面拉拢在哈尔滨的张景惠，一方面任命投降日军的原骑兵师长于琛为"吉林省剿匪司令"，向哈尔滨发动进攻。

1932年1月间，于琛澄率伪军3个旅由舒兰向北推进。1月16日，于部伪军在榆树将东北军第二十五旅击溃，然后绕道至拉林，于1月23日逼退吉林省警备军冯占海所部，接着向哈尔滨市进逼。正当哈尔滨形势岌岌可危、人心惶惶不安的时候，东北军第二十四旅一个团在旅长李杜率领下，于1月25日赶赴哈尔滨，与第二十八旅旅长丁超等成立吉林省自卫军总司令部，推选李杜为总司令，丁超为护路军总司令，决心保卫哈尔滨。这样，暂时稳定了哈尔滨的局势。

日本关东军在中国军队决心保卫哈尔滨的情况下，决定以保护侨民为借口直接出兵。经日本军部批准，关东军司令官于1月28日凌晨4时命令组成长谷部向哈尔滨发动进攻。由于中东铁路的广大员工不愿运送日本侵略军，致使进攻哈尔滨的日军先头部队在 30 日黄昏时才到达哈尔滨附近的双城堡。在这里，日军受到预先埋伏的东北军第二十二旅的袭击，遭受了严重损失。

日军长谷部支队北进后，本庄繁担心该支队受到东北军的打击，又命令第二师全部集结于长春，并立即向哈尔滨开进。2 月 1 日晨，日军以汽车运送第二师第二十九团等部向双城堡开进，第二师其余部队于 2 日乘火车离开长春北进。敌援军到达双城后，立即向东北军第二十二旅展开进攻。守军在日军飞机、大炮、坦克火力的猛烈射击下，伤亡惨重，于 2 日向哈尔滨方向撤退。

双城失守后，哈尔滨门户洞开。这时哈尔滨市正式组成了吉林自卫军总司令部，李杜、丁超为司令，王之佑为前敌指挥，在哈尔滨布防，抵抗日军进攻。

2 月 4 日下午 4 时，日军两翼进攻部队向哈尔滨发起攻击。守军利用民房、围墙顽强抵抗，英勇战斗，激战至晚，将日军阻于阵地前五六百米一线，不得前进。入夜，日军调整部署。5 日拂晓前打退了守军一部的反击，随即再次发动进攻。激战至中午，守军不支，全线撤退，在撤退中又遭到日军飞机轰击，伤亡一部。日军在哈尔滨市南侧集结整顿，然后开入市内。驻宾县的吉林省政府也退往黑龙江省巴彦。

日军占领哈尔滨后，又以一部兵力沿中东铁路东段（哈尔滨至牡丹江段）进攻，3 月 4 日占海林，6 日占宁安，另一部于 4 月 4 日占方正。

哈尔滨的失陷，使北满局势发生了急骤变化，至此东北三省全部沦陷，原三省的政权和中国驻军东北军逐渐瓦解。至此，以东北军为主体的对日抵抗活动逐渐消沉，代之而来的是东北各地掀起的义勇军的抗日斗争。

（二）伪满洲国的成立和日本帝国主义对东北的残酷殖民统治

日本帝国主义在侵占中国东北各省后，为了变东北为其殖民地，并使它成为进一步扩张的主要基地，对东北进行了极其残暴的殖民统治和掠夺。

日本占领东北以后，其统治集团曾反复酝酿过对东北殖民统治的形式问题。日本军部提出了三种方案：一是扶植汉奸集团，建立名义上归中国中央政府管辖的亲日新政权；二是建立傀儡政权，即脱离中国本土的所谓独立国家；三是将中国东北并入日本版图，建立日本人的直接统治。

9月22日上午8时，关东军参谋长三宅光治少将召集关东军参谋坂垣征四郎、土肥原贤二、石原莞尔、片仓衷等人开会，决定实行第二种方案。根据会议决定，关东军制定了《满蒙问题解决方案》。这个方案，规定建立由日本支持，领土包括东北四省及蒙古，以宣统皇帝为元首的中国政权。它还规定这个政权的国防和外交由日本帝国掌管，交通、通信的主要部分也加以管理，而在国防和外交等方面所需要的经费由新政权负担。

为实现在中国东北建立傀儡政权的方案，日本侵略者在武装占领东北的同时就进行了一系列活动。

日本建立伪满洲国的第一步，是先成立省、县等各级伪政权。第一个投靠日本帝国主义的是吉林军署参谋长熙洽。为了借助日本的力量，达到复辟清室的目的，熙洽拱手将吉林奉送给关东军。接着，熙洽又主动充当日本走狗，与关东军共同策划在吉林成立傀儡政权。9月28日，熙洽就任伪吉林省长官，宣布脱离国民政府"独立"，成立东北第一个省级伪政权。在辽宁省，关东军于9月24日成立以汉奸袁金铠为头目的"奉天地自治维持会"（后改称"辽宁省维持委员会"），宣布脱离国民政府，建立"独立"政权，宣告了辽宁省伪政权的建立。11月20日，关东军将辽宁省改为奉天省，解散维持会，任命前辽宁省政府主席臧式毅为伪奉天省长。这是日本在东北扶植的第二个省级伪政权。东省特别行政区长官张景惠早就是一个与日本勾勾搭搭的亲日派，九一八事变时他正在沈阳。在坂垣的策动下，9月22日张景惠按照关东军的旨意，在哈尔滨成立"东省特别区治安维持会"，自任会长。1932年初，张景惠宣布脱离国民政府。这是日本在东北成立的第三个省级伪政权。

1931年11月19日，日本侵略军占领黑龙江省城齐齐哈尔后，急于建立傀儡政权，决定由张景惠为"黑龙江省"主席。但张畏惧黑省人民及马占山部队的抗日活动，迟迟未敢就任。直到1932年1月7日，张才在齐齐哈尔发表任职宣言。黑龙江省政权正式成立后，在关东军的指使下，成立了以村田悫磨为首的6人顾问、秘书班子，操纵"省政府"实权。这是日本在东北扶植的第四个省级伪政权。至此，东北四省区全部成立了伪政权，它为伪满洲国的成立打下了基础。

与此同时，关东军派遣特务头子土肥原贤二去天津会见溥仪，谎称帮助溥仪到东北重新登基，溥仪虽然半信半疑，但由于被复辟欲望所驱使，同意了土肥原的计划。11月8日，土肥原指使汉奸特务队在天津制造事端，乘混乱之机将溥仪劫出天津，于11月13日到达营口。11月18日，关东军将溥仪秘密送到旅顺，静观待机。

从2月5日至25日，关东军三宅、坂垣等人与各省伪政权头目，连日举行会议。2月17日，关东军决定成立伪"东北行政委员会"，由张景惠为委员长，具体筹划建立伪满洲国事宜。关于伪满洲国国体问题，关东军提出实共和制，但溥仪等人极力要求建立帝制。2月22日，坂垣专程到旅顺与溥仪进行会谈，重申要伪满洲国实行共和制，溥仪必须就任伪满洲国"执政"。2月25日，经日本内阁和军部同意，关东军提出建立伪满洲国的最后方案，规定"满洲国"国家元首称"执政"，年号"大同"，以红蓝黑白满地黄五色旗为"国旗"，以长春为"国都"，改称新京。2月29日，关东军又决定溥仪为伪满洲国执政，郑孝胥为国务总理，张景惠为参议府议长。至此，伪满洲国的筹备工作宣告结束。

3月1日，关东军发表伪满洲国"建国宣言"。3月9日，在长春举行了溥仪就职典礼，溥仪在一批日本文武官员和大小汉奸的簇拥下粉墨登场，就任执政。

10日，溥仪公布了关东军拟定的"政府"成员名单：国务总理兼文教部总长郑孝胥，民政部总长兼奉天省省长臧式毅，军政部总长兼黑龙江省省长马占山，财政部总长兼吉林省省长熙洽，外交部总长谢介石，司法部总长冯涵清，实业部总长张燕卿，交通部总长丁鉴修。并任命赵欣伯为立法院长，于冲汉为监察院长，张景惠为参议府议长兼北满特别区长官，汤玉麟为参议府副议长（未到任），袁金铠、罗振玉、张海鹏、贵福为议员。

同日，溥仪和日本签订了一份密约将伪满洲国的国防、内政及人事任免权全部交给关东军。其主要内容是："（1）敝国即'满洲国'关于日后之国防及维持治安，委诸贵国，而其所需要经费，均由敝国负担。（2）敝国承认贵国军队凡为国防上所必要，将已修铁路、港湾、水路、航空等之管理权及新路之修筑，均委诸贵国或贵国所指定之机关。（3）敝国对于贵国军队认为必要之各种设施，竭力援助。（4）敝国参议府挑选贵国知名卓识的国民任为参议，其他中央及地方各官署之官吏，亦可任用贵国人，而其人选之选定，由贵军司令官保荐，其解职亦应商得贵军司令官之同意。前项参议之人数及参议总数有更改时，若贵国有所建议，则依两国协议增减之。"① 这一密约的签订，充分说明"满洲国"是一个彻头彻尾的傀儡政权。

日本帝国主义为了把"满洲国"打扮成"独立国"，自欺欺人地于同年9月15日表演了一出正式承认"满洲国"的丑剧。当天，日本关东军司令兼日驻满特命全权大使武藤信义和"满洲国"国务总理郑孝胥在长春签订了《日满议定书》，其主要内容有："（1）满洲国在将来，即日满两国尚未另行签订约款以前，应确认日本国或日本国臣民在满洲国领域内根据以往日中两国间的条约、协定、其他条款以及公私契约所享有的一切权益予以尊重。（2）日本国和满洲国确认，对于缔约国另一方的安宁和存在的威胁，相约两国共同担负防卫国家的责任，为此需要日本国军队驻扎于满洲国内"②。这样，就确定了"满洲国"是日本的军事占领殖民地、日本是"满洲国"的宗主国的地位。

1934年3月，在溥仪的强烈要求下，伪满洲国更名为"满洲帝国"，溥仪以出卖主权为代价，满足了自己的复辟欲望，由执政变成皇帝。伪满洲国的成立，为日本帝国主义扩大侵华战争，提供了前进基地。

---

① 复旦大学历史系日本史组编译：《日本帝国主义对外侵略史料选编》（1931—1945），上海人民出版社1983年版，第26页。

② 复旦大学历史系日本史组编译：《日本帝国主义对外侵略史料选编》（1931—1945），第68页。

伪满洲国成立后，日本侵略者就从政治、经济、军事各个方面控制了这个十足的傀儡政权，使之成为日本帝国主义在东北推行残暴的殖民统治的重要工具，在各个方面，实行了严格而残暴的法西斯主义的恐怖统治。

日本侵略者用残酷的屠杀以及所谓的"治安肃正"、"集团部落"等恶毒手段，镇压了东北人民的反抗，强化其武装占领。日本当局和垄断财团通过"满铁"、"满业"等各种机构，贪得无厌地掠夺东北资源，侵占农民土地，压榨人民的血汗。同时，日本侵略者还进行法西斯奴化教育，妄图根除中国人民的民族观念。在日本法西斯的血腥统治下，东北人民备受凌辱和摧残。

日本侵略者除了在各地驻有关东军外，还把它的宪兵、警察、特务遍布于东北各城市乡村，建立起一套警察和特务的体系，实行了恐怖的黑暗统治，动辄以"抗日嫌疑"为罪名屠杀中国人民，在日本统治期间，大规模屠杀中国人民的惨案不断发生，如1932年6月15日对辽宁省抚顺平顶山400多户共3000多人的大屠杀；1932年对今丹东附近南岗头全村270多人的屠杀；1935年对吉林省舒兰县长安、万寿、桂蒙、新安一带300多户5000多人的屠杀；等等。

在政治上，日本侵略者还普遍实行保甲制，以区为单位组织保，设保长；以村或数小村为单位组织甲，设甲长；十家为一牌，设牌长。保、甲、牌内各户互相监督，实行连坐，倘若发现有1户从事反满抗日活动或与抗日游击队有联系时，则要株连牌内其他9家，可谓10家连坐，互相监视；1家犯法，9家同罪。在农村，日本侵略者为了绞杀抗日联军的武装斗争和割断其与人民群众的鱼水联系，大搞"归大屯"的恐怖政策，即把住在山沟里的居民强迫搬到开阔无山地带，组织所谓"集体农村"（或谓集团部落），周围筑有五六尺高堡垒，墙上架有铁丝网，墙外挖有深沟，四周和各门口筑有哨所或炮台，"大屯"内驻有敌伪的地方武装，出入"大屯"都要凭满洲政权下发的"良民证"。这种政策首先在1932年从吉林省延边地区开始实行，1934年12月3日伪满政权发布了"关于建设集团部落"的通令之后，1935年扩展到奉天、安东等省，到1936年，在黑龙江省广大地区已普遍推行。据不完全统计，至1938年，日伪在东北各地共建立 12500 多个集团部落。

日寇还大规模制造"无人区"和"人圈",热河承德等 10 县共 64 万多户人家,被赶进"人圈"的就有 21 万多户。平泉、承德等 6 县的"无人区"达 3462 平方公里,占总面积的 10%。

与此同时,为了从思想上、肉体上推行其灭亡中国的政策,日本侵略者还诱骗东北人民广种鸦片。从此,许多良田变成毒地,据 1940 年"日本满洲国年鉴"的记载,仅所谓法律许可种鸦片的亩数是:1933 年 94.1 万公顷,1934 年是 106.6 万公顷,1935 年是 69 万公顷,1936 年是 88 万公顷,1937 年是 103 万公顷。据 1937 年敌伪调查的材料,东北已登记吸鸦片有瘾者 5901913 人,尚未登记及嗜好鸦片者则更多。伪满政府从收买和销售鸦片中获得厚利,如 1933 年销售 770 万两值 550 万元,1934 年销售 380 万两值 1440 万元,1935 年销售 770 万两值 2820 万元,1936 年销售 1010 万两值 3860 万元,1937 年销售 1230 万两值 4780 万元。日本侵略者的毒化政策使东北各地毒物充斥,娼妓遍市,赌博漫开,极大地毒害了人民的身心健康。

在经济上,日本侵略者依照所谓"日满经济一体化"的方针,完全控制和操纵了东北的全部经济命脉,并进行疯狂的掠夺。

1935 年 3 月 23 日,苏联和日本、伪满洲国签订了损害中国主权的让受中东铁路协定。日伪以 1.7 亿元换得了全长 1700 多公里的中东铁路及其附属财产,后由"满铁"管理。从此以后,"满铁"完全垄断了东北铁路交通的经营权。

"满铁"除了垄断东北铁路经营权之外,"九一八"前还夺取了抚顺煤矿、鞍山铁矿的开采权。"九一八"后,又占领了复洲煤矿、八道壕煤矿和西安煤矿(即辽源煤矿),设立了昭和制钢所。"满铁"垄断资本以办"参入公司"的形式,渗透到东北的工业、矿业、交通、电气、瓦斯、土木、信托、金融、保险等各经济领域。到 1934 年,这种公司已有 57 个之多。

日本占领东北之后,对东北煤炭资源的掠夺,除了"满铁"外,主要是由"满洲炭矿公司"进行的。"满炭"成立于 1934 年 5 月,由伪满洲国和"满铁"折半投资。成立时资本为 1600 万元,到 1940 年,资本为 3 亿元，6 年中资本增加了 19 倍，完全垄断了东北煤炭生产。"满炭"不只垄断了东北的煤矿，还控制了东北的石油、轻金属、铁、油页岩、铝矿等。

日本制造了伪满洲国后，于 1932 年 7 月设立了一个伪中央银行，而且还设立了总、分、支行共 128 个。撤销了原来中国东北的东三省官银号、边业银行、吉林永衡官银号、黑龙江省官银号等"四行号"，从而垄断了货币发行，集中了信贷管理。

日本通过对东北金融、工业、交通等方面的垄断，实现了对东北经济命脉的控制，从而更加贪婪地、无止境地掠夺东北的资源和剥削东北人民。

日本侵略者还大肆掠夺东北的农村。日本通过伪满洲国实行所谓新国家主义的土地制度，首先以处理官地、公地为名，占领了清室残留地、吉林旗属官地、吉林驿站官地、吉林官仓之田、奉天省官地、东省特别区官地、"国有荒地"、"国有林"等。

日本大量地夺占土地是以"收买"为名义实现的。1934 年 1 月，日本关东军以"东亚劝业公司"为工具，在依兰"收买"了百万公顷以上的土地。当时依兰的地价：每垧熟地，上等为 121.4 元，中等为 82.8 元，下等为 58.4 元。每垧荒地：上等为 60.7 元，中等为 41.4 元。但日本占领者宣布，不论荒地、熟地每垧一律 1 元。这实际上是无代价的夺取！

日本侵略者夺占耕地的主要目的，是为其向东北移民作准备。1932 年至 1936 年，日本共进行 5 次武装移民，人数达 7296 人。1936 年，日本侵略者又制定了 100 万户的移民计划。到 1945 年 8 月日本投降为止，据日本外务省调查，向东北移民约 270428 人。到 1944 年末，日本移民占地达 152.1 万公顷，约占当时东北全部耕地面积的近 1/10。

同时，日本侵略者运用其政治、经济和军事的力量，完全垄断了东北全境的商品市场。从 1932 年 7 月以后，日本侵略者完全控制了东北境内各商埠海关。为了在东北倾销日货和掠夺工业原料，伪满政府秉承日本侵略者的旨意，先后在 1933 年 7 月、1934 年 11 月和 1935 年 11 月，修改了进出口货物的协定税率，许多日货还给予免税，从而使日货充斥东北市场。自 1932 年至 1937 年，日本输入东北的商品增加了 3 倍以上，东北输向日本的原料，尤其是军需工业原料，1937 年比 1932 年增加了 36.4%。在农村，日本侵略者也进行大肆掠夺活动，如强迫农民缴纳大豆、玉米和小麦等农产品，使东北成为日本的"东亚之仓"。

在文化教育方面，日本侵略者极力推行其法西斯的奴化教育。日伪小学取消中国历史、地理课，要学生学习所谓"大日本"地理，把中国的东北和苏联的西伯利亚都划入日本的"版图"。日伪当局还开办大批日语专修学校、专修班，强迫学习日语，向青少年和成年人灌输"东亚新秩序"、"日满协和"和"王道政治"等思想，以麻醉中国青少年，摧残中华民族意识。此外，在日本关东军司令部的领导下，还成立了所谓"青年爱国者协会"，其任务旨在对群众进行"王道国家之国民精神"的宣传，"教育他们尊重日本，效忠日本"。这个协会是日本侵略者进行反动宣传的总机关，它在东北各地拥有 2917 个分会，其中有 73 名关东军军官在其总部工作。日本侵略者推行奴化教育的罪恶目的，是妄图从思想上解除中国人民的武装，以巩固其在东北的残暴法西斯统治。

（三）东北人民的英勇斗争

日本帝国主义的野蛮侵略和残暴统治，激起东北人民的无比仇恨。从日本关东军的铁蹄踏入沈阳那天起，东北人民就向日本侵略者展开不屈不挠的反抗斗争。

9 月 27 日，流亡到关内的东北各阶层知名人士成立"东北民众抗日救国会"，由卢广绩、高崇民、王化一等人负责。救国会多次揭露日本鲸吞中国东北的阴谋；派出大批政工干部回东北各地协助义勇军进行抗日斗争；创办《东北通讯》、《复巢月刊》和《救国旬刊》等救亡刊物来唤醒民众的抗日觉悟。11 月 5 日，救国会组织 600 余人的请愿团到北平车站卧轨，向旅客做抗日宣传，终于将南下列车变成了请愿专列。10 日，请愿团抵达南京，冒着倾盆大雨，饥肠辘辘，要求躲避不见的蒋介石出来接见。

一些地区的工人、农民使用原始武器，利用宗教行会活动，组织了"大刀会"、"红枪会"、"黄枪会"、"救世军"等武装，进行抗日斗争。

东北工人还使用各种手段打击日本侵略者。沈阳工人不畏强暴，坚持罢工。兵工厂的工人不愿替敌人生产屠杀同胞的武器，3万多人离厂。吉海铁路工人炸桥梁、扒军车，撬铁轨，使日军的运输线一时陷于瘫痪。中东铁路中国工人用转移机车和车辆的方法来阻碍日军的行动。大连码头、机车铁道工人组成"大连放火团"，专门放火焚烧日军军用物资。他们使用一种香皂形的固体定时爆燃火药，曾创造了一个月内烧毁大连码头四个主要仓库的最好战绩。

与此同时，不愿做奴隶的各阶层人士，纷纷高举义旗，拿起土炮、洋枪、大刀、长矛，掀起了汹涌澎湃的反侵略反压迫的武装斗争浪潮。在白山黑水之间，遍地燃起民族解放战争的抗日烽火；从城市到乡村，到处发出打倒日本帝国主义的吼声。各种抗日武装如游击队、义勇军、红枪会、大刀会、山林队等像雨后春笋般纷纷出现。

起初，进行武装抗日的力量主要是东北军，在东北军的抗日活动失败以后，则主要是由原东北军部分爱国官兵和各阶层人民组成的义勇军，此外还有中国共产党领导的游击队。在"九一八"后一年多的时间里，义勇军如燎原野火，发展迅猛，但无统一指挥，各不相属，各自为战，名称不一。有"东北民众自卫义勇军"、"民众救国军"、"抗日义勇军"、"民众自卫军"、"山林反日游击队"等。这些抗日武装成分比较复杂，其中农民约占50%；原东北的军警官兵约占25%；曾当过绿林土匪的约占20%；知识分子和工人、商人、绅士、地主约占5%，他们是这个时期东北抗击日本侵略者的主要力量。

由于日本的侵略魔爪首先伸向辽宁，因此辽宁人民率先组织抗日武装，在辽西、辽南地区，义勇军反日斗争如火如荼。主要有黄显声领导的辽西义勇军（又称东北民众抗日义勇军），包善一、韩色旺领导的辽北义勇军（又称辽北蒙边骑兵），李纯华领导的辽南义勇军（又称东北民众抗日救国军），唐聚伍领导的辽东义勇军（又称辽宁民众自卫军），邓铁梅领导的东北民众自卫军和苗可秀领导的中国少年铁血军。吉林省的义勇军战斗力强，主要有李杜、冯占海等率领的吉林自卫军，王德林率领的吉林国民救国会（又称中国国民救国军），冯占海和李文光率领的吉林省抗日义勇军，黑龙江省的义勇军有苏炳文领导的东北民众救国军，李海清领导的民众自卫军，朴炳珊和邓文领导的黑龙江抗日军（又称黑龙江省民军）。

邓铁梅领导的"东北民众自卫军"是义勇军中的佼佼者。1931年12月袭击凤城的战斗，是辽东三角地区抗日武装力量进行的一次大规模的军事进攻。当时凤城约有日军200人，伪军200余人。邓铁梅在摸清敌人兵力布置后，先派一批智勇双全的队员潜入城内作内应。12月16日夜，义勇军以白皑皑的大雪作掩护发动进攻，一举打死日伪军警50多人，缴获大批武器弹药，并砸开监狱释放了50名爱国人士。凤城站日本站长事后心有余悸地说："从那以后，大约一周左右根本不能入睡。"[①]

日军占领锦州后，1932年1月6日，被关东军吹嘘为"不可战胜"的"名将"古贺传太郎中佐率领日军混成第38旅骑兵第27团占据锦西县江家屯。9日上午，古贺率领50多名骑兵和28名步兵"扫荡"义勇军。古贺临出发前趾高气扬地说："我所到之处横行无阻，一个小小的县城有什么可怕的，有几百名老百姓算不了什么。如果在中国老百姓面前示弱，岂不是丢了大日本皇军的脸面！"[②]10点钟，古贺所部在上起子、龙王庙附近遭到刘纯启领导的抗日义勇军袭击，死伤大半。古贺率残部后撤至通往县城的西园子，又被500余名义勇军痛击。古贺骑在马上指挥战斗，一颗子弹从他的左肩穿到右肋，另一颗子弹打穿其右侧的腹部，当即死亡。战斗到最后，共歼灭日军50余人，其中死伤少尉以上军官7名。"不可战胜"的古贺联队被义勇军击败，日本侵略者惊呼："这实在是满洲事变以来最大的悲惨事变"。锦西人民的抗日武装力量，和"七百年前成吉思汗的名字一样，以剽悍、敏捷、勇猛而震动全世界的民族"[③]。

从1932年3月到11月间，东北义勇军有了很大发展，较大的队伍增加到10多支，形成了30多万人的浩荡大军。东北义勇军以粗劣的武器和后援不足的30万之众，抗击着拥有飞机等精良装备、能进行立体联

---

① 温永录主编：《东北抗日义勇军史》（上），黑龙江人民出版社1987年版，第112页。

② 陈兴桥等：《日军古贺联队被歼》，见《从九一八到七七事变：原国民党将领抗日战争亲历记》，中国文史出版社1987年版，第377—378页。

③ 温永录主编：《东北抗日义勇军史》（上），第112页。

合作战的 20 多万日伪军，并歼灭了大量敌人。

1932 年，义勇军经过血战，从侵略军手中夺回县城 40 多座，曾一度在部分地区消灭或驱逐了日军的侵略势力。在辽东南的丹东、岫岩、凤城之间方圆百余里；松花江以南，哈长线以东，延边及吉敦路以北等 13 个县区；东边道的通化、桓仁、临江、辑安、柳河、金川、辉南、宽甸、新宾、清源等重要县城，都曾成为义勇军的根据地或控制的地区。

在敌占区，义勇军经常袭击敌人的兵营，攻打城镇、拆铁道、炸桥梁、颠覆兵车，割电线杆、切断电讯联系，使敌人月无宁日，忧心忡忡。据沈阳日本军部统计，1932 年 3 月，义勇军袭击南满地区达 115 次，安东（今丹东）128 次，辽阳 48 次。在一年之中，义勇军袭击沈阳 11 次，袭击长春 6 次，加上袭击辽、吉两省其他重要城市，共 30 次以上。同时烧毁了沈阳、哈尔滨等地的飞机场，破坏了抚顺日本发电所。

1932 年 3 月 9 日，"满洲国"举行溥仪就任执政典礼时，伪国都长春之交通部、实业部均被义勇军炸毁。当晚，在沈阳的日伪群丑正弹冠相庆之际，义军 500 人攻破大北边门，直入北关，击毙击伤日宪兵、伪警察数十人。

同年 8 月下旬，辽南义勇军对日伪在南满的统治中心沈阳发起了进攻，占领东塔机场并点燃机场油库，焚毁敌机 27 架。

在九一八事变后短短的几个月时间内，义军四起，战旗林立，势如风起潮涌。到 1932 年 2 月，东北各地的义勇军 16 万多人，给日军以沉重打击。据日本奉天总领事馆调查，从 1931 年 11 月 1 日至 12 月 20 日，义勇军仅袭击铁道附近的日军就达 1529 次。据日、伪官方报告所载，自九一八事变到 1933 年 2 月止，日、伪军战亡人数为 6541 人；日军运回国内的死尸，每月平均达到 50 具。日关东军参谋长三宅在 1932 年 4 月回东京的途中哀叹："关于东北暴徒之根本讨伐，实为极难之事，因其集团作乱，不易治平，且非一朝一夕所能收效。自奉天事变发生后，我军对安奉线附近暴徒中心地之讨伐不下 62 回之多，结果收效甚微"[1]。

---

[1] 陈清晨：《东北义勇军之考察》，见《申报月刊》第 1 卷第 3 号，1932 年 9 月 15 日。

对于东北人民的抗日斗争，中国共产党积极地进行了组织和引导。

1931年10月12日，中共中央指示满洲省委：建立自己领导的游击队，驱逐日本帝国主义出满洲。同时，周恩来以《日本帝国主义占领满洲与我党的当前任务》为题发表文章，提出党应领导和组织民众救国义勇军，赶走日本帝国主义。文中强调指出："反帝的民族革命运动是要动员广泛的群众来参加，而且要长期的支持这一运动，才能取得最后的胜利"。"现在救国义勇军的组织已成为工农劳苦群众普遍的要求。我们要领导工农及一切被压迫民众自己组织自己武装的救国义勇军。"①

11月中旬，中共满洲省委召开会议，根据中央指示研究了创建抗日游击队，开展游击战争的问题。会议作出决定，要求加强党对创建游击队工作的领导，举办训练班培养游击队骨干，夺取敌人武装，创办刊物指导游击队工作，派出巡视员具体指导各地创建游击队的工作。11月底，满洲省委机关遭到破坏，省委书记张应龙被捕。省委除派童长荣（当时任大连市委书记）去群众反日斗争基础较好的东满地区，组织与领导抗日斗争外，创建游击队的工作暂时陷于停顿。

1932年1月，中共满洲省委制定了《抗日救国武装人民群众进行游击战争》这一纲领性文件。文件指出：只有人民群众起来，只有在群众斗争中创建党直接领导的人民武装，才能保证彻底抗日救国，同时，党应以这样的武装为核心力量，支持、援助和联合其他非党的一切抗日武装力量共同反抗日本侵略者。

此时，中共满洲省委和东北各地党组织，派出许多优秀干部深入农村创建党领导下的抗日武装。如派中共满洲省委军委书记杨靖宇、杨林到南满工作，大连市委书记童长荣到东满工作，省委军委书记赵尚志到巴彦、珠河工作，省委秘书长冯仲云到汤原工作。至1933年初，在他们领导下相继建立了巴彦游击队、南满游击队、海龙游击队、东满游击队、宁安游击队、汤原游击队、海伦游击队，随后又建立了饶河、珠河等游击队。此外，还掌握了抗日救国游击军等数支武装。这些游击队经过一

---

① 《国闻周报》第20期，1931年10月21日，第12—13页。

年多的艰苦战斗，打退了日伪军对南满、东满等游击区的多次进攻，攻占了东宁、安图等县城，进行了团山子、八棵树、马家大屯、二道河子、杨木林子等上百次战斗，消灭日伪军 1000 多人。

由于中共满洲省委中共临时中央"左"倾冒险主义的影响，执行了与苏维埃区域相同的过左政策，使得东北的抗日斗争受到了一定影响。1931 年 1 月 26 日，中共驻共产国际代表团以中共中央的名义，发出《给满洲各级党部及全体党员的信——论满洲的状况和我们的任务》。这封信虽然还没有彻底摆脱"左"的影响，但它根据日本独占东北所引起的阶级关系的变化，首次提出在东北组织全民族的抗日统一战线的策略，对指导东北中共党组织转变斗争策略起了作用。5 月，中共满洲省委根据 1 月 26 日指示精神，召开扩大会议，总结九一八事变以来工作的经验教训，决定扩大党独立领导的抗日游击队，执行民族革命统一战线的策略。会后，各级党组织主动去争取团结各种抗日力量，收编和改造各种义勇军。到 1933 年底，中共直接领导下的各地游击队已发展成为东北抗日游击战争的主力，杨靖宇、李红光等领导的南满游击队于 1933 年 9 月改编为东北人民革命军第一军独立师，1934 年 11 月又扩编为东北人民革命军第一军，由杨靖宇任军长兼政治委员，活动于磐石、海龙、东丰、西丰、辉南、通化、柳河、宽甸、桓仁、集安、濛江、抚松等县。童长荣、王德泰等领导的东满游击队于 1934 年 2 月改编为东北人民革命军第二军独立师，于 1935 年 5 月又改编为东北人民革命军第二军，王德泰任军长，魏拯民任政治委员，活动在延吉、汪清、和龙、安图、珲春等县。赵尚志、李兆麟（张寿篯）等领导的珠河游击队于 1934 年夏改编为东北抗日游击队哈东支队，1935 年 1 月扩编为东北人民革命军第三军，赵尚志任军长，冯仲云任政治部主任，活动在珠河、宾县、方正、延寿、五常、阿城、双城、榆树、苇河等县。以李延禄领导的密山游击队为基础于 1934 年秋组成抗日同盟军第四军，李延禄任军长，吴平任政治委员（未到职），活动在宁安、密山、勃利、穆陵等县。以周保中等领导的绥宁游击队为基础于 1935 年 2 月组成反日联合军第五军，周保中任军长，柴世荣任副军长，活动在绥芬河市及宁安、穆陵、勃利、额穆、敦化等县。冯仲云、夏云杰等领导的汤原游击队于 1935 年春扩编为汤原游击总队，1936 年 1 月改编为东北人民革命军第六军，夏云杰任军长，李兆麟代理政治部主任，活动在汤原、萝北等县。到 1935 年底，中共满洲省委领导的抗日游击队发展为 6 个军，共 6000 余人。

这些游击队依托山区，化整为零，开展游击战争。伏击日伪"讨伐"军，袭击铁路交通线，使日伪军疲于奔命。据伪满铁路总局统计，1934 年 1 月至 10 月，奉天、长春、哈尔滨、洮南 4 个铁路局所辖各铁路遭袭击 543 次，全东北铁路平均每月遭袭击约 100 次。抗日游击队在极其艰苦的条件下，得到了发展和锻炼，也遭受了很大损失，涌现出不少英雄人物。其中第三军第二团政治委员赵一曼就是其杰出代表。在 1935 年 11 月伪军对哈尔滨东部地区的"讨伐"中，她率部在左撇子沟与日伪军激战一日，受伤被俘，后英勇就义，表现了不屈不挠的英雄气概。

东北义勇军的游击队的英勇斗争，极大鼓舞了东北人民乃至全中国人民的抗日斗志。他们为湔雪国耻而创造的业绩和爱国献身精神，在中国人民的抗日战争史上占有不容抹杀的地位。

四、长城抗战和察哈尔抗战

日本武力侵占东三省后不久，又把触角伸向热河、察哈尔和长城，中国人民则在长城沿线和察哈尔地区进行了英勇的抵抗。

（一）榆关抗战和热河沦陷

热河省地处辽宁、察哈尔两省之间，南与河北省为邻，长城横贯其南境。1932 年 4 月，日军第八师进入东北，配置在辽西，受命秘密准备侵热。7 月，该师借口一名叫石木权四郎的关东军特务被抗日义勇军抓获，派兵进入热河省境，向朝阳寺中国驻军发动进攻，并占领该地。年底，日本又从国内调遣第六师到东北，与第八师一起准备进攻热河。此外，关东军还积极收买土匪、招募伪军，建立所谓"谋略部队"，作为执行日本侵华阴谋的工具。

为侵占热河省，日军把矛头指向榆关。榆关即山海关，位于万里长城东端，北依燕山，南临渤海，地势险要，扼辽、冀之咽喉，为平津之屏障，素有"天下第一关"之称，自古即为军事重地。1900 年八国联军侵入中国，逼迫清政府于次年签定不平等的辛丑条约，规定英、美、法、日等 11 国有权在秦皇岛、山海关等战略要地驻兵。自此，日本就在秦榆两地驻军。九一八事变后，日军开始在榆关增兵，特别是 1932 年初日军夺取锦州后，关东军又以第八师进占兴城、绥中等地，并将驻榆关的兵力增至 3000 人以上。

从 1932 年 5 月开始，日军便多次挑起事端，制造侵略的借口。面对日军的步步进逼和挑衅，国民政府北平军分会于 1932 年 7 月命令设置临永警备司令部，任命东北军独立第九旅旅长何柱国兼任司令。管辖临榆、抚宁、昌黎、卢龙、迁安 5 县和都山设治局；统率步兵约 2 万人，防守榆关地区。

1933 年 1 月 1 日 23 时左右，日军守备队长落合在榆关宪兵分遣队和守备队派出所前面，制造了手榴弹爆炸事件。事发后，落合贼喊捉贼一方面派人向中国驻军领导人何柱国提出抗议，一口咬定系何部所为；一面借机指挥部队向南关和车站进攻，并电关东军和天津驻屯军司令官请援。当晚来犯日军均被中国守军击退。

2 日凌晨 1 时，日方向中方提出四项条件：（一）南关归日方警戒；（二）撤退南关驻军；（三）撤退南关警察及保安队；（四）撤退城上守兵，并限时答复。中国方面表示："俟天明调查真相后，再开始交涉。"3时，日方又向中方提出说："本事件无须调查"，并要求将前所提到之第四项条件改为"将南门开放，门里及城墙上均须归日军警戒"，"否则即以武力夺取南关"。中方坚决拒绝。

当天上午 9 时，日军守备队 30 余人用木梯攀登南关城墙进行挑衅，被中国守军击退。10 时许，日军 3000 余人，又在飞机、火炮和坦克支援下大举进犯，企图从南门突破。中国守军沉着应战，至 17 时许，日军不支而去。

3日10时，日军增援部队加入战斗，在飞机、军舰和坦克的掩护下，侵犯榆关东南城角和南门附近，中国守军以步机枪、迫击炮和手榴弹顽强抗击。经过激烈争夺，双方互有胜负。至14时，日军发起总攻，炮火更加猛烈，城内多处起火，东南城角、南门、西南水门等处均有激战，守军伤亡殆尽。团长石世安率预备队与敌坦克作殊死巷战后，多数壮烈牺牲，只有十几人在他率领下由北水门退出，榆关失陷。4日，日军又攻占五里台。10日，日军再占九门口。

榆关之战，中国守军第九旅以一个团不足2000人之众，与日本陆海军相配合的强敌3000余人激战3日，表现了中国爱国官兵守土抗战的精神，打击了日军不可一世的侵略气焰，振奋了民族精神，揭开了华北抗战的序幕。

日军攻占榆关正值国际联盟开会，引起与会各国的反响。美国反对日本扩大战争的行为，苏联也表示不满。在这种情况下，日本一面由外相内田向美、英、法、俄、意五国驻日大使声明，事态"不再扩大"；另一方面加紧侵略准备，等待国联开会结果。日方除了继续制造侵热舆论以外，还积极调动军队，进行侵热军事部署。

日军攻占山海关后，日本军部和关东军决定乘机发动热河作战，陆相荒木贞夫甚至主张派遣3个师的兵力，在中国山东青岛登陆，向平津进军。关东军调集第六、第八师和第十四混成旅等兵力，准备大举入侵热河省。1月27日，关东军司令官武藤信义上将下达进攻热河的作战命令。日军的作战方针是：首先进攻热河东北部，把中国军队牵制于热河北部；接着向热河南部进兵，把热河与河北隔断；然后将热境内的中国军队压向西南或西南面而聚歼之。

2月下旬，日军第六、第八师等部及伪军数万人，在飞机、坦克支援下，向热河发动总攻。

日军第六师约万人在伪满军刘桂堂等部配合下，分别向开鲁至朝阳寺一带进犯，然后西取赤峰、全宁等地。中国守军以第五军团、第六军团共10个旅约5万人迎击日军。23日晨，日军逐次从集结地出发，向预定目标攻击前进，驻开鲁的第七骑兵旅，一接战即向林东溃退（3月上旬投敌）。日军第六师及伪军各一部于24日占开鲁,26日占兴隆地和下洼。28日,日军第六师一部向赤峰攻击前进,3月1日抵达赤峰附近。2日拂晓,日军向赤峰发动进攻,孙殿英部第一一七旅进行抵抗。战至次日深夜,该旅撤退,日军随即占领赤峰。

与此同时,日军第八师及伪军丁强等部由义县向北票、朝阳、凌源方向进犯。中国守军第四军、第五军各一部共3个师、1个旅迎击日军。日军第八师以步兵第四旅为先遣队于2月22日占领北票后,开始向朝阳进攻,25日占领朝阳。3月1日,日军又以步兵第十六旅为挺进队,分100多辆汽车从朝阳出发,当日下午于叶柏寿附近击退守军的阻击,2日占领凌源。3日下午,日军一部乘汽车向承德追击。热河省政府主席汤玉麟闻讯惊慌失措,谎称去前线督战,征集大批汽车,将大批金银财宝鸦片送往天津租界。他本人亦于4日晨率部离开承德,向滦平方向逃跑。当日11时50分,日军先头部队128人兵不血刃地侵占承德。不久,热河全省沦陷。

国民政府曾认为:"热河为北方屏障,且多天险,政府已有准备,至少可守3个月。"[1]结果从日军开始攻热河到承德失守,前后不过10余天,8万大军仓皇败走,19.21万平方公里的锦绣河山沦陷敌人手中。

热河沦陷后,举国上下一致谴责国民政府和蒋介石及张学良。3月7日,南京国民政府监察院高一涵等6名委员,对失职者提出弹劾案。蒋介石为平息众怒,把失地的责任完全推给张学良。张学良被迫于3月8日向国民政府引咎辞职。3月12日,国民政府发布准张学良辞职及派何应钦兼代北平军分会委员长的命令。张学良于当日飞沪,东北军改编为4个军,由于学忠、万福麟、何柱国、王以哲分别任军长,归北平军分会指挥。

（二）长城抗战和《塘沽协定》的签订

位于热河、河北交界处长城沿线的古北口、喜峰口、罗文峪、马兰峪等隘口,是热河通往河北和平津的咽喉,地形险要,易守难攻。早在2

---

[1] 中国现代史资料编委会:《从"九一八"到"七七"国民党的投降政策与人民的抗战运动》,上海人民出版社1958年版,第11页。

月10日，日本关东军在下达进攻热河的命令时，就要求所部不失时机地占领长城主要隘口。3月4日，日军占领承德后，即分兵向长城各口推进。参战兵力共有两个师、两个混成旅和飞行队等，共约8万人，另有伪满军数万人配合。

日军侵犯长城的部署是：以第八师主力、第十四旅、第三十三旅、骑兵第四旅，在伪军张海鹏等部配合下，分别由承德、凌源、绥中等地向古北口、喜峰口、义院口等处进犯，指挥官为关东军司令官武藤信义。至3月上旬，各路日军已先后抵达长城主要关口附近，与中国由热河至宽城以南地区的第四军、古北口地区的第六军等部形成对峙。

何应钦代北平军分会委员长后，以黄绍竑为参谋长，秉承蒋介石"一面抵抗、一面交涉"的既定政策，沿长城线布防，期望阻止日军前进。参战部队共7个军，共约25万人。

3月5日开始，退至长城附近的东北军在华北部队的支援下，在主要关口与进攻的日军展开了激烈的争夺战。

在冷口方向，担任防御任务的是第三十二军商震部。3月4日，日军混成第十四旅团先遣部队侵入冷口。6日，第一三九师反攻并收复冷口。19日以后，日军再次猛攻冷口北部第一三九师阵地。该师与敌苦战，并不时组织反击。经过反复争夺，终于将日军逐至冷口外10余公里的马道沟、肖家营子一带地区，并对峙至月底。

界岭口为第四军第一一六师防地。3月12日，日军混成第三十三旅由绥中进到界岭口附近，16日拂晓开始攻击。守军第一一六师稍事抵抗后即后撤，日军追至长城内郭家厂、石家沟一带，尔后退守界岭口。17日，第一一六师组织反击，占领了界岭口两侧长城上的敌楼，并从正面迫近敌人。日军于24日拂晓复攻界岭口，守军再度后撤。此后，两军处于相持状态。

喜峰口、罗文峪，群峰耸立，地形险要，是平东通往热东的交通要道，按照北平军分会的部署，第二十九军宋哲元部担任这一带的防御任务。3月9日下午，第二十九军先头部队刚到喜峰口，日军混成第十四旅一部追击至此，并占领了口门。第二十九军立即以一个团投入战斗，击退日军，才暂时稳住了口门的战局。10日晨，第二十九军主力先后到达滦阳城（今迁西西北）。立即接防喜峰口，并阻击进犯的日军。10 至 11 日，第二十九军与进攻喜峰口两侧阵地的日军展开肉搏战，几处高地，失而复得，争夺激烈，双方伤亡惨重。日军混成第十四旅首次遇到劲敌，遂以一部确保喜峰口，主力则集中在长城北侧待机。11 日夜间，第二十九军决定乘日军疲惫之际，令赵登禹旅长（带伤）率两个团，从左翼出潘家口，绕至敌右侧背，攻击喜峰口西侧高地之日军；令佟泽光旅长率另外两个团，从右翼经铁门关出董家口，绕敌左侧背，攻击喜峰口本侧高地之敌军；令王治邦旅长担任正面出击。当夜，赵旅官兵身背大刀，在夜暗中踏雪前进，12 日拂晓分别抵达北山土、三家子日军骑兵阵地和蔡家峪、白台子炮兵阵地，趁日军熟睡之际，手持大刀猛砍、猛杀，并将日军阵地的火炮和辎重、粮秣炸毁、烧尽。此战毙伤日军六七百人，打死日军植田支队长，破坏野炮 18 门；第二十九军亦伤亡副团长以下军官 14 人。日军受到这次打击后，暂时停止了对喜峰口附近的攻击，与第二十九军对峙。

日军在喜峰口受挫后，急调第八师步兵第四旅和骑兵第三旅各一部，在部分伪军协同下向罗文峪发动进攻，企图威胁第二十九军喜峰口阵地的左后方。防守该处的是第二十九军暂编第二师。3 月 17 日，日军在飞机和炮兵支援下，大举进攻罗文峪、山渣峪和沙宝峪。守军诱敌迫近，肉搏冲锋，战斗竟日，日军不支，向鹰手营子退去。18 日晨，日军再次猛攻上述阵地。守军依托城墙、碉堡，顽强抵抗。日军在猛烈炮火支援下，反复向守军冲击，第二十九军战士们待日军接近时，抽出大刀，跃出阵地与敌人肉搏，战至傍晚，将其击退。是夜，守军一个团由沙宝峪绕攻日军侧背；另一个团由左翼绕攻其后，正面守军也全线出击。战至天明，日军败退至梅花峪、古山子一带。至此，罗文峪北 5 公里内，已无敌踪。

喜峰口、罗文峪战斗，打出了中国军队的威风，"大刀队的威名几乎把现代化的精良火器都掩盖了"[1]。其中喜峰口之战，第二十九军官兵以报国雪耻的满腔热血，以伤亡 5000 余人的代价，取得了举世瞩目的

---

[1] 《文史资料选辑》第 14 辑，文史资料出版社 1961 年版，第 8 页。

战绩，使狂傲骄妄的日军受到极大打击。日本报纸曾发出如下哀叹："明治大帝造兵以来皇军名誉，尽丧于喜峰口外，而遭受 60 年来未有之侮辱，日支、日露、日独（日支即日中、日露即日俄、日独即日德——引者）历次战役，战胜攻取之声威，均为宋哲元剥削净尽。"① 喜峰口抗战的胜利，振奋了全国民心，正如天津《益世报》所指出："在此以前，许多领袖们，文的领袖们，武装的领袖们，都要我们相信，中国目前要想反攻日本，收复失地，是件绝对不可能的事。喜峰口一般英雄，又证明这个不可能实为可能。"②

古北口是由承德到北平最近的关口，地势险要，易守难攻，为华北之门户。3 月 4 日，日军占领承德后，即以第八师团主力向古北口方向追击。东北军王以哲部第一〇七师，在古北口外的老虎山和黄土梁一带，与追击日军激战两昼夜后于 9 日撤至关内，王以哲急调第一一二师沿长城以北布防，并准备与中央军第十七军共同防御古北口。此时尾追第一〇七师的日军已进抵长城附近。第十七军第二十五师于 10 日 4 时抵达古北口，刚部署完毕，日军第八师一部即在炮火的掩护下，作试探性进攻，数小时后退回原线。11 日拂晓，日军第八师主力在炮火掩护下，开始向守军发起进攻。防守古北口正面的第一一二师未尽力抵抗即放弃了阵地，日军迅速占领古北关口，并乘胜向守军第二十五师右翼龙儿峪阵地包围攻击。日军占领古北口后，未再进行追击。

3 月 27 日，日本关东军发布命令，决定越过长城线，向滦东地区进攻。31 日晨 4 时，日军在伪靖安军的配合下，由九门口、义院口向石门寨进犯。4 月 1 日占领石门，守军退守海阳、秦皇岛。4 月 6 日，何应钦调第六十七军王以哲部由平北东进，支援滦东作战。9 日，日军第六师主力在混成第十四、第三十三旅各一部配合下，连续猛攻冷口。至 11 日，防线被突破，全军退至滦河右岸，日军占领建昌营和迁安。由于冷口失陷，冷口两侧的中国守军腹背受到威胁，被迫后撤。4 月 11 日—14 日，在日

---

① 终南山人：《二十九军血战长城辑略》，北平东方学社 1934 年版，第 123 页。
② 天津《益世报》1933 年 3 月 19 日。

军分路猛攻下，驻守界岭口、喜峰口的中国守军均先后奉命向滦西撤退。日军跟踪追击，至17日全部占领了滦东地区。

日军越过长城，占领滦东，威胁开滦煤矿，英国曾向日本提出警告。日本天皇唯恐越过长城线引起国际纠纷，于4月19日责成参谋副总长真崎甚三郎令关东军撤出滦东。20日，关东军密令第六师于21日前逐次从滦东撤回长城线，但仍要保持威胁华北的态势。日军入侵滦东的目的除了迂回中国守军侧背，突破长城线外，就是策应华北的"谋略"工作。早在关东军开始进攻热河时，沈阳特务机关长坂垣征四郎即奉东京参谋部密令，担任华北策动国民政府内变的工作。可是时过半月，坂垣的计划都落空。东京参谋部和关东军看到坂垣策反无望，决定再次扩大战事。

5月2日，关东军参谋长小矶国昭在东京与参谋部、陆军省制定了沿长城作战，"以迫和为主，内变策动为从"的关内作战方案，经天皇批准后带回长春。据此，关东军司令官于5月3日下达入侵关内的作战命令，决定给中国守军以所谓"致命打击，挫折其挑战意志"。

根据关东军司令官的命令，日军第六师、第八师于5月上旬再次越过长城，从东、西两线向关内冀东地区发动大规模进攻。5月7日，东线日军第六师所属各部，分别从山海关、石门寨、抬头营、建昌营等地出发，在飞机、坦克、火炮掩护下，分数路向4月下旬日军撤出滦东后返回该地区的中国守军发动进攻。中国守军面对日军的总攻，缺乏充分准备和有力措施。5月9日，日军凭借优势火力，占领了抚宁、迁安、卢龙等地，然后集结于建昌营、吴庄附近地区，准备渡过滦河西进。中国守军西撤，滦东再次失陷。12日，日军第六师及混成第十四旅分别渡过滦河后，即分别向丰润、遵化等地追击。由于中国守军节节撤退，日军如入无人之地。至5月22日，日军相继占领滦县、遵化、玉田、蓟县、三河等县城，推进到蓟运河一线。

当日军第六师在滦东、滦西对中国守军发动进攻的同时，西线日军第八师主力亦于5月10日向新开岭地区的中国军队第十七军发动进攻。该军第八十三师和第二师轮番与日军激战。至13日，第十七军奉命经密云向怀柔和顺义以西一线撤退。日军尾追其后，于19日占领密云城。正当日军向怀柔、顺义追击的时候，中国守军第五十九军，由昌平侧击怀柔、顺义两地区的日军未果，乃退守该两县以北地区。

日军为了以更苛刻的条件逼迫北平当局与之缔结城下之盟，于5月20日决定加紧追击中国守军。22日，中国守军奉命退至平津城组织防御。23日、24日，日军第六、第八师各一部突破三河、宁河防线，陷香河、怀柔、宁河后，进逼通县、顺义，对北平形成了三面包围之势。

5月3日，南京国民政府行政院设立北平政务整理委员会，以黄郛为委员长。黄是亲日派分子的头子，被任命后并未即时就职，而是在上海和北平与日本人秘密接洽。当日军攻陷南天门中国守军阵地时，国民政府便以陈仪向上海日本驻华武官根本博中佐透露了停战意思。此后，何应钦也通过对日本驻北平武官永津中佐进行了各种活动。

5月15日，黄郛由南京北上。他路经天津答记者问时说："一面抵抗，一面交涉，本人此来，处处秉承中央意旨办理。"22日，日军参谋本部认为关内作战已近尾声，谈判的时机已经成熟，就指示永津中佐向关东军司令官请示停战谈判有关事项。关东军司令官指示永津可以开始秘密谈判。何应钦、黄郛等人决定答应日军的要求，派军使到密云关东军第八师司令部与西羲师团长商谈停战办法。

25日上午，北平军分会作战处长徐祖诒作为北平方面的代表，同北平日本大使馆武官一同抵日军第八师司令部商谈停战办法。当天12时，徐返北平，带回了日军提出的停战条件。下午，黄绍竑离平到江西庐山向蒋介石汇报。30日下午4时，中日双方代表在塘沽日本陆军运输部塘沽出张所内举行会晤。31日上午9时，双方委员在原地开正式会议。

谈判开始后，中国方面全权代表、北平军分会参议熊斌首先提出恢复战区（撤兵地区）原状、维持治安等意见书，关东军方面全权代表、关东军参谋副长陆军少将冈村宁次傲慢地表示："鉴于此次停战协定的性质，只需质问中国方面是否同意关东军所提示的协定案，故中国方面的提案，没有回答的必要"。这样，中国代表在日本方面提出的原案不允许修改一字的情况下签了字，并立即生效。

停战协定的主要内容如下：

（一）中国军一律撤退至延庆、昌平、高丽营、顺义、通州、香河、宝坻、林亭口、宁河、芦台所连之线以西、以南之地区。尔后，不越过该线，又不作一切挑战扰乱之行为。

（二）日本军为证实第一项的实行情况，随时用飞机及其他方法进行监察。中国方面对此应加保护，并给予各种便利。

（三）日本军如证实中国军业已遵守第一项所示规定时，不再越过上述中国军的撤退线继续进行追击，并且自动回到大致长城一线。

（四）长城线以南，及第一项所示之线以北、以东区域内的治安维持，由中国方面警察机关担任之。

上述警察机关不可用刺激日本军感情的武力团体。

（五）本协定盖印后，即发生效力。[1]

《塘沽协定》的签订，把热河在内的整个东北四省出卖给了日本帝国主义，而且把冀东、平北地区划为所谓缓冲区，主权已经丧失了一大半。《塘沽协定》签字后，中国军队于6月上旬完全撤出协定第一项所列地区。日本关东军司令官于6月5日下达撤退命令。到6月19日，第六师、第八师撤退完毕，但将骑兵集团留置于玉田附近，铃木旅团留于密云一带。继续监视中国军队的行动，为尔后对中国提出进一步的侵略要求，保持军事压力。

《塘沽协定》的签订，结束了日军进攻热河及长城各口、冀东、平北的军事行动，中国军队英勇的长城抗战也以失败而告结束。

（三）察哈尔民众抗日同盟军的抗战

在《塘沽协定》签字前夕，民族危机日益严重的时刻，以冯玉祥为首的一批爱国将领，和中国共产党合作，在张家口组织了抗日同盟军。

---

[1] 南开大学马列主义教研室中共党史教研组编：《华北事变资料选编》，河南人民出版社1983年版，第54—55页。

义旗初举，四方响应，察哈尔民众抗日同盟军迅速发展到近 10 万人。这是九一八事变以来，中日民族矛盾逐渐上升，国内阶级关系发生重大变化的反映。

九一八事变以后，冯玉祥积极主张抗战，并不断抨击不抵抗政策。1932 年 10 月 9 日，他由泰山到达张家口，开始了抗战的准备活动。他拒绝了蒋介石多次电请，坚定地在张家口组织抗日武装。

5 月 27 日，张家口市召开民众大会，有 3000 多人参加。宣布成立"察哈尔民众抗日御侮救亡大会"，会后举行了声势浩大的示威游行。当天，冯玉祥下达 3 项革新政治的通令：（一）免除苛捐杂税；（二）释放政治犯；（三）停止党费由公帑支付。此外，他还颁布了严惩贪污令，释放了在押的 4 名爱国青年，撤销了多种名目的税卡，创办了《抗日前线》、《民众日报》、《国民日报》、《老百姓报》等报纸。中国共产党特从平津地区选派优秀干部，到察哈尔从事工农兵参加抗日爱国斗争。中共张家口特委成立了前敌委员会，领导群众斗争。一场生机勃勃的抗日救国斗争，在察哈尔省广泛地开展了起来。

冯玉祥举起抗日旗帜，引起了国内外的重视，很多人民团体、社会名流以及一些高级将领纷纷致电拥护，表示支持，却遭到蒋介石集团的攻击与破坏。这时，热河伪满司令官张海鹏所部计划分两路进攻，一路由多伦西犯宝昌、康保，而后进攻张北；一路由沽源南侵独石口、赤城，威胁张家口侧背。6 月 1 日，敌飞机轰炸独石口。4 日，伪军进陷宝昌，8 日陷康保。张北告急，张垣震动。冯玉祥立即派部队前往张北布防，并派部队前往独石口抵御敌人的进攻。何应钦闻讯，数度派人劝冯取消抗日同盟军的名义，停止抗日的军事行动。冯给予严厉驳斥。

6 月 15 日，冯玉祥在张家口召开同盟军第一次军民代表大会。大会决定组织抗日同盟军军事委员会，作为代表大会闭会期间的最高领导机关，负责处理同盟军的军事、政治、财政、外交等重大事务。会议选举军事委员 35 人，候补军事委员 29 人。尔后，由军事委员会互推冯玉祥、方振武、吉鸿昌、宣侠父等 11 人组成常务委员会，徐惟烈任秘书长，冯玉祥为常务委员会主席兼总司令。

　　同盟军军事委员会成立后，组织了收复察东的战役。为打好这一仗，冯玉祥调集方振武的救国军、吉鸿昌的第二军、邓文的第五军、张凌云的第六军、李忠义的第十六军等部组成北路军，以方振武为前敌总司令，吉鸿昌为前敌总指挥，统一指挥作战。北路军分成左右两路，分别由吉鸿昌和方振武兼任总指挥，于6月21日开赴张北附近待命。共产党员掌握的第二师、第五师均为这次北征的主力。原在张北的察哈尔自卫军张砺生部及其他地方武装亦配合行动。

　　6月22日，张砺生部首战康保，经3小时战斗，收复康保。23日，同盟军兵分两路：左路军吉鸿昌、邓文、张凌云、张砺生部进击宝昌；右路军李忠义部直趋沽源。沽源伪军刘桂棠部于26日通电反正，使伪军张海鹏之一部陷于孤立，同盟军击退该部，收复沽源。7月1日，左路军在宝昌外围痛击伪军张海鹏、崔兴武等部。伪军遭打击后东逃多伦，宝昌又告收复。同盟军完全收复察东三县后，又乘胜发起多伦战斗。

　　多伦为察东重镇。既是冀、热、察、蒙之间的交通枢纽，又是塞外商业中心和军事要地，由日军骑兵第四旅和伪军一部固守。4日，吉鸿昌在大榆树沟主持军事会议，决定集中4个师，采取先发制人的方针，一举攻克多伦。7月23日，同盟军分路向多伦发动进攻。日伪军凭借工事与火力，拼命抵抗，攻城部队奋勇冲击。12日晨1时，吉鸿昌利用夜色再次组织猛攻。当攻城部队接近城垣时，潜入城内的部队立即鸣枪响应。同盟军乘势从北、西、南三门攻入城内。经3小时巷战，日伪军残部从东门逃窜。至此，失守72天的多伦遂告收复，察东四县全归同盟军之手，成为"九一八"以来中国军队首次从日伪军手中收复失地之举。在察东战役中同盟军歼灭日伪军1000余名，自己伤亡1600余人。

　　南京政府闻同盟军收复多伦，决定一方面派部队进入察省，一方面对同盟军分化瓦解。从7月9日起，庞炳勋、冯钦哉等部进驻沙城、怀来，王以哲、徐廷瑶等部进驻平绥路沿线，傅作义所部由绥远沿平绥铁路向察省逼进。冯玉祥被迫采取一面抵抗日伪军，一面阻止中央军入察的对策，调吉鸿昌、方振武等部回驻张北、宣化，由刘桂棠部防守多伦到独石口之线，孙良城部进驻宣化辛庄子，与中央军形成对峙局面。

　　这时，日本驻北平使馆武官柴山，为同盟军收复多伦走访何应钦，提出此事违反塘沽停战协定。同时，日伪军两万余人向察哈尔省推进，企图重新占领多伦、沽源等地。日军限令冯玉祥3日内让出多伦，否则将采取军事行动。冯玉祥下令，对敌人的进攻企图要严加戒备。这时，何应钦又派人赴张家口劝冯。7月28日，蒋介石、汪精卫从庐山电冯，提出勿擅立各种军政名义；勿妨害中央边防计划；勿滥收散军土匪；勿引用"共匪头目，煽动赤祸"。冯得电后，极为气愤，乃于30日发出通电说："吾人抗日，诚为有罪，而克服多伦，则尤罪在不赦，……祥屡次宣言，一则抗日到底，一则枪口决不对内，如'中央军'严禁抗日，抗日即无异于反抗日政府，则不但军事可以收束，即科我以应得之罪，亦所甘心。"①

　　当蒋、汪发电威逼冯玉祥时，蒋、汪政府已完成了进攻张家口的部署，对冯进行军事压迫。于是，同盟军内部出现动摇分化。7月30日，邓文被人暗杀，李忠义、冯占海部"自谋出路"，孙良诚称病休养。冯玉祥在日军和国民党军包围进逼下，在内部动摇和财政困难情况下，不得不表示，如宋哲元回察，他即交出政权，离察他去。8月6日，宋哲元动身回察，12日到张家口。14日，冯玉祥离张家口返山东泰山。

　　冯玉祥走后，同盟军大部被宋哲元收编。唯有吉鸿昌、方振武坚决抗日，并将所部改称"抗日讨贼军"，转战于丰宁、独石口、怀柔、密云等地。后在小汤山地区被商震、关麟征、庞炳勋等部，在日军的配合夹击下消灭。吉、方两人脱险逃出。吉鸿昌潜入北平，转回天津。方振武辗转到达香港。至此，名震一时的察哈尔民众抗日同盟军完全瓦解。

　　11月9日，吉鸿昌在天津被捕，由法租界工部局引渡到天津市公安局，又转解到第五十一军拘留所。在法官审讯时，吉大义凛然，慷慨陈词。当法官要他交出共产党地下工作人员名单，否则就要刑讯时，他瞪大眼睛，盯住法官，冷笑一声说："我抗日是打日本鬼子救中国，做地下工作，是为中国人民求解放，我随时准备被捕，随时准备坐监，随时准备杀头，生死早置之度外，你用一句刑讯的话，想吓唬住我，那是想错了，我是一

---

① 《文史资料选辑》第14辑，第126页。

岁一岁长大的，又不是吓唬大的！"法官张口结舌，面面相觑！ 11 月 24
日，吉鸿昌就义于北平陆军监狱。他就义时留下悲壮诗句："恨不抗日死，
留作今日羞。国破尚如此，我何惜此头。"

察哈尔民众抗日同盟军的崛起，是冯玉祥等爱国官兵响应中国共产
党团结抗日号召，举起武装抗日旗帜，进行联合抗日的一次伟大尝试，
得到了全国主张抗日的各派政治势力及广大民众的支持和称赞。它将近
半年的英勇奋战，打击了日军的侵略气焰，鼓舞了全国民众的爱国热忱，
推动了北方各省以至全国的抗日斗争。

五、华北事变和一二·九运动

《塘沽协定》签订后，日本侵略者便把矛头指向了华北，妄图将华
北 5 省（冀、察、晋、绥、鲁）变为第二个"满洲国"。日本采取的方针，
与武力强占东北不同，打算通过扶持傀儡上台，建立日本操纵下的"华
北自治政权"，实现其不战而攫取华北的目的。

（一）华北事变与日本对华北的残酷殖民掠夺

华北地区当时包括冀、鲁、晋、绥、察 5 省和北平、天津 2 市，面
积超过 100 万平方公里，约占全国的 1/11；耕地面积 3 亿多亩，占全国
耕地面积的 1/4；人口 7620 余万人，约占全国人口 1/6，超过日本全国
人口（当时约 7000 万人）。

华北地区物产丰富。小麦产量占全国 1/3，棉花产量仅晋、冀、鲁
3 省即占全国 46%。这里有较多的工矿企业，面粉厂占全国 2/5，产煤量
为全国 45%，产盐量为全国 20%。华北交通条件较好，这里有中国最早
修建的几条铁路，总长度占全国 1/2，公路长度占全国 1/6。此外还有
天津、青岛、秦皇岛、烟台、威海等优良海港。由于华北地区物产丰富，
战略地位十分重要。日本帝国主义在武装攻占中国东北并巩固其统治的
同时，也加紧了在华北地区的侵略活动。《塘沽协定》签订后，日本以武

力威胁为后盾，在政治、经济等领域向华北进一步扩张。

1933 年 7 月 6 日，日本陆军省和参谋部向内阁提出《对华政策大纲》，提出"必须使华北政权压制国民党在华北的抗日活动，并使国民党逐渐减少力量，最后迫使其解体"①。

11 月 30 日，日本陆军省在对内阁制定的《帝国外交政策》提出的最后修正案中，也主张"支持中国大陆上之分治运动，驱逐国民政府势力于华北之外"②。

1934 年 4 月 17 日，日本外务省情报部长天羽英二，在定期接见记者的招待会上发表谈话，其后被称为《天羽声明》，其要点如下："关于东亚问题，日本的立场和使命，也许和其他各国的立场和使命有所不同。""如果中国采取利用其他国家排斥日本、违反东亚和平的措施，或者采取以夷制夷的排外政策，日本就不得不加以反对。""各国也应该考虑到由满洲事变，上海事变所产生的特殊情况，如果对于中国想采取共同行动，即使在名义上是财政的或技术的援助，必然带有政治意义。""提供武器、军用飞机、派遣军事教官，提供政治借款等等，最后显然要导致离间中国和日本以及其他各国的关系，产生违反维持东亚和平与秩序的结果，因此，日本不能对此置之不理。"③

《天羽声明》拒绝国际社会对其制造九一八事变的谴责，公开宣布中国为其势力范围，反对各国对中国的哪怕是"财政的或技术的援助"，正如当时世界舆论所评论的那样，这是"日本的东洋门罗主义宣言"。它理所当然地引起中国人民及世界人民的谴责和愤怒。天羽英二在 3 天之后重新进行了辩解，几天以后外务大臣广田弘毅也作了重新解释。说什么"日本无意侵犯中国的独立和权益，日本希望中国保持完整的统一和繁荣"④。但同时又宣布日本对于采取任何形式违反维持东亚和平及秩序的行动，不能置之不理，日本对东亚有着"密切的关心"等。

---

① 转引自军事科学院军事历史研究部：《中国抗日战争史》上卷，第 302 页。

② 张篷舟：《近五十年中国与日本》第 1 卷，四川人民出版社 1985 年版，第 224 页。

③ 南开大学马列主义教研室中共党史教研组编：《华北事变资料选编》，第 56—57 页。

④ 南开大学马列主义教研室中共党史教研组编：《华北事变资料选编》，第 58 页。

日本策划分离华北阴谋的重要人物、日本关东军沈阳特务机关长土肥原贤二，在《天羽声明》出笼的第 2 天即 4 月 18 日，假借"华北人民爱国协会"的名义，向日本陆军参谋部提交了《挽救华北的政策》的机密文件。该文声称："为避免在远东爆发大战及争取东亚的和平，目前最迫切的需要便是建立一个新的华北政权。"

1935 年 1 月 4 日，日本关东军召开大连会议，关东军副参谋长坂垣征四郎、特务机关长土肥原贤二等均参加，会议历时两天，决定要在华北扶植能够"忠实贯彻日本要求的诚实的政权"，"始终企望整个问题之解决，在未达到最后目的之前，则用侧击旁敲办法，逐步前进"①。

1935 年夏，日本帝国主义制造借口，向国民政府北平军分会代理委员长何应钦提出对华北统治权的无理要求，并从东北增调日军入关，声称如不接受日方要求，日军将采取"自由行动"。

国民政府继续屈服于日本的压力。1935 年 6 月 10 日颁布《申儆国民对于友邦务敦睦谊令》，把日本称为"友邦"，宣称"对于友邦，务敦睦谊，不得有排斥及挑拨恶感之言论行为，尤不得以此为目的，组织任何团体，以妨国交"，"如有违背，定予严惩"。上海《新生周刊》因发表《闲话皇帝》一文，被日本指为"侮辱天皇，妨碍邦交"，被国民党政府查封。该刊主编、爱国民主人士杜重远被囚禁。

1935 年 9 月 24 日，日本的中国驻屯军新任司令官多田骏少将就华北问题在记者招待会上发表谈话，被称为《多田声明》，强调"逐渐使华北明朗化，这是形成日满华共存的基础"。同时宣布了三条原则："（一）把反满抗日分子彻底地驱逐出华北；（二）华北经济圈独立（要救济华北的民众，只有使华北财政脱离南京政府的管辖）；（三）通过华北五省的军事合作，防止赤化"②。这是一个公开宣布的完整的侵华方案概括了日本在这一时期的目的，是日本自九一八事变以来分离华北的侵略政策的代表性文件。

---

① 《申报月刊》第 4 卷第 2 号，第 123 页。

② 南开大学马列主义教研室中共党史教研组编：《华北事变资料选编》，第 216 页。

通过一系列密谋策划，日军从1935年上半年起制造种种借口，挑起一系列事端，提出蛮横要求，迫使国民政府就范，以实现其侵华计划。

早在1935年1月，日本侵略者就制造了第一次察东事件。1月15日，热河伪满自卫团到沽源境内骚扰劫掠，与驻守沽源县乌泥河、长梁一带的察哈尔省主席宋哲元所部第二十九军发生冲突，宋军将伪军40余人缴械。日本关东军强称乌泥河一带为"满洲国"领土，一面向察、热边境增调军队，一面通过驻北平武官高桥坦向北平军分会代委员长何应钦进行威吓，声言要"彻底肃清属于'满洲国'"地方的中国军队。何应钦要宋哲元退让。1月18日，关东军司令部发表声明，诬称驻守热察边区的宋哲元部有碍行政，曾限该部于上年12月31日撤退而未履行，故决定要以武力驱逐宋军。1月19日，日本驻华公使馆武官高桥坦向宋哲元提出"警告"，胡说独石口到沽源一带中国军队所驻守地方，属热河省丰宁县境，要求中国军队迅速撤出，否则将采取"断然态度"。宋哲元根据何应钦的指示，于20日派察哈尔省民政厅长秦德纯面晤关东军驻张家口特务机关长松井源之助，表示愿意让步以取得和解。但日军从1月22日起悍然以步炮兵1000余人，伪军2000余人，向长梁、乌泥河、独石口一带发动进攻，日机配合日军的地面攻击，连日轰炸独石口、东栅子等地。中国军队被迫后退。日本在炫耀武力得逞后，于30日在北平与中国代表会商，取得初步协议。在此基础上，2月2日，第二十九军代表与关东军第七师团代表在察热边境大滩达成协议。2月4日，北平军分会公布了"大滩口约"。议定日军即返回原防，第二十九军亦不进入石头城子、南石柱子、东栅子（长城东侧之村落）之线及其以东之地域。日军通过制造这次察东事件，削弱了中国政府对沽源县以东地区的控制。5月，日军更把察东沽源县的小厂、石头城子、乌泥河、北石柱子、长梁、断水梁等地，划为"热河丰宁县第六区"，设置"国境警察部队"。并以日本军官名字改变地名，如长梁改称林田堡（日军队长林田）、乌泥河改称松田堡（日军队长松田）。

6月，日军制造了第二次察东事件。6月11日，热河日伪军在察东发动新的军事进攻，进犯东栅子，12日伪满警察进犯小厂。第二十九军所部在上述地点进行了抵抗。然而，日方不顾事实硬说："6月11日丰宁县日本人参事官一行，遭到独石口宋哲元部队的步枪射击。"关东军电令土肥原贤二少将，要在"最短时间内使守军撤退到黄河以南"。这时，日本陆军部认为将宋军逼走，恐有过分刺激，影响平津地区之虞，遂于13日电令土肥原贤二，暂时放弃了迫宋哲元部撤过黄河的决定。

5月初，天津振报社社长白逾桓、国权报社社长胡恩溥两汉奸被暗杀，日驻华使馆武官高桥坦、关东军华北驻屯军参谋长酒井隆以此为借口多次晤见何应钦，提出一系列无理要求。特别是6月9日日方递交的由日本华北驻屯军司令官梅津美治郎签署的"备忘录"提出：罢免河北省主席于学忠以及天津市、宪兵第三团、北平军分会政训处和蓝衣社等一批国民党政军宪特首脑人物；将宪兵第三团及中央军、东北军驻冀部队全部撤出；取消河北省内一切党部，解散宪、特组织等；并限期实施①。为威逼国民政府屈服，日海陆军集结于山海关、古北口、锦州等地，"摆出即刻入北平的态势"。面对日本的武力威胁，南京政府于6月10日向何应钦发出训令，逐步答应了日方的无理要求。7月6日，何应钦又对日方作出书面答复如下："敬启者，六月九日酒井参谋长提各事项均承诺之。并自主的期其遂行，特此通知"②。梅津的"备忘录"与何应钦的书面复函，即为《何梅协定》，它虽未履行正式签约手续，但何的复函已构成法律承诺。其结果是国民党的党、政、军、宪、特一切势力，全部被逐出了河北省与平、津两市，实现了日本要把该地区造成"真空"的图谋。

与此同时，日军又挑起张北事件。5月31日，日本特务以"关东旅行团"名义潜入察哈尔省偷绘地图，被张北县守城士兵盘查。日驻张家口特务机关长松井源之助向察省当局提出抗议，并以武力相威胁。6月23日，察省代主席秦德纯与土肥原贤二等于北平谈判。6月27日上午，中方代表秦德纯等与日方代表土肥原贤二签订了《秦土协定》。依协定，宋哲元第二十九军等中国军队撤出察北。后来察北6县被伪蒙军李守信部占领，成立"察哈尔盟公署"。

---

① 见南开大学马列主义教研室中共党史教研组编：《华北事变资料选编》，第151—152页。
② 南开大学马列主义教研室中共党史教研组编：《华北事变资料选编》，第152页。

至此，日本侵略者几乎不费一兵一卒，攫取了冀、察两省的大部分实权。

《秦土协定》和《何梅协定》，实际上把包括北平、天津在内的河北、察哈尔两省大部分主权奉送给日本。国民政府的丧权辱国政策，助长了日本帝国主义者囊括整个华北进而灭亡中国的侵略气焰。为使华北五省脱离中国而"独立"，日本帝国主义者大力收买汉奸，鼓动"防共自治运动"。

1935年下半年，日本开始实施进占华北的第二个步骤：扶持傀儡上台，操纵"华北自治"，将华北分离出去。日驻伪满"大使"南茨郎在给外相广田的建议中明确提出："华北自治"的"最后目的，在于使华北各省无论在政治上、经济上都完全脱离南京政权而自行独立"①。为此，土肥原贤二、高桥坦及日新任天津驻屯军司令官多田骏等到华北各地活动，威逼利诱，妄图策动原北洋军阀巨头孙传芳、吴佩孚、曹锟，以及国民党在华北的地方实力派代表人物宋哲元、阎锡山、韩复榘、商震等出面组阁，建立所谓"华北新政权"。

接着，日本内阁也通过了《鼓励华北自治案》，发表外、陆、海三相《关于对华政策的谅解》，声称其"对外政策的根本方针，在于通过以帝国为中心的日满华三国的互助合作，确保东亚安定"，要中国彻底取缔排日，抛弃欧美，转向亲日政策②。其实质是日本要独霸东亚。为策划侵略的具体行动步骤，参谋本部第二部长冈村等，于10月上、中旬先后在大连、天津、上海召集关东军和驻华各地文武官员会议，以便将"已决定之方针传给当地"，使其相互密切配合。于是，在华北一幕幕"自治"丑剧，连连开场演出。

10月24日，日军策划河北香河县的汉奸、地主武装、流氓无赖举行暴动，占领县城成立了"县政临时维持会"，发表所谓"自治宣言"，诡称这是"民意"的表现。之后，平、津等地不断出现日本策划的汉奸"请愿"队伍，要求华北"自治"。11月19日，日本关东军在山海关集结军队，

---

① 南开大学马列主义教研室中共党史教研组编：《华北事变资料选编》，第232页。
② 见南开大学马列主义教研室中共党史教研组编：《华北事变资料选编》，第217页。

华北驻屯军也进行调动，并公开威胁说："任何中国人欲以武力防范自治运动，必将触犯关东军的兵力"。11月25日，冀东行政督察专员殷汝耕在日寇卵翼下，在河北通县挂起五色彩旗，宣布成立"冀东防共自治政府"，辖区包括22个县。11月20日，日本驻华大使有吉明向蒋介石威胁说，如果中国政府不迅速采取适应华北形势的态度，事态有恶化的危险。11月24日，日驻华使馆陆军武官雨宫巽向中国政府代表陈仪提出要求撤销北平军事委员会分会。12月18日，国民政府为了迎合日本侵略者提出的"华北政权特殊化"的要求，指派宋哲元等在北平成立"冀察政务委员会"。这个委员会以宋哲元为委员长，委员中包括日本推荐的老官僚王揖唐、王克敏等人。成立这个委员会，在日本看来是使华北成为第二个"满洲国"的过渡。这个委员会虽然没有挂"自治"的牌子，仍悬持着青天白日旗，但实际上已把冀察置于南京国民政府之外，是变相的"自治"，适应了日本帝国主义提出的"华北政权特殊"的要求。至此，华北已处于十分严重危机的地步。

与此同时，日本还策划了"内蒙古自治运动"。1935年8月间，日本关东军司令南茨郎派田中隆吉少将赴内蒙古策动锡林郭勒盟盟长德穆楚克栋鲁普（德王）加紧分离活动，成立了所谓"内蒙古自治政府"。1936年5月，德王在日军操纵下，在察绥边境上的化德加卜寺成立所谓"蒙古军政府"，自任总裁。下设外交、军政等8个公署。

此外，日本帝国主义对华北经济实行空前的掠夺。攫取华北的经济权益，是日本帝国主义多年来梦寐以求的。为此，日本制订了掠夺计划——即所谓开发华北经济8大项目：（一）修筑津石路（从天津到石家庄）；（二）开发龙烟铁矿；（三）塘沽建港；（四）发展河北电器副业，成立华北中日电器公司；（五）华北中日通航，建立日本在华北的军事航空网；（六）改良华北种棉；（七）振兴华北水利；（八）"整理河北井陉及正丰公司煤矿"等。1934年5月，日本对华铁路借款已达8952万元。到1936年，日本又提出一个主要由它投资的华北铁路兴筑计划，准备建筑10条铁路。与此同时，日本与冀察政务委员会签订芦盐运日合同，在长芦大肆收买盐田，为日军事工业提供资源。日本在所谓"中日经济提携"的幌子下，疯狂地对中国经济进行掠夺，至抗日战争全面爆发的前夕，整个华北的金融命脉，已经完全控制在日本手中。冀鲁晋三省变成日本的植棉田，天津的中国纱厂为日本在华纱厂所吞并，天津的电气业完全由日资包办，平汉、平绥、北宁、津浦4路成为日本的运输线，日本的飞机独占了华北的上空，大沽、塘沽、北戴河、秦皇岛成了日本的港口，华北的金融、矿业也为日本所独占。

日本的武装走私活动也很猖獗。从1935年4月至1936年8月的一年多时间里，日本在华走私入口的商品价值约占中国国内商品输入总值30%多。中国关税损失2550万元之多，仅1936年4月一个月便损失关税800万元。日本的武装走私蔓延全国各地，走私港口除河北的塘沽以外，福建有厦门，广东有汕头，陆路有长城各口。关税是中国政府的主要财政收入，占税收总额的70%左右，而进口税收又是关税中最主要的项目。关税收入的大幅度减少，极大地加剧了国民政府的财政困难，加重了中国人民的税收负担，中国的国力进一步被日本削弱。日本武装走私也直接打击了中国民族工业的发展，鸦片、海洛因等毒品的输入也直接毒害了中国人民的身心健康。

同时，日本还比其他帝国主义国家来势更猛地扩大对中国其他地区的经济侵略，首先是加紧商品倾销，使中国民族工商业深受其害。中日之间的商品竞争，以纺织品为最烈。日本纺织品因生产机械化程度和经营管理效率高，生产成本远比中国低，同时，日本政府对本国棉货倾销中国，免征出口税，且给予大量财政补贴，这样，造成中日棉货售价的悬殊。日货的大量倾销和国货的大量积存，迫使华厂大量倒闭和停工、减工。在1933年的头7个月内，全国92家华商纺织厂，即有18家倒闭或停业，减工者占44%，布机停工、减工者占41.9%。

日本对中国的大量资本输出，兼并华厂，更给中国民族工业以致命的打击。1934年，日商在华纱厂41家，不及华商纱厂的1/2；但其资本总额为25400百万元，比华厂多1倍以上，其生产额高达2160万打，使中国在华北的厂商大受其苦。日本设在山东的满洲、青岛二制粉公司，日产面粉达6800袋，中国面粉业根本无法与之竞争。兼并华厂是日本进行资本输出的一项重要手段。仅 1936 年一年，上海、天津、唐山即有 6 家纱厂被日资所兼并，其纱锭数共达 18 万枚以上。

日本帝国主义对中国的军事、经济侵略，给中华民族带来了深重的灾难，也直接侵害了中国民族资产阶级的利益，危及他们的生存。因此，在全国人民抗日救国的高潮中，民族资产阶级及其知识分子的抗日倾向也在日益增长。他们指责南京国民政府对抗日爱国运动的镇压，发出了"万般有罪，爱国无罪"的呼声。

总之，华北事变使中华民族陷入空前严重的民族危机。正如毛泽东所指出的："一九三一年九月十八日的事变，开始了变中国为日本殖民地的阶段。只是日本侵略的范围暂时还限于东北四省，……今天不同了，日本帝国主义者已经显示他们要向中国本部前进了，他们要占领全中国。现在是日本帝国主义要把整个中国从几个帝国主义国家都有份的半殖民地状态改变为日本独占的殖民地状态。"[1]通过华北事变，日本帝国主义侵入中国内地。形势愈来愈严峻，中华民族的生死存亡已迫在眉睫。

（二）一二·九运动

日本侵略者制造的华北事变，使华北各省市局势更为险恶，民族危难空前严重；而人祸之上，复加天灾，华北民众在民族危机与经济浩劫的夹攻中，陷入穷困、饥饿、疾病与死亡的绝境。平、津广大爱国青年学生目睹种种惨状，深感"华北之大，已经安放不得一张平静的书桌了！"发誓"要掀起民族自救的巨浪"，以挽救垂危的祖国，拯救处于水深火热中的同胞。于是，在中国共产党北平地下党组织领导下，一场声势浩大的以"停止内战、一致抗日"为中心口号的抗日救国运动，像火山般爆发了！

1935 年秋，日本策动华北"自治"达到了顶峰，国民政府继续与日本帝国主义勾勾搭搭，激起了全国人民的公愤。正当人们为民族的存亡忧心忡忡、日夜焦虑的时候，1935 年 8 月 1 日，中国共产党中央委员会发表了《为抗日救国告全体同胞书》，即著名的《八一宣言》，号召停止内

---

① 《毛泽东选集》第 1 卷，人民出版社 1991 年版，第 143 页。

战，建立抗日民族统一战线，组织国防政府和抗日联军，动员全国的人力、物力、财力，实现对日抗战。《宣言》指出："我国家我民族已处于千钧一发的生死关头。抗日则生，不抗日则死，抗日救国，已成为每个同胞的神圣天职！"这些话语，深深打动了正在为救国救民终日苦思的爱国青年们的心，许多爱国志士、爱国青年读了《宣言》，精神为之一振，看到了希望和方向。

在《八一宣言》精神鼓舞下，中共北平工委领导下的北平中华民族武装自卫会迅速发展，北平许多大学建立了民族武装自卫会组织，成员多达数百名，他们积极开展抗日救亡活动。当时负责此项工作的是周小舟和杨子英。

文化教育界的共产党员杨秀峰、徐冰、黄松龄、温健公和进步教授李达、许德珩、张申府、吴承仕、陈豹隐等人，在平津许多大学的课堂上，讲授马克思主义，宣传中国共产党的抗日救国主张及抗日救国必须靠人民大众的道理，对青年学生们的爱国主义起了巨大的启蒙作用。

许多大中学校里，一些爱国进步学生秘密参加了"民族武装自卫会"和"左联"、"社联"、"语联"等组织。在地下党组织的领导下，爱国的学生们公开组织了读书会、时事座谈会、世界语协会、新文字研究会等团体，共同探索拯救祖国的道路和办法，开展着各种形式的爱国活动。

经过中共地下党一系列卓有成效的秘密工作和公开工作，广大学生深深感到"国家兴亡、匹夫有责"，决心"担负起天下的兴亡"，"掀起民族自救的巨浪"！

中共北平工委彭涛、周小舟以及谷景生等因势利导，积极发动学生开展抗日救国斗争。中共河北省委坚决支持彭涛等人的意见和同意他们所进行的工作，并将中共北平市工委改为中共北平临时市委，委派省委特派员李常青兼任书记，他同彭涛、周小舟等人一起积极领导发动了北平学生的抗日救亡运动。在中国共产党的影响下，1935年11月1日，清华大学等10校学生联名发表《为抗日救国争自由宣言》，愤怒揭露国民党政府禁止抗日，残酷镇压抗日力量，继续与日本妥协、出卖民族利益的罪行，要求抗日救国的自由。这一宣言，立即得到北平其他大中学校的支持。

11月18日，中共北平市临委不失时机地在水灾救济会的基础上，成立了北平市大中学校学生联合会，简称北平学联。彭涛、周小舟、谷景生等为党团成员，彭涛担任党团书记。女一中的郭桂英（郭秋明）为总务（即学联主席），清华大学的姚克广（姚依林）为秘书，镜湖中学的孙敬文为总交通，东北大学的邹素寒（邹鲁风）为总纠察，燕京大学的王汝梅（黄华）为总交际。从此，北平有了统一的学生组织，担负起了组织和发动各校学生开展抗日救亡的神圣任务。在学联的发动下，12月6日，平津15校联合发出通电，反对"防共自治"，呼吁政府动员抵抗日本的侵略。经过深入发动，北平学联决定于12月9日发动全市学生进行反对华北自治、反对成立冀察政务委员会、反对日本侵略的大请愿。

12月9日，古老的北平怒吼了！被长期压抑的抗日怒火，像火山一样爆发了！北平各学校的爱国学生6000余人涌上街头，奔向新华门，举行声势浩大的抗日救国游行。他们冲破军警的重重阻挠，向国民政府军政部长何应钦请愿。愤怒的学生振臂高呼："打倒日本帝国主义！""反对华北5省自治！""打倒汉奸卖国贼！""立即停止内战！"呼声划破了笼罩在古城上空的乌云，喊出了全国各族人民的心声。请愿群众代表向国民政府提出6项要求：（1）反对华北自治及其类似组织；（2）反对中日间一切秘密交涉，立即公布应付目前危机的外交政策；（3）保障人民言论、集会、出版自由；（4）停止内战，立刻准备对外的自卫战争；（5）不得任意逮捕人民；（6）立即释放被捕学生。这就是著名的一二·九运动。当天，学生的游行队伍经西单时，遭到国民党军警的阻拦和野蛮镇压，100余人受伤，30余人被捕。但爱国学生并没有被吓倒，国民党当局的镇压反而激发了学生们的坚强斗志。次日，北平学生实行全市总罢课。市学联发布《宣传大纲》，明确提出"打倒日本帝国主义"、"反对危害民族生存的内战"，要求"一致抗日"；号召"必须联合全国民众，结成统一革命战线，武装全国民众，来扩大民族解放斗争"①，使一二·九学生运动的宗旨更加

---

① 中共北京市委党史资料征集委员会编：《一二九运动》，中共党史资料出版社1987年版，第145页。

明确、主题更加突出。

12月16日，是国民政府在日本的压力下，打算成立"冀察政务委员会"的日子。中共北平党组织决定在这一天举行更大规模的游行示威，反对"冀察政务委员会"的成立。16日清晨，北平各校学生从四面八方涌向天桥，举行了3万多人的市民大会。大会通过了组织民众，共同抗敌，誓死反对日本帝国主义侵略中国等决议案。会后举行数万人的示威游行，国民政府再调动军警镇压，被大刀棍棒砍伤、刺伤及打伤的达400人，被捕30余人。

北平爱国学生"一二·九"、"一二·一六"的示威游行，立即得到全国各地的广泛响应，掀起了全国抗日救亡的热潮。天津爱国学生12月18日举行示威游行，19日实行罢课。上海爱国学生和文化、教育各界以及广大工人、群众，于12月24日举行全市示威游行。南京、杭州、武汉、广州、开封、济南、太原等城市，爱国学生纷纷举行示威游行、请愿和罢课，支持北平学生的爱国斗争。各地工人在全国总工会的号召下，纷纷举行罢工，抗议国民党对日妥协和镇压抗日运动，支援学生斗争。广州、上海的工人召开大会，发表通电，要求对日宣战。12月12日，上海文化界沈钧儒、马相伯、邹韬奋、章乃器等300余人发表《上海文化界救国运动宣言》。27日，成立上海文化界救国会。1936年1月28日，上海各界救国联合会成立，沈钧儒、章乃器、李公朴、陶行知、邹韬奋、沙千里、王造时、史良等被推选为执行委员，沈钧儒为主席，组成执行委员会，统一领导上海的抗日救亡运动。在此前后，其他爱国人士和爱国团体也纷纷成立各界救国会，发出通电，出版各种救亡刊物，要求国民政府保卫领土主权，停止内战，出兵抗日。一二·九运动的消息，传到世界各地，海外侨胞深感振奋，立即向国内各校学生组织发出电函，赞扬学生的革命精神，誓为学生的后盾。

中国共产党北方局根据毛泽东关于"学生运动要得到持久性，……只有和工人、农民、兵士的斗争配合起来，才有可能"的指示[1]，不失时

---

[1] 《毛泽东选集》第1卷，第151页。

机地把学生抗日救亡运动扩展到工农兵中去。北平、天津 500 余名学生组织了南下宣传队，沿平汉线南下，在河北省向农民开展抗日救亡的宣传工作，后被国民党当局强令解散。1936 年 1 月下旬，上海 90 余名学生组织了救国宣传团，在京沪铁路两侧的农村进行宣传工作，被国民党军警拘捕，被迫返回上海。武汉、广州、济南等地的学生也深入农村，宣传和发动农民。

一二·九运动是中国现代史上具有伟大意义的历史事件，它揭露了日本帝国主义侵略中国吞并华北的阴谋，打击了国民政府"只安内，不攘外"的反动政策，扩大了中国共产党的影响，广泛发动了群众，推动了抗日民族统一战线的建立。它配合着红军的北上抗日行动，促进了国内和平和对日抗战，使抗日运动成为全国的运动。所以，一二·九运动是动员全民族抗战的运动，它准备了抗战的思想，准备了抗战的人心，准备了抗战的干部。

1936 年 2 月 1 日，北平爱国学生在北平师范大学举行第一次代表大会，正式成立中华民族解放先锋队，爱国青年有了抗日的先进的群众性组织。

与此同时，全国各阶层群众性的救国组织，如雨后春笋般涌现。为了将各地救国组织联合起来，造成"停止内战，共同抗日"的强大压力，1936 年 3 月在上海召开的全国学生救国联合会筹备会议上，提出了召开全国各界联合会代表会的主张。经过两个多月的筹备，5 月 31 日至 6 月 1 日在上海举行了全国各界救国联合会成立大会，出席的有来自全国 18 个省市的 60 多个救亡团体的代表。会议听取了筹备委员会的筹备情况报告，以及平津民先队和上海、南京、厦门、香港等地救国会活动情况的报告；选举宋庆龄、何香凝、马相伯、邹韬奋等 40 余人为执行委员，沈钧儒、章乃器、李公朴、史良、沙千里、王造时等 14 人为常务委员；通过了《全国各界救国联合会成立大会宣言》、《抗日救国初步政治纲领》等文件。宣言指出：日本大陆政策的主要作用在灭亡全中国，我们唯一救亡图存的要道，在立刻全国团结一致以全力抗敌，认为救国阵线现阶段的主要任务——促成全国各实力派合作抗敌的任务，有重要的历史意义。为了实现联合抗日，会议通过的纲领提出：除了汉奸以外，我们在横的方面，坚决的主张各党派的合作；在纵的方面，诚意要求社会各阶层分子的合作；这个纲领呼吁："大家捐弃前嫌，不咎既往"，联合起来！

救国会成立后，高举"停止内战，共同抗日"的伟大旗帜，为促成国共两党合作发动全民族抗战，进行英勇顽强的斗争，发挥了重要的作用。救国会特别呼吁国共两党要重新合作，要求国民党当局立即"和红军停战议和，共同抗日"；立即"开放抗日言论自由和救国运动自由"。并尖锐地指出：这些事做到了，"内"不必"安"而自"安"①。

在推动全国抗日救亡运动的发展中，文化界起了特别重要的作用。在中共中央宣传部文化工作委员会（简称"文委"）的领导下，中国左翼作家联盟（简称"左联"）、中国左翼文化界总同盟（简称"文总"）等左翼文化团体，积极投入文化战线的抗日救亡运动。九一八事变后的第三天，"左联"领导人鲁迅在《答文化新闻社问》中，揭露了日本帝国主义侵华的反动面目。接着，"左联"发表了《告国际无产阶级及劳动大众的文化组织书》，抗议日本的侵略，呼吁国际社会的支援，号召全国人民奋起抗日。"左联"出版了《萌芽》《前哨》《北斗》《文化月报》等刊物，宣传无产阶级文化思想，从事马克思主义论著和外国进步文艺的翻译介绍。爱国文艺工作者创作了一大批抗日文艺作品，如阳翰笙的小说《义勇军》，萧红的小说《生死场》，萧军的小说《八月的乡村》，艾芜的小说《咆哮了的放家屯》，田汉的剧作《乱钟》，蒲风的诗《我迎着风狂和雨暴》，陈鲤庭、崔风云的活报剧《放下你的鞭子》，夏衍的报告文学《包身工》，聂耳的《大路歌》，孙慎的《救亡进行曲》等，都从不同侧面反映了中国人民在日本帝国主义侵略压迫下的悲惨遭遇，教育人民奋起抵抗，不当亡国奴。尤其是由田汉作词、聂耳作曲的《义勇军进行曲》，传遍祖国各地，以其强烈的感染力，激励全中国人民奋起抗争。

华北事变后，不同阶层和派别的文艺工作者，纷纷表示要在抗日救

---

① 沈钧儒、章乃器、陶行知、邹韬奋：《团结御侮的几个基本条件与最低要求》，见《生活知识》半月刊第2卷第6期，1936年8月5日。

国的旗帜下联合起来。为了建立文艺战线的抗日统一战线，1936年初，"左联"自动解散。10月1日，鲁迅、郭沫若、茅盾、巴金等21位文艺界新旧各派领导人，在共同签署的《文艺界同人为团结御侮与言论自由宣言》中明确提出："在文学上，我们不强求其相同，但在抗日救国上，我们应团结一致以求行运之更有力"。"为民族利益计，我们又甚盼民族解放的文学或爱国文学在全国各处风起云涌，以鼓励民气"①。《宣言》的发表，促进了文艺战线抗日民族统一战线的初步形成，使文化界的团结和战斗力进一步增强。

以一二·九运动为新起点的如火如荼的全民族救国运动，强烈要求国共重新合作，"停止内战，一致抗日"，给中国国民党造成强大的舆论压力。中国人民抗日救亡运动的兴起，虽然遭到南京政府的残酷镇压，但沉重地打击了日本帝国主义的凶焰，激发了千百万群众的爱国热情，冲击了南京政府的不抵抗政策，为动员全民族的抗战，起了重要的推动作用，也是迫使中国国民党调整内外政策，实现国共合作的强大群众基础。

六、绥远抗战

绥远②位于中国北部，是日本扩张侵略野心，征服中国乃至称霸世界努力争取的战略要地之一。

1936年春，日本帝国主义指使伪满军侵占中国察北6县。与此同时派遣大量日军军官担任伪军部队的训练和作战指挥，补给伪军大批军需品，令附敌的蒙族德王（德穆楚克栋鲁普）所部驻嘉卜寺，李守信部驻张北及庙滩，王英部驻尚义，伪蒙古军第七师驻百灵庙，并抽调伪满骑兵5000人由热河东部开驻察北多伦、平定堡地区，企图集中兵力侵占绥远。

6月，日本派关东军参谋长坂垣征四郎"访问"绥远。绥远省政府主席兼第三十五军军长傅作义，在省政府接见坂垣。坂垣征四郎要傅"改善"

---

① 《文学》第7卷第4号，1936年10月1日。
② 绥远1929年建省，1954年撤销省建制，划归内蒙古自治区。

日、华关系，并表示日本将给予全力支持。傅作义正告坂垣说：华北是中国的领土，绝不许任何人出来搞一个独立局面。内蒙和绥远都是中国的领土，不许任何人来分割独立，也不许任何人来侵占蹂躏。坂垣的离间阴谋未能得逞，第二天只得扫兴而去。

8月7日，伪蒙军李守信部约2万人进犯绥东陶林。8月10日，日军由热河开抵张北。8月14日，毛泽东致电傅作义，指出："迩者李信卓什海（卓什海即卓特马札普，当时任伪蒙古军副司令——引者）向绥远进迫，德王帝不曾溥仪，蒙古傀儡国之出演，咄咄逼人。日本帝国主义卧塌之侧，岂容他人鼾睡！先生北方领袖，爱国宁肯后人！保卫绥远，保卫西北，保卫华北，先生之责，亦红军及全国人民之责也。今之大计，退则亡，抗则存；自相煎艾则亡，举国奋战则存。"他还指出："近日红军渐次集中，力量加厚，先生如能联魏毅然抗战，弟等决为后援。"① 毛泽东希望能互派代表，速定抗日救亡大计。傅作义得此信后，益加坚定了抗日救亡的决心。8月15日，伪军进犯集宁，遭到傅作义部的坚决反击。

11月5日，日本侵略者在嘉卜寺召开侵绥军事会议。会议由日本关东军派遣的特务机关长田中隆吉主持，参加人员有：德穆楚克栋鲁普、李守信、王英以及卓古海、张海鹏等。会议于11月7日闭幕，决定以王英、李守信两部为主力进犯绥远。会后关东军派出飞机多架集结于张北及商都机场，每天飞到绥东及武川一带，进行侦察活动。敌伪总兵力号称4万。

傅作义得知上述情况后，决心奋起抗击侵略者。他对各界人士发表谈话指出：蒙奸德穆楚克栋鲁普和李守信，匪首王英等，既已决心背叛祖国，甘心出卖国家民族，认贼作父，妄图进犯绥蒙边疆，我们自应不计任何牺牲，坚决进行反击。我们一定要作好一切准备，为完成抗战救国的伟大任务而奋斗。11月8日晚，傅作义在总部会议室召开营长以上军官秘密军事会议，商讨抗战对策。确定绥东红格尔图方面的作战，由第二一八旅旅长董其武负责，进击绥北之敌的任务，由第二一一旅旅长

---

① 《毛泽东书信选集》，人民出版社1983年版，第43页。

孙兰峰负责 ①。

11月12日，日本侵略者命令王英为前敌总指挥，率领石玉山、杨守城两个骑兵旅及金甲三步兵旅和两个炮兵连等部，向红格尔图进犯。日军还派出飞机3架轰炸红格尔图守军阵地，掩护伪军进攻。

红格尔图是绥远省陶林县北面160里的一个不大的村镇，居民约百余户，是绥北的门户，具有重要军事价值。防守红格尔图的中国军队，仅有一个步兵连、两个骑兵连，另有当地自卫队百余名。11月13日夜，敌伪先头部队同守军发生前哨战斗，被守军击退。14日上午8时，日伪军千余名，在日飞机大炮掩护下猛烈进攻。守军奋勇抵抗，战至下午5时，将敌击退。15日晨6时，日本特务机关长田中隆吉亲自指挥李守信的伪骑兵第二师尹宝山部，王英的石玉山、杨守诚两骑兵旅、金甲三步兵旅共5000余兵力，在野炮、装甲车、飞机掩护下，向红格尔图守军阵地轮番轰炸，猛烈攻击，先后冲锋达7次之多，战至下午6时，又被守军击退。这一天守军英勇抗击，军民戮力同心，战斗情绪极为高涨。当地群众帮助守军修工事，抬伤兵，运子弹，送水送饭，激励士气。15日晚，中方骑兵第二团两个连星夜驰往增援，守军士气更为高昂。16日至18日，日伪军连续猛攻，均未得逞。守军阵地坚固，官兵抱着誓与阵地共存亡之决心，个个英勇奋发，越战越强，不时跳出战壕，同敌军拼杀。日伪军死者遗尸遍地，生者狼狈逃窜。

当战斗激烈进行时，傅作义亲往集宁前线指挥，令董其武率部突袭日伪军。19日晨2时，董指挥3个步兵团、1个骑兵团及炮兵营等部，围歼日伪军。敌仓促应战，激战至拂晓，狼狈溃退。红格尔图战役自11月13日开始至19日结束，战斗7昼夜，打退了日伪军的进攻，摧毁了田中隆吉和王英的指挥所，缴获大量军用物资。王英连自己乘坐的马车也未及带走。

红格尔图战役的胜利，大大鼓舞了中国军队的士气，为尔后收复百

---

① 有的材料认为，红格尔图作战时前线总指挥为彭毓斌，董其武为副总指挥；百灵庙作战时前线总指挥为孙长胜，孙兰峰为副总指挥。

灵庙之战打下了胜利的基础。

红格尔图战役后，日伪深恐中国军队捣毁其伪政权，除派王英部进占大庙，增强百灵庙外围防御力量外，并令伪蒙军第七师在百灵庙构筑工事，积极备战。决定再增派日本军官 200 余人，补充各伪军部队任指导官。另外，还拟抽调伪满及日军一部，由赤峰开往多伦、商都、百灵庙等地，待机进犯绥东、绥北。

百灵庙是绥远省乌兰察布盟草原上的一个有名的太庙，在绥远省会归绥城西北 340 余华里，地势险要，建筑宏伟，四周群山环绕，两旁各有小河一条（一为女儿河，一为百灵河），南通归绥、包头，东连察哈尔，西达宁夏，西北沿草地可抵新疆，北与外蒙接壤。百里之内，都是一片起伏不平的旷野草原地带，人烟稀少，无水可吃，唯独这个庙上有水，所以这里便成为绥远北部的宗教、经济与交通中心。庙内经常有喇嘛五六百人，庙东是商业区。蒙奸德穆楚克栋鲁普投靠日本侵略军后，即企图以百灵庙为其在绥远北部的根据地。

日军在这里驻有特务机关长胜岛领导下的军事人员。他们把百灵庙这个地方作为进攻绥远的基地，运来大批粮秣弹药。伪蒙军李守信部骑兵约 3000 人，在周围山上筑有工事。

傅作义得知敌人的企图后，决定在敌伪发动进攻前，以远距离奔袭战术，先发制人，出敌不意，将百灵庙收复，以毁其巢穴，破坏其狂妄计划，保卫国土。傅在归绥新城召开的军事会议上决定，集中 3 个骑兵团、3 个步兵团及炮兵、装甲车分队一部，由骑兵第二师师长孙长胜、步兵第二一一旅旅长孙兰峰，分别任前敌正副总指挥，进行收复百灵庙的战役。会后，各参战部队即向百灵庙以南 35 公里的二分子镇附近集结。11 月 23 日夜，各部队官兵斗志昂扬。冒着零下 20 度的气温和没膝的积雪，开进至敌军阵地前沿，于 24 日零时开始攻击。由于部队行动秘密，日伪军事前毫无察觉，听见枪声才慌忙进行抵抗。正当进攻部队向纵深突击时，日本特务机关长胜岛角芳亲自拔刀督战，并向女儿山阵地增加轻重机枪 10 余挺，以猛烈火力阻止突击部队前进。前敌总指挥部为争取拂晓前歼灭该部敌军，避免天明后敌地面和空中增援赶到，即令山炮营向前推进，集中火力摧毁女儿山敌机枪阵地，装甲车掩护步兵攻击前进。不料正行进中，最前面的装甲车兵驾驶兵被敌弹击中身亡，第二辆装甲车被敌用手榴弹炸毁，驾驶兵受伤，这个受伤的驾驶员，冒弹爬进第一辆装甲车，开足马力向敌猛冲。继而攻击部队 6 辆满载步兵的汽车也由土山口冲入。敌军不支纷向庙内败退，攻击部队跟踪冲入庙内。敌阵地不久即被摧毁，装甲车及步兵由东南土山口冲入，这时骑兵团亦攻占北山，控制了飞机场，并将敌后路切断。此时，伪蒙军官兵 20 余人在战场起义，调转枪口向日军指挥官射击。胜岛角芳和伪蒙军师长穆克登宝见大势已去，慌忙乘汽车逃窜。攻击部队乘敌混乱，展开分割包围。激战至 24 日上午，全歼日伪军，收复了百灵庙，共毙敌伪 300 余人，其中日军 20 余人，伤敌伪 600 余人，俘敌伪 400 余人，缴获大量武器装备。

12 月 3 日，日伪军集中 4000 余人反攻百灵庙被守军击溃，毙伤日伪军 500 余人，俘敌 200 余人，并击毙其副司令雷中田。

日伪军两次战役失败后，王英部大部分官兵深感跟着匪首王英投靠日本帝国主义当汉奸，出卖国家民族，遭到国人的唾弃，毫无出路，故多数都想脱离日伪，回返祖国怀抱，并与我方秘密联系，接洽投诚。金宪章、石玉山两旅，乘中国军队击退日伪反攻之机，于 12 月 8、9 两日，先将在该部的日军指导官小滨大校等 30 余人全部处死，将伪蒙骑兵第七师穆克登宝残部悉数解决，并将该部的枪械、弹药以及一切军用品全部缴获，全部开往指定地点集结，于 10 日正式通电反正。这两个旅共有步、骑兵 10 个团，反正后即开往绥北乌兰花一带，整顿改编。

这时，傅作义决意乘胜收复大庙，彻底肃清大青山以北日伪军一部，因而令骑兵旅经乌兰花向大庙逼近。12 月 9 日，金宪章、石玉山两部反正后，傅作义即下令围攻大庙，残余日伪军部队如惊弓之鸟，稍一接触，即向草地溃退。中国军队除派骑兵一部跟踪追击外，于当日上午 10 时，收复了日伪进犯百灵庙的根据地大庙。至此，百灵庙战役全部结束。

12 月 17 日，匪首王英部所属安华亭、王子修两旅长也率部反正，开至兴和县榆树乡一带集结待命。

收复百灵庙的消息传到全国各地，各报纸纷纷刊发号外，人心振奋，万众欢腾，各地人民发起了援绥抗日运动。国内外向绥远前线抗日将士祝贺与慰问的电信，如雪片飞来。北平、上海、天津、西安、武汉等大城市的人民团体代表，携带慰问品和捐款，到前方慰劳军队。

绥远抗战初期，清华、燕京大学代表团在文学院长梅令贻、著名教授朱自清的率领下，前往绥远慰问；明确表示："以前为内战牺牲之士兵亦不在少数，然后方民众从未慰问过，因为那是无价值的内战；这次则是为民族生存而战，为民族争人格而战，所以我们前来慰问。"北平的学生们致电国民党政府，为傅作义将军请求嘉奖。清华、燕京等校学生还发起一个"万件皮衣"运动，为绥远抗日将士募捐、缝制寒衣。在上海，35 种杂志联合发起了"以一日援绥"的募捐活动。一位东北军官遗孀，捐出家里资财数十万以作援绥抗战款。在山东，孔子的后代、年仅 10 岁的女孩孔德恭在捐款附言中写道："吾兄德成已节用捐款，我亦中国一分子也，杀贼无力，保国有心，附国币伍元。"海外侨胞也积极援助绥远抗战。当时吴玉章主办的《救国日报》曾作为旅欧华侨捐款的联络点。11 月 20 日，伦敦华商协会汇来 2000 元捐款，办理手续的中国银行职员又添加了自己的"一日援绥款"汇至绥远。到 12 月底，各地汇至绥远的捐款 300 万元以上，相当于绥远平时一年的军费。处于抗战前线的绥远人民，除了踊跃参军参战外，还积极参加了援军、医院护理工作和募捐活动。全国的妇孺老弱，无不在援绥抗战运动中表现了自己的爱国主义热情。

就是国民党、国民政府中一些爱国的上层人士，也积极支持和声援绥远抗战。监察院院长于右任致电傅作义说："我兄森然守土之责，督率敌忾之师，迭挫敌锋。"孙科、张继等在救国会的推动下，发起了援绥抗日运动，在南京召开了各界人士参加的援绥大会，宣告成立"首都各界援绥后援会"，使南京的救国运动出现了新高潮。

各省的实力派人物也积极支持绥远抗战。西北的张学良、杨虎城在西安组织了抗日援绥第一军团，12 月 17 日通电傅作义"克日誓师北上"①。

---

① 中国社会科学院现代史研究室编：《西安事变资料》第 1 辑，人民出版社 1980 年版，第 115 页。

杨虎城将军的夫人谢葆贞还亲自任西安绥靖公署暨十七路军眷属募捐分团主任，三天就募捐到 7000 元。山西的阎锡山遵照其父命，将 87 万元遗产捐作援绥抗日战款①。西安事变后一度主政的孔祥熙也致电傅作义，称绥战"敌忾同仇，当为天下共见"②，并在各方的呼吁下，一再追加绥战军费③。

在绥远抗战中激发的民族大义，更是可歌可泣，感人肺腑：绥东剿匪司令达密苏凌原为德王的至亲好友，但在日伪进犯绥东时，出于"千万不能丢了国家一寸土地"的炎黄子孙的爱国情感，毅然站到了祖国一边，率部参加了保卫红格尔图战役。共同的抗日要求，既把蒙汉人民的命运联在一起，也把全国人民的命运联在一起。在日商纱厂比较集中的上海与青岛，都因抗议日寇侵绥而爆发了五卅运动以来规模最大的罢工斗争。此外，当时绥远地区虽然战火纷飞，但有许许多多的青年学生、文化团体及文艺界知名人士如吕骥、张瑞芳、陈波儿等前来绥远慰问和进行战地宣传。

11 月 21 日，毛泽东、朱德在发给傅作义的贺电中说："足下孤军抗日，迭获胜利，日伪军不能越雷池一步，消息传来，全国欢腾，足下之英勇抗战，为中华民族争一口气，为中国军人争一口气"④。12 月 1 日，中国共产党中央及中国苏维埃中央政府发出《关于绥远抗战通电》。同日，毛泽东、朱德等致书蒋介石，提出"化敌为友，共同抗日"。

绥远抗战的胜利是中国军队自 1933 年长城抗战以来的第一次胜利，极大地鼓舞了全国人民的抗日斗志。

七、西安事变及其和平解决

1936 年夏，日本的侵略更加疯狂，中国的抗日救亡怒潮席卷各地。

---

① 见《大公报》1936 年 11 月 17 日。
② 《西安事变资料》第 1 辑，第 150 页。
③ 见《大公报》1936 年 12 月 11 日。
④ 《红色中华》1936 年 11 月 23 日。

继福建事变,两广事变之后,又发生了著名的西安事变。在各方的努力下,西安事变得以和平解决,为实现国共第二次合作和全国团结抗战起了重要作用。

(一) 西安事变的爆发

热河沦陷, 长城弃守,《塘沽协定》签订, 察哈尔民众抗日同盟军被扼杀, 激起了全国各阶层人民对国民政府推行"攘外必先安内"反动政策的无比愤恨, 抗日救亡运动再次高涨。

1933 年冬, 以第十九路军为骨干, 联合第三党等抗日反蒋势力, 在福州发动了抗日反蒋的福建事变。

11 月 20 日, 李济深、陈铭枢、蒋光鼐、蔡廷锴等, 以"中华共和国人民革命政府"为旗帜, 在福建公开宣布反蒋抗日。福建人民政府成立后, 在政治上提出"打倒日本帝国主义","打倒蒋介石和卖国残民的南京政府";在经济上主张"实现关税自主","计口授田","发展民族资本, 奖励工业建设";在军事上撤销绥靖公署, 成立了人民革命军第一方面军总司令部, 蔡廷锴兼任总司令。此外, 还与中国共产党进行了初步合作, 签订了《闽西边界及交通条约》。中国共产党先后派张云逸、潘汉年为驻闽代表, 同福建人民政府进行了广泛的接触和联系。

蒋介石国民党对福建人民政府采取了迅速扑灭的方针。1933 年底, 蒋介石自任"讨逆军"总司令, 从"剿共"前线抽调 5 个军共 12 个师, 约 15 万人, 分三路向福建进攻。日、美、英等帝国主义的军舰也配合国民党海军封锁福建沿海。同时蒋介石还派人潜入福建, 用重金和官职收买等手段, 从内部瓦解第十九路军。在蒋介石内诱外攻下, 福州、厦门、泉州、漳州等城市相继被蒋军攻占, 李济深、陈铭枢、蒋光鼐、黄琪翔等逃往香港。至 1934 年 1 月, 历时 53 天的福建人民政府遂告失败。

福建事变虽然失败, 但在民族危急关头, 他们坚决反对蒋介石的对日不抵抗主义, 毅然同其决裂, 表明了鲜明的民族立场和爱国主义精神。他们在国民党内首先举起抗日反蒋的义旗, 有力地推动了全国抗日救亡运动, 为后来西安事变的发动提供了历史借鉴。

继福建事变之后，又发生了以抗日反蒋为旗帜的两广事变。1936年5月，两广当局决定利用全国抗日救亡运动高涨的形势，发动反蒋运动。他们于6月1日文呈南京国民党中央和国民政府并通电全国，吁请"中央"领导全国抗日。6月4日，国民党西南执行部和政务委员会举行联席会议，将陈济棠、李宗仁和白崇禧所部改称"中华民国国民革命抗日救国军"，并出兵湖南。两广事变的发动，造成了逼蒋抗日的趋势，同时也有引发新的内战的可能。蒋介石和南京国民党中央电令西南及陈、李、白等部不得擅自行动，并调集军队于粤桂边境。7月中旬，蒋以设置最高国防会议，任陈济棠为会议成员并进京共商大计为解决争端的方案，被两广当局所拒。蒋即以官禄收买陈部第一军军长余汉谋及广东空军，策动陈部其他将领迎余代陈，逼迫陈济棠于7月18日下野赴港。7月25日，国民政府下令免去李、白在桂职务，调离广西。李、白则攻击蒋违反五届二中全会决议，并邀各方人士集中南宁，准备另组政府。蒋调集大军准备武力解决，全国上下均表反对。蒋被迫放弃军事解决途径，于9月1日派居正、程潜飞往南宁调停。9月6日，国民政府收回7月25日成命，改任李宗仁为广西绥靖公署主任、白崇禧为军委委员。14日，李、白通电服从中央，事变平息。

两广事变是以抗日为旗帜进行的反蒋运动，与以往各派同蒋介石进行的权力之争不完全相同，它带有进步的与革命的性质，对于抗日民主统一战线的建立和第二次国共合作的形成，起了有力的推动作用。

在日本帝国主义加紧侵华，民族危机日益严重的形势下，中国共产党中央委员会于1936年8月25日，发出致中国国民党中央委员会并转全体国民党员书，倡议在抗日的大目标下，国共两党实行第二次合作，明确指出："只有国共重新合作以及同全国各党各派各界的总合作，才能真正的救亡图存。"

在中共中央发出致国民党书以后，毛泽东于9月间分别致书宋庆龄、蔡元培、邵力子、李济深、李宗仁、白崇禧、蒋光鼐、蔡廷锴等，请他们阅览致国民党书，并望他们利用各自的资望和地位，积极响应和推动统一战线的组成。周恩来也先后致书曾养甫、陈果夫、陈立夫、蒋介石、胡宗南、陈诚、汤恩伯等，反复陈述"大敌当前，亟应团结御侮"的道理，望蒋介石等"从过去之误国政策抽身而出，进入于重新合作共同抗日之域"①。

为了使全党了解放弃反蒋口号的必要性，1936 年 9 月 1 日和 17 日，中共先后向党内发出《关于逼蒋抗日问题的指示》和《关于抗日救亡运动的新形势与民主共和国的决议》。明确指出"目前中国人民的主要敌人，是日本帝国主义，所以把日本帝国主义与蒋介石同等看待是错误的，'抗日反蒋'的口号也是不适当的"，"我们的总方针应是逼蒋抗日。"②

正当中共中央采取抗日逼蒋方针，推动南京国民政府实行抗日政策的时候，蒋介石于 1936 年 10 月亲自到西安，逼迫张学良、杨虎城率部"剿共"。

张学良和东北军，同日本有着深刻的家仇国恨，与蒋介石之间的矛盾也日趋明显。九一八事变时，张学良因执行蒋介石的不抵抗命令，率军退入关内，受到全国人民的唾骂。1935 年 9 月，张学良被任命为"西北剿匪总司令部"副总司令，在陕北"围剿"红军中，屡遭失败，损失了近 3 个师的主力部队，2 名师长阵亡，7 名团长或阵亡或被俘；蒋介石趁机取消了东北军 3 个师的编制。东北军官兵深受国土沦丧、家破人亡之痛，民族意识强烈，不愿再打内战，要求抗日。西北军将领杨虎城早在大革命时期就和共产党有过合作关系，对蒋介石借"剿共"消灭异己的做法十分不满，逐步同共产党和红军建立了联系。1936 年春，西北军和红军首先商定，双方各守原防，互不侵犯，互派代表，密切联系，准备共同抗日。同年 2 月，中共代表李克农与东北军将领王以哲谈判，达成了红军与东北军局部合作的协议。3 月，李克农与张学良在洛川会晤，张学良表示完全同意双方加强联系，但对中共抗日反蒋主张表示了不同的意见。4 月，张学良与周恩来在延安举行会谈，双方在联合抗日的许多重大问题上取得了一致的意见，订立了互不侵犯、互相帮助、互守原防，互派代表及

① 《周恩来书信选集》，中央文献出版社 1988 年版，第 106—107 页。
② 中共中央党史资料征集委员会编：《第二次国共合作的形成》，中共党史资料出版社 1989 年版，第 123 页。

红军帮助东北军进行抗日教育等方面的协议。张学良认为蒋介石尚有民族意识,应采取逼蒋抗日的方针。会谈后,叶剑英作为红军代表常驻西安,协助张学良、杨虎城进行抗日准备工作。这样,红军与国民党军团结合作的抗日民族统一战线,首先局部地在西北地区建立起来。

1936年10月,中国工农红军一、二、四三个方面军于甘肃会宁会师,中国革命的主力转移到了西北。这时,日本策动伪蒙军向察绥疯狂进攻,傅作义率部抵抗,绥远抗战爆发,西北成了抗日的前哨阵地;与此同时,张学良、杨虎城及其所部联共抗日活动也在积极进行,他们与蒋介石"攘外必先安内"的误国政策的矛盾日益尖锐,在西北"三位一体"统一战线的倡导之下,以西安为中心的群众性抗日救亡运动,一浪高过一浪。中日民族矛盾、国共两党的矛盾、国民党中央与爱国的地方实力派之间的矛盾,各界爱国民众与蒋介石反动政策的矛盾,等等,都在这里汇集。西北成了多种力量与矛盾的聚集地,成了中国政治旋涡的中心。国内各种政治力量斗争的焦点是:共同抗日、挽救危亡,还是发动内战、自相残杀?

蒋介石到西安后,立即分别召见了张学良、杨虎城,宣称要在3个月内把陕北"共匪"全部消灭,要张、杨做好"剿共"准备。对此,张学良公开提出疑义,建议停止内战,成立民族阵线,联合抗日。

10月27日,蒋介石在张、杨陪同下,到王曲军官训练团讲话。到会的除训练团的学员外,还有西北"剿总"和第十七路军总部上校以上、驻西安各部队团长以上军官共500余人参加。蒋说:"我们革命军人还要分清敌人的远近,事情的缓急。我们最近的敌人是共产党,为害也最急;日本离我们远,为害尚缓。如果远近不分,缓急不辨,不积极剿共而轻言抗日,便是是非不明,前后倒置,便不是革命,那样在家是不孝,为国是不忠,便不能算一个革命军人。国家有法律纪律在,对这种不忠不孝的军人是要予以制裁的"[①]。他在讲话时还猛烈地抨击了建立"抗日民族统一战线"的主张,宣称抗日需要首先镇压共产党,那些不愿意剿共的

---

① 《蒋介石在王曲军官训练团的训话》,见黄德昭等选编:《西安事变资料》第1辑,第11页。

人与不愿意抗日的人毫无差别；共产党是更大的敌人。蒋介石的这些话，实际上是发动大规模"剿共"内战的动员令，对张学良来说，无疑是当头一棒。他听后当场流下了眼泪。

就在这时，日本侵略者加紧了对华北的进犯。山西的国民党地方实力派阎锡山提出"守土抗战"的政策。他和张学良一样，开始认识到日本蚕食华北的真正危险，认识到要想挽救华北，一场抗日战争是不可避免的。

为了弄清阎锡山在抗日和停止内战这两个问题上的立场，张学良派他的私人秘书李金洲于1936年10月前往太原，拜访阎锡山。李金洲在太原了解到阎锡山对日本在华北的行动深感担忧，认为继续实行"围剿"共产党的政策是不明智的，如果全力打内战，中国人就不可能再有足够的力量去对付外来的敌人了。他愿意与张学良联合起来，在适当时机向蒋介石进行劝谏。张学良获悉阎锡山的主张与他相类似，非常高兴。

10月末，阎锡山飞抵西安，与张学良会晤。经过一整天的会谈，张、阎2人搭夜车抵达洛阳。这时，蒋介石以"避寿"为名，已于10月29日离开西安到达洛阳，其目的是部署"剿共"。张学良与阎锡山则以祝寿为名，趁机向蒋进谏，要求团结抗日。结果，张学良碰了更大的钉子。蒋介石厉声问张、阎："你们只答复我一句话：是我该服从你们呢？还是你们该服从我？"接着，蒋在洛阳一次训话中再次强调："现在断不能用任何的理由，去主张联共，否则就要出卖国家民族，存心与赤匪同声相应，甘为共产党下面的二等汉奸"①。

11月1日，张学良又一次试图说服蒋介石，但蒋介石表示"当前之敌人乃汉奸与共匪"，这使得张学良大失所望。

回到西安，张学良向西北军领导人、西安绥靖公署主任杨虎城讲述了洛阳之行的前后过程。杨虎城早就赞成停止内战、一致抗日的主张，建议蒋到西安时，"可以仿效挟天子以令诸侯的故事干"②。

蒋介石在洛阳滞留月余，除大事张扬所谓"献机祝寿"活动外，则

---

① 李金洲：《西安事变亲历记》，台湾传记文学出版社1976年版，第24页。

② 《缄默50余年　张学良开口说话》，辽宁人民出版社1992年版，第114—115页。

集中精力部署"剿共"，妄图一举消灭红军。为了达到这个目的，蒋介石在洛阳作了如下布置：（一）调兵遣将，把30万中央军摆在汉口至郑州的平汉线上和郑州至灵宝的陇海线上，古老的潼关关隘附近也集结了8个满员师，只待一声令下，即刻西进；（二）发布对红军的攻击令，命令在甘肃、宁夏的王钧、毛炳文、何柱国等5个军，分4路进攻红军；停止对绥远抗战的支援，不准傅作义乘胜进攻日伪军，令其抽调兵力参加"剿共"；（三）严厉镇压抗日救亡运动。南京国民政府于11月22日下令在上海逮捕了救国会著名领袖沈钧儒、章乃器、邹韬奋、李公朴、沙千里、史良、王造时"七君子"，并严令取缔了上海、青岛纺织工人的反日大罢工，封闭了14家畅销全国的进步刊物。

虽然蒋介石一心要消灭中共，但他的"剿共"计划一再受挫。11月21日，红军发起山城堡之战，蒋之嫡系胡宗南一部被歼，使"剿共"前线的将领们大惊失色。24日，傅作义指挥所部，取得百灵庙大捷，举国振奋。张学良、杨虎城再也按捺不住反对内战、奋起抗日的强烈愿望，分别于27日、28日发出《消缨抗战书》和《告民众书》。在《请缨抗战书》中，张学良痛切陈词："今绥东事既起，正良执殳前驱，为国效死之时"；"伏恳迅颁宠命，调派东北军全部或一部，克日北上助战"①。杨虎城在《告民众书》中，则号召"毁家纾难"，"舍身卫国"，"拼命地守住我们现有的土地，不要再失一尺一寸，更进而收复失地"，他要军民"坚持此志，御侮争存"②。但是，蒋介石对所有这些反对内战、请缨抗日的爱国言行，均视为"大逆不道"，并为此忧心忡忡。

1936年12月上旬，古城西安正在孕育着一场巨大的政治风暴。张学良、杨虎城与蒋介石双方都力图改变对方的主张。

12月1日晚，远在武汉的东北人士王化一从武汉绥靖公署主任何成浚处得悉：何在洛阳为蒋祝寿时，曾在蒋的侍从室主任钱大钧办公室桌上看到拟好的密电，"内有调东北军全部出陕……使与共党与杨部隔离等

---

① 黄德昭等选编：《西安事变资料》第1辑，第108页。
② 黄德昭等选编：《西安事变资料》第1辑，第110页。

语"，王化一得悉后立即用"华密"电报告了张学良，[1] 要其警惕。张、杨为此曾多次密商对策。据张学良说，当时他们有三个办法：（一）和委员长告别，辞职走开，到东北做义勇军工作；（二）对蒋作口头净谏，希望在最后一刻改变蒋的主张；（三）"硬干"，类似兵谏的办法[2]。

12月2日，张学良驾驶军用飞机去洛阳见蒋介石，以观察形势。12月3日，张学良向蒋介石进谏，又遭到训斥，蒋命令张、杨立即率部开赴反共前线，对红军"作彻底的处理和根本的解决"[3]。

12月4日，蒋介石乘车抵西安，张学良同车随行。蒋介石以华清池为临时行辕。他的高级将领陈诚、蒋鼎文、陈绍承、朱绍良、卫立煌等，也陆续齐集古城西安。

抵达西安之后，蒋介石连续接见东北军的将领，企图使他们接受自己的观点，但遇到许多不合作的反应。有些东北军将领对他说："我的母亲被日本人杀害了，我的两个兄弟和姐妹惨死在东北家乡。……日本人的刺刀穿透了我父亲的身体，尸体至今未埋，仍做他乡之鬼……"[4] 这时，蒋介石已看出再使东北军进行"剿共"战争已没有什么希望了，开始认识到东北军问题的严重性，认为在发动最后的"剿共"战役之前，必须解决这一问题。

12月7日，张学良与蒋介石进行了长达3小时的长谈，就停止内战、一致抗日的问题，两人进行了激烈的争辩。张学良希望蒋介石能以全国人民的利益为重，蒋介石严厉地告诫张学良，中国的最大敌人不是日本人，而是共产党。张学良流着泪，嗓音嘶哑地对蒋介石说："自东北易帜以来，我对委员长耿耿忠心，服从训令。当前的国策是团结抗战或分裂抗战，必须明确择定。这对国家和民族的前途，对个人的前途都是成败攸关的大问题。只有领导全国团结抗日，才是委员长振兴国家的唯一正确的道路，

---

① 王化一：《我在西安事变前后的　些经历》，见全国政协文史资料研究委员会1980年编印：《西安事变资料选编》第2集，第47页。

② 《张学良对总部全体职员的训词》，见西安《解放日报》1936年12月16日。

③ 蒋介石：《苏俄在中国》，台北1956年版，第226页。

④ 傅虹霖：《张学良与西安事变》，香港利文出版社1989年版，第175页。

我有为委员长牺牲一切的决心。"蒋介石听后勃然大怒，厉声说："你现在就是拿枪把我打死，我也不能改变围剿共产党的计划。"①

这样，蒋、张之间的矛盾完全表面化、公开化了。结果，双方谁也说服不了谁，最后都对对方失去了信心。

12月9日，西安学生举行了大规模游行示威，纪念一二·九运动一周年。国民党特务竟开枪击伤学生。群众闻讯，怒不可遏，便列队出城，冒着凛凛寒风向临潼进发，直接找蒋介石请愿。蒋闻知，立刻命令张学良制止学生请愿，不听劝阻，"格杀勿论"。同时，他还命令卫队架起机枪，准备扫射。张学良为防止爱国学生惨遭不测，立刻驱车追上游行队伍，进行劝阻。当时群情激昂，高呼："拥护张将军率部打回老家去！"气氛悲壮，动人心魄。张学良感动得热泪盈眶，站在土坡上对学生讲："我和大家的心是一样的，主张抗日，一个星期内用事实回答大家，否则，拿我是问！"②竭力把学生劝回城去。当晚，张学良又向蒋介石净谏。蒋竟说："对于那些青年，除了用枪打，是没有办法的"。12月10日，张、杨又收到毛泽东的电报，获悉国共两党中央的谈判已破裂。他们断定蒋的主张是不能轻易改变了，再次计划"决行强谏劫持之谋"③。

12月10日、11日，蒋介石连续召集高级将领开会，商定军事"进剿"计划，并任命蒋鼎文为西北"剿匪"军前敌总司令，准备在12月12日发布对红军的"围剿令"，蒋介石一行也预定同日返回南京。

蒋介石经过军事上和政治上的一番精心布置，认为可以向张、杨摊牌了。于是他向张学良和杨虎城提出两个方案，供其选择：（一）服从中央的剿共命令，将东北军和西北军开赴剿共前线，与红军决战；（二）如张、杨不愿意剿共，则东北军将调到福建，西北军将调至安徽，中央军进驻陕甘地区，由蒋的嫡系部队完成剿共大业。张学良和杨虎城经过秘密协调，决定无论如何不离开西安，但也不再为内战而拼命。他们决定如果苦谏

---

① 应德田：《张学良与西安事变》，中华书局1980年版，第88—89页。

② 《张学良在西安市民大会上的讲话》，见黄德昭等选编：《西安事变资料》第1辑，第152页。

③ 张学良：《西安事变忏悔录摘要》，见司马春秋：《张学良传奇》，群伦出版社1987年版，第221页。

不成，只好实行兵谏，靠武力使蒋介石屈服。

在此期间，张学良和杨虎城都收到报告，蓝衣社和军警特务已经拟好了一张"黑名单"，上面有东北军和第十七路军中同情共产党分子的姓名。只要换防命令一经宣布，便立刻将他们逮捕。

由于这一情报，张学良觉察到危险已经迫切，他与杨虎城商定，决心先发制人，拼死以争，"只要主张能行通，目的能达到，其他均非所计"①！

蒋介石准备于12月12日离开西安。11日晚，他举行了一个告别宴会，张学良出席了告别宴会，而杨虎城则借故没有来。宴会之后，张学良赶到杨虎城将军的司令部，与他进行了秘密会谈。就在这次会谈中，他们决定了对蒋介石实行兵谏的具体计划。经过协商，双方决定东北军负责完成下列任务：张学良的警卫营和师负责逮捕蒋介石，封锁西安到临潼的交通。张学良还命令在兰州的东北军解除驻扎在那里的中央军武装，控制停在兰州机场上国民党当局的飞机。第十七路军负责逮捕在西安的所有南京高级军政官员，解除西安城内蒋系部队、警察和宪兵的武装，并负责关闭西安机场，控制所有的飞机。

东北军和第十七路军的所有部队都处于紧急状态，以便一接到命令，便迅速采取行动。帷幄运筹之后，张、杨分别回到自己的住处，召集各自高级军政官员，宣布这一重大决策。

当天晚上，蒋介石似有察觉。然而，他迟了一步！张学良、杨虎城连夜分别动员，下达命令。东北军与第十七路军于12日拂晓，分别在临潼和西安同时扣押了蒋介石和其随行军政人员陈诚、蒋鼎文、朱绍良等10余人，并控制了机场、火车站。东北军驻兰州的第五十一军于学忠部也按张学良的密令，在兰州采取行动与西安相呼应。这就是在第二次国共合作形成史上具有伟大意义的西安事变。

事变发动之后，张、杨遂通电全国："东北沦亡，时逾五载。国权凌夷，疆土日蹙"，而蒋介石"弃绝民众，误国咎深"，因对蒋公为最后之净谏。并提出八项主张：（一）改组南京政府，容纳各党派共同负责救国。（二）停

---

① 《张学良对总部全体职员训词》，见西安《解放日报》1936年12月16日。

止一切内战。（三）立即释放上海被捕之爱国领袖。（四）释放全国一切政治犯。（五）开放民众爱国运动。（六）保障人民集会结社一切政治自由。（七）实行总理遗嘱。（八）立即召开救国会议①。八项主张的核心是"停止内战、共同抗日"，表达了一切爱国军民的强烈愿望和要求。

扣蒋后，张学良、杨虎城即致电南京国民党军政要员、各省军政长官、各界知名人士，发布了告两军将士书，并通过西安电台和在群众大会上的讲话，全面阐述了事变的原因、目的和方针。公开申明事变是因"不忍以一人而断送整个国家于万劫不覆之地"②；目的是"内求和平，外求抗日"，扣蒋"绝对是纯洁无私的"，"完全是为民请命"③；只要蒋"能放弃过去的主张，毅然主持抗日，我们马上绝对拥护他，服从他！"④张、杨敦促南京当局接受"八项主张"，呼吁各省军政当局同情、支持西安的爱国行动，号召全国各方面知名人士、各界民众，拥护停止内战、共同抗日的主张。

西安事变发生后，张学良、杨虎城随即采取了一系列重大军政措施：邀请中国共产党派代表参加谈判；撤销西北剿匪总司令部，组织以张、杨为正、副主任委员的抗日联军临时西北军事委员会；组织抗日援绥军第一军团，委孙蔚如为军团长，王以哲为副军团长；解散国民党陕西省党部；释放西安的政治犯；封存四大银行在西安的金融储备，将陕甘防区交红军接替，两军南下关中，加强了潼关以西的军事防务等。

（二）西安事变的和平解决

西安事变发生后，在国内外引起了强烈而复杂的反响。南京国民政府陷入一片混乱。军政部长何应钦等人，极力主张"讨伐"张学良、杨虎城。他们调动陕甘宁绥豫等地中央军准备进攻西安，并派数十架飞机飞临西安上空侦察示威，准备进行轰炸，并电邀亲日派头子汪精卫从意大利返国。以宋子文、宋美龄为首的一派，为保全蒋介石，主张用和平方式解决西

---

① 《张、杨对时局的宣言》，见黄德昭等选编：《西安事变资料》第1辑，第114页。
② 《张致孔祥熙电》，见黄德昭等选编：《西安事变资料》第1辑，第132页。
③ 《张在西安电台广播讲话》，见黄德昭等选编：《西安事变资料》第1辑，第120页。
④ 《张对所部讲话》，见黄德昭等选编：《西安事变资料》第1辑，第118页。

安事变，积极谋划营救蒋介石的方法。国民党的地方军事领袖人物和中间阶级的众多人士中，少数人表示完全支持张、杨，大多数人赞成抗日，但担心张、杨的行动会引发更大的内战，因而对张、杨表示不支持。他们主张消弭内乱、和平解决西安事变，几乎一致地要求恢复蒋介石的自由。

当时各国的态度也极其复杂。日本政府宣称张、杨已经"赤化"，声明它不能坐视南京政府同西安妥协，极力挑动中国扩大内战，以便实现其灭亡中国的野心。英美力求维持蒋介石的统治，以免南京政府完全为亲日派控制，并认为在这种前提下，不妨同共产党采取某种形式的合作，以便对付日本。苏联希望同南京政府改善关系，支持中国抗日，但对事变的性质作了错误的估计。《真理报》、《消息报》连续发表社论和评论，表示盼望事变能早日得到和平解决，同时却违背事实地指责张学良、杨虎城与亲日派有密切关系，认为此次事变是日本在中国的新阴谋。

张学良、杨虎城以非常的军事行动押扣蒋介石，事先并没有同中共进行任何商量。但是，他们指望中共对他们的爱国正义行动予以全力支持，并协助他们解决捉蒋后的复杂问题。因此，事变一发动，张学良要刘鼎一分钟也不耽误，立刻向中共中央发报。电文说："吾等为中华民族及抗日前途利益计，不顾一切，今已将蒋及其重要将领陈诚、朱绍良、蒋鼎文、卫立煌等扣留，迫其释放爱国分子，改组联合政府"[1]。张学良在连续给中共中央的电报中，还转告了他们在通电中所提出政治主张，以及要求中共中央立即派代表团来西安，共商救国大计。

12月12日，中共中央收到张学良关于发生西安事变的电报后，立即作了紧急处置。一面急电张学良，要求证实来电的可靠性，并建议张学良和杨虎城，立即将东北军主力调集西安平凉一线，第十七路军土力调集西安潼关一带，红军担负在北面钳制胡宗南等部的任务；一面致电共产国际执委书记处，报告张学良来电的有关情况。同时，提议派周恩来赶赴西安与张、杨共同协商大计。

13日，由张闻天主持，中共中央召开西安事变后首次紧急会议。毛

---

[1]　西安事变研究会编：《西安事变电文选》，陕西师范大学出版社1986年版，第26页。

泽东、周恩来、张闻天等都认为事变是革命的，推动抗日的，是"开始揭破民族妥协派的行动"，将会"向着全国性的抗日方向发展"，表示拥护张、杨的爱国主张，对妥协派（南京国民政府中蒋介石代表的一派）要争取、分化、孤立，还提出要推动国民党黄埔系、CC派、元老派和欧美派积极抗日；要巩固西北三方的联合，并要在抗日援绥的原则下，与山西阎锡山、四川刘湘、西南桂系联合；要深入发动群众，以群众团体名义欢迎各方代表到西安参加救国会议。会议针对内战一触即发的危险局势，决定采取不与南京对立的方针，"尽量争取南京政府正统"，不组织与南京对立的政权，"军事上采取防御，政治上采取进攻"。会议强调："把抗日为最高旗帜"，依靠党的原则正确冷静地处置，确定中共的方针是要"把局部的抗日统一战线，转到全国性的抗日统一战线"①。会议还决定中共中央暂不发表宣言。由于事变是突发事件，一时难以了解全面情况，会上也有人提出了"除蒋"、"审蒋"的主张，但会议总的基调是不把反蒋与抗日对立起来，从而为中共最终确定和平解决西安事变的方针奠定了基础。

同日，中共中央致电共产国际执委书记处，指出张学良等人的行动是完全带有革命性的，并要求共产国际：（一）在世界舆论上赞助红军、东北军和西北军的抗日义举；（二）争取英、美、法三国赞助中国革命的国防政府和抗日联军；（三）苏联大力援助中国。同日，毛泽东、周恩来致电张学良，指出"只有将全部行动基础置于民众之上"，西安起义才能胜利；表示若胡宗南、曾万钟、关麟征等部向南压迫，"红军决从其侧后配合兄部坚决消灭之"；说明"恩来拟来西安与兄协商尔后大计"，请派飞机到肤施接周去西安。

在此期间，中共中央根据对西安事变情况的进一步了解和全国事态的发展，认真研究了促使事变向着推动国民党当局停止内战、共同抗日方向发展的方针、措施，并于14日发出《西安事变后促动南京政府停战抗日运动的方针办法》，明确指出应发动群众要求南京政府接受张、杨的八项抗日要求，停止内战，援绥抗日及召集各党、各派、各界、各军救国

---

① 《张闻天文集》第 2 集，中共党史出版社 1993 年版，第 198、199 页。

会议，解决救亡大计；在各地组织停止内战促进会等团体，以促使南京政府停止内战、走向抗日；坚决反对亲日派的降日卖国和策动内战的阴谋等。中共中央还要求各地注意，在所有这些活动中，"不要同南京处于对立地位，仍应采取督促与推动他们中的抗日派及中间派走向抗日的方针"①。这表明，中共中央在事变后坚持与中国国民党联合抗日的立场，坚持了反对内战、争取国内和平的主张；提出了和平解决的正确方针，与张、杨的主张是一致的。

15日，中国共产党为了公开表明自己的立场和主张，以毛泽东、朱德、周恩来等15位红军高级将领的名义发出了《关于西安事变致国民党国民政府电》，表明了中共坚持反对内战、要求和平解决事变、与中国国民党共赴国难的严正立场。

在西安事变爆发后出现的复杂局势面前，中共中央应张学良、杨虎城的邀请，于12月14日决定派周恩来、叶剑英、秦邦宪、李克农等人前往西安。15日清晨，周恩来等18人身负重任，由保安动身，17日下午抵达西安，周恩来立即与张学良晤商。周恩来对张学良高度的爱国热忱和勇敢决断的精神，表示钦佩。张学良则向周恩来介绍了几天来的情况和处理事变的意见。经过缜密计议两人决定：军事上，红军加入东北军和第十七路军组成的西北抗日联军，张学良则希望叶剑英参加参谋团，三军统一指挥。这使"三位一体"不仅在政治上，而且在军事上融为一体，巩固了三方的团结。政治上，双方同意在逼蒋介石允诺停止内战、共同抗日的前提下，保证蒋介石的安全，释放他回京领导抗日。这既可借蒋的权威压服南京讨伐派，防止干戈再起；又可达到事变发动时提出的"促蒋反省"、共同抗日的目的。双方还商定了与南京谈判的五项条件：（一）立停内战，中央军全部开出潼关。（二）下令全国援绥抗敌。（三）宋子文负责成立南京过渡政府，肃清一切亲日派。（四）成立抗日联军。（五）释放政治犯，实现民主，武装群众，开救国会等。

---

① 中共中央统战部、中央档案馆编：《中共中央抗日民族统一战线文件选编》（中），北京档案出版社1985年版，第317—318页。

18 日上午，周恩来由张文彬陪同前往拜访杨虎城。中共代表团还对张、杨所部将领与中下层军官做了大量工作。这样，三方在逼迫蒋答应抗日后和平解决事变的问题上达成了一致意见。

面对西安事变后出现的错综复杂的局势，中共中央全面研究了国内外的动态，冷静地分析了事变可能导致的两种结局：或由此爆发新的内战；或逼蒋抗日，结束内争，共同对外。为了争取后一种前途，避免前一种恶果，中共中央于 12 月 18 日发出《关于西安事变致国民党中央电》，提出：在蒋介石答应联合抗日后，保蒋安全，进而联蒋抗日。电文尖锐地指出："贵党果欲援救蒋氏，则决非调集大军讨伐张、杨所能奏效"，"武力的讨伐，适足以杜塞双方和解的余地"；"为国家民族计，为蒋介石个人计"，国民党应毅然采取以下措施：（一）召集全国各党、各派、各界、各军的抗日救国代表大会，决定对日抗战，组织国防政府抗日联军。（二）将讨伐张、杨与进攻红军的中央军，全部增援晋绥前线，承认红军、东北军及十七路军的抗日要求。（三）停止一切内战、一致抗日。（四）开放人民抗日救国运动，实行言论、集会、结社的民主权利，释放一切政治犯及上海爱国领袖。（五）实行孙中山先生的"三大政策"。中共中央表示相信，如果中国国民党果能实现上述全国人民的迫切要求，"不但国家民族从此得救，即蒋氏的安全自由当亦不成问题"①。

21 日，中共中央书记处致电周恩来，主张争取与蒋介石、陈诚等谈判。与此同时，中共中央和中央军委又在军事上作了以红军主力协同东北军、西北军，准备迎击"讨逆军"进攻的周密部署。当时"讨逆军"所属东路集团军的兵力已近 10 个师，其中 5 个师已进到潼关、华县，从东面直迫西安，西路集团军的兵力也达 10 个师，拟向天水、陇西集中，尔后经宝鸡、凤翔协攻西安。经以周恩来为首的中共代表团同张学良、杨虎城反复磋商，三方于 12 月 21 日共同决定：集中红军、西北军和东北军主力，采取诱敌深入方针，在西安以东地区同刘峙决战；以一部兵力抗击和钳

---

① 中共中央统战部、中央档案馆编：《中共中央抗日民族统一战线文件选编》（中），第321—322 页。

制西路军顾祝同军。

同日,中共中央书记处再电周恩来,指出在西安工作应"扶助左派,争取中派,打倒右派,变内战为抗战";要周与张、杨共同"争取蒋介石、陈诚等与之公开谈判";提出了实现和平的五项条件:"(第一)南京政府中增加几位抗日运动之领袖人物,排除亲日派,实行初步改组。(第二)取消何应钦等之权力,停止讨伐,讨伐军退出陕甘,承认西安之抗日军。(第三)保障民主权利。(第四)停止剿共政策并与红军联合抗日。(第五)与同情中国抗日运动之国家建立合作关系。(第六)在上述条件有相当保证时,恢复蒋介石之自由,并在上述条件下赞助中国统一,一致对日。"中共中央的电报嘱咐周恩来:"上述条件有相当保证时,恢复蒋介石之自由,并在上述条件下赞助中国统一,一致对日"。电报最后要周以"共产党代表资格",公开与蒋介石、陈诚、宋子文等谈判调停①。

中国共产党解决西安事变的方案,实际上恰与张学良不谋而合。逼蒋抗日,乃是张学良此次发动"兵谏"的初衷。扣蒋以后,他一再表白,只要蒋介石接受八项主张,就拥护他做抗日领袖。因此,当他了解中共和平解决西安事变的方针后,对共产党这种置国家、民族大局于个人恩怨之上的深明大义的立场,感到由衷的钦佩。

12月23日,各方代表在张公馆西楼开始谈判,讨论释放蒋介石的条件。宋子文代表南京方面,张学良、杨虎城、周恩来代表西安"三位一体"。当天上午,谈判开始后,周恩来提出中共及红军的主张:(一)停战,撤兵至潼关外。(二)改组南京政府,排逐亲日派,加入抗日分子。(三)释放政治犯,保障民主权利。(四)停止剿共,联合红军抗日,共产党公开活动(红军保存独立组织领导,在召开民主国会前,苏区仍旧,名称可加上抗日或救国)。(五)召开各党各派各界各军救国会议。(六)与同情抗日国家合作。②周恩来阐述了提出这些条件的理由;同时说明,如果国民党能接受并保证实行上述诸项,中共将赞助蒋介石统一中国、一

---

① 中共中央统战部、中央档案馆编:《中共中央抗日民族统一战线文件选编》(中),第337—338页。

② 见《周恩来选集》上卷,人民出版社1980年版,第70—71页。

致对日。宋子文表示他个人同意这些条件，但要转告蒋介石最后酌定。

当日下午，宋子文、张学良、杨虎城、周恩来继续谈判。宋先就6项条件提出实施意见。他提议先组织过渡政府，3个月后再改组为抗日政府，并就过渡政府的人选交换了意见，拟推荐孔祥熙任行政院长，宋子文为副院长兼财政部长，各部部长进行适当调整。周恩来提议宋庆龄、杜重远、沈钧儒、章乃器等入行政院，张、杨也推荐了几位部长人选，原则上取得了一致意见。宋子文还提议，由蒋介石下令撤兵，即送其回南京，以主持全国政事，回京后再释放"七君子"。张、杨坚持中央军先撤出潼关，爱国领袖先释放，蒋再回南京。张、杨、周还提出：在过渡政府时期，西北联军先成立，由张学良领导，先进行抗日准备，南京政府负责军需接济。宋子文答应将此事转告蒋。最后，周恩来提议，在蒋介石同意上述办法下，他可以直接与蒋讨论各项问题。宋子文说，可先与宋美龄谈，他力主和平、抗日①。

这天谈判结束后，周恩来立即将谈判的主要内容电告中共中央。电报表示：如同意这些原则，他将以全权代表与蒋介石谈判。电报还请示中共中央在何种条件下允许蒋回南京。②

12月24日上午，各方代表继续谈判。经过反复磋商，达成九项协议：（1）由孔祥熙、宋子文组织行政院，宋负责组织令人满意的政府，肃清亲日派。（2）中央军全部撤离西北，由二宋负责；蒋鼎文即携蒋手令赴南京，下令停战撤兵。（3）蒋回京后释放"七君子"，西安方面可先发消息。目前苏维埃、红军名称照旧。由宋氏兄妹担保蒋确要停止"剿共"，并经过张学良之手负责接济红军。抗战开始后，红军改番号，统一指挥，联合行动。（5）宋表示先开中国国民党中央全会，开放政权；再召开各派救国会议；蒋表示3个月后改组中国国民党。（6）分批释放一切政治犯，具体办法与宋美龄商定。（7）抗战开始后，共产党公开活动。（8）外交政策：联俄并与英、美、法联络。（9）蒋回南京后发通电自责，辞去行

---

① 见《周恩来选集》上卷，第71—72页。

② 见《周恩来选集》上卷，第72页。

政院长职务①。这九条，基本上同意了张、杨的八项主张；也承认了共产党、红军和苏区的合法地位。这样，国共双方就"停止内战、共同抗日"这一事关国家民族生死存亡的根本问题，初步达成了一致意见。

当天下午，周恩来单独与宋子文会见。宋表示希望中国共产党能成为他抗日、反亲日派的后盾，主动要求中共派专人驻沪与他保持密切联系。当时潘汉年正奉中共中央之命在沪、宁与张冲、陈立夫等人就和平解决西安事变的条件进行磋商。因而，周恩来告诉宋子文，由在沪之潘汉年，负责与其联络，商讨、实施谈判达成的各项具体协议。

同一天，蒋介石当面对张学良做了承诺：同意中央军撤出西北，释放"七君子"，联红容共，联俄及英、美，改组中国国民党，由孔祥熙、宋子文与张学良商定名单。这表明，蒋介石已基本同意了张、杨的八项主张和中共提出的六项要求，且增加了改组中国国民党一款。

当天晚上，周恩来在张学良及宋氏兄妹陪同下去见蒋介石。周诚挚地向蒋陈述，目前时局，非抗日无以图存，非团结无以救国，坚持内战，自速其亡。只有停止内战、共同抗日才是唯一出路。然后，他表示了中国共产党的拥蒋抗日之意；若蒋先生肯改变"攘外必先安内"的误国政策，不仅他个人可以听蒋先生的话，红军也可听蒋先生指挥②。中国共产党如此深明大义，以德报怨，不能不使蒋介石大感意外，他听了周恩来的话后，表明三点：（一）停止剿共，联红抗日，统一中国，受他指挥：（二）由宋氏兄妹与张学良全权代表他与周解决一切（谈判中所商诸项）；（三）蒋回南京后，周可直接去谈判③。宋子文则坚持请中国共产党及西安方面信任他，他愿负责去实施所谈各项；并再次提出要立即放蒋回南京。宋美龄表示，十分感激周恩来千里迢迢来斡旋。

国共两党最高领导人的直接会见与谈判，初步达成了停止内战、国共合作、共同抗日的协议。这是第二次国共合作形成中的一次有决定意

①　见《周恩来选集》上卷，第73页。
②　见西安事变史领导小组编著：《西安事变简史》，中国文史出版社1986年版，第88页。
③　见《周恩来选集》上卷，第73页。

义的谈判。正如毛泽东说的："直至西安事变发生，在一九三六年年底，中国共产党的全权代表才同国民党的主要负责人取得了在当时政治上的一个重要的共同点，即是两党停止内战，并实现了西安事变的和平解决。这是中国历史上的一件大事，从此建立了两党重新合作的一个必要的前提。"①

这时，放蒋基本已成定局，但一部分东北军、十七路军官兵和西安少数高级人士坚持要有条件放蒋的呼声仍然很高。他们认为蒋介石的诺言必须有所保证，如协议要由蒋签字，中央军要立即撤到潼关以东，缓冲地区要由阎锡山部移驻，等等。25日上午，张学良会见了杨虎城及其高级将领，耐心而坦诚地表白他主张放蒋的理由："我为什么敢冒天下之大不韪，把蒋介石扣在西安？主要是为争取停止内战、一致抗日。假如我们拖延不决，不把他尽快送回南京，中国将出现比今天更大的内乱，假如因我造成国家内乱，那我张学良真是万世不赦的罪人。如果是这样，我一定自杀，以谢国人。"②

张学良担心"夜长梦多"，出了"乱子"不好向国人交代，于25日下午3时，简略向杨虎城作了嘱托，即匆匆偕蒋氏夫妇乘车直趋机场。当时机场聚集了几千人，本是欢迎抗日将领傅作义的，蒋误以为是群众向他示威，有点紧张，立即对张、杨又重申了"六项承诺"："（一）明令中央入关之部队，于25日起调出潼关；如再有内战发生，当由余个人负责。（二）停止内战，集中国力一致对外。（三）改组政府，集中各方人才，容纳抗日主张。（四）改变外交政策，实行联合一切同情中国民族解放之国家。（五）释放上海被捕爱国领袖，并立即下令办理。（六）西北各省军政，统由张、杨两将军负其全责"③。蒋介石还对张、杨说："今天以前发生内战，你们负责；今天以后发生内战，我负责。今后我绝不剿共。我有错，我承认；你们有错，你们亦须承认"④。张学良则将手谕交杨虎城，

①《毛泽东选集》第2卷，人民出版社1991年版，第362—363页。

② 傅虹霖：《张学良和西安事变》，第246页。

③ 蒋介石：《在西安机场的讲话》，见西安《解放日报》1936年12月27日。

④《周恩来选集》上卷，第73页。

请杨即日起与于学忠代他指挥，然后于下午 4 时与蒋、宋等登机而去，待周恩来赶往机场，飞机已起飞。

这样，历时 14 天的西安事变，由于中共中央的正确决策及中共代表团（对外界用"红军代表团"名义）卓有成效的努力，由于全国广大人民和国内外一切主张团结抗日的人们的积极要求，也由于红军和东北军、西北军作了对付"讨逆军"进攻的充分准备，终于获得和平解决，从而为国共两党重新合作、共同抗日，提供了必要的前提。此外，中国国民党当局比较痛快地接受联共抗日等 6 项主张，对西安事变的和平解决也起了一定的促进作用。张、杨两将军因领导和解决了西安事变，"大有功于抗日事业"，而成为"千古功臣"①。

西安事变的和平解决，成了时局转变的枢纽，是中国从内战走向抗战的转折点。它迫使蒋介石基本上结束了反共的 10 年内战，出现了国共两党重新合作的局面，奠定了伟大的全国抗日战争的基础。它粉碎了亲日派和日本帝国主义者的阴谋，促进了中共中央的"逼蒋抗日"方针的实现。从此，在抗日的前提下，国共两党实行第二次合作，已成为不可抗拒的趋势。

八、国共谈判与全国性抗日战争的准备

以华北事变为转折，国民政府的对日政策发生了一些变化，由华北事变前的一再妥协退让朝着准备抵抗的方向转变，开始加强全国的战备，并在中国共产党的努力下开始了国共合作的谈判。

（一）国民政府的抗战准备

在日本帝国主义加紧对华北实行军事扩张和经济侵略，民族资产阶级抗日倾向不断增长、国民党内各派系在对日问题上进一步分化的形势

---

① 《周恩来在纪念西安事变 20 周年座谈会上的讲话》，见西北大学历史系中国现代史教研室等编：《西安事变资料选辑》，1979 年出版，第 24 页。

下，中国国民党第五次全国代表大会，于 1935 年 11 月 12 日至 23 日在南京举行。

会上，由孙科、张继分别代表中国国民党中央执、监委员会作党务报告，蒋介石先后作政治、外交报告，何应钦作军事报告。蒋介石在关于对外关系的讲演中表示："和平有和平之限度，牺牲有牺牲之决心"；若到了和平绝望的时期与牺牲的最后关头，则"当听命党国，下最后之决心"，并将"抱定最后牺牲之决心，而为和平最大之努力，期达奠定国家民族复兴之目的"，作为中国国民党"救国建国惟一之方针"[①]。

在这次大会上，中国国民党正式提出了"国防建设"问题。大会通过的 20 多个提案中，大约 1/3 着眼于或者涉及加强国防设施、准备抗战等事项。随着国民党内外政策的转变，国民政府在政治、经济、军事诸方面的抗日准备工作，在艰难中起步。在国防建设方面主要的抗日准备工作有：

第一，整编全国陆军，扩建空军和海军。1935 年 1 月，国民政府在南京召开军事整理会议，布置整军工作。3 月，在武昌成立陆军整理处，任命陈诚为处长，负责全国陆军的整顿和训练。同时，还对特种兵进行了整建。整军建军工作至七七事变时虽未按计划完成，但也做了不少工作，全国陆军已整建与未整建之部队，除各种特殊部队外，共计步兵 182 个师又 46 个独立旅，骑兵 9 个师又 6 个独立旅，炮兵 4 个旅又 20 个独立团，共约 170 万人，居世界各国之首。

随着国民政府对全国抗战筹划的开始，空军和海军建设也得到了一定程度的加强。至 1936 年底，空军从 1934 年的 8 个大队增至 31 个中队，编成 9 个大队和 5 个直属中队，此外尚有 4 个运输机队，总计共有各类飞机 600 余架，飞机场 262 个，飞机修理厂 6 个。至 1937 年春，中央航空学校和航空机械学校已培养飞行员、机械师各 700 余名。1936 年，还与意大利合办了南昌飞机制造厂。1934 年海军部曾把一个 5 年造舰 50 艘

---

① 中国国民党第五次全国代表大会：《接受蒋委员长中正关于外交之建议案》，见罗加伦主编：《革命文献》第 76 辑，台北 1976 年版，第 250—251 页。

的计划，呈送国民政府军事委员会，但未能付诸实施。至1937年上半年，中国海军虽有3个舰队，大、中舰艇100余艘，但总计不过6万吨。且各舰都是旧式的，威力很小，仅能在沿岸或江河一带协助陆上战斗担任警备。

第二，构筑国防工事，整理江防、海防要塞。从1935年年底开始，国民政府投入较多的力量从事国防工事的构筑。国防工事按其坚固程度分三种：永久性工事系用钢筋水泥构筑而成，半永久性工事系用铁轨、枕木构筑而成，临时性工事则由简易木材临时构筑。构筑程序是以首都南京为中心，逐次向国境线推进。1936年春季前后，国防工事的构筑全面展开。到七七事变前，浙江、山东、河南、晋绥、察冀各区第一期国防工事基本完成，其中规模较大的有淞沪、吴福、锡澄、乍平嘉、乍澉甬、宁镇、鲁南、豫北、豫南、沧保德石、娘子关雁门关内长城等阵地工事。

江防、海防要塞的整建，从1933年起即在德国军事顾问的帮助下全面展开。为增强各要塞火力，南京政府向德国订购了大批要塞重炮。其中一批平、高射两用炮于七七事变前夕运到，星夜装置在江阴、镇江、南京、武汉各要塞。至1937年上半年，全国共有南京、镇江、江阴、宁波、虎门、马尾、厦门、南通、连云港9个要塞区整建完毕，拥有炮台41座，各种要塞炮273门。

第三，确定战略大后方，成立国防决策机构。根据敌强我弱这个客观实际，确定并建设战略大后方是中国抗日准备的一项重要任务。1935年蒋介石视察西南各省后，指出了川、滇、黔三省在未来战争中的重要性，特别是"四川应作复兴民族之根据地"。随着西南各省的渐趋统一，国民政府开始了对四川为中心的西南抗日大后方的建设工作。

1936年7月10日至14日，中国国民党在南京召开的五届二中全会上决定成立国防会议。蒋介石任国防会议议长，议员有阎锡山、冯玉祥等32人。1937年3月，中国国民党中央执行委员会和中央政治委员会决定成立国防委员会，设正、副主席各1人，以中国国民党中央政治委员会正、副主席兼任之。国防会议和国防委员会的设立，表明了国民政府的国防决定机构开始初步调整。

第四，制定国防规划，划分国防区域。国民政府在《1935 年度防卫计划大纲》中，明确划分了国防区域、阵地线、兵力部署，将全国划为三道防卫区域；其中第一线有察冀晋绥区、山东区、江浙区、福建区、粤桂区，并规定各区陆军应努力侦察本区内之地形，利用演习构筑阵地，建筑交通道路，集积物资，完成作战之种种准备。《1936 年度国防计划大纲》又将全国划为四大区：抗战区：察、绥、冀、晋、鲁、豫、江、浙、闽、粤；警备区：包括皖、赣、湘、桂四省；其余各省为绥靖区及预备区。以国民政府军事委员会为最高统帅机关，设冀察、晋绥、山东、江浙、福建、粤桂六个国防区指挥部，一个预备军总指挥部。

以上抗战的准备工作虽然具有积极的意义，但总的来讲准备是非常不充分的，有的方面在后来的抗战中并没有发挥作用。

为了准备抗战，国民政府还力图加强经济建设，统一全国财政。改变中国财政经济的落后混乱局面，奠定长期抗战的物质技术基础，这是中国抗日御侮，救亡求存的基本工作。抗日战争前夕，国民政府在这些方面作出了较大的努力，并取得了一定的成效。这方面的主要工作有：

第一，推行国民经济建设运动。1935 年 4 月，蒋介石在贵阳发起国民经济建设运动。同年 11 月，中国国民党五全大会决议设置国民经济计划委员会，从事于建设方案之研讨及实际材料之收集。12 月 4 日，中国国民党五届一中全会通过《确定国民经济建设实施计划大纲案》，指出"此实救亡图存，根本大计"，较为明确地把经济建设同抗日救亡联系了起来。这个运动，使经济和国防建设有了一定的发展。

第二，建设国防工业。1935 年 4 月，将原参谋本部所属的秘密国防机关国防设计委员会，更名为资源委员会，隶属军委会，活动范围从制订防卫计划转变为从事实际建设，成为领导重工业建设的主要机构。根据前一阶段的调查研究结果，资源委员会于 1935 年制定"重工业五年计划"，拟投资 27120 万元兴建冶金、机械制造、燃料、化学等企业。1936年国民政府在财政预算中，拨给资源委员会法币 1000 万元，使其计划得以正式实施。到全面抗战爆发，资源委员会以投资、合办的形式控制的企业已达 23 个。

第三，加强公路、铁路建设。为利于战时大量兵员和军需物资的调运，国民政府在交通建设方面作出了很大的努力，取得的成绩也较为显著。1934年修筑了西北之西兰、西汉公路，此后又扩及甘、晋、新、绥、川、滇等省。至全面抗战爆发，共筑新路11.1万公里，其中1/3以上已铺路面，全国公路网大致完成。铁路建设也取得了很大成效。1935年9月同蒲路通车，1936年陇海路由西安延到宝鸡，1936年7月苏嘉路完成；1937年夏浙赣路全线通车，粤汉路也南北接轨，西南、东南诸省交通彼此贯通。到1937年上半年，全国铁路由1927年的8000公里增至13000公里，其中1935年后完成的约2000公里。

第四，改革币制，施行法币政策。1935年11月4日，国民政府以紧急法令宣布改革币制，施行法币政策。规定即日起以中央、中国、交通三银行（以后又增加农民银行）发行的钞票为法币，所有完粮纳税及一切公款项之收付，概以法币为限，所有银币、白银一律交由指定银行兑换法币，实行白银"国有"。币制改革的施行，标志着国民政府在全国大部分地区确立了对金融机构及其重要业务的统制，有利于推行战时财政经济政策，迅速调集人力、物力与财力以敷作战之需要。

尽管抗战前夕国民政府在经济方面的抗日准备有许多弊端，如造成英美帝国主义在华经济势力的扩张、四大家族官僚资本的膨胀，等等，但它后来在支持抗日、服务战争方面，还是起了积极的作用。

国民政府在进行抗日准备的同时逐步调整外交战略，积极寻求外国援助。在对日交涉中，也开始由过去的妥协退让、丧权辱国，变得日趋强硬。特别是中国国民党第五次全国代表大会以后，1935年底至1936年底，在以调整中日关系为中心所进行的多次谈判中，国民政府对日本提出的以"广田三原则"为核心的一系列无理要求，基本没有再作重大的让步。

（二）国共谈判的进行

华北事变不仅造成严重的民族危机，也直接威胁到国民党的统治，迫使蒋介石不得不在对中共的策略上，从以大规模的军事"围剿"为主，逐步转向军事、政治两手交互并用。

1935年下半年起，蒋介石在用武力继续对共产党及红军"清剿"的同时，开始注意用"抚"的一手"消弭赤化"。所谓"抚"主要是"招安"，即利用各种手段，妄图分化瓦解革命力量，以"溶共"、"防赤"。与此同时，国民党的一些智囊人物向蒋介石提出同共产党谈判，以实现"溶共防共"、"安内、御侮"的目的。蒋介石迫于形势的压力及国民党内政外交的需要，亦不得不考虑如何对共产党采取更灵活一些的策略，遂提出所谓用"政治方法"解决"中共问题"的方案。这种情况下，蒋介石在1935年底主动派人秘密"打通与共产党的联系"，导致了国共两党的重新接触。这是中国国民党调整内外政策的一个重要步骤。

这时，中国共产党也在调整自己的内外政策。1935年7月，共产国际确定了国际反法西斯统一战线政策。中共驻共产国际代表团于8月1日，以苏维埃中央政府和中共中央的名义发表《为抗日救国告全体同胞书》（即《八一宣言》），呼吁全国各党各派、各界同胞、各军队，不论过去和现在有任何利害冲突和政见分歧，都应本着"兄弟阋于墙外御其侮"的真诚觉悟，捐弃前嫌，停止内战，集中国力，一致抗日，共同组织国防政府和抗日联军。《宣言》表示：只要国民党停止进攻苏区，实行对日作战，红军立刻停止敌对行动，而且愿意与之亲密携手共同救国，并提出抗日救国、收复失地等10点施政方针。《宣言》放弃了反对一切帝国主义的口号，提出要联合一切同情中国民族解放战争或善意中立的国家和民族。《宣言》的发表深受广大群众和各界人士的拥护，宋庆龄、何香凝会同柳亚子、经亨颐、陈树人以及于右任、孙科等率先响应，产生巨大的影响。中共中央和中央红军到达陕北后，12月在瓦窑堡召开政治局会议，确定了抗日民族统一战线的方针。会后，毛泽东在党的活动分子会上作的《论反对日本帝国主义的策略》的报告，系统地阐明了抗日民族统一战线的策略方针。会议之决议和毛泽东的报告指出在新的形势下，不仅工人、农民、城市小资产阶级和广大知识分子是坚决抗日的基本力量，而且民族资产阶级也有与之建立抗日民族统一战线的可能性，即使地主买办营垒，也可能发生分化。中国共产党的基本策略是"组织千千万万的民众，调动浩浩荡荡的革命军"，建立广泛的抗日民族统一战线。为此，必须反对"左"

倾关门主义，同时坚持无产阶级在抗日统一战线中的领导权。

瓦窑堡会议后，中国共产党广泛开展了统战工作。这时，中国共产党的统战工作采取了下层统战和上层统战同时并举，开展上层统战工作为主的做法。尽管瓦窑堡会议确定的抗日民族统一战线政策的基本方针是抗日反蒋，但为了建立广泛的统一战线挽救国家和民族的危亡，不论是中共中央还是中共驻共产国际代表团，都没有因为既定的抗日反蒋方针而放弃与蒋介石联合抗日的机会，表现出高度的革命灵活性。中共驻共产国际代表团在共产国际第七次代表大会闭幕后立即开会讨论了如何在中国建立抗日民族统一战线问题，确定了只要中国国民党真正停止反对红军的战争，并调转枪口反对日本帝国主义，就可以同它联合的原则。中国共产党这种以国家和民族利益为重的正义立场，为国共两党开始重新接触创造了必要的条件。

在这种背景下，南京政府驻苏大使馆武官邓文仪和中共驻共产国际代表团负责人王明，以及潘汉年之间举行了初步谈判。

邓文仪是黄埔军校第一期毕业生，深得蒋的赏识与信任，1935年春被南京政府任命为驻苏大使馆武官。同年秋回国述职时向蒋介石汇报，苏联政府曾向其表示愿支持中国抗击日本的侵略，同时还向蒋介石提交了一份有关王明在共产国际七大的发言摘要，蒋介石看后意识到共产国际正在改变政策，随即指派邓文仪马上返回莫斯科找王明进行接触，了解政治解决国共两党关系的可能性，并准备改善中苏关系。

12月，邓文仪奉命离开中国返回莫斯科，马上开始进行紧张的活动，直接写信给共产国际执委会秘书处，请其转交王明，请求见面。随后，邓文仪通过原第十九路军流亡将领设在香港的抗日反蒋组织——中华民族革命同盟驻莫斯科的代表胡秋原再度与王明联系。中共驻共产国际代表团在了解到邓文仪的基本意图之后，同意接触，由潘汉年先出面。1936年1月13日晚，潘汉年按约定时间来到胡秋原的寓所，与邓文仪就国共两党关系问题进行了具体的商谈。

接着，中共代表团负责人王明又同邓文仪举行过多次会谈。邓文仪提出国共两党再次合作的条件是：（一）取消中国苏维埃政府，这个政府的所有领导人和工作人员参加南京政府；（二）改编中国红军为国民革命军，因为同日本作战必须有统一的指挥；（三）国共两党间恢复1924—1927年间存在过的合作形式，或其他任何形式。在这种情况下，中国共产党可以继续独立存在 [①]。邓文仪还说明：南京国民政府将实行革新并逐步实行中共《八一宣言》中所提出的国防政府的10点纲领；在红军改编时，双方可以交换政工人员，以示互相信任和尊重；南京政府还将供给红军一定的武器和粮食等。此外，邓文仪还阐述了蒋介石规定的原则，其核心是政权与军队指挥权问题。至于抗日区域，改编后的红军可开到内蒙前线抗战，由南京政府军队保卫长江流域。对此，王明提出不同意见。他指出，内蒙目前实际上并非在南京政府控制之下，这种建议是不能接受的。接着，邓文仪提出，也可以划给西北部分地区作为红军的基地；并暗示这有可能使中共建立"国际联系"；南京政府正在同苏联谈判，以获得苏联的武器供应，准备对日作战。王明认为这些问题事关重大，最好由国民党派人在国内同中共中央及红军领导人商讨两党共同抗日的具体协议。

此后，邓文仪将他同中共代表团王明、潘汉年等人的谈话记录，整理成详细报告，派其副官专程送回南京，供蒋介石阅示定夺。中共代表团则决定派潘汉年回国，以便在国内同中国国民党代表继续接触、谈判，并趁机恢复已到达陕北的中共中央与共产国际的电讯联络。

1936年2月，潘汉年再次与邓文仪会面，邓文仪将南京政府签发的护照交给潘汉年，两人商定了潘回国后与中国国民党中央组织部长陈果夫联络的办法。至此，国共两党代表在莫斯科的接触便告一段落。

从1935年底起，中国国民党主要通过以下三条渠道同中共秘密接触。

第一条，是南京方面同中共中央北方局的渠道。联结这条渠道的国民党方面的代表是曾养甫和谌小岑，中共方面的代表是周小舟和吕振羽。

当邓文仪奉命在莫斯科同中共驻共产国际代表团建立联系的时候，蒋介石在国内也设法同中国共产党建立联系，并指派陈立夫主持这项工作，陈立夫指派曾养甫出面在南京设法与中国共产党建立联系。曾养甫

[①] 〔苏〕季托夫：《1935年—1936年南京政府同苏联的谈判》，见《党史研究》1985年第4期。

当时是国民党中央执行委员、南京铁道部政务次长，又是 CC 的重要骨干，深受蒋介石器重。1935 年 11 月底，曾养甫委托谌小岑寻找共产党关系。谌小岑早年参加过"觉悟社"，和周恩来、邓颖超相识。大革命失败后，在国民党方面从事劳工工作，并办过多种刊物，和进步文化人有来往。谌小岑在接受任务的当晚，即找翦伯赞（时任国民政府司法院副院长覃振的秘书）商量，翦提议从监狱里放出一二个共产党员为此事奔走，曾养甫未采纳这个建议。翦又提出写信到北平邀吕振羽（北平中国大学教授，中共北平市委领导下的"自由职业大同盟"书记，因工作需要经组织同意曾被聘为国民政府铁道部专员）来南京。吕振羽接到谌小岑信后，即交周小舟（时任中共北平市委宣传部长，分工联系北平自由职业大同盟）。数天后，周小舟通知吕去南京，探明此事系何人发动和主持。11 月底，吕振羽到达南京，当晚就由谌小岑陪同到曾养甫家。曾表示自己是秉承宋子文的主意办事，希望吕振羽找一个共产党方面谈判的线索，吕振羽回答可以从学生或教授中找到线索。

1936 年 1 月，周小舟到达南京，向吕振羽传达中共中央北方局有关国共谈判的条件是：（1）组织国防政府和抗日联军；（2）停止内战，一致抗日，停止进攻苏区，承认苏区的合法地位等；周小舟要吕振羽辞去北平教职留南京，与国民党代表继续接触。曾养甫得知这两个条件后，代表国民党方面提出四点要求：（1）停止土地革命；（2）停止阶级斗争；（3）停止苏维埃运动；（4）放弃推翻国民政府的武装暴动等活动。吕振羽立即向周小舟作了局面报告。

3 月，周小舟第二次到南京，带来了中国共产党方面向国民党提出的六项要求：（1）开放抗日群众运动，给抗日爱国人民以集会、结社、言论、出版自由等抗日民主权利；（2）由各党各派各阶层各军代表联合组成国防政府和抗日联军；（3）释放一切抗日爱国政治犯；（4）改善工农群众的生活；（5）停止内战、一致抗日，停止进攻苏区，承认苏区的合法地位；（6）划定地区给南方各省游击队集中训练，待机出发抗日。针对国民党方面的 4 点要求，周小舟还向吕振羽传达了中共中央北方局的指示：（1）在合作抗日的形势下，只要国民党实施适合工农要求的适当政策，改善工农群众的生活，调整阶级间的关系，我们为着战胜日寇，加强国内团结，实行战时阶级休战；（2）国民党必须实行孙中山的"二五减租"政策，为了团结抗日，我们暂不没收地主土地；（3）国民党必须承认苏区的合法地位；（4）在组成国防政府的情况下，武装推翻国民政府问题将不复存在。与此同时，周小舟还带来由毛泽东、周恩来、朱德、彭德怀等中共中央方面领导人签名盖章、用墨笔写在白绸子上的给宋子文、孙科、冯玉祥、程潜、覃振、曾养甫等人的信，每封信均附有《八一宣言》。

鉴于周小舟带来由中共最高领导人毛泽东等亲笔签名的信件，国民党方面开始高度重视与周小舟等人的商谈，并决定正式向中共代表提出四项条件作为进一步谈判的基础。该四项条件是：（一）停战自属目前迫切之要求，最好陕北红军经宁夏趋察绥外蒙之边境。其他游击队，则交由国民革命军改编。（二）国防政府应就现国民政府改组，加入抗日分子，肃清汉奸。（三）对日实行宣战时，全国武装抗日队伍自当统一编制。（四）希望党的领袖来京共负政治之责任，并促进联俄 [1]。

六七月间，周小舟第三次去南京，以正式代表身份与曾养甫会谈，系统地讲述了共产党抗日的愿望和六项要求及条件，并对国民党的四条要求作了回答，然后双方就国民政府作为国防政府的组织形式问题，红军改编为国民革命军问题，南方游击队集中问题，释放政治犯等问题进行了讨论，在红军的领导权问题上，双方发生了激烈的争论。

后来，吕振羽又和曾养甫面谈了五六次，并要谌小岑写成书面材料。7月，曾养甫对吕振羽说，希望两党主要干部会谈或者周恩来来南京，或者由他和张冲去陕北。月底，曾养甫被任命为广州市长，他的陕北之行无法实现。为此他托谌小岑转一份密电码给吕振羽，告知今后可用武汉电台与陕北直接联系。此时南京方面已直接和中共中央联系，对中共北方局的关系已不重视了。8月，周小舟第四次去南京，取走所有材料和密电码。10月，中共中央通知北方局，以后同南京方面的谈判统一于中央，

---

① 见《南京方面第一次对中共代表提出之谈判条件》（1936 年 5 月 15 日），转引自孟广涵主编：《抗战时期国共合作纪实》下卷，重庆出版社 1992 年版，第 820—821 页。

以免步调参差不齐。

中共北方局同南京的谈判虽然未达成具体协议，但这次谈判沟通了国共两党的思想，使南京方面对中共的抗日民族统一战线主张有了进一步的认识。

第二条渠道的开拓者是宋庆龄，秘密使者是董健吾。

宋子文在1935年底和宋庆龄商量，要派一名使者进入陕北苏区送信，直接和中共中央取得联系。他们选中了董健吾。董是中共地下党员，和宋子文是上海圣约翰大学同学，素有来往。1936年1月，宋庆龄邀请董健吾到自己的寓所，当面交给董一封信和其他物品，要他送到陕北瓦窑堡面交毛泽东、周恩来。董健吾到西安后，与同样负有沟通国共两党联系使命的中共党员张子华（真名王绪祥，党内名张子华，时任中共上海临时中央局组织部秘书和豫鄂陕边区特派员）不期而遇。由于遍地冰雪，无法进苏区，于是他们找张学良要求协助，张学良表示诧异，并去电南京核实此事，几天以后派飞机送董健吾等至肤施（延安）。2月27日，董健吾安全到达瓦窑堡。

林伯渠、张云逸、袁国平等领导人热情地接待他们。董健吾进苏区后化名周继吾。第二天，董由林伯渠陪同将宋氏密信呈递博古，传递了南京政府要同中国共产党谈判的意向。此时，中央红军已渡过黄河东征，张闻天、毛泽东、彭德怀等在山西前线石楼，周恩来则和刘志丹部队在折家坪附近。3月2日，张闻天、毛泽东、彭德怀要博古和董健吾等人一起去石楼，讨论和国民党联络问题，也要周恩来参加。但是董健吾急欲回上海复命。3月4日，张、毛、彭致电博古，同意董先回上海。同日，张闻天、毛泽东、彭德怀集中各方意见，提出"与南京谈判之意见"，表示"愿与南京当局开始具体实际之谈判"，并向南京方面提出五项条件："（一）停止一切内战，全国武装不分红白，一致抗日；（二）组织国防政府与抗日联军；（三）容许全国主力红军迅速集中河北，首先抵御日寇迈进；（四）释放政治犯，容许人民政治自由；（五）内政与经济上实行初步与必要的改革"①。

---

① 《与南京当局谈判之意见》（1936年3月4日），见《文献和研究》1985年第4期，第2页。

董健吾于3月5日带了上述条件离开瓦窑堡回上海。

董健吾的陕北之行，很快被西北经济委员会主任委员郭正凯知道，郭立即向阎锡山报告，阎又马上打电报给蒋介石，宋子文等人感到难堪，就收回了财政部给董健吾的委任状。董健吾的使命就此结束。

第三条渠道是谌小岑在打通第一条渠道的同时，又通过翦伯赞和左恭（时任国民党中央宣传部征集部主任）建立了同中共上海临时中央局的联系。

1935年11月底，谌小岑和左恭商议如何寻找共产党的关系。左恭是中共地下党员，得讯后立即去上海向党组织报告，介绍了一位假称中共中央长江局系统的姓黄的同志给谌小岑。这个假称姓黄的同志，就是张子华。张子华和谌小岑交谈几次以后，建议国民党派人直接去陕北。通过谌小岑征得曾养甫的同意后，中共上海党组织决定派张子华赴陕北苏区。

张子华到瓦窑堡后，博古单独接见了他，张子华口头汇报了国民党内部各派对抗日的态度，冯玉祥、胡汉民、陈立夫等有联俄联共一致抗日的表示，并介绍了陈立夫等正在寻找同共产党中央举行谈判的动向。1936年3月8日至28日，中共中央在山西前线交口召开政治局扩大会议，张子华向中共中央汇报了情况，中共中央就和南京政府联络、谈判的问题专门作了研究。

4月中旬，张子华和冯雪峰一起从陕北返回上海。月底，张子华到南京，向曾养甫提出要了解南京方面联共抗日的具体办法。5月下旬，谌小岑将陈立夫在曾养甫家口授的四条，抄了一份给张子华，但没有说明是南京方面的条件，只说是谌小岑自己的看法，给中共参考。曾养甫向张子华传达口信，约中共主要负责人见面。张子华于5月底再次到瓦窑堡。

6月初，张子华带了几封周恩来的亲笔信返回南京。7月，曾养甫请张子华再往陕北，送一封信给周恩来，信中表示"盼两方面能派负责代表切实商谈，如兄能屏除政务来宁一叙至所盼祷"，并口头表示，邓颖超来也可以。

8月27日，张子华携信第三次返抵保安。8月31日，周恩来给曾养甫复信，表示"亟愿与贵方负责代表进行具体谈判"，"兄及立夫先生能惠临敝土，则弟等愿负全责保兄等安全。万一有不便之处，则华阴之麓亦作为把晤之所"。9月1日，周恩来又给陈果夫、陈立夫修书，表示"现养甫先生函邀面叙，极所欢迎。但甚望两先生能直接与会"①。张子华携信于9月20日到达广州，陈立夫交待此问题由曾养甫解决。

9月27日，曾养甫与张子华见面，曾养甫提出请周恩来到香港或广州见面。28日，张子华发电向中共中央报告曾的意见。中共中央在10月9日才收到此电文，复电称：双方停战后，才可考虑周恩来去谈判。

10月15日，张子华向中共中央作了详细书面汇报。这次，张子华还从广州带回国民党方面答应的四个条件：（1）苏维埃区域可以存在；（2）红军名义不要，改联军，待遇与国军同；（3）共产党代表公开参加国民大会；（4）即派人具体谈判。曾养甫声明这是国民党当局的基本条件。10月17日，中共中央正式看到这四个条件，认为南京方面有谈判诚意。同时获悉蒋介石10月16日到西安，即要正在西安的张子华向蒋交涉，由周恩来到西安与蒋直接谈判，后因交涉没有成功，未能成行。

9月1日，中共中央发电给正在西安的潘汉年，任潘汉年为中央谈判代表，与陈立夫直接面谈，其他几条途径逐渐停止活动。

10月初，潘汉年携带中共中央起草的《国共两党抗日救国草案》到上海。11月10日，在上海沧州饭店与陈立夫会谈，张冲也在坐。潘汉年将周恩来致陈氏兄弟、蒋介石的信交给陈立夫，还根据中国共产党起草的《国共两党抗日救国协定草案》的基本内容，阐述了中共中央的意见。该协定提出：（一）双方派遣全权代表举行谈判，订立此抗日救国协定。（二）双方共同努力为实行对日武装抗战，保卫与恢复全中国之领土主权，实现全国各党各派各界各军之抗日救国联合战线，依据民主纲领建立中华民主共和国。（三）必要步骤：双方立即停止军事敌对行动；划定红军必须的与适宜的屯驻区，供给军费、粮食和一切军需品，不得变更共产党和红军中的组织与领导；改革现行政治制度，释放政治犯，不再破坏共产党之组织与不再逮捕共产党的人员，共产党停止以武力推翻现政府；

---

① 《周恩来书信选集》，第98、101页。

召开抗日救国代表大会；建立统一的全国军事指挥机关，红军也派人参加，中国共产党承认国民党在此机关中占主要领导地位；与苏联订立互助协定。（四）国共派出同数的代表组织混合委员会作为经常接洽与讨论的机关。（五）双方均保持其政治上组织上的独立性。

对于中国共产党提出的合作方案，陈立夫不置一词。只转达蒋介石的意见：对立的政权与军队必须取消；中共军队目前可保留3000人，师长以上领袖一律解职出洋，半年后回国，量材录用；如果军队能如此解决，其他都好办。潘汉年严肃指出：这是站在"剿共"立场的收编条件，不能说是抗日合作的谈判条件。陈立夫再次强调蒋介石的中心意旨：必须先解决军事，其他一切都好办，可否请周恩来出来一次。潘汉年明确指出：停战问题不解决，周恩来是不会出来的。

潘汉年与陈立夫的晤谈，由于蒋介石坚持收编立场，且不允停战而毫无进展。不仅如此，蒋介石还调动260个团的兵力大举进攻，红军被迫奋起自卫，国共两军在甘肃境内黄河以东展开了激烈的战斗，一时间内战烽火再起，国共关系又陷入紧张状态。

11月16日，陈立夫第二次邀潘汉年去南京会谈。19日开始谈判，陈立夫说：蒋介石坚持原提各点，无让步可言，并要潘汉年把上次会谈时蒋介石的意图电告中共中央。潘汉年将预先抄好的《国共两党抗日救国草案》交给陈，并说这是中共对民族、国家最负责、最尽职的意见，供国共两党合作之参考。当谈到曾养甫提出的国共合作的四个条件时，陈立夫抵赖说：纯属子虚，蒋先生并未对第二人讲过。双方相持不下，会谈陷入僵局。21日，潘汉年将此次会谈情况报告中共中央。

为了迫使蒋介石从根本上放弃武力解决的幻想，11月18日毛泽东、彭德怀等发出《粉碎蒋介石进攻的决战动员令》。同日，红军于萌城以西击溃胡宗南部第一师之第二旅。21日，又在山城堡全歼胡宗南部一个整旅又两个整团。在这种情况下，12月初，陈立夫又派张冲到上海，向潘汉年表示：国共谈判不宜中止。

12月1日，毛泽东等红军将领并全体红军将士发表《致蒋介石书》，要求其"化敌为友，共同抗日"。12月8日，中共中央又电示潘汉年，继续争取停战谈判。中共中央于12月10日严肃指出：红军仅在抗日救亡前提下，承认改换抗日番号，划定抗日防地，服从抗日指挥，红军不能减少一兵一卒，并须在抗日战争中扩充，国民党方面，如有诚意必须立即停战，我们绝对不做无原则让步。由于国民党没有合作抗日的诚意，会谈已无法进行。

1936年国共两党的秘密谈判，最后虽陷于僵局，未达成任何协议，但由于双方多渠道、多层次的秘密接触和谈判，加深了国共双方之间的了解，为西安事变的和平解决和两党代表的正式谈判创造了条件。

（三）抗日民族统一战线的初步建立

西安事变和平解决后，中国共产党为了尽快地建立抗日民族统一战线，要求同国民党的主要领导人直接谈判，得到了国民党的响应。从1937年2月起，中共派出周恩来和秦邦宪等，先后在西安、杭州、庐山、南京等地同蒋介石、张冲等，就国共合作抗日进行了多次谈判。

2月8日，蒋介石就国共合作问题，指令在西安的顾祝同，必须在下述重要事项上征求共产党同意："最要注意一点，不在形式之统一，而在精神实质之统一；一国之中，决不能有性质与精神不同之军队。简言之，要求共同实行三民主义，不作赤化宣传工作。若在此点同意，则其他当易商量。"要顾祝同将此言切实直告周恩来。

中国共产党为了巩固国内和平，实现民主，推动国共两党合作的形成，于2月10日发出《中共中央致中国国民党三中全会电》，提出当此"中华民族存亡千钧一发之际"，深望国民党三中全会将下列五项定为国策：（一）停止一切内战，集中国力，一致对外；（二）保障言论、集会、结社之自由，释放一切政治犯；（三）召开各党、各派、各界、各军的代表会议，集中全国人才，共同救国；（四）迅速完成对日抗战之一切准备工作；（五）改善人民的生活。如贵党三中全会果能毅然决定确定此国策，则中共愿作如下保证：（一）在全国范围内停止推翻国民政府之武装暴动方针；（二）工农政府改名为中华民国特区政府，红军改名为国民革命军，直接受南京中央政府与军事委员会之指导；（三）在特区政府区域内，实行普选的彻底民主制度；（四）停止没收地主土地之政策，坚决执行抗日民族统一战线之共同纲领①。"五项国策"和"四项保证"的提出，是中国共产党为实现国共合作"对国民党做出的一个大的原则上的让步"②。

2月12日，中共代表周恩来、秦邦宪、叶剑英与国民党代表顾祝同、贺衷寒、张冲，在西安开始就国共合作的具体问题正式进行谈判。在谈判中，中共代表坚持致国民党三中全会电所提五项要求、四项保证的原则立场，提出愿将现有红军中之最精壮者编为3个国防师，计6旅12团，每师1.5万人，在3个国防师之上，设某路军总指挥部，总部下设数个直属营。另外，还提出了参加国民大会、国防会议、军事委员会和停止对西路军的军事进攻等要求。国民党代表在蒋介石的授意下，要中共放弃自己的独立性，完全服从国民党领导；分割陕甘宁边区，划归地方行政区，直属各省，并取消民选制度；红军改编后服从蒋介石的一切命令，南京政府向红军派遣各级军政人员，每师编制不得超过1万人。3月10日，周恩来将谈判情况报告中共中央。13日，中共中央指示中共代表向国民党方面申明："顾、贺提案完全不能承认"，"谈判须重新作起"，要求与蒋介石直接面谈。随后，周恩来回延安，叶剑英仍留西安进行联络。3月16日，周恩来返回延安，西安谈判暂时告一段落。

西安谈判虽然在一系列原则问题上未能达成协议，但总的来说仍取得了一些积极成果，有助于国共两党关系的改善。如达成了在西安设立红军联络处的协议，这是中国共产党在国民党统治区域建立的第一个公开办事机构。经过多次交涉，国民政府从3月份起，开始对红军军饷的接济。在中共代表的要求下，国民政府释放了西路军在河西走廊失利后被俘的部分红军指战员。

从3月24日至3月底，周恩来与蒋介石在杭州进行谈判。周恩来向蒋介石重申了中共方面关于国共合作的原则立场，表示了中共愿意与国民

---

① 见中共中央统战部、中央档案馆编：《中共中央抗日民族统一战线文件选编》（中），第385—386页。

② 见中共中央统战部、中央档案馆编：《中共中央抗日民族统一战线文件选编》（中），第390页。

党合作抗日的诚意，同时根据中共给国民党五届三中全会电文的精神及西安谈判中双方争论的问题，提出十一项书面要求、保证及六项口头声明，坚持陕甘宁行政区必须保持完整，不容分割，红军编为3个师，人数4.5万人，3个师以上必须设总部等要求。蒋介石表示同意国共重新合作，但又说"不必说与国民党合作，只是与他合作"，要"商量一个永久合作的办法"①。他认为这个问题解决好了，其他问题都好办。周恩来明确表示，国共合作到底的最好办法是国共两党要有一个共同纲领。最后蒋介石表示同意，由周恩来负责起草共同纲领。这次谈判，双方在一些有争议的问题上渐趋一致，但仍然是议而未决。

4月2日，周恩来返回延安，向中共中央汇报了同蒋介石谈判的情况，随即起草共同纲领，准备再次南下与蒋介石举行谈判。

这个时期，中共中央一方面肯定了中国国民党自西安事变和平解决与五届三中全会后的政策的转变；另一方面，也看到中国国民党的这种转变还是非常不够、非常迟缓与非常含糊的，号召全党以最大的坚持性和忍耐性，争取谈判的成功。

5月23日，周恩来、林伯渠携带中共方面起草的国共合作抗日救国共同纲领草案，到洛阳会见蒋介石。后因故未谈，双方约定到庐山谈判。

5月底，周恩来由西安乘飞机到上海，转赴庐山，6月初与蒋介石开始谈判。蒋介石根本不提他要周恩来起草共同纲领问题，而提出：（一）两党合作的形式问题，成立一个国民革命同盟会，由他指定国民党若干干部和中共方面推出同等数量的干部组成，他为主席，并有最后决定权；两党一切对外行动及宣传，统由同盟会讨论决定，然后执行，共同纲领亦由同盟会加以讨论；同盟会在进行顺利时，将来视情况许可，扩大为国共两党分子合组的党，并与第三国际发生关系，代替共产党的关系。（二）军队问题，提出中共方面根据以前关于国共合作的声明，发表对外宣言，中国工农红军改为3个师，然后南京政府发表3个师的番号，并委任师长。3个师仍照12团的编制，人数可容纳4.5万人。3个师之

---

① 中共中央党史资料征集委员会编：《第二次国共合作的形成》，第211页。

上设政治训练处。朱德、毛泽东离开红军出洋。（三）陕甘宁边区问题，坚持由国民党方面派边区的正职长官（可由中共方面推荐中央方面的人），边区自己推选副职，并提示可由林伯渠担任。南方游击队由中共方面派人联络，经国民党调查后，对部队进行编遣，其首领也须离开部队。另外，蒋介石还表示：在狱中的共产党员，可由国民党分批释放；可由国民党指定共产党出席国民大会的人数，但不能以共产党的名义出席；共产党的干部可以参加国防会议等。周恩来对蒋介石这一方案明确表示反对，特别是在红军改编后是否设指挥部和人事任命问题方面，进行了针锋相对的斗争。由于国民党方面缺少诚意，这次谈判未获结果，周恩来于6月16日返回延安。

周恩来返回延安后，中共中央经过反复研究，为推动谈判的进行，提出新方案十五点，在一些重要问题上又作出让步。首先，在两党合作问题上，原则上同意组织国民革命同盟会，但要求先确定共同纲领，以便奠定同盟会及两党合作的政治基础；在承认共同纲领的基础上，可同意国共两党各推出同等数量的人组织最高会议，以蒋介石为主席，承认他依据共同纲领有最后决定权；同盟会将来发展的趋势及与共产国际关系问题，为了不使它成为国共合作的障碍，中共可不加反对，但必须保持共产党的独立组织及政治宣传和讨论之自由。其次，在人事任命问题上，中共推荐从张继、宋子文和于右任3人中择1人任边区正职长官，林伯渠为副职。提出朱德作为红军指挥官。中共方面将此方案内容电告蒋介石。在此之后，国共两党代表又进行了第二次庐山谈判、南京谈判，终于实现了第二次国共合作。

第 二 章
全国性抗战的爆发

一、七七事变与全国抗战的开始

1937 年 7 月 7 日，日本帝国主义蓄谋已久的全面侵华战争，终于在卢沟桥爆发！

日本侵占东北、热河、察哈尔、冀东以后，一直想占领平津，侵吞华北，并进而灭亡全中国。早在这年五六月间，驻丰台一带的日军就频繁地进行军事演习，妄想挑起事端。与此同时，日军不断派人到华北视察、"旅行"，搜集情报，刺探虚实，并做好了向华北增兵，沿平汉、津浦铁路及向山西、绥东方面作战的计划。

当时，日本在北平至秦皇岛一线驻有中国驻屯军 5700 多人，其中一个步兵大队驻丰台。中国驻守平津地区的是宋哲元的第二十九军，其中第三十七师（师长冯治安）、第一一○旅（旅长何基沣）、第二一九团（团长吉星文）、第三营（营长金振中），驻守宛平城及卢沟桥一带。

卢沟桥气势如虹，横跨在北京西南郊外永定河上，是进出北京的咽喉要道。桥东的宛平城建于明末，是拱卫北京的军事要地。日军深知"卢沟桥之得失，北平之存亡系之；北平之得失，华北之存亡系之；而西北，陇海线乃至长江流域,亦莫不受其威胁也"[①]。于是一场重大的事变在这里

---

① 《卢沟桥血战纪录》，东北国防出版社 1937 年版，第 7 页。

发生了。

（一）卢沟桥的战火及全国人民的声援

1937 年 7 月 7 日，驻丰台日军第三营第八连未经中国方面允许，即在宛平城北中国卢沟桥守军阵地附近的回龙庙至大瓦窑一带，进行挑衅性的军事演习。深夜零时许，日军以"仿佛"听到宛平城发出枪声、一名士兵失踪为理由，要求进入宛平城内搜查。中国驻军理所当然地拒绝了日军的无理要求。第二十九军司令部为防止事态扩大，同意与日方联合派人进行调查。不久日方得知"失踪士兵现已归队"，但仍然提出城内中国驻军必须向西门外撤退，日军进至城内再进行谈判的无理要求。与此同时，驻丰台日军第三营营长一木清直率全大队主力赶到卢沟桥。中国第二十九军司令部也发出"确保卢沟桥和宛平城"的命令，向前线官兵提出"卢沟桥即为尔等之坟墓，应与桥共存亡，不得后退"[①]，第二一九团团长吉星文受命率一营部队加强了卢沟桥的防御。

7 月 8 日凌晨天刚破晓，日军一木清直率领第三营主力，排成四路纵队，气势汹汹地向回龙庙及铁路桥的中国守军扑去，扬言要在中国驻军阵地搜寻"失踪士兵"。守卫卢沟桥的两个排的战士，面对数百名日军的攻击，毫不畏惧。中国共产党的秘密党员申仲明排长浩然正气，立于桥头阻止日军的进攻，不幸被敌人的子弹击中，倒在血泊之中。

申排长的鲜血激怒了第二十九军的战士，6 挺机关枪和六七十支步枪一齐射出了复仇的子弹。当敌人冲上阵地后，战士们又抢起大刀，冲入敌阵，展开激烈的肉搏战。15 分钟后，终因寡不敌众，陷入重围，两个排的勇士几乎全部战死桥头。吉星文团长曾这样夸耀自己的战士："士兵们含垢忍辱，已非一天，这一口郁积在胸中的气，无缘发泄，所以大家听见说打日本，个个都纵身跳起来。士兵们看了阵亡的同伴，一点也不悲伤，只是咬紧牙关，急步向前，带伤的就是命令他后退，也不掉转头来。"[②]

---

① 何基沣等:《七·七事变纪实》,见《七七事变——原国民党将领抗日战争亲历记》,第 48 页。
② 《港报》1937 年 8 月 3 日。

　　与此同时，日军用大炮轰击宛平城，并向城内发射炮弹，三营指挥部被炸毁，许多民房亦被炸塌。6 时，日军再次炮轰宛平，经过 3 个小时的猛烈轰击,专员公署被炸成一片废墟,大批民房被炸得东倒西歪。接着，日军出动 9 辆坦克向二十九军阵地冲来。英勇的二十九军战士，迎着敌人的坦克毫不畏惧，他们用手榴弹、步枪将敌人的坦克全部打退。但卢沟桥铁路桥及其北侧的中国军队阵地，被日军占领。

　　入夜 10 时，吉星文团长带伤组织成一支由 150 人参加的敢死队。每人除佩带枪支和手榴弹外，还有大刀一把，潜入攻击位置。12 时，敢死队员如猛虎下山，从两面突入日军阵地。一时间，枪声、手榴弹声、喊杀声连成一片，日军被突然袭来的子弹打得蒙头转向。一位敢死队员事后曾这样叙述他的战斗经历：他冲进日军的战壕，先用刺刀扎死一个敌人，还没容他将刺刀拔出，身旁的一个日本兵也用刺刀刺伤了他的左臂。他放开手中的枪，用右手拔出背上的大刀，立即把刺他的那个日本兵的头劈成两半,接着,又用大刀连续砍死两个敌人。另一位年仅 19 岁的战士，挥动大刀，一连砍死 13 个日本兵，生擒 1 人[①]。金振中营长在战斗中腿部负了重伤,但还要再去冲锋陷阵。吉星文团长费尽口舌,才将他拖下战场，送后方医院治疗。

　　中国军人表现出的"宁为战死鬼，不作亡国奴"的大无畏英雄气魄，使侵略者为之胆寒。日军不得不停止进攻，退出阵地。

　　经过交涉，中日双方于 9 日晨 2 时达成三项口头协议：1. 双方停止射击；2. 日军撤至丰台，中国军队撤到永定河西岸；3. 宛平由冀北保安队接防。但是，日军并没有遵守这项协议，在 9 日、10 日两日内连续发起进攻，再次占领铁路桥和回龙庙地区。中国守军忍无可忍，于 10 日夜展开反击，经过反复争夺，终将失地夺回。日军不得已退至大枣山及其以东地区，等待国内援军的到来，准备发起更大规模的进攻。

　　这次卢沟桥事变，是日本全面侵华的开始，也是中国全民族团结一致奋起抗战的起点。

---

　　① 《上海立报》见 1937 年 7 月 10 日。

卢沟桥的枪声激怒了中国守军，也激怒了四亿五千万炎黄子孙。事变爆发的第二天，中国共产党中央委员会立即通电全国："武装保卫平津，保卫华北！不让日本帝国主义占领中国寸土！为保卫国土流最后一滴血！全中国同胞、政府与军队团结起来，筑成民族统一战线的坚固长城，抵抗日寇的侵掠！国共两党亲密合作抵抗日寇的新进攻！驱逐日寇出中国！"①

同一天，红军将领毛泽东、朱德、彭德怀、贺龙、林彪、刘伯承、徐向前为日军进攻华北致电蒋介石，要求"实行全国总动员，保卫平津，保卫华北，收复失地。"并表示"红军将士，咸愿在委员长领导之下，为国效命，与敌周旋，以达保土卫国之目的"②。同时，红军将领还致电宋哲元、秦德纯，称其兵"处国防最前线，不畏强暴，奋勇抵抗，忠勇壮烈"，表示"誓为贵军后盾"③。

7月13日，延安的共产党员、机关干部召开紧急会议，愤怒声讨日本帝国主义的野蛮侵略。毛泽东到会向各界群众发表演讲，要求"每一个共产党员和抗日的革命者，应该沉着地完成一切必要准备，随时出动到抗日前线"④。

中国共产党坚决反对日本帝国主义侵略的坚定立场和鲜明态度，极大地鼓舞了全国人民特别是华北人民的抗战决心。

在日本帝国主义大举进攻面前，全国人民迅速行动起来，男女老幼同仇敌忾，救亡运动蓬勃发展，支援抗战的热潮迅速掀起。

处在抗战前线的北平人民，亲眼目睹日本侵略者野蛮屠杀自己的父老兄弟姐妹，义愤填膺，怒火中烧。事变一爆发，中共北平市委立即领导组织起北平各界抗敌后援会，发动群众开展各项救亡工作，援助第二十九军抗战。

---

① 中共中央统战部、中央档案馆编：《中共中央抗日民族统一战线文件选编》（下），档案出版社1986年版，第2页。

② 《新中华报》1937年7月13日。

③ 《解放》周刊第1卷第10期。

④ 《卢沟桥的抗战》，见《解放》周刊第11期，1937年7月19日。

　　首当其冲的宛平县、长辛店等地，战争开始之后，居民们自动起来为第二十九军战士挖战壕、抬担架，运送弹药、物资。老年人冒着枪林弹雨，为部队当向导，给城楼上的哨兵送茶送饭；妇女们忙着为战士们蒸馒头、烙饼、烧开水、洗衣服；小学生组织起募捐队，沿街招募，支援战争。甚至连六七岁的娃娃，也端着水盆，供士兵们磨战刀。具有光荣斗争历史的长辛店工人，为修筑工事把大批铁轨、枕木、麻袋送往前线；附近的农民为部队出粮、出草、出柴、出民工……正是有粮出粮，有力出力，战端一开，不分男女老幼，皆显示出守土抗战之责！

　　7月8日下午，北平救亡团体——中华民族解放先锋队、华北各界救国联合会、北平各界救国联合会、北平市学生联合会等各派代表，冒着生命危险到前线慰劳抗日勇士。站在宛平城头上的第二十九军官兵为之感动不已。一位军官用颤抖的声音向城外的代表们说："诸位能够不怕敌人的炮火和枪弹，冒着这样的危险来看我们，此种不怕死的勇敢精神真正可佩。"①

　　7月9日清晨7时，北平学生救国联合会冒雨慰劳守卫北平的第二十九军官兵。在各校抗敌后援会领导下，同学们积极参加情报、战地服务、募捐、慰劳等工作。当得知前线需要麻袋时，学联立即发起捐集万条麻袋运动，很短时间内就超额完成了任务。还有许多爱国学生在中国共产党的号召下，毅然投笔从戎，加入抗日武装队伍，奔赴抗日前线。

　　北平市民支援抗战的热情如火如荼。市民们将茶水、暑药、毛巾、食品，日夜不停地供应守城军警。北新桥、绒线胡同、灯市口等地的居民，发起蒸馒头、煮绿豆粥的运动，慰问夜间值勤的军警。北平职业妇女会，缝制白布小衫慰问军队。其他妇女团体，组织救护队加紧训练，并为前线士兵做布鞋。北平的茶商也发起为前方将士捐献一万包茶叶运动。就连小学生也行动起来，掀起每人节约"一大板"（铜元）的运动。人力车夫主动运送伤病员，不收任何报酬。日军尽管用高价招聘汽车司机，他们也坚决不给日本人开车。被日军抓去挖战壕的郊区农民、小商贩，中

---

① 转引自武月星等编著：《卢沟桥事变风云篇》，中国人民大学出版社1987年版，第235页。

途打死押送他们的敌人和汽车司机后全部逃跑。

从北平城到卢沟桥一带十几公里的大道上，支援抗战的人群络绎不绝。北平红十字会、红万字会、灾民救济会等26个团体组成的救护队，赶到前线，护送伤员，安置难民。北平各界代表，手执花圈、大旗，在宛平城里为阵亡将士开追悼大会。在送给战士们的慰问袋上，北平人民印上"诸位弟兄，尽忠保国，北平市民，誓为后盾"的字样，以表达他们愿与第二十九军官兵共同抗敌的决心。

北平人民轰轰烈烈的抗击日寇的运动，振奋了全国人民。各地人民群众纷纷动员和组织起来，支援北平的抗日斗争。

中国工人阶级一马当先，积极开展抗日活动。上海日本工厂的工人、洋行职员，日本轮船上的中国海员，甚至日本人家里的雇工，都纷纷罢工或离职，以此表示对日本发动全面侵华战争的抗议。

各地的青年学生，组织起游击班，学习军事，准备随时加入前线作战。许多大学教授也发表"国存与存，国亡与亡"的宣言，要求奔赴抗日前线。以"民先队"为骨干的许多进步青年、知识分子，纷纷奔赴革命圣地延安。远在英国留学的中国学生，也打电报给国民政府，请缨抗战。

全国性的文化、新闻、学术、宗教及其他救亡组织，积极开展抗日募捐活动。上海市各界抗敌救援会发表的征募救国宣言表示："保卫中华民族的神圣战争，已在古都揭开序幕。时至今日，有敌无我，有我无敌。五千年之祖宗庐墓，亿万年之子孙命运，均将于此最后关头决其荣辱。吾人如不甘为奴隶，不甘作牛马，不甘永受鞭挞，不甘常被宰割，则在此千钧一发之时，当有毁家纾难之精神，捐款救国……"①

在全国抗日救国运动日益高涨的形势下，南京国民政府于7月31日将无理关押8个月之久的"全国各界救国联合会"领导人沈钧儒、章乃器、邹韬奋、李公朴、沙千里、史良、王造时"七君子"释放。他们的胜利出狱，进一步鼓舞了各阶层人民的抗日救亡热情。

卢沟桥的枪炮声震撼了祖国大地，也震动了千千万万魂系中华的海

---

① 转引自沈继英等著：《卢沟桥事变前后》，北京出版社1986年版，第79页。

外侨胞。各国华侨迅速组织起"华侨抗敌后援会"、"救灾总会"、"华侨筹饷会"等团体，捐款、汇款、捐输财力，征集药品、衣物，发行、购买救国公债或亲自回国，支援祖国抗战。在美国，仅纽约一地，每月参加救国募捐的华侨就达 3 万人，不到 6 个月就募集了 100 万美元和大批军用物资。在马来亚地区，仅半年时间，华侨就创捐款 2000 万元国币的成绩。他们高唱："你一角，我一毫，涓涓滴滴积成江河变怒潮，只要你有多少捐多少……寄到前方去，买子弹、买枪炮，赶走强盗。到那时，吐气扬眉，誓把中国保。"① 巨商富贾，既不吝金钱，小贩劳工亦尽倾血汗，甚至连乞丐也不辞劳苦，"乞钱为祖国难民请命"。旅泰华侨技术人员，包括机械工人、护士、汽车司机等数百人，组织了回国服务团，直接参加保卫祖国的战斗。据统计，从卢沟桥事变到 1938 年 2 月，仅从广州口岸回国参战的各地华侨就达 30 批，近 2000 人。

（二）平津的失守

七七事变爆发后，全国上下群情激昂，声讨日本侵略军。国民政府军事当局也做了紧急应付战争的准备。蒋介石于 7 月 8 日电令第二十九军军长宋哲元："宛平城应固守勿退，并须全体动员，以备事态扩大"。国民政府外交部向日本政府提出严重抗议，要求日本政府严令肇事日军，立回原防。9 日晨，蒋介石电令第二十六路军、第四十军、第八十四师等部 4 个师沿平汉路北上，向石家庄、保定集中，并决定设立石家庄行营，协同冀察方面的军事行动，同时令宋哲元"从速回保定指挥"。12 日，蒋介石又致电宋哲元，提出"不屈服，不扩大"的方针，令宋部就地抵抗。

虽然如此，蒋介石对日军进攻华北仍抱有侥幸心理，寄希望于西方国家出面干涉。他亲自邀见英、美、法、德外交使节，恳求他们出面调停。蒋的这种态度，极大影响了军事上的部署。

当时，驻守冀察和平津地区的宋哲元部第二十九军，原属冯玉祥的西北军。宋哲元作为地方实力派，与蒋介石有一定的矛盾，生怕被借机

---

① 《华侨战士》第 12 期。

消灭。对于日本，则时存"不得不对日妥协"的想法。所以，事态发生后他在思想上对日本侵略估计不足，军事上缺乏充分的准备。

但是，日本不断提出无理要求。9日，日本内阁在四相会议上虽然确定了"不扩大方针"，但提出解决事变的方针是："中国军队撤退、处罚事件负责人、中国方面进行道歉及今后的保证。"第二天，日本中国驻屯军即向中国冀察当局提出上述要求，并要求取缔"蓝衣社、共产党及其它抗日的各种团体"等要求。

11日晚，宋哲元自老家乐陵赶回天津，次日发表谈话，认为卢沟桥事变系局部冲突，希望尽快得到"合法合理"的解决，同时表示愿意接受日方10日提出的道歉、惩凶、撤军等苛刻要求。

但是，日本不以此为满足，决定向中国增兵，进一步扩大事态。10日，日本陆军部决定从关东军中抽出两个混成旅，驻朝鲜军中抽调1个师，在本土中抽调航空兵团和三个步兵师赶赴华北战场。11日，日本首相近卫文麿及参谋总长闲院宫晋见天皇，召集陆、海、外、藏四相会议，通过了陆军部议案。随后，日军兵分三路进犯华北。一路由公主岭、古北口出发，经热河省向北平北侧地区集结；一路由山海关入关，进犯北平南侧地区，窥视天津；一路以天津驻屯军一部从东侧包围北平。日本国内所抽调的三个师中的一个师经朝鲜入关，会合海军进攻天津、塘沽。7月12日，日本新任中国驻屯军司令官香月清司到达天津，一面继续以缓兵之计迷惑宋哲元，一面暗中加紧兵力部署，制订作战方案，千方百计要消灭第二十九军。到16日，完成了包围平津的战略部署，兵力达10万之众。

面对日军大举增兵的紧急形势，蒋介石于17日在第二次庐山谈话会上发表讲话，表示了抗战的决心，指出"卢沟桥事件的推演，是关系中国国家整个的问题"，"在和平根本绝望之前一秒钟，我们还是希望和平的，希望由和平的外交方法求得卢事的解决，但是我们的立场有极明显的以下四点：（一）任何解决，不得侵害中国主权与领土之完整。（二）冀察行政组织，不容任何不合法之改变。（三）中央政府所派地方官吏，和冀察政务委员会委员长等，不能任人要求撤换。（四）第二十九军现在所驻地区，不能受任何约束"，"此事能否结束，就是最后关头的境界"；"万一真到了无可避免的最后关头，我们当然只有牺牲，只有抗战"，"如果战端一开，那就是地无分南北，年无分老幼，无论何人，皆有守土抗战之责任，皆应抱定牺牲一切之决心"①。

19日，宋哲元从天津回到北平，仍企图和平解决事变。但是，卢沟桥前线的日军连续几日向中国守军发起攻击。于是，他放弃了和谈幻想，表示誓死抗战。不过，良机已失，军情火急。日军大兵压境，平津告急，华北危如累卵！

日军利用和谈之机做好准备之后，立即发动了向平津地区中国守军的进攻。

7月25日，廊坊事件爆发，日军向驻守廊坊的中国守军发起进攻。双方激战一日，中国守军虽拼死抵抗，终因寡不敌众，伤亡惨烈，忍痛退出廊坊。

26日，广安门事件爆发，日军一个大队企图乘卡车从广安门进入北平，被军阻拦，只有一部闯进城里，进入东交民巷兵营。

27日，日军又向通县、团河、小汤山中国守军发动袭击，双方经过激战后，中国守军被迫撤退。

28日，日军向北平地区的第二十九军发起总攻，攻击的主要目标是南苑。

当时，驻守南苑的第二十九军部队约2万人，没有修筑什么防御设施，防守极为薄弱。27日晚刚到达的第一三二师师长赵登禹负责指挥防御作战，第二十九军副军长佟麟阁也赶往那里。

28日黎明，日军以第二十师为主力，配以重炮40门，向南苑大举进犯，另以混成第四旅所部切断南苑到北平间的公路联系，其独立混成第一旅、第十一旅，从北平北侧攻击北苑和西苑。日军辅以40架飞机对中国守军的工事进行轮番轰炸，战斗进行得十分激烈。

战斗一打响，佟麟阁、赵登禹分别在各自的阵地上指挥作战。敌人的狂轰滥炸使各部队间的联系完全中断，无法实现统一指挥。焦急万分

---

① 《中央日报》1937年7月20日。

时，佟麟阁等人遇到军部传令兵，方知军部已下令南苑各部队立即撤回城内。由于事先没有统一安排，各部队撤向北平时，无人指挥，秩序混乱。佟麟阁当即决定到大红门附近去掩护收容。到大红门大家按照佟麟阁的命令，迅速组成一支临时部队，掩护大部队在大红门至红庙之间的一条便道上撤退。佟麟阁亲自到掩护阵地指挥收容，直到各部队撤退完毕，才和几个随从卫兵向北平城撤去。

这时，日军离他们已经很近了，双方展开对射。一颗子弹击中佟麟阁腿部，部下劝他稍退裹伤，他刚毅地说，"情况紧急，抗战事大，个人安危事小"[①]，带伤坚持战斗。就在这时，日寇飞机又投下无数颗罪恶的炸弹。佟麟阁不幸又被击中头部，倒在路旁，壮烈殉国。

佟麟阁曾参加1933年著名的长城抗战。七七事变后他力主以国家民族利益为重，奋起抵抗侵略。在一次全军将领会上，他曾慷慨陈词："衅将不免，吾辈首当其冲，战死者光荣，偷生者耻辱，荣辱系于一人者轻，而系于国家民族者重。国家多难，军人应马革裹尸，惟一死报国。"[②]45岁的佟麟阁为国捐躯，实现了他战前立下的誓言。

在南苑一役中牺牲的还有赵登禹师长。

赵登禹在激战中，多处负伤，仍坚持指挥战斗。当部队奉命向北平城撤退、行至大红门玉河桥时，遭到日军伏击，他左臂中弹，血流如注，卫士急忙上前包扎，劝其退出火线。赵登禹全然不去理会，仍指挥向前冲杀突围。不久他又中弹，伤至要害，终战死沙场，时年仅37岁。赵登禹事母至孝，弥留之际，他对身边卫士说："你赶紧回城里，告诉我母亲，忠孝不能两全，如果我死了，请她老人家不要难过。"

佟麟阁、赵登禹的牺牲给第二十九军造成极大损失。宋哲元得知噩耗，顿足大哭说："断我左臂矣，此仇不共戴天！"7月31日，国民政府发布褒奖令，表彰这两位最早为抗日救国而光荣献身的国民党高级将领，同时追赠二人为陆军上将。为追思这两位抗战英烈，北平市政府将二龙

---

① 《北京日报》1985年8月16日。

② 张寿龄：《追念大红门之役》，见《华北日报》1946年7月28日。

路以南至国会街一段路改名为佟麟阁路；将崇元观南至太平桥一段路命名为赵登禹路。每当人们从这两条路走过时，总会把思绪带回到那战火纷飞的年代……

28 日晚，宋哲元前往保定，所属部队陆续南撤，随后北平沦陷。

29 日，驻通县的伪冀东保安队在张庆余、张砚田的率领下反正，杀死驻通县的所有日本顾问，并抓获大汉奸殷汝耕（后在转移时逃跑）。但这时第二十九军已南撤，这次反正在军事上未能发挥大的作用。

同一天凌晨 1 时，驻天津的第二十九军第三十八师（师长张自忠）部队，在副师长兼市公安局长李文田的指挥下，向海光寺日军兵营及车站、飞机场等地发动攻击，占领了总站、东站，烧毁日军 10 多架飞机，但在日军的反击下，不得已于下午撤退，随后天津沦陷。

七七事变爆发之后，仅仅二十几天时间，华北地区的政治经济文化中心北平、天津相继陷落，这是九一八事变后，中华民族最严重的损失。由于平津的失守，使中国失去冀察乃至华北的重要屏障，中华民族的存亡受到更加严重的威胁。平津迅速丢失，直接原因是宋哲元囿于局部和平之念，未做充分的作战准备，致为日军所乘。追本溯源，则是南京国民政府长期对日抗战准备不足的必然结果。

七七抗战虽然失败了，但第二十九军将士奋起反击、喋血沙场的壮烈之举，惊天地、泣鬼神，拉开中国全民族抗战的帷幕，在中华民族反对外来侵略的历史上，写下了光辉的一页。从此，中国人民进入"百年以来未曾有过的全国范围的对外抗战"①的新时期。

二、八一三事变与抗日民族统一战线的形成

日本帝国主义发动卢沟桥事变以后，又发动了八一三事变，把战火烧到了中国最大的工商业城市、首都南京的门户上海。由于日军威胁到

---

① 《毛泽东选集》第 2 卷，第 365 页。

了南京国民政府的心脏地区，蒋介石为争取中国共产党出兵抗日，基本答应了共产党的要求，从而实现了第二次国共合作，抗日民族统一战线最终形成。

（一）八一三事变

日本在向华北调集重兵的同时，也在积极准备出兵上海，伺机把战争由华北扩展到华中。早在7月11日日本内阁五相会议上，海相米内光政就认为战争将波及全中国。7月12日，日海军军令部秘密制订了对华作战方案，确定第一阶段配合陆军进行华北会战，第二阶段在陆军配合下进行上海作战，然后把战争扩展到华中和华南。7月16日，日本驻上海第三舰队司令长官长谷川清中将得知军令部的上述意图后，向东京提出了《对华作战用兵的意见》，认为欲置中国于死地，以控制上海南京最为重要，因此应派5个师的兵力，进行京沪会战，攻占南京、上海。7月27日，日本海军省和军令部达成了《关于处理时局及准备的协议要点》，正式提出：鉴于今后形势有很大可能导向对华全面作战，海军应做好对华全面作战准备。7月28日，日本政府训令将长江沿岸的2.9万多名日侨于8月9日前撤到上海。8月8日，长谷川清遵照东京的指令，要求驻上海第三舰队做好应付事态扩大的一切准备，并重新部署了兵力。

8月9日18时30分前后，驻上海日本海军陆战队中尉大山勇夫和水兵斋藤与藏，肆意驱车闯入上海虹桥机场警戒线内，与中国保安队卫兵发生冲突，当场被击毙，是为虹桥事件。日本立即以此事件为借口，提出撤退上海保安队、拆除所有防御工事等无理要求，准备进攻上海。8月10日，日本陆海军紧急磋商向上海派兵，并得到内阁会议的确认。8月12日，日本陆军省和参谋部提出计划动员30万兵力、8.7万马匹，并向上海和青岛各派两个师的派兵方案。同日，日本陆海军还达成了协同作战的协定。8月13日9时30分，日军在上海北站和北四川路之间与中国守军发生冲突。午后4时，驻上海日本海军陆战队司令长官大川内少将下令向中国军队发动全线进攻。中国守军当即予以猛烈反击。这就是八一三事变。淞沪会战从此开始。

8月14日，中国政府发表《自卫抗战声明书》，宣布"中国之领土主权，已横受日本之侵略"，"中国决不放弃领土之任何部分，遇有侵略，惟有实行天赋之自卫权以应之"①。同时调集陆军和空军投入自卫战斗。当天，日本海军航空兵轰炸了中国华中地区的杭州、南京和南昌等城市。日本海军军令部给第三舰队下达命令，要求消灭当面的中国陆军及华中的航空兵力。是晚，在日本内阁会议上，内阁成员要求全面进行对华战争，迅速建立战时体制。8月15日，日本政府发表《帝国政府声明》，扬言要对中国军队进行"惩罚"。同一天，日本国内开始第三次动员；日军参谋部下达了组建上海派遣军的命令，任命松井石根上将为司令官，下辖两个师，迅速开赴上海作战。

8月下旬以后，日本国内增援部队陆续抵达中国，投入华北和上海的作战。9月2日，日本内阁会议在讨论施政方针时，决定将"华北事变"正式改为"中国事变"。9月4日，日本召开第72届临时帝国议会，根据不久前四相会议的决定，以开幕式的天皇敕语代替宣战诏书，近卫首相也在会上发表施政演说，要求各界支持对华战争，建立举国一致的战时内阁和与紧急事态相适应的财政经济体制。至此日本迅速走上全面对华战争的道路。

（二）抗日民族统一战线的正式形成

日本发动全面侵华战争，给中华民族提出了迅速建立全国抗日民族统一战线的迫切要求。中国共产党为实现这一目标进行了不懈的努力。

卢沟桥事变后，中共中央派周恩来、秦邦宪、林伯渠到庐山，与国民党代表继续谈判。7月15日，中共代表将《中共中央为公布国共合作宣言》交给国民党，指出"在民族生命危急万状的现在，只有我们民族内部的团结，才能战胜日本帝国主义的侵略"，表示："为求得与国民党的精诚团结，巩固全国的和平统一，实行抗日的民族革命战争"，中国共产党愿为彻底实现孙中山的三民主义而奋斗；停止推翻国民党政权和没

---

① 《申报》1937年8月15日。

收地主土地的政策；取消苏维埃政府，改称特区政府；取消红军名义及番号改编为国民革命军①。这个宣言，再次显示出共产党以民族利益为重，促成全民族抗战的诚意。《宣言》中还提出了发动全民族抗战、实行民权政治和改善人民生活的三项政治主张，作为国共合作的总纲领和全国人民的共同奋斗目标。

为了促使中国共产党出兵抗日，以减轻国民政府军队的压力，蒋介石也同意重新与共产党代表谈判。7月17日，周恩来、秦邦宪、林伯渠再次在庐山同蒋介石、张冲、邵力子继续谈判。在这次谈判中，蒋介石虽然承认了陕甘宁边区，但在红军改编后的指挥问题上，坚持3个师以上设政训处，直属行营领导，不设某路军总司令部或总指挥部；3个师的参谋长由南京指派。周恩来根据中共中央的指示，在红军统帅机关的名义上暂时作了让步，在人事任命问题上则坚持了"国民党不准插入一个人"的原则，拒绝国民党派人参与军事指挥。中共代表提议以《中共中央为公布国共合作宣言》作为两党合作的政治基础。蒋介石这时虽已决心抗战，但仍对和平存在幻想，因此对中共的提议反应冷淡，谈判未获结果。

7月21日，周恩来等离开庐山到上海。27日，周恩来抵西安，同蒋鼎文会谈，蒋鼎文转达蒋介石催促红军出动到前线抗日的意见。周恩来说：红军出动抗日这是没有问题的，但南京必须发表《中共中央为公布国共合作宣言》。7月28日，周恩来、秦邦宪、林伯渠返回延安，与中共中央书记处商议红军改编出动抗日事宜，决定主力红军集中在三原迅速改编。

7月30日，日军相继占领北平、天津，接着分兵四路扩大对中国的侵略：一路沿平绥线、同蒲线攻山西；一路由平汉线南下，进犯中原；一路沿胶济线取青岛；一路沿津浦线南下，直扑徐州。在此等严重形势面前，蒋介石不敢再拖延，开始认真对待国共合作这一有关民族存亡的大事。

8月1日，张冲急电周恩来，说蒋介石密邀毛泽东、朱德和周恩来3人速去商讨国防大计。中共中央决定由周恩来、朱德、叶剑英赴南京，

① 见中共中央统战部、中央档案馆编：《中共中央抗日民族统一战线文件选编》（下），第8—9页。

参加蒋介石于8月7日召开的国防会议，同时与国民党谈判。

8月9日，周恩来、朱德、叶剑英抵达南京。12日，国民政府又召开最高国防会议及党政联席会议，决定以国民政府军事委员会为抗战最高统帅部，并设立国防参议会。为加强军事指挥，将全国划分为五个战区：第一战区，司令长官蒋介石兼任，作战区域为河北和山东北部；第二战区，司令长官阎锡山，作战区域为山西、察哈尔和绥远；第三战区，司令长官初为冯玉祥，后蒋介石兼任，作战区域为苏南和浙江；第四战区，司令长官何应钦，作战地区为福建和广东；第五战区，司令长官由蒋介石兼任（后李宗仁继任），作战地区为鲁南和苏北地区。

8月13日上海事变爆发。国民政府军事委员会决定，以军队一部坚持华北持久战，特别要确保山西之天然堡垒；主力则集中华东，攻击上海之敌，力保淞沪要地，巩固首都。由于蒋介石急于调动红军开赴抗日前线，牵制日寇，求得上海会战的胜利，又派代表与中共代表进行谈判。

8月29日，周恩来、秦邦宪、彭德怀离开延安前往南京与国民党谈判，翌日抵达西安，并与蒋鼎文会谈两党关系问题。蒋鼎文答应从即日起通知各方，今后不再称共产党为"伪党"，不再称红军为"匪军"，以后有关行政、民运、党务问题均与林伯渠协商解决。

因周恩来等前往太原，中共方面参加南京谈判的代表改为博古、叶剑英。谈判于9月中、下旬举行。这次谈判所涉及的问题较多，有边区政府问题，红军改编遗留问题，南方红军游击队改编问题，八路军出征抗日问题，办报问题，释放政治犯问题，发表国共合作宣言，等等。

在谈判中，国民党放弃了一些不合理的要求，表现出较多的团结合作的愿望。双方通过谈判，终于就国共合作抗日的一些具体问题达成了协议。（1）同意中国共产党送交的国共合作宣言由国民党中央通讯社在红军改编开赴山西前线后发表，并由蒋介石发表谈话承认中共的合法地位。（2）同意红军改编后设总指挥部，由朱德、彭德怀任正副总指挥（后不久改为正副总司令）。（3）关于红军出兵抗日问题，同意红军充任战略游击支队，只作侧面作战，不作正面作战，协助友军扰乱与钳制敌人大部，并消灭敌人一部的作战方针。此外，同意由中共派人到其他边区传达改编方针；同意中共在南京、上海等地设立办事处；同意立即分批释放在狱中共党员；同意红军3个师主力于8月下旬陆续开赴前线等。共产党在坚持对红军的领导和实行独立自主的原则下，也作了某些让步，如取消政治委员制，师政治部改为政训处等。

8月25日，中共中央军委发布命令，将中国红军改编为国民革命军第八路军（简称八路军），朱德任总指挥，彭德怀任副总指挥（9月11日八路军番号改为第十八集团军，习惯仍称八路军）；叶剑英任参谋长，左权任副参谋长；任弼时任政治部主任，邓小平任政治部副主任。下辖3个师：第一一五师以原红军第一方面军为主编成，师长林彪，副师长聂荣臻，政训处主任罗荣桓，下辖第三四三旅（旅长陈光）、第三四四旅（旅长徐海东）；第一二〇师以原红军第二方面军为主编成，师长贺龙，副师长萧克，政训处主任关向应，下辖第三五八旅（旅长张宗逊）、第三五九旅（旅长陈伯钧）；第一二九师以原红军第四方面军为主编成，师长刘伯承，副师长徐向前，政训处主任张浩，下辖第三八五旅（旅长王宏坤）、第三八六旅（旅长陈赓）。全军编制共4.5万余人。

中国工农红军的改编，是中国共产党真诚与国民党合作，团结御侮、共同对敌的表现；也是国民党最终以民族利益为重，放弃"剿共"政策，彻底转向抗日的体现。共产党领导下的人民军队同国民党军队合作，共赴国难，这是抗日战争时期国共合作的主要内容和主要形式。国共两党首先在军事上达成联合行动的协议，无疑大大促进了国共两党进一步的合作。

9月22日，国民党通过中央通讯社公开发表了《中共中央为公布国共合作宣言》。次日，蒋介石在庐山公开发表《对中国共产党宣言的谈话》，虽然对中共仍有所指责，但亦表示愿"接纳"全国各党派，"咸使集中于本党领导之下"共同御侮，表示在国家"存亡危急之秋"，愿与共产党"彻底更始，力谋团结，以共保国家之生命与生存"[1]，事实上承认了共产党在全国的合法地位。共产党的宣言和蒋介石谈话的发表，标志着国共两党的第二次合作正式形成。

---

① 中共中央党史资料征集委员会编：《第二次国共合作的形成》，第330页。

对于国共合作的形成，中国共产党是非常欢迎的。毛泽东在《国共合作成立后的迫切任务》一文中预言：这次合作"在中国革命历史上开辟了一个新纪元。这将给予中国革命以广大的深刻的影响，将对于打倒日本帝国主义发生决定的作用"[1]。毛泽东的这一科学预言，已被中国全民族抗日战争的光辉历史所证明。第二次国共合作成为抗日民族统一战线的核心和基础，抗日民族统一战线成为全中国团结抗战的光辉旗帜。

正因为如此，国共合作的实现，受到全国人民、各民主党派和爱国民主人士的热烈欢迎，鼓舞了四亿五千万炎黄子孙同仇敌忾奔赴抗战前线的信心和斗志。著名的国民党左派领袖宋庆龄异常兴奋地表示："中共宣言和蒋委员长谈话都郑重指出两党精诚团结的必要。我听到这消息，感动得几乎要下泪。"[2]"……国难当头，应该尽弃前嫌。必须举国上下团结一致，抵抗日本，争取最后胜利。"[3] 救国会领袖沈钧儒、邹韬奋等"七君子"被释放出狱后，热情赞扬中国共产党的抗日民族统一战线政策，坚决拥护以国共合作为基础的全国的抗战团结。由于国民党重新回到联共立场，国民党内的李济深、陈铭枢等领导的中华民族革命同盟，也从原来的反蒋抗日转为拥蒋抗日。中华民族解放行动委员会、国家社会党、中国青年党、中华职业教育社、乡村建设派等都竭诚拥护国共两党携手抗战，并对此寄予厚望。

渡尽劫波兄弟在，相约抗倭泯恩仇。历史的车轮将经过以国共合作为基础的抗日民族统一战线，把中国革命带到一个崭新的阶段！

（三）国民政府对政治、经济、文化的改革

卢沟桥事变爆发后，中华大地出现同仇敌忾、举国抗战的形势。特别是在以国共合作为基础的抗日民族统一战线正式形成以后，如何顺应民意，变革各项制度与政策以适应抗战的需要，成了至关重要的问题。

---

[1] 《毛泽东选集》第 2 卷，第 364 页。

[2] 宋庆龄：《国共统一运动感言》，见《抵抗》三日刊第 12 号，1937 年 9 月 26 日。

[3] 宋庆龄：《为新中国奋斗》，人民出版社 1952 年版，第 109 页。

在中国共产党和全国人民的推动下，国民政府在政治、经济、文化等方面，实行了一些有利于抗战的政策和改革措施，一度表现出进步的倾向。

1. 建立国民参政会

早在九一八事变后，全国各界对蒋介石政府的不抵抗政策和独裁统治就表示强烈不满，要求"还政于民"，"实行宪政"。国民党曾被迫作出决议，召集国民参政会。实际上这仅仅是一个许诺，并未付诸实施。直至全国抗战爆发，国共两党实现第二次合作，全国政治才出现新的转机。1937年8月国民政府决定在国防最高会议之下设立国防参议会，邀请国民党、共产党、国家社会党以及无党派人士共25人为参议员，共商国是。随后，在国共两党谈判中和中共代表团抵武汉同蒋介石会晤时，中共都提出应将国防参议会扩大为国民参议会。国民党采纳了这一建议。1938年3月31日，国民党临时全国代表大会通过了《组织非常时期国民参政会以统一国民意志增加抗战力量案》，4月1日又通过了《中国国民党抗战建国纲领》。这个纲领在坚持抗战和开放民主方面接受了共产党和其他民主党派的某些要求，规定了包括政治、军事、经济、文化、外交等各方面的政策，并明确规定设立国民参政会。

1938年4月7日，国民党五届四中全会通过《国民参政会组织条例》，12日由国民政府公布实施。《条例》规定国民参政会是"国民政府在抗战期间，为集思广益，团结全国力量"而"特设"的机构，参政员总额为150名（后增至200名），由国民党"遴选"产生。参政会的职权是：（一）对抗战期间政府对内对外之施政方针，于实施前有"决议"之权；（二）有向政府提出建议案之权；（三）有听取政府施政报告暨向政府提出询问案之权。《条例》还规定，国民参政会每3个月开会一次，会期为10天。参政会闭会后，设置驻会委员会负责休会期间的工作。参政员任期为1年，必要时可延长1年。

6月17日，国民党中央执行委员会第81次常务会议决议，汪兆铭（汪精卫）任国民参政会议长，张伯苓任副议长。21日，国民政府予以公布。另公布国民参政员名单，共200名。其中国民党员89人，共产党员7人，青年党员7人，国家社会党6人，社会民主党1人，中华民族解放行动委员会 1 人，无党派人士 89 人。共产党及中间党派的名额被列入"文化团体"、"经济团体"之中。共产党参政员有毛泽东、陈绍禹（王明）、秦邦宪、林祖涵、吴玉章、董必武、邓颖超。中间党派及其他知名人士有沈钧儒、陶行知、王造时、史良、张申府、黄炎培、江恒源、梁漱溟、曾琦、左舜生、李璜、张君劢、罗隆基、章伯钧、罗文干、陶孟和、张奚若、莫德惠、杜重远、王卓然、许德珩、张澜、陈嘉庚、邹韬奋、谭平山等。

从国民参政会的组织和参政议员的产生可以看出，国民参政会不是真正的民意机关，而是受国民党控制的最高咨询机关。尽管如此，国民参政会的设立，为各党派和各界人士提供了一个可以公开发表政见的讲坛，对促进抗日民主和抗日民族统一战线是有利的，因而得到了全国人民的拥护。在国民参政会召开前夕，中共参政员发表《我们对于国民参政会的意见》，指出："国民参政会之召开，显然表示着我国政治生活向着民主制度的一个进步，显然表示着我国各党派、各民族、各阶层、各地域的团结统一的一个进展。"表示"将以最积极、最热忱、最诚挚的态度去参加国民参政会的工作"[①]。各民主党派和无党派爱国民主人士也纷纷发表意见和谈话，表示拥护和赞成《抗战建国纲领》，对国民参政会，寄予很高的期望。

7 月 6 日至 15 日，国民参政会第一届第一次会议在武汉召开。大会通过的《大会宣言》向海内外庄严宣布：中国民族必以坚强不屈之意志，动员其一切物力人力，为自卫、为人道，与日本帝国主义穷凶极恶之侵略者，长期抗战，以达最后胜利之日为止。会议共收到提案 130 余件，经过审查、讨论、修正，通过了 100 余个决议案。

国民参政会的成立及其一届一次会议的隆重召开，举国上下为之一振。这次会议表现的团结统一与民主精神，鼓舞了全国人民抗战的胜利信心；在一定程度上也改善了中国的政治形象。

2. 施行战时经济政策

七七事变后，大片国土相继沦陷，工业集中的上海及沿海其他地区先后陷于敌手，致使中国的经济遭到巨大损失。国民政府的平时经济体

---

① 汉口《新华日报》1938 年 7 月 5 日。

系受到破坏，财政税收骤减；而抗战军兴，战费猛增，后方经济负担加重，各地军需民用物资普遍缺乏。为了应付战争，国民政府首先在经济方面采取了一些紧急措施，建立军事经济机构，实行金融外汇管制，动员和协助沿海工厂内迁，建设大后方经济。其次，为了促使平时经济向战时经济转轨，建立全面控制国民经济运转的战时体制，国民政府在经济方针、经济机构、具体经济政策上，逐步进行了一系列调整，不少方面收到了一定效果。

1938年3月，国民党在临时全国代表大会通过的《抗战建国纲领》中，关于经济问题列出八条，作为战时经济的方针政策。其基本点一是"以军事为中心"，即把平时经济转入战时经济的轨道；二是"实行计划经济"，同时对金融、外汇、进出口货物等实行统制政策。其目的在于依靠国家干预，加强对战时经济的控制，但由于缺乏整体的长远规划，所订具体计划多不可行，或不能互相配合，或不能贯彻始终。

为了适应战时经济的需要，国民政府还对经济行政机构陆续进行了调整。首先，在军事委员会下建立了一套经济行政机构，包括资源委员会、第三部、第四部、农产调整委员会、贸易调整委员会、对外贸易调整委员会等，以应付战时的紧急经济事务。从1938年开始，国民政府对庞杂的经济行政机构又进行了大规模的调整。这些经济机构的调整，对战时社会经济的运行发挥了不可忽视的作用。但一些机构往往随事而设，一边调整精简，一边膨胀冗滥，互相扯皮、效率低下的弊端，未得到根本的改变。

为保证战争需要，国民政府先后采取了一系列经济统制措施。在财政金融方面，采取增税、举债、增发纸币等方法以增加财政收入。在工矿企业方面，采取了两项重大战略措施，一是动员与组织沿海沿江等战区厂矿内迁；二是鼓励与扶植大后方工矿业的开发，尤其是建立内地的重工业基础。在交通运输方面，《抗战建国纲领》中规定了"整理交通系统，举办水陆空联运，增筑铁路公路，加辟航线"四大任务，并组建交通部，实行交通运输管制，强化战时交通运输工作的管理。在商贸方面，成立贸易调整委员会，整理商贸事务，发展国内外贸易。在农业方面，1938年出台的《战时土地政策法》，也规定了一系列调整租佃关系、减轻农民负担、动员人民抗战的条款和条例。

国民政府所施行的上述战时经济政策，取得了一定的成绩，既保证了长期抗战的需要，又促进了大后方经济的发展，特别是工业、交通方面效果比较明显。但由于官僚机构的弊端与恶习及各方的阻挠，一些方面如农村政策等没有取得多少效果。加之贪官污吏、不法分子中饱私囊，加重了人民的负担。

在文化方面，国民政府也实行了一些改革，促进了抗战文化事业的发展。1938年4月国民政府军事委员会政治部第三厅的组建，团结了云集武汉的文化界人士。与此同时，文化界各种抗日团体应运而生，各种抗日救亡和进步刊物竞相出版，各种形式的文艺作品相继问世，出现了一个民族觉醒、文化勃兴的局面。

三、国共两党的抗战指导路线和战略方针

国共两党合作抗日的问题解决以后，下一步就是如何抗日的问题了。国共两党代表不同的阶级利益，在怎样抗日的问题上自开始就存在严重的分歧。

（一）国民党的抗战路线和战略方针

九一八事变时，国民党实行对日不抵抗政策。一·二八事变后，改行"一面抵抗，一面交涉"的政策。直到华北事变后，国民党的对日方针才逐渐有了转变。

1937年5月，国民政府军事委员会参谋本部拟定了较为具体的对日作战计划，即《民国二十六年度作战计划》。计划按中日战争可能爆发于日苏战争的前后，分为甲乙两案。在甲乙两案的敌情判断中，都正确地指出日本在军备及物质方面占有优势，将采取积极进攻之攻势，而期速战速决，欲在短时期摧毁中国的作战意志。甲案设想日本首先向中国发动进攻，并将以主力先对我国采取攻势，但是将惹起俄日战或美日战，甚至

中俄英美联合对日战。日本将以陆空主力应付俄军，海军主力应付英美，对我者只有一部兵力而已。乙案虽然指出日本将以主力对中国采取攻势，但设想中日战争在日俄战争之后爆发，日军必然不能全力对华作战。因此，这一计划忽略了日本大规模全面侵华战争的严重威胁，带有轻敌和速胜的思想。

七七事变发生后，国民政府军事领导机关的主要负责人和幕僚，从1937年7月11日直至8月12日，逐日在军政部长何应钦官邸举行汇报会，分析研究日本进攻的形势，商讨确定对付侵略的大政方针。这种商讨会议共开了33次，但对日本的进攻企图仍是若明若暗，对和战仍举措不定，对应采取的战略难以作出决断。

8月7日，国民政府在南京召开国防会议。经过深入讨论，确定以"持久消耗战"作为中国抗战的战略方针，即军事上采取持久战略，"以空间换时间"，逐次消耗敌人，以转变敌我优劣形势，争取最后胜利。8月20日，国民政府以大本营的训令颁发的战争指导方案和作战指导计划，也明确提出以"持久战"为作战指导的基本主旨。

但是，这种"持久战"战略、"持久消耗战略"，主要不是通过自己的积极作战，改变敌我力量总的对比，以达到最后战胜敌人的目的，而是拖延时日，以待国际形势的有利变化，依靠国际力量形成对敌优势，最后取得胜利。同时，这种持久战略只分为两个时期，经过第一期抗战后，就是转守为攻、转败为胜的时期，中间缺少一个关键的战略相持阶段。实现持久战略的途径，也主要是靠内线持久的阵地防御战。实际上，这种被动挨打的内线防御战，不能有效地歼灭敌人，很难实现战略持久。

1938年3月，国民党召开临时全国代表大会。3月25日，中共中央在致大会的电文中提出八项建议。其中关于战略方针指出，只有持久战，才能制日寇的死命，强调必须继续动员全国武力人力财力为保卫西北，保卫武汉而战。在前线，彻底执行阵地战、运动战、游击战三者适当配合的新战略。在敌人后方，坚决援助与发展广泛的人民自卫战。4月1日，大会通过了《抗战建国纲领》。这个纲领吸收中共抗日救国十大纲领的某些精神，对于抗战指导路线和战略方针也较之从前有一定的变化，从单纯强调政府军的正面防御作战转为同时"指导及援助各地武装人民,在各战区司令长官指挥之下,与正式军队配合作战,以充分发挥保卫乡土捍御外侮之效能;并在敌人后方发动普遍的游击战,以破坏及牵制敌人之兵力"①。

但是,国民党的转变是有限的和不彻底的。由于国民党代表大地主大资产阶级的利益,既想利用人民抗战,又害怕人民的力量在抗战中壮大起来;既不能不对人民的合理要求作出某些让步,又想坚持一党专政的国家制度。因此,《抗战建国纲领》是一个具有两重性的纲领,它与中国共产党的抗日救国十大纲领有着本质的区别。它的严重缺陷和消极因素在于:抗战纲领未对抗战的最后目的作出规定;虽提出实行总动员,但未对实施办法作出具体规定;在军事纲领中,只提到训练官兵、壮丁、抚慰伤亡官兵等,未规定正确的军事战略,未提出采纳积极的作战方针,反对单纯防御的消极的作战方针,也未提出改善军队和人民之间、军官和士兵之间关系等基本问题。因此,《抗战建国纲领》中体现的抗战指导路线和作战原则,基本上还是由国民党通过政府和军队包办抗战的片面抗战路线。

(二)共产党的抗战路线和战略方针

九一八事变后,中国共产党即多次发表宣言,主张动员和武装民众,坚决反对日本帝国主义的侵略,通过民族革命战争实现民族解放。后来又明确提出抗日战争是持久的,必须有长期作战的思想准备。

七七事变爆发后,中共中央对全国抗战的战略基本方针以及重大国防问题,进一步提出了具体和细致的方案。7月21日,中共中央在关于目前形势的指示中提出争取实现全国性抗战、反对妥协的总任务及五项主张。7月23日,毛泽东针对当时国内存在的妥协退让的危险倾向,发表《反对日本进攻的方针、办法和前途》一文。7月底至8月初,在日军占领平津准备发动新的大规模进攻的形势下,中共中央强调"总的战略方针暂时是攻势防御,应给进攻之敌以歼灭的反攻,决不能是单纯防

---

① 《中国国民党历次代表大会及中央全会资料》下册,光明日报出版社1985年版,第488页。

御"，"正规战与游击战相配合"，"发动人民的武装自卫战"，等等①。

中共中央还拟定了《全国抗战之战略计划及作战原则案》，提交 8 月中旬在南京召开的国民政府军事会议。这个文件深入分析了战争中中日两国国情、优势和劣势以及所处的国际环境，提出了对日战略方针及作战原则，其主要内容是：（1）我之战略方针为持久的防御战，战略上是持久战，但战役战斗上应为速决战；（2）基本作战原则是运动战，即在适当时机，集中优势兵力实行决然突击，避免单纯的阵地消耗战；（3）在必要的战略要点和政治经济中心设立坚强工事，置足够兵力，以钳制敌人；（4）阵地构筑，应狭小其正面，伸长其纵深，守备部队应机动灵活，防止单纯死守；（5）战略上我居于内线作战，但在战役指导上应为外线作战，以求歼敌；（6）在敌之左右前后，开展广泛的游击战，造成主力运动歼敌之有利时机。

8 月 11 日，出席国民政府军事会议的周恩来、朱德等中共代表在会上分别发言，对中共提出的战略方针与作战原则又作了补充说明。周恩来说："当前战争中，必须培养出可以独立持久的能力。在正面防御上，不可以停顿于一线及数线的阵地，而应当由阵地战转为平原与山地的扩大运动战。另一方面，则要采取游击战。"②朱德说："抗日战争在战略上是持久的防御战，在战术上则应采取攻势。在正面集中兵力太多，必然要受损失，必须到敌人的侧翼活动。敌人作战离不开交通线，我们则应离开交通线，进行运动战，在运动中杀伤敌人。"朱德还说："在抗战中发动民众甚为重要，在战区应由下而上及由上而下把民众组织起来。游击战是抗战中的重要因素，游击队在敌后积极活动，敌人就不得不派兵守卫其后方，这就牵制了它的大量兵力。"③中共中央提出的国防问题意见和战略方针、作战原则，以及中共中央代表在会上的重要发言，对国民政府军事委员会制定抗日战争指导案，起了积极的作用。

---

① 《洛甫、毛泽东关于国防问题给周恩来、朱德、叶剑英的指示》，1937 年 8 月 4 日。

② 中共中央文献研究室编：《周恩来年谱》（1898—1949），人民出版社、中央文献出版社1989 年版，第 375 页。

③ 中共中央文献研究室编：《朱德年谱》（1886—1976），人民出版社、中央文献出版社1986 年版，第 168 页。

8 月 22 日至 25 日，中共中央在陕北洛川冯家村召开中央政治局扩大会议。会上通过毛泽东起草的《中国共产党抗日救国十大纲领》。其要点是：（1）打倒日本帝国主义；（2）全国军事的总动员；（3）全国人民的总动员；（4）改革政治机构；（5）抗日的外交政策；（6）战时的财政经济政策；（7）改良人民生活；（8）抗日的教育政策；（9）肃清汉奸卖国贼亲日派，巩固后方；（10）抗日的民族团结。这十大纲领是中国共产党全面抗战路线的具体体现。

会上还通过中央《关于目前形势与党的任务的决定》。决定指出：中国的抗战是一场艰苦的持久战。争取抗战胜利的关键，在使已经发动的抗战发展成为全面的全民族的抗战。

根据敌强我弱的形势和红军的特点，中共中央在会上确定了红军应执行的战略方针。毛泽东指出红军的基本任务，是坚持独立自主的游击战，并在有利条件下进行运动战，创立敌后抗日根据地，钳制与消灭敌人，配合友军作战，保存与扩大红军。会议确定：红军在敌人后方放手发动独立自主的山地游击战，使游击战争担负起配合正面战场、开辟敌后战场、建立敌后抗日根据地的战略任务。

洛川会议后，中共中央和许多领导人对游击战的战略战术作了进一步的论述和发展。9 月 21 日，毛泽东在致彭德怀的电报中指出："今日红军在决战问题上不起任何决定作用，而有一种自己的拿手好戏，在这种拿手戏中一定能起决定作用，这就是真正独立自主的山地游击战争（不是运动战）。要实行这样的方针，就要战略上有有力部队处于敌之翼侧，就要以创造根据地发动群众为主，就要分散兵力，而不是以集中打仗为主"[①]。后来，中共中央又根据战争形势的发展，将山地游击战发展到平原游击战。1938 年 4 月 21 日，毛泽东、洛甫、刘少奇在致朱德、彭德怀等电中指出："根据抗战以来的经验，在目前全国坚持抗战与正在深入的群众工作两个条件之下，在河北，山东平原地区扩大的发展抗日游击战争

---

① 中央档案馆编：《中共中央文件选集》第 11 册，中共中央党校出版社 1991 年版，第 339—340 页。

是可能的，而且坚持平原地区的游击战争，也是可能的。""党与八路军部队在河北，山东平原地区，应坚决采取尽量广泛发展游击战争的方针，尽量发动最广大的群众走上公开的武装抗日斗争。"①

为了总结全国抗战的经验，批驳当时流行的"亡国论"、"速胜论"等各种错误观点，系统地阐明抗日战争的方针和道路，毛泽东于1938年5月发表了《论持久战》的著名讲演。在此之前，他还发表了《抗日游击战争的战略问题》。在这两篇著作中，毛泽东着重阐明了三个问题。

第一，深刻地揭示了中国抗日战争必须经过持久抗战取得胜利的客观根据。毛泽东指出：中日战争是"半殖民地半封建的中国和帝国主义的日本之间在二十世纪三十年代进行的一个决死的战争"②。基于这样的时代条件，构成了战争双方互相矛盾着的四个基本特点：敌强我弱，敌退步我进步，敌小我大，敌寡助我多助。这些特点决定了中日战争的进程和结局。敌强我弱，决定了日本帝国主义能够在中国有一定时期和一定程度的横行。中国的抗战不可避免地要走一段艰难的路程，抗日战争是持久战，而不是速决战。然而，日本之强又被其小国、退步、寡助等不利因素所减杀；中国之弱又可以得到大国、进步、多助等有利因素的补充。在战争过程中，各种因素必将依其本性而发生变化，这就决定了日本不可能在中国横行到底，最后必然失败。中国不会亡，中国将经过持久抗战，取得最后的胜利。基于这种分析，毛泽东指出抗日持久战将经过敌之战略进攻，我之战略防御；敌之战略保守，我之准备反攻；我之战略反攻，敌之战略退却三个发展阶段。通过这三个阶段，在双方力量的对比上，中国必将由劣势到平衡到优势，而日本则必将由优势到平衡到劣势。其中，战略相持阶段的时间将相当长，遇到的困难也将最多，然而它是整个战争转变的枢纽。中国能否胜利，取决于全民族在这个阶段努力的程度。如能坚持抗战，坚持统一战线和坚持持久战，中国将在此阶段中获得转弱为强的力量。

第二，规定了人民战争的抗战路线。毛泽东指出：为了实现"驱逐

---

① 中央档案馆编：《中共中央文件选集》第11册，第505页。
② 《毛泽东选集》第2卷，第447页。

日本帝国主义，建立自由平等的新中国”的目的，必须坚持人民战争的抗战路线，动员和依靠群众进行战争。“兵民是胜利之本”，“战争的伟力之最深厚的根源，存在于民众之中”①。全军全民动员起来了，“就造成了陷敌于灭顶之灾的汪洋大海，造成了弥补武器等等缺陷的补救条件，造成了克服一切战争困难的前提”②。战争是政治的特殊手段的继续。进行人民战争，必须在全军全民中进行广泛的政治动员。毛泽东指出：军队的基础在士兵，要用进步的政治精神贯注于军队之中，要实行官兵一致的原则，以激发官兵最大限度的抗战热忱。军队必须和民众打成一片，因为只有人民的军队，才能无敌于天下。

第三，规定了抗战的作战方针和作战形式，论述了抗日游击战争的战略地位。毛泽东指出，抗日战争必须执行主动地、灵活地、有计划地“防御中的进攻，持久中的速决，内线中的外线”的作战方针。只有执行这种方针，才能积小胜为大胜，改变敌我优劣形势，取得最后胜利。同这种作战方针相适应的作战形式主要是运动战。作战形式将依据敌我双方在不同阶段的具体情况而变化。在战略防御阶段，运动战是主要的，游击战和阵地战是辅助的；在战略相持阶段，游击战上升到主要地位，运动战和阵地战是辅助的；在战略反攻阶段，运动战再次上升为主要形式，而辅之以阵地战和游击战。正面战场主要是运动战，敌后战场则主要是游击战。因此，在战争的第一、第二阶段中，八路军和新四军的作战方针是“基本的是游击战，但不放松有利条件下的运动战”③。毛泽东强调要“把游击战争的问题放在战略的观点上加以考察”，是由于日本侵略者少兵临大国，战线过长，兵力不足，只能占领交通沿线和重要城镇。在这种情况下，人民军队可以在敌后广大农村，依靠占人口绝大多数的农民，开展游击战争，建立抗日根据地，开辟广大的敌后解放区战场，有效地打击和消灭敌人。

---

① 《毛泽东选集》第 2 卷，第 511 页。
② 《毛泽东选集》第 2 卷，第 480 页。
③ 《毛泽东选集》第 2 卷，第 500 页。

以毛泽东为主要代表的中国共产党人关于持久抗战的理论和作战方针、作战方法的论述，不仅指明了坚持持久抗战中国人民必胜的光明前景，而且提出了一整套动员和组织人民群众，在持久抗战中不断削弱敌方优势，壮大人民力量，实现胜利目标的有效方法。正因为如此，毛泽东的《论持久战》和《抗日游击战争的战略问题》这两篇光辉著作，成为指导全国抗战的军事理论纲领，极大地鼓舞和坚定了全党、全军和广大人民争取抗战胜利的信心和决心。

毛泽东指导中国抗日战争的战略思想和战略方针，使国民党的高级将领也不得不佩服。程思远在回忆录中写道："毛泽东《论持久战》刚发表，周恩来副主席就把它的基本精神向白崇禧作了介绍。白崇禧深为赞赏，认为这是克敌制胜的最高战略方针。后来白崇禧又把它向蒋介石转达，蒋也十分赞成。在蒋介石的支持下，白崇禧把《论持久战》的精神归纳成两句话：'积小胜为大胜，以空间换时间'。并取得了周公的同意，由军事委员会通令全国，作为抗日战争中的战略指导思想。"① 伊斯雷尔·爱泼斯坦说："中国共产党领导人毛泽东，以丰富的实践经验为依据，详细地制定了怎样对一个起初较强大的侵略者进行持久的人民战争的理论。蒋介石在他早期的抗战演说中借用毛泽东的很多提法。"② 傅作义将军读了《论持久战》后，感到抗战中的重大问题，都在这本书中找到了明确的答案，他让军官们阅读并指示在该部军政干部学校研究学习③。卫立煌将军在《论持久战》发表后，即让秘书陪他阅读，该书使他对八路军深入敌后进行游击战的意义有所了解，认识到抗战要经过一个很长的相持阶段，这对他的"速胜论"和"唯武器论"观点有所触及④。

历史证明，以马克思列宁主义理论武装的代表中国人民利益的中国共产党人提出的正确的抗战路线和战略方针，不仅指导了敌后战场的胜利进行，而且对抗日战争的整个进程起了重要的指导作用。

---

① 程思远：《政坛回忆》，广西人民出版社 1983 年版，第 119 页。

② 〔美〕伊斯雷尔·爱泼斯坦：《中国未完成的革命》，新华出版社 1987 年版，第 101 页。

③ 见蒋曙晨：《傅作义传略》，中国青年出版社 1990 年版，第 62 页。

④ 见赵荣生：《回忆卫立煌先生》，文史资料出版社 1985 年版，第 93 页。

四、日军对华北的进攻与平型关大捷

日军占领平津后，迅速由国内向华北地区增兵，准备以平津为出发地，沿平绥、平汉、津浦等铁路线，展开战略进攻。日军将平汉线作为主要进攻方向，企图在保定、石家庄地区歼灭中国的野战军，进而夺取察、绥、晋、冀、鲁等华北五省，控制黄河以北地区。

为打击日军的战略进攻，8月12日国民政府军事委员会决定进一步向平津外围集结兵力，并调整了防御部署。规定津浦铁路北段沿线地区由第二十九军、第五十三军负责固守，由第一集团军总司令宋哲元统一指挥；平汉铁路北段沿线地区由第二十六路军、第三军、第五十二军负责固守，由第二集团军总司令刘峙统一指挥；沧（县）石（家庄）线由第三十二军、第六十七军等部负责固守，统归石家庄行营主任徐永昌直接指挥；以第十五军、第十八军为总预备队，控制于沧石线以南地区。在平绥铁路东段方面，8月上旬以第十七军与第六十八军合编为察省守备军团，负责绥东察北之作战，并以骑兵第一军使用于察北方面，以第十三军向宣化、怀来集结，担任预备军。以上察绥方面之作战，统归第七集团军总司令傅作义指挥。

（一）平绥路东段和平汉、津浦路北段的防御战

平绥路作战是日军大举进攻华北的重要组成部分。1937年8月11日，日本驻屯军命令独立混成第十一旅主力在飞机、大炮、坦克火力支援下，向南口展开攻击；同时以关东军一部，由张北向万全、张家口进攻以行配合。南口战役包括南口镇的攻防战和南口——居庸关一线的攻防战。防守南口地区的第十三军第八十九师在南口车站和龙虎台高地顽强抵抗后，于12日退守长城要隘居庸关、八达岭一线主阵地。13日，第十四军及第八十五师编成第十四集团军，增援南口。12日后，日军曾多次向中国守军发动猛攻，均被击退。战至17日，日军第五师一部占领了长城防

线上的最高峰，并以其主力向守军右翼镇边城迂回，使守军的防御处于危险状态。18日傅作义奉命率部增援。19日，双方争夺空前激烈。在镇边城方向，两军反复冲杀，一日之内守军伤亡1200余人。在居庸关方面，日军也倾全力攻击。为挽救危局，中国守军于19日调整部署，分别在得胜关、居庸关、镇边城三处固守。正当此时，张家口告急。于是，傅作义又率两个旅回援张家口，留下第七十二师和独立第七旅坚守。由于中国守军与援军被隔断，第七十二师各部与日军反复争夺，终因孤立无援，镇边城于23日被日军攻占。日军随即兵分两路包抄长城正面守军前沿阵地。25日，日军在横岭和居庸关两地与守军激战。在此危急情况下，中国守军向桑干河右（南）岸突围。日军左翼第五师和右翼独立混成第十一旅，于8月26日和27日分别占领怀来和延庆。至此，南口战斗结束。这次战役历时半月，中国军队伤亡2.6万多人，日军伤亡2600余人。

在南口前线中日两军激烈战斗之时，进攻张家口方向的日本关东军察哈尔派遣兵团加紧了攻势。8月20日夜，日军混成第二旅突破中国守军的长城防御，占领了神威台。22日，日军乘胜进攻万全，中国守军第一四三师进行抵抗后，于23日退守张家口西南、平绥线上的孔家庄一线高地。经三昼夜激战，日军始占领该地并切断了平绥路。此时，东援南口的傅作义立即率两个旅赶回张家口，组织固守城垣，但未能抑制日军的攻势。南口、怀来失守后，整个战局严重恶化。27日，张家口沦陷。29日，日军第五师与混成第二旅会合后进至宣化，控制了张家口以南整个平绥路东段，日军独立混成第一旅，亦占领了张家口以西的柴沟堡。第二战区防守平绥铁路的部队，遂分路向天镇、蔚县方向撤退。

9月上旬，日军混成第十五旅沿平绥路西进，集结于永嘉堡附近；混成第二旅沿张家口、怀安、天镇大道前进。该两路日军6日晚开始攻击，7日越过天镇南北一线。11日，日军突破聚乐堡附近阵地，向大同逼近。防守该线的第七集团军所属第六十一军擅自后退，使日军顺利占领晋北重镇大同。尔后，日军继续向前推进，24日攻陷绥东重镇平地泉（今集宁），10月13日占领绥远省会归绥（今呼和浩特），16日占领绥远重镇包头。至此，平绥路沿线作战遂告结束。

平绥路沿线作战自 8 月 11 日至 10 月 16 日，历时 2 月余，日军完全控制了内蒙地区，解除了其主攻方向的侧背威胁，消除了南下冀、晋的后顾之忧，为中国华北防御作战带来不利的影响。

日军在平绥路东段取得进展后，从 8 月下旬起，以第二十、第六师在北平，以第十师在天津，向南扩大其占领地，分别进占良乡、静海以南地区。8 月 31 日，日军编组华北方面军，以寺内寿一为司令官，统辖其派到华北的部队。

8 月下旬，国民政府军事委员会石家庄行营为了阻止日军沿平汉路南下，指挥所部在房山至保定之间，构筑三道阵地，抵抗日军进攻。8 月 21 日起，第二十六路军与日军第二十师在良乡、房山一带接触。至 9 月中旬，守军顽强抗敌 20 多天。9 月 14 日，日军华北方面军第一集团军分三路向平汉铁路北段地区发起进攻，当日越过永定河夺占南岸守军阵地，并向涿县以南迂回。第二十师于 16 日夺占房山以南之坚固阵地，17 日进入涿州以西地区。中国守军依托防御体系，进行了顽强抵抗，部分部队损失甚重。至 17 日，各部队虽仍坚守阵地，但在日军飞机的狂轰滥炸下，通信联络困难，陷入混战状态。18 日，日军第二十师先头部队迂回至涿州以南之松林店。此时，位于涿县西北张坊镇之第十四集团军开始南撤易县、涞水、高碑店东西一带之第二线阵地守军亦不战而退，向保定一线转移。

日军华北方面军见其第一集团军发展顺利，遂于 18 日令第一集团军向保定、正定追击；第二集团军第十师向德县进攻，其余兵力向正定方向急进，切断保定守军的退路。据此，日军第一集团军于 21 日沿平汉路及其两侧向南推进。22 日，日军开始向漕河阵地攻击，并于当日占领满城。同日，蒋介石电令刘峙固守保定、满城，但已无济于事，23 日、24 日两日日军两次向保定及其两侧地区发起攻击，守军第五十二军随即南撤。同日，保定一带守军全部退至滹沱河南岸。至此，保定及其以北全陷于敌手，平汉路北段这一关键地区又被敌夺取，华北战局迅速恶化。

日军占领天津后，继续向南扩张。8 月 14 日，日军第十师由大沽登陆，准备沿津浦铁路向南进犯，迅速占领沧县。中国守军加强了沧县地区的防御，同时派部队在文安、大城一带侧击敌人，策应正面作战。9 月 21 日，日军第十师开始攻击姚官屯，经 4 昼夜激战，突破了姚官屯防线。24 日，日军未遇到大的抵抗，便进入沧县城。27 日，日军分三路从运河东西两侧及津浦路以东向德县方向进犯。29 日，中国守军实施反击，未收大效，即沿铁路东侧向南撤退，日军乃进逼献县、德县。

保定、沧县失陷后，平汉和津浦路沿线的中国守军分别退至石家庄和德县地区。为便于指挥，国民政府军事委员会于 9 月下旬决定划平汉路北段为第一战区，以程潜代理第一战区司令长官，同时调整了兵力部署。并决定在津浦路北段设第六战区，以冯玉祥为司令长官。

9 月 28 日，日军第一集团军令各部向石家庄追击，10 月 8 日攻占正定、灵寿。10 日，第十四师强渡滹沱河，占领石家庄。在此期间，日军第二集团军一部沿津浦路向德县攻击前进。守军第三集团军增援德县，但按时赶到的只有 1 个团，虽奋力抵抗，牺牲巨大，于事无补，德县遂于 10 月 5 日陷入敌手。

日军占领石家庄和德县后，调部分兵力往上海和娘子关方面作战。沿平汉路及其两侧向南追击的第十四师，于 10 月中旬相继占领元氏、赵县、邢台、邯郸等十几个县，中国守军逐次撤退至漳河南岸。10 月上旬至 11 月上旬，日军继续沿平汉路南下，中国守军第一集团军曾切断平汉路。但由于与第一集团军配合作战的韩复榘第三集团军意存观望，前进迟缓，守军未能阻挡住日军分三路向济南方向的进攻。11 月 27 日日军占领济南，尔后继续前进。

平汉、津浦路北段作战自 9 月中旬至 12 月下旬，历时 3 个多月。日军迅速击退了平汉、津浦路北段的中国军队，占领了平汉、津浦路沿线广大地区。中国军队在一些地区的抵抗是英勇的，给了日军以相当的打击，但由于国民政府实行片面抗战路线和消极防守的方针，特别是一些将领指挥不力，一触即溃，致使大片国土迅速落入敌手。第二集团军刘峙部队的大撤退，就遭到全国的强烈谴责。10 月 26 日，国民政府监察院张华润等人对其提出弹劾说：豫皖绥靖主任刘峙，悾怯畏死，未经激战，遂下令总退却，一溃至石家庄，致使全冀皆失，而豫晋两省交受其祸；今又退至彰德矣；夫由琉璃河至石家庄计里四百余，石家庄至彰德亦四百余，是旬日之间，败退几达千里，自古及今，丧师失地未有如是之速者矣。

（二）八路军开赴华北前线

8月下旬的骄阳似火，改编后的八路军战士胸中燃烧着杀敌报国的烈焰，个个盼望早日奔赴抗日前线。这一天终于到来。8月22日，中共中央军委根据日军正沿平绥路西进的紧急形势，未等八路军改编就绪，即令第一一五师出师东征。24日，八路军第一一五师第三四三旅作为先头部队，在旅长陈光率领下，从陕西三原地区出发，东渡黄河，在山西侯马乘火车北上至原平，向以恒山山脉为依托的晋东北地区挺进，于9月19日抵达上寨、下关地区集结。8月25日，第一一五师的第三四四旅和师直属队，在旅长徐海东率领下，从三原县的桥底镇出发，东渡黄河，从侯马乘车北上原平，9月23日至上寨与三四三旅会合。第一一五师师长林彪、副师长聂荣臻在洛川会议结束后（25日），骑马扬鞭赶赴西安，搭乘国民政府派来的专列至潼关北渡黄河，从风陵渡北上追赶部队。

9月3日，八路军第一二〇师主力在贺龙、关向应率领下，从陕西富平县的庄里镇出发，8日东渡黄河，13日抵侯马，乘车北上，19日到达晋中榆次地区。

9月4日，八路军总部在朱德、彭德怀、任弼时、左权、邓小平等率领下，从距西安60公里的泾阳县云阳镇出发，于15日东渡黄河，9月20日从侯马乘车北上，21日抵达太原。

9月30日，八路军第一二九师主力，在师长刘伯承率领下，从陕西富平县庄里镇誓师出征，10月6日东渡黄河，10月9日在侯马乘车北上太原。

短短一个多月时间里，八路军三大主力挥师东进，气势如虹。中共中央军委原拟将三大主力师均部署在五台、定襄、盂县为中心的恒山山脉地区，创建抗日根据地，钳制与消耗敌人，配合友军作战。但由于华北正面战场退败，9月中旬日军已先后占领大同、广灵、蔚县等地，正向雁门关、平型关一线的长城各口进击，企图直下太原；沿平汉线南下的日军也正向石家庄一线发动进攻，这样，恒山山脉势必成为日军夺取晋察冀三省之战略中枢，中共军队将处于敌之大迂回的极其被动的地位。鉴于此，中共中央军委毅然改变原定计划，决定第一二〇师转至以管涔山脉为依托的晋西北地区；第一二九师于适当时机进至以吕梁山脉为依托的晋西南地区；第一一五师即进入恒山山脉南段，并准备逐渐南移，展开于太行、太岳两山脉中。

为了更好地执行洛川会议制定的"独立自主的山地游击战"的战略方针，在敌后创建抗日游击区和根据地，钳制和消灭敌人，配合友军作战，发展壮大人民抗日武装力量，9月19日，毛泽东再电八路军总部，指示第一二〇师应速赴晋西北，处于大同、太原之外翼，向绥远与大同展开游击，给进攻太原之敌以相当有效的钳制；第一二九师可与第一一五师靠近，位于晋南太岳山脉中。20日，毛泽东又电八路军总部，强调游击战争主要应处于敌之侧翼及后方；山西应分晋东北、晋西北、晋东南、晋西南四区，我军应向着进入中心城市及交通要道之敌人，取四面包围袭击之势，不宜集中于五台山脉一区，集中一区是难于立足的。

根据中共中央和毛泽东的指示，八路军总部先后发出指示和训令，要求各部队"应以机动灵活的袭击求得消灭敌人小部"，同时在所到之处"独立自主地担负起群众工作"，发动群众，开展游击战争，并划分了各师开展游击战争和做群众工作的地区。根据总部的指示和地区划分，第一一五师于9月中旬向五台、繁峙、灵丘等晋东北地区及冀西阜平地区推进；第一二〇师主力于9月中旬前进到宁武、神池等晋西北地区，其第三五九旅开至五台、平山地区活动；第一二九师准备向正太铁路以南的晋东南地区发展。到11月太原失守前后，三大主力师分别在晋东北、晋西北、晋东南、晋西南建立起四个战略支点。这样，在具有重要战略地位的山西四角，为开创华北敌后游击战争，建立抗日根据地创造了前进的战略阵地，完成了中共中央贯彻全面抗战路线的重大战略部署。

（三）山西抗日民族统一战线工作的展开与山西新军的建立

八路军三大主力进入山西，就进入了山西土皇帝阎锡山的地盘。因此，与阎锡山进行合作，在山西发动群众性的抗日运动和抗日游击战争，就成为以刘少奇为书记的中共中央北方局的重要工作内容。

阎锡山是一个具有多种政治色彩的地方实力派。他既坚决反共，又不喜欢蒋介石，更不喜欢日本帝国主义。当他觉得共产党对他的威胁最大时，他的反共色彩就会浓厚起来；当日本要侵犯他的王国时，他又大唱"守土抗战"、"牺牲救国"的高调，甚至不惜拿出私人巨款支援抗战；他对蒋介石始终保持高度的警惕和戒备，与蒋介石的"一党专政"分庭抗礼。

1936年5月5日，东征进入山西的红军发表《停战议和一致抗日通电》后，回师陕北。5月25日，毛泽东致信阎锡山，申明"国难日亟，谅三晋贤者决难坐视"，要求阎锡山与红军联合一致，抗日反蒋。阎锡山一怕亡于共，二怕亡于蒋，更怕亡于日，考虑到共产党目前不是他最大的威胁，真正的危险来自蒋介石和日本，于是赞成联共抗日。

1936年秋，薄一波等61名共产党员从北平出狱。阎锡山闻讯后派人去北平邀请薄回山西"共策保晋大业"。薄请示中共中央北方局书记刘少奇后立即前往山西。

薄一波等抵达山西后，第一件事就是利用牺牲救国同盟会（简称牺盟会）组织，大力开展抗日救亡运动和发展进步势力。

牺盟会成立于1936年9月18日。由当时在太原工作的共产党人和进步人士杜任之、宋劭文、戎子和、张文昂、张隽轩、刘玉衡、牛佩琮、刘岱峰等发起，经阎锡山批准，阎自任会长。牺盟会从一开始就是中国共产党人与阎锡山联合抗日的群众性统战组织。薄到太原后，征得阎的同意，对其进行了改组，充实了领导班子，梁化之任总干事，实际工作由薄一波负责。以薄一波为书记的中共山西公开工作委员会在大力进行上层统一战线工作的同时，以牺盟会为核心，放手发动群众，建立工人、农民、青年、妇女等救亡团体，大批培训干部，积极开展各种抗日救亡活动。1937年9月下旬，牺盟会召开了300余人参加的第一次代表大会。此时该会会员已发展到几十万，创建了105个县分会和若干中心区，培养了2万以上的政治干部和武装干部。在日军进攻中，山西大部分旧政权陷于瘫痪和瓦解，牺盟会不失时机地掌握了部分地方政权。

1937年7月平、津沦陷后，日寇沿平绥路进攻山西，阎锡山看到山西军队在日军进攻面前大多溃不成军，这使他对原有军队丧失信心，产生了另建新军的念头。董天知、薄一波等在中共北方局的指示下，及时提出建立山西青年抗敌决死队（简称决死队）的建议，立即得到阎锡山的支持和批准。8月1日，决死队第一总队（相当于团）建立，由薄一波任政治委员，牛佩琮任政治部主任，军事指挥职务由阎指派旧军官担任。9月间，决死队发展为4个总队，后来发展为4个纵队（旅）。除此之外，还成立了工人武装自卫纵队、政治保卫旅和暂编第一师等新军武装。到12月，山西新军已有50个团（其中46个正规团），总兵力5万多人。新军中普遍建立起共产党的组织，同时实行政治委员制度，它实质上是中国共产党领导的人民抗日武装力量。八路军开赴山西前线的时候，山西新军和八路军互相支持、互相配合，在发展和坚持山西及整个华北的抗日游击战争中起了重要作用。

1937年9月初，中共中央代表周恩来和八路军领导人彭德怀、林彪、聂荣臻、徐向前、贺龙、关向应等到达山西。周恩来、彭德怀向阎锡山提出建立有各方代表参加的战地动员委员会的建议。9月20日，第二战区民族革命战争战地总动员委员会（简称战委会）作为山西的另一个统战组织正式成立。它由山西的各军政机关、各民众团体的代表共同组成。其任务是：军事上组织民众和武装民众，经济上实行合理负担，改善人民生活；政治上实行民主政治，保障抗日言论、出版、集会之自由。其动员区域主要包括绥远、察哈尔、晋西北、雁北和晋东北。第二战区高级参政、国民党左派爱国将领续范亭任主任委员，杨集贤任副主任委员。共产党方面的委员4人：邓小平、彭雪枫、程子华、南汉宸。

战委会由省到县、到区，一直到街道和村，有完整、健全的组织系统，它不仅是中国共产党领导的发动和武装群众抗日的最强有力的统战机构，而且是一个具有相当权力的行政机构。各级战委会在宣传抗日，组织、武装群众，培养干部，开展游击战争，创造根据地，巩固抗日政权等方面，做了大量的工作。

山西抗日民族统一战线中的各种统战组织，戴的都是阎锡山的帽子，如牺盟会、决死队、战委会，等等，均由阎锡山主办，口号也用阎的口号，场所和经费也由阎提供。但它们是由共产党领导的人民抗日组织。人们常把山西抗日民族统一战线的这种特色,说成"旧瓶装新酒",实在是十分恰当的比喻。毛泽东曾对薄一波称赞山西抗日民族统一战线说:"你们以少数人团结了多数人,取得了胜利,这是我们党统一战线的一个成功的例子"①。

（四）平型关大捷

1937年9月中旬,日本侵略军占领晋北大同等地后,分成左右两翼:右翼以一个派遣兵团和两个混成旅出山阴进犯雁门关;左翼由第五师集结怀来、宣化,分两路西进,一路经蔚县、广灵前进一路经怀安、阳原向浑源进击,企图突破平型关要隘,直下代县,插断雁门关后路,不战而取要地。

雁门关一带是著名的古战场,重峦叠嶂、地势陡峭,易守难攻。国民党派重兵把守,日军要顺利通过此地困难重重。相比之下,平型关位于山西和河北交界处,虽山沟交错,但中国军队在这里防守比较薄弱,如突破此关进入长城,可较顺利地绕过雁门关,逼近太原。所以敌第五师长坂垣征四郎狡猾地选择平型关作为迂回进攻太原的路线。

当八路军先遣部队进至晋东北时,第二战区急切要求八路军迅速到达平型关附近地区,协同坚守长城线。鉴于上述情况,9月14日,八路军第一一五师先头部队星夜兼程抵达平型关西南的大营镇,并立即对敌情和地形进行了详细侦察,发现日军兵力较为分散,进攻平型关方向的仅为一个旅。而平型关山口至灵丘县的东河南镇,是一条狭窄的古道,只有一条公路蜿蜒通过;由关沟至东河南镇,长约13公里,沟深数十丈不等,许多地方只容一辆汽车通过,两侧是平坦的高地,便于第一一五师部署兵力,集中火力进行突袭。于是,决心以伏击手段歼灭由灵丘向平型关进犯之敌。

第一一五师的具体部署是:以师独立团和独立营插到灵丘——涞源——广灵之间地区,钳制和打击增援之敌。以第三四三旅两个团担任主

---

① 薄一波:《崇敬和怀念——献给党诞生六十周年》,见《人民日报》1981年7月3日。

攻，第六五八团占领关沟至老爷庙以东高地，截敌先头部队；第六八六团占领小寨至老爷庙以东高地，分割歼灭沿公路开进之敌，以第三四四旅第六八七团占领西沟村、蔡家峪、东河南村以南高地，断敌退路并阻敌增援；第六八八团为预备队，置于东长城、黑山村地区。作战方针报经中共中央军委和第二战区司令长官批准之后，第一一五师马上急电在大营待命的部队连夜开赴平型关东南的山地隐蔽，并对敌断绝交通、封锁消息。

9月23日上午，第一一五师在上寨召开连以上干部动员大会，进行战前部署。师长林彪鼓励将士们说：我们一定要在这一带打一个大仗，给敌军一个打击，给友军一个配合，给部队一个兴奋。

当夜幕降临时，天空布满乌云，不多时瓢泼大雨从天而落，就在这样恶劣的天气条件下，部队悄悄地出发了。次日，部队经过大半夜的艰难行军，终于在拂晓前到达白崖台埋伏阵地。白崖台一线，距敌预计经过的汽车路仅二三里地。经过一夜瑟瑟秋风侵袭的战士们，忍着饥饿和寒冷，趴在冰凉的阵地上，等待敌人的到来。

25日拂晓，山沟里传来汽车的轰鸣声。沿着车声发出的方向望去，坂垣师第二十一旅的辎重和后卫部队乘汽车100余辆，附辎重大车200余辆，从灵丘至平型关的公路大摇大摆地向西开过来，根本没有发现两边埋伏的第一一五师。

晨7时许，日军全部进入伏击圈。由于沟深路窄，雨路泥泞，敌人车辆人马拥挤堵塞，行进极为迟缓。第一一五师抓住有利战机全线突然开火，迫击炮、机枪、步枪、手榴弹从高向下，劈头盖地向敌军人群中砸去，霎时间，烟云弥漫，响声震耳，枪声、炮声、喊杀声连成一片，直冲云霄。趁敌人混乱之际，伏击部队如猛虎下山，冲向公路。首先冲下山的第五连在连长曾贤生的带领下，20分钟内就用手榴弹炸毁敌人后尾的20多辆汽车。

日军为了摆脱被灭亡的命运，向老爷庙以北的高地发起进攻。八路军战士首先占领了高地，把一颗颗手榴弹向敌人扔去。日军虽反复挣扎，仍未能夺取制高点。

坂垣征四郎得知其第二十一旅一部已陷入重围，危在旦夕，急令在蔚县的一个团火速前往救援；此外，又命令已至涞源以西的第九旅一个团先期进逼平型关解围。但是，两路援军半路分别遭到八路军独立团和骑兵营的截击，伤亡惨重，未敢继续前行。

被死死围困在平型关地区的日军，待援无望，只好拼死挣扎。他们在敌机猛烈轰炸下，以密集队形向八路军阵地猛攻，企图杀出一条活路。但由于是短兵相接，两军处于胶着状态，敌人的飞机派不上大用场，转了几圈也不敢投炸弹，只好飞走了。

在敌之数次冲击均被八路军猛烈炮火压下去以后，第六八六团趁势再次冲向公路，在六八五团的有力配合下，扫荡被围困之敌。在 10 余公里长的火线上，战士们刺刀闪闪，与敌人展开白刃战，终将残余敌人消灭。随后，第三四三旅主力向平型关西面东跑池的日军发起进攻。这里本来是友军晋绥军出击的目标，但由于晋绥军未按预定计划出击，致使这股日军突围逃出。

附近山村的老乡们听说八路军打了大胜仗，都纷纷自动出来帮助搬战利品，抬伤兵。几千名老乡，加上八路军随营学校的全体人员搬了两天，战利品还没有搬完。

平型关伏击战，给这股日军以歼灭性打击，计毙敌 1000 余人，毁敌汽车 100 余辆，马车 200 余辆，缴获步枪千余支，机枪 20 余挺，火炮 1 门，战马 50 余匹，以及其他大批军用物资。为此八路军也付出极大的牺牲。有一个连有 150 名战士，战斗结束时只剩了 18 名，连长负伤，3 个排长都壮烈牺牲；另有一个连，伤亡人员 2/3，连长和两个排长阵亡。是役，第一一五师伤亡 1000 余人。

平型关战役是八路军出师抗战的第一个胜利，也是全国抗战以来中国第一个胜利的伏击歼灭战。它有力地打击了日寇的猖狂气焰，挫伤了敌军的锐气，打破了"皇军不可战胜"的神话，迟滞了敌之军事进攻，振奋了全国的民心和士气。共产党和八路军声望大增，赢得国内外舆论的称赞和好评，各地的贺电、贺信达百件之多。

26 日，蒋介石拍来电报祝贺："二十五日一战，歼寇如麻。足徵官兵用命，深堪嘉慰。尚希益励所部，继续努力，是所至盼。"28 日，蒋介石又拍来贺电："贵路军一战攻克平型关，毙敌遍野，伤虏甚多，忠勇之气，益害敌胆。特电驰贺，续候捷音。"

28日，上海市职业界救亡协会拍来电报说："贵军受命抗敌，立奏奇功，挽西线垂危之局，破日寇方长之焰。捷报传来，万众欢腾。谨电驰贺。"

巴黎《救国时报》贺电的内容是："据连日电讯，悉我八路军于灵丘平型关一带袭击寇军，消灭5000，捷报传来，全体跃舞，一致认为八路军获得空前大胜利的原因，确在于八路军将士高度的政治觉悟，坚强的战斗力，铁的纪律，与民众密切的联系。……望抗战各军学习模范的八路军的优点，更望我全体将士更加巩固的团结一致，共驱日寇，全体侨民，誓为后盾。"①

从以上电报可见一斑，平型关大捷不愧为中国人民抗日战争史上的光辉一页。

五、太原会战

在平型关战斗中，由于正面布防的友军没有按预定计划出击，失去了消灭更多敌人的机会，平型关正面的日军得到从浑源南下的日军的增援，稳住了阵脚。同时，内长城线上日军突破茹越口和阳方口，从东西两侧向雁门关迂回。10月2日，雁门关失守，对太原形成强大威胁。太原是山西的首府，其政治、经济、军事上的战略意义相当重要。日寇一旦占领太原，可沿同蒲路直下黄河，进逼潼关，威胁西安。

10月1日，日本参谋本部命令其华北方面军，"以一部兵力在山西省北部作战占领太原"。华北方面军当夜下令第五师集结代县，担任攻占太原任务，并命向保定转进之第九旅抽出两个大队，经平绥线运至大同归还建制。为统一晋北作战指挥，将位于内长城以南的关东军察哈尔派遣兵团等4个半旅，划归第五师师长坂垣征四郎指挥。这样，晋北日军共约3个师，7万余人，虎视眈眈对准太原。

---

① 罗焕章、支绍曾：《中华民族的抗日战争》，军事科学出版社1987年版，第56—57页。

　　蒋介石和阎锡山为挽救山西战局危机，保卫太原，决定利用忻口进行正面防御，阻敌南下，于是著名的忻口、太原会战开始了。

（一）忻口作战

　　为阻止日军南下，蒋介石和阎锡山以卫立煌为前敌总指挥，调集4个集团军首先组织忻口会战。忻口右托太行山，左倚云中山，地势险要，是太原北面的最后一道门户。中国军队防御的具体部署是：以卫立煌率领的第十四集团军组成中央兵团，扼守崞县、原平至忻口一带地区；以朱德率领的第十八集团军（即八路军），在五台山至峪口一线设防，阻击敌人；以杨爱源率领的第六集团军，在宁武山区的黑峪村至阳方口一线占领阵地；以傅作义率领的第七集团军为预备兵团，控制定襄、忻县、太原一线并机动。

　　为争取忻口作战的胜利，中共中央军委主席毛泽东，曾就忻口作战的方针，于10月6日，向第一、二战区和南京军事当局提出建议。毛泽东判断，进入山西之敌总数不过两个半师团，敌在沿途须分兵守备。因此，到达忻口一带作战者不过一个师团左右。如果我方部署适当，有可能破坏敌之进攻，甚至逼敌部分地后退。他指出此战役的关键在下列三点：（一）娘子关、九龙关的坚守。敌占石家庄后，将向西进攻。故上述二关须集结重兵坚守，以使主力在晋北取得胜利；（二）正面忻口地区之守备与出击，出击是主要的；（三）对敌后方及交通线之破坏。并命令八路军第一一五、第一二〇、第一二九师全力协助友军作战。

　　根据毛泽东的指示，朱德、彭德怀于10月6、7日，令第一一五师协同友军向平型关、大营镇之敌进攻，相机袭取浑源、应县，断绝茹越口、繁峙之间的交通；令第一二〇师以主力向岱岳镇（今山阴县）以西山地出动，断绝大同与雁门关之间的交通，以第三五八旅主力配合友军夹击宁武以南之敌；令第一二九师主力进到正太铁路之寿阳、平定地区，积极钳制与打击西进之敌。

　　10月1日，日军混成第二旅千余人由繁峙向阳明堡进攻，与中国第十九军一部激战，侵入阳明堡。2日，在飞机支援下开始进攻崞县。4日，日军混成第十五旅由崞县迂回，向原平镇猛攻。第二战区长官部为使主力部队有充裕时间集结忻口与敌决战，下令"死守崞县、原平，以待后续部队到达"。

5日、6日两日，日军集中炮火对崞县中国守军猛烈轰击，阵地被毁殆尽，第十九军第四○七团官兵伤亡极为惨重。7日，围攻崞县之日军增加到五六千人，以飞机20余架、野重炮30余门对县城狂轰滥炸达6小时。第四一○团从团长到士兵，全部阵亡。入夜，中国守军各高级军官率所部亲自参加堵击，日军仍有增无已，无法挽回败局。8日凌晨，崞县陷落。

坚守原平镇的是第三十四军第一九六旅，虽兵力单薄，但士气旺盛，官兵们誓与阵地共存亡。旅长姜玉贞接到死守原平的命令后，立刻进行部署。各部队刚刚进入阵地不久，日军就尾追上来。

进入原平的是坂垣师的主力，天上有飞机掩护，地上有大炮、坦克开路，可守军只有为数不多的迫击炮。原平又是一座小城，没有坚固的工事。但是，他们必须坚守阵地7天。

日军从10月1日起就用大炮开始猛轰守军的阵地。6日增加兵力，并以飞机、炮兵支援，反复进攻，均未得逞。日军恼羞成怒，动用飞机大炮轮番轰炸，开动坦克在阵地前横冲直撞。中国守军的工事被炸塌，被迫进入城内防守。日军乘机占领原平城的东半部，中国守军死守原平城的西半部。两军一街之隔，展开激烈的巷战。一直坚持到10月7日坚守任务完成后，姜玉贞带领全旅官兵又苦撑了3天。11日下午接到撤退命令，姜玉贞才带领残部从日军比较薄弱的城西一角冲了出去。他手抡大刀，左砍右杀，杀得日军抱头鼠窜。眼看部队就要冲过阵地了，一发炮弹落在姜玉贞身旁。这位忠勇将军终于在坚守了11天的阵地上，流尽最后一滴血。

在崞县、原平保卫战激烈进行的同时，八路军各部队根据中共中央军委和八路军总部的部署，向敌侧后展开了主动的攻击。10月1日，第一二○师雁北支队袭占朔县以北之井坪镇（今平鲁县城），4日又收复平鲁县城（今平鲁镇）。接着对同蒲铁路朔县至大同段展开破袭战，10日在辛庄伏击敌运输队，随即逼近大同。10月8日，第一二〇师主力夜袭宁武县城。10日，第一一五师独立团攻占涞源县城。

但崞县、原平的相继失守，使忻口处于日军的直接攻击之下。忻口是太原的大门，此处倘若不保，日军就可长驱南下，直抵太原。10月12日，中国左、中、右三路集团军已到达忻口附近占领阵地。阎锡山又命令傅作义率领预备集团军第三十五、第六十一军、独立第二旅、第三旅等部开赴忻口，加入中央集团军作战。同时调整军事部署，将中央集团军分为三个兵团，以刘茂恩指挥第十五军、第十七军、第三十三军等部，组成右翼兵团；以郝梦龄指挥第九、第十九、第三十五、第六十一军等部，组成中央兵团；以李默庵指挥第十四军及第六十六、第七十一、第八十五等师，组成左翼兵团；以卫立煌为前敌总司令，统一指挥三个兵团在忻口一线作战。

13日晨，日军出动30余架飞机和大批坦克、火炮掩护步兵5000余人，对中国军队忻口防线实行中央突破，猛攻南怀化阵地。14日，南怀化至灵山的主阵地被敌突破。16日，卫立煌调5个旅反攻南怀化。中国守军奋勇抗敌，曾一度将侵入南怀化之劲敌歼灭。在艰苦的攻守激战中，中路兵团指挥官第九军军长郝梦龄、第五十四师师长刘家麒、第五旅旅长郑廷珍壮烈牺牲。

郝梦龄原在大后方学习，他主动要求上前线，临行时已"抱定牺牲"之决心，在战斗中率领部队奋勇抵抗，牺牲时年仅39岁。人们从他的遗物中找到他在火线上留给夫人剧纫秋的最后遗嘱，其中说："余自武汉出发时，留有遗嘱与诸子女等。此次抗战乃民族国家生存之最后关头。抱定牺牲决心，不能成功即成仁，为争取最后胜利，使中华民族永存世界上，故成功不必在我，我先牺牲。……余牺牲亦有荣，为军人者，对国际战亡，死可谓得其所矣！"①

郝梦龄牺牲后，中日双方继续在南怀化展开拉锯战。中国守军顽强奋战，寸土不让。晋军用太原兵工厂自制的8万多发炮弹猛烈回击日军，

---

① 中国革命博物馆编：《国民党将领传略》，新华出版社1989年版，第319页。

山西生产的手掷弹、手雷也发挥了巨大作用，炸得日军抱头鼠窜，尸横遍野。当地成百上千的老百姓自发地组织起来支援前线，抬伤员、挖战壕，与战士们一起穿梭在火线上。当守军的手掷弹、手雷打光时，各村百姓纷纷将自己家藏的刀、矛、钢叉等武器送给战士们，和敌人展开肉搏战。整个山西战场出现气壮山河的全民抗日局面。

在保卫忻口的战斗中，八路军在朱德的指挥下，在敌主力之侧翼和后方，密切配合友军袭击敌军。10月13日至14日，第一一五师第三四四旅在小寨村断绝日军交通，15日截获敌援军汽车130余辆，歼敌200余人，接着夜袭团城口，随后收复平型关及浑源县城。其六八八团还夜袭沙河镇日军，缴获大批粮食和军用物资。16日，第一一五师之独立团和骑兵营，在广灵南设伏，袭击日军，并乘胜收复广灵、涞源、蔚县、灵丘、易县、阳原等县城。18日，攻克曲阳县城，同日，第三四四旅第六八八团还攻克繁峙县城。19日，第一一五师之第三四三旅向繁峙守敌发起攻击，也一举攻克数城。至29日，骑兵营又接连收复平山、唐县、完县等县城，对平汉路北段日军交通造成了严重威胁。至此，第一一五师共收复县城10座，切断了张家口至代县间日军的后方补给线。

第一二〇师在日军的右翼及后方支援友军作战，12日在崞县十里铺，13日在宁武，14日在大牛店、南北大常及永兴村等地与日军激战，毙伤大量敌军。特别是18日，第一二〇师第三五八旅在雁门关以南的黑石沟地区设伏，击毙日军300余人，击毁汽车20余辆，并收复了雁门关，切断了日军的交通线。23日，第三五九旅还在阳明堡西南之王董堡伏击日军运输队，击敌汽车7辆。通过不断袭扰，使敌交通运输线陷入瘫痪。

由于第一一五师、第一二〇师切断了日军的交通运输，使日军的物资供应顿加困难，不得不借飞机输送给养。卫立煌于10月24日给蒋介石的密电即说：“敌自雁门被截断，粮秣极感困难，现向地方征发杂粮中。”①

第一二九师也传来胜利捷报。该师先头部队第七六九团在崞县以东

---

① 中国第二历史档案馆编：《抗日战争正面战场》上册，江苏古籍出版社1987年版，第505页。

袭击敌人翼侧时，发现阳明堡地区日军飞机频繁起落，轮番轰炸友军忻口阵地，遂决心夜袭该机场。为摸清机场日军的防卫情况，该团在当地群众的协助下，由团长陈锡联带主攻营的连以上干部，化装成民工，混在修机场的群众中，对机场情况进行了调查。他们发现敌军机场上停放24架飞机，周围设有防卫工事，200名日军戒备森严把守。19日夜，第七六九团以第三营袭击机场，以第一营钳制崞县之敌，以第二营为预备队。第三营潜入机场后，突然发起攻击，以密集手榴弹袭击停机坪内的飞机。日军守备队从梦中惊醒，疯狂进行反扑。仅经1小时冲杀搏斗，英勇的八路军战士就将停放于机场的24架飞机全部炸毁，歼灭日军百余人，顺利撤出战斗。这一重大胜利使中国军队在忻口的作战中大受裨益，顿时减轻了空中威胁。日军地面部队失去空中优势的掩护和空中运输补给，士气更为低落，在十余天的进攻中毫无进展，伤亡惨重，处于进退维谷的境地。在这次偷袭中，八路军伤亡30余人，营长赵崇德光荣牺牲。

国民政府对八路军在保卫忻口的战役中积极配合，并不断取得奇胜非常满意。10月17日，连发两电表示嘉奖。第一封电报说："接诵捷报，无任欣慰，着即传谕嘉奖。"[1] 第二封电报的内容是："贵部林师及张旅屡建奇功，强寇迭遭重创，深堪嘉慰，仍希继续努力，以竟全功为要。"[2]

但是，八路军在侧翼的英勇作战，并不能扭转会战主战场全局的局面。以后因晋东娘子关的失守，忻口守军不得不全线撤退。

（二）娘子关作战

日军在忻口以北受阻后，为使第五师摆脱困境，转而加强晋东的攻势。沿平汉路南下的敌人，在攻克石家庄之后，以第二十师团为主力，在第一〇八师、第一〇九师各一部的配合下，分左右两路沿正太路西犯，相机夺取太原。

---

① 罗焕章、支绍曾：《中华民族的抗日战争》，第64页。
② 罗焕章、支绍曾：《中华民族的抗日战争》，第64页。

日军的这一行动，使晋东娘子关地区的作战顿时趋于紧张。娘子关为晋东之重要门户，扼守在正太路上，倘若失守，则太原东边门户洞开，因而具有重要的战略地位。在会战开始前，毛泽东就指出了娘子关的重要性，建议国民政府派重兵扼守此地。然而这一重要建议没有被国民政府完全采纳，直到日军逼近后，国民政府才加强了对娘子关方向的防务。第一战区于10月9日令第二十七路军、第二十六路军、第三军及第十七师等部赶赴娘子关。10日，第二战区决定副司令长官黄绍竑赴娘子关指挥该方向作战。

从10月12日起，日军沿正太路西攻井陉、旧关，中国守军虽顽强抵抗，未能阻挡日军进攻步伐。14日，守军第十七师等部向旧关以北要点反击，曾一度占领核桃园等地，歼敌一部。经两日激战，共毙伤日军500余名。15日，第二战区决定娘子关方面的作战指挥统由第二十六路军总司令孙连仲负责。16日至19日，守军多次向旧关附近要点攻击，虽有进展，但在日军地面、空中优势火力下实施反击，遭受严重伤亡，不得不撤回原地。此后，日军后续部队逐次到达，全线转入进攻，中国守军阵地多处被突破。22日，孙连仲急电军委会，要求急调生力军增援。

在此紧急情况下，八路军总部令第一二九师火速向娘子关增援。该师于10月18日进抵平定以东后，即向娘子关东南日军之侧后挺进，寻机歼敌。22日夜，第一二九师第三八八旅第七七二团袭击娘子关以东长生口之日军，毙伤其30余名。此时，日军左纵队已迂回向平定方向前进。第三八六旅第七七一团即迎敌而进，23日在东石门阻击敌人，毙伤日军200余人；24日在马山村等地袭击敌人，毙伤其百余名。26日，第三八六旅旅长陈赓亲率第七七二团在东石门以西设伏。当日军第二十师辎重部队800余人在其200余名步兵掩护下进入伏区时，伏击部队从大道南侧的高地以猛烈火力袭击敌人，随即与敌人展开激烈搏斗。经2小时激战，击毙日军300余人，缴获骡马300余匹和大批军用物资。28日该团在七亘村再次伏击敌人，毙敌百余名，缴获骡马数十匹。

由于日军左翼迂回纵队屡遭打击，进展迟缓，进攻娘子关之日军得不到策应，攻击未奏效。25日日军乘中国守军换防之际，全线发起进攻。

守军猝不及防，连失阵地，26日娘子关失陷，晋东战局急转直下。

日军主力沿正太路及其南侧，分数路西进，守军接连后退，形势危急。为阻止和迟滞日军迅速西进，暂时稳定晋东战局，八路军总部于10月28日率第一一五师师部及第三四三旅由五台南移，30日到达平定西南地区。11月2日，第一二九师第三八六旅在师长刘伯承、旅长陈赓率领下，于昔阳东南之黄崖底一带伏击，向昔阳进犯日军一个营被毙伤300余人，战马300多匹。4日，一一五师第三四三旅在旅长陈光指挥下，对进至广阳的日军辎重队进行攻击，歼灭日军近千人，缴获骡马700余匹、步枪700余支和大批军用物资。7日，第一二九师主力还在第一一五师一部配合下，于广阳以东之户封村伏击敌人，毙伤日军250余人。与此同时，八路军第一二九师和第一一五师还配合国民党军队抵抗日军的追击，协助曾万钟部、邓锡侯部和王奇峰骑兵第四师等突破日军的包围，脱离险境。

日军于10月29日占领正太铁路附近之平定，继续西犯。11月1日，阎锡山命令忻口作战部队放弃阵地，向太原城北青龙镇、天门关之线转移，协同傅作义防守太原。11月6日，晋北、晋东之敌均迫近太原城下，从三面猛攻太原城垣。敌机轮番轰炸，太原城内一片火海，守军伤亡惨重。7日，日军东、北两路在太原会师，对太原形成四面包围。8日，日军在飞机、大炮支援下，继续攻城，突破城垣东北角及西北角。东北两城守兵誓死不退，一面拼杀入城之敌，一面封锁城墙各口。敌我皆争取最后胜利，死亡异常惨重。由于守军的奋勇截击，将进城之敌击退。黄昏后，日军向城内空降大批兵力，并四出袭击。21时，守军不得不从南门突围，太原城遂陷于日军之手。

忻口、太原保卫战坚持了1个多月。由于中国军民（包括国民党军队和共产党军队）的英勇战斗，给日军精锐的坂垣第五师以沉重的打击。此次战役，共毙伤日军两万之众，中国守军伤亡约7.5万人（其中八路军伤亡约6000人）。这一战役虽因国民党军事当局在作战指导上有严重失误，导致娘子关作战失利，使日军得以由被动转为主动，攻占了太原，但仍不失为华北地区抵抗最坚决、最持久，战绩最显著的会战之一，而且是国共双方军队配合得最好的一次会战。

六、淞沪会战

1937 年 8 月 13 日，日本帝国主义向上海发动进攻。中国军队奋起抵抗，同日本侵略军展开淞沪会战。

淞沪地区位于长江下游黄浦、吴淞两江汇合处，扼长江门户。其中上海市是中国最大的工商业城市和进出口贸易港口，也是东方的金融贸易中心，与纽约、巴黎、伦敦、东京，并列为世界五大城市。优良的港口和京沪、沪杭甬铁路的交汇，又使上海成为通往国外和内地的枢纽、守卫首都南京的门户。上海无论在政治、经济和军事上，都具有重要的战略地位。

抗日战争爆发后，日军在沪兵力有海军陆战队 3000 余人，在日租界各要点筑有经营多年的坚固工事。然而囿于一·二八事变后《淞沪停战协定》的限制，中国军队不能在上海市区及周围驻防，市内仅有淞沪警备司令部所辖上海市警察总队，以及江苏保安部队两个团担任守备。中国政府为防止日军再次攻击淞沪、进犯华东，修筑了三道国防工事，并于 8 月上旬命令京沪警备司令张治中部秘密向吴县、常熟、无锡一带集结，以应付突然事件。

虹桥事件后，南京国民政府看出日军是在为大规模进攻上海制造借口。蒋介石急令京沪警备司令、第五军军长张治中，立即率部开赴上海周围布防，并令第三十六师火速从西安开赴上海。8 月 12 日，第五军的第八十七师、第八十八师分别进入闸北和虹口一带，同时以海军封锁长江口，在江中沉船 200 多艘。空军主力，也由华北方面转用于上海地区。

会战开始后，双方均投入很大兵力。日军以松井石根上将为总司令，先后投入陆、海、空军与特种兵部队近 30 万人，动用舰船 130 余艘、飞机 400 余架、坦克 300 余辆，狂妄地宣称 1 个月内占领上海。国民政府先由冯玉祥、后由蒋介石（兼）任第三战区司令长官进行指挥，下设左翼军、右翼军及中央军，先后调集中央部队，广东、广西、湖南、四川、贵州、云南等地方部队，总计兵力 70 余师，共计 70 万人，期图与敌决战。

淞沪会战历时 3 个月之久，经历了 3 个阶段：

（一）上海市区反击作战

时间自 8 月 13 日至 8 月 22 日，其作战特点是中国军队在挫败日军的挑衅后，主动组织进攻，打算在日军援兵未到之际，一举歼灭在沪日海军陆战队。

8 月 13 日 3 时许，日本海军陆战队以虹口区预设阵地为依托，向淞沪铁路天通庵站至横滨路的中国守军等开枪挑衅。9 时许，日军在坦克掩护下沿宝山路进攻，中国守军第八十八师予以还击。15 时，日军在海、空火力支援下，由租界再次向闸北地区宝山路、八字桥和天通庵路发起进攻，又被中国守军击退。

8 月 14 日，中国政府发表《自卫抗战声明书》，同时，军事委员会将京沪警备部队改编为第九集团军，张治中任总司令，辖 3 个师 1 个旅及上海警察总队、江苏保安团等部，担负反击虹口及杨树浦之敌的任务；将苏浙边区部队改编为第八集团军，张发奎任总司令，守备杭州湾北岸，并扫荡浦东之敌。当日 16 时，第九集团军在炮火支援下向虹口、杨树浦之敌发起进攻，第八十七师占领沪江大学，第八十八师占领持志大学、五洲公墓、八字桥和宝山桥等要点。同日，中国空军首次出动，轰炸了日本海军陆战队司令部和第三舰队"出云"号旗舰，中国空军与日本空军在上海空域拉开了战幕。

8 月 15 日，日本政府下达编组上海派遣军的命令，以松井石根上将为司令官，下辖第三师、第九师、第十一师等部，作战任务为"与海军协同消灭上海附近的敌人，占领上海及其北面地区的重要地带"。

与此同时，蒋介石下达全国总动员令，将全国临战地区划为 5 个战区，沪杭地区为第三战区，冯玉祥任司令长官。决定以主力集中华东、迅速扫荡淞沪敌海军基地，阻止后续敌军登陆。

8 月 17 日，中国军队再次向虹口、杨树浦方向之敌反击。第八十七师攻占日海军俱乐部，并击退敌多次反扑。第八十八师在八字桥、法学院、虹口公园等处与敌反复争夺。8 月 19 日，中国军队又一次发起攻势，刚从西安到达的第三十六师与第八十八师、第八十七师一起，经一昼夜激战，突破日军阵地，攻入汇山码头。日军凭借坚固工事顽抗待援，中国军队进展困难。在此期间，守军第八十八师旅长黄梅兴在进攻持志大学时牺牲；第三十六师第二一五团第二营300余名官兵攻入华德路十字街口，突入巷内与敌展开白刃格斗，不料被日军以坦克阻塞路口，全部葬身于敌军放火焚烧房屋之火海。

与此同时，中国空军与日本航空队展开激战，并积极攻击进犯的日本陆军和舰艇。8月14日，日本飞机分批袭击中国杭州及广德机场，中国空军第四大队由笕桥机场紧急升空作战，由大队长高志航率队长郑少愚、李桂丹两机群共27架战斗机，分途拦击，击落日轰炸机3架，首创空战胜利的纪录。8月15日，日本鹿屋及木更津等海军航空队，以轰炸机60余架，分别袭击中国杭州、嘉兴、曹娥、南京等机场。中国空军第九大队于曹娥上空，击落日军飞机4架，第四大队于杭州上空击落日军飞机16架，并协同第三、第五大队及航校暂编部队，于南京上空共同击落日军飞机14架。至16日，日本航空队又以轰炸机20余架分别袭击各地，又被击落8架。经3日激战，共击落日机45架，给日军鹿屋、木更津航空队以歼灭性打击。

8月17日，中国空军第四、第二、第七大队出动飞机44架，分批前往轰炸虹口日军阵地，予敌以重创，并击落日机2架。日军高射炮火猛烈回击，中国空军飞行员阎海文在座机被敌高射炮弹击中后，跳伞落入敌阵地。当敌人围捕他时，他孤身一人与敌抗击，击毙日军数人，最后饮弹身亡。

8月19日，中国空军为打击长江口外活动之日本舰艇，由第四、第二大队出动飞机20架，轰炸白龙港水域日舰，飞行员沈崇海驾机向日舰俯冲，炸沉日巡洋舰一艘后壮烈牺牲。

（二）淞沪地区防御作战

时间自8月23日至11月4日。这一阶段的作战特点是，日军沿长江口几处陆续登陆，由防守改为进攻，向上海实施侧翼包围。中国守军在对岸组成三条防线，节节抵抗。罗店、吴淞、宝山、杨行、刘行、蕴藻浜、大场等地，中日两军交战甚为激烈。

日本编组上海派遣军后，确定该军的作战方针是：以精锐的兵团在浏河镇方面登陆，以主力在吴淞水面登陆，占领上海及其北面的重要地带。

8月23日晨，日军上海派遣军第三师、第十一师在优势火力掩护下，于川沙河口、狮子林、吴淞一带强行登陆。中国守军与之展开激战，未能阻止日军进展。日军后续部队陆续上岸，即向吴淞、宝山、罗店、浏河之线发起进攻。第九集团军总司令张治中立即抽调部队向宝山、罗店、刘行疾进，阻止上陆之敌。

罗店的攻防战自8月24日起历时23天，白天日军凭借海空优势炮火将阵地夺过去，夜晚守军凭借夜幕，以血肉之躯与敌拼杀，又将阵地夺回来。20多日炮弹的倾泻，将罗店夷为平地，到处是燃烧的树木，遍地流淌着中国军人殷红的鲜血。这次战斗，守军3个师牺牲旅长1人，团长4人，营长18人，士兵无计其数。罗店数次易手，终因伤亡过重被敌夺占。8月31日，日军第三师第六十八团在吴淞登陆，守军伤亡惨重，吴淞镇失守。9月1日，日军1000余人围攻狮子林炮台。第九十八师一部与敌反复白刃搏斗，多数牺牲。

9月5日，日军集中30余艘军舰，掩护陆军向宝山发起猛攻，守军第十八军五三八团三营营长姚子青，率500名士兵，坚守阵地8日之久。敌2000余名在飞机和坦克掩护下，向宝山东南北三面发起强攻，却久攻不克。及至9月7日，日军一个旅团增援，突破一个缺口，全营只剩20余名战士，仍对敌顽强抵抗。最后，姚子青与全营官兵全部壮烈牺牲、精忠报国。1938年3月12日，延安各界群众召开追悼抗战阵亡烈士大会，会上毛泽东赞扬姚子青烈士是全国人民"崇高伟大的模范"。迄9月17日，中国军队全线退守北站、江湾、庙行、罗店西南、双草墩之线，继续与日军对峙。

9月上旬，尽管上海中国守军伤亡较大，但斗志高昂，拼死抵抗，使日军进展缓慢。这一形势使日本统帅部焦虑不安。日本上海派遣军司令官松井石根在8月31日即向日军参谋部紧急呼吁，请求派遣5个师速向上海增援。到9月中旬，日军派入上海的兵力增至10万人以上。

由于日军不断增兵，战争逐步升级，中国军队也陆续增援，不断调整部署。9月11日后，蒋介石自兼第三战区司令长官，以第十五集团军为左翼作战军，以第九集团军为中央作战军，以第八集团军为右翼作战军。9月21日，再次调整部署，调朱绍良替代张治中任中央作战军总司令兼第九集团军总司令。

9月下旬至10月初，日军第一〇一师、第九师、第十三师等增援部队陆续在上海登陆，加入上海派遣军之作战，总兵力达20万人。9月30日拂晓，日军向中国军队发起猛攻，突破万桥、严桥、陆桥等处阵地。刘行方面的中国守备部队陷于苦战，伤亡较重。为了避免日军继续突破，10月1日，第三战区司令长官部令左翼作战军各兵团，向蕴藻浜右岸陈行、施相公庙、浏河之线阵地转移，至3日拂晓前，完成新阵地的占领。10月5日至8日，日军第三师、第九师在第十一师和十三师一部的掩护下，向蕴藻浜地区实施猛攻。中国军队经数日激战，予敌以重大杀伤。11日后，日军继续猛攻，企图进占大场，向南翔发展，截断京沪铁路。中日双方军队展开激烈争夺。

中国守卫蕴藻浜南岸部队，在第二十一集团军统一指挥下，19日发起反击，适逢日军主力亦发动步、坦、炮联合进攻，双方展开大规模激战。中国军队由于装备落后，加之连日战斗，伤亡过大，攻击陷于停顿，26日大场失守。中央作战军向苏州河南岸转移，左翼作战军向姚家渡至唐家桥之线转移，27日中央作战军转至苏州河南岸之新阵地。

为了掩护大部队撤退，第八十八师第五二四团第一营的411名官兵，在团附谢晋元的带领下，孤守苏州河北岸的四行仓库。四行仓库是一幢由钢筋水泥构筑的6层楼房，坚固异常。谢晋元受命后表示："在未达成任务前，决不轻易作牺牲，任务达成后，决作壮烈牺牲，以报国家。"10月27日，敌发起对四行仓库的进攻，动用飞机、汽艇四次冲锋不克。29日，日军又烧掉仓库周围全部房屋，出动两辆坦克，掩护200多名步兵进攻，结果还是拿不下这个堡垒。

四行仓库的对面，是公共租界。租界里的上海人民，每天隔岸相望。战士们冒着枪林弹雨英勇还击的壮举，使他们甚为感动。当仓库里的孤军缺粮时，许多市民自动地给他们运送食品。为了表示上海人民的敬意，14 岁的女童子军杨惠敏，只身游过河，为守军送去国旗一面。她说：敬爱的战士们，请高悬祖国的旗帜，继续战斗吧！上海人民也不知仓库里究竟有多少守军，根据猜测，称这支孤军为"八百壮士"。

激战 4 天 4 夜，守军打退敌人几十次进攻，消灭 200 多名日军，自己亦伤亡 30 余人。30 日晚，谢晋元接到撤退命令，于 31 日晨率领 377 名战士，含泪离开阵地退入租界。

日军占领苏州河北岸后，即发起攻势，双方死伤惨重。至 11 月 4 日，日军仍未突破苏州河。此时，第三战区根据战局变化，乃撤销中央作战军，将正面划分为左、右两作战军。

（三）日军从杭州湾登陆及中国守军撤退

至 10 月中旬，淞沪会战在中国军队的英勇坚持下，已延续两个月，日军虽增援至 6 个师，兵力达 20 万人，且在武器装备上占有很大优势，但仍未能获得决定性胜利。10 月 20 日，日军参谋部决定抽调第六师、第十八师、第一一四师、国崎支队、独立山炮第二团、野战重炮兵第六旅和第一、第二后备步兵团，组成第十集团军，柳川平助中将为司令官，与海军协同，在杭州湾北岸登陆，以协助上海派遣军作战。同日，日军还从华北抽调第十六师等部编入上海派遣军的战斗序列。至此，进犯淞沪地区的日军已达两个集团军 9 个师，近 30 万人。

11 月 5 日拂晓，日军先以舰炮对金山卫附近中国军队阵地轰击数小时，然后第十集团军第一梯队登陆部队在航空兵火力掩护下登陆。国民政府原在这里部署了防御部队，后因上海战事紧急，将部队调往上海，沿海岸担任警戒的两个连，无力阻挡日军的进攻，日军登陆成功。5 日上午，登陆日军已有 3000 余人。中国战区指挥官急调第六十二师、独立第四十五旅及新到枫泾之第七十九师前往阻击，并令在青浦之第六十七军推进至松江。但部队联络困难，行动迟缓，未能如期实施反击。日军乘机突击，后续部队源源上陆。

日军登陆成功后，即以第十八师一部向沪杭铁路前进，第六师和第十八师主力向松江进攻，当晚进抵金山县城、松隐镇、亭林镇一线。防御松江地区的第六十二师、第一〇七师、第一〇八师、第二十六师、第七十九师固守黄浦江各主要渡口，阻敌渡江。8日拂晓，日军第十集团军主力渡过黄浦江，与中国军队第一〇八师激战，9日占领松江城，对上海地区的中国守军从侧后构成严重威胁。

在这种情况下，中国军队本应果断撤出上海，向第二防线转移。当时副总参谋长白崇禧、军委会第一部作战组长刘斐及第十五集团军总司令陈诚等人，都曾就此向蒋介石提出正确的建议，蒋介石也采纳了这个意见，并对前线下达了向吴福线转移的命令。但下令后的第二天，蒋又突然召开紧急会议，幡然变计，说现正在召开九国公约会议，只要我军继续在上海顶下去，九国公约国家将会主持正义，制裁日本，结束中日战争。因此，他要收回撤退命令，让各部队仍回原阵地死守数日。这一决定使守军失去主动转移的有利时机，直至阵脚开始混乱，第三战区指挥部才于8日夜命令各部队向吴福国防线转移。

9日，守军开始全线撤退。右翼作战军第九、第十五两集团军开始沿京沪线两侧地区撤退，因遭敌机轰炸，联络中断，陷于混乱，险成溃退。为掩护右翼作战军后撤，左翼作战军第十五、第二十一两集团在新泾河一线紧守至12日夜，完成任务后始向吴福线转移。

为掩护上海守军顺利撤退，第六十七军在松江顽强阻击由金山卫登陆的日军深入。11月6日至8日，该军在松江县城与日军展开激战，击退敌多次进攻，完成了"死守三日"的任务。在向昆山突围中，军长吴克仁壮烈牺牲。

11月11日夜，中国守军在上海市南侧地区及浦东担任掩护的部队撤离，被隔绝于上海市内的守军4000余人撤至租界。日军即向上海市西、南方向推进，12日上海市区沦陷。

在淞沪会战中，中国海军与日本海军在长江展开战斗。8月16日晚，江阴区江防司令部派出102号快艇，自江阴经内河潜至上海黄浦江，进至距日军旗舰"出云"号300米处，向该舰施放两枚鱼雷，均命中爆炸，使日军旗舰遭受重创。中国快艇在返航中被敌击沉，官兵泅水离艇。8月中旬，中国海军派出"甘露"等舰在江阴下游破除航海标志，堵塞港道，阻止日舰溯江上驶。同时，抽调"通济"、"大同"、"自强"、"德胜"、"威胜"、"辰宇"、"宿字"等舰艇，以及国营招商局和各船公司征集的轮船23艘，合计35艘，下沉堵塞航道。随后，又征用民船、盐船一批陆续下沉，填补航道空隙，并在江阴一段分布水雷。8月下旬，中国海军为保卫首都，派"平海"、"宁海"、"应瑞"、"逸仙"等舰开往江阴封锁线，协同其他舰艇实施防卫，并与来袭的日本飞机进行了频繁战斗。至11月下旬，共击落日本飞机7架，重伤日本军舰两艘。中国舰艇损失惨重，大部被炸沉或炸伤。

11月13日日军占领上海后，为了切断中国军队主力的退路，并策应第十集团军登陆，将从华北调来之日军第十六师在白茆口、浒浦口附近登陆，向常熟进攻；上海派遣军除以两个师担任上海及后方要点的警卫外，集中7个师沿京沪铁路及其南北地区向吴福线进攻；在杭州登陆的日军第二梯队第一一四师于10日在金山卫登陆，向嘉兴方向进攻。担任江防的中国守军第四十师及第二十一集团军所属各师，与日军展开激战，掩护战区主力向吴福线转移。11月19日，日军分别攻占常熟、莫城镇，苏州亦同时失陷。第三战区为避免与敌决战，乃于是日夜命各部撤向锡澄线。这样，吴福线国防工事未来得及发挥作用即被日军占领。

日军统帅部曾规定华中方面军作战地域为苏州—嘉兴—线以东，至19日其各部进抵该线后，并未停止前进，决定乘中国军队撤退混乱之机，继续向西追击。20日，日本华中方面军决定向南京追击。23日，日军开始向锡澄线发起进攻。蒋介石下令死守现有阵地，但溃退之势无法挽回，25日无锡失陷。中国军队放弃锡澄线，一部沿京沪铁路向常州撤退，大部经宜兴往浙赣边境撤退。27日日军切断江阴、无锡公路，29日攻入常州。

自锡澄线弃守后成为孤军的江阴要塞守备部队，从11月28日起受到日军围攻，与敌激战5日后，工事大部被摧毁，官兵伤亡甚多，遂向镇江方向突围。12月2日，江阴要塞失陷。

11月9日，右翼作战军开始向乍平嘉国防线撤退，遭敌第六师、第十八师追击。与敌激战至14日，嘉善失守。19日，苏嘉线与沪杭线交会点嘉兴被日军攻陷，乍平嘉国防线被突破。20日，蒋介石命令刚到达之第七军向吴兴急进，加强吴兴、广德地区防御。11月24日拂晓，日军在30余架飞机掩护下，攻占吴兴，30日占领广德。12月初向宣城、芜湖进犯，主力北上进攻南京。此时，中国第七战区已经编成，刘湘为司令长官，即命第二十三集团军（川军6个师）支援第七军。随后，各路守军分别向西撤退。淞沪抗战自此结束。

淞沪会战从1937年8月13日开始，至11月12日中国军队西撤，历时3个月。在上海周围这样一块地势平坦、河网交错的狭小地方，日军投入10个师团近30万人的兵力，动用军舰30余艘，飞机500余架，坦克300余辆。中国守军的兵力70余个师70万人之众，海军舰艇约40艘，空军飞机250架。在旷日持久的攻防战斗中，广大官兵在上海人民和全国同胞的大力支持下，同仇敌忾，斗志昂扬，以劣势装备和血肉之躯，冒着敌人现代化装备和陆、海、空联合作战的凶猛炮火，赴汤蹈火，奋力迎敌，谱写了中国抗日战争史上一曲悲壮的战歌。

日寇虽占领上海，却也付出4万人伤亡的惨重代价，被击落飞机达60架之多，守军英勇牺牲亦达二三十万。据李宗仁回忆：淞沪之战，简直是我们的血肉之躯来填敌人的火海。每小时的死伤辄以千计，牺牲的壮烈，在中华民族抵御外侮的历史上，鲜有前例。战争结束时，许多参战的师所剩官兵多者三四千人，少者仅二三千人，许多都是整营整连的牺牲。大量补充的新兵，还来不及登记名册，就永远长眠在淞沪战场，许多将领战死于敌人炮火之下，其中包括黄梅兴、蔡炳炎、杨杰、秦霖、庞家桢、官惠民、吴克仁、吴继光等10余名将军。

淞沪战场上硝烟散去的同时，日军3个月灭亡中国的幻想宣告破灭，全国人民为之无比振奋，日军统帅部为之无比惊叹，全世界舆论自此对中国的抗战能力刮目相看。

淞沪会战给了敌人以有力的抵抗和相当的消耗，迟滞了日军的进攻，为工业的内迁赢得了时间。但是，把大量部队集中于上海这样一个敌人完全掌握了制空权、制海权的沿海地区，企图与敌决战，并且单靠拼消耗，拖时间，幻想在国际干涉下解决中日战争，这是不合乎实际情况的。未防止日军在杭州湾登陆，造成日军对上海守军的包围，也是战略上的严重失误。会战后期的慌忙后撤，更给以后保卫首都南京的作战造成直接的不利影响。对于这次会战战略指导上的失误，许多将领都有所认识和不满，陈诚即认为："这次战略受政治的影响极大，乃是国家的不幸。"①

七、南京保卫战与日军的南京大屠杀

淞沪会战，中国军队苦苦支撑了3个月，最后不得不从上海撤退。1937年11月中旬，日军乘中国军队溃退之机，分三路向南京进逼，企图水陆并进，从东西两面合围南京，占领中国的政治中心，从而迫使中国政府投降，尽快解决所谓的"中国事变"。

中国军队设置的三道国防线接连失守，日军节节进逼，南京的防守成了亟待解决的问题。

（一）南京保卫战

为了解决南京的防守问题，11月中旬蒋介石连续在他的陵园官邸召开了三次高级幕僚会议。多数将领认为南京易攻难守，日军利用其在上海会战后的有利形势，以优势的海陆空军和装备，沿水陆交通线前进，将南京置于立体包围形势之下，守是守不住的。但南京是国民政府首都，不作任何抵抗就放弃，当然不可。不过不应以过多的部队争一城一地的得失，只应进行象征性的防守。唯有训练总监唐生智主张南京非固守不可。他说，南京是首都，为国际观瞻所系，又是孙总理陵墓所在，如果放弃南京，将何以对总理在天之灵？在最后一次会议上，蒋介石表示应防守南京。当问到由谁负责时，唐生智自告奋勇，并向蒋介石保证做到"临危不乱，临难不苟"，没有蒋的命令决不撤退②。

---

① 《民国档案》1987年第1期。

② 参见刘斐：《抗战初期的南京保卫战》，见《南京保卫战》编审组编：《南京保卫战》，中国文史出版社1987年版，第17页。

11 月 20 日南京国民政府迁往重庆，军事委员会迁往武汉。24 日，军事委员会任命唐生智为南京卫戍司令。

唐生智到任后，尽量要求增加兵力。蒋介石把可以调得动的兵力即调来防守南京。其中多是从淞沪撤下来的部队，共有 10 多万人。唐生智为表示破釜沉舟、拼死一战的决心，让交通部长俞飞鹏把下关到浦口之间的轮渡撤退。其后，又命驻浦口之第一军禁止任何部队及军人由南京北渡，如有不听制止的，可开枪射击 ①。蒋介石在离开南京前夕，一方面于 12 月 4 日召集守军师以上干部训话，要大家同心同德抱定不成功即成仁的决心，克尽军人守土卫国的神圣职责；另一方面，通过德国驻南京大使陶德曼出面调停，准备与日本谈判。

南京城的防守分为复廓阵地与外围阵地。复廓阵地以第八十八师任右地区雨花台及城南守备；教导总队任中央地区紫金山及城垣东部之守备；第三十六师任左地区红山、幕府山及城北守备；以宪兵部队任清凉山附近之守备。外围以第二军团在栖霞山、乌龙山占领阵地，并接防乌龙山炮台、封锁长江；第七十四军任牛首山至淳化镇附近防守，并向秣陵关、湖熟镇派出前进部队；第六十六军任淳化镇附近至凤牛山之守备，并向句容镇附近派出有力之前进部队，构成半环形外围防御阵地。

12 月 5 日，日军已到达中国军队外围防线附近。当晚，日军第十六师约 3 个联队向第六十六军句容阵地正面进攻，并从土桥镇、牧马场两翼包抄，另以一部断第六十六军后路。句容守军被围，与日军苦战，损失极大。6 日敌军正面部队已经到宣城、秣陵关、淳化镇、汤水镇、龙潭一线的外围阵地。7 日拂晓开始向主阵地发起总攻，南京处于敌军三面包围之中。

唐生智鉴于外围阵地已被突破，于 8 日晚下令各部队退守复廓阵地。当晚，日军向守军阵地发起攻击。9 日拂晓突进至南京光华门外。中国守军在城北道路上配置了反坦克炮，在城门内配置了机关枪，并从城墙上

---

① 参见刘斐：《抗战初期的南京保卫战》，见《南京保卫战》编审组编：《南京保卫战》，第 119 页。

大量投掷手榴弹。日军伤亡惨重，在自己的作战报告中说："在血战 3 日的猛攻中，部下死伤颇多，疲劳困苦至极点"①。

日军为掩护地面部队攻城，以六七十架飞机在南京城内外反复轰炸，投弹数百枚。总司令松井石根在当天用飞机掷下给唐生智的所谓最后通牒，劝唐投降。

对此，唐生智置之不理，拒绝投降，并于当晚下达命令："一、本军目下占领复廓阵地为固守南京之最后防线，各部队应以与阵地共存亡之决心，尽力固守，决不许轻弃寸地，动摇全军。若有不遵命令，擅自后移，定遵委座命令，按连坐法从严办理；二、各军所有船只，一律交运输司令部保管，不准私自扣留。"②

10 日，日军大批集结，向雨花台、通济门、光华门、紫金山第二峰一线同时猛攻。在光华门附近，日军一支小的敢死队，为教导总队的工兵排所阻挡，展开了白刃战。

战斗愈演愈烈，光华门又复被日军突破两次，冲入城内的百余人，全部被守军歼灭。卫戍司令部令第一五六师前往通济门、光华门增援城墙防守。由于火力扫射不到已潜入城门洞圈里的日军，第一五六师挑选数十名敢死队员，由城墙上坠下去，将洞圈里的日军用手榴弹、汽油全部焚毙，并猛袭通光营房，将那里的日军全部驱逐，数十位壮士也英勇牺牲，用他们的鲜血和生命，使光华门和通济门方面转危为安。这一次的激战，连敌人也不得不叹服。但是，就在同一天，雨花台的第八十八师右翼，由于日军冲击的猛烈，失去阵地前要点数处。教导总队紫金山第三峰阵地因较为突出，守军在日军陆空强大火力攻击下伤亡甚众，不得不撤守第二峰阵地。

日军鉴于进攻光华门、通济门的失败，11 日又以精锐部队猛攻中华门。中华门外的守军第八十八师，因日军飞机三五成群来回轰炸，被迫

---

① 南京日本商工会议编：《南京攻略史》。

② 《第七十八军南京战役战斗详报》，转引自中国革命博物馆编：《国民党将领传略》，第362—363 页。

退入城内。日军紧接着跟踪冲来,使守军陷于混乱状态,来不及关闭城门、撤走云梯，竟放入约300名敌军。副司令长官罗卓英亲至第一线指挥,在中华门一带与敌人展开激烈的巷战,将攻入的敌人全部击毙,才得到喘息之机。同日,东线敌人猛攻紫金山;另以一支部队迂回偷袭大胜关至江心洲地区,向第七十四军右侧背射击,企图围攻守军后方,使通浦口之江面受到威胁。下午2时,第八十八师雨花台左翼阵地被敌人全部炸毁,敌军乘机突破守军阵地;同时,第二军团因银孔山失守,与城内联络中断。

12日从拂晓起,敌人的飞机、大炮密集地向各城门轰炸,坚固的城墙被炸得石块乱飞、四壁倒塌、城墙洞开。至正午12点,第八十八师雨花台的主要阵地全部被敌军占领;紫金山的第二峰也失陷;第二军团被压迫到乌龙山至吉祥庵的背水阵地。

当日,第八十八师师长孙元良率余部2000多人向下关方面溃退,企图渡江,被第三十六师阻止。日军又以重炮猛轰中华门,并从倒塌的城墙处蜂拥而入,第八十八师抵挡不住,再次败退,南京城防被打开了一个缺口。日军一部从中华门突入后,中日双方军队展开了激烈的巷战。接着,光华门、中山门亦被敌军突入。此时日军国琦支队亦开向浦口,切断南京退向长江北岸的去路。

下午5时,唐生智接到蒋介石电令:"如情势不能久持时,可相机撤退"[1]。随即召集师以上将领开会,传达了蒋介石的指令,宣布放弃南京,实行突围。

随后,唐生智率长官部少数人员在第三十六师掩护下渡江而去。他所下达的突围命令,只有第六十六、第八十三军两部遵照执行,当夜分别由紫金山北麓和栖霞山附近突围成功。其他各部都不顾命令,涌向江边。挹江门内部队拥挤,争先恐后抢出城门,秩序混乱不堪。而丢弃的车辆、驮马使道路更为狭窄。负责把守挹江门的第三十六师一个团因阻止败兵通过,与之发生冲突,枪声四起。

随着败兵潮水般拥来,下关也陷于极度的混乱之中。下关至浦口之

---

[1]　转引自张宪文主编:《抗日战争的正面战场》,河南人民出版社1987年版,第80页。

间两艘较大的一次可载七八百人的轮渡已撤往汉口，仅剩数艘小火轮及200多条帆船。船少人多，秩序全无，人人争渡，任意鸣枪，以致船行至中流有的被未渡部队以枪击毁沉没，有的因装载过重而沉没，惨不忍睹。

12月13日，南京陷落。南京一战，日军乘胜猛进，以8个师的兵力分进合击，使南京守军处于三面被围、背水一战的困难境地。中国军队以疲惫之师仓促应战，一些部队虽作了英勇的抵抗，但军事当局在战前、战中以及最后突围时组织指挥上又出现不少错误，以致十几万守军除少数突围成功外，多数部队困于城内而渡不了江，城破之后惨遭日军杀戮。

（二）日军在南京的大屠杀

南京沦陷后，端着带血的刺刀的日本兵，开始了震惊世界的大屠杀。

当时城内剩下的居民和外地逃来的难民大部分已避入"安全区"。这个"安全区"，是11月下旬由留在南京的少数外侨组织成的"南京安全区国际委员会"划定的。该委员会向中日双方要求承认难民区的中立地位。中国方面对之完全承认，卫戍司令唐生智下令将区内军事机构全部迁出。日军当局也保证，难民区内倘无中国军队或军事机关，则日军不致故意加以攻击。"安全区"内难民最多时达29万人，另有几千名中国军人到国际委员会缴枪，要求保护。委员会接受了他们的要求，允许进入"安全区"。

"安全区"人满为患，一部分进不去的难民和伤病士兵便涌向江边，希望渡江。但是挹江门、和平门都被守城部队堵塞，通往下关码头的中山北路和通往燕子矶的中央路上挤满了人群，城破之后他们首先成为大屠杀的牺牲品。13日上午，日军谷寿夫第六师由光华门、雨花门入城，立即将马路上的难民当作目标，以各种火器射击，顿时街巷内、马路旁血肉横飞、尸体成堆。14日，日军大部队涌入城内，继续搜捕中国军民，并开始了空前残酷的大屠杀。15日，中国军民及俘虏9000余人被押往鱼雷营屠杀。雨花台、水西门外、上元门、和记公司等处，都是日军集中杀人的屠场。躲入"安全区"的老百姓也毫无安全可言。日军完全不讲信义，对集中在这里避难的大批难民肆意屠杀。16日，从"安全区"搜捕的数万青年被绑赴下关煤炭港枪杀，尸体被投入江中，鲜血把江水染得殷红。被国际委员会接受进入难民区的中国军人也遭日军杀戮，就连安全区副总干事费区都愤怒之极、后悔不已。他在当时的日记中写道：来不及逃出的士兵都避到难民区来要求保护。我们忙着解除他们的武装，表示他们缴枪后就可保全生命。可是抱歉得很，我们失信了。不久，他们有的被日军枪杀了，有的被戮死了。他们与其束手待毙，不如拼命到底啊！战后《远东国际法庭判决书》确认："那些中国士兵在城外放下武器投降了，在他们投降后七十二小时内，在长江江岸被机枪扫射而集体地屠杀了。这样被屠杀的俘虏，达三万以上。"[1]

12月17日，日军为庆贺占领中国首都南京，举行入城式。日本华中方面军司令官松井石根骑着高头大马，耀武扬威地踏着成千上万中国人的尸体和血迹入城，并大加奖励入城后纵兵杀人放火、奸淫抢掠罪恶至极的第六师师长谷寿夫，这更助长了日军屠杀罪行的升级。18日，日军将城郊难民及俘虏5.7万余人驱至下关草鞋峡，用机枪猛扫，然后在堆积如山的尸体上浇洒煤油纵火焚烧。

日军如此疯狂地对平民和放下武器的俘虏进行血腥屠杀，又害怕自己的丑行暴露引起世界公愤，于是在集体屠杀后又毁尸灭迹，企图掩盖杀人真相。但是，杀人的鲜血是永远也洗刷不掉的。

在长江岸边参加毁尸灭迹的日军少校太田寿男在成了中国人民的阶下囚时供认："我在12月15日晚到达南京下关第2碇泊场司令部之后，司令部的司令官命令我说：'安达少佐正在处理尸体，现在命令你和安达少佐共同完成这项任务。'当我奉到命令之后，就在南京下关码头上，分东西两个区域执行任务。……从12月16日开始，至18日两天的时间，经我处理的尸体有19000多具，安达处理16000多，加上头两天安达自己处理的65000多具，碇泊场司令部共处理了10万以上尸体。其中除有3万多具是掩埋、烧毁的以外，其余的都投到扬子江里去了。我想其他部队自己处理至少也有5万人，共计有15万人。被杀害的人们绝大多

---

[1]　张效林译：《远东国际军事法庭判决书》，五十年代出版社1953年版，第457页。

数是市民,有男女老少。还有一部分抗日军,估计约3万。当我刚到下关的时候,还看见日本军队仍用机关枪向他们扫射,我记得被扫射过的许多人之中,还有很多带活气没死过去、而仍在呼吸着的人。""经我们处理的将近2万个尸体里边,就有350多个是被扫射后仍在呼吸未死的。处理这些活人的时候,我命令部队先用装货的钩子将他们打死,使其绝命后再用钩子搭到船上,投到扬子江里去。"这些罄竹难书的罪行,再没有比杀人者的自白更令人触目惊心了!

《远东国际军事法庭判决书》中写道:"据后来估计,在日军占领后最初6个星期内,南京及其附近被屠杀的平民和俘虏,总数达20万以上。这种估计并不夸张,这由掩埋队及其他团体所埋尸体达19.5万人的事实就可以证明了。"

从1937年12月到1938年10月的10个月中间,经世界红十字会南京分会,中国红十字会南京分会、崇善堂、同善堂等各慈善团体及群众自发组织收敛掩埋的尸体总计是15.5万多具。连同日军处理的尸体,南京大屠杀遇难同胞总数在30万人以上①。

经过日军浩劫的南京城,完全变成了一个巨大的坟墓。星罗棋布的大小不一的湖泊池塘里,几乎没有一个不见尸骸的。有的全部被尸体堆满,有的则沉尸浮出,遍布水面。堆积或浮泛在湖泊池塘里的骨肉同胞,有的咬牙切齿,有的死不瞑目,有的血肉模糊,有的断腿剖腹。被砍头、剖腹、挖心、火烧、割掉生殖器、肢解、刺穿阴部或肛门的,各种惨绝人寰的死法应有尽有,让人难以想象这竟是同为人类的所谓"人"能干得出来的。

---

① 中国政府检察官陈光虞根据14个团体的调查,于1946年5月向远东国际军事法庭提出:南京确定的被屠杀者294911人,未确定的被屠杀20万人。同年9月,他根据继续收到的确实资料,增列被屠杀者96260人。确定被屠杀者391171人。梅汝璈在《远东国际军事法庭审理南京大屠杀事件之经过》一文中说:被屠杀的必定是在30万至40万之间,即35万左右。远东国际军事法庭最后判决:日军在南京及其附近"屠杀的平民和俘虏,总数达20万以上"。据南京大学和中国第二历史档案馆1984年的重新调查,认为南京被屠杀的有34万人,其中集体屠杀19万人,零星屠杀15万人。

日军在南京除了疯狂屠杀中国同胞之外，还有一项令人发指的暴行，就是对成千上万的中国妇女的奸淫。战后的远东国际法庭认定，在日军占领后的第一个月中，在南京市内发生了3万起左右的强奸事件；全城内无论是幼年的少女或老年的妇人，多数都被奸污了。所以有人称日军在南京的罪行是"南京大屠杀事件"，有人则称之为"南京强奸事件"。事实上，对于毫无人性的日军来说，强奸和杀人是分不开的。这群野兽在疯狂地泄欲之后，通常都是把被强奸的妇女甚至连同她们的家属子女一齐杀掉。奸后必杀几乎成了日军的一条规律。幼女丁小姑娘，被日军13个人轮奸后被割去小腹致死。市民姚加隆的妻子被日军奸杀以后，8岁的幼儿和3岁的幼女被日军用枪尖挑着肛门投入火中，活活烧死。年近古稀的老妇谢善真被日军奸后用刺刀戮死，阴户被插入竹竿。民妇陶汤氏在遭轮奸后，又被剖腹断脚，逐块投入火中焚烧。有一位妇女一天之内竟被日军强奸37次！被日军奸后的妇女，不是被割去乳房，就是开膛破肚，割鼻剜眼，这类令人发指的奸杀暴行，每天不知要发生多少起。

伴随着屠杀和奸淫的是大规模的抢劫和有计划地破坏。日军驾驶着汽车，冲入各大公司、商店，将各种货物抢劫一空，然后付之一炬，将房屋烧毁。他们三五成群，挨门逐户搜索居民住宅，无论金银、衣物、食品、家具、车辆，见什么抢什么，甚至剥去80多岁老妇身上的衣服。抢劫之后，日军四处纵火，城内黑烟弥漫，中华门、夫子庙、太平路、中正路（今中山南路）、国府路（今长江路）、珠江路等主要街道两旁的高大建筑物均被烧毁，到处是残垣断壁，遍地是废墟瓦砾。南京这座江南美丽的城市，失去往日的繁华，完全变成了一座尸横遍野、满目凄凉的人间地狱。

据抗战胜利后的不完全统计，日军在南京城抢劫器具30.9万余件，衣服540万件，金银首饰1.42万两，书籍14.86万册，古字画2.84万件，古玩7300件，牲畜6200头，粮食1200万石。这里还不包括工厂设备、原料、车辆、铁器、破坏的房屋和商店等。

南京大屠杀是人类文明史上最残酷最野蛮最疯狂的一次灭绝人性的暴行，是日本军国主义对中国人民欠下的一笔永远无法偿还的血债。

八、台儿庄大捷与徐州会战

日军 1937 年 12 月 13 日占领南京后，侵略气焰更加嚣张，于 12 月 24 日和 27 日占领了杭州和济南。在此期间，日军华北方面军多次向统帅部提出"为使华北、华中连接起来，进行徐州作战以及对武汉之敌施加威压"的建议。为了迅速实现灭亡中国的侵略计划，连贯南北战场，日军决心以南京、济南为基地，从南北两端沿津浦铁路夹击徐州。

徐州是津浦、陇海两大铁路干线的交叉点，又紧靠沟通南北的大运河，从水陆两方面都是江苏、山东、河南、安徽四省的要冲，所以自古都是兵家必争之要地。从当时的军事形势来看，如果中国军队能控制住徐州，不仅可将日军隔绝于津浦路的南北两端，北可威胁济南，南可进逼南京；而且可保住横贯东西的军事大动脉——陇海路，确保郑州和平汉铁路南段的侧背。相反，一旦日军夺取了徐州，便可沿陇海路西进，利用中州的平坦地势，发挥其机械化部队的威力，直扑平汉路，歼灭郑州、武汉之间中国军队的主力，一举占领武汉。既然徐州有如此重要的战略地位，蒋介石于南京失守后亲临津浦前线归德（今商丘）督战和召开军事会议，下令拘捕了防守山东一溃千里的著名逃将韩复榘，会后在武昌不经审判对其执行枪决。随后，蒋介石在武汉部署徐州会战，集结重兵于津浦铁路南北两端，以迟滞日军溯江西进武汉。同时任命第五战区司令长官兼安徽省主席李宗仁驻守徐州，具体指挥这次会战。

（一）津浦路南段的阻击战和临沂、滕县保卫战

日军华中方面军攻占南京后，随即以部分兵力渡江北犯。其第十三师在翼侧日军的配合下，沿津浦路北上，侵占滁县、来安、六合、全椒地区后，于 1938 年 1 月中旬继续北进，向定远、池河、明光（今嘉山）一线发起进攻。此时，中国守军第十一集团军第三十一军和第五十一军，在空军支援下阻击敌人，在淮河两岸与日军展开激战。日军占领明光、池

河后，于 2 月初占领临淮关、凤阳、蚌埠，并在 2 月 9 日强渡淮河。这时，第五战区急调第二十七集团军第五十九军、第二十一集团军第七军增援。2 月 10 日，中国军队于学忠之第五十一军所属第一一四师，在王庄阵地同日军展开激烈争夺，几经血战阵地失守，中国军队伤亡 2000 余人。2 月 13 日，张自忠率第五十九军抵达淮河流域，在瓦罐集、姚集、固镇、蒙城一线，接替第五十一军战斗。

与此同时，第二十一集团军到达合肥、舒城、八斗岭、下塘集之线。中国军队以第五十一军、第五十九军在淮河北岸节节抵抗；以第四十八军固守炉桥、洛河一线；第三十一军和第七军对日军侧背进行袭击。2 月 11 日，第三十一军围攻上窑，守军冲入圩内与敌肉搏，敌 3000 余人向考城逃窜，日军被歼 100 余人。

2 月 16 日，第七军由张桥镇、老人仓一线向池河、定远日军展开侧击，并一度攻入桑家涧，日军不得不抽调淮河地区主力 6000 余人增援该地区。

当日军回援淮南之时，张自忠之第五十九军乘机向火神庙、新桥日军反攻，敌退向曹老集。第五十九军分向苏集、湖口子、曹老集、王庄之线推进，将日军驱逐至淝河南岸，并朝淮河北岸推进。日军因腹背受敌，无力再向北进攻，乃全部退回淮河南岸。第五十九军乘机反击，夺回淮河北岸阵地。津浦路南段形成隔河对峙之势。

（二）临沂和滕县保卫战

坂垣和矶谷两师同为日军中最精锐的部队。1938 年 1 月初，这两个师以台儿庄为会师目标，并策应津浦路南段敌军的攻势，企图合攻徐州。

1 月 12 日，日军坂垣第五师从潍县向南进迫临沂，企图与津浦路上的矶谷师取得呼应，齐头猛进，一举围歼徐州之中国守军。

2 月上旬，临沂告急。该地为鲁南军事上必争的重镇，得失关系全局。但值此紧急关头，并无总预备部队可资调遣，李宗仁只好就近抽调原守海州的庞炳勋军团，前往临沂，堵截敌人前进。

庞炳勋军团原属国民政府蓄意遣散的"杂牌部队"，号称 1 个军团，其实只有 5 个步兵团，实力尚不够 1 个军。其指挥官庞炳勋年逾花甲、久历戎行,但一贯以避重就轻、保存实力著称。上海会战失利后,国民政府军精锐部队元气大伤,组织徐州会战不得不调集杂牌部队补充实力,庞炳勋部遂编入李宗仁指挥的第五战区。为鼓励国民党非嫡系部队英勇作战,李宗仁曾亲自召见庞炳勋,坦诚相谈,庞深受感动,表示一定同敌人拼到底。

2月下旬,敌我两军在临沂县城发生攻防激烈的战斗,庞炳勋部果不食言,英勇抗击来犯之敌。敌军以1个师的优势兵力,并附属山炮一团、骑兵一旅,向庞部猛扑。庞炳勋率兵据城死守,敌军经数日夜的反复冲杀,伤亡枕藉,竟不能越雷池一步。

当时随军在徐州一带观战的中外记者与将领不下数十人,大家都想不到最优秀的一支"皇军",竟受挫于不见经传的支那"杂牌部队"。一时中外哄传,彩声四起。坂垣征四郎因有失颜面,督战甚急。临沂守军渐感不支,连电告急。

李宗仁遂急调张自忠统率之第五十九军,驰援临沂。张与庞原同属冯玉祥的西北军。1930年中原大战时,庞炳勋率部投靠蒋介石,曾数次攻击张自忠部,因此二人宿怨甚深。但值此民族危亡关头,张自忠完全抛弃个人宿怨,立即率部以急行军出发,于3月10日黄昏后赶到临沂郊外,救援庞炳勋部。翌日凌晨,当敌军攻城正急之时,第五十九军先与守城部队取得联系,约定时间向敌人展开全面反攻。庞炳勋见张自忠深明大义,以德报怨,十分感动。守军见援军已到,士气大振,开始出击。张、庞两军内外夹攻,如疾风暴雨,敌军见势不妙,仓皇撤退。经一昼夜穷追猛打,敌军无法立足,一退90余里,缩入莒县城内,据城死守。这一战,张、庞两部伤亡3000余人,毙伤敌军亦约3000人,沿途处处可见敌人遗尸。

3月20日,第五十九军调往费县方面作战,日军第五师增援到达后,于23日再攻临沂。庞部损失甚重,形势危急,第五十九军再次受命驰援。24日,第五十九军在临沂西北向日军发起进攻,并分出一部增援庞部。激战至29日,日军损失惨重,第五十九军全线出击,日军被迫撤退,又取得第二次保卫临沂的胜利。这两次胜利,造成台儿庄大战前一出辉煌的序幕战。将坂垣、矶谷两师团在台儿庄的会师计划彻底粉碎,致使矶谷师团孤军深入台儿庄，形成围歼的契机。

这时，沿津浦线南下的矶谷第十四师，因受益于韩复榘的不抵抗，迅速向南推进。2月7日，李宗仁令第三集团军反攻济宁、汶上。第二十二师曾攻入济宁城内，与敌巷战；随后反攻新泰、蒙阴，开收复蒙阴。该集团军虽伤亡3000多人，也歼敌1000多人，吸引了日军矶谷师一个旅的主力，有力支持了津浦路正面的作战。

3月12日，日军矶谷师开到邹县。第五战区为阻敌南进，急调刚刚从第二战区调至第五战区的第二十二集团军之第四十一军，固守滕县。第一二二师师长王铭章率师部及三六四旅旅部移驻滕县，任第四十一军前方总指挥。

王铭章所在之川军，装备落后、素质低下，历来为国民政府中央军瞧不起。此次请缨出川参加抗战，竟不为第一、第二战区接收，方调入第五战区，川军将士无不心中窝火。接受守滕县的任务后，王铭章激励将士们说：“以川军薄弱的兵力和窳劣的武器，担当津浦线上保卫徐州第一线的任务，力量不够是不言而喻的。我们身为军人，牺牲原为天职，现在只有牺牲一切以完成任务。虽不剩一兵一卒，亦无怨尤，不如此则无以对国家，更不足以赎川军20年内战之罪愆！”①

14日拂晓，日军3万多人在飞机和战车的掩护下，从邹县、两下店分4路向界河猛攻。王部奋勇迎击，与敌激战竟日。15日日军突破界河阵地向滕县迫近。当时滕县周围只有1个营及3个连的兵力，人数不到3000，只是日军的1/10。

16日黎明，日军在飞机、战车及重炮配合下，向滕县猛攻。王铭章决心与滕县共存亡，冒着枪林弹雨，亲临东关督战。所部前仆后继，一次次打退敌人的进攻，东关失而复得。

17日晨，日军从东、南、北三面包围滕县，几十门大炮向城内猛轰，20多架飞机低空扫射，全城硝烟弥漫，火光冲天。日军在10多辆坦克的掩护下，向东寨墙缺口冲锋。王部组成了血肉长城，顽强阻敌。战至下

---

① 中国革命博物馆编：《国民党将领传略》，第37—38页。

午2时，南关、东关相继失守，守军死伤无数。王铭章决心与城共存亡，站在城中十字街口督战，指挥士兵沿街逐巷与日军激战。鏖战至5时，日军攻入西城，从南、西南两面向十字街口射击。王铭章率部从西北角登上城墙，继续拖住敌人。由于敌人火力猛，王铭章身中数弹，壮烈殉国，时年45岁。同时殉国的还有参谋长赵渭滨。滕县城内守军与入城日军浴血巷战，除极少数突围外，其余均为国流尽最后一滴血。

川军以寡敌众，不惜重大牺牲，阻敌南下，达成作战任务，写出川军史上最光荣的一页。对此，第五战区司令长官李宗仁给予高度评价："若无滕县之死守，焉有台儿庄之大捷；是台儿庄之战果，实滕县先烈造成之也。"[1]

（三）台儿庄大捷

台儿庄距徐州只有30公里，是徐州北面的重要门户。台儿庄与微山湖之间有津浦路通过，敌军要从北面攻打徐州，必须首先占领台儿庄。

3月23日，日军矶谷师濑谷支队主力沿台枣支线向台儿庄阵地突进。第五战区为确保台儿庄阵地，命孙连仲第二集团军的3个师扼守台儿庄正面阵地；命汤恩伯的第二十军团以一部担任台儿庄至韩庄河间运河南岸防务，以两个军向峄县（今峄城）、枣庄日军侧背攻击，准备配合孙连仲部围歼敌人。这样，参加防守台儿庄的中国守军共有27个步兵师、3个步兵旅，还有特种部队等，总兵力20万人之多。日军进攻台儿庄的部队为矶谷师和坂垣师，共4万人。3月24日，蒋介石到徐州督战。同时派副参谋总长白崇禧、军令部次长林蔚、厅长刘斐等组织临时参谋团，于徐州协助李宗仁指挥作战。

白崇禧离武汉赴徐州前，特邀周恩来和叶剑英商讨对敌作战方针。周恩来说：在津浦路南段，已令新四军第四支队协同李品仙、廖磊两集团军，采取以运动战为主、游击战为辅的联合行动，运动于辽阔的淮河流域，使津浦线南段的日军时刻受到威胁，不敢贸然北上支援南下日军。

---

[1] 中国革命博物馆编：《国民党将领传略》，第39页。

在徐州以北应采取阵地战与运动战相结合的方针，守点打援，以达到各个击破的目的，白崇禧对此深加赞赏①。此后，周恩来又派张爱萍以八路军代表的名义，到徐州会见李宗仁，劝李在济南以南、徐州以北抵抗日军，同日军打一仗。张去后分析了当时的形势，认为可以在徐州以北集中力量打一个大仗，给日军一次沉重的打击。李认为这个意见很好，并要张转告周恩来②。

3月24日，日军濑谷支队一部在猛烈火力支援下，向台儿庄猛攻，守军第二集团军池峰城之第三十一师与敌展开激战。日军一部突入东北角，守军与敌军进行巷战、肉搏战，哪怕是一条小巷、一间房屋也决不轻易放弃。有的阵地往往是白天为日军占领，守军在夜间持刀夺回。白天日军再占领，夜间守军再夺回。日军不断增加兵力，配以坦克、重炮实施攻击。27日濑谷支队主力一部突入北门，第三十一师与敌在庄内展开拉锯战，双方伤亡甚重。第五战区遂命令第二十军团放弃攻击峄县、枣庄计划，以主力向南转进，协同第二集团军歼灭台儿庄之日军。28日，日军突入台儿庄西北角，情况危急。池峰城组织敢死队与日军格斗。被挑选上的57名壮士，人人端着长枪，手提大刀，披挂手榴弹，一派"风萧萧兮易水寒，壮士一去兮不复还"的架势。入夜，台儿庄的西北角杀声震天，经几番厮杀，日军大量被歼，而生还的守军壮士，仅剩副团长时尚彬和10名战士。

29日，日军矶谷师长命令濑谷支队迅速击败台儿庄附近守军。同日，蒋介石也下达死守台儿庄的命令："如果失守，不特全体官兵应加重惩，即李长官、白副参谋总长、林次长亦有处分"。李宗仁遂令第二集团军死守台儿庄阵地，并严令第二十军团南下，协助第二集团军解决台儿庄之敌。至31日，中国守军将进入台儿庄地区之濑谷支队完全包围。就在濑谷支队一筹莫展之际，攻击临沂的第五师坂本支队于29日停止攻击，转向台儿庄驰援，该支队31日到达向城、爱曲地区，侧击第二十军团。第二十军团遂即命第五十二军和刚到的第五十七军一道围攻坂本支队，经

---

① 见程思远：《政坛回忆》，第116页。

② 见中共中央文献研究室编：《周恩来传》（1898—1949），人民出版社、中央文献出版社1989年版，第411页。

数日激战，予日军以重创，使坂本支队救援濑谷支队的计划落空。

4月1日夜，守军第二十七师800余人攀登寨墙突入台儿庄东北角，袭击日军，敌仓皇失措，被击毙甚众，中国军队占领东北隅及其以北几座碉楼。2日夜，池峰城师250人组成奋勇队突入西北角进行夜袭，日军仓促应战，死伤甚多，中国军队夺回西北角。

4月3日，中国守军各兵团按作战命令向台儿庄之日军发起总攻。日军拼力争夺，调集重炮、坦克猛冲，志在将台儿庄全部占领。守军逐次反击，展开街垒战，夺回日军占据的街市。双方苦战愈酣，第二集团军伤亡7/10。但李宗仁不仅命令池师死守待援，而且要求他们当夜组织夜袭，打破敌军次日拂晓攻击的计划，孙连仲也亲到庄内督战。于是，池峰城部以必死决心，逐屋抵抗，任凭敌人如何冲杀，也死守不退。战至黄昏，敌人停止了进攻。午夜，守军先锋敢死队数百人，分组向敌进袭，冲入敌阵，人自为战，奋勇异常。敌军血战至此，精疲力竭，完全想不到守军在这里还能乘夜出击，仓皇应战，乱作一团，守军乘势夺回敌所占领的3/4台儿庄街市。

6日，中国守军全线攻击。第三十师攻下南洛，第二十七师向台儿庄以东日军反攻，日军伤亡惨重，向西北退去。第三十一师也向庄内日军大举反攻，濑谷支队力战不支，于是乘夜脱离战场，向峄县溃逃。台儿庄之战至此完成中国军队全胜之局。

台儿庄战役前后近一个月，日军恃其兵器优越，炮火猛烈，不断向台儿庄进攻。中国守军以伤亡近两万人的代价，击溃了日军精锐部队对台儿庄的进攻，歼敌1万余人，击毁战车10余辆，野重炮10余门，取得了抗战以来中国军事上的重大胜利，一扫京、沪沦陷后笼罩全国的悲观空气，极大地鼓舞了抗日军民的士气。

（四）徐州会战和中国军队的撤退

日军在进攻台儿庄受挫后，原攻临沂败退费县附近的坂垣师，获知其友军矶谷师残部被困于峄县、枣庄、临城一带，舍弃临沂战场而将主力向西移动，与矶谷残部合流，死守待援。同时日方统帅部清醒地认识到徐州附近集结着中国的精锐部队，决定从四面八方调13个师、30余万重兵分六路向徐州进行大包围，企图歼灭中国守军主力。

日军这次所抽调的，均为其中国派遣军中最精锐的部队。他们从华北方面增派两个师攻韩庄和峄县，从西北方面包围台儿庄；又从华北派出第一军、第十四集团军南渡黄河，在开封东面的兰封（今兰考）切断陇海路，从西面威胁徐州；同时命令华中派遣军，用两个半师在蚌埠、怀远之间渡过淮河北进。到1938年4月中旬，日寇从晋西、华北、苏、皖各线调来的军队，均向津浦路南北两端集中，形成会攻徐州之势。

台儿庄大捷后，蒋介石也为台儿庄的局部胜利所陶醉，力图坚守徐州，因而调来了大量精锐部队，将徐州附近地区部队增至64个师又3个旅，共60余万人；同时，又将大批中央军主力置于豫东的归德、兰封一线，作为徐州的后援力量，摆出与日军决一雌雄的架势。当时李宗仁认为，以我军的装备，只可相机利用地形等有利条件，与敌人作运动战，若不自量力与敌人作大规模的阵地消耗战，必蹈京、沪战场的覆辙。他的意见被否决后，不得不布置徐州会战。

4月上、中旬，日军增强了第五师、第十师的第一线兵力。4月16日和18日，第五师、第十师分别从临沂地区和枣庄峄县地区向第五战区鲁南兵团发起攻击。4月下旬，先后占领临沂、兰陵镇、四户镇、马头镇、郯城、肖汪等地，进入郯城西南至台儿庄以东地区。中国守军以重兵进行顽强抵抗和有力反击，连续激战至5月上旬，战斗呈胶着状态。此时，日军令第五师、第十师"扣住当面之敌"，牵制鲁南兵团；以第十六师从济宁南下，向砀山、唐寨地区疾进，从西面进击徐州；接着又以第一一四师向台儿庄方向推进，接替第十师之战线；以第十师于临城集中，西渡微山湖，从北面攻击徐州。华北方面军还以第十四师在濮县地区南渡黄河，经菏泽向兰封进攻，以截断中国守军陇海铁路线之交通。

与此同时，津浦铁路南段之日军亦做好会攻徐州的部署。4月下旬，以第一〇一师之佐藤支队由江苏东台向盐城、阜宁方向进攻，5月7日占阜宁；以第六师之坂井支队由安徽芜湖向巢县、合肥进攻，5月中旬占合肥，从两侧配合主力作战。其主力第九、第十三师在蚌埠附近地区集结后，于

5月5日开始并列北上，经蒙城、永城向徐州西南地区进攻，16日进入萧县附近地区，逼近徐州。在南京附近参战的第三师也随之沿津浦铁路急速北进，5月15日陷大营集之后，开始在第九师右侧支队配合下向宿县进攻。

中国第五战区守军在徐州附近地区逐次进行了激烈的抵抗，但难于抵挡日军的凌厉攻势，徐州已处于日军四面合围的险恶形势之下，中国守军处境十分危险。为了保存有生力量，5月15日国民政府军事委员会经武汉最高军事会议决定放弃徐州。16日，第五战区下达撤退命令，以刘汝明的第六十八军于徐州掩护撤退，以第二十四集团军留苏北，第六十九军及海军陆战队在鲁南、鲁中进行游击作战，其主力分五路向徐州西南方向突围。各路大军突破日军的封锁线，撤向豫、皖之间山区。第六十八军在掩护各部撤退完毕之后，于5月19日放弃徐州。

在中国守军突围之时，日军乘机占领了徐州及其附近地区。尔后，华北方面军之第十六、第十师以及混成第三、第十三旅等部向西追击，5月24日陷砀山，29日陷商丘。6月2日，华北方面军下达了向兰封以西追击的命令，6月3日至7日先后进占杞县、太康、开封、中牟，10日轰炸郑州南面的平汉铁路，12日炸毁了新郑南面的平汉线铁路桥。

为了阻止日军前进，经蒋介石批准，国民党军队于6月9日炸开郑州东北的花园大堤，黄河之水经中牟向东南方向奔流，夺贾鲁河而下。12日之后，日军第十四师、第十六师遭受洪水泛滥之威胁，乃向东撤退。花园口决堤虽暂时阻挡了日军的继续西进，但是造成黄河改道，使豫、皖、苏三省40多个县市的广大地区沦为泽国，近90万人葬身洪流，成千上万的老百姓流离失所，并形成了连年灾荒的黄泛区。

徐州会战是继淞沪、忻口会战之后中国抗日战场又一次大的会战。双方均投入数十万兵力，历时5个月。虽然最后以中国军队撤退徐州而告终，但为掩护全国的战略转移，部署尔后的武汉保卫战赢得了四五个月的宝贵时间，打破了日军速战速决的战略计划。台儿庄大捷极大地振奋了全国军民的抗战精神，但最高军事当局因此一战役的胜利，放弃运动战和游击战术，调集大军企图与日军在徐州附近决战，使会战后期陷于被动。幸而及时改变战斗方针，实行有秩序撤退，中国军队才未受大的损失。

台儿庄的胜利，首先应归功于军事指挥得当，及守军官兵的忠勇报国精神；其次，中共在战略战术方面的配合和协助，以及广大人民的积极支援，也是不可忽略的原因。

徐州会战爆发后，中共领导的八路军、新四军从战略和战役上积极配合友军作战。八路军深入敌后，广泛发动群众，开展游击战争，建立抗日根据地，对敌人的后方构成了巨大威胁，迫使日军不得不以大量兵力维护其后方及交通要道，在战略上予友军以有力支援。

此外，八路军还进行了战役的配合。徐州会战打响后，朱德和彭德怀先后电令刘伯承、徐向前、邓小平、聂荣臻等，派出得力支队"向津浦线袭扰"，积极"配合津浦北段作战"①。第一二九师副师长徐向前率该师所属一个旅东出津浦线，配合鲁南主要战线作战。这支部队以后在南宫一带与冀南特委相配合，建立起以南宫为中心的抗日根据地。台儿庄战役开始后，中共领导下的鲁南抗日武装多次破坏临城、枣庄间的铁路、公路，冀鲁边区部队破坏津浦线北段，并攻克庆云、乐陵等县城，这些战斗都直接支援了台儿庄苦战的友军。

台儿庄战役的胜利，与山东人民的大力支援也是分不开的。如滕县失守后，老百姓把许多来不及撤离的伤员隐藏起来，精心照料。临沂作战中，第五十九军官兵伤亡近万人，而前线只有三十几位军医，连消毒药水、药棉都很缺乏，当地群众既送饭、运弹药，又送盐水、酒等急需，表达了他们对抗日壮士的关怀崇敬之情。

正是由于上述多种原因，中国守军才得以在台儿庄取得光辉胜利，在徐州成功撤退。

九、八路军、新四军开辟敌后战场

日本发动全面侵华战争的初期，国民党军队担负了正面战场抵御日军大规模入侵的任务，组织了淞沪、太原、徐州等几次大的会战。在这

---

① 中共中央文献研究室编：《朱德年谱》（1886—1976），第184、188页。

几次大的会战中，中国共产党领导的八路军无论在战略上还是在战役上，都进行了积极的配合。国民党军队虽然在上海、忻口、台儿庄等地进行了顽强的抵抗，取得了一些胜利，但从正面战场的全局看，处在严重的失利中。

上海太原失守后，毛泽东于 11 月 12 日在延安中国共产党的活动分子会议上的报告中指出："在华北，以国民党为主体的正规战争已经结束，以共产党为主体的游击战争进入主要地位。在江浙，国民党的战线已被击破，日寇正向南京和长江流域进攻。国民党的片面抗战已表现不能持久。"[①] "从片面抗战转变到全面抗战的前途是存在的。争取这个前途，是一切中国共产党员、一切中国国民党的进步分子和一切中国人民的共同的迫切的任务。"[②] 毛泽东指示八路军在统一战线基本原则下，进一步发挥独立自主精神，放手发动群众，扩大抗日力量，力争使敌占区的大多数乡村成为游击根据地，广泛地发展敌后游击战争，把日军的后方变成他们的前线。

遵照中共中央和毛泽东的指示精神，八路军和新四军先后挺进敌后，广泛开展独立自主的游击战争，创建敌后抗日根据地，在华北、华中等地迅速开辟了敌后战场。

（一）八路军在华北创建抗日根据地

在华北，八路军的战略展开大体上经历了三个阶段：太原失守以前，八路军主要是直接在战役上配合友军作战，以少部兵力进行发动群众和组织群众武装的工作；太原失守以后至 1938 年 4 月，八路军各部在晋察冀、晋东南、晋西北和晋西南开展独立自主的山地游击战争，并开始建立根据地；1938 年 4 月至武汉失守，八路军实行大幅度分兵，向河北、豫北平原、山东、冀热边和绥远等华北广大敌后区域发展游击战争，建立根据地。

---

① 《毛泽东选集》第 2 卷，第 388 页。
② 《毛泽东选集》第 2 卷，第 390 页。

1. 晋察冀抗日根据地的建立

1937 年 10 月，八路军第一一五师主力由五台山南下。与此同时，政委聂荣臻率领一部分部队和军政干部，共约 3000 人，留驻五台山地区。他们组织工作团，分赴晋东北、察南、冀西各地，广泛发动群众，武装群众，开展游击战争，收复了许多县城。人民群众踊跃参战，武装部队迅速扩大。11 月 7 日，根据中共中央决定，以阜平、五台山为中心的晋察冀军区成立，聂荣臻为军区司令员兼政委，下辖 4 个军分区。晋察冀军区成立后仅半个月，就受到日军从平绥、同蒲、平汉、正太铁路 2 万余人分 8 路的围攻。晋察冀军民在近 1 个月的作战中，采取广泛的游击战和集中主力歼敌一部的作战方针，经过多次伏击、袭击作战，前后共毙伤日伪军 2000 余人，打击和消耗了敌人的有生力量，迫使日军主力回到铁路沿线。

1938 年 1 月 10 日，在冀西阜平召开晋察冀边区军政民代表大会。会议经过民主选举，成立了晋察冀边区行政委员会，宋劭文为主任委员，胡仁奎为副主任委员。这是敌后由共产党领导建立的第一个统一战线性质的抗日民主政权。出席这次会议的代表极其广泛，有共产党员、国民党员、各抗日军队和各抗日群众团体的代表，有工人、农民、开明绅士和资本家的代表，有蒙、回、藏等少数民族的代表，甚至五台山的和尚和喇嘛也派出代表参加，共 140 余人。边区政府成立后颁布了各方面的政策法令，结束了原国民党政权在日军进攻面前土崩瓦解出现的混乱局面，稳定了社会秩序，使晋察冀边区抗战的力量迅速增长。

1938 年 2 月、4 月和 7 月，晋察冀军区部队为了发展抗日根据地和配合正面战场作战，对平汉、平绥、正太铁路进行了三次破袭作战，给日伪军以杀伤，并扩大了抗日武装力量。1938 年 9 月下旬，日军出动 5 万多兵力，对五台、涞源、阜平等中心区发起围攻，企图分割根据地，打击边区党、政、军领导机关，并寻歼军区主力。晋察冀军区依据基本的游击战和有利条件下的运动战的战略方针，发动群众，实行坚壁清野，以小部队不断袭扰、消耗、疲困敌人，主力部队灵活转移，选择有利战机集中歼敌一股或一部。在 1 个多月的反围攻作战中，八路军共毙伤俘日伪军 5000 余人。日军只占据了 6 座县城，八路军仍然控制着广大乡村，保卫了根据地。

冀中方面，卢沟桥事变以后，中共中央派红军干部到河北组织抗日武装，开展游击战争。10 月初，东北军第五十三军向冀南方向撤退，该军第六九一团团长吕正操（共产党员）率领团部及两个营脱离原建制，改编为人民自卫军，同当地共产党领导的游击队会合，奠定了冀中抗日根据地的基础。1938 年 5 月初，中共冀中区党委成立，黄敬为书记。冀中的抗日武装部队统一整编为八路军第三纵队，并成立冀中军区，吕正操任纵队司令员兼军区司令员。5 月初，成立了冀中区统一的政权领导机关——冀中行政公署，吕正操任主任。

1937 年 10 月，李运昌被派到冀东，与中共京东特委领导人胡锡奎等配合，在中共中央北方局派来的红军干部的协助下，开办游击战争训练班，培养军事干部。1938 年 2 月，晋察冀军区派第一军分区邓华支队向北平以西地区发展。1938 年 5 月，在晋西北一带活动的宋时轮支队被调到平西，同邓华支队合并，组成八路军第四纵队，宋时轮任司令员，邓华任政治委员，6 月该纵队挺进冀东。7 月，在中共冀热边特委领导下，冀东人民举行了抗日武装大起义，有 7000 多人参加。到 8 月中旬，各县参加起义的有 20 多万人，组成 7 万人的武装部队。第四纵队和在起义中产生的冀东抗日联军（其中有国民党军队 2 万余人），先后攻克了许多重要集镇和若干县城，给冀东农村的敌伪政权以沉重打击，一度截断了北宁铁路交通。但是，由于纵队和起义领导者对敌人进攻的形势估计过于严重，做出西撤的错误决定，使部队在西撤途中受到敌人围追堵截，受到很大损失。10 月下旬，李运昌率领抗日联军剩下的 2000 余人返回丰润、滦县、迁安地区，与原来留守的部队一起，继续坚持冀东的游击战争，为开辟冀热辽根据地奠定了基础。

2. 晋西北和大青山抗日根据地的建立

1937 年 9 月下旬，八路军第一二〇师在贺龙、关向应等率领下，进入管涔山脉地区。太原失守后，中共中央指示第一二〇师进一步发挥独立自主的作战能力，在敌人侧后的晋西北广大山区和乡村开展游击战争。

根据中央精神，师部决定：雁北支队继续活动在朔县以北，大同、怀仁以西地区；第三五九旅活动在雁门关、崞县、忻县以西地区；第三五八旅活动在忻县至太原以西、交城以北地区。根据以上决定，第一二〇师在同蒲路北段以西，北起右玉、左云、清水河，南到汾（阳）离（石）公路的广大地区内，以游击战争掩护工作团，在牺盟会和部分山西新军团队配合下，广泛开展创建根据地工作，部队也得到很大发展。到1938年初，已由出师时的8200余人，扩大到2.5万余人，各县还分别建立了1000人至3000人的游击队或自卫军。

太原失守后，续范亭率领第二战区战地动员委员会和抗日武装1万余人来到晋西北，同八路军一起开展对日作战。1938年3月，第一二〇师和山西新军第四纵队及地方游击队，打破日伪军万余人对晋西北根据地的首次围攻，夺回了被敌人占领的7座县城，共歼敌1500余人。这就为晋西北根据地的巩固和发展奠定了基础。

为了牵制日军向大西北进攻，第一二〇师派出部队，在平绥铁路以北，沿大青山脉建立游击根据地。1938年5月，李井泉等率领大青山支队，从五寨进入雁北地区。8月向绥远挺进，9月初越过平绥铁路，同地方党杨植霖领导的蒙汉游击队会合。9月下旬，大青山支队留一部武装在绥中活动，主力进到武川、百灵庙以西地区进行游击战争。到12月，开辟了以大青山为依托的绥西、绥南、绥中三块根据地，逐步同晋西北根据地连成一片。

3. 晋冀豫抗日根据地的建立

太原失陷后，第一二九师政治部副主任宋任穷等率领工作团和部分武装，分别到太行、太岳山脉的沁县、长治、晋城、武乡、襄垣、平顺、沁源、安泽、屯留等地，同当地中共组织结合，发动群众，组织抗日自卫队，建立抗日民主政权。12月下旬，第一二九师在寿阳、昔阳地区，打退敌步骑兵5000余人的六路围攻。1938年1月初，第三八六旅副旅长陈再道率6个连的兵力组成东进纵队，挺进冀南，发展冀南地区的抗日游击战争。第一二九师主力和第三四四旅则留在晋东南。为策应晋南、晋西友军作战，第一二九师和第三四四旅在2月间多次向正太铁路日军据点出击。3

月中、下旬，第一二九师在邯（郸）长（治）公路线上的神头岭（潞城、黎城间）和响堂铺（东阳关、涉县间）取得两次伏击战的重大胜利，共歼敌近 2000 人，击毁敌运输汽车 180 余辆。

4 月初，日军为解除对它后方的威胁，调集 3 万余人的兵力，分九路向晋东南地区大举围攻。第一二九师第三八六旅、第一一五师第三四四旅的第六八九团和山西新军第一、第三纵队等部，积极进行反围攻作战。他们以广泛的游击战阻滞、疲困敌人，集中主力击破其一路的作战方针，同进犯的日军周旋。4 月 16 日，八路军在武乡以东长乐村以西截住了敌军大部，将敌拦腰斩断。日军遭到八路军突然猛烈的打击，顿时乱了阵脚，1500 余人及车辆、马匹被压缩在狭窄的河谷里，丧魂落魄，欲战无力，欲逃不能。此时，已过长乐村的日军为解救其被围的部队，集中 1000 余人向第七七二团左翼戴家垴阵地猛攻，一度攻占该地。12 时，第六八九团赶到，经七八次反复冲锋肉搏，又将阵地夺回。以后日军又先后调来 2000 人增援。因被围之日军已被全歼，第一二九师主动撤出战斗。此役共歼敌 2200 人，八路军自身伤亡 800 余人，第七七二团团长叶成焕光荣殉国。长乐村战斗的胜利，迫使其他各路敌军回撤，八路军又乘胜追击。到 4 月下旬，打破了日军的九路围攻，先后共歼敌 4000 余人，收复县城 18 座。与此同时，在晋东南地区的国民党军队也对日军进行了抵抗，另有些部队退到豫北或中条山地区。这样，以太行山为依托的晋冀豫抗日根据地得到了进一步巩固和扩大。

从 1938 年 4 月下旬开始，第一二九师分兵进入冀西、冀南、豫北等平原地区。到 8 月初，掌握了冀南大部分政权。8 月中旬，召开了各县代表会议，成立冀南行政主任公署，杨秀峰任主任，宋任穷任副主任。在豫北，8 月下旬至 9 月上旬，第一二九师一部为牵制日军进攻潼关、洛阳，开辟漳河以南地区，进行了漳南战役，消灭伪军 4000 余人，俘伪军 1500 余人，建立了安阳、内黄、汤阴 3 个县的抗日政权。

4. 晋西南抗日根据地的建立

1937 年 11 月 9 日，八路军总部命令第一一五师师部和第三四三旅由正太路南进，适时转向吕梁山脉创建晋西南抗日根据地。12 月，当第一一五师进抵赵城、洪洞地区时，遭到阎锡山部的阻挠，乃停止向吕梁山开进。

自 1938 年 2 月中旬起，日军第二十师由祁县向晋西南发起进攻，先后侵占介休、孝义、隰县等地；2 月 27 日，敌第一〇九师侵占军渡、碛口。国民党军队纷纷退向晋南和黄河西岸，吕梁部分地区成为敌后。这时，第一一五师师部率第三四三旅立即进至灵石、孝仪以西地区，一面保卫黄河防线，屏障陕甘宁边区，钳制日军行动；一面发动群众，在山西新军配合下，开展游击战争，创建根据地。3 月初，师长林彪为国民党军哨兵误伤离职，由陈光代理师长。3 月 14 日至 18 日，第一一五师在大宁、蒲县之间的午城、井沟地区，同日军连续作战 5 天，先后毙伤俘敌 1000 余人，击毁敌汽车 70 余辆，缴获山炮 2 门及其他枪支、器材一部。这一战斗的胜利，打击了敌人的猖狂气焰，迫使大宁日军东撤，对于开辟晋西南根据地和巩固陕甘宁边区河防都有着重要意义。此后一段时间，第一一五师主力在汾离公路沿线及其以南地区，对日军和敌后方运输部队多次进行伏击作战，给敌以消耗和杀伤，保卫了晋西南抗日根据地。

5. 山东抗日根据地的建立

1937 年 10 月，日军向山东进攻。中共山东省委（书记黎玉）指示各地党组织广泛发动群众，举行抗日武装起义。从 1937 年 11 月至 1938 年 3 月，山东人民在中共各地组织的领导下，先后在冀鲁边、鲁西北、天福山、黑铁山、鲁东、徂徕山、泰西、鲁东南、鲁南、湖西等十几个地区举行了武装起义。在胶东，起义部队从敌伪手中收复蓬莱、黄县、掖县后，用民主的方式推选县长，建立起山东最早的 3 个抗日民主县政府。山东省委还向各方面开展统一战线工作，其中成效最显著的，是同原国民党山东聊城专区行政专员兼保安司令范筑先建立了合作抗日的亲密关系。中共派遣一大批党员干部、民族解放先锋队队员和爱国青年到范部工作，并帮助他建立了一支 5 万多人的抗日武装，开辟了鲁西北 30 余县的抗战局面。

为使山东成为八路军在华北的一个重要战略基地和联系华中新四军的战略枢纽，1938 年 5 月，中共中央派郭洪涛率一部分军政干部到山东工作，并由郭洪涛任省委书记。7月，中共中央根据徐州失守后的形势，将山东省委扩大为苏鲁豫皖边区省委，并决定派一部分八路军的主力部队到山东，以加强这一地区的抗日游击战争，扩大和巩固抗日根据地。

1938年六七月间，冀南地区的第一一五师第五支队和第一二九师津浦支队向冀鲁边的宁津、乐陵地区挺进，协同当地中共组织领导的抗日武装开展游击战争，建立根据地。1938年9月下旬，第一一五师政治部主任萧华率第三四三旅司令部和政治部百余名干部到达乐陵，随即成立了冀鲁边区军政委员会。并将这个地区中共领导的各种武装力量合编成八路军东进抗日挺进纵队，萧华任军政委员会书记、纵队司令员兼政治委员，部队共计万余人。军政委员会为实现创建冀鲁边平原根据地的任务和大发展的方针，到1938年底，开辟了以宁津、乐陵为中心，包括沧县、盐山、庆云、东光、南皮等县的平原游击根据地。

山东地方部队在鲁南、鲁中、鲁北、胶东等地，也着手建立游击根据地。1938年12月，中共中央根据形势的变化，决定成立八路军山东纵队，任命张经武为总指挥，黎玉为政治委员，江华为政治部主任，共约2.5万人。至此，八路军山东纵队成为在战略上有统一指挥的游击兵团，这对巩固和发展山东根据地，坚持长期抗战起了重大作用。

八路军自誓师出征至1938年10月，共作战1500余次，歼灭日伪军5万余人，缴获各种枪1.2万余支，收复大片国土，建立了晋察冀、晋绥、晋冀豫、晋西南及山东等大块抗日根据地，形成了广阔的华北敌后战场，部队也由出征时的3.2万人发展到15万余人，成为华北抗战的中坚。

（二）新四军在华中创建抗日根据地

1937年10月12日，原活动在湘、赣、闽、粤、浙、鄂、豫、皖八省边界地区的红军和游击队，改编为国民革命军陆军新编第四军（简称新四军）。军长叶挺，副军长项英，参谋长张云逸、副参谋长周子昆，政治部主任袁国平、副主任邓子恢。12月25日，新四军军部在汉口正式建立。1938年1月，军部从汉口迁至南昌后，随即指挥各部进入长江南北的敌后开展游击战争和建立抗日根据地。

2月上旬，江南各游击队到皖南歙县的岩寺集结整编，江北的各游击队则分别在湖北黄安的七里坪及河南确山的竹沟镇集结改编。军部决定：由湘鄂赣边、粤赣边及赣东北之红军游击队，组编为第一支队，司令员陈毅、副司令员傅秋涛；由闽西、闽赣边、闽南及浙南的红军游击队，组编为第二支队，司令员张鼎丞、副司令员粟裕；由闽北、闽东的红军游击队，组编为第三支队，司令员张云逸（兼），副司令员谭震林；由鄂豫皖边和豫南的红军游击队，组编为第四支队，司令员高敬亭。全军共 1.03 万人，枪支 6200 余支。为了加强党对新四军的领导，中共中央决定成立中央军委新四军分会，由项英、陈毅分任正副书记。

新四军正式组建后，立即开赴大江南北抗日前线杀敌。当时上海、南京均已沦陷，处于京、沪、杭之间的苏南，战略地位十分重要，军部决定新四军首先挺进苏南。1938 年三四月间，新四军第一、第二、第三支队先后到达皖南岩寺，军部也同时由南昌移到岩寺（7 月再移至泾县云岭）。4 月下旬，由第一、第二、第三支队抽调部分干部、战士组成的新四军先遣支队，在粟裕率领下首先进入苏南；六七月间，分别由陈毅、张鼎丞率领新四军第一、第二支队，也挺进到苏南。6 月 17 日，先遣支队在镇江西南的韦岗首战胜利，击毁敌汽车 4 辆，毙伤敌少校以下官兵 20 余人。第一、第二支队在京沪路镇江与丹阳间的新丰车站，在句容城及金坛珥陵附近的东方桥袭击日寇，共歼敌 120 余人。8 月下旬，第一、第二支队又胜利地击破了日军对小丹阳的 8 路围攻。在英勇作战的同时，第一、第二支队大力摧毁各地的敌伪政权，肃清残害人民的土匪武装，发动和武装群众，广泛开展抗日民族统一战线工作，至 12 月底，以茅山为中心，包括溧阳、溧水、金坛、丹阳、句容、镇江、江宁、当涂、武进、宜兴、无锡、吴县的苏南抗日根据地初步形成。

由谭震林率领的新四军第三支队，在策应第一、第二支队进入苏南后，于 1938 年 7 月初进入皖南抗日前线，战斗在东起芜湖、宣城，西到铜陵、青阳的沿江地带。这里是日军长江交通的重要地段，第三支队的活动对敌人造成严重威胁，因而战斗十分频繁。10 月底和 11 月初，第三支队在青弋江一带的清水潭、马家园、湾沚、九里山等地与敌激战，共歼日伪军 400 余人。

在长江北岸的新四军第四支队，在高敬亭的率领下，于 1938 年 4 月底挺进到安徽的舒城、桐城、庐江、无为地区。5 月中旬，在运漕河西岸的蒋家河口伏击一股日军，歼敌 20 余人，首战告捷。7 月，袭击无为以东运漕地区伪军，击毙 50 余人，俘 100 余人。9 月初，第三支队一部在桐城南之棋盘岭伏击日军的运输队，击毁敌汽车 50 余辆，毙敌 70 余人，生俘 4 人。接着又在安（庆）、桐（城）公路伏击敌运输队，歼敌 29 人。10 月下旬，第四支队一举攻克庐江、无为两城，歼灭勾结日寇、危害人民的保安团 3000 余人。第四支队出征后，大小数十次伏击战连连获胜，不仅震惊了日寇，而且为打开皖中的抗战局面，建立皖中的抗日根据地打下了基础。

新四军自成立至 1938 年 10 月，顺利完成了集中、改编和向华中敌后挺进的任务。在长江下游苏皖地区的广大农村，组织群众抗日武装，建立抗日民主政权。经半年的英勇奋斗，取得 100 余次战斗的胜利，歼灭日伪军 3300 余人，初步实现在华中敌后的战略展开，创建了苏南、皖南、皖中和豫东等抗日根据地，成为插向日军华中派遣军背后的一把尖刀，钳制了日军的兵力，支援和配合了正面战场友军的作战。

（三）陕甘宁边区的巩固

陕甘宁边区是在土地革命战争时期创建并保存下来的唯一完整的大块革命根据地。陕甘宁边区及其首府延安，是中共中央所在地，是人民抗战的政治指导中心，是八路军、新四军和其他人民抗日武装的战略总后方，是全国实行抗日民主政治的模范区。在敌后抗日根据地不断建立的同时，陕甘宁边区也进一步得到巩固。

七七事变后，中国共产党根据同国民党谈判中口头上达成的协议，按照面结抗日的原则，进行更名改制的筹备工作。从 1937 年 7 月 15 日起，陕甘宁边区进行了从乡、区、县到全边区的民主选举运动。9 月 6 日，原陕甘宁边区的苏维埃政府（中华苏维埃共和国中央政府西北办事处），正式改称为陕甘宁边区政府，林伯渠任主席，辖 23 个县，人口约 150 万。

陕甘宁边区在建立抗日民主政权的基础上，实行了一系列的民主改革。边区政府按照当时的可能条件，大力发展经济、文化、教育、卫生事业。边区的经济建设首先是恢复和发展农业生产，同时发展工业、商业和交通运输业，以保证解决边区人民和军队的吃饭、穿衣问题。中共中央和边区政府先后开办了中国人民抗日军政大学、陕北公学、青年干部训练班、鲁迅艺术学院、马列学院、中共中央党校、职工学校、中国女子大学、卫生学校等，为军队和地方培训了大批干部，对增强抗战力量起了重大作用。"黄河之滨，集合着一群中华民族优秀的子孙"。事实正是这样，来自全国各地的爱国青年，冲破国民党当局的重重阻拦，跋涉千山万水，追求革命真理，奔赴圣地延安。延安成了当时一切进步青年最向往的地方。

陕甘宁边区的武装力量包括八路军留守部队、边区保安队和自卫军三部分。1937年8月，中共中央军委从八路军各师抽出兵力组成八路军后方总部留守处，共9000余人。同年12月，留守处改编为留守兵团，萧劲光任司令员。保安队由原陕甘宁边区的地方红军和游击队编成，5000余人，高岗为保安司令部司令员。自卫军是群众性的、不脱离生产的人民武装，人数有20多万，是保卫、巩固边区的重要力量。1938年二三月间，日军攻陷晋西北各重要城镇并打通同蒲路南段后，调动兵力，分数路向陕甘宁边区黄河防线进逼。八路军留守兵团和保安部队在第一二〇师和第一一五师的有力配合下，采取积极防御的战略方针，以主动、灵活、坚决、勇敢的作战打退来犯的敌军。3月中旬，日军一部在神府河段发动攻击，企图强渡。陕甘宁警备第六团沉着应战，待敌开始渡河、队形密集之际，给以猛烈射击，并以机动兵力一部迂回河东，袭击日军侧背，迫使进犯河防之敌退回兴县。4月间，日军在离石一带集结兵力，企图侵犯河防。5月初，日军又以约1个旅团的兵力经大武向军渡进逼，威胁八路军宋家川河防阵地，陕甘宁警备第八团主力东渡黄河，在离石西北地区采取伏击、袭击等手段予日军以沉重打击，迫使敌人不敢贸然西进，保卫了河防。

随着抗日战争的深入发展，在中共中央和毛泽东的直接领导下，陕甘宁边区党政军民以最大的努力，将陕甘宁边区建设成为全国模范的抗日民主根据地、新民主主义建设的示范区，为中国抗战的胜利作出了特殊的贡献。

从 1937 年 9 月到 1938 年 10 月，八路军和新四军同敌人作战 1600 余次，毙伤俘敌 5.4 万余人，八路军发展到 15.6 万多人，新四军发展到 2.5 万人，敌后抗日根据地（包括游击区）总人口达 5000 万以上。共产党领导的八路军、新四军及其他人民武装，在敌后广泛发展抗日游击战争，建立抗日民主根据地，逐渐开辟了广大的敌后战场，成为坚持长期抗战的重要力量。敌后游击战争不仅配合了国民党军队在正面战场上的作战，直接给予日本侵略者以有力的打击，而且迫使其不得不将原先用于进攻的大量兵力转用于保守其占领区方面，从而对停止日军的战略进攻，使战争转入相持阶段起了重要作用。

十、武汉会战和广州作战

1938 年夏秋，日军用兵重点是夺取武汉和广州，以逼迫国民政府投降；中国方面亦准备以保卫武汉为中心，利用长江两岸有利地形阻击敌人，尽量消耗日军主力，以坚持长期抗战。

（一）武汉会战中日双方的战略方针和部署

随着徐州作战的进行，日军决定于 1938 年 4 月上旬进行武汉作战。他们认为："攻占汉口作战是早日结束战争的最大机会"，"只要攻占汉口、广东，就能支配中国"。6 月 15 日，日本御前会议正式决定实施攻占武汉的作战。

日军攻占武汉的方针和部署是：以一部沿长江西进，以主力在陇海铁路以南沿淮河流域西进，切断平汉线，尔后南下攻取武汉；另以华北方面军一部向郑州方面进行牵制作战。由于黄河决堤，淮河泛滥，日军遂改变计划，以一部沿大别山北麓西进，主力沿长江两岸西进，合围武汉。

武汉地处长江、汉水交汇处，连接平汉、粤汉两条铁路，素有九省通衢之称，为华中之战略要地。南京失守后，国民政府的许多领导机构迁至武汉。中国共产党也在这里设立了长江局和八路军办事处，创办了《新华日报》。国共两党要员汇聚武汉，武汉一度成为当时中国抗战的政治、军事、经济、文化中心。

徐州会战结束后，保卫武汉的问题即突出出来。1938 年 7 月 5 日，毛泽东等向国民参政会提出建议："武汉成为敌人急切觊觎的目标，因之，我们认为最急迫的问题莫过于如何保卫武汉与取得第三期抗战胜利。"①

国民政府军事委员会在 1937 年 12 月 13 日制定的《军事委员会第三期作战计划》中，就决定以确保武汉为核心，持久抗战。1938 年 6 月中旬至 7 月初，又制定和完善了武汉保卫战的作战计划，其作战指导方针是："以聚歼敌军于武汉附近之目的，应努力保持现在态势，消耗敌军兵力，最后须确保大别山、黄、麻间主阵地，及德安、箬溪、辛潭铺、通山、汀泗桥各要线，先摧破敌包围之企图，尔后以集结之有力部队由南北两方向沿江夹击突进之敌。"② 其具体作战方针是：在武汉外围布置主力军，利用鄱阳湖和大别山以及长江两岸丘陵湖沼等有利地形进行持久战，特别把重点放在外线和翼侧，争取行动上的自由，预期与敌人的主力作战 4 至 6 个月，予敌以最大之消耗，粉碎其继续进攻之能力。与此相应的部署是：编组第九战区，以陈诚为司令长官，于九江、马头镇、马当等要点阻击日军溯江而上；从徐州方面撤退的第五战区部队（7 月中旬以后至会战后期，因李宗仁生病由白崇禧代理司令长官），分别于大别山之东麓、北麓阻敌前进，一部于黄梅、广济一带防守和进行机动作战。

参加武汉保卫战的部队以及空海军，总计 14 个集团军、47 个军、120 余个师，作战飞机约 200 架，舰艇 30 余艘，总兵力近 100 万人，蒋介石亲任总指挥。这次会战是抗战以来中国军队投入最多、准备最充分、由陆海空三军协同作战的一场大会战。

武汉会战期间，国共两党关系较为融洽，中国共产党对武汉保卫战

---

① 中央档案馆编：《中共中央文件选集》第 11 册，第 530 页。
② 中国第二历史档案馆编：《抗日战争正面战场》上册，第 660—662 页。

给予多方支持和积极配合。会战开始前,中共驻武汉机构积极参加了关于保卫武汉及持久抗战的动员宣传工作和献金活动,极大地鼓舞了前方将士的杀敌热情。会战开始后,6月15日中共中央代表团在《新华日报》公开发表了《我们对于保卫武汉与第三期抗战问题的意见》,对武汉会战的政治、军事战略,经济和文化工作的保障等,提出了详尽、具体的方案。在政治方面,中共代表团认为,应建立有各党各派各界参加的"保卫武汉总动员委员会"。在军事方面,战略方针应是"以运动战为主,配合以阵地战,辅之以游击战",认为"从现有的兵力和长期抗战的观点看,我前线部队不仅不能而且不应死守各地或到处与敌进行会战;我部队应该审慎地选择与我有利的地形,进行打击敌军消耗敌军的歼灭敌军的战斗。因此,我军常常不能顾及一城一地之得失;但另方面,我们也不能无条件地任敌前进深入"。为保卫武汉,为争取时间和空间,为进行长期抗战,"守备一些必要的工事支点,也是必要的"。并建议"组织新的挺进兵团深入敌人后方游击","发展大规模的在敌人后方的游击战","变敌人的后方为前线"①。

6月17日,中共代表团对保卫武汉的军事战略,作了更为具体的表述,提出:保卫大武汉应是当时的"战略中心",其"战略总方针"是"将正规军主力组成许多野战兵团,依托太行山、嵩山、伏牛山、桐柏山、大别山、黄山、天目山一带有利地势,开展大规模山地战,以阻碍敌人西侵,同时加强长江防务";其次,要"抽一部正规军深入敌后,发展敌后游击战争,把敌后变成前线";等等②。

8月3日,蒋介石接见王明、周恩来、博古,进一步交换有关两党团结和保卫武汉的问题。蒋应允中共代表团和中共湖北省委代表参加保卫武汉的工作及动员委员会。在这期间,中共代表团通过第三厅掀起的轰轰烈烈的保卫大武汉的群众运动,有力地配合了前线将士的英勇作战。

8月6日,张闻天、毛泽东等就保卫武汉的方针问题致电还在武汉的

---

① 《新华日报》1938年6月15日。

② 《陈绍禹、周恩来、博古关于保卫武汉的战略方针的意见》,1938年6月17日。

王明、周恩来等，指出："保卫武汉重在发动民众，军事则重在袭击敌人之侧后，迟滞敌进，争取时间，务须避免不利的决战，至事实上不可守时，不惜断然放弃之。因目前许多军队的战斗力远不如前，若再损失过大，将增加各将领对蒋之不满，投降派与割据派起而乘之，有影响蒋的地位及继续抗战之虞。在抗战过程中巩固蒋之地位，坚持抗战，坚决打击投降派，应是我们的总方针。而军队力量之保存，是执行此方针之基础。请加注意为盼。"①

当武汉会战鏖战激烈之时，中共中央于9月底在延安召开六届六中全会。毛泽东在《论新阶段》的政治报告中，再次谈到关于武汉会战的军事战略。他说："保卫武汉斗争的目的，一方面在于消耗敌人，又一方面在于争取时间便于我全国工作之进步，而不是死守据点。到了战况确实证明不利于我而放弃则反为有利之时，应以放弃地方保存军力为原则，因此必须避免大的不利决战。"②

上述战略意见，被蒋介石所重视、采纳，对于国民政府制定武汉保卫战的战略和策略，起了积极的作用。

日军进攻武汉分长江及其沿岸地区向西和沿大别山麓向西顺平汉路南下两个方向。中国第九、第五战区部队从6月到10月底在上述地区，同日军展开一系列的防御作战。

（二）长江及其沿岸地区的防御战

1938年，6月1日，日军华中派遣军命令第六师，从庐州（合肥）附近南下进攻安庆。18日攻占潜山，并向太湖进攻。为增强突击力，日军华中派遣军调驻台湾的适应亚热带气候作战的波田支队担任先遣部队，在海军20余艘舰艇护送下，从镇江乘船溯江西进，12日攻占安庆。至此，日军将安（庆）合（肥）公路打通，武汉会战随之展开。

6月22日，波田支队由安庆西进，在占领香口之后与守军展开激战，

---

① 中央档案馆编：《中共中央文件选集》第11册，第638页。
② 中央档案馆编：《中共中央文件选集》第11册，第638页。

26 日攻占长江天堑马当要塞。在防守马当要塞之时，驻彭泽的第十六军第一六七师师长薛蔚英因增援缓慢，贻误战机，被查办枪决。

6 月 29 日，日军攻占彭泽县城，7 月 3 日开始在湖口登陆，中国准备接替第四十三军第七十七师防务的第二十六师尚未接防完毕就与日军交火。该师官兵来自四川，系由保安队临时编成，全是新兵，武器装备很差，少有轻重机枪。但奋力厮杀，苦战两昼夜，伤亡甚多，阵地终被日军突破，7 月 4 日湖口失守。马当、湖口丢失，九江失去屏障。

此后，日军集结兵力，积极准备向西继续进攻。7 月 22 日夜，日军波田支队在军舰 20 余艘、汽艇 100 余艘的支援下，冒雨夜潜鄱阳湖，23 日晨在姑塘登陆，中国守军预备第十一师竭力抵抗，击沉敌汽艇 10 余艘。激战 3 小时，日军登陆成功。

在此时期，日军一面派兵占领前进阵地，一面集结主力，第十一集团军进入瑞昌、德安一线。随后，日军从长江北岸和南岸同时发动了总攻势。

在长江北岸，日军第六师在海空火力直接支援下，从大别山南麓及长江北岸间大举西犯，8 月 2 日占领太湖后，又进占宿松，与第三师会合，进迫黄梅。自 8 月 2 日起，中国守军第六十八军和第八十四军等 6 个军的部队，在黄梅、广济两地与日军进行了激烈的阵地争夺战。在广济附近丛山口阵地与四望山阵地争夺战中，第一七四师和第十五师拼死战斗，牺牲官兵达数千人。但因处处防御，指挥不统一，难于互相支援，主动反击不力，结果被各个击破，全线失守。

广济失守严重影响到田家镇要塞的安全。田家镇为武汉锁钥之地，是在沿江要塞中最坚固、最大的堡垒。富池口要塞与其夹江对峙，共扼长江航路，是武汉三镇的门户。蒋介石 8 月 6 日曾电示："长久固守，以利全局"①。

9 月 17 日，日军第六师与第三师一部集中约 1.5 万人从广济南下，迂回攻击田家镇。守军第九师、第五十七师及要塞炮兵部队，与进攻之敌

---

① 中国第二历史档案馆编：《抗日战争正面战场》上册，第 695 页。

展开激战。9月22日，日军第六师和今村支队与守军第九师在田家镇附近松山等地的战斗最为激烈。守军凭借既设阵地，在要塞炮兵及军师炮兵部队火力的支援下，沉着应战，迎头痛击来犯之敌，阵地一次又一次失而复得。29日，日军动用70余架飞机、100多门火炮，攻陷田家镇炮台，守军因援军迟迟不到，无力支持，被迫退却。在这次争夺战中，守军伤亡惨重，仅第九师即伤亡旅长以下军官100余人，士兵2000人。日军也有重大伤亡，据日军第六师9月30日报告称："今村支队的损失甚重，……截至现在查明我方损失为，战死284人（内将校7），负伤866人（内将校15），合计1150人，预料还要增加"①。

日军第六师攻占田家镇后，急需休整补充，加之官兵患霍乱病减员，迟至10月17日休整补充完毕后，才继续西进，24日晚攻占汉口以北的黄陂，于25日首先攻进武汉。

在长江南岸地区，日军第十一集团军以第二十七师、第九师、第一〇六师、第一〇一师约4个师的兵力发动进攻。中国第九战区决定以一部兵力配置沿江各要点及南浔路，主力控置于德安、瑞昌以西及南昌附近地区，从翼侧攻击深入之敌。

8月24日，日军波田支队在第九师的配合下攻陷瑞昌。31日中国第五十二军主力乘敌立足未稳，实施反击，歼敌甚多。9月7日，日军波田支队、第九师一部与海军陆战队协同，强攻马头镇要塞，守军予敌大量杀伤，自己也遭严重伤亡。经8昼夜恶战，马头镇于14日陷落。守军第三十一集团军退守富池口后，利用天险同日军血战10天，多次击退日军的进攻。日军采用施放毒气手段，于9月24日攻陷富池口。

在九江以南南浔铁路地区，从7月至8月，日军进攻部队与中国军队在庐山南北展开激战。至8月9日，进入庐山地区的敌一〇六师伤亡甚多，几乎失去进攻能力。为增援第一〇六师，日军第十一集团军派出第一〇一师、第二十七师投入战斗。9月中旬，日军第二十七师从瑞昌向

---

① 日本防卫厅防卫研究所战史室：《中国事变陆军作战史》第2卷第1分册，中华书局1979年版，第164页。

德安推进,沿途受到中国军队阻击,进展缓慢,直到10月5日才占领箬溪。

9月21日,敌一〇六师所属一三六旅向南进攻万家岭,守军薛岳之第一兵团对进攻之敌实施合围,自9月底起开始围攻,战斗惨烈,日军伤亡惨重。10月8日,日军第十一集团军发现第一三六旅陷于绝境,慌忙派飞机空运弹药粮秣给予救援。10月9日,薛岳下令各师选派敢死队数百名合力攻击,当晚攻占万家岭、雷鸣鼓等地。此役,薛岳兵团毙敌3000人,伤敌更多,俘虏30多人,缴获轻重机枪50多挺、步枪1000多支,军马100余匹。时称万家岭大捷。以后,中国守军又进行了半个多月的阻击战,才最后放弃德安。10月27日,德安失陷,守军退往修水。11月1日,日军第一〇一师攻占永修。至此,庐山、德安地区的战役告一段落。

（三）武汉以北地区大别山麓的阻击战

7月14日,日本华中派遣军下令第二集团军向安徽合肥集结,准备向武汉进攻。7月中旬至8月下旬,日军相继在合肥地区集结完毕。8月下旬,中国第五战区在大别山北麓加强防御部署,以第三兵团在六安、霍山以西至商城地区设防,准备迎击日军。

8月下旬,日军第二集团军由合肥出发,分两路向武汉进攻:其左路以第十三师、第十六师两师沿大别山北麓经商城直插武汉,其右路以第三师、第十师两师沿淮河南岸西进,直取信阳,迂回武汉。8月27日,其左路接连攻陷六安、霍山后继续西进。守卫叶家集、富金山阵地和商城附近阵地的第三兵团和第二集团军等部与敌展开激战。富金山之战守军官兵伤亡1.5万余人,日军亦在山麓遗尸数千具。9月16日日军始攻商城,守军各部节节抵抗,退守大别山各要隘,与日军鏖战月余。右路日军于9月7日攻占固始后,12日逼近东官渡阵地。守军张自忠第五十九军进行了顽强的阻击。9月19日日军占领潢川,21日占领罗山,继续西进。守军的第十七军团在信阳以东阵地与日军展开激战,予敌以重创。日军10月10日攻占京汉铁路线上之柳林,12日攻占信阳。中国守军进行顽强抗击,歼灭日军2610人。10月16日,日军第十师从信阳南下,沿平汉线西侧向武汉推进，中国守军在桐柏山地区顽强抗击日军进攻。日军第三师、第十师于10月26日占领桐柏山地区后，向孝感、应城推进，协同第十一集团军进攻武汉。

10月25日，日军波田支队攻占阳新、大冶后占领葛店，准备进攻武昌。日军第九师10月27日攻占贺胜桥，切断了粤汉线。日军第二十七师从箬溪出发，10月18日攻占辛潭铺后，配合第九师向粤汉线推进，27日占领桃林镇。

至此，武汉外围之要塞、重要阵地均被日军攻陷，武汉三镇处于日军包围之中。在这种情况下，国民政府最高统帅部于10月24日下令放弃武汉。25日，中国军队撤出武汉。同日，国民政府军事委员会发言人接见中外记者，指出中国抗战方针为持久抗战，不在一城之得失，亦不在一时之进退，数月以来消耗敌人的目的已达到，掩护后方之任务已完毕，武汉已失其重要性，因此决定转移兵力，与敌周旋。

武汉会战从日军攻占安庆开始到武汉失守为止，历时4个半月。日军共动用9个师、1个混成旅、1个支队的兵力，并配以大量飞机、军舰及重炮等。中国军队调动了120余师的兵力，在皖、豫、鄂、赣四省，纵横各数百公里的辽阔大地上展开了规模空前的大会战。据日方公布的材料，国民党军被毙俘15万人，日军伤亡3万余，其中将校级军官740人。

（四）空军、海军的作战及广大群众的支援

此次会战，中国守军不仅陆军投入兵力多，作战英勇顽强，而且有空军和海军英勇参战。

在保卫武汉的作战中，中国空军在苏联志愿航空队配合下，与进犯的日军飞机进行了激烈战斗，取得了重大战果。2月18日，日军驱逐机26架，掩护轰炸机12架，袭击武汉。中国空军驻汉口、孝感第四大队长李桂丹，率飞机29架起飞迎击，经激战击落日军飞机14架，李桂丹以下5人牺牲。4月29日，日军飞机39架，偷袭武汉。中国空军集中67架飞机严加戒备，待日军飞机侵入武汉上空后，分别向日军轰炸机、驱逐机展开攻击，共击落日军飞机21架。在这次空战中，空军英雄陈怀民

在与敌机搏斗中，机身中弹着火。在机身开始下坠的瞬间，他沉着勇敢，紧握操纵杆，扭转机身，向敌机猛冲过去，与敌机相撞，堕落于武昌青山。武汉人民为了纪念这位英雄，将武汉市某街改为怀民路，以慰忠魂。5月19日，中国空军第十四队队长徐焕升、第十九队副队长佟彦博，分驾两机自汉口起飞，飞至日本，在长崎、福冈、久留米、佐贺九州各城市散发了传单，并侦察了军港及机场情况，首次完成远征日本本土的任务。6月中旬，日军沿江而上向安庆等地开始进攻后，中国空军以主力轰炸长江日军舰艇以及芜湖等地日军机场，并抗击日军飞机的空袭。武汉会战期间，共击落日军飞机62架，炸毁日军飞机16架，炸沉日军舰艇23艘，给日军以沉重打击，有力地支援了地面部队保卫武汉的作战，中国空军自身也受到相当损失。苏联援华志愿航空队，在会战中发扬崇高的国际主义精神，与中国空军配合对日作战，也取得了突出的战绩。其中有200余人血洒长空，为中国人民的解放事业贡献出宝贵的生命。其中包括轰炸机大队长库里申科和歼击机大队长赫曼诺夫。据统计，苏联飞行员在长江击沉敌舰和运输船70多艘，击毁敌机场的飞机30余架。迄至1939年，苏联空军共击落敌机百余架。

在日军沿长江向武汉进攻时，中国海军在九江至汉口间水道进行了激烈战斗，其中也不乏悲壮英勇之动人事迹。如海军"中山"号军舰在长江金口作战时，15架敌机轮番轰炸该舰，舰长萨师俊腿被炸断，血流如注，仍抱着铁柱坚持指挥作战。全舰官兵无不坚守岗位，直至"中山"号下沉，全舰官兵壮烈牺牲。武汉保卫战期间，中国海军在田家镇要塞布设水雷1500余具。9月8日，炸沉日军军舰两艘。9月中旬起，中国海军一部与日舰在田家镇要塞展开激战，击沉日舰艇多艘，有力地迟滞了日舰的沿江进攻。

全国人民的抗日救亡运动的高涨，对国民政府积极组织武汉保卫战也起了重要作用。在中国共产党的推动下，从全国各地来的大批爱国知识分子和青年学生云集武汉，与武汉青年一起，先后组织了武汉青年救国团、中华民族解放先锋队、中国工人抗敌总会筹备会等数十个抗日救亡团体。国民政府军事委员会政治部第三厅更是利用各种形式，团结大批爱国进步文化人士，开展抗日救亡宣传。武汉地区的七七周年献金活动、做慰问袋和写慰问信的活动、百万棉背心征募活动、抗日救亡歌咏活动等，都得到了广大人民的积极拥护和响应。武汉医药征募会举行讲演会，征募慰劳费，募捐前线受伤将士急需的医药品。武汉市各界抗敌后援会，积极征募棉背心、布鞋、毛巾、牙刷等慰问抗日官兵。当时，在武汉三镇设立了6座固定的献金台，献金之热烈令人感动。从沦陷区跋涉来汉的避难同胞，将节衣缩食的钱献给国家；老年人献出自己多年的积蓄；工人、小贩等献出自己劳动挣来的血汗钱；流亡的青年学生在献金台附近擦皮鞋，把所得钱投入献金柜内；文艺界举行献金公演，将报酬全部献出；妇女中有人献出心爱的戒指和耳环等。许多在武汉的外国朋友及华侨也踊跃献金。这一切，使"保卫大武汉"成为全体中国人民的响亮口号。

武汉保卫战的最大意义在于，迫使日军停止战略进攻，"速战速决"占领全中国的计划彻底破产。攻占武汉以前，日本妄图通过强大的军事进攻，一举摧毁中国的抵抗力量。经过中国军民15个月的奋力抵抗，日本兵力伤亡近45万人，军费支出近100亿日元，人力、物力和财力的消耗都已达到空前的程度。在此情况下，日军不得不停止对正面战场的战略进攻，转为战略保守，以主力回师占领区对付游击战争。

（五）广州作战

1938年5月，日军大本营为了尽早结束"中国事变"，在确定进行武汉作战时，就认为同时进行攻占广州的作战较为有利，但由于船舶运输准备不足，所以决定待攻占武汉之后再实施广州作战。8月中旬，日军大本营陆军部开始研究攻占广州的计划并进行攻占广州的作战准备。9月7日，当华中日军进逼武汉的时候，为策应攻取武汉作战，并切断华南方面的中国国际补给线，日军大本营御前会议作出攻占广州的决定。10月上旬，日军第二十一集团军之第五师、第十八师、第一〇四师和第四飞行团，与海军舰队协同，以主力在大亚湾海岸，一部在珠江沿岸登陆，攻取广州。

中日全面战争爆发以后，日本封锁了中国东海岸，以广州为中心的华南沿海地区，便成了中国从海外输入物资的主要地区。国民政府在广东设立第四战区，由何应钦兼任司令长官。由于广州邻近香港，日本如果进攻广州将损害英国利益，引起英国的对抗，因此，国民政府认为日本不敢贸然进攻广州，没有把广州作为重点防御地区，而将抗战重点放在华中，从各省包括属第四战区的广西，抽调大批兵力到华中作战，导致华南兵力单薄。在武汉作战期间，甚至还从广东抽出4个师的兵力参加武汉保卫战，使广东兵力减少到8个师，广州防务松懈，兵力空虚，成为日军易于突袭的目标。当时，广东方面驻军为国民政府第四战区第十二集团军，下辖3个军（8个师），兵力分散，戒备松弛。

10月11日夜，日军第二十一集团军第五师、第十八师、第一〇四师从台湾海峡澎湖地区出发，进入广东大亚湾，对此中国守军毫无察觉。10月12日凌晨，日军在海军第五舰队数十艘军舰和100余架飞机掩护下，分别乘约300艘登陆舰艇突然在大亚湾强行登陆。中国守军未作多少抵抗即撤退。当日，日本首相兼外相近卫照会各国大使，宣布日本在华南战事开始，要求各国避免一切援华行动。10月13日，国民党中央发表《告广东全省军民书》，号召团结一致，抗击日军，保卫广州。

10月13日，日军连续攻陷淡水、稔山，16日占惠阳，尔后主力沿广州惠阳公路进攻，相继占领博罗、增城和从化，一部沿樟木头至东莞公路进攻。17日，广州各界人民7万多人举行游行，决心保卫广州。此时，国民政府军事委员会才匆匆忙忙从第九战区抽调第六十四、第六十六军驰援广东，以迟滞日军前进，但未等该援军到达，第十二集团军总司令余汉谋即已于10月21日奉命放弃广州。23日，珠江口的虎门要塞失守，日军随即占领中山、顺德、佛山、三水及深圳等地，控制了广州及珠江三角洲主要地区。

对于第四战区轻弃广州，中外各界人士反响强烈。国民政府驻美大使10月23日致蒋介石的电报称："广州不战而陷，国外感想甚恶。"①

广州作战是在武汉会战期间进行的。日军占领广州，控制了华南的部分地区，并为其以后的南进作战，建立了一个前进的基地。广州失陷，使

---

① 张篷舟：《近五十年中国与日本》第3卷，四川人民出版社1987年版，第180页。

中国失去了重要的国际物资输入线，给持久抗战造成了新的困难。

从1937年7月7日卢沟桥事变爆发至1938年10月武汉广州失守，日本帝国主义对中国实施全面战略进攻，中国进行全国范围的战略防御。担负抗击日军战略进攻正面作战的国民党军队，虽由于战略指导的某些失误，进行单纯的阵地防御，未充分发动民众参战，丧失了大片国土和城市。但广大爱国官兵出于民族义愤，不惜流血牺牲，进行顽强的作战，给敌人以相当大的打击，粉碎了日军"速战速决"几个月灭亡中国的梦想，并保存了中国军队的主力，这就为相持阶段进一步消耗日军的兵力、在敌后广泛开展游击战争奠定了基础。

十一、全国各族各界人民的抗日斗争

七七事变以来，日本侵略军向华北、华中和华南实施全面的战略进攻，中国大片国土沦陷，中华民族到了生死存亡的最后关头。在"寇深祸亟"亡国灭种的形势下，全国各行各界、各族人民、各民主党派和无党派人士、各群众团体以及海外华侨，一切不愿做亡国奴的炎黄子孙、中华儿女，不分宗教信仰、不分男女老幼，纷纷行动起来，积极投身于蓬蓬勃勃的抗日斗争。

（一）民主党派和民主人士的抗日斗争

国内各民主党派和无党派爱国人士，有着强烈的爱国精神。自九一八事变以来，他们一直积极主张停止内战，共同抗日。中国共产党提出抗日民族统一战线的口号以后，各民主党派积极拥护，做了大量工作。全国抗战爆发以后，被国民党当局逮捕入狱的"七君子"，在全国人民的压力下得以释放。出狱后的"七君子"，更加积极地投身于抗战事业。8月，邹韬奋在上海创办《抗战》三日刊。12月，沈钧儒、李公朴等人在武汉创办《全民周刊》。1938年7月，两刊合并为《全民抗战》。邹韬奋还在西南、西北大后方，开设生活书店50余处，出版发行抗战书籍，对宣传和动员抗日作出了积极的贡献。救国会的许多成员，还不畏艰险，投身于八路军、新四军的抗日斗争。

在此期间，中华民族解放行动委员会（即第三党）致电国民政府，提出实行民主、动员人民抗战的八大政治主张。1938年3月，第三党通过了《抗战时期的政治主张》，指出目前的重要任务是实现民主政治，集中全国一切物力、人力，作长期抗战，才能争取最后胜利。第三党的许多干部，还亲自参加了抗战，如黄琪翔担任了上海作战的第八集团军副司令。该党在武汉组织了黎明剧团和青年抗战工作团，创办了《前进报》和《抗战行动》杂志，积极开展抗日爱国宣传活动。

中华职业教育社于1931年12月在上海创办《救国通讯》，主张抗日救国，"一·二八"上海人民奋起抗日时，黄炎培积极参加组织上海市地方协会，动员上海各界在人力、物力、财力上支援第十九路军抗战。全国抗战爆发后，职教社主张抗战、团结和民主，对推动抗战起了积极作用。其他党派如乡村建设学会、国家社会党、中国青年党等，也以自己的力量投入抗日救亡工作，拥护国共合作团结抗战。

国民参政会成立后，各民主党派和著名民主人士沈钧儒、陶行知、王造时、史良、张申府、黄炎培、江恒源、梁漱溟、曾琦、左舜生、李横、张君劢、罗隆基、章伯钧、罗文干、陶孟和、张奚若、莫德惠、杜重远、王卓然、许德珩、张澜、陈嘉庚、邹韬奋、谭平山等，积极参加了国民参政会的工作。在1938年7月于汉口召开的第一届国民参政会第一次会议上，他们与中共参政员及国民党中的民主派参政员一起，提出了很多拥护团结抗战的好提案。由中共参政员陈绍禹领衔提出的《拥护国民政府实施抗战建国纲领案》，共有68人联署，会议将此提案与郑震宇以及王家桢的类似提案三案合并讨论。陈绍禹及青年党参政员曾琦等代表相继发言，热烈拥护政府抗战建国的政策。最后，全体起立一致通过《拥护〈抗战建国纲领〉决议案》，场内掌声历数分钟不止。参政员胡景伊等21人提出的《拥护政府长期抗战国策案》也获全体参政员起立通过。此外，邹韬奋、褚辅成、王造时、许德珩、梁漱溟等人提出的动员民众、实行地方自治、设立省参议会、救济灾民、乡村工作等提案，也获得通过。

会议期间，各民主党派及爱国民主人士还与中国共产党、国民党民主派同汪精卫投降派进行了斗争。救国会成员胡愈之曾发表《谨防疫病》等文章，抨击汪精卫的妥协谬论。在这次会议上，汪精卫先是唆使傅斯年、梁实秋等人在会下活动，企图在会上提出弹劾国民政府行政院长孔祥熙的议案，以便由汪取而代之。遭反对后又指使汪派参政员李圣五、陶希圣提出《对德意外交采取分化方略案》，要求派参政员赴德、意两国游说，改善与德、意的关系。其目的显然是为了请德、意出面调停，与日本妥协。这一提案遭到许多参政员的坚决反对。

国民参政会第一届第一次会议历时10天，于7月15日闭幕。经过各党各派的共同努力，会议通过了许多符合民意的决议，确定了"抗战到底，争取国家民族之最后胜利"的国策，宣布了"各党各派各界的抗日民族统一战线"的方针。

在这年10月至11月于重庆召开的第一届国民参政会第二次会议上，各民主党派和著名民主人士与中国共产党、国民党民主派参政员一起，又针对投降派的种种妥协投降论调，开展了反对投降妥协的斗争。中共参政员陈绍禹提出的《拥护蒋委员长和国民政府，加紧全民族团结，坚持持久战，争取最后胜利案》，痛斥汉奸亲日派，参加署名者达67人之多。救国会的沈钧儒、邹韬奋、史良、陶行知等，中华民族解放行动委员会的章伯钧，乡村建设派的梁漱溟等著名人士都署了名。救国会参政员王造时等66人也提出了《参政会应发表宣言，拥护蒋委员长告国民书，号召全国同胞一致奋起继续抗战以争取最后胜利案》，国民党参政员胡景伊等，无党派参政员张一麟等，也提出了类似提案。针对投降派的妥协投降倾向和少数民族败类甘为汉奸情况，林伯渠、董必武、邓颖超、史良、章伯钧等21名参政员连署提出了《严惩汉奸傀儡案》。经过斗争，该提案被改为《日寇未退出我国土前不得言和案》，获得通过。

（二）社会各界、各团体的抗日斗争

工人阶级一直是抗日斗争的先锋。七七事变中，地处前线的卢沟桥和长辛店地区的工人，就立即动员起来，支援抗战。廊房事件发生后，廊房车站的铁路工人，自动组织起来护路护厂，并派代表与当地驻军联络，主动帮助驻军解决困难。平津失陷后，平汉、平绥、津浦等铁路工人抽调大批工人组成战地服务团，参加救护、运输、构筑工事等。当日军向平汉、正太、同蒲路进袭时，沿线的大部分工人，都参加了各种形式的抗日团体，成千上万的工人直接参加了工人游击队、决死队和八路军。八一三事变后，数十万上海工人纷纷组织义勇队、救护队、宣传队、战地服务团等，踊跃参加支前工作。有的工人愤怒捣毁日本人在上海开办的工厂、码头、仓库，不少工人离开日资工厂，宁可失业也不为日本人做工。

上海沦陷后，共产党和进步工会以租界作掩护，运用合法手段将工人组织起来开展斗争。华北部分地区沦陷后，随着抗日根据地的建立和敌占区秘密工作的开展，广大产业工人或参加八路军，或建立自己的游击队。坚持抗日斗争。以工人、学生为主要成分的山西工人武装自卫纵队，成为创建晋西北抗日根据地的重要力量之一。正太铁路、阳泉煤矿、榆次纱厂等单位工人，也都组织了自己的游击队。

工人阶级还在工业内迁的过程中，起了重大作用。他们在敌机频繁轰炸下，奋不顾身地保护机器，抢救国家物资历尽艰险，使内迁工厂大部分平安到达内地，及时地恢复生产。在日军飞机对重庆等城市的大轰炸中，工人阶级以硬骨头的精神，边炸边修，坚持岗位，继续生产，使钢铁、造船、棉纱等各项工业增产，保证了抗战物资的需要。

农民占中国人口的绝大部分，是抗日武装斗争的主要参加者。全国抗战爆发后，农民抗日救国会等团体发展极为普遍，仅在晋察冀地区，会员人数在数月之内就达到57万人以上。在平津、淞沪抗战中，战地附近的农民踊跃出粮草、出民工，参加构筑工事、修筑道路，为部队送水、送饭、抬担架、救伤员。八路军平型关大捷后，参加抬伤员和搬运胜利品的农民群众即达数千人。中共山东党组织领导的十余次抗日武装起义，冀东党组织领导的冀东20万人的大暴动，其主要参加者均是农民。在华北、华中敌后抗日根据地，大部分适龄农民参加了自卫军、民兵和抗日游击队。八路军、新四军不断发展壮大，主要兵员来自农民。在国民党的军队中，农民成分也占大多数。就某种意义上说，抗日战争实质上是以农民为主力军的战争。农民不但是对日作战的主要参加者，而且是全国人民赖以生活的粮、油、棉等农副产品的生产者。中国战时经济能够维持，抗战得以持久，农业生产起了极为重要的作用。在华北、华中等敌后，农民是抗日根据地的建设者和保卫者。无论是山区或平原，农村抗日根据地所以能成为抗日游击战争的后方基地，傲然屹立于敌后，使日军无可奈何，也是由于农民配合主力部队，开展地雷战、地道战、麻雀战等到处打击敌人，形成全民皆兵的铜墙铁壁的结果。

每当历史上革命的紧要关头，学生总是起着先锋的作用。在平津、淞沪抗战中，青年学生奋勇帮助部队运送物资、构筑工事，仅北平就有数百名学生在战斗中英勇牺牲。同济大学等学校爱国学生和教职员工，在淞沪抗战中建立起红十字会医院和救护所，全力抢救伤员。不少学校组织了战时服务团，前往战地服务，深入农村宣传。在山河破碎、民族危亡的关头，许多青年学生投笔从戎，报效祖国。沦陷区和大后方成千上万的爱国青年，千里迢迢，奔赴延安，参加敌后抗日斗争。从延安迁至泾阳地区，由胡乔木、冯文彬等人负责的安吴青年训练班，团结了海内外的大批青年，其中包括汉、回、蒙、苗等民族，以及泰国、越南、缅甸、马来亚、菲律宾等地的华侨。他们为了抗日救国，努力学习军事、政治，被培养成抗日干部，一批又一批地输送到前方和各条战线，对抗日事业作出了贡献。

工业界的爱国企业家在工厂内迁中发挥了积极作用。抗战前，中国工业大部集中于沿海和东北地区。九一八事变后，东北重工业基地落入敌手。一·二八事变后，集中在东部沿海地区的工业基地又受到侵略威胁。上海是全国最大的经济中心，集中了民族工业的大批精华，一旦战事扩大，沿海工业将首当其冲遭敌摧残。一些爱国的有识之士早就对这一不利于国防的工业布局表示担忧，一再呼吁把沿海工厂迁到内地，以保存经济实力。直到七七事变后，平津失陷，上海危急，日军的炮弹打进了厂房，国民政府方被迫议决将沿海厂矿向内地迁移。1937年8月12日上海工厂联合迁移委员会成立，机器业负责人颜耀秋任主任委员，新民机器厂负责人胡厥文和新中机器公司的支秉渊分别为副主任委员。在国民政府优惠内迁政策的鼓励和有关部门的督导下，深明大义的民族工商业者、实业家，迁厂的热情十分高涨。在淞沪会战激烈进行的同时，中国近代工业开始了大规模的迁徙。迁厂工作极其复杂，困难重重，在日军炮口下把大量的机器设备拆运出来，其风险更是显而易见。尤其交通阻滞，运输极为困难，铁路车辆皆供军用，工厂迁移均以民船经苏州、镇江转轮上溯，途迂行缓，间受阻挠，困难殊多。然而，内迁各厂满怀爱国激情，"誓不以厂资敌"，冒着连天炮火抢拆、抢装、抢运，长途辗转，历尽千辛万苦，陆续抵达武汉，以后又再度迁往四川等西南地区。有人称此是"冷冰冰机器，每每涂上热腾腾的血"。截至1938年2月，由上海等地内迁武汉之厂矿达137家，机器重2.57万吨，随同内迁的技术工人2300余名。整个工厂内迁工作持续到1940年基本结束，截至这年年底，共内迁民营厂矿448家，物资12万吨，技工1.2万余人。工厂内迁保存了一批近代工业的精华，为持久抗战提供了重要经济力量；同时促进了中国西南等地区工业的发展，奠定了大后方民族工业发展的基础。

商业界的广大爱国人士，也是全国抗日斗争中的一股重要力量。在全国抗战爆发前，商业界已在各地组织了抗日救亡的群众团体。1936年2月，上海百货业的职员、商店店员、银钱业职员等各方面人士，即参加了上海职业救国会。1937年淞沪抗战后，职业界救国会改为职业界救亡协会，抗日救亡工作得到进一步的开展。上海市商会成立了救国公债商界劝募总队，提出了商店以就资本额承购5%，公债款项承购10%为标准的方案，积极认购公债，大力支援国家抗战。不少商业界的人士，在财力上对抗战作出了贡献。在商业界广泛开展的义卖捐献活动中，从成都重庆等大城市到中小城镇，从卖日用百货到蔬菜水果，从大商行到小商贩，普遍掀起义卖日和义卖竞赛的热潮。在义卖日，商店或货主将所卖货物所得，全部捐给国家，买主则以超过货物价值的钱数付款，以增多捐款。商业界爱国人士开展的义卖活动，对全国人民的献金、捐款、捐物等运动，起了良好的促进作用。

文化界爱国人士开展的救亡活动，是抗日斗争的另一条重要战线。1937年7月28日，上海文化界救亡协会正式成立，蔡元培、潘公展、胡愈之、茅盾、张志让、沈滋九、严谔声等83人为理事。该协会下设上海戏剧界救亡协会、上海战时文艺协会、上海漫画界救亡协会等，积极开展各种形式的抗日救亡宣传活动。在抗日文化运动蓬勃发展的形势下，1938 年 3 月 27 日，中华全国文艺界抗敌协会（简称"文协"）在汉口成立，老舍、郭沫若、茅盾、夏衍、田汉、巴金、郁达夫、郑振铎等 45 位著名人士被选为理事，周恩来被推举为名誉理事。文协的诞生，进一步把全国各派文艺工作者，在共同反对日本法西斯侵略，争取中华民族自由解放的伟大宗旨下团结起来，形成文艺界的抗日民族统一战线，以文艺武器团结人民、打击敌人。文协成立后，相继在成都、昆明、长沙、襄樊、金华等城成立了文协会和通讯处。文协创办的刊物《抗战文艺》，主题鲜明，文笔生动，热情宣传抗日胜利和歌颂抗日英雄事迹，愤怒声讨日本侵华罪行和汉奸的卖国行为，有很强的战斗性。淞沪会战中，文协组织了 30 多个宣传队和 40 多个慰劳团，并向前线派出多个战地服务团。1937 年 9 月 18 日这一天，为纪念九一八事变 6 周年，文协和 40 多个抗日救亡团体组织了 3000 多人的宣传队，上街开展声势浩大的抗日宣传，要求政府抗战到底，绝不中途妥协。1938 年 4 月 1 日，国民政府军事委员会政治部主管文化工作的第三厅正式组建，厅长郭沫若，副厅长范寿康、范扬。第三厅人才济济，从厅长到科员几乎都是当时中国文化界的名流巨子。因此，时人盛称第三厅是"名流内阁"。第三厅编制 300 人，附设 4 个抗敌宣传队。10 个抗敌演剧队，1 个孩子剧团，1 个漫画宣传队，1 个电影制片厂，5 个电影放映队，在武汉乃至全国的抗战文化宣传运动中起了重大作用。

宗教界的爱国人士，也纷纷起来声讨日本帝国主义的法西斯侵略罪行。全国抗战爆发后，不少地区的佛教、回教等宗教界，组织了救国会、救难协会等救亡组织，参加抗日宣传、救护等工作。西藏哲蚌寺大格西喜饶嘉措大师，发表《告蒙藏人士书》，揭露日本军阀标榜信奉佛教，却完全违背教义，进行烧杀抢掠。日军飞机炸毁兰州唐代著名建筑普照寺（俗名大佛寺）后，甘肃省佛教会通电全国及驻华各领事馆转各国教会，进行谴责和抗议。武汉会战期间，武汉基督徒为国难举行祈祷，并呼吁全世界同道，本基督舍身救世之精神，继续与我密切合作，以期伸张正义，实现和平。中华公教进行会在汉口天主教堂举行大弥撒，追悼阵亡将士及死难平民，并散发传单，号召天主教友积极支持抗日战争。天主教徒于斌还赴美国 120 余城市旅行，向罗斯福总统及红十字会等团体，共募款 80 余万美元，支援抗战。伊斯兰教徒在汉口举行反侵略祈祷大会，到会的有全国各地教徒代表千余人，白崇禧在会上号召全国五千万回教徒，以实际行动参加抗战。

中国妇女历来具有爱国主义的光荣传统。日本发动全面侵华战争以后，广大妇女以空前的规模，投身于伟大的抗日民族解放战争。

1937 年 7 月 22 日，在上海成立了最早的全国性妇女抗日救亡的组织——中国妇女抗敌后援会，该会由何香凝、宋庆龄等妇女领袖倡议，有知名人士宋霭龄、于凤至等参加。1937 年 8 月 1 日，在南京成立由国民党领导的中国妇女慰劳自卫抗战将士总会（简称妇慰会），宋美龄任主任委员。在该会的号召下，全国大多数省市成立了以省长、市长夫人为首的妇慰会。何香凝领导的后援会与宋美龄领导的妇慰会，在指导思想和工作方法上虽然不尽相同，但抗日救亡的目标是相同的。上述两个妇女抗日救亡组织的成立，对于全国妇女抗日救亡运动的发展起了积极的推动作用。

为了拯救在战火中挣扎的儿童，邓颖超、李德全、刘清扬、沈滋九等人，联络各党派和各界，于 1938 年 3 月 10 日在汉口成立中国儿童保育会，宋美龄、李德全分任正副理事长，邓颖超为常务理事，这是国共两党合作抗日后建立的一个具有统一战线性质的妇女救亡团体。此后，在许多地区都建立了儿童保育会的分会。

1938 年 5 月，宋美龄邀请各党各派各地区妇女领袖到庐山举行妇女工作座谈会。中共方面的邓颖超、孟庆树参加了会议。会上宋美龄提出将新生活运动妇女指导委员会改组并扩大成为全国性动员妇女参加抗战建国的总机构。改组后的妇指会，在各派的共同努力下，做了许多有益于抗日的工作。在 1938 年淞沪会战周年纪念时，该会仅在武汉一地就动员了400 多个团体，组织了 380 多个宣传队，开展声势浩大的保卫武汉宣传活动。在纪念九一八事变 7 周年的活动中，妇指会发动全国妇女赶制了 10 万件寒衣。在 1939 年 3 月发动的献金活动中，共筹得抗战资金法币 63 万余元。

在中国共产党领导的敌后抗日根据地，随着抗日游击战争的发展，妇女抗日救亡运动也蓬蓬勃勃地开展起来。1937年9月，中共中央颁布了《妇女工作大纲》，以动员妇女力量参加抗战。1938年至1939年，华北各抗日根据地妇联、妇救总会先后成立。陕甘宁边区各界妇女联合会有会员17万人，占该边区妇女总数的2/3；晋察冀边区妇女抗日救国会，下属30个县妇救会，有会员26万余人；晋冀豫边区下属73个县妇救会，有会员59万余人；晋西北妇联总会下属县妇联30个，有会员9万余人；山东妇救总会下属县妇救会50个，有会员39万余人。

在各级妇救会的组织和动员下，广大妇女忘我地支前、参战和挑起生产重担。"母亲叫儿打东洋，妻子送郎上战场"，成为抗日根据地妇女的普遍行动。仅在一次参军运动中，山东10个县和冀中7个县，就有5200名妇女亲自将儿子、丈夫送上前线。妇女在支前中，组织看护队、洗衣队、缝衣队、慰劳队和运输队等。1939年晋西北妇女为慰问八路军组织竞赛周，赶做军鞋5万余双，袜子2万余双，背心4000余件，写慰问信6000余封，还给部队送去大量的猪、羊、鸡以及生活日用品。妇女还积极参加农业生产，解决抗日军队的物资供给。1938年，陕甘宁边区参加纺织的妇女有2万余人，纺车10万辆，织布机4500台，纺纱50万斤，织布2.2万匹。另外还有数万妇女开荒、植树、养猪，在生产中发挥了巨大作用。除了支前、生产外，妇女们还组织了自卫军、姐妹团，担负放哨、巡逻和掩护群众等任务。据1940年统计，华北各抗日根据地共有200余万妇女参加自卫军和民兵。即使在八路军、新四军、华南抗日游击队和东北抗日联军等部队中，也有相当数量的女指挥员、女战斗员、女政治工作者、女医务工作者，与日军进行直接战斗。康克清、李贞、陈少敏、吴仲廉、杨克冰、危拱之、赵一曼等，就是她们中的杰出代表。

（三）各少数民族的抗日斗争

中国各少数民族在日本侵略军大举入侵、祖国危难的严重时刻，与汉族人民一道，承担起了抗日救国的神圣职责。

东北地区的少数民族遭受日本帝国主义的压迫最早最重，抗日斗争开展得也最早。九一八事变后，在满族聚居的辽宁宽甸、凤城、庄河等地，邓铁梅等人领导的东北抗日民族自卫军骑兵第五旅，满族成员就占相当的数目。居住在大兴安岭、小兴安岭深山中为数 2000 余人的鄂伦春族人民，积极参加抗日斗争，并经常深入到日军铁路沿线活动。朝鲜族人民在长白山地区组织了抗日游击队，建立起自己的游击基地。抗日英雄朴吉松，是游击区朝鲜族儿童团员，在日军烧毁他居住的村庄后躲进森林，经过无数艰难困苦，后来终于找到东北抗日联军，当了一名游击队员。在一次战斗中他不幸被日军俘虏，日军动用了所有的酷刑，企图逼他说出游击队的活动情况，他宁死不屈，最后高唱抗日歌曲从容就义。朝鲜族女战士朱新玉，当了 9 年机枪射手。一次在取给养途中被日军包围，她为掩护 6 名战友突围不幸被俘。在日军的酷刑面前，她毫无惧色，最后高唱《红旗歌》英勇就义。像朴吉松、朱新玉这样的少数民族战士，在东北抗日联军中占有相当数量。朝鲜族和满族在抗联中人数之多，仅次于汉族。有的军中，朝鲜族战士占半数左右。其他如达斡尔族、鄂伦春族、鄂温克族、锡伯族等亦占相当数量。就连人口总数只有 300 人的赫哲族人民中，也有不少人参加了抗日联军。他们和汉族兄弟一样，冒着严寒酷暑，转战于白山黑水之间，有力地支援了全国抗战。

蒙古族的抗日斗争一开始就在中国共产党的领导之下。1932 年，在绥远成立了蒙汉各阶层人民参加的反帝大同盟。1933 年 2 月，在张家口组织了蒙汉抗日同盟军事委员会，领导抗日斗争。绥远地区的蒙古族地方武装一部开赴察哈尔前线，参加了冯玉祥、吉鸿昌、方振武领导的察哈尔民众抗日同盟军的对日作战。1934 年 7 月，哲里木盟的奈曼旗蒙汉人民组织 500 余人的抗日救国军，袭击了伪警察署，击毙日伪官吏多人。1937 年 10 月，中共党员杨植霖及蒙族高凤英、贾力更等人，组织蒙汉抗日游击队，活动于大青山南麓、平绥铁路和归（绥）武（川）公路沿线，不断袭击日军的交通线，打击小股敌人，游击队迅速扩大至 200 余人，并于 1938 年 9 月与八路军大青山支队会师，编成八路军察绥支队。察绥支队开辟了绥东、绥西、绥南、绥中等抗日游击根据地，与晋西北抗日根据地连成一片。蒙古族的乌兰夫、奎璧、吉雅泰、赵诚等老共产党员，在建立大青山抗日民主根据地的斗争中，起了特殊的作用。在抗日战争过程中，广大蒙古族人民不仅在人力、物力上支援抗战，而且不少人献出了自己的生命。据不完全统计，仅大青山地区，惨遭日军杀害或因支援抗日战争而牺牲的就在1万人以上。

回族人民在中国共产党民族政策指引下，开展了广泛的抗日武装斗争。抗战初期，回族人民组织甘宁青救国宣传团、回民战地服务团、伊斯兰青年学会、回民抗日救国会等各种救亡团体，开展抗日宣传活动。与此同时，许多回民积极参加抗日武装，直接与侵略者作战。在陕甘宁边区，全国抗战爆发前红军中就有回民独立师。随后，陇东军分区建立了回民骑兵团，三边有回民支队，关中有回民自卫队（后改为回民支队）。在山西地区，有壶关的回民游击队、长治的回民营。在河北地区，有冀中回民支队，定县的回民支队，任丘、肃宁、文安一带的回民支队，以及雄县、霸县、武清、永清、香河的冀东回民大队。在冀鲁豫边区，有东平、朝城、沙海、麻海等地的回民游击队。在山东地区，有渤海军分区回民支队，临沐的伊斯兰大队，沂水、沂源一带的回民警卫连，泰运军分区的回民主力连和回民基干大队等。回民抗日武装在各地开展游击战争，配合八路军、新四军等主力部队作战，粉碎日军对根据地的发动的一次又一次"扫荡"，对抗日战争作出了重要贡献。

回民抗日武装中最有影响的是由马本斋任司令员的冀中回民支队。这支队伍最初只有300人，很快发展到2000余人。从队伍组建到抗战结束，6年中共作战870余次，歼灭日伪军3.6万余人，被冀中军区授予"能征善战的回民支队"的锦旗，毛泽东还亲笔写了"百战百胜的回民支队"9个大字。马本斋不愧为回族人民的骄傲，他智勇超人，率队打得日伪军闻风丧胆。日军企图以"高官厚禄"动摇马本斋的抗日决心，遭拒绝后，又残忍地将马母逮去，要马母对儿子劝降。马母大义凛然，痛骂日寇，以绝食相抗，最后英勇牺牲。听到这一消息后，朱德、彭德怀、罗瑞卿、陆定一等八路军指挥员联名致电冀中军民："我们认为像这样的大义凛然，视死如归的女子，不愧为中国人民最优秀的代表，这样惊天动地忠于中华民族的无上气节，足以愧死一切充当日寇走狗，出卖民族的衣冠禽兽，……

中国人民有这样的母亲，不仅是中国人民的光荣，回民的光荣，中国妇女的光荣，而且是中华民族绝不灭亡最具体例证。"在冀中军区追悼马母的会上，马本斋写下"伟大母亲，虽死犹生；儿承母志，继续斗争"的誓言。直到1944年2月7日马本斋病逝前，他没有停止过对敌人的打击。

广西的各族人民在日军由钦州、防城登陆后，相继开展了抗日游击战争。中共粤桂南特委在钦州、防城、邕宁、上思、扶绥、武鸣等县，组织了有壮族、毛南族、汉族等参加的游击队，在日军后方开展游击活动。柳州等地失陷后，又在罗城、龙岸一带组织起有仫佬族参加的抗日挺进队和抗日大队，打击敌人。1939年11月和1944年10月，日军两次占领南宁，聚居在南宁附近的壮、汉、瑶族人民，组织了大批的支前队伍，为前线送去大量的物资。在日军占领南宁、梧州期间，壮族和其他各族人民组织了自卫队与日寇进行斗争。

云南各少数民族，在日军侵占滇西的腾冲、龙陵、怒江西岸等地后，奋起抗日。白族、傈僳族、傣族、景颇族、佤族、拉祜族、阿昌族、崩龙族等少数民族和汉族兄弟一道，积极支前，奋勇参战，给日本侵略者以有力的打击。各少数民族还与汉族民工共同修筑了滇缅公路。该路在云南境内由昆明至畹町全长950公里，架有桥梁536座，挖掘涵洞3290余道，工程十分浩大和艰巨。在筑路中，各族民工伤残达万人。滇缅公路的修筑和通车，对祖国抗战和支援缅甸抗日作出了重要贡献。

海南岛的黎族、苗族人民，在日军进犯海南岛时，纷纷支援和参加冯白驹领导的抗日自卫团独立大队。由于他们的积极支前和参军参战，独立大队迅速由初期的300余人发展到2000人，取得了多次战斗胜利。抗日根据地不断发展，黎、苗各族人民也相继组织了人民自卫队，有力地动摇了日本侵略者的统治。

新疆维吾尔、哈萨克、乌孜别克等少数民族，也积极参加了各种抗日救亡的斗争。新疆成立的各族人民反帝联合会，在全疆各地都建有分会，积极组织新疆各族人民进行抗日的宣传活动。在新疆开展的群众性的献金和募衣活动中，各民族群众把自己心爱的和田挂毯、绸缎衣服送上献金台；有的七八十岁的老太太含着激动的眼泪，当场摘下自己的金耳环献出。新疆各族人民用献金和捐款购买了 10 架新疆号战斗机，投入抗日前线作战，还将募捐的 8 万件皮衣、1 万架马鞍和一批药材，运往延安。

西藏各少数民族除开展抗日宣传、派出代表团慰问抗日将领外，也组织藏族马帮往返于云南、四川和印度的噶伦堡之间，担负起繁重的高原运输任务，有力地支援了抗战。

总之，在这场反抗日本侵略的伟大的民族解放战争中，从祖国的北部边陲到海南岛，从东南沿海到西部高原，全国 55 个少数民族中，有近 40 个民族奋起参加抗日斗争，在中华民族历史上，形成了前所未有的真正的全民族抵御外侮的战争。

（四）台湾和港澳地区人民的抗日斗争

全国抗战爆发前，台湾同胞就对日本帝国主义步步侵入祖国大陆给予极大的关注，经常提醒大陆人民警惕日本帝国主义的阴谋。七七事变后，大陆人民举国抗战的行动给台湾同胞以极大鼓舞。1937 年 11 月至 1938 年 3 月间，宜兰等地数千名矿工举行暴动，袭击当地警察，焚毁日军弹药库，夺取武器，最后进入阿里山坚持抗战。1938 年夏天，台湾爱国者将日军久留米储油库炸毁，使可供日军使用 6 年的汽油全被烧掉，并炸死炸伤日军 70 多人。1939 年 3 月，高雄地区 1000 多农民壮丁为抵制日军征兵举行起义，夺取日军的枪支并与之激战，牺牲 600 多人。同年 10 月，基隆地区被强征入伍的 300 多名壮丁领到军械后，掉转枪口当场暴动，经数天战斗杀伤日军 170 余人，最后进入丛林坚持斗争。

为了适应台湾地区的斗争条件，台湾同胞除了愤然举行武装暴动以外，还采取了多种形式进行斗争。他们或以隐蔽的手段破坏军需生产；或故意拖延征工、征粮、征税时间；或破坏公路、铁路、桥梁，阻碍运输。台胞林新夏，1939 年被日军强征到海南岛当监工，他利用当监工和担任日语翻译之便，经常了解日军的动向，多次向当地抗日游击队提供情报，使日军常常遭到突然袭击。

七七事变后，台湾高山族人民也不断发动反日斗争。其中有 1937 年的枋寮高山族和汉族 1300 余人的暴动；1938 年初雾社高山族人民的暴动,以及1941年3月台东高山族200余人的暴动。高山族人民的反帝斗争,给祖国大陆的抗日战争以有力配合和支援。

抗日战争期间,香港和澳门同胞作为中华民族的一员,始终积极参加抗战。太平洋战争爆发前,港、澳地区是祖国获得海外援助的重要国际补给线。大量的抗战物资由港、澳上陆转运内地。国民政府和中国共产党在港、澳设立了许多联络国际支援抗战的机构。宋庆龄领导的"保卫中国同盟"长期以香港为基地,在港、澳同胞配合下联络海外同胞,募集了大量捐款支援抗战。

太平洋战争爆发后半个月,1941年12月25日日军占领香港。在香港沦陷期间,港澳地区的广大人民,在内地人民抗日武装的支援下,与日本占领者展开多种形式的斗争,一直坚持到抗战胜利。

在日军进攻香港时,中国共产党领导的东江抗日游击队派出武装工作队,进入沙头角、西贡、大埔、元朗、罗湖、沙田等地区,发动群众,收集英军遗弃的武器弹药,共获轻重机枪30多挺,步枪数百支以及一批其他军用物资。随后开展游击活动,首先在元朗捕捉处决一批为日军服务的罪大恶极的汉奸,迅速控制了大雾山。同时在元朗、沙田等地组织了两支自卫队和一支农民常备队,在西贡区、大埔区的部分地区,先后建立了农民自卫队和新兵训练队。西贡区还成立了"游击之友"小组,以小规模骚扰的方式打击日伪军。经过三四个月的工作,1942年3月成立了广东人民抗日游击总队港九大队,下辖长枪队、短枪队、海上队和市区队。港九大队成立后,采取了隐蔽斗争为主的方针,强调打小仗、打巧仗,先后取得了击毙汉奸特务队长萧九如、生俘日军高级特务东条正之和炸毁九龙桥的胜利。以香港渔民为主要成分的海上游击队,经常袭击日军由香港到台湾、汕头的运输船只。1942年8月15日,海上游击队在大鹏湾黄竹角伏击日军为运输船护航的"海上挺进队",激战2小时,击毁日军机帆船3艘。以后又在南澳口、大浪口等处袭击日军,缴获多艘装载军用物资的运输船。

港澳地区人民的抗日斗争,汇入大陆人民抗日斗争的巨流,有力地配合和支持了广东抗日游击战争的开展。

（五）海外华侨对祖国抗战的支援

华侨是支援祖国抗战的一个重要的方面军。漂泊海外定居的 1100 万华侨，在祖国危难、民族存亡的紧急关头，以对母亲的赤子之心和对侵略者的无比义愤，同仇敌忾，团结战斗，从财力、物力、人力各方面，对祖国抗战作出了重大的贡献。

九一八事变发生以来，海外华侨即组织了 2000 多个抗日救亡团体。全国抗战爆发后，占全部华侨总数 80% 的南洋地区华侨，迅速开展了援助祖国抗战的群众性活动。1937 年 8 月 14 日，南洋地区统一的华侨救亡团体——马来亚新加坡华侨筹赈祖国伤兵难民大会委员会在新加坡成立，陈嘉庚被推举为主席。此后，南洋各地华侨救亡团体相继成立。1938 年 10 月 10 日，南洋各地 45 个华侨团体在新加坡开会，成立南洋华侨筹赈祖国难民总会，选举陈嘉庚为主席，庄西言、李清泉为副主席。总会下设分会 68 个，所属团体遍布南洋各国。欧洲华侨的抗日救亡运动在七七事变以前就开展起来，英、法、德、荷、比、葡、瑞士等国，都建立了以首都为中心的全国性的华侨抗日救亡组织。1936 年 9 月，在陶行知等人的帮助和推动下，成立了全欧华侨救国联合会。全国抗战开始后，该组织在欧洲华侨的抗日救亡运动中继续发挥着重大的作用。侨居美洲的华侨，成立了华侨筹饷会、抗敌后援会、华侨救国会等。纽约市的华侨成立了纽约华侨救济总会。在美洲的其他地区，如墨西哥、秘鲁、哥伦比亚、巴拿马、古巴、巴西等国家和地区，也都先后建立了华侨支援祖国抗日的团体。

世界各地华侨在建立、健全各种抗日救亡组织的过程中，还创办了众多的报纸、期刊，作为自己的喉舌，为祖国的抗日战争呐喊。其中颇有影响的，在巴黎出版的有《全民月刊》、《联合战线》、《祖国抗战情报》等；在英国出版的有《解放》、《民主阵线》等；在比利时出版的有《抗战消息》；在苏联出版的有《工人之路》；在德国出版的有《抗联会刊》、《反帝战线》、《反帝斗争》、《海外论坛》、《中国出路》等 12 种；在纽约出版的有《华侨日报》、《五洲公报》、《先锋报》等 6 种；在旧金山出版的有《世界日报》、《学生周刊》等；在曼谷出版的有《曼谷日报》、《华星日报》、《华声报》、《民国日报》等；在菲律宾出版的有《菲岛华工》、《战时店员》、《学生战线》、《民号周刊》等；在越南出版的有《国民日报》；在马来亚新加坡出版的有《星洲日报》、《本坡要闻》、《马来亚要闻》、《南洋要闻》、《南洋商报》等。其中由陈嘉庚创办的《南洋商报》，对海外华侨的舆论有着极大的导向作用。

广大华侨在轰轰烈烈的抗日救亡运动中，积极开展了抵制日货和不与日人合作运动。在马来亚，各地华侨组织发起救国连锁运动，其内容包括"禁止买卖日本货，不卖货给日本人，不为日本人工作"等。每逢有日本船只到港，都派人检查，平时组织锄奸团四出巡查。一经发现日货，即进行查处。在泰国，各华侨商家议定，宁可没有利润，也不出售日货。过去以购销日货为主的商家，一律改为国货或欧美货。工作在码头、车站的侨民，也都自动组织起来，盘查有无日货。在缅甸，1937年10月10日，各华侨团体组织了抵制日货大游行。在菲律宾、越南、印尼等地区，抵制日货和不合作运动也此起彼伏，使日货成为过街老鼠，日本在经济上遭受巨大损失。

捐款献金是华侨支援祖国抗战的主要方面。南洋华侨以特别捐、常月捐、娱乐捐、纪念日劝捐、货物助赈捐、卖花卖物捐、舟车小贩助捐等形式，筹捐赈款，奉献祖国。华侨的捐款完全是群众性的自觉自愿的行动。"富商巨贾，既不吝金钱，小贩劳工，亦尽倾血汗"。家庭主妇捐献节省的菜金，孩子们捐献节约的糖果钱。据统计，在太平洋战争爆发前，海外华侨月捐达到1350万元，其中南洋华侨月捐总数居世界各洲之首，平均达到734万元。如果以个人平均每月捐款数比较，则美国华侨居冠，平均每人每月捐款约5.6美元。新加坡爱国华侨胡文虎，一次慷慨捐国币200万元。爱国华侨李俊承，捐款10万元购买救国公债。华侨领袖陈嘉庚按月捐献国币2000元，直至抗战胜利为止，后来又捐200万元供扩充学校的基金。菲律宾爱国华侨李清泉，带头认购救国公债40万元。仰光华侨叶秋莲，将全部首饰财产变卖捐献。古巴华侨举行"一碗饭运动"，将省下的饭钱支援祖国抗战。美洲著名华侨领袖司徒美堂，先后在美国、古巴、秘鲁、巴西、加拿大等国，为祖国抗战募集资金。秘鲁华侨仅7000

余人，至 1938 年底即捐款达 280 万元。1938 年元旦，美国旧金山华侨在一天之内就献金 3 万多美元。1941 年 8 月 14 日，印尼巴达维亚华侨庆祝祖国航空节，一天就募得献金合国币 630 余万元。以上华侨捐款和汇款，在 1939 年达 13 亿元（其中捐款 1 亿多元）。全国抗战爆发后，国民政府发行公债 30 亿元，海外华侨认购了 11 亿元，占发行公债额的 1/3 强。在国家经济因战争受到破坏、财政十分困难的情况下，华侨对祖国的这一大批捐款汇款，对抗战起了十分重要的作用。

华侨向祖国捐物献物的数量也是惊人的。他们捐献的飞机、汽车、衣物、医疗器械和药品等各种物资，源源不断地运回祖国抗战前线。1938 年，仅菲律宾华侨就捐献飞机 50 架，旧金山华侨捐献飞机 10 架。新加坡一个商埠，华侨捐献运输汽车 40 辆。美国纽约和缅甸华侨，各捐献救护车、运输汽车百余辆。1938 年秋至 1939 年夏，华侨捐献的寒衣、暑衣、蚊帐有 1000 余万套。华侨得知祖国一些地区流行疟疾，立即捐献上亿粒的奎宁，以应急需。据统计，在抗战的头 3 年里，海外侨胞共捐献飞机 217 架，坦克 27 辆，救护车 1000 余辆，大米 1 万袋，药品、服装、胶鞋及其他用品共计 3.5 万元。

华侨除以上述行动支援祖国抗战外，还有不少人归国请缨杀敌，奋战于疆场。

全国抗战一开始，各地华侨就掀起一股回国服务、参军参战的热潮。在印尼，当招募救护人员的消息在报上刊出后，在很短的时间里，报名者竟有 400 余人，大大超过预定数目。在泰国，当华侨得知祖国急需技术人员和汽车司机后，立刻有 300 多人报名应召。在马来亚新加坡，许多著名医生放弃自己开办的医院、诊所，率领医务人员回国参加救护队。在菲律宾，华侨们踊跃集资购买药品和医疗器械，先后组织了 4 批战地服务团回国。参加回国服务团体的华侨，在祖国抗战的各个战场上吃苦耐劳，救死扶伤，有的甚至光荣牺牲，为祖国的抗战事业作出积极贡献。

修筑滇缅公路时，国内人才奇缺，无法满足对大批技术熟练的司机、修理人员和护路技术人员的需要。华侨领袖陈嘉庚知道后，亲自出面，通过南侨总会在华侨中招募司机和技工。南洋华侨报名者达数千人，最后批准了 3200 人分 9 批先后回国服务。他们在环境恶劣、疟疾流行和日军飞机不断轰炸的情况下，团结全体驾驶人员，以顽强的拼搏，使长达 1164 公里的滇缅公路，成为打不烂、炸不断的钢铁运输线，保持每日军用物资输入量不低于 300 吨，有力地解决了前线部分抗战物资的急需。

在中国空军的驱逐机飞行员中，华侨约占半数以上。他们怀着仇恨的烈火，驾驶战鹰在祖国神圣的领空打击日本空中强盗。仅菲律宾一地，就有 26 位青年回国参加空军。华侨飞行员在保卫祖国的空战中，创造了振奋人心的战绩。1937 年 8 月 14 日，日军王牌鹿屋航空队 18 架飞机两批由台湾起飞，窜入广德、杭州等地上空，企图袭击中国空军基地。归侨飞行员陈瑞钿、雷炎均、黄泮扬、苏英祥、黄新瑞等与国内飞行员一起驾机迎战，以 3 比 0 大胜日机，一时名震中外。1938 年，陈瑞钿在华中的一次空战中，遭到 3 架敌机围攻，当弹药耗尽，无法再向敌机攻击时，他毅然与敌机相撞。由于日军飞行员胆怯躲避，两机翼相擦同时坠地，陈瑞钿敏捷跳伞负重伤。

在抗日战争期间，华侨青年参军的人数也相当可观。据广东省的统计，归国参战的粤籍华侨约 4 万人，美洲和澳洲等地华侨约 1000 人。广州失陷以后，中共广东省东南特委在香港组织一批华侨和港澳工人，回到广九铁路沿线的宝安地区，和当地人民相结合，组成惠东宝人民游击总队和东莞模范壮丁队。仅东江华侨回国服务团，就有 50 多人参加了惠东宝人民抗日游击总队。据统计，抗战期间先后加入东江地区抗日游击队的华侨及港澳同胞在 1000 人以上；加入琼崖游击队的有 200 多人。加入抗日军队的华侨青年经过战争的磨炼，许多成为优秀的政治工作者或军事指挥员。印尼归国华侨女青年李林，七七事变爆发后不久，即成为八路军一二〇师第六支队骑兵营教导员。她能骑善射，智勇双全，带领游击队取得多次战斗胜利，并缴获了百余匹马，武装成一支精悍的骑兵队，到处袭击日伪军据点。敌人对她恨之入骨，到处张贴布告，巨额悬赏要取她的头颅。但是，李林的名声越来越大。1940 年，李林在率骑兵掩护大部队转移中，她的坐骑"菊花青"中弹倒地，身边的战友也相继牺牲。李林不顾自己前胸右腿多处负伤，挺身而起，双手举枪，接连毙敌数人后，壮烈牺牲，时年仅 24 岁，成为闻名遐迩的抗日女英雄。

十二、世界人民对中国抗战的支援

法西斯是世界人民的共同敌人。日本法西斯向中国的进犯，也就是向世界爱好和平自由人民的进犯。因此，中国人民的浴血战斗，博得了全世界人民和民主国家的同情和支援。

中国全国抗战开始后，在国际上首先强烈谴责日本帝国主义，同情和支援中国抗战的是各国共产党、共产国际、各阶层进步人士和劳动人民。全国抗战爆发后不久，共产国际执行委员会主席团即发表宣言，指出："中国人民的解放战争，是世界无产阶级和一切先进人类反对野蛮法西斯主义的压迫的总斗争之最重要的组成部分。"① 宣言号召全世界无产阶级和各阶层人士支援中国的抗战，给中国以政治的、道义的和物质的援助；对日本法西斯的侵略，展开广泛抗议运动，组织抵制日货、拒卸、拒运等群众性的制裁。各国共产党响应共产国际的号召，纷纷行动起来，发表声明、宣言，抗议日本帝国主义的侵略，动员人民展开支援中国抗日的活动。

在欧洲，1937 年 8 月英国共产党中央委员会发表了《援助英雄的中国人民》的呼吁书，号召英国工人阶级大力开展援助中国、保卫远东和平的活动。英国铁路工人积极响应共产党的号召，举行了盛大的游行集会，支持中国人民的抗日斗争。英国建立起英国援华运动总会、英国国联同志会、国际反侵略大会英国分会、民权保障会等十几个援华组织，动员英国民众踊跃捐钱捐物支援中国抗战。伦敦市长领导的对华救济基金委员会，仅在 1938 年就募得捐款 15.2 万英镑，衣物数十万件。法国的法中之友社 1937 年 11 月 13 日召开各援华抗日团体代表大会，通过了要求法国政府制止日本侵略，抵制日货等决议。西班牙共产党在七七事变发生后，致电中国共产党。表示坚决支援中国的抗日战争。拥有 1900 万会员的国际工会联合会于 1937 年 9 月通过决议，要求国联制裁日本和发动会

---

① 《群众》周刊第 2 卷第 10 期。

员国援助中国。1939 年 9 月，该会在苏黎世开会，为中国募得 556 万法郎。在 30 多个国家和地区拥有 190 多万会员的国际运输总工会，1938 年召开有 34 个国家代表参加的会议，通过援华制日提案，决定国际运输工会的会员工人停止为日本装运军火、汽油等战略物资。有些欧洲朋友亲自来华工作。如德国著名记者汉斯·希伯来到中国后，奔波于前线和后方，赞扬中国人民的英勇斗争，呼吁世界人民援助中国抗日，他紧随前线部队转战，有空隙就执笔为文，最后英勇地牺牲于战斗中。此外，还有德国的米勒大夫，奥地利的傅莱和罗申特大夫，瑞典的霍尔曼医师，捷克的弗里德利希·基希医师，英国记者乔治·阿克以及澳洲新西兰的路易·艾黎等来华服务，对中国人民的斗争给予有力的支援。

在美洲，美国共产党员号召美国工人阶级"停止给日本运送一切军火"。美国费城拥有 10 万工人的产业工会，于 1937 年 10 月 28 日通过抵制日货的决议。全美学生会于 1937 年 12 月 30 日在纽约召开有 50 余所大学代表参加的援华反日大会，代表们当场将身上穿戴的日本丝袜、围巾烧毁。美国卸任总统胡佛，1938 年 7 月在旧金山发起"一碗饭运动"，号召市民将节约的一碗饭钱捐给中国抗战，全美至少有 100 万人参加了这一运动。1941 年 5 月 18 日，美国援华联合会总会与美国各地中美两国知名人士的联合组织，共同发起完成 500 万元救济中国伤兵难民的"中国周活动"，有 14 名州长和 200 名市长发表了宣言，号召本地区民众踊跃参加。美国人民不仅在道义上支援中国的抗战，而且有些人直接参与了中国的抗战事业。著名新闻记者埃德加·斯诺、史沫特莱、安娜·路易斯·斯特朗以及爱泼斯坦、汉森、福尔曼、卡尔逊等人，不畏艰辛深入到抗日前线采访或考察，以他们锐利的笔锋，真实地写出中国抗战的实况，向全世界人民介绍了中国人民的英勇斗争事迹。美国著名医生马海德，为筹建延安医院和治疗八路军伤员做出了重要贡献。1941 年 8 月，由美国志愿空军人员组成的"飞虎队"在中国成立。"飞虎队"在与中国空军共同对日作战中，1 年间就击落日军飞机 280 余架，给日本空中强盗以沉重打击。加拿大共产党员白求恩医生，受加拿大共产党和美国共产党的派遣，率医疗队来华。他以毫不利己、专门利人的献身精神和精湛的技术为伤病员服务，不幸以身殉职。毛泽东写了《纪念白求恩》一文，高度赞扬白求恩是一位"把中国人民的解放事业当作他自己的事业"的外国人。

在亚洲，深受日本侵略之苦的朝鲜人民，除了在国内坚持斗争外，大批爱国者来到中国，与中国人民并肩战斗。金日成等朝鲜爱国者，率先在中国东北组织了以朝鲜人为主体的游击队，在中朝边境地区开展游击战，为朝鲜的独立解放进行了长期艰苦的斗争，给中国抗战提供了可贵的帮助。1938年至1940年，朝鲜爱国者在韩国临时政府的领导下，于武汉、重庆等地先后成立了朝鲜义勇队和韩国光复军。来到延安的朝鲜战士，建立了朝鲜义勇军，直接参加了中国的抗战。越南人民和胡志明领导的印度支那共产党，在中国抗战期间，也以极大的热情支援中国抗战。胡志明到中国后，参加了八路军，辗转于延安、重庆、昆明、桂林之间，在领导越南革命的同时帮助中国抗战。菲律宾、泰国、马来亚、缅甸、印度和印度尼西亚等地区的人民，与侨居在这些地区的华侨联合起来，积极开展了抵制日货和不与日本人合作的活动，在政治上、经济上给日本帝国主义以打击。印度援华医疗队柯棣华、爱德华、巴苏华大夫，一直战斗在救死扶伤的第一线。其中柯棣华大夫病逝于抗日根据地，毛泽东以"全军失一臂助，民族失一友人"的挽联，表达了中国人民对他的怀念之情。太平洋战争爆发后，中国战场与东南亚地区许多国家的抗日斗争连成一片，东南亚地区的人民开展武装斗争，给中国人民的抗战以更加有力的支援。

日本虽然是发动侵华战争的国家，但日本人民始终是中国人民的朋友。九一八事变以后，日本共产党及其领导人多次公开揭露日本发动战争的侵略本质，表示对中国人民反侵略斗争的同情和支援。日本共产党领导人野坂参三（即冈野进）等，曾在延安工作，建立了日本共产主义者同盟，直接帮助中国抗战。日本许多知名人士、活动家、作家，如鹿地亘和夫人池田幸子，以及绿川英子、山田和夫、成仓进等，曾长期居住在延安或重庆，与中国人民一道反对日本帝国主义。日本侵略军的官兵中，有许多人被俘后在八路军的教育和帮助下，幡然悔悟，加入反战同盟组织，进行反战宣传。有的日本士兵被俘后还参加了八路军、新四军，成为反法西斯战争的英勇战士。

抗战期间，除了世界各国人民对中国抗战给予积极支援外，反法西斯的苏联、美国、英国等国家政府对中国也进行了有力的援助。

苏联是抗战中首先向中国提供援助的国家。1937 年 8 月 21 日，中苏两国政府签订了《中苏互不侵犯条约》，规定"两缔约国一方受一个或数个第三国侵略时，彼缔约国约定在冲突全部期间内对于该第三国不得直接或间接予以任何协助"①。当日本侵略者向华北华中发动大规模进攻，而英美等国采取"不干涉"政策的时候，苏联政府采取的对日强硬立场，无疑对中国是极大的支持。1938 年 3 月 1 日，中苏两国政府在莫斯科商定了《关于使用五千万美元贷款的协定》，苏联政府同意给予中国政府总数为 5000 万美元的贷款，以向苏联购买工业品及设备之用，年息 3%，中国政府以茶叶、皮革、兽毛、锡、锌、钨、棉花、桐油、药材和红铜等偿还。1938 年 7 月 1 日，中苏代表又商定年息 3% 的第二笔 5000 万美元的贷款，分 5 年偿还。1939 年 6 月 13 日，中苏双方商定年息与前两次相同的第三笔 1.5 亿美元的贷款，分 10 年偿还 ②。

苏联除了以贷款形式援助国民政府抗战以外，还向中国提供大批军用物资。据国民政府统计，在 1937 年到 1941 年的 5 年里，中国向苏联购买了各种飞机 997 架，坦克 82 辆，大炮 1000 余门，机枪 5 万余挺，汽车 1000 余辆。

苏联还派出一批军事顾问和军事专家，帮助中国军队进行训练，并且直接派遣空军志愿队与中国空军并肩作战。先后来华参战的苏联空军志愿队员有 2000 多人，他们参加了保卫南京、武汉、南昌、重庆、成都、兰州等城市的空战，还多次出动轰炸机轰炸日军机场、车站、港口、仓库、舰船等军事目标。据统计，苏联志愿队在华期间共参加了 20 多次重大战役，仅 1938 年即击落日军飞机 100 余架，炸沉日本舰船 70 余艘。在支

---

① 千铁崖：《中外旧约章汇编》，生活·读书·新知三联书店 1962 年版，第 105 页。

② 有的学者认为这三笔贷款实际只动用了 1.73 亿美元，在此之外苏联还向中国提供了 969.7 万美元的军用物资。见李嘉谷：《关于抗日战争时期苏联援华贷款问题》，载《近代史研究》1992 年第 6 期。

援中国人民的抗日战争中，苏联空军志愿队中有 200 多人血染长空，牺牲于中国。

日本发动全面侵华战争之初，美国政府采取了"不干涉"政策，对中国的抗战没有提供必要的援助。日本占领武汉、广州和声称"建设东亚新秩序"以后，美国与日本的矛盾加剧，对日态度逐渐发生变化。1938 年，国民政府派陈光甫为驻美代表，洽谈贷款事宜。在新任驻美大使胡适协助下，经过反复交涉，中美两国订立了桐油贷款协定，中国获得美国 2500 万美元的贷款。此后，又先后达成滇锡贷款 2000 万美元、钨砂借款 2500 万美元、金属借款 5000 万美元、平衡资金借款 5000 万美元等援助款项。但这些借款，只采取商业交易形式，不能在美国直接购买军火。1940 年底，美国总统罗斯福发表谈话，承认中、美、英三国的命运有密切联系，表示美国愿意承担这些国家兵工厂的责任，这才打通了中国直接从美国购买军火的渠道。然而，中国自广州失守以后，海上国际交通大部断绝，单纯依靠滇缅公路运输不敷需要，购得军火只能运入少量。从 1941 年起，美国开始增加对中国的援助，在 1941、1942 两年间，美国给中国贷款 5.5 亿美元。此外，美国还以数亿美元的租借物资援助中国。

英、法等国对中国抗战的援助较苏、美等国少。战争开始时，英法对日采取绥靖政策，对中国抗战十分不利。中国为维护滇缅、滇越、桂越国际交通线的畅通，曾与英、法两国政府多次洽商军事合作问题，也未取得一致认识。1938 年底，在美国给了中国第一笔贷款后，英国先后给中国商业信用贷款及外汇平准基金等贷款共 1000 余万英镑。法国亦给中国贷款 1.8 亿法郎。

世界各国和人民的大力支援，鼓舞了中国人民抗战胜利的信心，有力地帮助了中国的抗战。

第 三 章

相持阶段前期两个战场的作战

一、日本侵华战略的变化与国共两党采取的方针

1938 年 10 月，日军占领广州、武汉以后，中日战争开始进入战略相持阶段。日本面对人力、财力、物力、军力不足的矛盾，不得不停止对中国的战略进攻。中国经过战略防御阶段全国军民的英勇抗战，虽遏制住了日军的战略进攻，使敌我双方的力量对比发生了一定程度的变化，但是中国军民也付出了巨大牺牲，大片的国土特别是经济发展程度较高的城市和较为富庶的地区沦于敌手，抗战面临着极大困难。在相持阶段日渐到来的新形势下，中日双方都对原来的作战方针进行了调整。

（一）日本侵华方针的变化

1938 年 10 月，日军占领武汉的消息传到日本国内，"国民狂喜"，举行盛大的持旗游行和提灯游行，昼夜不停。然而，欢呼万岁之声在日本当局的耳中只不过留下了哀调，在几分欢欣之余，更为战争持久化给日本带来骑虎难下、欲罢不能的窘境，陷入深深的忧虑之中。

从卢沟桥事变到武汉会战结束，经过近 16 个月的战争，日军虽已推进到包头、风陵渡、开封、信阳、合肥、岳阳、芜湖、杭州一线，并控制了珠江口、长江下游沿岸和华北、华东的主要铁路沿线，但是随着战

区的扩大，战线的延长，特别是长期战争的消耗，使得日本兵力、物力、财力不足的根本弱点逐渐暴露出来。

面对中国正面和敌后两个战场，日军陷入了顾此失彼、疲于奔命的境地，如果想要再发动大规模的战略进攻和扩大占领区域，已是力所不能及了。在绥远、陕西、山西、河南、安徽、湖南、湖北、江西、江苏、浙江、广东一线约4000公里的正面，日军面对的是200多个师的中国军队。在日军占领区内，广大的农村为中国共产党领导的八路军、新四军为主的中国军队所控制，并以灵活机动的游击战争不断袭击和有力地牵制着日军，在敌人后方形成了敌我相互包围、犬牙交错的敌后战场。八路军、新四军在开展游击战争的过程中，开辟了许多块抗日根据地和游击区，力量迅速发展壮大。而此时日军伤亡已达45万人，损失飞机700余架，舰艇100余艘，消耗了大量的物资，换来的只是点和线的占领，即只能控制一些大中城市和主要交通线。

在这样一种战争态势下，日本不得不动员和投入更多的兵力，以维持对中国的战争和占领。为此，日本在全面侵华战争开始后，进行了大规模的扩军。先是在1937年扩编了7个师，继而在1938年又扩编了10个师，使其师的总数整整翻了一番。在短短的时间内如此大规模的扩军，造成了日军兵员结构的畸形。据日本陆军省军务部门统计，1938年8月，侵华日军兵员中，现役兵仅占11.3%，预备役兵占22.6%，后备役兵占45.2%，补充役兵占20.9%。这种兵员结构造成了日军官兵的军事素质逐步下降。战争初期。日军士官级以上军官均毕业于陆军士官学校，军事素质和指挥技能较高。随着战争大量减员，将士官标准学习期限由4年改为2年，再降为1年半，并从前线士兵中选拔基层军官，这就使得日军的指挥能力呈下降之势。战争开始时日军士兵90%以上为20多岁之现役、预备役青年，身体健壮，受过专门训练。从1938年4月起，因兵员不足，不得不以身体素质差、仅经过3个月左右强化军训的补充兵充实部队，严重降低了日军的战斗力。

随着战争的不断扩大和持久，各类军需物资的消耗也直线上升。日本政府被迫于1937年10月至1938年3月实施"中国事变第一次军需动员"，除原有陆海军兵工厂外，还动员 3800 家民营工厂生产军需品。1938 年 4 月至 1939 年 3 月，又追加实施"第二次军需动员"，把民营工厂扩大到 4000 家。其结果均未达到军事部门的预期成果。以第一次军需动员为例，除钢盔完成 100% 以外，武器、弹药、飞机、坦克及其他物资，均未完成预定计划。由于武器弹药紧张，到 1938 年 6 月，连学校用的教练步枪也都被收回用于战争了。

受侵华战争的制约和影响，日本国内的政治、经济转入了战时轨道。随着战争的扩大和持久，日本的政治、经济逐步陷入了困境。从平津战役到武汉会战，日本军费开支达到 100 亿日元。因连续追加军费，造成财政拮据，于是大量发行国内公债。在 100 亿日元的军费开支中，有一半是靠发行公债来弥补的。庞大的军费支出严重影响了日本经济的正常运行，造成进出口额大幅度下降，黄金储备减少，这对于日本这样一个对外依赖程度极高的国家是一个重大的打击。为解决物资严重匮乏的问题，日本企图扩大生产能力，制定了 1938 年物资动员计划，并实行了全面物资统制政策。然而，这一切措施收效甚微。军事工业的畸形发展，刺激了物价上涨，通货膨胀，再加上电力不足和粮食减产，使广大人民的生活日益陷入困境。这种情形造成了统治集团内部矛盾加剧，中产阶级动摇，人心极度不安，厌战情绪与日俱增，并出现了一些自觉的反战活动。

日本侵华战争的扩大和持久，还影响到对苏战备。日苏之间的力量对比严重失衡，日本对苏军备严重不足，极大地削弱了日本对苏联的强硬立场。在 1938 年夏的张鼓峰事件和 1939 年春夏的诺门坎事件中，日本都因侵华战争的掣肘而遭苏军重创，被迫对苏作出让步。

日本在发动全面侵华战争之初，企图经过速战速决的战略，在尽可能短的时间内和有限的空间里，摧毁中国的战争力量和战争意志，实现其战争目的。然而，经过近 16 个月的战争，日本付出了巨大的代价，却没有达到目的，反而使自己陷入了内外交困的窘境，速战速决的战略方针遭到彻底破产。日本朝野舆论普遍承认，单凭武力不能征服中国。因此，日本政府被迫对其侵华方针作出重大调整。

在政治方面，日本首相近卫文麿于 1938 年 11 月 3 日发表《东亚新秩序的声明》，即第二次近卫声明，改变了他在同年1月16日声明中提出的"不以国民政府为对手"的强硬立场。声明说："帝国所期求者即建设确保东亚永久和平的新秩序。这次征战之最后目的，亦在于此。""此种新秩序的建设，应以日满华三国合作，在政治、经济、文化等各方面建立连环互助的关系为根本，希望在东亚确立国际正义，实现共同防共，创造新文化，实现经济的结合。""帝国所希望于中国的，就是分担这种建设东亚新秩序的责任。……如果国民政府抛弃以前的一贯政策，更换人事组织，取得新生的成果，参加新秩序的建设，我方并不予以拒绝。"[①]11月30日，日本御前会议决定了《调整日华新关系的方针》，进一步提出："日满华三国应在建设东亚新秩序的理想之下，作为友好邻邦互相结合，并以形成东亚和平的轴心为共同目标。"[②]12月22日，日本政府又发表第三次近卫声明，公开宣布了"日满华三国应以建设东亚新秩序为共同目标而联合起来，共谋实现相互善邻友好、共同防共和经济合作"的"三原则"，要求中国做到:（一）清除以往的偏狭观念，放弃抗日的愚蠢举动和对"满洲国"的成见，同"满洲国"建立完全正常的外交关系。（二）签订日华防共协定，在特定地点驻扎日军，并以内蒙为特殊防共地区。（三）实现经济提携，中国承认日本臣民在中国内地有居住、营业的自由，特别在华北和内蒙资源的开发利用上向日本提供便利。声明还宣称："日本不仅尊重中国的主权，而且对中国为完成独立所必要的治外法权的撤销和租界的归还，也愿进一步予以积极的考虑。"[③]

　　上述两次近卫声明和御前会议决定表明，日本在占领广州、武汉以后，加强了对重庆国民政府的政略、谋略攻势，抛出了种种促使国民政府对日妥协的诱饵，企图以承认国民政府为条件，利用并扩大中国内部的

　　① 复旦大学历史系日本史组编译：《日本帝国主义对外侵略史料选编》（1931—1945），第278—279页。

　　② 复旦大学历史系日本史组编译：《日本帝国主义对外侵略史料选编》（1931—1945），第281页。

　　③ 复旦大学历史系日本史组编译：《日本帝国主义对外侵略史料选编》（1931—1945），第288—289页。

矛盾，迫使国民党和国民政府放弃抗日的立场，分担"建设东亚新秩序的责任"，实行对日"善邻友好、共同防共和经济合作"，并承认"满洲国"，从而将中日战争引上政治解决的轨道。这就是把以往对国民党和国民政府实行的以军事打击为主、政治诱降为辅的方针，改变为以政治诱降为主、军事打击为辅的方针。这样，日本就在坚持灭亡中国这一基本方针不变的前提下，在策略上作了重大改变，以求以政治进攻来达到单靠军事进攻所达不到的目的。

11月18日，日军大本营陆军部和参谋本部制定了《抗日政权屈服或崩溃的要领》，对"政略"进攻的具体内容作了11项规定，企图利用各种非军事的手段，通过挑拨和利用中国内部各种政治、军事力量之间的关系和矛盾，从内部分化、瓦解中国的抗战阵营，扶植亲日势力，建立"新中央政权"，并结合外交上孤立中国，促使中国抗日政权"屈服"乃至"崩溃"，因此，扶植亲日势力、反共、反蒋、诱降、早日结束中日战争，就成为日本政治进攻的中心内容。

日本在确立政治进攻为主方针、选择诱降对象时，有两方面的考虑。一方面是在重庆国民政府之外，扶植亲日势力，谋求建立"新中央政权"；另一方面是促使国民政府"屈服"或"崩溃"。无论是"屈服"还是"崩溃"，开始都以要蒋介石下野为"议和"的先决条件。但在不久以后，这种要求发生了改变。1939年2月，华北方面军特务部长喜多诚一所拟的"和平计划"中，表示"尊崇蒋介石上将的地位而给予崇高位置"。3月初，日本新任首相平沼骐一郎在国会演说中提出："蒋介石将军，与其领导之政府，假使能重新考虑其反日态度，与日本共同合作，谋东亚新秩序之建立，则日本准备与之作中止敌对行为之谈判。"这样，日本在占领武汉后不久，就从否认国民政府改为承认国民政府，并从反蒋变为拉蒋，企图实现"以华制华"。这是日本侵华方针的重大变化。

在军事方面，根据以政治诱降为主、军事打击为辅的新方针的精神，日本军事当局对其军事战略方针也作了相应的调整。1938年11月18日，日军大本营陆军部及参谋本部制定了《十三年秋季以后指导战争的一般方针》，提出如果早日解决中国事变的希望甚微，国内外要进一步巩固长期持久的形势，在坚持继续战争的决心下，进一步做好确保占领地区的治安和自主的建设。12月6日，陆军省和参谋本部决定的《昭和十三年秋季以后对华处理办法》，对新的军事战略提出了以下几个要点：第一，实行持久战略，准备长期战争。第二，基本上不扩大占领区，限制战争的规模和区域。第三，将军事打击的重心移向对付后方的抗日游击战争，并规定将河北省北部、包头以东的蒙疆地区，正太线以北的山西省、山东省的主要部分，京沪杭三角地带作为"应迅速确立治安之要域"，"固定配置充分的兵力"，而对正面战场，"配置之兵力应限于适应敌我形势所需的最小限度"。第四，确定了军事行动要配合政略和谋略工作的方针①。

根据新的军事战略方针，日军在武汉会战结束以后，即开始调整部署，实行向保守占领地的持久战态势转变。为适应新的军事战略的需要，1939年9月，日军在南京设立中国派遣军总司令部，以西尾寿造上将为总司令，前陆相坂垣征四郎中将为参谋长，统一指挥华北、华中和华南的日军。到1939年底新部署基本完成后，在中国派遣军隶属之下的日军共有24个师，20个独立混成旅和1个骑兵集团。这些部队分为4个战略集团，其分布为：华北方面军作为最大的战略集团，其兵力为9个师、12个独立混成旅和1个骑兵集团，分属驻蒙军、第一集团军、第十二集团军和方面军直辖，负责确保华北地区的安定，并确保主要交通线；第十一集团军配置在武汉地区，下辖7个师、2个独立混成旅，任务是对中国军队主力进行以攻势防御为特点的作战；第二十一集团军辖4个师、2个独立混成旅，任务是以广州、虎门为根据地，切断中国的补给线路；第十三集团军辖4个师、4个独立混成旅，主要任务是确保庐州、芜湖、杭州一线以东占领地区的安定，并确保主要交通线。

在经济方面，随着战争持久化和消耗的增长，日本开始要求侵华日军就地在占领地区进行"自主的建设"，实现长期自给，以解决其用于战争的物资需要。这就是"以战养战"的政策，它成为日本新的侵华方针中的重要内容。

---

① 见《日本军国主义侵华资料长编》（上），四川人民出版社1987年版，第459—460页。

为了统一使用各方面的力量，实现上述侵华方针，日本内阁于 1938 年 11 月建立了所谓"兴亚院"，由首相任总裁，外相、藏相、陆相、海相任副总裁，统一处理有关侵华的政治、经济和文化事务。"兴亚院"在北京、张家口、上海、厦门分设华北、蒙疆、华中、厦门四个联络部，以加强对占领区的政治统治、经济掠夺和奴化教育，成为贯彻日本新的侵华方针的工具。

（二）国民政府军事政治方针的调整

武汉失守后，国民政府的军政部门迁到长沙。1938 年 11 月初，第九战区司令部在长沙举行高级军事会议，检讨武汉会战的得失。会后军政重心又暂时转移到南岳衡山，准备以衡山为防御中心，必要时放弃湖南省会长沙。

日军在攻占武汉后，以一部沿粤汉路南攻，11 月 12 日攻占岳阳。次日，蒋介石电令湖南省主席张治中，长沙如失守务将全城焚毁（所谓"焦土抗战"）。当夜，湖南省当局在惊慌之中提前纵火，大火延续了 3 天 3 夜，烧毁了长沙城。然而，日军并没有进攻长沙。为平民愤，蒋介石以长沙警备司令酆悌等 3 人作替罪羊，枪决了事。

长沙大火事件发生后，日军仍未进攻长沙。蒋介石从中悟出了一个道理，日军"力量不够，气势已竭"，抗战进入了一个新阶段。在这种形势下，国民政府召开了一系列会议，调整军事、政治方针和策略。

1938 年 11 月 25 日至 28 日，国民政府军事委员会在南岳召开军事会议，即第一次南岳军事会议。第三、第九战区的司令长官、军团长、军长、师长等 100 余人出席了会议。蒋介石主持开幕式并作训词。他在训词中把抗战以预定的战略和政略，划分为两个时期，认为从卢沟桥事变到武汉撤退、岳阳沦陷为第一时期，此后是第二时期。在第一期抗战中，我们虽然遭受了挫失，但层层打击，逐步消耗了敌人。第二期抗战是"我们转守为攻，转败为胜的时期"。为此，抗战必须政治重于军事，民众重于士兵，精神重于物资，训练重于作战，游击战重于正规战。根据这一精神，会议决定要继续实施持久消耗的战略方针，重视游击战和运动战，以迂回包围战术转守为攻，牵制消耗敌人。同时重点把整训军队，提高军队素质，增强军队作战能力放在突出的地位，以迎接对日战争总反攻阶段的到来。

这次会议制定了全面整训部队的方针和原则，规定全国部队分三期轮流整训，限期完成，办法是将全国现有部队三分之一配备在敌后游击区域担任游击，以三分之一布置在前方对日作战，抽调三分之一到后方整训。每期整训时间暂定为4个月，一年之内须将全国军队一律整训完成。整训军队的内容主要是加强教育训练和改订部队编制两个方面。在教育训练方面，要求通过训练，提高官兵的战术技能，培养官兵的攻击精神和战斗意志。在改订编制方面，主要是精减非战斗机构和人员，充实作战部队。为此，决定在原有的军委会、战区、兵团、集团军、军团、军和基本战略单位师共七级指挥机构中，废除兵团、军团两级，并以军为基本战略单位，同时废除旅级编制。此外，对兵员补充、后勤保障等方面也提出了相应的改进要求。

会议还决定设立战地党政委员会，直属国民政府军事委员会，负责沦陷区的工作。决定设立桂林、天水两个行营，统一指挥南北两个战场之各战区，同时取消广州、西安、重庆各行营。还根据战场形势的新变化，重新划分了战区。第一战区司令长官卫立煌，辖区为河南及安徽一部；第二战区司令长官阎锡山，辖区为山西及陕西一部；第三战区司令长官顾祝同，辖区为苏南、皖南及浙闽两省；第四战区司令长官张发奎，辖区为两广；第五战区司令长官李宗仁，辖区为皖西、鄂北、豫南；第八战区司令长官朱绍良，辖区为甘、宁、青及绥远；第九战区司令长官陈诚（薛岳代），辖区为赣西北、鄂南及湖南；第十战区司令长官蒋鼎文，辖区为陕西；此外，在敌后新设立鲁苏、冀察两个战区，鲁苏战区司令长官于学忠，辖区为苏北及山东；冀察战区司令长官鹿钟麟，辖区为冀察方面。另还有23个步兵师归军事委员会直辖；9个步兵师和1个步兵旅担任大后方川、滇、康地区警备。

这次南岳军事会议在继续坚持抗战的主旨下，制定了第二期抗战的战略方针和各种部署。以此为标志，国民政府完成了由战略防御向战略相持阶段的过渡。由此，正面战场的抗战也进入了一个新的阶段。

继第一次南岳会议之后，1939年1月21日至31日，国民党在重庆召开了五届五中全会。蒋介石主持会议并作了政治报告和党务报告。全会的议题涉及第二期抗战的政治、军事、经济、外交、教育等各个方面，其中主要的议题是抗战和党务问题。

在抗战问题上，全会基本上坚持了继续持久抗战的立场，但是也表现出不彻底的倾向。一是蒋介石将抗战到底的"底"，限定在"回复七七事变以前原状"；二是蒋介石虽然抨击了第二次近卫声明，反对以此为"讲和"的条件，但并没有断然排除与日本谈判的可能性。

在党务问题上，蒋介石提出要"树立党基，巩固党基"，把"重整党务，恢复党誉，以巩固本党"作为"本届大会最大的任务"。为此，全会除制定了一些加强国民党自身建设的措施外，还把矛头指向中国共产党，把自身的颓势归罪于中共的发展壮大及在全国政治影响和地位的提高，担心共产党利用抗战"坐大"。会议专门讨论了共产党的问题，确定了"溶共"、"限共"、"防共"、"反共"的方针。这个方针在全会通过的整理党务的决议案以及会后陆续秘密颁发的《限制异党活动办法》、《异党问题处理办法》、《处理异党问题实施方案》等文件中，得到了体现和贯彻。

以上情况表明，抗战进入战略相持阶段后，国民党当局表现出既抗日又反共的双重倾向，即一方面表现出继续抗战并联共抗战的积极倾向；另一方面，却又表现出抗日目标的局限性和"溶共"、"限共"、"防共"、"反共"及反对民主政治的错误倾向。这就使得相持阶段到来后的抗战和国共关系，出现了更为复杂的局面。

（三）中共制定抗战新阶段的战略任务

还在武汉会战进行之中，中共中央已经预见到战争形势将发生变化，开始制定即将到来的新阶段的战略任务和各项方针政策。

1938年9月29日至11月6日，中共中央在延安召开扩大的六届六中全会。毛泽东在会上作了《论新阶段》的政治报告，并作了会议总结，着重讲了统一战线问题和战争、战略问题。他估计抗战正处在由防御转入敌我相持的过渡时期。日本在被迫停止战略进攻后，将转入军事上保守占领区，而从政治上和经济上向我进攻。对中国军民来说，要有计划地部署正面战场的防御抵抗和广泛开展游击战争，抓住敌人兵力不足和兵力分散的弱点，给以更多的消耗，促使其更大地分散，使战争转入敌我相持的新阶段。

根据这种科学的分析和估计，全会制定了抗战新阶段的各项战略任务。全会通过的《政治决议案》提出："全中华民族的基本任务应该是：坚持抗战，坚持持久战，巩固和扩大抗日民族统一战线，以便克服困难，增加力量，停止敌人进攻，实行我之反攻，以取得最后驱逐日寇出境和建立独立自由幸福的三民主义新中国的光荣胜利。"[①]决议还提出了15项当时的具体任务。

全会确定，要不断巩固和扩大抗日民族统一战线，用长期合作来支持长期战争；重申了全党应把党的主要工作方面放在战区和敌后，独立自主地放手组织人民抗日武装斗争的方针，并把发展敌后游击战争作为党的军事战略的首要问题。全会分析了敌后游击战争在各地的不同情况以及所面临的新形势，确定了"巩固华北，发展华中华南"的战略方针。毛泽东具体指出："敌后游击战争大体分为两种地区。一种是游击战争充分发展了的地区如华北，主要方针是巩固已经建立了的基础，以准备新阶段中能够战胜敌之残酷进攻，坚持根据地。又一种是游击战争尚未充分发展，或正在开始发展的地区，如华中一带，主要方针是迅速的发展游击战争，以免敌人回师时游击战争发展的困难。"[②]

为适应发展华中和华南的需要，全会决定撤销长江局，设立中原局和南方局，东南分局改为东南局。会后，中共中央决定刘少奇任中原局书记，周恩来任南方局书记。东南局仍由项英任书记。为贯彻"巩固华北"的方针，全会决定充实北方局，由朱德、彭德怀、杨尚昆组成北方局常务委员会，杨尚昆任书记。

在抗日战争由战略防御向战略相持转变的重大关头，中共六届六中

①　中央档案馆编：《中共中央文件选集》第11册，第751页。
②　中央档案馆编：《中共中央文件选集》第11册，593—594页。

全会正确地分析了战争形势，及时制定了党在抗战新阶段的任务和方针，为坚持持久抗战，坚持抗日民族统一战线，坚持敌后抗日游击战争，进行了全面的战略规划和预先部署，从而推动了各项工作的迅速发展。

二、汪精卫集团叛国与全国人民的声讨

日本为了解决兵力不足的困难，每攻占一地，就搜罗汉奸，建立伪政权，以达到"以华制华"的目的。1937 年 12 月，在北平成立"中华民国临时政府"，王克敏任行政委员会委员长。同年 11 月，联合已成立的"察南自治政府"、"晋北自治政府"和"蒙古联盟自治政府"，组成"蒙疆联合委员会"，1939 年 9 月又改组为"蒙疆联合自治政府"，德穆楚克栋鲁普（德王）任主席。1938 年 3 月，在南京成立"中华民国维新政府"，梁鸿志任行政院长。

但是，这些伪政权都是区域性的，而且头面人物多为北洋政府余孽，缺乏号召力，不足以与国民政府相抗衡。1938 年 6 月，日本外务省东亚局长石射猪太郎哀叹："临时政府也好，维新政府也好，其成立并未以中国人士的政治热情为基础，其构成分子都是同床异梦，两个政府既缺权威，又没有气魄，不仅是对国民政府没有什么威胁，反而在我国内部形成了头痛的根源。"①

随着中日战争持久化的趋势日渐明朗，日本为了促使国民政府"崩溃"，在军事打击的同时，暗中进行了另立"新的中央政权"的"和平"诱降活动。1938 年 9 月，在操纵北平"临时政府"和南京"维新政府"成立"中华民国政府联合委员会"的前后，日本曾策动唐绍仪、吴佩孚、靳云鹏等人出马，充当"中央政府"首领，并与国民党内以汪精卫为首的亲日集团暗中进行联系。后因唐绍仪被军统局暗杀，靳云鹏、吴佩孚先后拒绝出马，日本才逐渐将主要策动对象转到汪精卫身上，引诱汪精卫等人

---

① 转引自蔡德金：《历史的怪胎——汪精卫国民政府》，广西师范大学出版社 1993 年版，第 25 页。

叛国投敌。对于汪精卫集团的叛国投降，全国人民进行了声势浩大的声讨。

（一）汪精卫叛国投敌及全国人民的声讨

汪精卫一贯主张对日妥协。早在1932年1月至1935年11月任南京国民政府行政院长期间，他就从亲日畏日和反共的立场出发，极力鼓吹"一面抵抗，一面交涉"，推行了一条实质上是以"和平"交涉代替武装抵抗的媚日妥协方针。

1935年11月，汪精卫被爱国青年孙凤鸣行刺受伤后，于次年2月赴德国治疗。1937年1月，由欧洲返国后，任国民党中央政治委员会主席，9月任国防最高会议副主席。1938年3月，在国民党临时全国代表大会上被推举为国民党副总裁，在其后成立国民参政会时，又担任了国民参政会议长。他不顾已经变化的政治形势，继续推行其对日妥协投降的方针。

全国抗战爆发后，汪精卫就一直散布日本不可战胜的失败主义思想，鼓吹妥协投降。同时，他还网罗一批人，形成了一个主张对日妥协投降的集团，其中最核心的是时任国民政府副秘书长兼代理中央宣传部长、蒋介石侍从室第二室副主任的周佛海。周佛海在参加完庐山谈话会返回南京后，暗中组织小团体。他们诋毁抗日的主张是"唱高调"，而自称他们的小团体为"低调俱乐部"，其主要成员有周佛海、陶希圣、梅思平、高宗武以及熊式辉等人。他们经常在周佛海的寓所中聚会，密谋与日本取得联系，策划对日妥协活动。1938年1月，以"低调俱乐部"成员为核心，在汉口成立"艺文研究会"，由周佛海任总务总干事，陶希圣任研究总干事，并先后在长沙、广州、成都、重庆、西安、香港等地设立分会，作为公开的活动机构。此后，汪精卫、周佛海等人通过"艺文研究会"在香港设立机关，暗中开始了与日本方面的交涉。

1938年初，汪派成员、外交部亚洲司第一科科长董道宁与满铁驻南京事务所主任西义显接上关系，商谈促进中日"和平"。在西义显的安排下，董道宁又与满铁总裁松冈洋右会面。随后，他又先后与日军参谋本部谋略课长影佐祯昭、参谋本部中国班长今井武夫，参谋次长多田骏等人进行会谈。3月，汪派干将、外交部亚洲司司长高宗武由周佛海安排，以特派员身份多次到香港和上海活动。7月5日，高宗武到达日本东京，在新任军务课长影佐祯昭的安排下会见了首相近卫文麿、陆相坂垣征四郎、参谋次长多田骏及国会众议员犬养健等要人，重申同西义显会谈的观点，希望开展"和平运动"。日方也希望由汪精卫出马实现中日"和平"。10月22日，梅思平携带与日方交涉的初步方案，由香港飞抵重庆，向汪精卫报告。汪随后召集周佛海、陈璧君、陶希圣、梅思平及陈公博共同商议。日本"和平"方案的要点是：日本支持汪精卫在云南、四川及广东、广西四省地区建立"中央政府"；在汪精卫接受日本的"和平解决条件"，实行"和平"并在恢复"治安"之时，除内蒙外，日军开始撤退，两年内撤完。经过连日商议，汪精卫等人决定照此办理，并决定派梅思平、高宗武前往上海，与日本军部代表进行正式谈判并签订有关协议。

11月12日和13日，梅思平和高宗武分别由香港抵达上海，与日本参谋本部中国课长今井武夫及伊藤芳男在虹口重光堂举行会谈。经过协商，确定汪精卫等人接受日本提出的"和平"条件之后，设法离重庆去昆明，公布日华和平解决条件，并由汪精卫发表声明同蒋介石断绝关系，然后乘飞机去河内，再转香港，与日方配合发表收拾残局声明。在上述行动完成后，配合云南及四川地方军将领在西南地区建立新政府，并发布日华合作政策，推进"和平运动"。18日，日本又增派犬养健、西义显、影佐祯昭参加会谈。19日，双方正式会谈。20日，双方以高宗武、梅思平及影佐祯昭、今井武夫个人名义，签订了《日华协议记录》及《日华协议记录谅解事项》。此外，还有《日华秘密协议记录》、《中国方面的行动计划》等文件，就缔结军事同盟等问题对上述正式协议作了进一步的补充和更具体的规定。

汪精卫在听取了梅思平的汇报后，立即召集周佛海、陶希圣、陈璧君和陈公博等人进行商议，决定照重光堂协议的要求办理，并拟定了分别出逃重庆的办法。12月5日，周佛海以视察宣传工作为名离重庆飞抵昆明。18日，汪精卫逃离重庆飞到昆明，会同先期到达的周佛海、陶希圣及陈璧君等人于19日下午转飞法国殖民地越南河内。21日，陈公博也由成都经昆明飞抵河内。22日，近卫在得到汪精卫到达河内的消息后，发表了第三次对华政策声明，提出了与"新生的中国"调整关系的总方针，即"日满华三国应以建设东亚新秩序为共同目标而联合起来，共谋实现相互善邻友好、共同防共和经济合作"。汪精卫对此立即作出响应，29日派陈公博、周佛海、陶希圣到香港，发表致蒋介石等人的"和平建议"电报，即所谓艳电，刊登在31日的《南华日报》上，吹捧日本对中国无领土之要求，并称日本所提出的"善邻友好、共同防共、经济提携"三项"和平原则"，"兆铭经熟虑之后，以为国民政府即以此为根据，与日本政府交换诚意，以期恢复和平"①。艳电的发表，表明汪精卫与国民党的公开决裂和对民族的公开背叛。

在重光堂会谈中，日汪双方设想在汪精卫逃离重庆并发出与第三次近卫声明相呼应的声明后，国民党内的一批亲日派、部分反蒋派会纷纷出来支持汪精卫，甚至设想蒋介石周围的一些人也可能加入汪精卫阵营。这样，蒋介石必然会垮台下野，汪精卫便可以在云南、四川等日军尚未占领地区建立新政府。然而，日本和汪精卫所期望的局面并没有出现。相反，汪精卫集团的叛国行径激起了全国人民包括不同党派爱国人士的愤怒声讨，全国掀起了声势浩大的讨汪反逆浪潮。

在汪精卫出逃后，重庆国民政府表现了较为强硬的立场，曾先后派外交部长王宠惠、机要秘书陈布雷去见汪，进行劝阻，又令王世杰致电胡适，转达蒋介石嘱托，劝汪精卫勿作反国的公开表示，勿与中央断绝关系，勿往香港，不妨暂赴欧洲，均遭汪精卫拒绝。汪精卫艳电发表后，国民党中央执行委员会常委会于1939年1月1日召开会议，认为汪精卫的行为"实为通敌求降"，决议永远开除汪精卫党籍，撤销其一切职务，还决定发布对汪的通缉令。此后，蒋介石试图留一条路使汪精卫"翻然悔恨，重返抗战队伍"，故没有下达通缉令，并继续派人劝说汪精卫去欧洲休养。但汪精卫坚持投降立场，上述劝说均未取得结果。

中国共产党对汪精卫集团的卖国行为进行了强烈谴责和坚决反对。1939年1月2日，周恩来在重庆接见外国记者，严正指出汪精卫出逃是

---

① 黄美真、张云编：《汪精卫集团投敌》，上海人民出版社1984年版，第374页。

叛国行为。《新华日报》也发表了题为《汪精卫叛国》的社论及一系列文章，揭露汪精卫集团的卖国罪行。5日，中央书记处发出《关于汪精卫出走后时局的指示》，指出："蒋介石驳斥近卫宣言及汪精卫的逃跑与被开除党籍，表示了中国主战派与主和派的开始分裂，抗日民族统一战线一部分动摇分子，已经由亲日派转向汉奸集团，这是中国抗战与抗日民族统一战线的一大进步，这是目前时局的基本特征。"号召"用一切方法打击卖国叛党的汉奸汪精卫，批评他的汉奸理论，并指出他的反共主张即为他的汉奸理论的组成部分"[①]。敌后各抗日根据地军民也纷纷声讨汪精卫集团的叛国行径。

汪精卫集团的叛国降日行动，在各民主党派和各阶层人士中，也激起了极大的愤慨，他们纷纷举行讨汪集会和发表讨汪通电，要求下令通缉汪精卫等人，并给予制裁。何香凝在香港发表文章，驳斥汪精卫的艳电，痛斥汪精卫"不特民族气味全无，连做人的良心都已丧尽"[②]。1月2日，救国会的沈钧儒、邹韬奋、史良、胡愈之、张申府、沈兹九、胡子婴等20余人，发出声讨汪精卫叛国投敌的《快邮代电》，指出："汪兆铭背党叛国，通敌求和，违反国策，惑乱人心，固革命政党所不容，亦全国人民所共弃。"表示拥护国民党中央开除汪精卫党籍，提出"自兹以后，凡属言论行动表现妥协动摇倾向之分子，均应随时揭发，严加制裁，以击破日寇之诡计，巩固革命之阵营"[③]。接着，中华民族解放行动委员会发表《声讨汪兆铭通敌卖国》通电，历数汪精卫自抗战以来的种种妥协投降言论和活动，指出"汪兆铭今日之公开叛国，实为其过去行为之必然结果"，要求"政府应该立刻下令通缉汪兆铭，归案严办"。并提出："江逆本人虽已逃脱，而其党羽潜伏各处尚不在少数，后患堪虞，不容姑息，应彻查缉办，以期除恶务尽"，只有这样，"才能保证抗战革命政策之实现和抗战的最后胜利"[④]。其他各抗日党派也纷纷发表声讨汪精卫集团的通电、

---

① 中央档案馆编：《中共中央文件选集》第12册，中共中央党校出版社1991年版，第2—3页。
② 何香凝：《双清文集》下卷，人民出版社1985年版，第313页。
③ 《全民抗战》第46号，1939年1月2日。
④ 《中华论坛》第1卷第10—11期合刊，1945年12月1日。

谈话和文章，谴责汪精卫的卖国罪行。在 1939 年 2 月和 9 月召开的国民参政会第一届第三、第四次会议上，各民主党派参政员和无党派参政员共同提出《拥护蒋委员长严斥近卫声明并以此作为今后抗战国策之唯一标准案》《动员全国力量反对妥协投降，扩大反汪运动，肃清抗战营垒中暗藏汪系余孽及一切妥协投降分子案》等提案，呼吁坚持抗战，痛斥汪精卫集团卖国求荣的行径。东北救亡总会、香港救亡团体等党派团体，以及沈钧儒、史良、陶行知等著名人士均通电讨汪。华侨领袖陈嘉庚多次致电重庆国民政府和蒋介石等，痛斥汪精卫"背党叛国"，要求"严加惩处"。在陈嘉庚和南洋华侨总会的领导下，南洋华侨掀起了轰轰烈烈的讨汪运动。

与此同时，许多国民党军政官员、地方实力派人士，也纷纷声讨汪精卫的投降卖国行为。广东地方实力派张发奎、余汉谋等人，通电斥汪"谬论谬辞，为敌张目"，要求对汪"明正典刑，以肃纪纲"。桂系李宗仁、白崇禧联名电请国民党中央通缉汪精卫。西康刘文辉斥汪"言行逾范"，要求对其"严峻处分"。云南龙云虽与蒋介石有矛盾，但也不愿随汪降日，并将汪精卫离开昆明的情况向蒋介石报告，随即通电表示"拥护既定国策，抗战到底"。其他各战区将领、各省政府官员也都纷纷通电谴责汪精卫集团。

在全国各党派和各界人士的强烈要求下，国民政府于 6 月 8 日通令严缉汪精卫归案。这种全国上下的讨汪浪潮，对各种潜在的投降派形成了巨大压力，原属汪派、亲日派的反蒋势力都不敢轻举妄动，没有人对汪精卫的行动作出响应。

（二）南京汪伪政权的建立及全国人民的声讨

面对全国规模的讨汪浪潮，汪精卫等人失望之余，深感形势严重，前景暗淡。在这种形势下，汪精卫只有更加乞求日本的"援助"。

1939 年 1 月 4 日，曾给予汪精卫集团大力支持的近卫内阁在各种矛盾压力下辞职，平沼骐一郎继任首相，次日组成新内阁。汪精卫急于了解日本新内阁的态度，并争取日本给予更多的扶助，遂派高宗武于 1 月底赴日,要求日本新内阁履行近卫的允诺,对蒋介石发动"牵制性进攻"。2月初,高宗武返回河内后,与汪精卫商议组织救国反共同盟会和军队,取消北平"临时政府"和南京"维新政府",拟定成立以汪为首的"新中央政府"的方案与办法。2月21日,高宗武奉汪精卫之命赴东京。不久,日本政府五相会议正式作出了促汪出马的决定。

与此同时,汪精卫、陈公博、周佛海等人为建立以汪为首的"新中央政府"作准备,成立了由汪精卫、陈公博、周佛海、梅思平、陶希圣、局宗武、曾仲鸣、林柏生8人组成的"最高委员会"。其下设立政治、军事和财务3个委员会,政治与军事两委员会由汪精卫任主任委员,财务委员会由周佛海任主任委员。周佛海还兼任政治、军事两委员会的秘书长。这一最高委员会和3个委员会,便成为汪伪政权的雏形。

这时,蒋介石在多方设法劝说汪精卫无效的情况下,又采取了更为强硬的措施。3月21日,军统局在河内实施刺杀汪精卫的行动,结果曾仲鸣夫妇毙命。在刺杀案发生的第二天,日本即决定派影佐祯昭去河内协助汪精卫转移到安全地带。5月6日,汪精卫乘船到达上海,当日便与今井武夫举行会谈。从此,上海成为汪精卫集团的活动中心。

汪精卫到上海后,与周佛海、梅思平、陶希圣、高宗武和褚民谊等人经反复商讨,制定了《关于收拾时局的具体办法》。这个《具体办法》是以汪精卫出面组织"中央政府"为宗旨提出的,规定收拾时局的根本精神在于收揽人心。因此,必须在不变更政体及法统的条件下变更国策,用以收拾时局,并且提出了具体行动步骤:第一,召开"国民党全国代表大会",由大会授予汪精卫以改组国民党和改变国策的权力;第二,在国民党代表大会基础上,召开中央政治会议,聘党内外人士参加,由中央政治会议举任行政机构,改组军事委员会;第三,组成国民政府"还都"南京,同时,北平"临时政府"、南京"维新政府"应主动取消其政府名义,宣告重庆国民政府为伪政府,并发布前线各军对日停战移防命令①。5月31日,汪精卫、周佛海、梅思平、高宗武等11人飞赴东京,与日本当局协商。

---

① 见《今井武夫回忆录》,中国文史出版社1987年版,第305—309页。

6月6日，日本内阁五相会议通过《树立新中央政府的方针》。其主要内容有：新中央政府以汪（精卫）、吴（佩孚）、现有政权和改变主意的重庆政府等为其成员，政权组织以分治合作为原则；新中央政府根据《调整日华新关系原则》与日本调整国交，成立日期以配合战争发展等因素为前提①。

6月16日，日本五相会议对汪精卫提出的《有关收拾时局的具体办法》作出谅解，表示大致无意见。会议提出："中央政府"的名称和"首都"等，可在中央政治会议中决定，如果以南京为"首都"，以"国民政府"为中央政府的名称，日方不予反对；"国旗"可由中央政治会议决定。如决定采用青天白日旗时，在国旗、党旗及军旗上面，须附上一块标明"反共和平"等字样的三角形黄色布片；日华关系应根据日华新关系调整原则进行调整②。汪精卫此次日本之行，终于与日本达成了建立"新中央政府"的协议。

汪精卫回国后，便有恃无恐地公开进行建立"中央政府"的准备活动。在华北、上海、广州等地收买、拉拢各方要人的同时，还成立了以周佛海等人为首的"国民党全国代表大会筹备委员会"。经过两个多月的活动，8月28日在上海召开了伪国民党第六次全国代表大会。大会先后通过了《整理党务案》、《修订中国国民党政纲案》、《决定以反共为基本国策案》、《根本调整中日关系并尽速恢复邦交案》等反共卖国议案，选举了中央执委和中央监委，通过了大会宣言；推举汪精卫为主席，并授权汪精卫与党外人士组织中央政治会议，准备"还都"。此后，汪精卫集团一面积极筹备成立"中央政府"，一面与日本进行谈判。

从11月1日至12月24日，汪日双方代表在上海进行了10余次谈判。12月30日，双方签订了《日华新关系调整要纲》、《关于日华新关系调整的基本原则》另八件《秘密谅解事项》和三件《极密谅解事项》等文件。其主要内容有：中国承认"满洲国"；在新国交恢复以前，"维新"、"临时"

---

① 见黄美真、张云编：《汪精卫国民政府成立》，上海人民出版社1984年版，第86—87页。

② 见黄美真、张云编：《汪精卫国民政府成立》，第120—121页。

政府经办事项由"中央政府"加以继承；确保日本在"中央政府"外交、教育、宣传、文化以及军事等各方面的权益和合作关系；承认日本在内蒙、华北、长江下游、厦门、海南及附近岛屿的政治、经济以及地下资源开发、利用的权力，承认在以上地区的防共驻兵和治安驻兵权以及与驻兵地区有关的铁路、航空、通讯、港湾和水路在军事上的要求；在"中央政府"及各级机构中聘请日本军事、财政、经济、技术顾问，以确保上述条款的执行。日汪密约充分暴露了日本要变中国为其独占殖民地的野心，也充分暴露了汪精卫集团认贼作父、卖国求荣的真实面目。

日汪密约签订后，在中国派遣军总参谋长坂垣征四郎的直接操纵下，汪精卫与北平"临时政府"头目王克敏、南京"维新政府"头目梁鸿志，于1940年1月24日至26日在青岛举行会谈。他们拟定了"中央政府"的政纲、机构以及各方在其中的地位，决定3月26日为"还都"南京之日，并同时取消"临时政府"和"维新政府"。会议前夕，周佛海还代表汪精卫与专程来青岛的"蒙疆联合自治政府"代表李守信于23日举行了会谈，汪方承认蒙疆为防共特殊区域，伪蒙方面保证与即将成立的"中央政府"合作。在青岛会谈的基础上，3月20日至23日，汪精卫等在南京召开"中央政治会议"，确定"实现和平"、"实施宪政"，并最后确定了"中央政府"的政纲、机构及人选。"国民政府"形式上采用"五权分立制"，汪精卫任行政院长，陈公博任立法院长，温宗尧任司法院长，梁鸿志任监察院长，王揖唐任考试院长。

3月30日，南京正遇上一场凄风苦雨。上午9时，汪精卫集团大小汉奸在一片凄凉中粉墨登场，开始举行"国民政府"成立和就职典礼。当天公布《国民政府政纲》，发布了《还都宣言》。晚上，汪精卫发表对日广播讲话，声称："中央政府"的成立，使"和平运动"进入新的阶段。今后"将过去容共抗日之政策彻底放弃，重新确立和平反共建国之政策"①。汪伪政权的正式成立，表明汪精卫集团完全沦为日本的傀儡和工具。它名义上为全国性的"中央政府"，但管辖范围很小，并且由日本的"最高军

---

① 《中华日报》1940年3月31日。

事顾问部"和"最高经济顾问部"所牢牢控制。最高军事顾问影佐祯昭实际上成为汪伪政权的太上皇。日本虽然策划和操纵了汪伪政权的出台，但是由于正在执行诱降重庆国民政府的"桐工作"计划，所以并未立即在外交上予以正式承认。直到"桐工作"计划失败并于11月30日同汪伪政权签署《日华基本关系条约》之后，日本才正式宣布承认汪政权。

汪伪政权的成立和卖国条约的签订，再次激起全国人民的震怒。

1940年1月28日，毛泽东为中共中央起草了《克服投降危险，力争时局好转》的指示，要求在全国一切有共产党组织的地方，极力扩大反对汪精卫卖国协定的宣传。号召全国人民团结起来，打倒汉奸汪精卫，打倒汪伪中央，巩固抗日民族统一战线，抗战到底。2月1日，延安召开军民讨汪大会，毛泽东在会上发表讲演。大会发出了由毛泽东起草的通电，向国民党提出了全国讨汪、加紧团结、厉行宪政等10项要求。2月上中旬，各抗日根据地也相继举行讨汪除奸大会。3月15日，八路军、新四军发出讨汪救国通电，声讨汪精卫集团卖国投敌的罪行，表示要抗战到底。

全国各界民众、各阶层人士、海外华侨对汪精卫集团建立伪中央政权和签订卖国协定表示了极大的义愤，纷纷举行声讨集会，发表讨汪通电和宣言。湖南各界于3月30日举行讨逆锄奸大会，发出讨汪通电，痛斥汪精卫"于倭寇卵翼之下，僭窃伪号为签订卖国契约之傀儡，甘夷邦家于附庸，沦国民为奴隶"，实乃"乱臣贼子，人人可得而诛"。吉隆坡华侨黄盖堂通电称："汪贼精卫罪恶滔天，甘作虎伥，成立伪府，有血皆愤，誓不甘休"。

在沦陷区，不甘心作亡国奴的中国人民的反汪怒火，也冲破日伪的残酷统治而迸发出来，他们以各种可以利用的方式，开展反汪斗争。汪精卫潜抵上海后，中共江苏省委于1939年9月发出《关于深入普遍展开反汪斗争的指示》，号召各级党组织立即具体布置反汪斗争。针对汪精卫集团策动各大中学校拥汪登台的情况，上海各大中学校掀起了全市规模的反汪运动。各校学生纷纷进行反汪宣传，进行抗战必胜、投降必亡的教育，并揭发少数企图投靠汪伪的学校当局，反对学校伪化，开展护校运动。汪伪政权在南京成立后，上海学生界救亡协会印发了反汪宣言，在学校和社会上广为散发。各校还纷纷举行讨汪大会，上街散发反汪传单，张贴反汪标语和漫画，推动了各界的反汪斗争。

与此同时，各抗日党派和各界人士再次掀起讨汪高潮。4月上旬，国民参政会第一届第五次会议在重庆召开。根据各党派参政员的提议，会议通过了《声讨汪逆兆铭南京伪组织电》。通电指出："敌人占领地，安能有政府？降人订和约，安能有效力？四万万五千万同胞以血汗保障之国家主权，安能容敌伪盗窃？无量数忠勇将士及各项辛勤工作人员血战三年取得国防之信誉，安能被敌伪动摇？"表达了不承认汪伪政权和坚持抗战的决心。

汪伪政权成立后，重庆国民政府也作出了强烈的反映。1940年3月30日，国民政府继对汪精卫、褚民谊、周佛海等28人下令通缉之后，又对陈公博、温宗尧、梁鸿志、王揖唐等77人下令通缉。总计下令通缉105人，包括了汪伪国民政府的所有要员。同时，国民政府外交部长王宠惠照会各国，否认汪伪政权，要求各国不要承认。12月1日，王宠惠发表声明，日汪非法签订的条约全然无效。

汪精卫集团叛国投敌，是日本采取政治诱降为主方针的结果，也是国民党集团内一直存在的妥协倾向发展的必然结果。全国人民反对汪精卫集团叛国投敌的斗争，对于推动抗战营垒的团结，遏制国民党内的投降暗流，坚持抗战，无疑具有重大的作用。

三、沦陷区人民反对日本殖民统治的斗争

为了解决兵力不足、资源缺乏的困难，日本在占领区实行了残酷的殖民统治和掠夺，推行了一整套"以华制华"和"以战养战"的政策，沦陷区人民则对此进行了坚决的斗争。

（一）日伪对占领区的残酷统治

在政治方面，随着"以华制华"方针和"分治合作"原则的推行，

日军加紧了建立占领区各种殖民统治机构的工作。在伪中央政府之下，日伪在各地网罗汉奸，建立省、市、县各级伪地方政权，以实现和巩固其政治统治。

这些伪政权成立后，在其统治区域内强化保甲制度，即对居民10户编为一甲，若干甲编为一保，居民发给"良民证"，普遍贴制门牌，需通过固定封锁线者要发给旅行证或限期旅行证，甚至以打鱼为生的渔民也要发给渔民证。所有车辆船只都必须登记，外出运输必须领取许可证方可通行。对有抗日嫌疑的民众，则采取严厉的管制措施，重者予以关押或送俘虏营"感化"，轻者则由甲长或共具连保之人员监视其行动，并逐级上报，并由保长、乡镇长、区长找其谈话或召集会议，测验其思想，考核其行动。

日军在占领区建立各级傀儡政权的同时，还操纵建立各种伪民众团体和反动组织，配合伪政权进行殖民统治。1937年12月，日本仿照东北的"协和会"，在北平成立"中华民国新民会"，由王克敏兼任会长。1938年7月，日军又在上海成立了"大民会"，10月迁往南京，由梁鸿志兼任总裁。此外，日军占领武汉后，还建立了"正义会"等组织。这些伪组织在各种名目的学说主义之下，极力宣传中日"满""共荣"，胁迫沦陷区民众服从日军统治，并在进行奴化宣传和教育方面充当了日本的罪恶工具。在基层，日伪在编组保甲的同时，还建立"维持会"、"自卫团"、"爱乡会"、"政工团"、"特种教育委员会"等组织，从事监视居民、抽查保甲、巡逻报信、站岗放哨、支差服役、宣传教育等项活动，对沦陷区人民进行严密的统治。

在军事方面，日本为推行"以华制华"的方针，大量组编伪军，以弥补其兵力的不足。在华北，1937年12月"中华民国临时政府"成立后，便以原冀东伪保安队5个总队共1.7万人为基础组建伪军。到1939年10月正式组成"华北治安军"，齐燮元任总司令，下辖3个集团零2个团。1940年10月改称"华北绥靖军"，并陆续组建了4个集团零5个团。伪蒙军在1937年两个军的基础上，至1939年发展到9个师零1个炮兵团，由李守信任总司令。在华中，1938年3月"中华民国维新政府"成立后组成伪绥靖军，由任援道任总司令。至1939年春，共有苏州、杭州等7

个绥靖司令部和绥靖军1个旅零3个团。1939年12月，在上海举办军官训练团，培训骨干，汪精卫自任团长。1940年3月，汪精卫伪"中华民国国民政府"成立，设置军事委员会，组建了最大的伪军集团"和平救国军"，汪兼任委员长。此后，在各日军占领区设置高级军事机构。4月，又成立苏豫绥靖总司令部，胡毓坤任总司令，下辖暂编第一军、河南"皇协军"等共10个师。1941年，又将苏浙皖绥靖军升编为第一方面军，任援道任总司令，下辖7个师。到1942年，其正规军已达3个方面军、3个集团及华北绥靖军、苏豫边绥靖军等，共67个师、20个旅、11个集团。在华南，1940年底成立了"广东和平建国军"，总司令黄大伟，下辖5个师。这些伪军建立后，在日军的控制之下，担任警备并协助日军作战，尤其是在对占领区的"治安肃正"作战中充当了日军的帮凶。

在经济方面，日军为推行"以战养战"的方针，在"经济合作"、"经济提携"的口号下，对其占领区肆意进行经济掠夺，并对日本所需战略资源实施殖民开发，野蛮地压榨中国人民。

工矿业是日本殖民掠夺的重点。战争初期，日本在华北采用"军管理"的形式，即将企业交日本公司代为经营，企业主权归日军。在华中则采取"委托经营"的形式，即由日军当局委托有关公司经营管理企业。随着"以战养战"方针的提出，日本主要采用了"中日合作"的形式。1938年11月，日本同时成立了"华北开发公司"和"华中振兴公司"这两大"国策公司"。按形式上的规定，"华北开发公司"所属各企业，中国投资45%，日本投资55%；"华中振兴公司"所属各企业，中国投资51%，日本投资49%，实际上企业经营权归日本方面，大部分利润也被日本方面占有。"华北开发公司"是由日本政府与北平"临时政府"合资兴办的，其经营范围涉及各行各业，下属子公司到1943年10月已发展到29个，成为日本对华北经济掠夺的最大垄断组织。"华中振兴公司"是由日本政府与南京"维新政府"合资兴办的，至1941年拥有子公司13个，控制了华中地区水产、蚕丝、煤、铁、电力等行业。另外，日本在华南也建立了橡胶、制糖等公司，进行经济掠夺。沦陷区的工矿业几乎完全被日本所直接掌握和控制。

农业和农村劳动力也是日本掠夺的主要对象。首先是强占土地。其方式一方面是通过移民掠夺土地，1937年7月至1941年底，日本侨民由8万人增加到近70万人，其中大部分是移入的农业人口，占去中国大片土地；另一方面，日本对所需土地任意圈占和没收。例如卢沟桥事变后，"中日实业公司"没收了军粮城、茶堤两大农场的土地5.6万亩。1940年，日伪合办的"垦殖公司"圈占冀东沿海土地达7万顷。此外，日军修筑兵营、仓库、公路、机场、碉堡、封锁沟等，更是任意侵占土地。其次是由地方伪政权任意征收苛捐杂税。第三是日伪军直接抢掠粮食、牲畜和各种财物。每年收粮季节，日伪军都要发动抢粮作战，并将粮食定为军用物资，实行统制，强行征购。第四是强行以低价收购农产品。例如，1938年天津市场上棉花价格为每担65元，而日伪规定的统一收购价格仅为38元。华北各地的粮食收购价格，一般只有市场价格的一半。第五是掠夺农村青壮年劳动力。从1937年至1942年，日军仅从华北劫到东北的劳工就达529万人。另外，还有4万余名中国劳工被掠往日本去当苦工，受尽了折磨。

为控制金融，日伪先后在华北、华中设立了20余家银行。1937年9月在张家口设立"察南银行"，11月扩大为"蒙疆银行"，发行"蒙疆券"，成为"蒙疆"地区的中央银行。1938年3月，在北平设立"中国联合准备银行"，发行"联银券"，它是北平"临时政府"的中央银行，后在各地设立分支行30余处。1939年5月在上海设立"华兴商业银行"，发行"华兴券"，它是南京"维新政府"的中央银行。汪伪政权成立后，1941年1月在南京成立"中央储备银行"，发行"中储券"，取代"华兴银行"。这些银行除经营一般业务外，都有发行伪钞、代理"国库"等特权，控制着各地区的普通银行和地方银行。这些银行发行的大量伪钞，缺乏准备金，靠武力维持其"信用"，加大了对中国人民的掠夺和压榨。此外，日军还从1938年11月起发行"军用票"，使其流通于市场，大肆掠夺物资。由于滥发纸币，引起通货膨胀，物价飞涨，使广大人民生活在贫困和苦难之中。

在思想文化方面，日本在强制推行殖民思想文化的同时，还十分重视利用中国传统文化统治中国人。

首先，对中国文化教育机构及人员进行肆意破坏和打击。卢沟桥事变后，在中国 108 所高等学校中，被日军破坏的有 91 所，占总数的84%。师生被杀者更是不计其数。此外，日军还对中国的文化古迹、文物、图书文献进行了毁坏和窃夺。

其次，大力推行奴化教育和宣传。日伪的高等教育，完全是为培养各级傀儡官吏和亲日派服务的，"蒙疆学院"、"新民学院"、"建国青年学院"等无不如此。中等教育主要以"实务"教育为主，培养为其服务的下层技术人员和推行奴化教育的师资力量。日本最重视向中国儿童灌输奴化思想，对初级教育的师资、课程设置、教学内容等方面，都严加控制。日伪还强令中小学把日语列为必修课。在教育内容方面，主要是进行反共、媚日、卖国教育，除宣扬"中日满亲善"、"建设大东亚新秩序"之外，还提倡尊孔读经，利用中国封建伦理道德为日伪统治服务。

日本非常重视宣传和新闻媒介对其统治的作用。日伪在中国 19 个省办报达 139 种，最多时达 900 种。其中主要有北平的《新民报》、天津的《救国日报》、上海的《新申报》和汪伪政权的《中华日报》等。除报刊外，日伪还在中国境内先后设立广播电台约五六十座。此外，日伪还通过设立民众教育馆、放映电影、演出戏剧等，进行欺骗宣传，大肆传播和灌输"中日提携"、"大东亚共荣"、"皇军"战绩以及中国的封建道德和伦理观念。

日本在其占领区的殖民统治，给中国的抗战造成了极大的困难，给沦陷区的人民带来了深重的苦难。处于日伪严密控制之下过着亡国奴生活的沦陷区人民，不堪忍受日伪的政治统治、军事镇压、经济压榨和文化奴役，进行了各种形式的反抗斗争。

（二）沦陷区人民反对日伪的英勇斗争

在沦陷区人民的反日斗争中，中国共产党的地下组织发挥了重要作用。为领导沦陷区人民的斗争，中共中央规定在沦陷区实行长期埋伏、积蓄力量、以待时机的方针。根据这一方针，沦陷区的中共地下组织结合当地实际情况，领导人民群众灵活地开展了对敌斗争。地下党组织和地下党员深入到工人、职员、教员中开展工作，甚至设法打入日伪机关和要害部门，在群众的掩护下，机智勇敢地收集情报，向根据地输送干部和物资，有力地配合了敌后抗日游击战争的开展。

北平的中共地下组织在抗战初期，动员大批党员、民先队员和抗日积极分子到平西农村，开展游击战争。仅1937年9月至1938年3月，经北平地下党组织介绍到敌后的青年就有7000余人。他们还以个别串联、口头交谈等隐蔽的形式在群众中开展工作，多次组织募捐活动，将募集到的毛巾、手套、袜子、毛衣、铅笔、纸张、药品等送往抗日根据地，以募集的资金为抗日根据地购置通讯器材和印刷机械，并利用各种机会和社会关系，建立秘密交通网，设法打入日伪内部，进行搜集情报和策反等工作。

中共天津地下组织也在工人中开展工作，领导工人以合法形式同日伪作斗争，如请假、怠工等。1936年日本在天津老闸口开办的天津昌和厂，1942年改为生产军火，工人们便以"磨洋工"、少做活、多出废品、以坏充好、虚报数字等办法破坏生产。

上海沦陷后，中共上海地下组织以遣散难民的名义，动员了大批青年学生、工人和各种技术人员到抗日根据地工作，并为新四军筹集和购置药品和各种急需物资，秘密送到抗日根据地。在日军占领租界之前的"孤岛"时期，还以租界作掩护，运用合法手段组织工人开展各种形式的斗争。其中在金融界组织了"银行业职员联谊会"，发展会员约5000人；在洋行华籍员工中组织了"华联俱乐部"，有会员约6000人；在店员中组织了"益友社"，有社员1万余人；在电车工人中组织了"电车工人消费部"，有成员1000余人。这些组织动员和组织了数千名工人、职员参加新四军。上海地下党组织和进步学生团体，还于1938年开展了反对上海伪政权胁迫租界各学校向"大道市政府"登记的护校运动，接着又于1939年至1940年春开展了反对汪精卫叛国的运动。租界沦陷后，又组织学生到社会各阶层青年中广交朋友，开展工作，并派人打入汪伪"中国青少年团"和"青运"领导机关中开展工作，继续开展反对日伪的斗争。上海地下党组织除领导上海的群众反日斗争外，还输送力量到上海郊区各县农村，发动群众，开展抗日游击战争。

华北地区沦陷后，随着中共秘密工作的开展，广大产业工人或参加八路军，或组织游击队，或举行罢工，坚持抗日斗争。据不完全统计，各大工矿建立的工人游击队有 40 余支。济南失守后，山东淄博煤矿向八路军输送了 4000 余名兵员。1938 年 3 月至 5 月，开滦煤矿工人举行了万余人的大罢工。七八月间，唐山、赵各庄、村西、开滦等煤矿工人 7000 余人举行抗日暴动，其中一部分工人由节振国率领转入农村，加入了冀东人民抗日联军。1939 年 9 月，山东淄博矿工将日军发电总厂炸毁，烧毁淄川洪山煤矿，使日本方面损失 20 余万日元。以青岛纱厂工人为主体建立的崂山游击队，经常出没于崂山一带袭击日军。中国共产党领导的沦陷区人民的各种抗日斗争，有力地打击了日伪统治，支援了各抗日根据地和抗日游击战争的发展。

在反抗日本侵略的斗争中，早已沦为日本殖民地的台湾人民也奋起斗争。卢沟桥事变后，举国抗战的形势给台湾同胞以极大鼓舞。他们采取各种方法抵制日本掀起的"皇民化运动"，如使用汉语和台湾语，抵制改换日式姓名，反对向青年学生灌输日本皇国思想，秘密写作抗日反战作品；他们以隐蔽手段破坏军需生产和铁路、公路交通，故意拖延征工、征粮、征税时间；他们还拿起武器，反抗日本的殖民统治。

除坚持台湾岛内的斗争外，许多爱国台湾同胞还不畏艰险，返回祖国大陆，与在大陆的台湾同胞一起积极参加抗日斗争。他们组织政党和抗日团体，开展抗日宣传等工作。1937 年 8 月，厦门的台籍同胞首先组织了抗日复土总联盟会。接着，上海的台胞也先后成立了中华台湾革命党和中华台湾革命大同盟。1939 年春，在大陆日军占领区的台湾同胞，秘密组织了台湾革命青年大同盟。此外，福建也成立了闽台协会等组织。1940 年 3 月，台湾同胞部分抗日组织派代表共同组成台湾革命同盟，并创办《新台湾》和《台湾民声报》等刊物，开展抗日宣传活动。1938 年，台湾革命同盟建立了自己的抗日武装台湾抗日义勇队，人数最多时 300 余人，分为 3 个队，活动在浙江沿海一带，以后转至福建。义勇队成立以后，经常进行对日军的骚扰活动，并通过各种渠道在福建、浙江等地建立制药厂，制造了大批药品支援前线。

沦陷区人民反对日伪殖民统治的斗争，是中国抗日战争的重要组成部分。沦陷区人民不畏强暴，顽强斗争，为动摇和摧毁日伪的统治，夺取抗日战争的胜利做出了贡献。

四、敌后游击战争的发展和抗日根据地的建设

抗日战争进入战略相持阶段后，日军采取了确保其占领区域的方针，以主力回师华北，将军事打击的重点指向了共产党领导的敌后抗日根据地。1938 年 11 月，日军大本营陆军部制定的《陆军作战指导纲要》及随后发布的命令，确定在华北的作战方针是"要专心确保占据地区并使之安定，特别要首先迅速恢复河北省北部、山东省、山西省北部及蒙疆等重要地区的治安，并确保主要交通线"。在华中的作战指导方针是"要确保庐州、芜湖、杭州一线以东占据地区的安定，特别要首先迅速恢复上海、南京、杭州间地区的治安，并确保主要交通线"。为此，从 1938 年底到 1939 年初，日军向华北、华中增派了 9 个师和 5 个独立混成旅，并以主要兵力向坚持抗日游击战争的敌后抗日军民，实施大规模的军事进攻和"扫荡"。

中共中央军委根据相持阶段到来后华北、华中敌后的新形势和中共六届六中全会制定的"巩固华北，发展华中"的战略部署，决定八路军第一一五师主力挺进山东，第一二〇师主力进入冀中，第一二九师主力进至冀南、冀鲁豫等平原地区，帮助和配合地方党组织，放手发动群众，实行军民结合，广泛持久地开展群众性的游击战争，大力发展人民抗日武装力量，扩大和巩固抗日民主根据地。为牵制日军对华北的"扫荡"并配合正面战场作战，中央军委指示新四军大力发展华中的抗日游击战争和抗日根据地，不断地打击敌人。1939 年 4 月 21 日，中共中央作出《关于发展华中武装力量的指示》，指出华中在战略上是联系华北和华南的枢纽，这里的游击战争和群众武装力量有广阔的发展余地，对于整个抗战前途关系甚大。

各抗日根据地军民，遵照中共中央和中央军委的指示和部署，以新的姿态投入到了相持阶段更为艰苦的敌后游击战争和根据地建设中去。

（一）华北敌后抗日游击战争的发展

华北是日军进攻的重点。日军华北方面军为确保占领区的"安定"，先后制定了 1939 年度（1939 年 1 月至 1940 年 3 月）和 1940 年度（1940 年 4 月至年底）"治安肃正计划"，实施政治、军事、经济、文化、特务一体的"总力战"，企图在军事上实行以铁路为柱、公路为链、据点为锁的"囚笼政策"，对八路军和抗日根据地进行分割、封锁、"蚕食"和"扫荡"。从而达到由"点"、"线"扩大到"面"的占领的目的。从 1938 年 11 月到 1940 年底，华北日军出动千人以上的大规模"扫荡"达到 109 次。使用兵力在 50 万以上。因此，"扫荡"和反"扫荡"是敌后抗日根据地斗争的中心内容，反"扫荡"成为抗日游击战争的主要作战形式。

中共中央北方局和八路军总部根据敌情变化，部署落实"巩固华北"的战略任务，指示华北各地党组织和八路军各部队。深入发动和组织群众，发展游击战争，壮大抗日武装力量，坚决粉碎日军的"扫荡"，巩固华北抗日根据地。1940 年 4 月，北方局在山西黎城召开有冀南、太行、太岳等地区领导人参加的高级干部会议，提出了巩固根据地的"建党、建军、建政"三大任务，促进了华北敌后游击战争的发展和抗日民主根据地的巩固。

在晋察冀根据地，日军首先将进攻的矛头指向了冀中区。冀中地区一片平原，面积辽阔，河流纵横，道路四通八达。这种自然条件便于日军机械化部队运动。从 1938 年 11 月开始至 1939 年 4 月，日军连续对冀中区发动五次围攻，采取"分进合击"战术，企图首先占领点线、然后向面展开，以分割根据地，寻歼游击队主力。为了粉碎日军进攻，进一步巩固冀中根据地，发展平原游击战争，贺龙、关向应奉命率八路军第一二〇师主力由晋西北岚县出发，越过同蒲、平汉铁路，于 1939 年 1 月到达冀中，同冀中区部队领导机关会合。2 月，成立了以贺龙为书记的冀中军政委员会，并建立了以贺龙、吕正操为正、副总指挥，关向应为政治委员的总指挥部。2 月初至 3 月底，第一二〇师和第三纵队先后进行 30 余次战斗，共歼敌 700 余人，粉碎了日军第三、第四、第五次围攻，稳定了冀中局势。

4月下旬，河间、任丘之日军1000余人又分路向第一二〇师主力进攻。河间之敌800余人，将第七一六团三营包围于齐会村。第一二〇师集中刚刚完成整顿的7个团的兵力，经23日至25日3天激战，歼敌700余人，首次取得平原地区歼灭战的胜利，获得了平原作战的经验，坚定了抗日军民坚持平原游击战的信心。

在坚持平原游击战争中，冀中军民拆城墙、毁公路，并在各村之间挖掘了只能通行马车而不能通过汽车的道沟，以破坏日军机械化部队的活动条件。这是平原地区反"扫荡"作战中群众的一个创造。齐会村战斗后，第一二〇师进一步发动群众，开展游击战争，加强根据地建设。到8月，第一二〇师在冀中作战160余次，歼灭日军4900余人，圆满完成了巩固冀中、帮助第三纵队和扩大自己的任务，随后奉命调北岳区整训待命。

1939年夏，日军对晋察冀根据地的"扫荡"由冀中平原逐步向北岳山区展开。9月下旬，日军1500余人由灵寿北进，企图奔袭晋察冀边区的后方重镇陈庄。由冀中西返途中的第一二〇师主力在晋察冀部队配合下，集中6个团的兵力，利用山区有利地形和群众条件伏击、阻击日军，在运动中歼灭独立混成第八旅所部1200余人。10月25日至12月8日，日军纠集2万余兵力，对北岳区进行冬季大"扫荡"。11月3日，晋察冀军区第一军分区在涞源县雁宿崖伏击围歼日军，全歼日军上校以下500余人。日军独立混成第二旅旅长阿部规秀中将恼羞成怒，于4日率日军1500余人由涞源急进雁宿崖企图报复，扑空后追击至黄土岭村。第一军分区在第一二〇师特务团配合下，于7日伏击日军，日军伤亡惨重。阿部规秀中将也被炮火击中，当日毙命。这是抗战以来八路军击毙的日军最高级别的指挥官。阿部规秀之死，引起日军一片悲鸣。日军华北方面军司令官多田骏在追悼挽联上写道："名将之花，凋谢在太行山上"。黄土岭战斗共歼灭日军900余人，缴获大批军用物资。日军为图报复，急忙调集部队向阜平地区实施分进合击，但连续扑空，在晋察冀军民的不断打击下，被迫撤退。历时40余天的冬季反"扫荡"作战，八路军共进行大小战斗108次，毙伤日伪军3600余人，粉碎了日军的"扫荡"，巩固了北岳区。

在冀察热区，1939年1月以八路军第四纵队为基础，在北平以西组成冀察热挺进军，由萧克任司令员，统一指挥平西、冀东、平北地区的抗日游击战争。2月至6月，挺进军粉碎了日军对平西的三次较大规模的围攻和"扫荡"。到1940年11月，平西根据地扩大了一倍左右。冀东地区抗日游击队在日军大规模"扫荡"的严重形势下，化整为零，分散坚持，不断打击日军。从1939年底开始，挺进军还先后派出部队开辟了平北根据地。

晋察冀根据地军民反"扫荡"作战的胜利，使得根据地得到不断巩固和扩大，到1940年底已发展到同蒲路以东，正太、德石铁路以北，长城以南的广大地区，成为拥有北岳、冀中、冀察热三个行政区，1500余万人口的华北最大的抗日根据地。

晋冀豫根据地是中共中央北方局和八路军前方总部机关所在地。1938年11月，徐向前指挥冀南八路军部队16天作战28次，粉碎了日军3700余人对冀南的"扫荡"。12月下旬，刘伯承率第一二九师师部、第三八六旅补充团、先遣支队第三支队进入冀南。随后，邓小平由延安回到冀南师部。1939年1月，日军调集3万余人分十一路对冀南根据地进行大规模"扫荡"。第一二九师和冀南军区部队根据平原地形利于日军机动的特点，将主力划分为若干集团，分区活动，袭扰日军，以利应付情况，寻机歼敌。第三八六旅利用日军每遭袭击必派部队报复的规律，多次袭击威县，诱敌出犯。2月10日在威县以南香城固设伏，歼灭日军200余人。随后，各部队分散打击日军，发动群众改造地形，破坏铁路、公路，坚持平原游击战争。从1月至3月，共进行大小战斗100余次，毙伤日伪军3000余人。

7月3日，日军驻太原第一集团军司令官梅津美治郎指挥日军5万余人，对晋冀豫根据地进行"扫荡"。这时，刘伯承、邓小平已率第一二九师主力一部返回太行山区。在八路军总部统一指挥下，各部进行反"扫荡"作战。至8月底，共进行大小战斗70余次，歼灭日伪军2000余人，粉碎了日军聚歼八路军主力的企图。12月，趁日军调整防务、情况不熟的时机，为打破日军对根据地的分割封锁，并配合国民党军队的"冬季攻势"，第一二九师及第三三四旅发起邯（郸）长（治）战役，毙伤日伪军

700余人，收复黎城、涉县两县城，攻占部分敌据点，打破了日军分割太行山区的企图，使太南和太北又连成一片。

日军在多次"扫荡"失败后，加紧推行"囚笼政策"，修筑大量公路和德石、白晋等铁路。根据这种情况，根据地军民展开了交通破击战。1940年4月，冀南军区部队在2万多名群众配合下，对平汉路和几条主要公路进行了全面破击。5月，第一二九师等部在群众协同下发起白（圭）晋（城）战役，对白晋铁路展开猛烈破击。6月，太行部队又进行武（安）沙（河）战役，歼灭日伪军700余人，打破了日军切断太行与冀南联系的企图。

根据黎城会议精神，第一二九师于6月调整了军区、军分区。8月，成立由杨秀峰任主任的冀南、太行、太岳行政联合办事处，发布施政纲领，开展政权和经济、文化建设工作。晋冀豫根据地发展到北接晋察冀根据地，东至津浦路，西至同蒲路，南到黄河的广大地区。

在冀鲁豫根据地，1939年2月，第一一五师第三四四旅代旅长杨得志、政治部主任崔田民率旅直属部队一部由山西高平进入冀南。3月，与当地抗日武装合编为冀鲁豫支队，杨得志任司令员，崔田民任政治委员，统一了冀南、豫北、鲁西南抗日武装的领导。4月25日，冀鲁豫支队袭入金乡县城，毙伤日伪军150余人。随后，南下曹县。7月，在鲁西南地区以灵活的游击战，打破了日军1万余人的"扫荡"。10月中旬至11月上旬，又两次粉碎了日军对鲁西南的"扫荡"。1939年，冀鲁豫支队在反"扫荡"作战中，毙伤日伪军2000人，自己发展到1万余人。

1940年4月，黄克诚率第二纵队主力由太行山区进到冀鲁豫区，与冀鲁豫支队会师合编，成立冀鲁豫军区，由黄克诚任司令员，崔田民任政治委员。同时成立鲁西军区，萧华任司令员兼政治委员。6月，日军集中4000余兵力分三路"扫荡"濮阳地区，冀鲁豫军区新编第三旅一部与敌遭遇，歼敌400余人。此后，日军调集1.5万人向清丰、濮阳地区合击。新三旅以分散的游击战，迫使日军于6月18日结束"扫荡"。随着游击战争的发展，到1940年底，冀鲁豫根据地向南发展到陇海路，西面、北面接近晋冀豫根据地，东面与山东根据地连接，包括冀南、豫北、鲁西南三大块，为坚持长期抗战奠定了基础。1941 年 1 月，成立了以晁哲甫为主任的冀鲁豫边区行政主任公署，加强了对根据地建设的统一领导。

晋西北根据地是陕甘宁边区的屏障和通往华北各根据地的通道。1938年 12 月，第一二〇师主力开赴冀中后，留下第三五八旅及山西新军决死第四纵队、工卫旅、战地总动员委员会的几个游击支队等部，坚持晋西北的抗日游击战争。这些部队在广大汉、蒙古、回等各族人民的支持下，多次粉碎日伪军的"扫荡"。1940 年初，按照中共中央的指示，晋西北、晋西南两个区党委合并为晋西区党委，以林枫为书记。2 月 1 日，又成立了以续范亭为主任的晋西北行政主任公署。2 月，第一二〇师主力由北岳区返回晋西北后，成立了以贺龙、关向应为正、副书记的晋西北军政委员会。随后，开展了整军工作。这些措施，对加强这个地区的统一领导，开展根据地建设和对敌斗争起了重要的作用。

坚持在大青山地区的大青山支队，在绥中、绥西、绥南建立了游击区。从 1938 年冬起开始改建骑兵，1939 年改编为骑兵支队。5 月，日伪军 5000 余人分六路"扫荡"大青山。6 月至 8 月，又对大青山进行多次"扫荡"。大青山各游击部队团结蒙古、汉等各族人民，在反"扫荡"中发展壮大起来。到 1940 年冬，大青山地区的抗日武装发展到 3000 余人。两年中共作战 120 余次，毙伤日伪军 859 人。1940 年 8 月，成立晋绥游击区行政公署驻绥远办事处，下设 3 个专员公署和绥东游击区。

1940 年，日军对晋西北根据地发动了万人以上的春季和夏季大"扫荡"，晋西北军民积极开展游击战争，取得了米峪镇、二十里铺等数次战斗的胜利，毙伤日伪军 5500 余人，胜利地保卫了晋西北抗日根据地。11月，成立晋西北军区，统一领导大青山以南、汾离公路以北、东至同蒲路、西至黄河边广大地区的抗日游击战争。

山东根据地是连接华北和华中的枢纽，战略地位十分重要。为加强山东的工作，1939 年 3 月，陈光、罗荣桓奉命率第一一五师师部及第三四三旅主力由晋西进至山东鄄城、郓城地区。3 月 4 日至 5 日，首战樊坝，歼灭伪军 1 个团 800 余人，打开了运（河）西的局面。随后进至泰（安）西地区，同津浦支队及山东纵队第六支队等部会合，开展游击战争。

5月，在泰安、肥城地区粉碎日伪军5000余兵力分九路进行的合围"扫荡"，取得陆房突围战斗的胜利，毙伤日军800余人，为打开泰西地区的局面奠定了基础。8月2日，第一一五师独立旅第一团第三营取得梁山战斗的胜利，歼灭日军300余人，俘日军24人，创造了在兵力相等条件下以劣势装备全歼日军1个营的成功战例。此后，第一一五师同山东纵队协同作战，多次粉碎日伪军的围攻和"扫荡"。

1939年和1940年，日军对山东根据地千人以上的"扫荡"达25次，其中万人以上的有两次。仅在1939年夏季沂蒙区、1940年抱犊崮山区两次反"扫荡"中，八路军即作战50余次，毙伤日军3200余人。到1940年底，第一一五师、山东纵队及地方武装发展到7万余人，建立和发展了冀鲁边、湖西、鲁西、鲁南、鲁中、胶东、清河、滨海等抗日根据地，使山东根据地得到了巩固和发展。

（二）华中、华南敌后游击战争的发展

华中的敌后抗日游击战争在相持阶段到来后，也有较大的发展。由于日军从华中抽调部分兵力去华北，而留在华中的日军又多置于武汉及其外围地区，因此长江下游的苏、浙、皖地区，日军兵力较为薄弱，为发展敌后游击战争提供了有利条件。1939年1月，刘少奇奉中共中央命令，从延安南下到达河南确山竹沟镇，主持中共中央中原局的工作。中原局决定在敌占区党的主要任务是建立、恢复和发展党的组织，放手发动群众，武装群众，开展敌后游击战争，创建抗日根据地。3月，为贯彻中共六届六中全会确定的"发展华中"的战略方针，周恩来受中共中央委托到达皖南新四军军部，提出新四军发展华中的三条原则，即：哪个地方空虚，就向那个地方发展；哪个地方有危险，就到那个地方去创造新的活动地区；哪个地方只有敌人和伪军，友党友军较不注意没有去活动，我们就向那里发展。并根据华中情况，同新四军领导人研究确定新四军的战略任务是"向北发展，向东作战，向南巩固"。随后，中共中央、毛泽东又多次指示，强调华中是当前发展游击战争的主要地区，是战略上联系华北、华南的枢纽。发展华中的游击战争，关系整个抗战前途甚大。根据中共中央的

指示和部署，新四军各支队积极进行反"扫荡"作战，发展华中的抗日游击战争，开辟和发展了许多块抗日根据地。

1939 年，战斗在苏南的新四军第一、第二支队在巩固茅山抗日根据地的同时、积极实行东进北上。4 月至 7 月，第一支队一部东进，越过沪宁路，与江南抗日义勇军配合，开辟了以苏州、常熟、太仓为中心的根据地。11 月，第一、第二支队领导机关合并，成立了以陈毅、粟裕为正、副指挥的新四军江南指挥部，并派出部队组成新四军挺进纵队，北渡长江进至扬州、泰州地区，开展游击战争，执行开辟苏北的任务。在皖南坚持抗战的新四军第三支队，在 1939 年中五次击退"扫荡"繁昌的日军。在 1940 年 4 月 23 日至 5 月 3 日的反"扫荡"中作战 10 余次，毙伤日军近千人。10 月上旬，又在叶挺军长指挥下，击退了日军 5000 余人对新四军军部驻地云岭外围地区的进攻。

江北的新四军第四支队于 1939 年 5 月进行整编，以第八团为基础新建第五支队，并成立新四军江北指挥部，张云逸任指挥，徐海东任副指挥。第四支队活动于淮南路以东、津浦路以西地区，开辟了以定远县藕塘为中心的津浦路西根据地。第五支队挺进津浦路东，开辟了以来安县半塔集为中心的津浦路东根据地。到 1940 年 3 月，第四、第五支队由 7000 余人扩大到 1.5 万人，地方游击队也发展到 5000 余人。使皖东的工作得到迅速发展。

彭雪枫领导的新四军游击支队于 1938 年 11 月下旬进入豫东后，初步打开了局面。1939 年夏，游击支队从豫东东进，协同八路军南下部队开辟了豫皖苏根据地。是年底，游击支队改称第六支队，兵力发展到 1.2 万人。

中原局于 1939 年 1 月成立后，先后组织力量向豫鄂边区敌后挺进。6 月，根据中原局指示，统一整编豫南、鄂中中共领导的抗日武装，成立新四军豫鄂游击支队，由李先念任司令员，陈少敏任政治委员。游击支队建立后，在平汉路两侧积极打击日伪军，逐步建立了以大悟山、白兆山为中心的豫鄂边抗日根据地。11 月，豫南、鄂东、鄂中等地游击队统编为新四军豫鄂挺进支队（1940 年 1 月改称纵队），李先念任司令员，朱理治任政治委员。这支部队所开辟的豫鄂边区长期孤悬敌后，甚为艰辛。中共中央曾指出这是一个伟大的成绩。

1939 年 9 月，刘少奇率领徐海东等一批干部从延安再回华中敌后，11 月到达皖东藕塘新四军江北指挥部，中共中央中原局机关也随迁到此处。12 月至次年 2 月，中原局连续召开三次会议，讨论发展华中的战略方向、根据地建设和统一战线等问题。根据中央提出的在一切有敌人而无国民党军队的区域，均应坚决而有计划、有步骤地去发展的指示精神和新四军向西防御、向东向北发展，开辟苏北的战略任务。中原局认为，苏北已是敌后，地靠山东，可同八路军相互策应，开辟这个地区，就可使华中同华北连接起来，因此确定向东发展，开辟苏北。这时，国民党顽固派强令江北新四军南调，并从 3 月初开始派兵先后进攻皖东津浦路西和津浦路东新四军。在这种严峻形势下，刘少奇连续致电中共中央，请求调八路军南下支援新四军。

为了支援华中新四军，根据中共中央、中央军委指示，1940 年 5 月，八路军第二纵队司令员兼政治委员黄克诚率第三四四旅、新编第二旅共 5 个团 1.2 万人由冀鲁豫南下，6 月下旬到达涡阳县新兴集。7 月，由八路军第一一五师第六八五团扩建的苏鲁支队也越过陇海路，抵达皖东北泗县。7 月，中原局决定将第三四四旅（欠第六七八团）与新四军第六支队（欠第四总队）合编为八路军第四纵队，由彭雪枫任司令员，留豫皖苏地区执行向西防御任务。8 月，将新二旅、第六七八团、苏鲁豫支队、陇海南进支队、第四总队合编为八路军第五纵队。由黄克诚任司令员兼政治委员，执行东进任务，进占运河以东的沭阳、淮阴地区。与此同时，陈毅、粟裕也于 7 月上旬率江南指挥部主力北渡长江，与挺进纵队、苏皖支队会合，下旬改称苏北指挥部，并将苏北新四军统编为第一、第二、第三纵队。9 月 30 日至 10 月 6 日，陈毅、粟裕指挥苏北新四军主力，集中兵力毙俘顽军韩德勤部 1.1 万余人，取得了黄桥战役的胜利。10 月 10 日，陈毅率部进军东台，在白驹镇同黄克诚率领的八路军第五纵队会师，完成了新四军向北发展，建立巩固的苏中、苏北抗日根据地的战略任务，开创了华中抗战的新局面。从此，华中敌后游击战争在苏、浙、豫、皖、鄂等省得到进一步的发展。11月，为统一对华中八路军和新四军的领导，按中共中央指示，成立了华中总指挥部，叶挺任总指挥，刘少奇任政治委员，陈毅任副总指挥（叶挺未到江北之前，由陈毅代总指挥）。到1940年底，新四军对日伪军作战2400余次，毙伤俘日伪军5.13万人，在华中建立了皖中、皖东、鄂豫边、豫皖苏、皖东北、苏皖边、淮海、苏北、皖南、苏南等抗日民主根据地，沟通了华中与华北根据地的联系。

在华南，广州失陷后，国民党军队迅速撤退，日军占领广九铁路两侧10余座县城。1939年1月，中共广东省委召开第四次执委扩大会议，根据中共六届六中全会确定的巩固华北，发展华中、华南的战略方针，决定广东党的基本方针和任务是：积极在抗战中发展自己的力量，准备在抗战最后阶段起决定作用，并要求把工作重点放在东江、琼崖地区，在东江、琼崖建立坚持长期抗战的重要根据地。在广东省委及各地方党组织的领导下，抗日游击战争逐渐开展起来。

从1938年10月11日日军在大亚湾登陆起，中共地方党组织领导的东莞抗日模范壮丁队和常备壮丁队就奋起抗击日军进犯。12月初，惠阳人民也成立惠宝人民抗日游击队总队打击日军。1939年1月，东莞常备壮丁队和模范壮丁队的大部与东（莞）宝（安）惠（阳）边抗日武装合编，成立东宝惠边人民抗日游击大队。这两支队伍在广九铁路中段和宝（安）太（平）公路沿线发动群众，在华侨和港澳同胞的支援下，开展敌后游击战争，不断打击日军。到1939年底已发展到近700人。初步打开了东江敌后抗日游击战争的局面。1940年8月，这两支队伍改称广东人民抗日游击队第三、第五大队，在大岭山、阳台山区，创建了东江抗日游击根据地。到1943年12月，这支队伍发展成为广东人民抗日游击队东江纵队，曾生任司令员，林平任政治委员。此外，广州市郊人民抗日游击队第二支队也在斗争中发展起来，在南海、番禺、顺德、中山地区不断打击日伪军，使珠江三角洲地区的抗日游击战争日益蓬勃发展。中共地方党组织还在粤中、雷州半岛、潮汕等地区组织和发展起抗日游击武装。

1938年12月初，长期战斗在海南岛的红军游击队改编为广东省民众抗日自卫团第十四区独立队，冯白驹任队长，共约400人。1939年2月

10 日，日军在天尾港登陆，独立队第一中队在海口东南的南渡江潭口渡打响了琼崖人民抗战的第一枪。随后，独立队开赴琼山、文昌边界农村开展游击战争。3 月至 9 月，独立队连续进行多次战斗，不断给日军以打击，部队也扩大到 1000 人。此时，独立队改为独立总队，经过整编扩大，发展为 3 个大队。此后，独立总队在汉、黎、苗等各族人民的支援下，坚持抗日游击战争。1940 年 2 月，独立总队一部进至美合地区创建抗日根据地。9 月，总队进行整编，建立政治委员制度，冯白驹任总队长兼政治委员。到 1940 年底，部队发展到 3500 人。1944 年秋，这支队伍改称琼崖人民抗日游击队独立纵队，简称琼崖纵队。

中国共产党领导的敌后抗日游击战争，是一场极为广泛的群众性的战争。它不仅牵制了大量日军，有力地配合了正面战场的作战，而且积小胜为大胜，逐渐消耗日军的有生力量，陷敌于人民战争的汪洋大海之中。人民抗日武装力量不仅挫败了日军的进攻和"扫荡"，巩固了华北抗日根据地，发展了华中抗日根据地，开辟了华南抗日根据地，而且使自己得到了迅速发展壮大。到 1940 年底，八路军、新四军、华南抗日游击队的总兵力发展到 50 万人，此外还有大量地方武装和民兵。除陕甘宁边区外，在华北、华中和华南共建立了 16 块抗日根据地，拥有近 1 亿人口。由此可见，抗战进入战略相持阶段后，敌后抗日游击战争和敌后战场发挥出了越来越重大的作用。这对于坚持持久抗战，转变敌我力量对比，最后夺取胜利，具有深远意义。

（三）抗日根据地的各项建设

抗日游击战争是以抗日民主根据地为依托的。没有游击战争，根据地无法存在和发展，但没有根据地的巩固与发展，游击战争也不能长期坚持。敌后抗日根据地多为经济贫困地区，又处在分散的和被敌人包围、分割、封锁的环境之中，八路军、新四军等人民抗日武装在无外援的情况下，能够坚持极端艰苦的敌后抗战并使自己日益发展壮大，根本原因就在于中国共产党在敌后抗日根据地实行了符合广大人民群众利益和要求的政治、经济、文化等各方面的新民主主义的政策，从而真正发动和依靠人民群众，实行了广泛深入的人民战争。

在敌后建立和发展抗日根据地并使之巩固，最根本的问题就是建立和巩固抗日民主政权。随着抗日根据地的建立，政权建设工作也逐步展开。陕甘宁边区在政权建设中起了示范的作用。1939 年 1 月 17 日至 2 月 4 日，陕甘宁边区在延安召开首届参议会，民选的参议员有工人、农民、知识分子的代表，也有商人和地主的代表。会议制定了《陕甘宁边区抗战时期施政纲领》，通过了巩固统一战线、调整各级政府机构等 12 项重要提案。会议选出 15 名边区政府委员，林伯渠当选为边区政府主席，高自立当选为副主席；选举高岗为边区参议会议长，张邦英为副议长。

敌后各抗日根据地在八路军、新四军的紧密配合下，也陆续进行了建立抗日民主政权的工作。在华北，继 1938 年 1 月晋察冀边区行政委员会成立，宣告第一个敌后抗日民主政权诞生后，1940 年 1 月，冀鲁豫边区行政主任公署成立；2 月，晋西北行政公署成立；7 月，山东省参议会和山东省战时工作推行委员会成立，8 月，晋冀豫边区的冀南、太行、太岳行政联合办事处（简称冀太联办）成立，使这些地区的抗日民主政权逐步走向统一。在华中，到 1940 年底，建立了 47 个县的抗日民主政府。

1940 年 3 月 6 日，中共中央发布《抗日根据地的政权问题》的指示，指出：共产党在华北、华中等地建立的抗日民主政权，是统一战线性质的政权，即几个革命阶级联合起来对于汉奸和反动派的民主专政。指示规定，在政权工作人员中，共产党员、非党的左派进步分子和中间派应各占 1/3，实行"三三制"。这个政权的施政方针是在共产党的领导之下，争取中等资产阶级和开明绅士，调动各方面的积极因素，进一步发展抗日民族统一战线，镇压汉奸和反动派，以争取抗日战争的胜利。

各敌后抗日根据地根据中共中央指示精神，以陕甘宁边区为榜样，加强了抗日民主政权的建设。8 月，中共中央北方局公布《晋察冀边区施政纲领》，规定实行"三三制"的具体办法，并于同年秋在全边区进行普选，民主选举产生了由边区到村级的各级抗日民主政权。冀太联办于 8 月成立后，也实行普选，建立各级政权，并筹建全区的"三三制"政权。在晋西北、山东和华中各根据地，也开始大力开展抗日民主政权的建设工作。

各根据地政权的建立和"三三制"的实行，有力地调动了各方面的积极因素，推动了根据地各项建设事业的发展。

中国共产党在领导各敌后抗日根据地加强政权建设的同时，大力进行了经济建设工作。根据各抗日根据地的经济是以落后的、分散的小农经济为主体的自然经济的特点和经济遭到日军极大破坏和摧残的现状，制定了一系列行之有效的政策和措施，恢复和发展根据地的经济。在根据地的经济建设中，主要是发展农业生产，同时注意发展工业生产和对根据地以外地区的贸易，发展合作事业，并发展金融事业。在保障工农群众利益的前提下，调节各抗日阶层的利益和关系，实行劳资两利、公私兼顾、合理负担的原则。

为了恢复和发展农业生产，各根据地除采取奖励垦荒，兴修水利，以农为主发展多种经营，发动各方面力量支援农业等政策和措施外，最重要的是实行了减租减息的土地政策。减租减息是在抗日民族统一战线条件下，调节农民与地主这两个对立阶级之间相互利益和关系的最合理的政策。它一方面要求地主要减租减息，以改善农民的生活；另一方面要求农民要交租交息，照顾到地主、富农的利益。自1937年8月中共中央在《抗日救国十大纲领》中提出以减租减息作为抗日战争时期解决农民土地问题的基本政策以后，各抗日根据地都先后宣布实行减租减息。1938年2月9日，晋察冀边区政府率先颁布《晋察冀边区减租减息单行条例》，规定减租额为25%，年利率不超过10%，并规定废除正租之外一切杂税和各种名目的高利贷。到1940年上半年，北岳区大部分地区实行了减租减息，冀中区和平西区也初步贯彻了减租减息政策。晋冀豫、冀鲁豫边区各地先后作出了"五一减息"、"二五减租"和"半分减息"的规定。4月，晋西北行政主任公署颁布了《减租减息条例》，规定减租25%，并取消一切附加，年利一律不准超过1分。12月3日，冀太联办公布了《减租减息暂行条例》。12月15日，山东省战时工作推行委员会也颁布了《减租减息暂行条例》，规定减租1/5，减息2.5分。减租减息政策的实行，巩固了抗日民族统一战线，团结了各阶层人民。农民不仅得到了经济实惠，而且增强了自己的政治觉悟，大大提高了发展农业生产和参加抗日斗争的积极性，推动了农业生产的发展，有力地支援了长期抗战。

在发展工业生产方面，主要是食品、日用品生产，小型服装加工和军械维修等，以手工劳动为主，木制铁制机器并用。在发展公营工业的同时，着重发展合作工业、私营工业和家庭手工业，并鼓励根据地内外工商业家和华侨来根据地投资办工业，奖励地主创办工业。抗日民主政府规定了一系列改善工人待遇、保护工人权利和调整劳资关系的办法。这些政策和措施，促进了根据地工业生产的发展。

在发展商业方面，中共中央制定了"对外调剂，对内自由"的方针。各根据地实行对外贸易统制，交换根据地所必需的用品；对内实行贸易自由，发展公营、私营和合作商业，以利"货畅其流，物尽其用"，促进了根据地商业贸易的发展。

在发展合作事业方面，抗日民主政府大力发展生产、供销、消费、信用等合作社，以增加生产，活跃市场，平定物价，改善民生。合作事业的发展，活跃了抗日根据地的经济。

在金融方面，各抗日根据地建立后的一段时间内，货币非常混乱，除国民政府发行的法币外，原来各省和地方也发行多种货币。此外，还有日伪大量发行的"军用券"、"蒙疆券"、"联银券"等。日伪军利用伪钞强行收购和掠夺物资，搅乱金融，破坏根据地的经济。为了稳定根据地的金融，保护和发展根据地的经济，各根据地陆续建立起边区银行，发行货币。在华北各抗日根据地，先后成立的银行有晋察冀边区银行、上党银号、冀南银行、晋西北农民银行、北海银行、鲁西银行等，它们发行的货币一般称为"边币"，其中晋察冀边区银行于1938年3月发行的"冀钞"，后来流通范围遍及华北。在华中各抗日根据地，从1940年起，先后建立了淮海地方银行、盐阜银行、江淮银行、淮北地方银行、淮南银行、大江银行、豫鄂边区建设银行、江南银行和浙东银行等，它们发行的货币统称为"抗币"。各地银行在抗日民主政府领导下，与经济、贸易部门相互配合，采取发行和巩固本币、保护法币、打击伪钞、肃清土杂钞的货币政策，并于1940年前后澄清了金融市场，初步建立了本币市场。这对稳定金融，保护和促进根据地经济的恢复和发展，改善人民生活，支持敌后抗日游击战争起了积极的作用。各敌后抗日根据地的经济建设加强了抗战的实力，为坚持敌后抗战提供了物质保证。

中国共产党极为重视根据地的文化教育建设。各敌后抗日根据地认真贯彻执行党的文化教育方针和政策，积极发展文化教育事业。抗日战争开始后，党中央在延安陆续创办了大批学校，积极发展干部教育。中国人民抗日军事政治大学（简称抗大）、中央党校、陕北公学等学校培养出大批党政军干部，派往各地各部门。1939年2月，中央决定将抗大迁往晋察冀根据地；1940年2月又移至晋冀豫根据地，并陆续办起11所分校。华北、华中各根据地也办起各类学校和训练班，为军队和根据地的各项建设事业培养了数以万计的骨干力量。各级党组织还学习延安在职干部教育的经验，普遍建立起在职干部学习制度，提高了广大干部的思想觉悟和军事、政治、文化素质。根据地建立后，各抗日民主政府还组织大批知识分子参加国民教育工作。他们克服困难，因陋就简，办起大批中、小学。到1940年，陕甘宁边区已有小学1341所，中学7所，小学生达4.36万人。晋察冀边区也有小学7697所。各抗日根据地普及文化知识的社会教育，如夜校、冬学、识字班以及剧团、救亡室（相当于图书室或文化俱乐部）等都有很大发展，使一些世代目不识丁的农民开始学习文化知识，关心抗战，了解党和民主政府的方针、政策。

各抗日根据地党组织和民主政府十分重视新闻出版工作，创办了大量报纸、杂志，印刷出版了多种书籍。在延安，有《解放日报》、《解放》周刊、《八路军军政杂志》、《共产党人》等著名报刊。在华北，出版大小报纸150种以上，杂志140种以上。在华中，仅新四军各支队的油印小报就有30多种。各根据地还出版发行了大量马列著作、毛泽东著作及大量抗战读物和文化书籍。这些报刊、著作对于教育和鼓舞人民，打击和揭露敌人都发挥了重大的作用。

各抗日根据地的抗战文艺活动也十分活跃。自1938年起，各根据地先后成立了"文救"、"文协"分会及"文联"等团体，创办了许多刊物。广大文艺工作者创作出大批反映战争现实、揭露敌人罪行、讴歌根据地军民的诗歌、戏剧、小说、报告文学和美术作品。为了推动根据地科学技术事业的发展，1940年2月5日，在延安成立了自然科学研究会，以后又建立了医药、农学、地质矿冶、生物、机械电机、化学等专门学会，有300多名专家学者参加活动。他们为推动学术研究和普及科学知识，做了许多有益的工作。8月，又在延安创办自然科学院，成为中共历史上第一所培养科技人才的大学。

根据地的文化教育建设，离不开大量知识分子的辛勤工作。为适应抗战和根据地建设的需要，中共中央提出要尽力广泛地争取知识分子参加抗日民族解放战争，要求各级党组织和部队大量吸收知识分子。1939年12月1日，中共中央作出《大量吸收知识分子》的决定，要求全党同志注意大量吸收知识分子参加共产党领导的军队、学校和政府的工作，并把具备共产党员条件的人吸收入党。

中国共产党领导各敌后抗日根据地进行的政治、经济、文化教育等各方面的建设，使落后的农村根据地发生了深刻的社会变革，从而造成了政治上、军事上、经济上、文化上的先进的巩固的阵地，造成了敌后抗日游击战争得以长期坚持并取得最后胜利的基础。

五、百团大战

1940年8月20日夜，晋察冀军区、第一二九师、第一二〇师在八路军前方总部（简称前总）统一指挥下，发起以破袭正太铁路为重点，包括华北（除山东）地区的各主要铁路、公路交通线的总破击战。这次战役发起后第三天，参加部队达到105个团，故称百团大战。这是抗日战争进入战略相持阶段以后，八路军在华北人民的支援和配合下，发起的一次规模最大、持续时间最长的进攻战役。

正太铁路是日军重兵守备的交通命脉，沿线城镇、车站、桥梁、隧道附近均设有据点，铁路两侧10公里至15公里的重要地点，设有一线外围据点，是日军推行"囚笼政策"，切断八路军前方总部、第一二九师所在的太行根据地与晋察冀根据地的联系，并进攻和"扫荡"抗日根据地的重要支柱。鉴于这种情况，1940 年春，彭德怀、左权、刘伯承、邓小平和从晋察冀边区来太行八路军前方总部的聂荣臻讨论确定，进行破袭正太路战役，以切断山西日军的运输补给，并将太行、晋察冀两大根据地连成一片。

正当前总酝酿破袭正太铁路的时候，国内外形势发生了急剧变化。在欧洲战场上，从 1940 年 4 月至 6 月，德军以闪电战席卷西、北欧的丹麦、挪威、荷兰、比利时、卢森堡和法国等国家，荷、比、法先后投降，英国军队退出欧洲大陆。意大利趁机对英、法宣战。德、意法西斯在欧洲战场取得暂时胜利。这时美国对德、日、意采取观望和纵容政策，并加紧作战准备。欧洲战局的变化，刺激了日本迅速解决"中国事变"以利在亚洲、太平洋地区争夺霸权的欲望。日本陆军省、部决心在 1940 年底以前加强政略、战略之综合力量，以迫使重庆国民政府屈服。为此，日军在加紧进行在香港与国民政府秘密谈判的"桐工作"计划的同时，加强了对中国的封锁和军事压力，发起枣宜作战，攻占宜昌，并以此为基地加强对重庆等地的空袭，封锁福建、浙江的沿海港口，扬言要"南取昆明，中攻重庆，北犯西安"。在西南地区，日本迫使英、法封闭从缅甸、越南通往中国的国际路线，切断经西南的外部援助。在敌后，日军对各抗日根据地不断进行"扫荡"，推行"囚笼政策"，企图彻底摧毁抗日根据地。日本对中国的政治、军事新攻势，给中国的抗战增加了困难，国民党内一些人更加动摇，妥协投降危险空前严重。为克服这一严重危机，中共中央于 7 月 7 日发表《中共中央为抗战三周年纪念对时局宣言》，指出现在是中国空前投降危险与空前抗战困难的时期，号召全国应该加紧团结起来，克服这种危险和困难。

前总根据国际国内形势的变化和中共中央提出的任务，决定把酝酿已久的破袭正太铁路的设想付诸实施，以争取华北战局更有利的发展，影响全国抗战局势，兴奋抗战军民，克服投降危险，争取时局好转。7 月 22 日，前总向晋察冀军区、第一二九师、第一二〇师下达了《战役预备命令》，同时上报中央军委。《预备命令》指出：为打击敌之"囚笼政策"，争取华北战局更有利的发展，决定趁目前青纱帐和雨季时节，正太路沿线日军较为空虚的有利时机，大举破击正太路。同时对其他重要铁路，特别是平汉、同蒲路应组织有计划的总破袭，以配合正太路破袭战的行动。规定直接参加正太路破袭战的总兵力应不少于22个团，要求晋察冀军区派出10个团，第一二九师派出8个团，第一二〇师派出4个至6个团。8月8日，前总又下达了《战役行动命令》，明确了战役部署和作战地域划分。根据前总的部署，各参战部队进行了战前准备工作。

在八路军前方总部的指挥下，战役从8月20日开始，至次年1月24日结束。实际参战兵力晋察冀军区39个团，第一二九师46个团（包括总部1个团及决死队第一、第三纵队等兵力），第一二〇师20个团（包括决死第二、第四纵队、工卫旅、暂1师等兵力），共105个团，20余万人。这次战役经历了两个主动进攻阶段和一个反"扫荡"阶段。

第一阶段从8月20日至9月10日，中心任务是交通破击战，重点破击正太铁路。8月20日，八路军各参战部队冒雨隐蔽到正太路两侧，晚8时发起总攻击。刹那间，"一颗颗攻击的红色信号弹腾空而起，划破了夜空，各路突击部队简直像猛虎下山，扑向敌人的车站和据点，雷鸣般的爆炸声，一处接着一处，响彻正太路全线"①。整条正太路陷于八路军和人民群众的大破袭之中。

晋察冀军区以19个团又5个支队等部队，组成左、中、右纵队，分别向正太路东段平定（不含平定）至石家庄之间的日军独立混成第四、第八旅各一部发起攻击。右纵队第五、第十九团等部向娘子关至乱柳间的日军据点攻击。担负主攻任务的第五团首先潜入娘子关村，歼灭村内伪军后，依托村庄向利用悬崖峭壁和坚固工事据守娘子关的日军展开仰攻，经过3个小时的激战，终于夺回了被日军占据3年的娘子关，守敌大部被歼。第五团还袭击了磨河滩车站，破坏了磨河滩至程家陇底之间的铁路。第十九团曾攻入巨城和穰城车站。中央纵队第二、第三、第十六团和井（陉）获（鹿）支队一部，向娘子关至微水段的日军据点展开攻击。第三团在井陉煤矿矿工的支援下，切断矿区电源，迅速发起攻击，激战至

---

① 《聂荣臻回忆录》中册，解放军出版社1984年版，第496页。

次日，将日军全部歼灭。接着，在工人的帮助下对厂房、矿井进行了破坏。在战斗中，八路军战士从战火中救出两名日本女孩，聂荣臻司令员指示由专人照顾，随后将其送还井陉城日军据点。第三团还攻取了贾庄、南正日军据点，破坏了南正至微水间的铁路。第二团攻占乏驴岭铁桥东端堡垒，掩护工兵将桥炸毁，并一度占领蔡庄据点。第十六团分别攻入北峪和南峪，将守敌大部歼灭。左纵队的冀中警备旅第二团、军区特务团和井获支队，对微水至石家庄段进行破袭，攻击了岩峰、上安据点和头泉车站，并破坏了平汉铁路正定以北之铁路桥。在此期间，北岳各军分区部队破击了平汉铁路北段及边区周围日军据点。冀中区动员 10 万以上群众，配合部队对平汉、津浦、德石、北宁等铁路及公路进行了反复破袭。冀东军民破击了北宁铁路及多条公路，打掉了一批日军据点。

第一二九师以 10 个团零 3 个独立营的部队，组成左、右翼破击队和总预备队，对正太路西段平定（含平定）至榆次之间的日军独立混成第四、第九旅各一部展开攻击。左翼破击队辖第三八六旅第十六团、决死第一纵队第三十八、第二十五团等部，负责破袭正太路寿阳至榆次段。经一昼夜激战，第十六团攻克芦家庄车站，并配合工兵炸毁芦家庄至段廷之间的桥梁。第三十八团突袭攻占了上湖、和尚足车站。第二十五团攻克马首车站。右翼破击队辖新编第十旅第二十八、第三十团等部，负责破击正太路阳泉至寿阳段。第二十八团兵分三路攻克狼峪、张净等车站。第三十团攻占桑掌、燕子沟等车站。总预备队第七七二团也两次强袭平定西南冶西之敌，占领冶西。到 8 月 25 日，正太路西段除寿阳等少数据点外，均被第一二九师攻占，铁路、车站及附属设施遭受很大破坏。在左右翼破击队破击正太路时，总预备队为掩护破击队的右侧翼，以第十四团占领阳泉西南4 公里处的狮垴山。阳泉日军及一部分武装日侨从 8 月 21 日起连续进攻狮垴山。第十四团顽强战斗，在坚守 6 昼夜、取得歼敌 400 余人的胜利后，主动撤出战斗。在破击正太路的同时，冀南军民破袭了平汉铁路元氏至安阳段，太岳军民破袭了白晋铁路和同蒲铁路南段。

在正太路破击战取得重大胜利，日军集结兵力反扑的情况下，八路军前方总部于 8 月 26 日下达了第二步行动方案，指示在正太路不能继续坚持作战，或彻底完成正太战役任务的情况下，行动方针是乘胜开展正太路两侧战斗，力求收复深入根据地内的某些据点，继续坚持正太线的游击战。具体部署是晋察冀军区一部向盂县以北地区活动；第一二九师一部进击和辽公路，力求收复和顺、辽县两县；第一二〇师继续破袭同蒲铁路忻县、太原段，乘胜拔除根据地腹地之敌据点。晋察冀军区按照前总命令，于9月上旬组织盂北战役，在兴道村、西烟村等地给日军以打击。第一二九师按照前总命令，由破击作战转入打击出犯日军的作战。8月31日和9月1日，左翼部队在高坪、道平、红凹、卷峪沟等地区对榆次、寿阳出犯之敌予以打击，特别是卷峪沟约15个小时的阻击战，毙伤敌200余人，打击了日军合击安丰、马坊的企图，掩护了师指挥机关、后勤部门和右翼部队的安全转移。9月6日，左翼部队、第七七二团又在双峰地区将由太谷出犯的日军一个营500余人包围，激战一昼夜，歼灭日军营长以下400余人。

第一二〇师为配合正太路破击战，以20个团的兵力对同蒲铁路北段和晋西北地区的主要公路展开破击。8月21日夜，第三五八旅对忻（县）静（乐）公路上日军最大的据点康家会发起攻击，全歼守军50余人，并歼灭由静乐增援之日军40余人。同时，独立第一旅袭击了寨子村，袭占了石门鄢，并袭击了岚县城。独立第二旅收复了同蒲路上的日军重要据点阳方口，全歼守敌，毙伤120余人。暂编第一师一度袭入五寨县城。决死队第二、第四纵队切断了汾（阳）离（石）公路，并一度袭入王家池日军据点。工卫旅破击了太（原）汾（阳）公路。到9月5日，第一二〇师先后作战180余次，歼灭日伪军800余人，一度切断了同蒲铁路和忻静、太汾、汾离公路，钳制了日军的兵力，支援了正太路作战。

在第一阶段中，八路军共歼灭日伪军7000余人，攻克日军据点91座，破坏铁路300余公里，公路700多公里，并缴获大批物资，给日军以沉重打击，基本上实现了战役的预期目的。

第二阶段从9月22日至10月上旬，中心任务是扩大战果，继续破击交通线，作战的主要目标是攻占交通线两侧和深入根据地内的日军据点。9月16日，前总下达了第二阶段作战命令，进行了作战的具体部署：

第一二〇师以截断同蒲路北段为目的，集中主力彻底破坏同蒲路宁武至轩岗段；晋察冀军区以打开边区西北局面为目的，集中主力破袭涞灵公路，夺取涞源、灵丘两城，并以有力一部于同蒲路东侧配合第一二〇师作战；第一二九师以收复榆社、辽县为目的，进行榆辽战役，并以有力一部破击白晋铁路北段。

晋察冀军区根据前总的命令，调集 8 个团、3 个游击支队组成左翼队和右翼队，于 9 月 22 日发起涞灵战役。晚 22 时，右翼队向涞源县城及其周围据点发起猛攻。经一夜激战，仅攻占东、西、南城关，日军退入城内固守。23 日，右翼队决定先集中力量拔除外围据点。当晚，第二团向涞源城东 10 公里处日军重要据点三甲村发起攻击，歼敌大部，占领该村后又于 24 日拂晓击退了日军 200 余人的反扑。同时，第三团向涞源东北日军重要据点东团堡发起猛攻。东团堡据点由训练有素、装备精良的日军独立混成第二旅的士官教导大队和部分日军共 170 余人驻守，并筑有坚固的环形工事，易守难攻。第三团冒着日军的猛烈火力和日军施放的毒剂，反复攻击，至 24 日夜，攻占周围全部堡垒，将日军压迫于村东北角最后一座碉堡内。25 日，残存日军将库存武器、粮食等以汽油点燃，准备突围，又遭第三团的攻击。在突围无望的情况下，日军中校井田令残存的 27 人投火自焚。东团堡歼灭战显示了八路军的英勇顽强和战斗力，使日军受到了震惊。日军为此作《大日本皇军驻东团堡井田部队长恨歌》一首，哀叹："突击不分昼和夜，决战五日星斗寒。穷交实弹以空弹，遥望援军云貌端。万事休唯一自决，烧尽武器化灰烟。烧书烧粮烧自己，遥向东天拜宫城。……一死遗憾不能歼灭八路军，呜呼团堡！"右翼队其他部队也积极展开攻势，到 26 日，连克桃花堡等 13 个日军据点。28 日，日军援军到达涞源城后，晋察冀军区决定转移攻势于灵丘地区。10 月 7 日至 9 日，左翼队在右翼队一部的配合下，于灵丘、涞源一线先后攻克了南坡头、抢风岭、青磁窑等据点，并袭击了金峰店、黄台寺等地的日军。10 月 10 日，晋察冀军区命令结束涞灵战役，准备反"扫荡"作战。涞灵战役共进行 18 天，歼灭日伪军 1100 余人。为策应涞灵战役，冀中军区以 3 个团发起任（丘）河（间）大（城）肃（宁）战役，攻克日军据点 29 个，毙伤日军805人，伪军332人，有力地配合了涞灵八路军的作战。

第一二九师以第三八五旅为左翼队，以第三八六旅和决死第一纵队为右翼队，于9月23日发起榆辽战役。23日夜，战役开始。第三八六旅向榆社城发起强攻，经过4次攻击，战至25日，榆社被攻克，日军亡400余人。与此同时，左翼队攻克沿壁、王景，右翼队攻克铺上、小岭底。26日，第一二九师令右翼队以一部继续围攻管头据点，主力和左翼队东移，乘胜收复辽县和打击可能援辽之敌。27日，右翼队攻克辽县以西日军据点石匣，全歼守敌80余人。至此，辽县以西日军据点除管头外，均被攻克。左翼队于28日进抵马厩附近，准备当晚进攻辽县，这时，和顺、武乡的日军分别由南北两个方向增援辽县、管头。前总遂命令停止攻击辽县。以一部钳制和顺南下之敌，主力转移至红崖头、关帝垴地区，准备歼灭由武乡东援管头之敌。29日，第一二九师以一部猛攻管头，全歼守敌。30日，左翼队移动到红崖头以南山地，右翼队尚未到达预伏地区。此时，由武乡东援的日军600余人进抵王景，其先头部队在榆树节以东与右翼队遭遇，展开激战。已进入预伏阵地的左翼队当机立断，向日军侧后展开攻击，将敌包围。日军在8架飞机支援下，占领高地顽强抵抗。攻击部队冒雨向日军发动10次猛攻，战斗持续了两天一夜，双方伤亡惨重，形成对峙。10月1日黄昏，辽县西援日军500余人突破右翼队阻击，逼近左翼队。左翼队奉命撤出战斗。同日，前总决定结束榆辽战役。

第一二〇师于9月12日下达同蒲铁路北段行动计划，决定从9月20日开始破击同蒲路宁武至忻县段。9月14日，各部队开始向同蒲路开进。在进军途中，第三五八旅和独立第一旅三次袭击头马营，夜袭忻县以北之奇村、楼板寨、忻口等日军据点，并在黄松沟、上庄等地与日军激战，毙伤日军200余人。击破阻扰之日军后，各部队开始对同蒲路的破击作战。22日，第三五八旅第四团、师特务团等部在段家岭至轩岗之间破坏铁路数段。23日起，独立第一旅破击忻县至原平段，第三五八旅破击原平至宁武段，独立第二旅破击宁武至朔县段。另以一部兵力破击公路线，袭击日军据点，以配合破击同蒲路的作战。到27日，第一二〇师控制了朔县至原平之间的数段铁路，使同蒲铁路交通再次中断。

在第二阶段作战中，八路军共作战 620 余次，攻克日军据点 123 座，毙伤俘日伪军 7000 余人。

第三阶段从 10 月 6 日至 1941 年 1 月 24 日，中心任务是反"扫荡"作战。日军在八路军两次攻势的沉重打击下，损失惨重，深感八路军对其构成严重威胁。为稳定局势，恢复和巩固占领区，遂调集数万兵力，从 10 月 6 日起对晋东南、晋察冀和晋西北等抗日根据地进行报复"扫荡" 10 月 19 日，前总下达反"扫荡"，作战计划，要求党政军民密切配合，进行深入的战斗动员，领导群众空室清野，做好反"扫荡"的一切准备；要求各部队广泛开展游击战争，坚决消灭一路至两路进犯之敌，并注意各区的策应配合。各根据地军民未及休整，即以连续作战的精神展开了反"扫荡"作战。

在晋东南地区，从 10 月 6 日起，日军集结独立混成第四旅、第三十六师各一部近万人，首先对太行抗日根据地的榆社、辽县、武乡地区进行连续"扫荡"，企图打击八路军前方总部和第一二九师主力。第一二九师各部队内外线配合，积极进行反"扫荡"作战。15 日，新编第十旅两个团在和辽公路之弓家沟伏击一支日军运输队，击毁日军汽车 40 余辆，歼灭日军 100 余人。20 日，日军又集结近万人"扫荡"麻田、左会地区，使根据地受到严重摧残。26 日，日军开始回撤，实行分区"扫荡"。由武乡进犯黄烟洞之日军一个营 500 余人，辎重民夫 400 余人，企图取道蟠龙以东的关家垴一带山地西进，返回武乡。29 日夜，第一二九师主力将该敌包围于关家垴高地。被围日军为固守待援，除抢筑工事外，趁夜间袭占了关家垴西南的凤垴顶高地。30 日，第一二九师向关家垴、凤垴顶同时展开攻击。攻击部队不顾日军飞机的轰炸扫射，勇猛攻击，迅速突破关家垴日军防御阵地，展开白刃格斗，至 21 时将敌大部歼灭。对凤垴顶之日军经 10 次连续攻击，予以重大杀伤，至 31 日拂晓，共歼灭日军 400 余人，第一二九师主动撤出战斗。太行区北部的日军于 11 月上旬对榆辽公路以南地区进行反复"扫荡"，在根据地军民袭扰打击下，到 13 日先后退回据点。至此，太行区历时 40 天的反"扫荡"结束。

从 11 月 17 日开始，日军集结 7000 人分路对太岳抗日根据地进行"扫荡"，企图合击沁源及其以北的郭道镇地区。23 日，日军进抵合击地区扑空后，即实行分散"清剿"，对根据地进行烧、杀、抢、掠。仅沁源县被害群众有 5000 余人，牲畜被杀近万头，被抢走 7000 余头，房屋被毁三四万间。太岳军区部队抓住日军兵力分散的机会，积极打击敌人。23 日，沁西支队第四十二团在官滩痛击由权店进犯之日军 100 余人。27 日，第四十二、第五十九团各一部，在胡汉坪、马背地区毙伤日伪军 160 余人。沁东支队第十七、第五十七团等部队，先后在光凹、陈家沟、龙佛寺等地予敌以严重打击，仅龙佛寺战斗即毙伤日军 100 余人。第二一二旅在交口地区也予敌以重创。日军在不断遭到打击之后，被迫于 12 月 5 日分路撤出太岳区。

在晋察冀边区，从 10 月 13 日起，日军调集 1 万余人，首先分 10 路对平西的斋堂和三坡地区进行重点合击。平西军分区部队和游击队经过苦战，于 21 日跳出日军包围圈。23 日，日军分路撤退，至月底主力退出平西。从 10 月 9 日起，日军以 1.4 万人"扫荡"北岳区。日军先后合击管头、银坊、黄土岭、神北及店头、父子山、军城、城南庄、台峪和阜平等地。晋察冀军区部队以一部协同地方游击队袭扰日军，主力适时跳出敌包围圈，转移外线，待机打击日军。21 日夜，第二团派 30 余人袭入党城，以手榴弹袭击日军驻地。教导团在王快一线不断侧击日军。骑兵团在完县、望都、唐县各公路据点之间展开破击。日军在不断遭受打击下，于 23 日分路撤退，到 12 月 3 日大部退出北岳区，但在阜平、王快、党城、曲阳之线仍留驻 1000 余人。为迫退阜平等地之敌，彻底粉碎日军"扫荡"，晋察冀军区以 4 个团的兵力发起阜（平）王（快）战役。14 日夜，第六团猛攻东庄之敌，毙伤日军 170 余人。同时，第四团向阜平之敌展开攻击。第二团、游击军一度攻入党城和灵山。21 日，王快日军 130 余人押运 100 余驮子军需品去阜平，行至王林口被第二、第三团各一部全歼。26 日，平汉路宣村地区伏击战，炸毁日军列车及所载汽车 14 辆，重炮 3 门。27 日，日军从阜平、东庄出动 1200 余人，被第三团在罗峪、土门一带毙伤 140 余人。在抗日军民的不断打击下，阜平等地留驻日军被迫于 1941 年初全部撤退。北岳区反"扫荡"共歼日军 700 余人。

为配合北岳区反"扫荡"，冀中区军民展开以破击德石铁路为重点的攻势作战，并袭击小范镇、深县、交河、深泽等地，共毙伤日伪军1100余人，破坏铁路10公里，公路200余公里。到1月4日，晋察冀边区反"扫荡"基本结束，历时55天，共毙伤日伪军2000余人。

在晋西北地区，从10月25日至11月上旬，日军抽调4000余兵力"扫荡"晋西北米峪、娄烦一带的第三、第八军分区。12月中旬，日军又抽调2万余兵力，对晋西北根据地实施全面大"扫荡"。14日，各路日军相继出动，到23日侵占了晋西北除保德、河曲两县城以外的全部县城、大部集镇以及黄河渡口。日军对晋西北根据地有计划地实行野蛮的烧光、杀光、抢光的"三光"政策，使根据地遭到严重的摧残和破坏。据不完全统计，晋西北群众被惨杀者有5000余人，仅兴县地区被抢、被烧粮食即达15万斤，被杀、被抢牲畜达5000头，被烧、被毁房屋、窑洞1.9万余间，有的村庄被屠杀殆尽。晋西北军区部队避开日军大部队，转移到外线寻机歼敌。第四军分区部队先后袭击了方山、峪口、信义等日军据点，并4次袭击临县。师教导团等部袭入兴县东关，并在兴县以南伏击日军。第三五八旅和工卫旅分别对"扫荡"米峪之敌进行多次袭击和阻击。独立第一旅和决死第四纵队在大武以北不断袭击日军据点，破坏公路。到27日，共进行100余次战斗，打击了日军的"清剿"，并切断了太汾、忻岚、神岢等日军主要交通线。随后，为打破日军修筑公路，设立据点，企图长期驻守，分割根据地的计划，晋西北军区各部队组织带领人民群众，对兴县至岚县、方山至大武、三交至大武、离石至军渡、汾阳至柳林、神池至宁武朔县等公路交通线进行了破袭。独立第二旅、暂编第一师和雁北支队各一部，袭入神池、阳方口等日军据点，并3次袭入义井镇。决死第二纵队第四团深入到晋中平川，在下曲镇诱伏文水之日伪军，歼敌100余人。第三五八旅在兴岚公路上连续伏击护路和往返运输的日军。在根据地军民的打击下，日军修路筑点计划破产，遂于1941年1月6日起分路撤退，到1月24日全部撤回原据点。在日军撤退过程中，晋西北军区部队分别展开追击作战。决死第二纵队第五、第六团于汾阳以北的麻峪口和文水以北的石沙庄伏击日军，共歼灭日军营长以下300余人。历时40天的晋西北反"扫荡"作战，共进行战斗217次，歼灭日伪军2500余人，破坏公路 125 公里，桥梁 23 座。

百团大战从 1940 年 8 月 20 日破击战开始，到 1941 年 1 月 24 日反"扫荡"结束，历时 5 个多月，取得了重大胜利。

在百团大战过程中，华北各根据地的人民群众给八路军以有力地支援。他们配合部队破路、平沟、拆墙，并帮助部队运送弹药、给养和伤员。在有些地方，以群众为主破坏了大量铁路和公路。太行、太岳两区还组织了远征队，随军到铁路线上配合部队作战。在支援八路军作战中，涌现出了许多可歌可泣的英雄人物。如寿阳县景上村自卫队员王蝉余等 3 人，在战场上抢救伤员，第一个牺牲后，第二个接着上去抢救，又牺牲了，第三个再上去将伤员抢救下来。和顺县寺沟村的一位老大娘，在日军逼近本村的危急时刻，一连把 7 个伤员背进山沟隐蔽。广大人民群众的大力支援，是百团大战取得胜利的重要因素。

在人民群众的支援下，各八路军参战部队与日军浴血奋战，取得了辉煌的成果。从 8 月 20 日至 12 月 5 日的 3 个半月中，八路军共进行大小战斗 1824 次，毙伤日军 20645 人，伪军 5155 人，俘虏日军 281 人，伪军 18407 人，日军投降 47 人，伪军反正 11845 人；破坏铁路 474 公里，公路 1500 余公里，车站、桥梁、隧道 260 余处；缴获各种火炮 53 门，长短枪 5600 余支，轻重机枪 200 余挺以及其他大批军用物资。

百团大战沉重地打击了日军华北方面军的"囚笼政策"，日军惊呼"对华北应有再认识"。华北方面军在作战记录中写道：共军"一齐向我交通线及生产地区（主要为矿山）进行奇袭。特别是山区，其势更猛，在袭击石太路及同蒲路北段警备队的同时，并炸毁铁路、桥梁及通信设施，使井陉煤矿等的设备，遭到彻底破坏。此次袭击，完全出乎我军意料之外，损失甚大，需要长时期和巨款方能恢复。"[①] 经过这一战役，日军内部总结教训，加强和改革了对共产党和八路军的情报工作，进一步明确了在华北以中共军队为作战重点的指导思想。1941 年初，日军从华中抽调第十七师、第三十三师到华北，对华北抗日根据地实行更大规模的报复作战。

---

① 日本防卫厅战史室编：《华北治安战》上册，天津人民出版社 1982 年版，第 295—296 页。

　　百团大战的胜利，鼓舞和增强了全国军民抗战到底的信心。1940 年以来，日军在华北加紧推行"治安肃正计划"，不断"扫荡"抗日根据地；在华中攻占宜昌窥视陪都，大肆轰炸重庆，以军事压力配合政治诱降的"桐工作"计划；在华南、西南则封锁桂越、滇缅公路，断绝国际交通。这些军事、政治、经济攻势，给中国的抗战造成了极大困难。再加上国际上德、意法西斯在欧洲战场接连取得暂时胜利，更给处于困难之中的中国各阶层人士的心头蒙上了一层阴影。一时间，国内一部分人的悲观失败情绪再度抬头，妥协投降空气再度弥漫，中国抗战面临空前的危机。百团大战的枪炮声使全国军民欢欣鼓舞，民心士气大振，国内空气为之一新。捷报传来，举国上下一片欢腾，各地纷纷举行祝捷会、庆功会，群情振奋，增强了战胜困难、抗战到底的勇气和信心。全国报刊、电台争相报道百团大战的胜利消息，发表社论、社评，评价百团大战的意义。《大公报》评论道："这个攻势，方在发动，已凌厉无前，收获佳果；而三军用命，人人奋勇，攻势正猛，战果必仍将扩大。北方的胜利方在开始，而在全局上的意义尤其重大。"①《力报》发表社评说："华北胜利粉碎了敌寇这种阴谋，坚定了全国的抗战意志，而使一般动摇妥协分子无从得逞。"②

　　百团大战的胜利，提高了共产党和八路军的威望，使得八路军"游而不击"的谎言不攻自破，表明了中国共产党领导的人民军队已经成为敌后抗战的主力，敌后战场成为抗日的重要阵地。《新疆日报》发表社论说："华北出击大捷提高了抗日根据地与游击战的地位，在全国人民面前显示出它的伟大力量与作用，……粉碎了诬蔑游击队'游而不击'的种种诳言滥调。"③百团大战的胜利在国民党内也引起很大反响。蒋介石在致八路军总部的嘉奖电中称："贵部窥此良机，断然出击，予敌甚大打击，特电嘉奖。"④第一战区司令长官卫立煌连续致电八路军总司令朱德说："查顽寇陆续增兵，企图扫荡华北，截断我西北国际交通，兄

---

① 《大公报》1940 年 9 月 5 日。
② 《力报》1940 年 9 月 12 日。
③ 《新疆日报》1940 年 9 月 5 日。
④ 《新中华报》1940 年 9 月 22 日。

等抽调劲旅，事以迎头袭击，粉碎其阴谋毒计，至深佩慰。""贵部发动百团大战，不惟予敌寇以致命之打击，且予友军以精神上之鼓舞。"①

百团大战的胜利还打乱了日本急于结束中日战争，以便抽出深陷于中国战场的日军主力北对苏联、南攻英美的战略计划，迟滞了日本准备南进的步伐，给英美及东南亚各国带来了战略上的利益。因而，在国际上引起了很大反响。美国合众社等驻北平记者冲破日军的严密封锁，向世界连续报道了百团大战的消息。苏联《红星报》发表评论，称赞百团大战表明"中国人民为自由独立，争取最后胜利而战，依然表现出最大之决心而不能动摇"②。当时在华北敌后的许多外国记者、学者把自己的耳闻目睹记录下来，在其后来的著作中对百团大战作了充分的肯定。

百团大战取得了重大胜利，华北抗日军民经受了考验，得到了锻炼，但也付出了巨大牺牲。八路军在前3个半月的作战中，伤亡1.7万人，中毒2万余人。由于战役规模和持续时间都超过了八路军和抗日根据地补给能力的限度，特别是经过第二阶段过多的攻坚作战，致使部队伤亡过大，并过度疲劳。因此，在日军进行报复"扫荡"时，不能给敌以有力打击，使根据地遭到严重的损失和破坏，增加了敌后抗战的困难。

六、香港、澳门谈判

广州、武汉作战以后，日军大本营曾把以蒋介石为首的重庆国民政府视为一个"地方政权"，并确定了使之"崩溃"或合并于汉奸傀儡政权之中的方针。但是，重庆国民政府仍控制着中国西南、西北、中南、东南广大地区，保持着较强的武力和财力，并且在国际上代表着中国，因此，日本政府仍不得不把它作为解决"中国事变"的对手。在日军参谋本部的一些高级科员中，要求以蒋介石为对手，同重庆国民政府直接谈判的呼声越来越高。对汪精卫进行"和平"诱降的重要策动者之一、参谋本

---

① 《百团大战历史文献资料选编》，解放军出版社1991年版，第224页。
② 《新华日报》1940年8月30日。

部中国课长今井武夫上校就认为："与重庆政府间实现全面和平才是最终的目的"①。

基于这种判断，1939 年 3 月，日本首相平沼在国会演说中，正式将反蒋方针改为拉蒋方针。随后，日本政府在 6 月决定建立汪精卫"中央政府"的同时，又极秘密地设法开辟与重庆国民政府的联络路线，力争在"新中央政府"建立前或不得已在建立后，促使蒋介石政权投降，并导致汪、蒋政权合流。

正当日本开始对重庆国民政府政治诱降新攻势的时候，国际局势发生了重大变化。8 月 23 日，苏联与德国签订互不侵犯条约，在日本朝野引起很大的震动。8 月 30 日，日本平沼内阁在复杂离奇而又难以应付的世界形势下辞职，陆军上将阿部信行被抬出组阁。9 月 1 日，德国首次使用"闪电战"，以南、北两个集团军群向波兰发动全面进攻。9 月 3 日，英、法两国对德宣战，欧洲战争由此爆发。这大大出乎日本政府和军方的预料。在此之前，日本陆军部曾于 4 月间估计，欧洲战争很可能在 1941 年至 1942 年之间爆发，日本可以得到大约 3 年的时间用以解决"中国事变"，同时做好参与世界战争的准备。欧洲战争的爆发打乱了日本政府的计划，使日本统治集团受到强烈刺激，深感用 3 年时间解决"中国事变"和做好世界战争准备的计划已远远落后于形势。在这种形势下，新上台的阿部内阁作出了借欧战发生各列强无力顾及中国的时机，决心向解决"中国事变"迈进而不介入欧洲战争的决策。9 月 4 日，阿部发表声明称："当此欧洲战争爆发之际，帝国决定不介入，一心向解决中国事变的方向迈进。"此后，日本加紧了对重庆国民政府诱降的实施工作。

9 月，今井武夫被调至在南京刚刚成立的日本中国派遣军总司令部，一面参与组建汪精卫"中央政府"，一面策划对重庆国民政府的诱降工作。11 月下旬，中国派遣军总司令部还起用了从参谋本部调来的铃木卓尔中校，派他以驻香港武官的名义向香港当局申报成立所谓"香港机关"，努力建立同重庆政府的联络路线。12 月中旬，铃木卓尔通过香港大学教授

---

① 《今井武夫回忆录》，第 125 页。

张治平，提出要求与宋子文的胞弟宋子良会面；宋子良以需要其兄宋子文同意为由予以拒绝。12月27日，铃木卓尔与一个自称"宋子良"①的人会面，从此开始了和重庆国民政府的接触。1940年1月22日，2月3日、10日、14日，铃木卓尔与"宋子良"在香港连续进行谈判。中国派遣军总司令部派今井武夫参加了2月14日的谈判。在谈判中，"宋子良"提出在举行中日两国政府正式和平谈判前，希望先在香港举行预备会谈，讨论和平条件。并说重庆对于这次秘密讨论寄予很大期望，其代表都将携带委任状，宋美龄也预定前来香港，从侧面援助。今井武夫表示接受对方的建议。

今井武夫于2月16日从香港返回南京后，向中国派遣军总司令官西尾寿造上将作了详细汇报。19日，今井武夫又到东京向参谋总长闲院宫和陆军大臣畑俊六作了报告。2月21日，日军大本营发出《大陆指六六一号》指示，把对重庆国民政府的诱降工作命名为"桐工作"，要求对重庆或者把它包括进来或者使之瓦解。并规定以1938年11月御前会议决定的《调整日华新关系的方针》中的重要条款，作为与重庆方面代表谈判的条件。

1940年3月7日至10日，日本方面和重庆方面的第一次预备会谈在香港东肥洋行二楼举行。日方代表为参谋本部第八课课长臼井茂树上校及中国派遣军总司令部所派的今井武夫和铃木卓尔。重庆方面的代表是"宋子良"、重庆行营参谋处副处长陈超霖陆军中将和前驻德大使馆参事、现任国防最高委员会主任秘书章友三，另有侍从次长张汉年陆军少将为预备代表，张治平为联络员。日方二代表出示了陆军大臣畑俊六签发的证明书，重庆方面陈、章两代表出示了国防最高委员会秘书长张群签发的证明书。

经过3月7日、8日、9日3天会谈，日本代表提出了一份备忘录，主要内容为：（一）中国在恢复和平后承认"满洲国"；（二）中国放弃抗

---

① 宋子良时任西南运输公司主任，驻香港。这个自称"宋子良"的人系国民党军统情报人员曾广。

日容共政策；（三）日华实现共同防共，日本在内蒙古及华北若干地区驻军；（四）日华经济合作；（五）日华两国承认对方国民在本国有居住、营业自由，日本撤销治外法权，归还租界；（六）中国聘用日本军事、经济顾问；（七）停战协定签订后蒋汪协力合作；（八）日本在得到上述保证后，尽快撤兵。这八条内容表明，日本是以废除在华治外法权、归还租界为诱饵，使重庆国民政府承认"满洲国"，给予日本种种在华新特权，并达成蒋汪协力合作。它充分反映了日本灭亡中国的野心。

日本代表提出备忘录后，中国代表于3月10日上午接到蒋介石发来的不要签字的训令，并根据训令整理成八条和平意见，对日方提出的备忘录逐条加以修改或否定，其中最主要的是承认"满洲国"、日本在华驻兵和蒋汪合作三个问题。关于承认"满洲国"问题，中国代表说，如一旦予以承认，不仅中共会反对，而且旧东北系和旧西北系也会强硬反对，难免引起国民党分裂和全国大乱，故要求避开承认"满洲国"，暂持缄默态度。关于防共驻兵问题，中国代表表示可承认把内蒙作为特殊地区，但反对日本在华北驻兵，要求日本提出撤兵计划，万一两国在国防上有其需要时，日本可推迟一部分兵力的撤退，在恢复和平后再作协商。关于蒋汪合作问题，中国代表表示，由于国内反汪气氛极为强烈，现不能考虑与其合流，将作为国内问题加以妥善处理。

由于在上述三个重要问题上存有分歧，会谈没有取得实质性的结果。在3月10日晚会谈后，以相互领受对方意见的形式暂时休会。中国代表表示将尽快回去向蒋介石说明情况。日本代表今井武夫和臼井茂树分别回南京和东京，向中国派遣军总司令部和陆军中枢报告，然后等待来自重庆的正式答复，并因此将原定3月26日成立汪伪政权改为3月30日。铃木卓尔则留在香港等候消息。

3月23日夜，铃木卓尔在香港得到了"宋子良"转达的重庆方面的答复：关于承认"满洲国"问题，因遭到东北将领等的反对，现正努力进行说服，希望将正式的最高代表的会谈延期到4月中旬，并将"新中央政府"的成立日期问题也一并重新加以考虑。铃木卓尔对此表示不满，认为这是一种可能被误解为企图使"新中央政府"延期成立的意见，要求重庆方面不要采取这种态度，并表示将再等待答复，到 3 月 25 日夜为限。在 25 日没有得到答复的情况下，日本决定成立汪精卫"新中央政府"，3 月 30 日，在南京举行了成立仪式。

4 月 11 日，"宋子良"又从重庆回到香港，他向铃木卓尔表示，重庆国民政府已决定了成熟的方案，请求再次举行预备会谈。5 月 7 日，今井武夫获悉章友三从重庆抵达香港的消息后，于 11 日由南京抵达香港。这时，香港报纸报道了宋美龄到香港治牙疾的消息。因此，日本方面确认重庆方面有诚意进行谈判。5 月 13 日、17 日，中日双方代表举行两次会谈。中国代表再次强调承认"满洲国"和驻军对重庆政府来说是最困难的问题，但未能取得日方让步。5 月 29 日，中国派遣军总司令部就"桐工作"进行研究，决定仍坚持不改变日本方面的要求。

6 月 4 日至 6 日，中日双方代表在澳门的一个地下室举行第二次预备会谈。双方代表与第一次会谈相同。日本代表出本了参谋总长闲院宫的委任状，中国代表出示了盖有军事委员会大印和蒋介石签名盖章的委任状。这次会谈的主要问题仍是承认"满洲国"问题和日本在华驻兵问题。日本代表仍坚持原来立场。中国代表则表示：中国对于"满洲国"和日本在华驻兵两事绝难承认。"满洲国"问题应于实现和平、恢复邦交后，以外交方式解决，驻兵问题由两国军事专家秘密解决。这次会谈应集中讨论汪精卫问题，而此问题的解决，以让汪精卫出国或隐退为上策。会谈遂陷入僵局。

日本代表对此早已有所预料和准备，遂提出自认为可以打破僵局的办法，即将会谈升格。事实上，日军参谋本部第八课于 5 月 16 日就已制定了举行蒋介石和中国派遣军总司令部总参谋长坂垣征四郎中将高级会谈的计划。在第二次会谈之前的接触中，今井武夫也曾对章友三、"宋子良"提出过将会谈升格的问题。在会谈出现僵局后，日本代表提出了举行坂垣、蒋介石、汪精卫三人会谈的问题，并提出以上海、香港、澳门三地任选一处为会谈地点。中国代表同意举行高级会谈，只是以蒋介石不可能去这些地方为由，希望在重庆或长沙举行。这样，在双方都不愿完全关闭谈判大门的情况下，商定下一步举行坂垣征四郎和蒋介石的高级会谈。会谈结束后，中日双方代表"宋子良"和铃木卓尔又经过接触协商，于7月23日共同签署了备忘录，约定于8月上旬在长沙举行坂垣与蒋介石会谈。

坂垣征四郎对举行蒋、汪、坂垣三人会谈方案极感兴趣，表示自己可以主动进入敌区长沙参加谈判。6月26日，坂垣访问汪精卫，敦促他参加长沙会谈。汪精卫虽表示赞成，但要求研究保障安全的办法，于是日方要求重庆方面以书面形式确保出席三人会谈的日、汪代表的安全。重庆方面担心秘密会谈不成功，书面保证会被日方披露利用，拒绝出示保证安全的书面材料。尽管如此，日本对拟定的此次高级会谈仍抱有极大的期望。

与举行谈判、进行政治诱降攻势的同时，日本还对重庆国民政府进行了军事迫降行动。1940年5月至6月，日军发起枣宜会战。从5月2日起，日军还对重庆、成都等大城市进行了长达4个月的空袭，向重庆政府施加压力。这一时期，日本还通过了一系列外交活动，促使英国自7月18日起封闭滇缅公路3个月，并通过法国使法属印度支那当局宣布停止运输一切援华物资。日本期望通过军事行动和外交活动，以推动"桐工作"计划的进行。

7月22日，近卫文麿在军部法西斯势力的支持下，第二次上台组阁。近卫内阁受德国迅速占领荷兰、比利时、卢森堡和法国的鼓舞和刺激，加紧准备"南进"，夺取东南亚地区。日本内阁和军部都认为，德国在西欧取得胜利将使世界政治格局发生重大变化，日本应实行"划时代"的新对外政策，一是与德、意结成三国同盟；二是将政策重点从侵华转移到夺取英、法、荷在南洋的战略地位重要、资源丰富的殖民地，实行"南进"。7月27日，日本大本营和政府联席会议通过的《适应世界形势演变的时局处理纲要》规定，日本要力求"改善内外形势，促进迅速结束中国事变"，为此要"迅速迫使重庆政权屈服"[1]。

近卫的再次上台，影响到重庆国民政府的态度发生了某些微妙的变化。7月31日，重庆方面突然提出两项问题，要求坂垣亲笔答复。一项是要求近卫内阁以某种方式宣布撤销第一次近卫内阁发表过的"不以国

---

① 〔日〕服部卓四郎：《大东亚战争全史》第1卷，商务印书馆1984年版，第33页。

民政府为对手"的声明；另一项是要求在即将举行的蒋介石与坂垣会谈中不要触及蒋汪合作问题，并要求废除日汪之间签订的条约。这就打乱了原定于8月上旬举行蒋介石与坂垣会谈的计划。

尽管8月上旬举行高级会谈的计划未能实现，但日本方面并没有减退对重庆国民政府诱降的期望。8月22日，近卫、坂垣分别给蒋介石写了亲笔信，表示希望高级会谈仍能举行。在蒋汪合流问题上，表示可以不作为一项停战条件。8月28日，铃木卓尔带着近卫和坂垣的亲笔信到达香港，交给了"宋子良"。

9月5日，"宋子良"答复说：因近卫亲笔信仍然没有直率地取消"不以国民政府为对手"的声明，对长沙会谈不是全面支持而是持旁观态度，故中国对日本仍不能信任。随后，"宋子良"回重庆。9月17日，"宋子良"回到香港后，向铃木卓尔谈了自13日至15日重庆召开的首脑会议的情况，说会议决定目前不应马上举行长沙会谈，其理由主要是在和平条件和蒋汪合作问题上怀疑日本方面的真正用意何在，并告知铃木，人们纷纷议论：中国的抗战力量还很强，今天没有必要谋求屈服性的和平。铃木回答说，日本不考虑降低和平条件，蒋汪合作是日本的希望，重庆方面若把汪方的要人全部排斥出去，和平将无望。中方若有抗战能力，愿意打就打吧。

重庆国民政府在谈判后期的态度变化，固然与日本方面态度趋于强硬，条件过于苛刻有关，更重要的是这时国内外反日形势继续发展影响的结果。

日本近卫内阁与德、意结盟和"南进"政策的出笼，导致日美关系发生变化。6月，宋了文赴美交涉贷款等问题。9月25日，美国宣布给中国追加经济贷款2500万美元。26日，又宣布禁止向日本输出废钢铁。美国对日本的态度渐趋强硬，对中国抗战的支持逐步增强。同时，英国政府也加强了对华联络和援助。这对蒋介石和国民政府来说是一种鼓舞。

这时，中国共产党在全国范围内持续开展坚持抗战，反对投降，坚持团结，反对分裂，坚持进步，反对倒退的斗争，并从8月20日起发起百团大战。这对争取抗战局势更有利的发展，克服国民党的妥协倾向，都起了重要的作用。

在这种形势下，日本方面也在考虑放弃"桐工作"计划。9月5日，铃木卓尔向中国派遣军总司令部报告说："美国远东政策的加强，英国大使重庆之行，以及苏联、中共情势趋于活跃等，致使处于紧急关头的蒋介石举棋不定。值此坂蒋会谈迫近之际，莫如主动暂停此项工作。"①9月12日，今井武夫到香港考察，16日回南京也报告说："宋子文赴美，一亿美元贷款有望，美英在太平洋上对日压力正在加强，蒋介石8月15日至20日在新疆某地与苏联要人会谈的结果，苏联可能加强对华援助，故蒋对和平表现踌躇。因此，坂蒋会谈暂以静观为宜。"②9月19日，铃木卓尔将17日与"宋子良"会谈的内容概要用电报报告了中国派遣军总司令部。当日，西尾寿造总司令官采纳坂垣征四郎总参谋长的建议，决定暂时停止"桐工作"。10月1日，陆军大臣东条英机严令军方立即与和平工作断绝关系。新任参谋总长杉山元也命令中国派遣军中所进行的和谈事宜一概停止。10月8日，日军大本营陆军部以《大陆指七五八号》下令停止停战谈判。至此，以"桐工作"命名的日本对重庆国民政府的政治诱降终于破产。

日本和重庆国民政府之间进行的香港、澳门谈判虽然没有取得具体的结果，但它表明在相持阶段到来后，重庆国民党当局和国民政府在表示继续坚持抗战的同时，也在通过各种渠道同日本进行接触，商谈"和平"条件。在汪精卫投敌后，仍以具有妥协投降倾向的势力秘密与日本情报机关进行谈判，实际上是准备在一定条件下停止抗日，对日妥协。只是由于日本方面的条件过于苛刻，使他们难以接受，加以国际国内形势发展的影响，才不得不将谈判予以中止。

七、正面战场的持续抵抗

武汉会战结束后，日军在抽调兵力到华北，加强对华北抗日根据地"扫

---

① 《日本军国主义侵华资料长编》上册，第574页。
② 《日本军国主义侵华资料长编》上册，第575页。

荡"的同时，也根据其"不企图扩大占领区"的方针，对同正面战场中国军队的作战作了新的部署，将第十三集团军配置在庐州、芜湖、杭州一线以东的占领地区，第十一集团军配置在武汉地区，第二十一集团军配置在华南地区。其中主要以第十一集团军在武汉周围地区对中国军队实施有限目标的局部性进攻作战，企图以攻为守，各个击破中国军队，动摇中国军队的抗战意志，以巩固对武汉地区的占领，策应其在华北、华中的"扫荡"作战，促使国民政府妥协屈服。

正面战场的中国军队虽然在战略防御阶段受到很大损失，但到战略相持阶段到来时仍保持有强大的兵力，除特种部队外，共有 240 余个师、40 个旅，200 余万人。根据国民政府军事委员会于 1938 年 11 月召开的第一次南岳军事会议的决定，中国军队重新划分了战区，调整了指挥系统。随后又对部队进行了两期整训，使战斗力得到了一定恢复。

根据蒋介石在南岳军事会议上提出的第二期抗战"游击战重于正规战"，国民政府军事委员会制定的在敌后积极展开广大游击战，以牵制消耗敌人的作战指导方针，军训部在南岳衡山举办了游击干部训练班，并电请中共中央派人员到训练班任教。1939 年 2 月 25 日正式开学，汤恩伯任主任，叶剑英任副主任。不久，改由蒋介石兼任主任，白崇禧兼任副主任，汤恩伯任教育长，叶剑英任副教育长。中共中央派了由 30 余人组成的代表团，其中叶剑英、边章五、薛子正、李涛、吴奚如等分别担任军事、政治教官。训练班每期 3 个月，政治教育占 45%，主要以民众运动和游击政治工作为主；军事教育占 55%，主要以游击战术及爆破技术为主。第一、二期学员分别于 5 月 25 日和 9 月 20 日结业，共 1500 余人。第三期因日军飞机轰炸，先后迁到湖南零陵、祁阳。第三期训练班结束后，中共代表团于 1940 年 3 月全部撤离，回到重庆。游击干部训练班的开办，对介绍八路军、新四军的游击战争经验，培养进行游击战的骨干起了积极的作用。1939 年 10 月，军训部还编成《游击战纲要》一书，分发各战区及军事学校作为学习游击战的教材。

南岳军事会议后，国民党军队在敌后展开了一定规模的游击战。除抗战初期被抑留于敌后的部队外，还建立了冀察、鲁苏两个游击战区，第

一、第二、第三、第四、第五战区也分别开辟了豫东游击区、山西游击区、浙西游击区、海南游击区、豫鄂皖边游击区。这些游击区的建立和游击战的开展，对配合正面战场主力的作战，牵制和消耗日军发挥了一定作用。但是，由于敌后国民党军队脱离人民群众，经不起艰苦复杂环境的考验，后来绝大部分被消灭或投降敌人，留在原地坚持与人民结合走向进步或撤回后方的为数甚少。到抗战后期,·敌后的国民党军队基本瓦解，只有一些零星武装还在坚持活动。

在开展游击战的同时，正面战场中国军队以主要兵力对日军的数次进攻进行了有力抵抗，并根据"发动有限度之攻势与反击"的指导方针，发动了有限的攻势作战。

（一）南昌会战

武汉会战时，日军华中派遣军曾企图攻占南昌，但因日军第一〇六师在德安西北万家岭遭中国第九战区第一兵团沉重打击，未能渡过修水，于是决定待武汉会战结束后再进攻南昌。1939年2月6日，华中派遣军下达《对南昌作战要领》，提出此次作战的目的是"割断浙赣铁路，切断江南的安徽省及浙江省方面敌之主要联络线"，维护长江中下游交通，巩固对武汉地区的占领。从3月17日开始，日军以第六、第一〇一、第一〇六师以及海军陆战队、坦克队、航空队等部，由赣北的星子、德安、箬溪一线向南昌、武宁进攻。中国第九、第三战区以10个军20余万人的兵力进行抗击。18日，由星子南下的日军第一〇一、第一〇六师各一部乘军舰、汽艇向吴城镇进攻，中国守军第三十二军等部依托阵地顽强抵抗，终因伤亡过重，于24日放弃吴城。从17日开始，沿南浔路攻击之日军一部在永修涂家埠遇到顽强抵抗，激战一周余，与中国守军形成对峙。由德安以南向虬津攻击之日军第一〇六师和第一〇一师一部，于18日开始炮击修水南岸第四十九、第七十九军阵地。20日，日军以猛烈炮火继续轰击，并发射毒剂弹，中国守军伤亡惨重。日军遂强渡修水，向纵深发展，并配以坦克部队实施快速突击，于22日攻占安义、奉新。随后，日军以第一〇六师一部西趋高安阻止援军，主力则由安义、奉新直扑南昌。

为固守南昌，第三十二军奉命由修水南岸涂家埠一线退守南昌，但部队尚未到达，日军机械化部队已逼近南昌西北赣江桥。日军步兵由南昌西南曾家、生米街强渡赣江，切断浙赣铁路。27 日，日军猛攻南昌，经过激烈巷战，中国守军终因伤亡过重而撤出南昌。由箬溪向武宁进攻之日军第六师及第一〇六师一部，于 20 日开始攻击武宁东北守军第八、第七十三军阵地，激战数日，29 日占领武宁。

4 月上旬，国民政府军事委员会令罗卓英统一指挥第三、第九战区各一部共 10 个师反攻南昌。21 日，反攻开始。第九战区第十九集团军之第七十四、第四十九军等部，分别从高安以西和奉新西北之故县向高安、大城、奉新等地日军反攻，23 日攻克高安，到 26 日克复大城、生米街。第三战区第三十二集团军以 4 个师渡抚河向南昌方向攻击，26 日收复市汊街，逼近南昌。至 5 月 5 日，攻克南昌东侧的飞机场和南昌火车站。7 日，日军在飞机支援下不断反击，固守南昌外围。第三十二集团军伤亡甚重，第二十九军军长陈安宝中将牺牲，攻击受挫。9 日，中国守军奉命停止反攻，与日军形成对峙。

（二）随枣会战

在南昌会战之时，据守在桐柏山、大洪山一带的第五战区部队于 4 月上旬向随县以东地区及安陆、应城、天门等地区出击，并向平汉路南段袭扰。同时，第三十一集团军由湘北转用于枣阳方面，使第五战区拥有 6 个集团军和江防军的强大兵力。日军第十一集团军为消除来自鄂北、豫南方面中国军队的威胁，于 5 月初向随县、枣阳地区进攻，发动了随枣会战，企图捕捉和歼灭中国第五战主力。第五战区部队在司令长官李宗仁指挥下，实施攻势防御，与日军展开激战。5 月 1 日，日军第三师开始向随县地区进攻，连陷吴家店、万家店。2 日，日军向守卫高城附近的第十三军发起攻击，4 日攻陷塔儿湾，中国守军被迫放弃高城。6 日，高城之日军西进向厉山、江家河一线进攻，经反复争夺，未获进展。京山、钟祥方面的日军主力第十三、第十六师及骑兵第四旅，于 5 月 5 日向第五战区右集团发起进攻，迅速突破洋梓镇、长寿店、流水沟及附近阵地，7日进到滚河一线，8日攻占枣阳，一部进至樊城东北30公里处的双沟附近，切断了左集团的后方联络。北路日军第三师于10日攻陷湖阳、新野、桐柏，12日攻陷唐河。

在日军企图对桐柏山、大洪山实施大包围的形势下，李宗仁令第三十一集团军会同第一战区第二集团军从豫西南下，向唐河、新野一带反击。从13日起，日军开始撤退，中国军队尾随追击，14日克复唐河，19日收复枣阳。第三十九、第十三军还分别在大洪山、桐柏山阻击日军，予敌重创。到24日，日军除占领随县城外均退回原地区。此次会战，毙伤日军1.3万余人，基本恢复了已失阵地，达到了牵制和消耗日军的目的。

（三）第一次长沙会战

日军第十一集团军为打击中国第九战区主力，确保对武汉地区的占领，借以挫伤中国军队的战斗意志，导致国民政府屈服，并促进汪精卫伪中央政权出台，于1939年9月中旬调集第六、第三十二、第一〇一、第一〇六师主力及第三、第十三师大部共约10万人，从赣北、鄂南、湘北三个方面向长沙发动进攻。第九战区以17个军共32个师和3个挺进纵队约24万人参战，并确定以一部兵力于赣北、鄂南阻击进犯的日军，主力用于湘北方面，以逐次抵抗消耗日军，挫败其进攻。

在赣北方面，9月14日，日军开始钳制性进攻。第一〇六师主力和第一〇一师一个支队由奉新、靖安一线西进，企图夺取修水、铜鼓，进逼平江、浏阳，策应湘北南下日军会攻长沙。日军在高安、上富、甘坊等地遭中国军队的阻击，进攻受挫。其一部转攻修水未获进展，遂在上富镇附近集结，准备西进。18日，中国军队第一集团军一部趁日军撤退之机，占领上富。第三十二军一部也于22日克复高安。

在鄂南方面，日军第三十三师于9月21日、22日分别由通城、大沙坪等地南进，攻击第七十九军阵地。经激战后，于9月底先后进占平江龙门厂、长寿街、献钟等地，以策应湘北南下日军。

在湘北方面，从9月18日起，日军第六师等部连续攻击新墙河北岸第三十二军阵地。23日，日军强渡新墙河。同时，日军海军陆战队及第三师一部，分乘舰艇于新墙河口附近的九马咀、鹿角等处登陆。中国守军与日军激战至中午，被迫放弃新墙河一线阵地，转移至汨罗江南岸阵地。24日，日军舰艇经洞庭湖迂回至汨罗江口以南，在营田等处登陆，突破守军防御阵地后继续向东南突进，企图切断粤汉铁路和长沙、平江间公路。日军主力也迅速逼近汨罗江北岸。

鉴于湘北战局紧张，国民政府军事委员会于24日晚召开会议，确定第九战区应保持幕阜山根据地，在铁路正面逐次抵抗消耗敌人，换取时间，俟敌人突入长沙附近时，则以有力兵团相机予以打击，尔后依状况将主力逐次转移株洲、浏阳、醴陵地区；并以第四军控制于湘潭方面，掩护湘、桂、黔各路。26日，日军在飞机支援下，向汨罗江南岸守军阵地猛攻。中国守军在与日军反复争夺后，放弃汨罗江南岸阵地。27日，第九战区调整部署，以6个师在福临铺、栗桥、上杉市、牌楼、三姐桥等地设伏。28日，日军第六师一部南进至福临铺地区，遭到伏击，另一部在石门痕遭伏击。第十三师上村支队南进至栗桥、三姐桥遭到伏击。

日军第十一集团军察觉其主力不断遭到伏击、侧击和夹击，赣北方面第一〇六师陷入包围，且交通线过长难以保障，为避免陷入更加不利的态势，遂于29日下令向新墙河以北撤退。10月1日，进至永安的日军首先向捞刀河以北撤退。2日，第十五集团军各部开始追击，先后克复上杉市、青山市、福临铺、金井和三姐桥等地。4日，继续追击并克复汨罗、新市等地。至9日，日军全部退回新墙河以北地区。赣北方面中国军队也于9日克复修水，15日克复三都，逐步恢复原阵地。至此，第一次长沙会战结束。

在会战中，中国空军出动飞机29架，两次轰炸汉口日军机场，击落日军飞机3架，炸毁日军飞机70余架，支援了地面部队的作战。此次会战，中日双方都投入了大量兵力，进行了战略相持阶段到来后第一次大规模的较量，日军承认此次会战颇有"决战之势"。在第九战区的有力抵抗之下，日军未能进至长沙近郊即被迫撤退，损失惨重，伤亡2万余人，中国军队也伤亡3万余人。

（四）桂南会战

日军占领广州后，切断了由香港到大陆的主要国际交通线，但中国仍能通过华南沿海西江地区、深圳、汕头以及桂越公路、滇越铁路、滇缅公路输入补给物资。为切断中国对外联系，封锁中国大陆，日军从1939年1月起，发动了多次作战。1月15日，日军侵占涠洲岛。2月，入侵海南岛。6月，在汕头登陆。8月，占领深圳。随后，日军大本营又于10月14日下达了切断南宁公路补给线的作战命令，发起桂南会战。

11月13日，日军第二十一集团军指挥第五师、台湾混成旅等部，在海军掩护下由海南岛三亚港出发。15日拂晓，第五师利用暴雨天气，突然在钦州湾企沙、龙门登陆，分路北上，16日攻陷防城。台湾混成旅于16日晚在钦州湾东岸登陆，17日攻占钦县。随后分两路向南宁进攻。由于这时桂南守军兵力空虚，仓促应战，致使日军于24日占领南宁。12月1日，日军在飞机支援下向南宁以北山岳地带推进，4日夺取昆仑关，控制了南宁北通内地的要隘。

南宁失守，不仅使西南国际交通线被切断，而且使日军航空兵以此为基地轰炸西南大后方。因此，国民政府军事委员会决心收复南宁，令桂林行营主任白崇禧到迁江指挥作战，并调空军、炮兵、坦克部队及步兵支援反攻作战。到12月中旬，各参战部队共约14万人陆续抵达战场。桂林行营遂部署北路军（第三十八集团军第五军、第九十九军第九十二师）从宾阳方面向昆仑关攻击；东路军（第二十六集团军第四十六、第六十六军）从灵山、陆屋向邕江南岸及邕钦路方向作战，阻止日军增援昆仑关；西路军（第十六集团军4个师及地方部队第一、第二纵队）向高峰隘攻击，并阻击南宁出援之日军。

12月18日拂晓，中国军队发起总攻击，由北、东、西三面向南宁实施向心攻击。第五军在坦克、炮兵支援下，向据守昆仑关正面的日军第五师一部攻击，先后夺取五塘、六塘等地。19日，第五军荣誉第一师郑洞国部继续对昆仑关攻击，夺取其东面阵地，将日军守备队歼灭。20日，第五军以第二〇〇师戴安澜部增强昆仑关方面的攻击力量。24日，日军第五师第二十一旅旅长中村正雄少将率部驰援昆仑关，在五塘至九塘地区不断遭第五军攻击，伤亡惨重。中村正雄途中多处中弹，于 25 日毙命。29 日，第五军再次对昆仑关发动猛攻。日军虽不断反扑，并施放毒剂，但已陷于孤军困守。至 31 日，中国军队攻克昆仑关，日军残部退守九塘。接着，第五军又乘胜于 1940 年 1 月 4 日攻占九塘，11 日攻抵大潭至六落一线。

夺取昆仑关之战，是中国军队多军兵种协同对日军攻坚作战的首次重大胜利，使日军遭到沉重打击，日军第二十一旅伤亡 4000 余人。为支援地面作战，中国空军集中飞机 115 架，击落日军飞机 11 架，炸毁日军飞机 15 架，并给日军阵地、机场及仓库等造成重大损失。中国军队也付出了很大牺牲，仅第五军就伤 11100 人，阵亡 5600 人，失踪约 800 人。

昆仑关大捷后，中国军队为收复南宁，继续向桂南增调部队。日军则由粤北抽调第十八师和近卫混成旅到桂南，并先发制人，于 1 月 26 日发动"宾阳作战"。2 月 1 日，日军在甘棠发动总攻。2 月 2 日后相继攻占宾阳、上林、武鸣等地，2 月 3 日再次占领昆仑关。从 2 月 9 日开始，日军开始撤退，至 13 日大部退回南宁。此后，中日双方军队继续作战 100余次。9 月下旬，日军第五师一部进入越南。中国第四战区部队趁日军兵力减少的机会，发动攻势。10 月 28 日克复龙州，30 日收复南宁。至此，经过 1 年的激烈战斗，日军被全部逐出桂南，会战结束。

在桂南会战初期，由于中国军事当局对日军近期进攻桂南的可能性及其登陆方向判断不准确，未能组织有力抵抗，致使日军能够长驱直入占领南宁和昆仑关等要地。昆仑关大捷给日军第五师第二十一旅以歼灭性打击，中国军队掌握了桂南战场的主动权，从而导致了收复整个桂南的战果。桂南重新成为中国抗战的后方。

（五）1939年的冬季攻势

1939 年 10 月，正面战场中国军队第二期整训完成，使部队战斗力得到了加强。适值第一次长沙会战结束，受"湘北大捷"的鼓舞，国民政府军事委员会决定将整训部队主力分别拨归第九、第五、第三、第二战区，并以这4个战区为主攻战区，其他战区担任辅攻，于11月下旬及12月上旬全面对日军发动冬季攻势，以进一步牵制消耗日军。从12月初开始，各战区陆续对日军发起了攻势。

在华中方面，第三战区在得到加强后。从12月12日起，即以第三十二、第十集团军各一部袭扰南昌及杭州日军。第三十二集团军于12日、18日两次攻入南昌，第十集团军于13日攻入杭州、富阳、余杭，予日军以重大打击。同时，以14个师编为长江方面攻击军，分为3个兵团，从16日开始向荻港至贵池一线发起猛攻，攻克日军沿江据点多处，并一度切断长江航运。20日以后因日军增援部队到达而退守原阵地。第九战区因抽调兵力驰援桂南，战役攻势受到一定影响，但仍以18个师的兵力，于12月12日向粤汉路北段沿线之日军发起攻击，攻克阳新、汀泗桥、羊楼洞车站，并围攻崇阳、通城、大沙坪等城镇，一度切断日军铁路、公路交通。同时，在赣北对大城、奉新以西及南浔路附近日军据点实施了袭击。第五战区战事最为激烈，共出动30个师，从12月12日起向平汉铁路南段实施攻击，袭击了钟祥、仙桃镇、洛阳店及信阳南北之日军据点，并在滚山予敌重创。总计华中地区中国军队与日军作战40余天，大小出击960余次。

在华北方面，第一战区于12月1日开始攻击。第三集团军等部一度切断开封、兰封附近的铁路和公路。15日起，以9个师向陇海路及附近实施攻击，一度攻入开封、商丘，并切断道清铁路西段交通，攻入沁阳，歼灭日军一部。第八战区以8个师进行攻击作战。12月18日，骑兵第六军北渡黄河，对平绥铁路实施破坏。20日，傅作义之第三十五军攻入包头，袭击日军骑兵集团司令部及重要仓库，并与来援日军激战两昼夜后退守五原地区。日军驻蒙军为实施报复，以重兵于1940年2月3日袭入五原。2月中旬日军主力撤出，留下伪蒙军和日军桑原特务机关，由绥西警备司令官水川伊夫中将坐镇，守备绥西。3月20日，第三十五军反攻五原，战至22日，歼灭水川伊夫以下日伪官兵4000余人，缴获大量军用物资。25日，日军又占五原，4月1日再度被攻克。五原大捷受到了军令部嘉奖。

另外，冀察、鲁苏战区也对当面日军实施了攻击。第二战区原定为主攻战区，但因阎锡山于 1939 年 12 月制造反共的晋西事变，影响了冬季攻势的展开，仅在晋南地区击退日军进攻，守住了中条山，并在晋东南收复了黎城、涉县等地。

在华南方面，日军为配合桂南会战发起粤北之战，第四战区以一部抵抗日军攻击，因力量悬殊退至韶关，待援军到来后开展反攻，于 1940 年 1 月恢复原战线。

冬季攻势历时 3 个多月，给日军以相当大的打击，日军也不得不承认中国军队的这次进攻"意志极为顽强，其战斗力量不可轻视"，日军"伤亡很大"，仅第十一集团军就伤亡 8000 余人。但是，因各部配合不力等原因，此次冬季攻势并未达到预期的目的。

（六）枣宜会战

日军第十一集团军在受到中国军队 1939 年冬季攻势的打击之后，为解除鄂北、豫南方面中国第五战区对武汉的威胁，打击第五战区主力，并配合对重庆国民政府进行政治诱降的"桐工作"计划，于 1940 年 2 月下旬决定发动枣宜会战。从 4 月中旬开始，调集第三师、第十三师、第三十九师，并由湘北和赣北抽调部队，分别向信阳、随县、钟祥地区集结，准备向枣阳、宜昌地区进攻。

此次会战分为两个阶段。第一阶段从 5 月初至 5 月下旬，主要在枣阳地区作战。5 月 1 日，信阳附近之日军第三师开始西进，向泌阳、唐河进攻。钟祥附近之日军第十三师也沿襄河（汉水）东岸北上，向枣阳进攻。4 日，第三十九师由随县附近出发，沿襄（阳）花（园）公路向枣阳进攻，企图采取中间突破、两翼迂回的战术，围歼第五战区主力于唐河、白河之间地区。东西两翼日军于 7 日前分别占领泌阳、桐柏、唐河及长寿店、丰乐、新野，形成对枣阳的合围态势。中路日军于 5 日攻陷高城后，继续向枣阳以东唐县镇进攻。这时，中国守军大部及时转到外线，只有第一七三师为掩护主力撤退在唐县镇被优势日军包围，经数日激战，师长钟毅及大部官兵壮烈牺牲。8 日，日军占领枣阳，但其围歼第五战区主力的计划未能得逞。

10日，蒋介石电令李宗仁实施反击。第五战区遂向枣阳反攻，以第二、第三十一集团军由北向南攻击，以第三十三、第二十九集团军由南向北攻击，以第三十九军等部由西向东攻击。日军遂向枣阳东南地区收缩，中国反攻部队跟踪追击。这时，第三十三集团军总司令张自忠为截击撤退之敌，率特务营和第七十四师、骑九师由宜城东渡襄河，与撤退之日军展开激战。14日，进抵方家集，将撤退之敌近6000余人截为两段。日军全力反扑，张自忠亲率特务营及两个团，在通讯联络中断、与友军无法配合的情况下，同日军血战一天一夜。15日，日军调集飞机20余架，炮20余门，轮番轰击。16日，张自忠率部经激战退至南瓜店附近。日军在空、炮火力支援下，猛烈围攻。张自忠沉着指挥，坚守阵地。战至下午，终因兵力悬殊，张自忠身中数弹，壮烈殉国，所部损失殆尽。

张自忠是抗战爆发以来战死沙场的中国军队级别最高的指挥官。在此次会战开始后，他就抱定了拼死守住阵线决不后退的决心。他在写给第三十三集团军副总司令冯治安的信中说："我们必须在未死之前，尽力为国家为民族拼一拼。"张自忠殉国的消息传开后，举国上下，沉痛哀悼。5月23日，张自忠的灵柩由10万民众护送，在宜昌上船运往重庆，沿江各县均在江边遥祭。当他的灵柩运抵重庆时，蒋介石率军政要员前往码头祭悼。28日，举行了盛大的国葬。8月15日，延安各界千余人举行追悼大会。毛泽东题写了"尽忠报国"的挽词。朱德在祭文中写道："将军之伟绩，一战淝水，再战临沂，三战徐州，四战随枣，鞠躬尽瘁，卒以身殉，全国人民，同声悲悼！"

日军在宜城东北地区反扑得逞后，乘机大举反击。5月19日，日军由枣阳一线向西北反攻，第五战区部队退往白河以西。21日以后，日军停止追击，开始撤退。第一阶段作战结束。

从5月31日至6月中旬为第二阶段作战，作战地域主要在宜昌地区。5月25日，日军第十一集团军下达了西渡襄河、进攻宜昌的命令。枣阳、钟祥地区的日军主力在稍事休整后开始向宜昌地区进攻。31日，日军第三、第三十九师分别于襄阳、宜城附近西渡襄河，沿襄阳、南漳、远安及宜城、荆门、当阳，向宜昌逼近。至6月10日，日军进至远安、荆门、当阳、沙市一线。12 日，日军攻陷宜昌。在日军由襄阳南下时，第二、第三十一集团军乘机尾追日军，收复襄阳、宜城，并进抵荆门、当阳以北地区。16 日，第三十三、第二十九集团军也向荆门、当阳、沙市、十里铺等地日军反击。17 日，第十八集团军尾追撤退日军，收复宜昌。当日，日军第十三师等部再次攻占宜昌。为确保宜昌，日军从黑龙江佳木斯调第四师到鄂中编入第十一集团军序列。此后，中日双方军队在江陵、宜昌、当阳、荆门、钟祥、随县、信阳一线形成对峙。

枣宜会战是武汉会战以来日军对正面战场中国军队发动的规模最大的一次攻势。日军付出了伤亡 2.5 万人的代价，仍没有实现解除武汉威胁和打击第五战区主力的企图。

（七）豫南会战

1941 年 1 月，日军第十一集团军为了再次打击中国第五战区主力，消灭信阳正面的第二集团军和枣阳以北及唐河、新野与南阳地区的第三十一集团军，打通平汉路南段，调集第三师、第十七师、第四十师等部，发起豫南会战。1 月 24 日夜，日军第三师向信阳北侧中国守军实施突袭，遭到第六十军顽强抵抗。25 日，日军主力由信阳、罗山地区沿平汉路及两侧，分三路向项城、上蔡、遂平、舞阳地区进攻。国民政府军事委员会判断日军的企图是北上寻找第五战区主力决战，遂命令第五战区以一部于正面节节抵抗，牵制日军主力，一部向敌后断其交通，以主力由外翼侧击，击破日军之进攻。26 日，日军进至泌阳、高邑、确山、邢店一线。27 日，进至春水、沙河店、驻马店、汝南一线。为打击日军，第三十一集团军以第八十五军由临泉向上蔡，以第十三军由舞阳向象河关之日军进行侧击；第二集团军以第六十八军向象河关以南之日军尾击，以第五十五军由南阳进攻泌阳之日军。29 日，左翼日军第三师在尚店一带遭到猛烈攻击，右翼日军第四十师在上蔡、汝南间遭到侧击。30 日，日军中央之第十七师以一部增援上蔡，以主力向舞阳迂回，企图与左翼日军夹击舞阳以南之中国守军。此时，守军已转移，日军扑空后停止进攻，开始撤退。31 日，日军第三师在舞阳以西保安镇的司令部从电话窃听中得知南阳为该地中国守军的通讯枢纽，遂于 2 月 4 日攻占南阳。5 日，又攻占唐河。6 日，日军从南阳撤退。其他两个师也同时撤回信阳地区。至 7 日，会战结束。此役，日军共伤亡 9000 余人。

（八）上高会战

日军第十一集团军在发起豫南会战的同时，还在赣北发动了鄱阳湖"扫荡"战，其目的是攻击高安、上高，围歼中国第九战区第十九集团军，以确保南昌。面对日军的进攻，第九战区制定了派出诱击兵团，诱敌于分宜、上高、宜丰以东地区，反击而歼灭之的计划。

1941 年 3 月 15 日，上高会战开始。日军第三十三师由安义向奉新、棠浦进攻，第三十四师由南昌以西西山万寿宫出发，沿锦江北岸向高安、上高进攻，独立混成第二十旅由夏口南渡锦江向灰埠方向进攻。中国守军预九师在奉新阻击日军，伤亡惨重，遂后撤诱敌。日军第三十三师于 15 日占领奉新后，继续西进，18 日占领上富。19 日，因将要调往华北，开始后撤。第三十四师于 18 日占领高安后，继续西犯官桥、泗溪，遭到中国军队的顽强抵抗。独立混成第二十旅也在进至樟树、泉港一线时遭到反击。至 20 日，中国军队达成了围歼上高日军第三十四师的有利态势。22 日至 24 日，第三十四师在飞机支援下猛攻第七十四军阵地，经反复争夺，双方伤亡均在 4000 人以上。这时，第四十九军、第七十军、第七十二军已切断日军退路，合围已形成。24 日，日军第三十三师奉命再次出动接应第三十四师，25 日在棠浦附近会合。26 日夜，日军突围后向高安、奉新退却。第十九集团军分途追击，在官桥、杨公圩、龙潭街等地各歼敌一部。至 4 月 2 日，先后收复高安、奉新、西山万寿宫及安义外围要点，恢复了会战前的态势。此役，共歼灭日军 1.5 万人，俘 100 余人，击落日军飞机 1 架，缴获步枪 1000 余支，炮 10 余门。日军第三十四师指挥官岩永少将也被击毙。

（九）中条山会战

中条山位于晋南豫北交界处，是中国军队在晋南的游击根据地。驻守该地区的有第一、第二战区的 7 个军 16 个师。日军曾对中条山发动过 10 余次进攻，以铲除这块心腹大患，但均未得逞。1941 年 5 月，日军从华中、苏北及东北调来陆、空军部队后，再次对中条山地区进行大规模进攻，发起了中条山战役。

5 月 7 日，日军 6 个师零两个独立混成旅在航空兵支援下，分四路对中条山守军实施攻击。日军第三十六、第三十七师及独立混成第十六旅分别从中条山西侧之闻喜、解县、茅津渡向东进攻，8 日在张店镇附近突破守军阵地。日军第四十一师及独立混成第九旅由翼城、侯马、绛县等地，采用中央突破战法，向第四十三军阵地发起猛攻，战至次日突破阵地正面。日军分数路直进，8 日黄昏占领垣曲，将中条山中国守军截成东西两部。从 9 日开始，日军由垣曲向东西两面扩展。至 12 日，占领邵原，与由东面攻入之日军第三十五师会合，并控制了黄河北岸各渡口。

守军第三、第十七军各部遭日军围攻，奋力突围后，一部向汾河以西转移，一部南渡黄河。日军第三十三师由阳城向西进攻，12 日攻占董封一线。14 日，第九十八军由董封向北突围，到达沁河以东地区。日军第二十一、第三十五师分别由济源、孟县西进，突袭第九军阵地后进至邵原、封门口一线，与占领垣曲之日军会合，第九军遂大部南渡黄河。14 日以后，日军一面封锁黄河各渡口，一面对留置在中条山区的守军反复进行梳篦"扫荡"，致使守军损失惨重。守军坚决突围，一部退到黄河以南，一部转向吕梁山区。途中不断遭日军截击，伤亡甚大。至 27 日，会战结束。

此役，中国军队阵亡 4.2 万人，被俘 3.5 万人；第三军军长唐淮源，师长寸性奇、王竣，副师长梁希贤，参谋长陈文杞等高级将领殉国。日军仅以 1：20 的微小代价就将中国军队逐出了中条山。中国军队在中条山的严重失利，是国民党当局将在华北的注意力放在对付共产党和八路军方面，而对日军疏于防备以及敌我实力对比悬殊所造成的。

由上述可以看出，抗日战争进入战略相持阶段以后，正面战场的作战还是比较频繁的。中国军队对日军的有限攻势，特别是对日军第十一集团军在武汉周围地区的进攻，进行了有力的抵抗，并主动发起了抗战以来唯一一次大规模的攻势作战。中国军队节节抵抗，先后取得了长沙、昆仑关及五原等地作战的胜利，牵制和消耗了部分日军，基本上保持和稳定了原有战线，使得日军在这一阶段没有取得很大进展，并在战略上配合了华北、华中敌后的反"扫荡"作战。中国军队的广大官兵浴血奋战，出现了像张自忠等那样为国家为民族慷慨捐躯的将领及士兵，表现了可贵的献身精神。

但是，正面战场的作战也有很大局限。首先，除中条山会战外，日军无论胜负，基本上是主动停止进攻撤回原防，这说明了中国军队在战场上的被动态势。在各次会战尤其是在武汉周围地区的几次会战中，中国军队都未能抓住有利战机，给日军以更有力的反击和更大的消耗，各战区也缺乏紧密的配合，不能以积极的行动钳制日军兵力，策应主要方面作战，加大了自己的伤亡和损失，使得日军能够逐次转用兵力，各个击破，实现战役企图后即行撤退。其次，中国军队虽然发动了有限的、局部的攻势作战，但是，在1940年以后，这种有限的攻势逐渐被消极应付所取代。1939年9月欧洲战争爆发后，蒋介石在10月召开的第二次南岳会议上讲话时提出：只有等待"世界问题得到解决之日，始能获得抗战的最后成功"[1]。这种等待战略，把抗战胜利的希望寄托于外部的力量，而最终放弃自己的积极努力。基于这种战略，到太平洋战争爆发以后，正面战场消极抵抗、等待胜利的趋势就更为明显了。再次，国民政府军事委员会虽然根据其开展敌后游击战的方针，派出部队到敌后开展游击作战，但随着其反共方针的确立，这些敌后游击部队逐渐成为制造反共磨擦的主力。这也使得正面战场中国军队的对日作战受到了严重削弱，未能取得应取得的战果，并使自己遭受重大损失。这种情况在1939年冬季攻势中第二战区作战和中条山会战中，表现得尤为突出。这几方面的重大局限，反映了国民党当局在战略战役指导上的严重失误。

---

[1] 转引自马振犊：《惨胜——抗战正面战场大写意》，广西师范大学出版社1993年版，第225页。

八、晋西事变和皖南事变

抗日战争爆发以后，中国共产党实行全面抗战路线和正确的战略方针，在抗击日本侵略者的过程中，人民抗日武装和敌后抗日根据地日益发展壮大起来。这就引起了国民党领导集团的恐惧。1939 年 1 月国民党五届五中全会虽然没有放弃抗日的旗帜，但对内的注意力逐渐增强，制定了"溶共"、"限共"、"防共"、"反共"的方针。会后又陆续秘密颁布了《限制异党活动办法》、《异党问题处理办法》等一系列文件，反共活动日益积极起来；制造了一系列反共磨擦事件和反共惨案。

（一）晋西事变

从 1938 年 10 月起，国民党顽固派先后调集胡宗南等部及地方武装 30 余万人，重兵包围、封锁陕甘宁边区，并不断挑起反共磨擦事件。从 12 月至 1939 年 10 月，先后制造了 150 多起磨擦事件，其中军事进攻 28 起。在华北，冀察战区司令长官兼河北省主席鹿钟麟到任后，于 1938 年 12 月向冀中根据地发动军事进攻，企图抢占安国、博野等地，被冀中军区打退。从 1939 年 3 月起，河北民团总指挥张荫梧在河北各地捕杀八路军官兵及共产党的工作人员和家属，3 个月内发生 15 起之多。山东省第三区行政专员兼保安司令秦启荣部，3 月 30 日在博山东部太和镇袭击八路军山东纵队第三支队护送的南下受训干部，制造了干部、战士 400 余人遭杀害或囚禁的博山惨案。6 月至 12 月，八路军山东纵队遭进攻 90 多次，被杀 1350 人，被扣 812 人。6 月 11 日，张荫梧部 3 个旅突袭冀中八路军后方机关，制造惨杀八路军官兵 400 余人的深县惨案。在华中，杨森部于 6 月 12 日包围新四军在湖南省平江的通讯处，制造枪杀新四军参议涂正坤、活埋八路军少校副官罗梓铭等 6 人，并抢走枪支财物的平江惨案。9 月，湖北省保安司令程汝怀部在鄂东新集围攻新四军独立游击第五大队后方机关，惨杀中共党员和群众 500 余人。11 月 11 日，河南省确山县县长率军警袭击确山县竹沟镇新四军留守处，制造了惨杀伤病员、家属及当地民众 200 余人的确山惨案。一时间，反共磨擦事件不断，惨案频频发生。

面对国民党蒋介石集团的限共、反共活动，中国共产党冷静地分析了相持阶段到来后的复杂形势，制定了处理国共关系的正确方针。中共中央认为，在中日民族矛盾依然是中国社会主要矛盾的情况下，要尽一切可能维护国共合作、团结抗战的大局，努力争取时局好转；同时，必须清醒地认识到，团结抗战与分裂投降两种倾向、两种前途同时存在，对于各地发生的投降、反共、倒退现象，全党要认清其严重性，进行坚决的斗争。1939 年 1 月 23 日，中共中央书记处发出《关于我党对国民党防共限共对策的指示》，指出各地区反共磨擦事件不断发生，说明国民党之政策在于加紧限制八路军的发展。要求各地对于磨擦事件决不能逆来顺受，为了抗战，八路军应当发展，对已建立的政权决不应轻易放弃。24 日，中共中央致电国民党五届五中全会，重申中共将始终为巩固和扩大抗日民族统一战线而奋斗，坚持抗战到底，要求国民党以大局为重，停止各种限制、排挤、迫害八路军、新四军和共产党的行为。2 月 10 日，中央书记处又发出《关于河北等地磨擦问题的指示》，对反磨擦斗争作了部署，要求八路军部队对于非理进攻，将坚决反击，决不轻言让步。6 月初，中共中央发出《关于反对投降危险的指示》，并于 6 月下旬在延安召开高级干部会议，讨论反对投降、反对分裂的工作。会议要求全党准备自己，准备舆论，准备群众，随时应付各种大小事变。同时强调党的基本任务是巩固和扩大抗日民族统一战线，坚持国共合作。根据这次会议精神，中央军委、总政治部于 6 月 22 日发出指示，要求八路军、新四军广泛地开展反投降、反分裂的斗争。7 月 7 日，中共中央发表为纪念抗战两周年对时局宣言，明确提出了"坚持抗战、反对投降，坚持团结、反对分裂，坚持进步、反对倒退"的政治口号，进一步动员全党和全国人民为克服投降反共逆流而斗争。9 月 16 日，毛泽东在同中央社、扫荡社、新民报三记者的谈话中重申：国共两党不应该互相反对，互相"限制"，而应该互相团结，互相帮助。对于反共磨擦，毛泽东宣布：对于来自任何方面的横逆和压迫，共产党必以"人不犯我，我不犯人；人若犯我，我必犯人"的态度对待之。

根据中共中央确立的这些指导方针和原则，各抗日根据地军民高举民族团结抗日的旗帜，展开了强有力的反投降、反分裂斗争。在严厉声讨汪精卫集团叛国投敌和打击汉奸的同时，对蒋介石集团的妥协投降倾向和制造的反共磨擦，也加以坚决的揭露和谴责，以斗争来维护和巩固抗日民族统一战线。在各根据地，坚持积极发展人民抗日武装，广泛开展游击战争，巩固抗日民主政权，并对反共磨擦事件给以自卫还击。

然而，国民党当局却根据其既定方针，一意孤行。从 1939 年冬到 1940 年春，国民党顽固派的反共活动迅速扩大，由制造小规模的军事磨擦，发展为在几个地区向抗日根据地军民发动较大规模的武装进攻。其中，第二战区司令长官阎锡山扮演了主角。

长期统治山西的地方实力派人物阎锡山，在抗战初期同中共建立了统战关系。但是，随着山西青年抗敌决死队等新军力量不断发展壮大，阎锡山愈来愈把山西新军视为异己势力。1938 年 9 月，他制定了重整旧军，压制新军的计划。1939 年 3 月下旬，他在陕西省宜川县秋林镇召开高级军政干部会议，决定改编山西新军，取消新军中的政治委员，解除共产党员的军权。此后，他一面密谋勾结日军，一面积极策划进攻山西新军，终于在 12 月制造了晋西事变（又称十二月事变）。

11 月 29 日，阎锡山密令第六集团军总司令陈长捷指挥第六十一、第十九军等部，准备分三路向晋西南新军决死第二纵队和八路军晋西支队发动进攻。12 月 3 日，陈部突然以重兵围攻决死第二纵队和八路军晋西支队等部，同时摧毁洪洞、隰县、蒲县等 6 个县的抗日民主政权，惨杀县政府、救亡团体的干部及八路军晋西支队后方医院的伤病员 200 余人。晋西南新军在八路军晋西支队协同下进行自卫还击，苦战 10 天，击溃陈部两个旅，突围转移至孝义以西，27 日越过离（石）军（渡）公路，抵达晋西北临县以南招贤镇地区。

为阻止晋西南与晋西北的新军、八路军会合，阎锡山令第七集团军总司令赵承绶部拦阻晋西南新军和八路军北上，并令骑兵第一军 8 个团与北上的第六十一、第十九军相配合，对晋西北新军决死第四纵队和暂编第一师实行围攻。1940 年 1 月 2 日，晋西北新军和八路军发起反击，将进攻的阎军驱逐到临县附近地区，并接应决死第二纵队和八路军晋西支队到静乐县西南米峪、天池店地区。随后，又击溃第三十三军和骑兵第一军各一部，迫使阎军于13日夜退向晋西南地区。

在进攻晋西南、晋西北新军和八路军的同时，阎锡山还令第八集团军总司令孙楚部，于1939年12月8日至26日在晋南进攻新军决死第一、第三纵队，摧毁沁水、阳城等7个县的抗日民主政权，屠杀共产党员和进步群众500余人，抓捕1000余人，并策动决死第三纵队内的部分反动军官叛乱，强行带走3个团及直属队一部共4000余人。1940年1月中旬，阎锡山又令第十九军袭扰晋中地区，进攻决死第一纵队。同月，八路军第三八六旅和总部特务团进入太岳区，支援第三四四旅、晋豫边支队、决死第一纵队，给阎军以沉重打击。随后，第三八五、第三八六旅等部在地方游击队配合下，在榆社地区歼灭部分阎军，巩固了太南、太岳根据地。2月，贺龙、关向应率第一二〇师返回晋西北后，进一步肃清反共势力，巩固了晋西北根据地。

阎锡山发动晋西事变，不仅没有达到压制新军的目的，反而使自身力量受到削弱，蒋介石的势力乘隙而入。为了稳定山西局势，争取阎锡山继续合作抗日，中国共产党从抗日大局出发，主动提出停战。2月25日，中共中央派萧劲光、王若飞持毛泽东的亲笔信到秋林镇，向阎锡山面陈中共关于维护山西新旧军团结拥阎抗日的主张，并提出解决新旧军冲突的具体建议：双方停止军事行动和敌对宣传；新军仍属晋绥军序列，不接受蒋介石方面的改编；恢复电台联络和人员往来。经过双方谈判，4月初，阎锡山在反共失败、自身削弱和蒋介石势力乘隙而入的情况下，表示愿接受中共建议，遂与中共达成停止武装冲突、划区抗战的协议，商定以汾阳经离石至军渡的公路为晋西北与晋西南的分界线，该线以北为八路军和新军活动区域，以南为晋绥军旧军活动区域。

除晋西事变外，国民党顽固派还对陕甘宁边区和晋冀豫、冀鲁豫抗日根据地发动了较大规模的军事进攻。

1939年12月，封锁陕甘宁边区的胡宗南部和保安队等反动地方武装，在边区西部的陇东地区和关中地区发动进攻。他们到处袭击八路军驻军，摧毁抗日民主政权和抗日群众团体，捕杀八路军官兵和政府工作人员，仅在宁县即杀伤八路军第七七〇团官兵300余人。他们先后袭占八路军驻防的宁县、镇原、枸邑（今旬邑）、淳化、正宁5座县城。在边区东部绥德地区，国民党驻绥德专员兼县长何绍南煽惑清涧、安定等地保安队哗变为匪，抢劫民财，袭击八路军河防部队第七一七团等部，迫害共产党的军政干部和群众。这些活动，直接威胁着中共中央、中央军委所在地延安。中国共产党从抗战大局出发，对这些反共活动一再忍让，派谢觉哉为谈判代表同国民党当局谈判，力求避免冲突。12月22日，八路军留守兵团司令员萧劲光致电蒋介石，要求停止进攻，共御敌寇，恢复团结。25日，八路军总司令朱德、副总司令彭德怀通电全国，反对枪口对内，呼吁停止进攻陕甘宁边区，撤退包围边区的国民党军队。但是，由于国民党方面不听劝告，致使谈判未获结果。陕甘宁边区军队被迫进行自卫，坚决打退了来犯之国民党军队，恢复了陇东大部地区。由雁北返回陕甘宁边区的八路军第三五九旅进驻绥德，肃清绥德、米脂、葭县（今佳县）、吴堡、清涧5县的反共势力，赶走了何绍南，控制了绥德地区，巩固了该地区的抗日民主政权。

1939年12月初，冀察战区第九十七军军长朱怀冰部进入冀西，包围、压迫八路军第一二九师青年纵队、冀西游击队等部，破坏抗日政权。为争取冀察战区继续共同抗日，八路军副总司令彭德怀、第一二九师师长刘伯承先后到冀西，同冀察战区司令长官鹿钟麟及朱怀冰等人会谈，申明中共团结抗战的主张，劝告他们以大局为重，停止磨擦，一致对外。但朱怀冰置若罔闻，并于12月下旬指使别动第四纵队侯如墉部和河北民军乔明礼部，向平汉路以西的游击纵队大举进攻。1940年1月，第三十九集团军石友三部1.7万余人，在冀南、冀鲁豫地区向平汉路附近的八路军进攻。这两次进攻都被八路军击退。2月，朱怀冰、石友三再次从平汉路东西两侧向太行、冀南的八路军进攻。根据八路军总部的命令，第一二九师奋起自卫。在平汉路东，八路军集中17个团的兵力，于三四月间发起卫（河）东战役，歼灭石友三部大部，其余部退向曹县、定陶地区。卫东地区得以恢复后，建立了濮阳、范县等11个县的抗日民主政权。在平汉路西，八路军集中 13 个团的兵力，在刘伯承、邓小平指挥下，于 3 月 5 日发起磁（县）、武（安）、涉（县）、林（县）战役。4 天中歼灭朱怀冰部大部，收复了武涉公路以南、林县以北地区。这两次战役的胜利，巩固了太行、冀南、冀鲁豫等根据地。

战役结束后，中共中央及时命令八路军停止追击朱怀冰残部，主动北撤并提出休战。3 月中旬，中共中央派朱德到河南省洛阳，同第一战区司令长官卫立煌谈判，表明共产党、八路军与友军长期合作抗日的愿望。卫立煌本人也表示不主张进行反共的军事磨擦。双方商定，以临（汾）屯（留）公路和长治、平顺、磁县一线为界，以北为八路军防区，以南为国民党军队防区。

（二）皖南事变

国民党顽固派对华北八路军的进攻被打退后，逐渐将其反共磨擦的重点转向了华中。1940 年 3 月，江苏省主席兼鲁苏战区副总司令韩德勤、桂军李品仙等部，在津浦路两侧进攻皖东新四军第四、第五支队，直逼中共中央中原局和新四军江北指挥部所在地区，企图割断新四军与八路军的联系。中原局和新四军领导机关一方面申明坚持团结抗日的立场，一方面紧急组织力量，先后进行了定远、半塔集两次自卫战。经过 1 个多月的作战，打破了围攻，镇压了屯仓等地反动地主的暴乱，为巩固和发展皖东抗日根据地创造了条件。

在华中地区的反共磨擦日益加剧的情况下，中共中央于 5 月 4 日指示中共中央东南局，要敢于冲破国民党顽固派的无理限制，放手发动群众，向一切敌人占领区域发展，独立自主地扩大军队，建立抗日政权。陈毅为首的新四军江南指挥部，迅速传达中央指示，部署渡江北上，贯彻执行中央发展苏北的战略方针。这时，国民党军队在苏北的力量，除韩德勤部外，还有苏鲁皖边游击军李明扬、李长江部和属于宋子文系统的税警总队陈泰运部。6 月底，泰州的李明扬、李长江受韩德勤唆使，攻击郭村一带的新四军挺进纵队，新四军奋起自卫。为打开苏北局面，扩大统一战线，指挥部确定联李、击日、反韩的策略方针。7 月 5 日，陈毅到郭村与二李联系，重申团结抗战主张，并让出郭村，释放俘虏，归还枪支，二李表示与新四军恢复已初步建立的合作关系。7月下旬，北渡长江的新四军江南指挥部改称苏北指挥部，下辖3个纵队，共8000余人。随后该部东进，10月上旬举行黄桥战役，歼灭韩德勤部主力第八十九军、独六旅，占领江北重镇黄桥，建立了以黄桥为中心的抗日根据地。

当华中磨擦日益紧张之际，中共中央为维护团结抗战的局面，力争国共长期合作，于1940年6月派周恩来、叶剑英到重庆同国民党代表何应钦、白崇禧举行谈判。谈判的内容有：（一）中国共产党的合法地位问题；（二）陕甘宁边区的承认问题；（三）八路军、新四军的扩编问题；（四）作战地区的划分问题。其中，中心是作战地区的划分问题。7月16日，国民党向中共方面提出了所谓"中央提示案"的书面文件，主要内容是：（一）划定陕甘宁边区范围，并改称陕北行政区，暂隶行政院，但归陕西省政府指导；（二）将冀察战区取消，其河北、察哈尔两省及山东省黄河以北地区并入第二战区，仍以阎锡山为司令长官，以朱德为副司令长官，秉承军事委员会命令，指挥作战；（三）八路军及新四军于奉令1个月内全部开到前条规定地区之内；（四）八路军准编为3个军6个师，3个补充团，另再增2个补充团，新四军准编为2个师，此外所有纵队、支队及其他一切游击队，一律限期收缩，不准自由成立部队。这个"中央提示案"的核心是紧缩八路军、新四军的编制，并全部集中在黄河以北狭窄的冀察地区。中共中央认真研究分析了这个"提示案"后，一面派周恩来继续与国民党方面进行谈判交涉，一面提醒全党对国内政治形势的剧变要有精神准备。9月10日，中共中央发出《关于时局趋向的指示》，指出对待时局的正确态度应该是，一方面准备迎接时局好转，一方面又准备对付投降派的突然事变。

这时，国内的政治形势因受到国际形势的影响更加复杂化。9月27日，日本与德国、意大利在柏林签约，结成军事同盟。同时，日本在德国帮助下，迫使法国政府同意日军进驻法属印度支那北部。日本的意图是利用欧洲战争的时机，对南太平洋英、美殖民地发动军事进攻，实施"南进"计划。为此，日本急欲结束中日战争，以便从中国战场抽出身来。德、意也极力促使日本"南进"，以便分散英、美力量。日本和德国都加紧了诱劝蒋介石对日妥协媾和的活动。德、意、日三国结成军事同盟和日本实施"南进"计划，还加剧了日本与英、美的矛盾。英、美为了自身的利益，需要中国继续抗战，拖住日本。为此愿对中国提供更多的军事援助和经济援助。10月18日，英国宣布重新开放滇缅公路。美国国会通过提供国民政府1亿美元贷款的决定。在这种形势下，国民党顽固派以为局势对自己有利，终于又制造了大规模的武装反共磨擦事件。

10月19日，国民政府军事委员会正副参谋总长何应钦、白崇禧向八路军总司令朱德、副总司令彭德怀和新四军军长叶挺发出皓电，诬称八路军、新四军"不守战区范围自由行动"，"不遵编制数量自由扩充"，"不服从中央命令破坏行政系统"，"不打敌人专事并吞友军"[1]，并将"中央提示案"以最后决定形式通知共产党，限令八路军、新四军于电到1个月内，全部开到黄河以北的冀察地区。与此同时，蒋介石又密令汤恩伯、李品仙、韩德勤、顾祝同，准备向华中新四军和八路军大举进攻。

面对空前严重的内战危险，中共中央从维护抗战大局出发，采取让步政策，决定将新四军军部和皖南部队北移。中共中央还提出了挽救危局的方针和对策，强调军事上要采取防卫立场，政治上要强调团结抗日，并要准备对付最黑暗的局面；要积极加紧统一战线工作；坚持长期的独立自主与自力更生的抗日战争，同时准备应付任何严重的反共战争。

11月9日，朱德、彭德怀、叶挺、项英发出致何应钦、白崇禧的佳电，答复何、白皓电。电文据实驳斥皓电的种种诬蔑不实之词，婉言拒绝强令华中新四军、八路军全部集中黄河以北的无理要求。同时表示，为顾全抗日大局，相忍为国，挽救危亡，决定新四军皖南部队将开赴长江以北，但须宽限时日。佳电发出后，中共中央连电新四军领导人叶挺、项英，要求皖南部队务必于12月底以前全部北移，并认清形势的严重性，提高警惕，做好充分的自卫准备。新四军皖南部队按照中共中央的指示，进行了北移的准备工作。

---

① 中央档案馆编：《皖南事变》（资料选辑），中共中央党校出版社1982年版，第88—89页。

但是，蒋介石不顾中国共产党团结抗战的呼吁和新四军皖南部队准备北移的实际行动，步步紧逼。12月8日，何应钦、白崇禧再次发出致朱、彭、叶、项的齐电，声称"军令法纪之尊严，必须坚决维持"①，要求八路军、新四军迅即"遵令"，将黄河以南部队全部调赴河北。9日，蒋介石发布命令，限长江以南的新四军于12月30日前全部开到长江以北地区，明年1月31日前开到黄河以北地区；限黄河以南的八路军所有部队于12月31日前开到黄河以北地区。10日，蒋介石密令第三战区司令长官顾祝同按计划妥为部署并准备，如新四军至12月31日仍不北渡，应立即将其解决。12月下旬，顾祝同根据蒋介石的密令，调集7个师8万余人的兵力，任命第三十二集团军总司令上官云相为"前敌总指挥"，准备围歼皖南新四军部队。12月29日，上官云相在安徽宁国召开作战会议，确定了进攻部署，并限定各部须于12月31日前秘密完成作战准备。

1941年1月4日，奉命北移的新四军军部及其所属皖南部队9000余人编成3个纵队，由云岭驻地出发，先向东南行进，绕道泾县茂林北上。由于连日大雨，部队行动受阻，到5日15时才到达茂林地区。从7日开始，皖南部队突遭国民党军队的包围袭击。在叶挺等指挥下，皖南部队宁死不屈，浴血苦战至11日，终未能突出重围。12日，国民党军队5个师对被围的皖南部队实施向心合击。新四军官兵不怕牺牲，顽强战斗，但终因寡不敌众，弹尽粮绝，战至14日，除2000余人突围外，其余6000余人大部壮烈牺牲，一部被俘。军长叶挺在前往和国民党方面谈判时被扣押，政治部主任袁国平牺牲，副军长项英、参谋长周子昆突围后被叛徒杀害。1月17日，蒋介石令中央通讯社发布国民政府军事委员会的通令和发言人谈话，反诬新四军"危害民族，为敌作伥，丧心病狂，莫此为甚"，宣布新四军"抗命叛变"，"着将"该军番号撤销，军长叶挺革职，"交军法审判，依法惩治"②。这就是震惊中外的皖南事变。

皖南事变发生后，中国共产党在政治上坚决反击，在军事上严守自

---

① 中央档案馆编：《皖南事变》（资料选辑），第96页。
② 中央档案馆编：《皖南事变》（资料选辑），第170页。

卫，进行了有理、有利、有节的斗争。

1月18日，中共中央发言人发表谈话，揭露国民党当局制造皖南事变的罪行和1月17日命令的反动实质。强烈要求：严惩阴谋消灭新四军皖南部队之罪魁祸首；释放所有被俘之新四军将士，保障叶军长等军政干部之生命安全；抚恤新四军皖南部队死伤将士及其家属；停止华中数十万大军之剿共战争；平毁西北之反共封锁线；停止全国各地残杀逮捕共产党员及爱国人士的犯罪举动，释放一切爱国的政治犯；肃清何应钦等一切亲日分子；反对一切破坏抗战、破坏团结之阴谋计划；严整抗日阵容，坚持抗日到底[①]。

19日，中共中央向全党全军发出指示，要求各抗日根据地利用各种形式，揭露和声讨国民党顽固派破坏团结、破坏抗战的罪行；要求八路军、新四军和华南游击队在政治上、军事上做好反击顽固派的准备；要求国民党统治区的中共组织，开展坚持抗战、反对内战的群众运动。按照中共中央的指示，华北、华中各抗日根据地举行各种活动，声讨国民党顽固派的反共行径，八路军并做好了随时配合新四军反击国民党军队武装进攻的准备。

20日，中共中央军委发布重建新四军的命令，任命陈毅为代理军长，张云逸为副军长，刘少奇为政治委员，赖传珠为参谋长，邓子恢为政治部主任，并号召新四军全体将士继续高举团结抗战的旗帜，坚持长江南北抗日阵地，坚持抗战。同日，毛泽东以中共中央军委发言人名义发表对新华社记者的谈话，揭露国民党当局的阴谋，抗议其反共暴行。他严正宣告："我们中国共产党和中国人民，不但有责任，而且自问有能力，挺身出来收拾时局，决不让日寇和亲日派横行到底。"他要求国民党当局以大局为重，处理好皖南事变，并且提出了十二条办法：悬崖勒马，停止挑衅；取消1月17日的反动命令，并宣布自己是完全错了；惩办皖南事变的祸首何应钦、顾祝同、上官云相三人；恢复叶挺自由，继续充当新四军军长；

---

① 见中央档案馆编：《中共中央文件选集》第13册，中共中央党校出版社1991年版，第14页。

交还皖南新四军全部人枪；抚恤皖南新四军全部伤亡将士；撤退华中的"剿共"军；平毁西北的封锁线；释放全国一切被捕的爱国政治犯；废止一党专政，实行民主政治；实行三民主义，服从"总理遗嘱"；逮捕各亲日派首领，交付国法审判①。

23日，陈毅等新四军将领通电就职，呼吁全国人民"拒绝内战，一致对敌"。25日，以华中新四军、八路军总指挥部为基础组建的新四军新军部在苏北盐城成立，随即将全军整编为7个师和1个独立旅。以苏中部队编为第一师，师长粟裕，政治委员刘炎；以淮南部队编为第二师，师长张云逸（兼），政治委员郑位三；以盐阜、皖东北部队编为第三师，师长兼政治委员黄克诚；以淮北、豫皖苏边部队编为第四师，师长兼政治委员彭雪枫；以鄂豫边部队编为第五师，师长兼政治委员李先念；以苏南部队编为第六师，师长兼政治委员谭震林；以皖中和原皖南部队编为第七师，师长张鼎丞，政治委员曾希圣。全军共9万余人，继续坚持长江南北的抗战。

皖南事变发生后，以周恩来为书记的中共中央南方局在重庆也同国民党顽固派展开了谈判斗争，并在舆论宣传方面展开了猛烈反击。1月17日，周恩来打电话给何应钦，怒斥说："你们的行为，使亲者痛，仇者快。你们做了日寇想做而做不到的事。你何应钦是中华民族的千古罪人！"②随后，又驱车到国民党谈判代表张冲处，当面提出抗议。当《新华日报》关于揭露皖南事变真相的报道被国民党当局检扣后，周恩来于当天深夜写下"为江南死国难者志哀"和"千古奇冤，江南一叶；同室操戈，相煎何急？！"的题词，刊登在18日出版的《新华日报》上，在重庆广为散发。18日下午，叶剑英主持起草了《新四军皖南部队惨被围歼真象》一文，经周恩来审阅后印成传单散发。周恩来、董必武和南方局工作人员还通过召开座谈会、个别谈话等方式，向各界人士介绍皖南事变真相，揭露国民党顽固派的反共阴谋。与此同时，廖承志也在香港公布了皖南事变真相。

共产党的正义自卫立场和妥善处理皖南事变的合理主张，得到了全

---

① 见《毛泽东选集》第2卷，第774—775页。

② 《南方局党史资料·大事记》，重庆出版社1986年版，第134页。

国人民、各民主党派、海外侨胞的广泛同情和支持。国民党军队在皖南的军事行动尚未结束，在香港的宋庆龄、何香凝、柳亚子、彭泽民即于1月12日致电蒋介石和国民党中央，提出："今者日寇欲置我国于殖民地，日寇不独为我党之敌人，亦正为共产党之敌人，敌人之敌人，即为我之良友，故吾党不得以如何消灭共产党为决定政策之出发点。"要求"撤销剿共部署，解决联共方案，发展各种抗日势力，保障各种抗日党派"①。在港的参政员张一麟等400名各界人士联名致电蒋介石和国民政府，呼吁停止内战，一致抗日。柳亚子打电报指责国民党中央："此次新四军不幸事变，中枢负责人士借整顿军纪之名，行排除异己之实。长城自坏，悲道济之先亡；三字埋冤，知岳侯之无罪。"他提出应"严惩祸首，厚抚遗黎，然后公开大政，团结友党"②。邹韬奋主持的《全民抗战》和胡愈之主持的《国民公论》，都发表了揭露事变真相，谴责反共内战的言论。沈钧儒在重庆文化界的集会上谴责破坏团结抗战的行为，呼吁团结抗日。陶行知在桂林文化界的一次演讲会上，驳斥了对八路军"游而不击"的攻击。黄炎培表示："不论事情经过之是非，当局如此措置绝对错误"，"请蒋把眼光向外"③。章伯钧、左舜生等拟发起民主联合运动，要求与中共联合以抵抗国民党的压迫。全国绝大多数民主人士都"非难政府的举措"，"表现了从来没有的好"④。

其他各界人士和人民群众也对国民党的反共行径表示了不满和愤慨。冯玉祥、卫立煌等国民党军队将领都表示不愿内战，愿推动时局好转。张治中向蒋介石上万言书，痛陈对中共问题处理失策。阎锡山、傅作义、邓宝珊、龙云、余汉谋、马鸿逵等地方实力派均取中立态度。文化界数百名著名人士联名发表宣言，反对枪口对内。华侨领袖陈嘉庚、司徒美堂等分别致电国民参政会或通电全国，呼吁团结，谴责蒋介石的倒行逆施。为表示抗议，皖南事变发生后，"汇丰银行停止挂牌，陈光甫等银行家停

---

① 中央档案馆编：《皖南事变》（资料选辑），第254—255页。

② 《中国国民党历次代表大会及中央全会资料》下册，第705页。

③ 中央档案馆编：《皖南事变》（资料选辑），第258页。

④ 中央档案馆编：《皖南事变》（资料选辑），第274页。

止向内地投资"。"广大民众及进步势力表示对国民党愤恨,对共产党同情,认为国民党破坏团结抗战,中国内战就要亡国,许多青年学生、工人、职员看到这个消息时,有流泪的,有苦闷的,有愤怒的"①。

国际上,苏联对国民党当局制造皖南事变表示严重不满。苏联驻华大使潘友新于1月25日会见蒋介石时表示"进攻新四军有利于日本,对中国来说,内战将意味着灭亡"。英、美等国因为要中国继续抗战,也不赞成蒋介石发动反共内战。英国驻华大使卡尔转告蒋介石。英国政府认为,内战只会加强日军的攻击,劝蒋停止国内冲突。2月中旬,美国总统罗斯福的代表居里会见蒋介石时正式声明:美国在国共纠纷未解决前,无法大量援华。中美间的经济、财政等各种问题不可能有任何进展。

在中国共产党的强大政治攻势和国内外的压力之下,国民党当局在政治上陷于空前孤立的境地,不得不收敛其反共活动。1月27日,蒋介石在重庆中央纪念周的演说中称皖南事变完全是"整饬军纪"问题,除此以外并无其他丝毫政治或任何党派的性质夹杂其中,企图缩小皖南事变的严重性,推脱责任。2月,蒋介石加紧筹备第二届国民参政会,并千方百计要求中共参政员出席会议,企图以此粉饰太平,欺骗舆论。2月14日,中共中央根据周恩来的建议,决定以中共参政员毛泽东、陈绍禹(王明)、秦邦宪(博古)、林祖涵(林伯渠)、吴玉章、董必武、邓颖超7人的名义致函国民参政会,将1月20日中共中央军委发言人谈话中提出的"善后办法十二条"正式送上,要求讨论,以期恢复国共团结,重整抗日阵容,坚持对敌抗战。否则,中共参政员将不出席参政会。18日,周恩来将7位参政员的公函送交参政会秘书长王世杰,同时将副本抄送各党派参政员20余人,引起震动。国民党谈判代表张冲多次找到周恩来,希望中共能撤回公函,出席参政会,遭到周恩来的严正拒绝,明确表示:"非十二条有满意解决并办理完毕确有保证之后,决定不出席参政会"②。

3月1日,第二届国民参政会第一次会议在重庆开幕。是日晨,张冲

---

① 中央档案馆编:《皖南事变》(资料选辑),第258—259页。

② 中央档案馆编:《皖南事变》(资料选辑),第220页。

又奉命请董必武、邓颖超出席，遭到拒绝。2 日，根据中共中央的指示，周恩来致函张冲转蒋介石，提出"临时解决办法十二条"，表示如能采纳，并有明确保证，中共参政员届时必能报到出席参政会。"临时解决办法十二条"的内容是：（一）立即停止全国向共产党的军事进攻；（二）立即停止全国的政治压迫，承认中共及各民主党派的合法地位，释放西安、重庆、贵阳及各地被捕人员；（三）启封各地被封书店，解除扣寄各地抗战书报的命令；（四）立即停止对《新华日报》的一切压迫；（五）承认陕甘宁边区的合法地位；（六）承认敌后的抗日民主政权。（七）华中、华北及西北的防地均维持现状；（八）中共领导的军队，于十八集团军之外，再成立一个集团军，应共辖六个军；（九）释放皖南所有被捕干部，拨款抚恤死难者的家属；（十）释放皖南所有被捕兵员，发还所有枪支；（十一）成立各党派联合委员会，每个党派派遣代表一人，以国民党的代表为主席，中共代表副之；（十二）中共代表加入国民参政会主席团。①同日，董必武、邓颖超也写信给国民参政会秘书处，表示十二条如蒙采纳，并得有明白保证，必可报到出席。"临时解决办法十二条"虽然未被接受，董必武、邓颖超也没有出席这次会议，但是，中国共产党的坚决立场，使蒋介石在政治上又一次遭到打击。

在这种形势下，3 月 8 日蒋介石在参政会上演说时表示："决不忍再见所谓'剿共'的军事，更不忍以后再闻有此种'剿共'之不祥名词，留于中国历史之中"，保证"以后亦决无'剿共'的军事"②。同日，国民参政会选举董必武为驻会参政员。14 日，蒋介石约见周恩来，答应提前解决国共间的若干问题。至此，在中国共产党的努力下，皖南事变得以解决。

在反对国民党顽固派制造反共磨擦，特别是在打退两次大规模武装反共事件的过程中，中国共产党始终坚持抗战、团结、进步的方针，正确处理民族矛盾和阶级矛盾的关系，从维护抗日大局出发，妥善地处理了历次磨擦事件，维护了国共合作抗日的局面。在极其复杂的环境中，中国共

---

① 见《毛泽东选集》第 2 卷，第 780 页。

② 《皖南事变》编委会编：《皖南事变》，中共党史出版社 1990 年版，第 251 页。

产党临危不惧，善于应付，处置得当，从而既赢得了国内外进步势力和中间势力的同情和支持，又孤立和打击了顽固势力，并保持和发展了自己的力量和阵地。这充分表现了中国共产党人坚定的原则性和高度的灵活性，反映出中国共产党政治上的成熟和斗争艺术的纯熟。中国共产党更加成为全民族团结抗战的重要支柱。

在反磨擦斗争中，中国共产党对在中日矛盾继续尖锐存在的情况下国民党顽固派的两面性，即一面与日本对立，一面与中共及其所代表的广大人民对立而又不愿意最后破裂的特性，有了更加清醒的认识，对抗日民族统一战线的规律有了更深刻的把握。这期间，毛泽东先后写下《目前抗日统一战线中的策略》、《放手发展抗日力量，抵抗反共顽固派的进攻》、《论政策》、《关于打退第二次反共高潮的总结》等重要文件，系统总结抗战以来党在统一战线工作特别是反磨擦斗争中积累的丰富经验，全面阐述了党在抗日民族统一战线中的策略方针和各项基本政策。毛泽东指出，党的统一战线政策的根本指导原则是又联合又斗争，以斗争求团结。党对于国内各阶级相互关系的基本策略方针是发展进步势力，争取中间势力，孤立顽固势力。在对顽固势力的斗争中，必须采取"利用矛盾，争取多数，反对少数，各个击破"和"有理、有利、有节"的策略原则。有理即自卫原则；有利即胜利原则；有节即休战原则，分别体现了斗争的防御性、局部性和暂时性。中共中央和毛泽东关于抗日民族统一战线的策略和政策，是坚持团结抗战的重要指针。中国共产党妥善处理反磨擦斗争，特别是妥善处理晋西事变和皖南事变，正是坚持和运用这些策略和政策的结果。

九、新民主主义理论的形成及宪政运动的兴起

抗日战争进入相持阶段以后，国民党当局加强了对共产党及民主运动的限制。中国共产党团结各民主党派和各界爱国民主人士，与之进行了坚决的斗争，并阐明了自己的理论观点和政治主张。

（一）新民主主义理论的形成

全国抗战爆发后，国民党在与共产党合作抗日的同时，就纵容一些反动文人在《扫荡报》、《血路》等报刊上，大肆鼓吹"一个主义"、"一个政党"、"一个领袖"的理论。1938 年 12 月，张君劢发表《致毛泽东先生的一封公开信》，提出三点"建议"：一是将八路军之训练任命与指挥"完全托之"国民党蒋介石，以实现"军事权之统一"；二是取消抗日民主根据地，以实现"一国之内惟有一种法律，一种行政系统"；三是共产党既然"信奉"三民主义，"不如将马克思主义暂搁一边"[①]。国民党五届五中全会后，这种反共宣传更加嚣张起来。蒋介石接连发表演说，攻击共产主义，宣扬其假三民主义。他借口抗战的需要，声称现在不仅不能实行"宪政"，而且不能进入"训政"时期，只能继续"军法之治"的"军政"时期，要以国民党来"管理一切"，实行"以党治国"、"以党建国"。他认为民主主义和共产主义"皆有缺点"，唯有"三民主义"是"完满无缺的革命建国的最高指导原则"[②]。叶青也发表大量文章，出版多种小册子，反对共产党，反对民主，鼓吹中国有三民主义和国民党就够了，用不着社会主义和共产党。这些言论，不仅破坏抗战，而且引起了广大群众对抗战前途和中国未来的担忧。

中间集团特别是一些民族资产阶级的代表人物，主张坚决抗日，反对妥协投降，并在抗战初期对于国民党领导抗战、实现民主抱有很大期望。随着国民党独裁专制面目的日益暴露，他们对国民党的独裁统治和抗战不力表示了不满，但同时也对共产党的主张和抗战前途抱有疑虑。他们中的有些人企图在国共两党之外另走一条道路，幻想在中国建立欧美式的资产阶级共和国。

这时，在共产党内部和一些进步势力中间，也有一些人对中国革命的理论和政策缺乏统一的理解，在理论上产生了很大混乱，有的人甚至

---

① 《再生》第 10 期，1938 年 12 月 16 日出版。

② 蒋介石：《三民主义之体系及其实行程序》，1939 年 5 月 7 日。

混淆了三民主义和共产主义的原则区别，因而对于抗日战争同整个中国革命的关系以及中国未来的前途缺乏明确的认识。

在这种情况下，中国共产党有必要回击国民党顽固派在思想战线上发动的攻势，向中间势力解释和说明自己的政治主张，向全党和全国人民阐明自己对于中国革命和中国向何处去的全部见解。为此，毛泽东在延安从事大量的理论研究工作，并集中全党的智慧，对中国革命经验进行系统总结，先后写下了《〈共产党人〉发刊词》（1939年10月）、《中国革命和中国共产党》（1939年12月）、《新民主主义论》（1940年1月）等重要著作，系统阐述了新民主主义的理论。

毛泽东有力地驳斥了"承认三民主义就要收起共产主义"的谬论。他分析了三民主义发展的历史，比较了三民主义同共产主义的异同，指出1924年孙中山以联俄、联共、扶助农工的三大政策重新解释三民主义，使三民主义获得了新的历史特点，这种新的革命的三民主义同共产主义的最低纲领即新民主主义政纲的基本点是相同的，所以共产党承认三民主义为抗日民族统一战线的政治基础，并郑重声明"三民主义为中国今日之必需，本党愿为其彻底实现而奋斗"[1]。但是新民主主义同三民主义又是有区别的，它们是以不同的世界观为指导的思想体系，两者在现阶段的某些具体政策不完全相同，革命的彻底性不同，革命的前景也不一样，新民主主义革命完成后，还有一个建立社会主义和共产主义社会制度的最高纲领，三民主义则没有。忽视这种差别是错误的。顽固派要共产党"收起"共产主义不仅毫无道理，而且说明他们并不是孙中山所主张的革命的三民主义，而是冒牌的三民主义。他们叫嚣"一个主义"，实际上就是否认统一战线，否定共产党和工农大众的地位，坚持"一党专政"的专制主义。在新的历史条件下，这种倒行逆施是根本行不通的，是不得人心的，是没有前途的。

毛泽东还以对中国国情的科学分析为基础，详尽地、完整地论述了中国革命的历史进程，指出中国现时社会的半殖民地半封建性质决定了中

---

[1] 《毛泽东选集》第2卷，第687页。

国革命必须分为两个步骤，即先进行民主革命，使中国变成一个独立的民主主义的社会；然后再进行社会主义革命，建立一个社会主义的社会。这两个性质不同的革命阶段，既相互区别又相互连接。"民主主义革命是社会主义革命的必要准备，社会主义革命是民主主义革命的必然趋势"①。只有完成前一个革命才有可能去完成后一个革命，想要"毕其功于一役"是不行的。但是，想要在这两个革命中间横插一个资产阶级专政的阶段，也是"走不通的"。

那么，什么是新民主主义革命呢？毛泽东指出："所谓新民主主义的革命，就是在无产阶级领导之下的人民大众的反帝反封建的革命。"②无产阶级的领导权是区别新旧民主主义革命的根本标志，是新民主主义革命取得胜利并向社会主义前进的根本保证。而实现无产阶级领导的中心问题，是农民问题。中国有80%的人口是农民，农民问题是中国革命的基本问题，农民是无产阶级的最可靠的同盟者和革命队伍的主力军。农民只有在无产阶级领导下，才能得到解放；无产阶级也只有同农民结成坚固的联盟，才能领导革命达到胜利。

既然领导中国民主革命的重担历史地落在了无产阶级肩上，那么，中国无产阶级怎样实现自己的领导呢？毛泽东总结党的历史经验，创造性地提出"统一战线，武装斗争，党的建设，是中国共产党在中国革命中战胜敌人的三个法宝，三个主要的法宝"③。

中国无产阶级要领导中国革命，就必须团结一切可以团结的力量，组织最广泛的革命统一战线，除了农民和小资产阶级是基本的同盟者外，还要争取民族资产阶级参加统一战线，并且在特定的条件下把一部分大资产阶级也包括在内，以求最大限度地孤立最主要的敌人。而统一战线问题，主要是正确处理同资产阶级关系的问题。中国共产党的政治路线的重要一部分，就是同资产阶级联合又同它斗争的政治路线。在同资产

---

① 《毛泽东选集》第 2 卷，第 651 页。

② 《毛泽东选集》第 2 卷，第 647 页。

③ 《毛泽东选集》第 2 卷，第 606 页。

阶级结成统一战线时，要保持无产阶级的独立性，对资产阶级实行又团结又斗争、以斗争求团结的政策。当被迫同资产阶级主要是同大资产阶级分裂时，无产阶级要敢于和善于同大资产阶级进行坚决的武装斗争，同时还要继续争取民族资产阶级的同情或保持中立。

武装斗争是中国革命的主要斗争形式，而武装斗争实际上就是无产阶级领导的以农民为主体的革命战争。无产阶级要领导中国革命，就必须到农村去发动和组织农民，通过自己的先锋队，用先进思想、组织性和纪律性提高农民的觉悟，开展长期的武装斗争，逐渐发展和壮大革命力量，把落后的农村改造成为政治上、军事上，经济上、文化上先进的巩固的革命阵地，并使这些根据地不断扩大，形成农村包围城市，最后夺取城市，取得全国革命的胜利。因此，武装斗争是无产阶级实现对中国革命领导的重要手段，是中国共产党的政治路线的重要一部分。

要实现对中国革命的领导，并在完成新民主主义革命后向社会主义过渡，还必须建设一个全国范围的、广大群众性的、思想上政治上组织上完全布尔什维克化的中国共产党。要建设这样的党。最根本的是要善于把马克思列宁主义的理论同中国革命的实践结合起来，制定和执行正确的政治路线，并把党的建设同党的政治路线密切联系起来。要做到这一点，就必须很好地掌握和运用统一战线和武装斗争这两个武器，正确地处理两者之间的关系以及党的建设与统一战线、武装斗争的关系。

毛泽东深刻阐述了"三个法宝"的相互关系，指出统一战线和武装斗争是战胜敌人的两个基本武器，统一战线是实行武装斗争的统一战线，武装斗争是在统一战线条件下进行的；而共产党则是掌握这两个武器以实行对敌冲锋陷阵的英勇战士。

既然新民主主义革命是无产阶级领导的人民大众的反帝反封建的革命，那么，它的前途又是怎样的呢？毛泽东明确地回答了这个十分重要的中国发展的前途问题。他指出，抗日战争的胜利，民主革命的胜利应当使中国摆脱半殖民地半封建的地位，但中国既不可能成为资本主义国家，也不可能立即进入社会主义社会，而是建立新民主主义制度。新民主主义的基本纲领是：在政治上，要建立"无产阶级领导下的一切反帝反封建的人们联合专政的民主共和国，这就是新民主主义的共和国"①，并以民主集中制的人民代表大会制作为这个政权的构成形式。在经济上，要使一切"大银行、大工业、大商业，归这个共和国的国家所有"，并使国营经济成为整个国民经济的领导力量，但"并不没收其他资本主义的私有财产，并不禁止'不能操纵国计民生'的资本主义生产的发展"；"将采取某种必要的方法，没收地主的土地，分配给无地和少地的农民"②，扫除农村中的封建关系。在文化上，要挣脱帝国主义、封建主义文化思想的奴役，发展无产阶级领导的人民大众的反帝反封建的文化，即"民族的科学的大众的文化"。"新民主主义的政治、新民主主义的经济和新民主主义的文化相结合，这就是新民主主义共和国"，"这就是我们要造成的新中国"③。

毛泽东对新民主主义革命论和新民主主义社会论的完整论述，构成了新民主主义理论的完整体系。它有力地驳斥了国民党顽固派的反共谬论，批判了党内外在中国革命问题上的各种错误思想，科学地回答了中国向何处去的问题，有力地指导和促进了抗日战争和中国革命的胜利发展。

（二）宪政运动的兴起

在全国抗战爆发前夕，中国共产党就提出了巩固和平、争取民主、实现抗战三位一体的口号。抗战爆发后，中国共产党在《抗日救国十大纲领》中明确提出："召集真正人民代表的国民大会，通过真正的民主宪法，决定抗日救国方针，选举国防政府。"④在中国共产党的推动和影响下，各民主党派和各界爱国民主人士积极进行争取抗日民主的活动，全国人民争取民主的热情十分高昂。由于全国人民的推动，国民党和国民政府在政治上进行了某些改革，允许人民有较多的自由。但是，在抗日战争进入相持阶段，特别是在国民党五届五中全会后，国民党反共反民主的活动日渐增多，给团结抗战的局面蒙上了阴影，带来了困难。

---

① 《毛泽东选集》第2卷，第675页。
② 《毛泽东选集》第2卷，第678页。
③ 《毛泽东选集》第2卷，第708、709页。
④ 《毛泽东选集》第2卷，第355页。

为了坚持团结抗日，发展抗日民主运动，在 1939 年 2 月召开的国民参政会第一届第三次会议上，许多参政员就提出推进民主政治的问题。中共参政员董必武提出加强民权主义的提案，要求国民政府给各党派以法律上的保障。参政员周览、马君武等 51 人联署提案，要求对国家制度进行重要改革，建议政府行动应法律化，政府设施应制度化，政府体制应民主化。在 1939 年 9 月召开的国民参政会第一届第四次会议上，陈绍禹、沈钧儒、邹韬奋、史良、陶行知等 26 人提出了《请政府明令保障各抗日党派合法地位案》。提案指出："近半年来，同为抗战最高国策而努力奋斗之我国各党派间，疑虑增多，纠纷时起。因所谓'异党'党籍及思想问题之关系，若干积极抗日分子，受排斥者有之，被屠杀遭暗害者有之，被拘禁或被开除职业或学籍者有之，影响所及，不仅使抗日各党派间，关系日益恶化，而且引起举国同胞对团结抗战之国策，发生动摇，使全民族团结胜利之保证，发生疑问。如果长此下去，势将动摇国本，破坏抗战。"为此，提案要求：由国民政府明令保障各抗战党派之合法权利；由国民政府明令取消各种所谓防制异党活动办法，严令禁止借口所谓"异党"党籍或思想问题，而对人民和青年施行非法压迫之行为；在各种抗战工作中，各抗日党派之党员，一律有服务之权利，严禁因党派私见，而摒弃国家有用之人才 ①。此外，左舜生、张君劢、章伯钧、沈钧儒、邹韬奋、陶行知、许德珩、张申府、史良等 36 人联合提出了《请结束党治，立施宪政，以安定人心，发扬民力而利抗战案》，要求制定宪法，结束党治，立施宪政。张君劢、左舜生、章伯钧、沈钧儒、邹韬奋、罗隆基、江恒源、张申府、王造时、许德珩、黄炎培等 56 人联名提出了《改革政治以应付非常局面案》，提议国民政府采取两个非常步骤，以应付今日之非常局面，即：第一，立即结束党治，实行宪政；第二，立即成立举国一致的战时行政院。王造时、沈钧儒、张申府、邹韬奋、史良等 37 人联合提出的《为加紧精诚团结以增强抗战力量而保证最后胜利案》，江恒源、黄炎培、陶行知等 40 人联名提出的《为决定立国大计，解除根本纠纷，谨提具五项

---

① 见孟广涵主编：《国民参政会纪实》上卷，重庆出版社 1985 年版，第 581—582 页。

意见建议政府请求采纳施行案》，张申府等21人联名提出的《建议集中人才办法案》，都提出了实行民主宪政的要求。国民党参政员孔庚等人，也向大会提出了《请政府遵照中国国民党第五次全国代表大会议案，定期召集国民大会制定宪法开始宪政案》。9月15日，国民参政会第三（审查）委员会召开扩大会议，讨论七个关于宪政何题的提案。共产党、各民主党派参政员同国民党参政员展开了激烈的辩论。双方争论到次日上午，才达成《请政府明令定期召开国民大会，制定宪法，实施宪政案》，并提交大会获得通过。该决议通过后，国民参政会议长蒋介石不得不根据大会决议，指定董必武、黄炎培、张澜、左舜生、李璜、张君劢、罗隆基、史良、褚辅成、钱端升、罗文干、傅斯年等参政员19人组成宪政期成会（不久又增补章伯钧等6人），协助政府修改宪草，促成宪政。据此，国民党于11月召开五届六中全会，通过了《定期召集国民大会并限期办竣选举案》，规定在1940年6月底以前结束国民大会代表选举，11月12日召集国民大会，制定宪法。

国民参政会第一届第四次会议后，一场声势浩大的民主宪政运动在各地迅速掀起。在重庆，1939年10月1日，张澜、沈钧儒、章伯钧、张君劢、左舜生、褚辅成、王造时、张申府、江恒源等在重庆银行公会发起宪政座谈会。到1940年4月1日，他们先后举行了八次座谈会，每次到会者有100人左右。座谈会讨论了怎样推进宪政运动、宪政与抗战的关系、修改《五五宪草》①及筹备宪政促进会等问题，并对《国民大会选举法》《国民大会组织法》提出了修改意见。在1939年11月19日举行的第四次座谈会上，决定成立由85人组成的宪政促进会筹备委员会。宪政促进会成立后，开始有计划地推进宪政运动，并向全国各地发展。沈钧儒、邹韬奋、张申府、张友渔、钱俊瑞等人经常应邀到各地作宪政问题的演讲，在报刊上发表讨论宪政的文章。邹韬奋的生活书店将各报刊发表的有关文章，编成《宪政运动论文选集》和《宪政运动参考资料》一、二两集出版。沈钧儒、沙千里、张申府、张友渔、钱俊瑞、柳堤、韩幽桐7人还合写了《五五

---

① 指1936年5月5日国民政府公布的《中华民国宪法草案》。

宪草》一书，对《中华民国宪法草案》进行了批判。重庆其他各界也纷纷举行宪政座谈会。妇女界 30 多个团体发起妇女宪政座谈会，先后举行六次，产生了很大影响。青年代表 25 人发起了青年宪政座谈会。新闻界一些记者也举行了宪政座谈会。除重庆外，成都、桂林、昆明、上海租界、广东等地，各界人士也召开宪政座谈会，建立宪政促进会等组织。一时间，宪政问题成为全国瞩目的大事。

宪政运动的兴起，再度引起民族资产阶级在中国建立资产阶级共和国的幻想。有的人认为国民参政会第一届第四次会议通过的实施宪政的议案，是"划时代的民主改革案"。罗隆基认为："实施宪政，在今日是全国国民一致的要求，亦是蒋委员长的主张，因此，实施宪政的日期必不至过分延缓。这种意义的公开政权，今后或者用不着人民特别努力争取。"①他们以为宪政很快就要实现，于是积极地参加宪政运动。

中国共产党也非常重视宪政问题。宪政运动兴起后，中共虽然洞察国民党没有实施宪政的诚意，但为顺应全国人民的迫切要求，同时将宪政宣传作为启发各界人士觉悟，向国民党要求民主自由的武器，在各抗日根据地也广泛开展了要求国民党实施宪政的活动。在延安，毛泽东、吴玉章等于 1939 年 11 月发起成立延安各界宪政促进会，1940 年 2 月 20 日举行成立大会，吴玉章任理事长。毛泽东在会上发表了《新民主主义的宪政》的演讲，阐明了民主宪政与抗日的关系，指出没有民主，抗日就抗不下去。有了民主，则抗他十年八年，我们也一定会胜利。因此，我们大家关心宪政，促进宪政。宪政就是民主政治，这种民主政治"应该是新民主主义的宪政"，即"几个革命阶级联合起来对于汉奸反动派的专政"。毛泽东揭露了顽固派所鼓吹的"宪政"的实质，指出他们现在口谈宪政，是"因为被抗日的人民逼得没有办法，只好应付一下"，"他们实际上要的是法西斯主义的一党专政"。我们所要的宪政不是在中国实行资产阶级专政，因为"中国人民不欢迎资产阶级一个阶级来专政"。同时，现在的中国也还不能实行社会主义的民主。中国只能实行新民主主义的宪政。毛泽东

---

① 罗隆基：《论公开政权》，见《今日评论》第 3 卷第 21 期，1940 年 5 月出版。

指出："真正的宪政决不是容易到手的,是要经过艰苦斗争才能取得的"①。这个演讲为全国人民争取民主的斗争指明了方向，也教育了一些幻想实行资产阶级宪政的人。

国民党当局许诺实施宪政，只不过是迫于形势的搪塞之词，并无真正实行的诚意。蒋介石在国民参政会第一届第四次会议上作出实施宪政许诺的同时，又说宪政与训政是相辅相成的，将来宪法颁布以后，我们还是不能放弃训政。宪政运动展开后,国民党中央宣传部副部长潘公展撰文称："宪政时期的党治,自然是以国民党治国。"②国民党的新闻机关除封锁各地宪政运动的消息外，还发表大量反对实行宪政和攻击宪政运动的文章。重庆民主人士举行第五次座谈会时，国民党中央党部职员大闹会场，公然要取消宪政促进会。

在这种形势下，国民参政会第一届第五次会议于 1940 年 4 月在重庆召开。孙科在会上作了《五五宪草》起草经过和内容的报告。国民参政会宪政期成会的代表向大会介绍了对《五五宪草》的修改情况，并将所拟的《五五宪草修正草案》及设置"国民大会议政会"的建议提交大会讨论。讨论中，许多国民党参政员激烈反对设置"国民大会议政会"，并诋毁宪政运动。其他各党派参政员据理力争，同他们进行了激烈的辩论。蒋介石指使国民参政会秘书长王世杰在会上宣读议长意见，决定将宪草修正草案及其附带建议，连同反对设置国民大会议政会的意见，一并送交国民政府，由国民政府斟酌处理。但在会后，国民政府将其搁置下来。到 9 月，国民政府宣布：原定于 11 月 12 日召开的国民大会，因交通不便，召开国民大会有困难，国民大会之召集日期另行决定。同时，采用种种办法限制和禁止宪政运动。这样，轰轰烈烈的宪政运动被压制下去了。

这次宪政运动被压制下去不久，国民党顽固派就于 1941 年 1 月制造了反共的皖南事变。在此前后，国民党当局对各民主党派和无党派民主人士也实行了高压政策，肆意摧残民主，打击异己力量。1940 年 5 月，何

---

① 见《毛泽东选集》第 2 卷，第 731—739 页。
② 《时代精神》第 1 卷第 5 期，1939 年 12 月出版。

应钦在最高国防委员会会议上发言时，诬称救国会领导人沈钧儒、邹韬奋、沙千里等要发动"暴动"，密令特务监视他们的活动。10月，民主人士杜重远在新疆遭到逮捕。12月，重庆大学商学院院长马寅初因在讲演中批评孔祥熙、宋子文等发国难财，被宪兵拘留。1941年2月，国民政府查封了设在成都、昆明、桂林、贵阳等地的生活书店分店，并逮捕了贵阳分店的全体职员，邹韬奋因此愤而出走香港，从事民主斗争。在桂林、重庆出版的《救亡日报》、《国民公论》等数十种进步报刊，也先后被禁止发行或停刊。这一切表明，国民党当局在反共反民主的道路上越走越远。

国民党当局反共反民主的行径，教育了对依靠国民党实行民主抱有幻想的各党派民主人士，使他们认清了国民党坚持一党专政的真面目，也使他们认识到，要生存，争民主，必须联合起来。

各民主党派要联合起来的愿望，得到了中共中央南方局的支持和帮助。周恩来、董必武等在重庆经常同各民主党派、无党派的代表人物接触，就国际国内形势，坚持团结抗战的大局交换意见。章伯钧、左舜生等人拟发起成立民主联合会，团结各党派、无党派人士和国民党左派人士与共产党合作，进行民主和反内战运动，周恩来完全赞同，表示在挽救民族危亡中与他们风雨同舟，共同奋斗。周恩来等中共中央南方局领导人的工作，推动了各民主党派的联合。

1940年12月23日，黄炎培、张君劢、梁漱溟、左舜生在重庆张君劢的住所秘密集会，商讨民主党派联合问题。他们认为，国民党不仅"仇视共产党"，而且"排斥及于沈钧儒、章伯钧、陶行知"，已"不足肩负救亡重任"。因此，广大中间人士"必当慷慨而起，联合同心，进而推动两党团结抗敌"。他们决定将1939年11月成立的统一建国同志会①改名为中国民主团同盟。与此同时，章伯钧、丘哲也在积极活动，建立第三者性质的政治同盟。黄炎培、章伯钧、梁漱溟等经过多次协商，决定联

---

① 统一建国同志会成立于1939年11月23日，是由青年党、国家社会党、中华民族解放行动委员会、全国各界救国联合会、中华职业教育社、乡村建设派的领导人和少数无党派民主人士组成的政治组织。

络各民主党派共同筹建民主政团同盟。1941 年 2 月 25 日至 3 月 13 日，黄炎培、梁漱溟、张澜、章伯钧、罗隆基、左舜生、张君劢等人连续召开筹备会议，推定梁漱溟、张澜、罗隆基、章伯钧起草政治纲领，章伯钧、李璜、罗隆基起草组织规程，并酝酿了领导人。3 月 19 日，中国民主政团同盟成立大会在重庆上清寺特园秘密召开。大会讨论了政治形势和同盟的基本任务、组织原则、机构设置，通过了政纲、简章及宣言，并建立了中央领导机构。大会推选了由 13 人组成的中央执行委员会，并推黄炎培、左舜生、张君劢、梁漱溟、章伯钧 5 人为中央常务委员，黄炎培为中央常务委员会主席。9 月，中国民主政团同盟机关报《光明报》在香港创刊。10 月 10 日，《光明报》发表《启事》，正式宣告民主政团同盟业经在渝成立，并公布了经过修改的《成立宣言》和《对时局主张纲领》，向全国公布了坚持抗日、加强团结、结束党治、实行宪政、实践民主、保障自由及"国权统一"、"军队属于国家"等政治纲领。这个纲领，代表了民族资产阶级、开明绅士和上层小资产阶级的利益和政治主张。它主张继续抗日，要求民主自由，反对妥协投降和独裁统治是有积极意义的。但是，它所主张的"国权统一"，"军队属于国家"，又是针对中国共产党领导的抗日民主政权和人民抗日军队的。它所主张的民主政治与共产党主张的新民主主义政治也有着根本区别。

中国民主政团同盟的成立，是宪政运动发展的结果。它的成立，反映了国民党政治地位的下降，共产党和进步势力影响的不断扩大，使中国政治舞台上增添了一支"民主运动的生力军"[①]，推动了大后方爱国民主运动的发展。

十、东北抗日联军的艰苦斗争

随着抗日游击战争的发展，东北人民抗日武装于 1936 年初组成抗日联军，同日伪军展开了更大规模的英勇斗争。

---

① 《解放日报》1941 年 10 月 27 日。

（一）东北抗日联军的成立

1935 年冬，在东北各抗日游击队的打击之下，日军深感对其统治构成极大威胁，于是制定了 3 年《满洲国治安计划大纲》，一方面加紧对抗日游击队进行军事"讨伐"；另一方面采取归屯并村的"集团部落"政策，并加紧推行保甲制、连坐法等措施，企图断绝抗日游击队与人民群众的联系，以配合其军事"讨伐"。

为了更为有力地打击日伪军的"讨伐"，中共满洲省委根据"八一宣言"的精神，在东北人民革命军的基础上联合其他抗日武装，组织东北抗日联军。1936 年 1 月，活动于北满地区的抗日部队领导人举行联席会议，决定成立东北民众反日联合军临时政府。会后成立了东北抗日联军总司令部（后改为北满抗日联军总司令部），赵尚志为总司令。2 月 20 日，东北人民革命军以第一至第六军军长的名义和汤原、海伦两游击队共同发表了《东北抗日联军统一军队建制宣言》。此后，东北各抗日武装陆续改编为抗日联军，继续在各地区进行抗日斗争。3 月，中共中央驻共产国际代表团指示撤销中共满洲省委，各地抗日联军分别由陆续成立的中共南满省委、北满临时省委和吉东省委领导。

在东南满地区，有抗日联军第一、第二军。第一军由杨靖宇任军长兼政治委员，下辖两个师，约 3000 人。3 月至 5 月，打破日军的"讨伐"后发展到 6000 人，并扩大了游击区。第二军由王德泰任军长，魏拯民任政治委员，下辖 3 个师，共 3000 余人。3 月至 5 月，除与第一、第五军打通联系外，又扩大了游击区，部队发展到 5000 余人。6 月，为加强东南满地区抗日游击战争的领导，东满、南满特委组成中共南满省委，由魏拯民任书记。同时将抗日联军第一、第二军合编为抗日联军第一路军，由杨靖宇任总司令兼政治委员，王德泰任副总司令。第一路军成立后，杨靖宇率第一军一部在通化、辑安地区伏击日伪军，歼灭伪骑兵 200 余人，后又在本溪附近赛马集山区歼灭伪东边道"剿匪"司令邵本良以下 1000 余人。第二军也在敦化县东清沟战斗中，毙日军石川吉少将以下官兵 100 余人。1936 年夏冬，第一路军派兵向辽西、热河地区进行两次西征，以求打通与中共中央和关内红军的联系，未获成功。到全国抗战爆发前，第一路军除据有抚松、濛江、通化等老游击区外，还在长白、宁安等地新建和恢复了游击根据地，全军发展到1.5万人。

在北满地区，有抗日联军第三、第四、第六军。第三军由赵尚志任军长，冯仲云任政治部主任，下辖7个师，后又增加到10个师，共6000余人，在松花江两岸开展游击战争，使北满游击区扩大到40余县。1936年9月，中共北满临时省委成立，冯仲云任书记。第四军军长李延禄，后由李延平代理，先有3个师，后发展为4个师，约2000余人，活动于松花江南岸并向东发展到乌苏里江西岸。第六军由夏云杰任军长，李兆麟任政治部主任，下辖7个团，活动在以汤原为中心的松花江下游地区。1937年初夏云杰牺牲后，由戴鸿滨任军长，将7个团改编为4个师，约2000余人。抗日联军第三、第四、第六军的活动，严重威胁着日伪对北满的统治。从1936年秋开始，日伪军以宾县、木兰、通河、汤原、依兰为中心，发动大"讨伐"。9月末，中共北满临时省委决定以第三、第六军主力坚持老游击区的斗争，另以第三、第四军和在吉东的第五军各一部组成远征队进行西征。11月至12月，开辟了小兴安岭西麓铁力、庆城、海伦等地的新游击区。1937年春，为粉碎日伪军企图自南而北压迫抗联各军于三江平原聚歼的计划，中共北满临时省委决定第三、第六军主力转移到黑龙江、嫩江平原开辟新区。经过两个多月的艰苦奋战到达绥棱、海伦地区，后因损失过重又返回汤原游击根据地。

活动在吉东地区的抗日联军第五军由周保中任军长，宋一夫任政治部主任，下辖两个师。1936年5月以后，第五军除留少数部队在宁安地区坚持斗争外，主力向穆陵、密山、依兰地区发展。1937年3月，中共吉东省委成立，宋一夫任书记。同月，第五军攻克依兰县城后，在依兰及其周围数县打击日伪军，开辟新游击区。到7月，第五军发展到近5000人。

1936年11月，以抗日联军第四军第二师为基础扩编为抗日联军第7军，陈荣久任军长，下辖3个师，共700余人。1937年1月，陈荣久牺牲后，李学福继任军长。为扩大游击区，第7军分两路在乌苏里江沿岸和松花江下游开展游击战争，并联合山林队、红枪会等。经过几个月的战斗，发展到近 1000 人。

除上述中共直接领导的 7 个军外，到 1937 年全国抗战爆发前，还建立于第八、第九、第十军。第八军军长谢文东、政治部主任刘曙华，共300 余人，后发展到近 1000 人，主要活动于依兰、方正、汤原县境内。第九军军长李华堂，政治部主任李熙山，共 800 余人，先活动于汤旺河里一带，后转战于勃利、依兰、方正等地。第十军军长汪雅臣，共 700 余人，活动于舒兰、五常一带，后发展到 1000 余人。另外，还有抗日联军独立师，师长祁致中，政治部主任金正国。

到 1937 年 7 月，东北抗日联军发展到 10 个军、1 个独立师，约 3 万人。他们的英勇斗争，有力地打击了日伪在东北的殖民统治，支援和鼓舞了全国的抗日救亡运动。

（二）七七事变后东北抗日联军的艰苦斗争

1937 年卢沟桥事变后，全国抗战爆发，东北抗日游击战争成为全国抗战的重要组成部分。在全国抗战形势高涨的鼓舞下，东北各族人民的抗战热情空前提高。抗联第一路军、东北抗日救国总会、北满抗日联军总司令部先后发出《告东北同胞书》、《布告》或《通知》，号召抗日军民积极行动起来，配合全国抗战，推翻“满洲国”，为光复东北而斗争；号召伪军哗变，共同对日。东北抗日联军和各族人民积极开展抗日游击战争和各种抗日斗争，呈现出蓬勃发展的局面。在这种形势下，伪军警也开始分化，成批携械反正加入抗联。

面对日益高涨的东北抗战形势，日军为确保东北占领区，加紧推行“三年治安肃正计划”，实行“治标”与“治本”相结合的方针，加强军事“讨伐”和殖民统治。根据日本关东军抽调兵力到华北、东北兵力减少的情况，日军对抗联采取重点“讨伐”。1937 年底，日军将“讨伐”的重点置于北满，采取由南向北、由西向东逐步压缩包围的战法，企图将抗日联军聚歼于松花江下游、黑龙江与乌苏里江之间的三江平原。因此，抗日联军的斗争也进入了更为艰苦的阶段。

第一路军在杨靖宇、魏拯民指挥下，积极开展游击战争，打击日本关东军及伪满军。1937年7月中旬，杨靖宇率第一军一部由桓仁西进，9月转战到宽甸县境。10月底，以第一军第一师在宽甸县双山子和四平街等地连续袭击日军守备队，击毙日军少校水出以下官兵40余人。12月初，杨靖宇率第一军直属队等部在本溪县南营房和老边沟山区与日伪军作战，毙伤日伪军30余人。第二军在濛江、辉南、抚松、桦甸等地开展游击战争，先后在老黑顶子、柳河、二站、西岗等地的战斗中给日伪军以打击。10月26日，在魏拯民指挥下，第二军一部攻入辉南县城，击毙日军20余人，缴获大批物资。12月，在濛江县江排子森林中袭击日军宿营地，歼敌200余人。由于日伪军对第一路军进行"讨伐"，长白等县的游击根据地遭破坏，第一路军各部遂转入桦甸、濛江、桓仁等地的密营中休整。1938年初，杨靖宇率总部和第一师等部由桓仁进入集安，在老岭山区开展游击战争。3月13日，奇袭正在修筑中的通（化）辑（安）铁路老岭隧道工程，同时袭击了发电站和供应仓库，使日军筑路工程一再延期。4月，第二军第六师攻占长白县六道沟镇。这时，第二军一部从金川向南转移，在集安老岭地区与杨靖宇会合。

5月中旬至6月初，中共南满省委和第一路军总部在老岭召开联席会议，决定第一军再次执行西征热河、沟通与关内八路军联系的任务，第二军留在长白山坚持斗争。会议补选魏拯民为第一路军副总司令。会后，当第一军部署西征时，传来了第一师师长程斌在本溪率部叛变的消息。第一路军总部遂于7月中旬召开第二次老岭会议，决定放弃西征计划，并决定改变部队编制。随后，第一路军各部先后改编为3个方面军和警卫旅，实行分区作战。8月2日。杨靖宇指挥警卫旅和第一方面军一部在辑安县城以北的长岗设伏，击溃号称"满洲剿匪之花"的伪军索景清旅第四十二团，毙伤敌60余人，俘虏30余人，其中击毙日军上尉指导官高凤武治，缴获步枪140余支、机枪8挺、手枪4支及其他军用物资。9月下旬，杨靖宇率部离辑安向河里山区转移，沿途进行14次战斗，于10月17日到达临江县外岔沟，遭日伪军重重包围。经多次战斗，突出重围。1938年冬，第一路军所属各部继续转战于辑安、通化、临江、辉南、濛江、桦甸等地，不断给日伪军以打击。

活动于松花江下游地区的抗日联军第四、第五、第七、第八、第十军在中共吉东省委领导下，于1937年秋协同中共北满临时省委领导的第三、第六、第九军，不断打击下江地区的日伪军，取得袭击宝清县凉水泉子伪警察所、桦川孟家岗伏击战，奇袭聚宝山伪警察署等战斗的胜利。8月21日，周保中指挥的五道岗伏击战，取得了击毙日军300余人、打死战马200余匹的重大胜利。为加强统一指挥，9月27日，周保中在牡丹江左岸四道河子主持召开中共吉东省委常委工作会议，决定将吉东各抗日部队组编为抗日联军第二路军。10月10日正式成立筹委员会，并发表通告，周保中任总指挥。由于松花江下游地区的日军不断遭到打击，关东军以其第四师为主力，纠集伪军4个旅共2.5万余人，于1937年底开始对下江地区的抗联各军进行大规模的军事"讨伐"。第二路军各军遂展开了艰苦的反"讨伐"作战。

为迅速跳出日伪军之合围圈，并打通与东南满抗联第一路军和挺进到热河的八路军的联系，中共吉东省委决定第二路军第四、第五军主力西征，第二路军总部率第四军1个团、第五军第三师和第七军在宝清、饶河等地坚持斗争，牵制敌人，掩护西征。根据部署，西征部队分为东西两路。西路以第四、第五军的骑兵为主，由第四军军长李延平、副军长王光宇统一指挥；东路以第四、第五军的步兵为主，由第五军军长柴世荣统一指挥。两路部队统一由中共吉东省委书记、第五军政治部主任宋一夫负责军事政治领导。

5月中旬，参加西征的第四军主力和第五军一部分别从富锦、宝清等地出发，6月中旬到达依兰莲花泡地区，与第五军主力会合。这时，由于日军在中苏边境挑起武装冲突并对中东路沿线加强封锁，西征行动受阻。6月底，西征部队在林口县刁翎召开干部会议，决定将东西两路部队集中，向五常、舒兰方向前进，与在五常活动的第十军取得联系。7月初，西征部队出发，12日攻占苇河县楼山镇。撤出楼山镇后，因日军追击，西征部队决定分开行动：第五军教导团等部返回刁翎地区；第五军第一师南下经横道河子、老爷岭与第二军第五师会合后再西进；第四军第一、第二师和第五军第二师继续向五常西进。此后，由于西征部队对地理不熟，多次与日军遭遇，并一度误入延寿县境。到 7 月末，两支西征部队在苇河县境巧遇后，又一起向五常出发，途中袭击了元宝镇和沙河镇。

8 月初，日军调集 3000 余兵力围堵西征部队，西征部队处境危艰。这时，中共吉东省委书记宋一夫叛变，造成极坏影响。西征部队经连续苦战，至 8 月底进入五常县冲河山区，但无法与抗联第十军会合。此后，第四、第五军分开活动。第四军继续在五常县山区活动，9 月下旬遭日伪军包围，部队牺牲很大。到 11 月下旬以后，军长李延平、副军长王光宇相继牺牲，参加西征的部队损失殆尽。第五军西征部队在向舒兰转移途中遭受重大损失，第一、第二师失掉联系。第二师余部返抵宁安，与第二军第五师会合，一起转战于额穆、敦化一带。第一师余部于 9 月初渡过牡丹江，11 月返回刁翎抗日游击区。返回途中，在乌斯浑河渡口遭日伪军袭击。第五军妇女团的指导员冷云、班长杨贵珍、胡秀芝，战士郭桂琴、黄桂清、王惠民、李凤善和原第四军被服厂厂长安顺福等 8 名女战士，为掩护部队转移与敌激战。在子弹打光、后退无路的情况下，宁死不屈，毅然步入乌斯浑河激流之中，壮烈牺牲。"八女投江"的壮烈事迹，表现了抗联战士不怕牺牲，为国捐躯的英雄气概。

留在宝清、饶河、富锦等地坚持斗争的部队在周保中的领导下，展开了激烈的反"讨伐"斗争。1938 年，大批日伪军分路进攻富锦、宝清境内的抗联密营。3 月 18 日，包括 100 名骑兵在内的日伪军近 400 人进攻宝清县尖子山第五军密营。该军第三师第八团第一连得知日伪军出动的消息，便由连长李海峰、指导员班路遗带领 14 名战士向李炮营出发，阻击敌人，途中与敌遭遇，遂占领小孤山迎击敌人。战斗从拂晓持续到黄昏，指导员等人先后牺牲，双腿被炸断的连长令两名总部交通员和另两名受伤战士转移，自己与冲上山的日伪军同归于尽。这次战斗毙伤日伪军近 100 人，毙战马 90 余匹。不久，第二路军总部为李海峰、班路遗、朱雨亭、魏希林、陈凤山、李芳邻、夏魁武、王仁志、张全福、杨德才、王发、李才 12 位烈士举行了追悼会，决定将小孤山命名为"十二烈士山"，以纪念这些为民族解放事业而献身的抗联战士。

此后，日伪军继续向山区"讨伐"，并加紧推行"归屯并户"政策。

6月，周保中召集干部会议，对各军的反"讨伐"斗争作出部署。会后，部队分散行动，与日伪军周旋，不断打击敌人，自己也受到很大损失。活动在五常的第十军，曾于8月北上接应西征部队，取得攻打伪森林警察队、袭击沙河子日军守备队的胜利，但在强敌围攻下，也遭受很大损失。

战斗在北满的抗日联军第三、第六、第九军及独立师（1937年10月改编为第十一军），在中共北满临时省委的领导下，在松花江下游两岸和小兴安岭西麓积极开展游击战，严重威胁着日伪在北满的统治，被日军称为"北部国防线上的心腹之患"。1937年7月，为避免被日军聚歼于松花江下游地区，中共北满临时省委在汤原境内召开执委扩大会议，决定各军以一部坚持原有地区的斗争，主力远征海伦，发展新游击区。会后，留第三军大部及第九军、独立师坚持延寿、方正、汤原、依兰等地的抗日斗争，第六军军部率保安团及第二、第四师700余人，在军长戴鸿滨带领下向海伦远征。西征部队穿过小兴安岭到达海伦县，与第三师先遣部队会合。西征部队因强攻日伪军据点，受到很大损失，于8月决定返回汤原地区。11月，第三军又以第九师西征。第九师从汤原出发，经通河、木兰到达海伦，并在该地坚持抗日斗争。到1938年6月，北满抗联第三、第六、第九、第十一军与日伪军作战数百次，予敌以有力打击，但自己也伤亡过大，有的部队减员过半。

为扭转被动局面，中共北满临时省委于6月初作出决定：将第三军由10个师缩编为4个师和1个警卫团；各军主力分三批向海伦西征。第一批第三、第九军各一部约150余人于6月出发，经一路战斗，11月到达海伦八道林子时只剩20余人。第二批有两支部队。一支由第六军主力组成，共200余人，8月上旬从萝北老等山出发，经过1个月艰苦行军到达海伦八道林子。另一支由第三军主力组成，共300余人，9月6日从萝北出发，10月抵达海伦白马石与第六军会合。第三批由第六军教导队、第十一军第一师等部组成，共100余人，由北满抗联总政治部主任李兆麟领导，在富锦集结后向海伦进发，途中历尽千辛万苦，终于在12月29日到达海伦八道林子，与第六军第三师会合，胜利完成了西征任务，粉碎了日伪军企图将抗联部队聚歼在三江平原的计划。

在北满抗联主力西征途中，李兆麟和他的战友写下了著名的《露营之歌》：

铁岭绝岩，林木丛生，
暴雨狂风，荒原水畔战马鸣。
围火齐团结，普照满天红。
同志们！锐志哪怕松江晚浪生。
起来哟！果敢冲锋，
逐日寇，复东北，天破晓，
光华万丈涌。

浓荫蔽天，野花弥漫，
湿云低暗，足溃汗滴气难喘。
烟火冲空起，蚊吮血透衫。
兄弟们！镜泊瀑泉唤起午梦酣。
携手吧！共赴国难，
振长缨，缚强奴，山河变，
万里熄烽烟。

荒田遍野，白露横天，
野火晶莹，敌垒频惊马不前。
草枯金风疾，霜沾火不燃。
战士们！热忱踏破兴安万丛山。
奋斗呀！重任在肩，
突封锁，破重围，曙光至，
黑暗一扫完。

朔风怒吼，大雪飞扬，
征马踟蹰，冷气侵人夜难眠。

火烤胸前暖，风吹背后寒。

壮士们！精诚奋发横扫嫩江原。

伟志兮！何能消减，

团结起，赴国难，破难关，

夺回我河山。

这首悲壮的诗篇，真实而生动地反映了抗联战士们艰苦的斗争生活，抒发了他们不屈不挠的抗日胸怀。

（三）抗联各部队转入深山密林坚持斗争

从 1938 年下半年开始，日军将关东军的兵力增至 7 个师，到 1939 年底又增至 9 个师，加紧对抗日联军的军事"讨伐"和经济封锁，企图彻底消灭抗联，并加强对苏战备。1939 年，日军以抗联第一路军为重点，进行连续"讨伐"。同时，提出"匪民"分离口号，加强招抚诱降，企图分化瓦解抗联；实行"米谷管理法"，控制各种生活必需品，以断绝抗联的生活物资来源。东北抗日游击战争进入了极端艰苦阶段。

这一时期，抗联活动地区日渐缩小，部队大都被迫转移到深山密林，粮食断绝，常以树皮和野果充饥，缺医少药，伤病员得不到救治，冰天雪地之中缺乏御寒的衣物，备受艰难困苦。在这种情况下，抗联绝大多数部队在中共六届六中全会精神和六中全会给东北抗联、东北人民致敬电的鼓舞下，仍不屈不挠地坚持抗日游击战争。

第一路军坚持在东南满地区，积极开展游击战争。1939 年春节前夕，杨靖宇指挥第一路军一部袭击桦甸县木箕河林场，全歼伪森林警察队。4 月初，又袭击了敦化大蒲柴河日军野战仓库。此后，在日伪军的"讨伐"下，第一方面军艰苦转战，牺牲较大。第二、第三方面军虽受到一定损失，但仍给日伪军以很大打击。6 月上旬，第二方面军在安图县闭门屯设伏，歼敌 50 余人。随后，又取得袭击敦化大蒲柴河日军"讨伐"队、破袭延吉天宝山铜矿等战斗的胜利。8 月下旬，魏拯民指挥第三方面军攻克安图县城，消灭伪警察署，并以一部兵力伏击来援之敌，全歼日军 100 余人。

随后，又取得大沙河伏击战和软化寒葱岭伏击战的胜利。从 10 月开始，日军纠集 7.5 万人对东南满地区进行大"讨伐"。日军采用"分兵驻守、随时出动"，"分进合出，穷追搜捕"等战法，组成"挺进队"、"搜索班"等各种名目的小股部队，搜索抗联部队，一旦发现踪迹，即穷追不舍。第一路军在日伪军的打击下，不得不退入通化及东满的深山密林。

10 月 1 日至 5 日，中共南满省委和第一路军在桦甸县境内召开干部会议，决定将队伍化整为零，编成小部队分散活动，以保存实力，冲破日伪军的"讨伐"。杨靖宇为使各部顺利转移，率第一方面军一部和总部警卫旅 400 余人，转战于桦甸、濛江、金川等地。入冬后，大雪封山，部队衣食无着，再加上战斗频繁，到 1940 年 1 月底，杨靖宇所率部队只剩下 60 余人。这时，由于叛徒供出杨靖宇的行踪，日军调集多支"讨伐队"跟踪追击。到 2 月 15 日，杨靖宇身边只剩 6 名战士了。当晚，他命令 4 名负伤战士转移。2 月 18 日，另两名战士寻找食物时牺牲。杨靖宇只身一人，饥寒交迫，又患重感冒，于 2 月 23 日在濛江县城西南保安村三道崴子被"讨伐队"包围，经激烈战斗壮烈牺牲，年仅 35 岁。日伪军割下他的头颅，剖开他的腹部，发现他的胃里尽是草根、树皮和棉絮，没有一粒粮食。这种不畏艰难、威武不屈的英雄气概，使日军也为之震惊。

杨靖宇是东北抗日联军的杰出代表，是伟大的民族英雄。"十冬腊月天，松柏枝叶鲜，英雄杨靖宇，长活在人间。"这首流传于东北大地的颂歌，深深表达了人民对这位民族英雄的崇高敬意和无限怀念。杨靖宇牺牲后，第一路军在魏拯民的领导下，继续坚持斗争，在长白山区艰苦转战。

第二路军在周保中领导下，在牡丹江两岸开展反"讨伐"斗争。1939 年 3 月，日伪军约 6000 人，组成 10 余支"讨伐队"，对第二路军总部和第五军等留守部队轮番进行围攻。3 月底，周保中在林口县四道河子召开中共吉东省委扩大会议，决定总部率第四军留守部队向宝清、密山方向转移，第五军留守部队向穆陵、东宁方向转移。4 月初，日军"讨伐队" 700 余人跟踪追击第二路军总部，周保中指挥所部在林口以北葫芦崴子予敌以打击，毙伤日军 120 余人。尔后越过图佳铁路，于 6 月底到达宝清蓝棒山临时后方基地。4 月 15 日，第五军由林口徐家屯附近渡过乌斯浑河，向穆陵方向转移，5月初到达镜泊湖地区。在此期间，第七军在虎林、饶河一带袭击日伪据点，截击敌运输队，并巩固了后方基地。第八军因军长谢文东等主要领导人相继叛变而全部瓦解。第十军在舒兰等地不断打击日伪军，继续坚持斗争。

北满抗日联军主力陆续到达海伦后，立即展开了创建新的游击区的斗争。1939年1月28日，中共北满临时省委召开第九次常委会，提出了游击战争的新方针，要求化整为零，化零为整，以少胜多。会后对部队进行了改编，在黑嫩平原开展抗日游击战争。为加强和统一指挥，4月12日，中共北满临时省委执委会议决定改组北满抗联总司令部，成立东北抗日联军第三路军及总指挥部。5月30日，第三路军在德都县朝阳山后方基地正式成立，由李兆麟任总指挥，冯仲云任政治委员，下辖第三、第六、第九、第十一军。随后，各部活动于黑龙江省北部10余县境内，先后开辟了朝阳山、阿荣旗、甘南等游击区。在嫩江两岸活动的部队，在半年多的时间内作战40余次，攻克讷河等城镇，歼敌250余人。9月，第三、第六军各一部联合袭击德都县伪警察署，毙敌100余人。第三路军各部的英勇斗争，打破了日伪的"黑（河）北（安）龙（江）三省汇攻计划"。第三路军也付出了很大代价，到1940年2月，各部只剩下500余人。

到1940年初，抗日联军各路军在日伪军的"大讨伐"下，遭到严重挫折，原有的根据地和游击区大都被破坏，部队从3万余人减少到不足2000人。鉴于这种形势，中共吉东、北满两省委的代表周保中、冯仲云、赵尚志于1月24日在中苏边境的伯力（哈巴罗夫斯克）召开会议，决定采取"逐渐收缩、保存实力"的方针，将第一路军缩编为第一、第四、第七支队，第二路军缩编为第二、第五、第八支队，第三路军缩编为第三、第六、第九、第十二支队。会后，中共吉东、北满省委的代表返回东北，着手改编部队。

第一路军因远在南满地区，无法得知伯力会议精神，因而仍以三个方面军的番号活动。1940年4月以后，第一路军警卫旅以一部在东满地区，以另一部在敦化、宁安等地，分别打击日伪军。后来这两支部队遭受重大损失，只剩少数人员返回东宁。第二方面军在安图、敦化、延吉等地与日伪军作战，年底移至东宁活动，1941年3月改编为第一支队。第三方面军于7月攻入五常县冲河镇，后返回镜泊湖地区活动。12月8日，第三方面军指挥陈翰章率10余人在小湾湾沟遭日伪军包围，年仅27岁的陈翰章壮烈牺牲。陈翰章是满族人民的优秀儿子，他长期战斗在镜泊湖畔，被当地人民誉为"镜泊英雄"。1941年初，第二方面军一部200余人转移到中苏边境休整。魏拯民因病留在桦甸县夹皮沟东部牡丹岭密营休养，3月8日逝世。他的逝世是东北抗的又一重大损失。

第二路军总指挥周保中和新任副总指挥赵尚志于1940年3月上旬返回下江地区，传达伯力会议精神。4月1日将第七军改编为第二支队，在宝清、富锦、密山打击日伪军。活动在宁安地区的第五军因被敌阻隔，直到1941年2月才缩编为第五支队。活动于五常山区的第十军军长汪雅臣于1941年在九十五顶子山负伤被俘，后牺牲，部队也在突围时散失，只有少数人员坚持斗争到抗战胜利。

第三路军政治委员冯仲云返回海伦后，传达伯力会议精神，决定将龙北部队编为第三、第九支队，将龙南部队编为第六、第十二支队。改编后，各支队以灵活的游击战术不断袭击日伪军据点。1940年8月，第三、第九支队攻占克山县城。10月，第三支队突袭霍龙门车站，打乱了日军修筑黑（河）嫩（江）铁路的计划。第十二支队于8月开赴肇州、肇东、肇源地区，9月11日袭击肇州东北丰乐镇，11月8日攻克肇源县城。入冬以后，日军加紧了"围剿"，各支队都遭受严重损失。

到1941年，东北抗日游击战争转入低潮。但是，抗日联军的将士仍在极端艰难的形势下坚持斗争。第二路军一部和第三路军第三、第六、第十二支队在饶河和北满一带活动。其余各部陆续进入苏联，在中苏边境地带实行整训。1941年11月，第六、第九、第十二支队主力也转入苏联休整。进入苏联的抗联部队在中苏边境组成北野营和南野营，共有六七百人。1942年8月1日，南、北野营和仍在东北的抗联部队合编为东北抗日联军教导旅，又称中国旅、国际旅，并接受了苏联远东红旗军独立第八十八旅的番号。抗联部队经过休整后，组成若干游击小分队分别返回东北，继续开展游击战争，不断给日伪军以袭扰和打击。从

1941年春到1945年8月，由中苏边境派回东北的抗联小部队共30余支，总人数300人以上。抗联著名将领赵尚志于1941年底回到鹤立、汤原一带活动。1942年2月22日率小分队袭击梧桐河伪警察所途中，被混入小分队的特务开枪击中，受伤被俘。伪警察对其审讯达8个小时，赵尚志始终闭口不语，最后壮烈牺牲，时年34岁。赵尚志是抗联的重要领导人之一，他的牺牲是抗联的又一重大损失。

东北抗日联军在中国共产党的领导下，在东北人民的支援下，长期坚持东北抗日游击战争，同日伪军进行了殊死的斗争。其环境之艰苦，斗争之残酷，时间之长久，在世界战争史上都是罕见的。抗日联军以自己的英勇斗争，钳制和消耗了大量日伪军，对全国抗战起到了战略上的配合作用，对抗日战争的坚持和胜利作出了重要贡献。

第 四 章

世界反法西斯统一战线形成
前后的中国战场

一、苏德战争、太平洋战争的爆发及中国战区的成立

　　1941 年 6 月 22 日拂晓，法西斯德国背信弃义地撕毁《苏德互不侵犯条约》对苏联不宣而战，妄图以闪电战打败苏联。在战争的第一天，希特勒即投入了 117 个师的巨大兵力，北起波罗的海，南至黑海，在长达 1800 公里的战线上发起进攻，1000 多架飞机轰炸了苏军的前沿阵地、机场和交通枢纽，并对基辅、日托米尔、塞瓦斯托波尔、明斯克、斯摩棱斯克、里加、考纳斯等城市进行轰炸。到 22 日中午，共击毁 66 个苏联的机场，德军很快取得制空权。接着，德军的坦克和摩托化部队在飞机、火炮的掩护下，迅速突破了苏军防线。

　　德国法西斯向苏联发动侵略战争是蓄谋已久的。希特勒曾叫嚷"不管怎样，要继续向东突进。必须把俄国从欧洲国家的名单中划掉"。进攻苏联，是德国法西斯争夺欧洲霸权的既定方针。早在 1940 年七八月，德国参谋总部根据希特勒的命令，开始制定进攻苏联的作战方案。1940 年 12 月 18 日，希特勒签署了对苏联展开军事行动的第 21 号训令，其代号为"巴巴罗萨计划"（又称"巴巴洛沙计划"）。该计划以总体战和

闪电战为基础，规定德军必须首先用突然袭击的方法消灭西部军区的军队，然后长驱直入，向苏联腹地进攻。进攻时分左、中、右三路，分别向列宁格勒、莫斯科、基辅方向突击，而以中路为主要突击方向。1941 年 6 月上中旬，希特勒下令：1941 年 6 月 22 日执行"巴巴罗萨计划"。德军入侵苏联，完全是根据这个计划进行的。在德军向苏联发动大规模进攻后，德国外交部发表声明，正式对苏宣战。

6 月 22 日，苏联红军和人民在苏联党和政府的领导下，开始了抗击德国侵略者的英勇斗争，苏德战争爆发。

虽然苏联党和政府早就密切注视着战争事态的发展，斯大林于 1939 年 3 月 10 日《在党的第十八次代表大会上关于联共（布）中央工作的总结报告》中就曾指出，"战争是铁的事实，任何东西都掩盖不了"，"我们不怕侵略者的威胁，我们准备用双倍的打击去回答企图破坏苏联边界的不可侵犯性的战争贩子的打击"①，并作了必要的战备，但对德国法西斯的整个战略方针和战略部署估计不足。德军越过苏联边境后，即分三路向纵深发展。由于苏军的"东方战线"的防御工事尚未建成，苏联边防部队 2/3 的兵力平均部署在 1800 多公里的战线上，对德军大规模入侵准备不够，因而在德军突然进攻下，连续失利，损失惨重。在很短的时间里，德军在苏联境内突进了 350 公里—600 公里，先后占领了拉脱维亚、立陶宛、白俄罗斯和乌克兰、摩尔达维亚的大部分土地，德军的先头部队逼近列宁格勒、斯摩棱斯克和基辅。

在苏联人民英勇的卫国战争中，实行了全国总动员，采取了一切紧急措施，经受了血与火的考验。1941 年 8 月下旬，德军以重兵向列宁格勒猛攻，希特勒扬言一定要把这座城市从地球上抹掉。德军用封锁、空袭、炮击，企图把列宁格勒变成一片废墟。英雄的列宁格勒军民没有为严重困难所吓倒，同德国入侵军展开了艰苦、顽强的搏斗，列宁格勒巍然屹立，迫使德军放弃占领列宁格勒，转而进攻莫斯科。1941 年 9 月，德军大举进攻莫斯科，希特勒调集 75 个师，使用 1500 架飞机，妄图一举占领苏

---

① 《斯大林文选》（上），人民出版社 1962 年版，第 214、219 页。

联首都，迫使苏联投降。苏联各族人民积极投入保卫莫斯科战斗，苏军开展积极防御，歼灭德军大量有生力量，1942年春取得莫斯科保卫战的胜利。1942年夏，德军集中主力进攻斯大林格勒，苏联军民先展开防御战，是年底即开始反攻作战。

德国侵略军在欧洲战场暂时取得的军事胜利，进一步助长了日本法西斯的侵略野心。毛泽东早在《论持久战》一文中就指出："日本地主资产阶级的野心是很大的，为了南攻南洋群岛，北攻西伯利亚起见，采取中间突破的方针，先打中国。""日本打了中国之后，如果中国的抗战还没有给日本以致命的打击，日本还有足够力量的话，它一定还要打南洋或西伯利亚，甚或两处都打。欧洲战争一起来，它就会干这一手；日本统治者的如意算盘是打得非常之大的。"①1941年上半年，日本侵略者正陷入中国人民抗日持久战争的汪洋大海中，欲胜不能，欲退不得，损失很大，不得不把大量精锐部队用于中国战场。这时，日本侵略者虽然尚不敢贸然北犯或向南扩大，但对这样的情况焦躁不安，妄图摆脱侵华战争的困境，夺取垂涎已久的东南亚广大地区。

苏德战争爆发后，日本统治集团内部再次发生北进与南进之争。一种主张是立即配合德国进攻苏联；另一种主张是继续南进东南亚。经过一番争吵，1941年8月9日日本陆军统帅部放弃对苏行使武力的企图。其主要理由是：从德苏战争的演变看来，期望在今年内出现对苏发动武力的良机是不现实的；从美国冻结资产，石油禁运的影响，以及日本储存石油的情况判断，目前对苏战争，尤其是在将持久化的情况下，已不能优先考虑。同时，决定专心去搞南方的方针，加紧准备对美作战②。9月6日，御前会议通过《帝国国策施行要领》，规定"抱定不惜对美（英、荷）开战之决心，以10月下旬为目标，完成战争准备"③。10月中旬，近卫内阁辞职，东条英机受命组阁，加快战争的准备。11月初，御前会议决定：对美、英、荷开战，发动武装进攻的日期，定为12月初。

---

① 《毛泽东选集》第2卷，第509、510页。

② 见《日本军国主义侵华资料长编》（上），第655、657页。

③ 见《日本军国主义侵华资料长编》（上），第670页。

　　1941 年 12 月 8 日（东京时间），日本军队根据日本联合舰队司令山本五十六提出的计划——依靠日本飞机，打击美国军舰，突然袭击夏威夷群岛的珍珠港。珍珠港是美国在太平洋上最大的海军基地。当时，美国太平洋舰队共有 86 艘船只停泊在珍珠港，其中有战列舰 8 艘，巡洋舰 7 艘，驱逐舰 28 艘，潜水艇 5 艘，并无美国航空母舰在场①。日本在偷袭珍珠港时，出动了 6 艘航空母舰，载着 423 架飞机，两艘战列舰，3 艘巡洋舰，9 艘驱逐舰，3 艘潜艇，经过两个多小时的袭击，美国太平洋舰队损失严重。据美国海军部报告，总计沉没和受伤的大型舰只 19 艘，被炸死炸伤 3000 多人。日军偷袭珍珠港，成为太平洋战争爆发的标志。

　　太平洋战争初期，美、英军队比较被动。在 1941 年 12 月到 1942 年 4 月不到半年间，美、英、法、荷在太平洋和东南亚的广大殖民地，大部落入日本手中。日军掠取了马来亚、香港、缅甸、菲律宾、印度尼西亚、关岛、威克岛、新几内亚的一部分以及太平洋上其他岛屿，这些地区有 1.2 亿人口，物产极为丰富，经济上具有重大战略意义。

　　苏德战争和太平洋战争爆发后，澳大利亚、荷兰、加拿大、新西兰、南非联邦、哥斯达黎加、古巴、尼加拉瓜、巴拿马、萨尔瓦多、"自由法国"民族委员会、波兰政府也相继对日宣战。中国也正式对日宣战。这样，东西方反法西斯战争连成一片，第二次世界大战发展到最大规模，在欧洲、亚洲、非洲、美洲、太平洋、印度洋、大西洋等广阔地域里，有 61 个国家和地区先后卷入战争。全世界的法西斯阵线与反法西斯阵线已经明朗化，反法西斯国家的同盟迅速形成。

　　苏德战争爆发不久，斯大林于 1941 年 7 月 3 日的《广播演说》中指出："我们为了保卫我们祖国的自由而进行的战争，将同欧洲和美洲各国人民为争取他们的独立、民主自由的斗争汇合在一起。这将是各国人民争取自由、反对希特勒法西斯军队的奴役和奴役威胁而结成的统一战线。"②苏、英经过积极协商，于 1941 年 7 月 12 日在莫斯科签订了苏英对德作战联

---

　　① 《美国海军部关于珍珠港被袭的报告书》，见世界知识社辑：《第二次世界大战参考文献》，世界知识出版社 1955 年版，第 51 页。

　　② 《斯大林文选》（上），第 267 页。

合行动协定，即《联合王国政府与苏维埃社会主义共和国联盟政府对德作战采取联合行动的协定》。协定规定：苏英政府相互承允在这次对希特勒德国作战中，彼此给予各种援助和支持；两国政府并承允在这次战争中，除经彼此同意外，既不谈判亦不缔结停战协定或和约。苏英协定的签订，为建立反法西斯同盟迈出了一步。

1941年8月9日至12日，美国罗斯福总统和英国丘吉尔首相在停泊于加拿大纽芬兰岛海面的军舰上举行会议（即大西洋会议）。会后美英首脑签署了联合宣言即《大西洋宪章》，阐明反法西斯战争的宗旨和重建战后和平的原则。9月24日，澳大利亚、加拿大、自由法国、英国、南非联邦、苏联、比利时、捷克斯洛伐克等15个国家（含流亡政府）的代表在伦敦举行同盟会议，声明赞同《大西洋宪章》的宗旨。9月29日至10月1日，苏、美、英三国在莫斯科举行会议，着重讨论反希特勒联盟和三国互相援助与物资的分配问题，最后签署的秘密协定，规定了1941年至1942年英、美对苏具体的物资援助。会议还宣告，美、英、苏三国在反法西斯战争中，采取联合行动和互相援助。莫斯科会议的召开及其达成协定，标志着国际反法西斯同盟的初步形成。

太平洋战争爆发后，英美两国首脑及高级军政人员在华盛顿举行会议（代号"阿卡迪亚"）。这次会议的重要成果之一，是发表了《联合国家宣言》。1942年1月1日，美国、英国、苏联、中国的代表首先在《宣言》上签字，其他一些国家，如澳大利亚、比利时、加拿大、哥斯达黎加、古巴、捷克斯洛伐克、多米尼加、萨尔瓦多、希腊、危地马拉、海地、洪都拉斯、印度、卢森堡、荷兰、新西兰、尼加拉瓜、挪威、巴拿马、波兰、南非联邦、南斯拉夫代于次日按英文字母顺序在《宣言》上签字。《联合国家宣言》宣布赞同《大西洋宪章》。《宣言》郑重表示：签字国保证使用全部军事和经济资源，共同对抗德、意、日法西斯的侵略；各国保证不同敌国单独缔结停战协定或和约。26国签订的《联合国家宣言》，标志着国际反法西斯统一战线的正式形成，并进一步显示出这一国际战争的正义性和进步性。后来，除原签字的26个国家外，截至1945年5月1日，声明加入《联合国家宣言》的，还有玻利维亚、巴西、法国等21个国家。国际反法西斯统一战线的建立，为国际民主力量彻底战胜法西斯和早日结束第二次世界大战，作出了巨大的贡献。

1942年1月1日签订《联合国家宣言》后，同年5月在伦敦又签订《苏英同盟条约》。苏英双方保证：彼此给予军事的及其他所有各种援助与支持；除互相同意外，决不与德国或与德国合伙参加侵略行为的其他任何欧洲国家谈判或缔结停战协定或和平条约；双方在战后互相合作，以组织欧洲的安全与经济繁荣。1942年6月，在华盛顿签署《美苏协定》。《协定》规定：美国政府将继续提供防御物品、防御服务以及防御情报给苏联；苏联政府对美国政府将尽力所能及地提供一切物品、服务、设备和情报。《苏英同盟条约》和《美苏协定》的签署，使反法西斯同盟进一步巩固。

1941年12月8日，蒋介石得知太平洋战争爆发的消息后，即召见苏联、美国、英国驻华大使，向他们递交了一份备忘录，声明反侵略阵线的各个国家，必须把德、意、日三个国家当作公敌，建议中、英、美、澳、荷、加拿大、新西兰成立军事同盟，互相订立不单独与敌媾和条约，并促苏联对日宣战。12月10日和11日，蒋介石两次邀请英美等国驻华使馆武官，商讨中、英、美、荷、澳五国联合军事行动的具体计划，并请美军代表马格鲁德电告罗斯福总统：请华盛顿提出五国联合军事行动的具体计划，并以华盛顿为联军政治与军事中心，建议把重庆作为五国初步谈判的地点，并由华盛顿提出五国军事互助协定的方案。蒋介石还密令正在美国的宋子文，请罗斯福敦促苏联立即对日宣战。这时，斯大林分别致电蒋介石和罗斯福，说明苏联的主要任务是抗击德国法西斯，不宜分散力量于远东，暂时难于对日宣战。12月16日，罗斯福致电蒋介石，请蒋在重庆召集联合军事会议，希望建立一个联合机构，以便指挥各盟国共同作战。蒋介石遂于16日、17日、19日，与英国大使卡尔、苏联大使潘友新、荷兰代表保斯、美军事代表马格鲁德分别谈话，就联合军事会议代表团组织交换意见。12月20日，中国政府军令部长徐永昌起草了中、美、英、苏、荷五国协同作战总方案，计划在1942年7月，以美国海空军和中国陆军为主攻，英国海空军和苏联陆空军为助攻，先扑灭日本空军，取得制空权，然后再对日本本岛和中国东南地区，以外线作战态势向日敌合击。12月22日，英国驻印军总司令韦唯尔和美国航空队队长勃勒特飞抵重庆，后签订了《共同防御滇缅路协定》。

1941年12月27日，中国政府外交部长宋子文和中国驻美大使胡适，在白宫拜见罗斯福。罗斯福告诉宋子文、胡适，他已与邱吉尔商量，在华盛顿组织军事会议，并在各战区设立联合指挥部，今后由中、英、美、荷、澳组织共同机构，协力保卫南太平洋地区；英、美希望以中国的空军基地轰击日本本土，希望能获得日本的气候情报，中国将得到美国大量援助的武器。12月31日，罗斯福致电蒋介石，提议组织中国战区，并告之美、英、澳、荷、新西兰诸国已商得同意，公推蒋介石为中国战区统帅，指挥中、泰、越各区战事，并拟组织联军参谋处，在统帅指挥下服务。1942年1月2日，蒋介石电复罗斯福，同意接受。蒋介石接受中国战区统帅后，即电宋子文请罗斯福指派一位亲信的高级将领，担任中国战区联军统帅部的参谋长，以便着手组建参谋部。于是，美军部立即准备选派一位高级将领来华协助作战。由于史迪威曾在中国住过10年，能够讲中国话，又认识中文，且长于训练和作战，遂决定派史迪威来华。马歇尔多次征询他的意见，史迪威都对赴华甚为热心，表示愿意接受命令。1月15日，美军部函告宋子文，拟派史迪威担任美军代表兼任中国战区参谋长，宋子文于1月29日函告美军部，表示同意。同日，美军部宣布史迪威赴华，身兼美军驻华军事代表、对华租借物资管理统制人、中国战区参谋长等职。1942年2月2日史迪威正式接到派令后，于2月13日从美国乘飞机到印度，3月5日到达重庆。6日，史迪威拜见蒋介石，转达罗斯福的意旨——对于欧亚战场同样重视，美国加强对华空援，并说明他来华的任务，蒋介石令他提出联合参谋处组织草案。

促成中国战区的建立，主要有两个方面的因素：一方面，中国抗日战争爆发后，国民政府就希望英、美参战，可是，中国却单独对日苦战了四年多。太平洋战争爆发后，终于有了盟国，美国也参加了对日战争，国民政府从而认为可以依靠美国打垮日本，中国只要坚持下去，最后就能跻身于胜利者一方。所以，国民政府主动建议中、美、英、荷结盟，联合对日作战。当美国总统罗斯福提议成立中国战区、由蒋介石任统帅时，蒋介石当然是乐于接受的。另一方面，太平洋战争爆发后，英、美首脑重申"先欧后亚"的战略，再加上兵源不足，对于抵御日本侵略者在太平洋地区的攻势，深感力量不足。因此，必须让中国继续打下去，训练和武装中国军队，以便能更有效地打击日军和牵制日军在太平洋的行动，并且使中国成为进攻日本的基地，保证中国最后向日本发动有效的决定性反攻。正是这样的考虑，美国提议建立中国战区，并得到英国的支持。

苏德战争和太平洋战争爆发后国际形势的变化，对中国抗日战争产生了巨大的影响。一方面，世界反法西斯力量的扩大，是中国人民争取抗日战争胜利极为有利的条件；另一方面，由于法西斯势力的暂时猖獗，给中国抗日战争带来更大的困难。

世界反法西统一战线形成后，中国的抗日战争与同盟国对轴心国的作战，特别是与美、英在太平洋对日本的作战，密切地联系起来，成为国际反法西斯战争的一个重要组成部分。苏、美、英等同盟国之间的团结，也要求并将促进中国抗日民族统一战线内部的团结。国际形势的这种新发展，对争取中国全民族抗日战争的胜利，显然是一个重要的国际条件。苏德战争爆发的第二天，1941 年 6 月 23 日，毛泽东为中共中央起草了《关于反法西斯的国际统一战线》的党内指示。《指示》指出：德国法西斯统治者已于六月二十二日进攻苏联。此种背信弃义的侵略罪行，不仅是反对苏联的，而且也是反对一切民族的自由和独立的。苏联抵抗法西斯侵略的神圣战争，不仅是保卫苏联的，而且也是保卫正在进行反对法西斯奴役的解放斗争的一切民族的。目前共产党人在全世界的任务，是动员各国人民组织国际统一战线，为着反对法西斯而斗争，为着保卫苏联、保卫中国、保卫一切民族的自由和独立而斗争。在目前时期，一切力量须集中于反对法西斯奴役。中国共产党在全中国的任务是：坚持抗日民族统一战线，坚持国共合作，驱逐日本帝国主义出中国，即用此以援助苏联；在外交上，同英美及其他国家一切反对德、意、日法西斯统治者的人们联合起来，反对共同的敌人。太平洋战争爆发的第二天，1941 年 12 月 9 日，中共中央发出《中国共产党为太平洋战争的宣言》。《宣言》指出：这一太平洋战争，是日本法西斯为了侵略美国、英国及其他各国而发动的非正义的掠夺的战争，而美国、英国及其他各国起而抵抗的一方面，则是为了保卫独立自由与民主的正义的解放战争。自太平洋战争爆发以后，全世界一切民主国家将无处不受法西斯国家的侵略，同时全世界的一切民主国家也将无处不起而抵抗。全世界一切国家民族划分为举行侵略战争的法西斯阵线与举行解放战争的反法西斯阵线，已经最后地明朗化了。中国政府与中国人民应该继续过去五年的光荣战争，坚决站在反法西斯国家方面，动员自己一切力量，为最后打倒日本法西斯而斗争。

二、中国远征军入缅作战

1942 年初，中国战区成立后，中国军队与盟军正式开始直接协同对日作战。

（一）中国远征军血战缅甸

中国云南省至缅甸的滇缅公路，是一条重要的国际交通干线。东起中国的昆明，西至缅甸境内的腊戍，与仰（光）曼（德勒）铁路相连接。保持滇缅公路的畅通，有利中国的持久抗战。太平洋战争爆发前，1940年 10 月，英国为了借助中国的抗日力量，挽救它在远东的殖民地缅甸、印度、马来亚，首先开放了滇缅公路。1941 年 2 月，中国应英国的邀请，派出中国缅印马军事考察团，赴缅甸、印度、马来亚进行军事考察。1941 年 11 月滇缅边境情况紧急时，国民政府军事委员会即令第五军、第六军等部，分由贵州境内向云南开进。

缅甸是日本发动太平洋战争的重要目标之一。日本侵略者把缅甸作为南方地区的北翼据点，不仅具有必须确保的战略地位，而且对中国战场来说，可以切断滇缅交通，即切断援华的国际通道，促使蒋介石政权早日屈服。1941 年 12 月 8 日，日军第十五集团军在进驻泰国后，即按其大本营的指示，准备进攻缅甸。

太平洋战争爆发后，1941年12月11日，中国政府应英国政府的请求，以加强的第九十三师第二七七团进入缅甸的景栋地区，接替英军对泰北、越南边境的防务。12月16日，又以第五军、第六军向滇西保山、芒市等地集结，编组中国远征军，准备入缅作战。12月23日，在重庆由蒋介石主持召开了中、英、美东亚联合军事会议。中、英双方于26日签订了《中英共同防御滇缅路协定》，成立中英军事同盟。

1942年1月20日，日军第十五集团军以第五十五师由泰国西部的麦索地区突破泰缅边境，于31日占领毛淡棉；第三十三师亦由麦索方向加入战斗，并于2月4日占领拔安。3月7日，日军南方军又将第十八、第五十六师补充给第十五集团军，令该军进一步抓住战机，向缅甸全境实施作战，迫使曼德勒方面的中国军队进行决战，务于短期内消灭这一带的中国军队，并占领仁安羌附近油田地带及其他重要地区。日军第十五军集团兵分三路由缅南向缅北进攻。西路以第三十三师由仰光地区沿伊洛瓦底江向仁安羌进攻；中路以第五十五师由勃固地区向曼德勒进犯；东路以即将在仰光登陆的第五十六师向东进攻，经莫契、垒固、东枝、雷列姆直插腊戍，这样可切断中国远征军的回国路线。同时，第十八师进攻曼德勒。

1942年2月，仰光处于危急时，中国国民政府军事委员会令于滇缅路待命的中国远征军第五、第六、第六十六军及直属部队陆续入缅。第五军、第六军预定分别使用于彬文那、东吁和东枝、莫契地区，受英缅军总司令胡敦指挥。正当日军第十五军主力分路由缅南向北进犯时，中国远征军适时赶到前线，以第五军担任中路日军主要进攻方向的曼德勒正面作战；以第六军担任东路莫契、雷列姆方向的作战；第六十六军集结于曼德勒地区待机。西路伊洛瓦底江沿岸的作战，由英缅第一军团（辖英缅第一师、英印第十七师、英装甲第七旅）担任。

由于入缅中国军队的一切供应，均须英国协助，而中英关系不融洽，遂提出任用美国将领统率中国驻缅部队作战。1942年3月8日，蒋介石正式任命史迪威为中国战区参谋长，指挥入缅中国军队。3月11日，史迪威从重庆飞抵缅甸，即开始指挥中国远征军作战。

中国远征军入缅作战的情况是：

1. 中路的东吁保卫战

担任中路作战的中国远征军第五军，以一个师的兵力，在东吁及其以南地区，阻击日军前进，掩护第五军主力于彬文那附近集结，准备与右翼的英缅军共同实施会战，击破当面的日军。1942年3月8日，第五军以先遣部队第二〇〇师进抵东吁，接收了英缅军的防务，并掩护英缅军撤退。3月10日，日军第五十五师由勃固出发，向东吁推进，沿途英缅军向北撤退。18日，中国远征军第五军骑兵团前卫分队，在彪关河以南地区接应英军，与日军激战，掩护了英军脱离日军，安全撤退。19日，日军追击部队的汽车行至彪关河骑兵预设阵地，大桥被炸，日军一部被歼，这是中国远征军入缅后与日军打的前哨战。

从3月18日至29日，中国远征军第五军在东吁地区进行了12天保卫战。

3月18日，日机40余架分批轰炸东吁，日军第五十五师以一部分兵力，在飞机、大炮掩护下，以坦克、装甲车为先导，开始向东吁地区进攻。激战3天，日军伤亡较大，仍被阻于东吁守军的鄂克春前进阵地。21日至22日，日本飞机狂轰乱炸马圭基地，英国在缅甸的空军几乎全部丧失战斗力，日军掌握了缅甸战场的制空权。24日，日军陆空联合向鄂克春前进阵地攻击，并以千余兵力向东吁以北的克永冈机场迂回，迅速占领了这个机场。这时，日军切断了第二〇〇师和第五军司令部的联系，东吁守军陷入日军三面包围之中，第二〇〇师师长戴安澜立下遗嘱，表示了誓死保卫东吁的决心。25日，日军第五十五师全部出动，由南、西、北三面围攻东吁，守军依托阵地顽强抵抗，激战至26日，东吁西北角阵地被日军突破。在这种情况下，蒋介石电令中国远征军：日军似有以主力向东吁、曼德勒进攻的企图。目前，中国军应以第五军的第二〇〇师、新编第二十二师及军直属部队，在东吁、彬文那间与日军作第一次会战。如会战不利，应进行持久抵抗，以逐次消耗日军；务期在此期间，迅速将第九十六师与暂编第五十五师，集中于曼德勒、塔泽间地区，完成第二次与日军会战的准备，以期一举击破深入的日军。第五军军长杜聿明奉令后，决心攻击当面的日军，遂下达作战命令：以第二〇〇师为固守兵团，固守东吁城；以新编第二十二师为攻击兵团，攻击仰（光）曼（德勒）公路以西地区当面日军的左翼部分；以第五军直属补充第二团及第一团一个营为右侧支队，由东吁右侧向日军左侧背攻击；第九十六师以火车输送至耶达谢附近集结待命。

3月27日，日军继续向东吁阵地进攻，没有得逞。28日，日军后续部队第五十六师从仰光登陆后，已进至东吁附近，增援日军第五十五师作战，这样就加强了日军对东吁阵地的进攻，并施放毒剂。东吁的中国远征军第二〇〇师与日军反复冲杀，虽然伤亡很大，仍顽强坚守，阵地屹立未动。但由于补给断绝，已陷于苦战。中国远征军新编第二十二师虽于29日拂晓攻克南阳车站，但进展缓慢。第五军预备队第九十六师在途中，因日本飞机轰炸，车站炸毁，被阻在彬文那附近，无法前进，使整个计划受到影响。这时，杜聿明鉴于已不能迅速集中主力与日军决战，以解东吁之围，决心放弃东吁，遂命令第二〇〇师突围。29日夜，这个师顺利地突了围。至此，历时12天的东吁保卫战结束。

中国远征军在东吁保卫战中，以一个师的兵力，与拥有强大空中支援、数倍于己的日军，血战了12天，然后主动地、有秩序地安全转移，不仅粉碎了日军企图在东吁聚歼中国远征军主力的计划，而且打击了日军第五十五师。在东吁保卫战中，中国远征军共歼灭日军5000余人，击毙了日军横田上校。这位日本军官生前在日记中曾惊呼："东吁之役，为我皇军进入缅甸以来所遭逢之唯一大激战"[①]。东吁保卫战后，英国将领韦维尔和亚历山大飞抵中国远征军第五军司令部所在地漂贝，会见杜聿明，赞扬中国军队英勇作战，对中国远征军在东吁掩护英缅军第一师安全撤退，表示感谢。

东吁保卫战结束后，蒋介石要求中国远征军集中主力在彬文那与日军决战。1942年4月上旬，中国远征军长官部制定了彬义那附近会战计划。作战方针是：军以决战的目的，即以阻击兵团逐次阻击消耗进犯之日军

---

① 乐怒人：《缅甸随军纪实》，胜利出版社1942年版，第65页。

后，次以固守兵团吸引日军于彬文那附近地区，待日军胶着时，再以机动兵团转取攻势，将日军夹击包围于彬文那附近而歼灭之。兵力部署是：以新编第二十二师为基干，组成阻击兵团，扼守斯瓦河北岸，依次阻击消耗进犯的日军；以第九十六师为基干，组成固守兵团，坚守彬文那地区；以第二〇〇师为基干，组成机动兵团，待机采取攻势，夹击围歼日军于彬文那地区。

日军占领东吁后，继续以主力沿东吁、曼德勒轴线实施进攻，同时以东、西两翼的进攻为策应。从4月5日起，日军第五十五师依次向中国远征军新编第二十二师防守的耶达谢、斯瓦等阵地实施猛烈攻击。11日，日军第十八师到达战场，也加入了这个方向的进攻。远征军新编第二十二师阻击部队逐次抵抗，并以两侧埋伏的分队不断反击，使日军伤亡甚重，不敢冒进。激战至16日，新编第二十二师完成阻击消耗日军的任务后，安全进入彬文那既设阵地。

正当中国远征军主力第五军彬文那会战准备大体就绪，即将向进至预定地区的日军，转取攻势作战的关键时刻，英军负责的西路方面，出现了极为不利的情况。这时，英军退守印度，放弃卑谬、阿兰庙、马圭、仁安羌油田，英缅军第一师和英装甲第七旅在仁安羌以北被围，惊恐万状地向中国远征军呼救。由于英军在西路方面的全线撤退，日军迅速突进到宾河以北，并向乔克巴当进攻，直接威胁中国远征军第五军的右侧后。史迪威和中国远征军司令长官罗卓英于4月18日下令，放弃彬文那会战北撤，向密塔、敏建一线转移，以准备曼德勒会战。

2. 西路仁安羌战役的胜利

在西路方面，原由英缅军防守。1942年4月上旬，日军第三十三师向英缅军第一军团防守地区进攻，先后突破印缅军防守的礼勃坦、榜地、卑谬和阿兰庙等处防御阵地，开始向马圭方向突进。正当中路日军第五十五师和十八师向曼德勒中国远征军第五军进攻，被阻于斯瓦一带，进展迟缓，处境不利，而远征军积极部署彬文那地区歼灭日军的行动的时候，西路日军第三十三师的两个联队，分别沿伊洛瓦底江两岸北进，绕至英军后方，攻占了仁安羌油田，切断了英军退路，并将英缅军第一师全部和坦克营一部，包围于仁安羌以北地区；同时，日军一部也已突进到宾河北岸地区，阻断了英军的增援。这时，被围困的英军已陷入缺乏饮水、断绝了粮食和弹药的困境。4月14日，英缅军总司令亚历山大将军面告中国远征军代表：英军方面情况危急，要求中国远征军迅速给予援助。

就在4月14日当天，中国远征军长官部即令第六十六军新编第三十八师第一一三团增援，开赴乔克巴当地区。15日，亚历山大认为中国远征军只派来1个团的兵力不够用，难以解围，要求再增派援军。远征军长官部又将新编第三十八师的另两个团派出，以一个团至纳特卯克（东敦枝以北），一个团至乔克巴当。

4月17日中午，先期到达乔克巴当地区的远征军第一一三团，按照英缅军第一军团长的命令，迅速进至宾河北岸，乘夜完成攻击准备。18日拂晓，在英缅军轻型坦克12辆和火炮3门的支援下，向该地日军进行攻击，激战到中午，将日军击溃。第一一三团右翼营随即渡河追击，但为宾河南岸日军所阻。此时，被围的英缅军第一师师长向他的军团长报告："本师饮水及食粮断绝已经两日，困难万分，官兵无法维持，势将瓦解。"为解救英军的危急，已抵前线的中国远征军新编第三十八师师长孙立人，立即详细侦察敌情和地形，连夜调整作战部署。19日拂晓，以第一一三团逼近日军阵地，迅速展开，发起攻击，右翼部队迅速攻占日军部分阵地。日军则不断实施反冲击。经过反复冲杀，至下午2时，中国远征军攻击部队终将501高地攻克，击溃日军，将油田区全部收复，救出被围的英军7000余人、汽车100余辆、战马1000余匹，以及被俘的英军、美国传教士、新闻记者等共500余人。接着，又掩护英缅军第一师向宾河北岸陆续撤出。英缅军个个竖起大拇指，高呼"中国万岁"，眼眶中充满感激的泪水。

在仁安羌救援英军的作战中，中国远征军新编第三十八师一部以少胜多，击溃优势日军，解救出被围困数日的英缅军第一师，战果卓著，受到盟国的赞扬。英国政府后来向新编第三十八师的师长、团长等多人，颁发了勋章。

仁安羌战役后，中国远征军准备集中新编第三十八师的全部兵力，反攻当面日军。但英缅军由远征军掩护撤至敏建后，亚历山大认为确保曼德勒已毫无希望，决定放弃缅甸，退守印度，致使日军重新占领仁安羌，中国远征军浴血奋战的成果，付之东流。

3. 东路的作战

中国远征军入缅作战之初，由第 6 军担任景栋至孟畔之间的守备。当第五军在东吁附近与日军进行激战时，为掩护东吁左翼侧的安全，遂将中国远征军第六军暂编第五十五师第一团推进至东吁以东的莫契、垒固地区。东吁失陷后，日军由东吁向东突进，于 4 月 6 日侵占莫契，并继续向垒固方向推进。中国远征军退守克马俾。接着，日军又向克马俾阵地攻击，守军顽强抗击，直至防御阵地全部被毁。为了加强垒固的防御，第六军命令暂编第五十五师第三团主力、军直属工兵营驰援垒固。15 日，日军逼近中国远征军防守的土冲河阵地，中日军队激战数日，中国远征军给日军以一定的打击和消耗，但终因寡不敌众，被迫后撤。日军以坦克、汽车组成的快速部队，向垒固方向突进，守军未能以有效手段阻止日军前进，致使垒固方面阵地也被突破。4 月下旬，第六军军长甘丽初见颓势难以挽回，命令部队破坏垒固至和榜一线的公路，北撤到和榜，垒固失陷。此后，日军继续北犯，兵分两路，一路由和榜以西指向东枝，一路由和榜以东指向雷列姆。

为应付危局，中国远征军长官部命令第六军军长甘丽初率兵一部在雷列姆附近构筑防御工事，并由这个军的参谋长林森木指挥退守和榜附近的部队，在和榜进行阻击；同时，命令第五军军长杜聿明率领第二〇〇师及军直属队，立即向东枝前进，攻击向东枝进犯的日军。4 月 23 日，第五军先头骑兵团向已攻占东枝的日军发起攻击。24 日拂晓，第二〇〇师展开攻击，战至 25 日，将日军击溃，收复东枝。

这时，中国远征军第五军本拟集结兵力，继续巩固东枝，向雷列姆攻击前进，以切断北犯腊戍的日军的后路。此时，中国远征军长官部却命令除留第二〇〇师向雷列姆继续发起攻击外，第五军直属部队和正在向东枝集结的第五军的新编第二十二师、第九十六师，均折向曼德勒，准备曼德勒会战。26 日，东枝再度失陷。第六军被迫放弃雷列姆向后撤退，军长甘丽初率司令部人员及收容的残部，到达孟杉附近，各部队继续向萨尔温江左（东）岸转移。在这种情况下，日军继续分两路北犯，一路向西保逼近，一路向腊戍迂回。28 日，日军在攻占西保后，又于 29 日侵占了腊戍，从而切断了中国远征军回国的主要通道。

4. 远征军的全线撤退

1942 年 4 月 30 日，日军由腊戍向中国滇西进犯，驻守在滇缅公路沿线的中国远征军不战而撤。日军在 5 月初接连侵占滇西边境城镇畹町、芒市、龙陵等地，并推进至怒江惠通桥两侧。中国第十一集团军总司令宋希濂，奉命从滇西和昆明赶调部队，前往怒江前线阻击日军，在通惠桥一带与日军激战 3 天，依托怒江天险，挡住日军，形成隔江对峙。

同时，日军一部又攻占八莫和密支那，将中国远征军主力的回国退路，完全切断。在这种情况下，史迪威、罗卓英遂决定全军向印度境内撤退。于是，中国远征军开始了全线撤退。远征军第六十六军沿滇缅公路，节节抵抗，向中国境内的龙陵、保山撤退。第 6 军从景栋地区撤退，随后撤至滇南打洛等地。远征军长官部及新编第三十八师，由曼德勒地区北上，经霍马林进抵印度伊姆法尔。第五军军部及新编第二十二师，由缅北大洛、新平洋，于 7 月下旬转至印度利多附近。第九十六师经孟关、葡萄返回中国。第二〇〇师向东枝地区激战后，奉命向北转移，在穿越西保、摩欲公路的封锁线时，遭受日军伏击，师长戴安澜在率部奋战中，身负重伤，于 5 月 26 日晚在缅北茅邦村殉国。第二〇〇师官兵由师步兵指挥官郑庭芨率领，扶棺向云南继续前进。6 月 17 日，第二〇〇师抵达腾冲附近，29 日转到云龙，全师官兵仅剩 2600 余人。10 月 16 日，国民政府追认陆军少将戴安澜为陆军中将。7 月 20 日，美国总统授予戴安澜军团功勋章，以表彰他在缅甸战役中的显著战绩。

1942 年秋季，中国国内为戴安澜将军举行了隆重的追悼会。中国共产党和八路军领导人高度赞扬了戴安澜将军的英雄气概和壮烈业绩。

毛泽东赠送的挽词是：

外侮需人御，将军赋采薇。

师称机械化，勇夺虎罴威。

浴血东瓜①守，驱倭棠吉归。

沙场竟殒命，壮志也无违。

周恩来的挽词是：

黄埔之英，民族之雄。

朱德、彭德怀的挽词是：

将略冠军门，日寇几回遭重创；

英魂羁缅境，国人无处不哀思。

1942 年，中国远征军应英方的请求，紧急入缅支援英军对日作战，转战 1500 余公里，浴血奋战，使日军遭到太平洋战争开始以来少有的沉重打击，给英缅军以有力的支援，并取得了东吁保卫战、斯瓦阻击战、仁安羌解围战、东枝收复战等胜利，受到国内外人士的赞誉和钦佩。

中国远征军的苦战，虽未能挽救缅甸防御战中的败局，但中国远征军出国与盟军协同作战，显示了中国人民抗击日本侵略的决心，打击了日军的气焰。中国远征军出国作战，是国民党正面战场的一个组成部分，对敌后战场和盟军战场，都起了战略配合作用，在中国的抗日战争和世界反法西斯战争中，作出了重要的贡献。这次中国远征军的入缅作战，为后来中国军队在缅甸对日本侵略军的反攻作战，积累了可贵的经验。

（二）史迪威与蒋介石矛盾的发展

史迪威在中国战区工作中，从指挥中国远征军作战开始，蒋介石同他的矛盾就发生了，并在以后日益发展。当中国远征军全线撤退时，史迪威于 1942 年 5 月上旬离开了中国远征军长官司令部，率领 115 人，由缅西印道出发，穿过林海，爬山涉水，于 5 月 24 日到达印度的汀苏基亚，在这里乘美军专机飞到新德里。在德里召开的记者招待会上，他发表声明说：我们撤出了缅甸，这是一个奇耻大辱，我们必须找出失败的原因，重整旗鼓，胜利地返回缅甸。

史迪威在德里草拟了一项关于军队的弱点和需要补给的报告。他认

---

① 东瓜即东吁。

为，要打倒日本，需要有一支军队，这支军队的主体作战部队应是中国军队。因此，为了提高战斗力，中国现有的部队或其中能投入作战的部队，得进行改革。从缅甸战役看，中国军队失败的主要原因是"劣等装备""军火不足""运输工具不足""无供应机构""临时凑成的医疗服务""愚蠢的指挥"和"蒋介石的干涉"。于是，史迪威决心重新组编一支美式"新军"。1942年6月3日，他从德里回到重庆的第二天，不顾身体有病，如约会见蒋介石，提出改革中国军队的三项措施。即:(1)"实行精兵政策"。史迪威说:"少数可靠的、装备优良的、得到良好供应的师，会比把现时平均数增加一倍，价值更大";(2)清除不称职的高级指挥官，避免陆军继续走下坡路;(3)选择一人全权指挥和控制军队，不受任何人干涉。史迪威还建议说，由于改革工作规模太大，可以首先从计划训练的30个师开始。但是，蒋介石怕搞乱了他的军队，不能容忍史迪威对军队的改革。他对史迪威的建议，当场没有答复。10天后，史迪威与蒋介石第二次会晤。本来原定这次会晤，是讨论中国派军队去印度训练的问题。蒋介石却不去谈及，而把话题扯到物资问题上，说什么有了飞机、坦克、大炮等，就能打赢这场战争，主张先拟空运的整个计划，对于史迪威改革军队的建议，表示十分冷淡。然而，史迪威的建议却得到美军领导人的支持，美国陆军部长史汀生曾说:"如果蒋介石让史迪威执行他最初的计划，据此规模和方式训练中国军队，他一定会真正发现，在战争结束时他将拥有一支强大有力的军队，他的军事地位是毫无疑问的。"①

1942年6月，中东出现军事危机，美英联合参谋长委员会决定调驻印度的美军第十航空队的重轰炸机和空运司令部的运输机，赴埃及增援英军作战。当史迪威向蒋介石转达罗斯福的通报时(6月26日)，蒋介石大为不悦，认为美英不重视中国战区。罗斯福进一步解释，调第十航空队至埃及赴援，系从全局安危出发的临时应急措施。蒋仍不以为然，他提出二项最低限度要求:1.八九月间美国应派3个师到印度与中国军队联合作战，恢复中缅交通;2.自8月起保持第一线作战飞机500架，随损随补;

---

① 〔美〕史汀生:《在和平与战争年代服务》，纽约1948年版，第539页。

3. 自 8 月起保持每月 5000 顿空运量。同时，蒋介石还嘱史迪威把这三项要求编入他正在拟订的中国战区军事活动总计划之中。

关于派美国地面部队到中国战区，史迪威在受命之初即向美国陆军部提出，未获批准。当时仍是全局困难时期，调 3 个陆军师势不可能。至于增加作战飞机和空运量，也不可能如期如数办到。史迪威既然认为三项要求过高，自然也就不能把它列入自己拟订的军事活动计划之中。这样，蒋介石认为史迪威不积极为中国争取美援，又严格控制租借物资的分配，对他很不满意；而史迪威认为蒋的三项要求近乎"最后通牒"，带着"要挟"性质。一时间，中美关系比较紧张。

1942 年 7 月下旬，罗斯福的特使柯里肩负着同盟国在亚洲战场的行动协调及联络工作，来到重庆。柯里和蒋介石进行了 14 次晤谈，主要话题是美国援华问题。蒋介石问柯里，美国大量削减对中国的军事援助意味着什么？中国战区还是不是同盟国的一个战区？这个战区还有无存在的必要？柯里回答：美国政府未停止对中国的军事援助，而且会长期援助，只是由于陆路交通被封，援华物资只能靠空运；不过，为了开辟第二战场，美国近期不会增加援华数量。经过会晤，双方达成了谅解。柯里和蒋介石会谈中，蒋介石曾提出要求美国召回史迪威。柯里表示向罗斯福总统转达。柯里回国后，曾向罗斯福总统报告，美国总统也准备召回史迪威，后因马歇尔、史汀生反对，暂时放一放，没有立即召回。

柯里在华期间，曾向蒋介石提议，鉴于史迪威曾拟出五路进攻日本的计划，以配合太平洋上的对日攻势，目前不宜离任返美。在史迪威尚未离职期间，可准许他去印度，视察中国军队在印度训练情况，并察看英缅军对于反攻缅甸的准备，蒋介石表示同意。

接着，1942 年 8 月 7 日，史迪威便与柯里同机赴印。8 月 27 日，美军部核定反攻缅甸提案，决定自 1942 年 12 月至 1943 年 5 月反攻缅甸，并于 9 月 19 日将这个决定秘密告知中国政府。同时，马歇尔、史汀生约见宋子文，说明反攻缅甸的战役即将发动，需要史迪威负责指挥，希望宋子文予以合作。宋子文把美军部坚决留史迪威在中国战区工作的意见，电告了蒋介石。10 月 12 日，罗斯福致电蒋介石，答允将第十航空队增至

15 个中队，并将运输机增至 100 架，在可能条件下，尽量尽快地加强美国对中国的援助。这时，美国政府又决定废除在华领事裁判权及其他有关特权，另订中美新约，定于 10 月 9 日宣布。于是紧张一时的蒋介石与美国的关系，又缓和下来，关于调换史迪威一事，也就搁置起来了。

史迪威在印度着手策划中国军队的训练。训练基地在加尔各答西北的兰姆加，最初接受美式训练的中国军队，是从缅甸撤往印度的中国远征军的部队，8000 余人。中国方面负责管理和纪律，美国方面负责训练和装备，英国方面负责用租借物资为受训人员提供伙食、医药、运输、薪饷等。由史迪威任长官，中国的罗卓英任副长官。此时，这部分中国远征军更名为中国驻印军，于 1942 年 8 月 26 日正式开始训练。史迪威要求大量增加受训兵力，蒋介石不同意拨补 2.3 万人。史迪威的计划中，包括 1500 名可担任训练 30 个师的教官。

重庆方面对于史迪威在印度训练中国军队并不十分积极，认为这个计划"缓不济急"，训练太缓慢，解决不了战争的急需。恰在这时，陈纳德率领的美国志愿航空队却表现突出。1942 年，他们击沉日本船只 5 万吨。在缅甸、长沙、浙赣等战役中，掩护陆军作战，成绩卓著，受到蒋介石政府、美国大使、美国海军武官和中外记者的称赞。人们提问"陆军和空军究竟哪个重要"？陈纳德认为，中国的当务之急，在振奋士气，保卫未失的国土，整训陆军固然重要，但整训需要时间，打通国际通路为期更远，路通以后，陆运物资的数量不一定比空运多，不如从速加强援华空军与中印空运，比较现实。陈纳德提出一套空战计划，并于 1942 年 10 月给罗斯福写信。信中说："我若有权主持驻华军事，我不但可以击败日本，同时可以使中国永远作我们的朋友。"陈纳德的空战计划是：由 105 架战斗机，50 架中型轰炸机和 12 架重型轰炸机组成空军，并保证得到 30% 的战斗机补充和 20% 的轰炸机补充，就可以在 6 个月内，至多一年内，摧毁日本空军，然后瓦解日本。蒋介石对陈纳德的空战计划，非常赞赏，因为这个计划与他希望美国军队为他打仗是完全一致的。

史迪威不赞成陈纳德的空军致胜论，认为重庆政府的军队，不能确保美国空军基地不受日军的攻击。美军领导人马歇尔、史汀生虽然强烈反对陈纳德的空战计划，但是美国总统罗斯福出于政治需要，想以空军援华换得蒋介石对美国远东外交政策的支持。1943年3月初，罗斯福决定成立美军第十四航空队，由陈纳德任司令，独立行使指挥权，增加他的飞机数量至500架，在可能的条件下，空运物资数量，每月增至1万吨。罗斯福认为，从战略观点看，今年能做的首要事情之一，是美国飞机从中国起飞，去打击敌人。1943年4月，罗斯福电召陈纳德和史迪威回国，参加英美首脑第三次华盛顿会议（代号"三叉戟"，会期为5月12日—25日）。会上马歇尔赞同史迪威的意见，但罗斯福支持陈纳德的空军作战计划。指出，陈纳德的需要应得到优先满足，缅甸战役要缩小规模，限于攻占缅北曼德勒为止。这时，史迪威意识到，争辩再也无济于事，认为罗斯福听信宣传，为蒋介石着想。

1943年6月，史迪威回到重庆。他对蒋介石不愿改革军队，不积极作战和不断制造反共磨擦，极为不满。戴维斯、谢伟思和美国大使馆的部分工作人员，多方搜集材料，向华盛顿反映中国的现状。戴维斯、谢伟思给华盛顿的报告，重要的是两个主题：(1)中国的内战已断续爆发，表现在频繁的国共磨擦中，而美援只是对国民党一党的支持；(2)中国政治斗争的结果，必将关系到战后亚洲的民族主义和非殖民化等问题，抗战中的中国，已成为如何应付各种政治危机而进行实验的场所。戴维斯还致函总统顾问霍普金斯说，假如蒋介石不能或不愿改变现状，美国政府就应考虑与中国共产党合作。戴维斯向史迪威汇报了他与共产党打交道的情况，多次提到周恩来邀请美国观察员访问延安的建议。戴维斯还认为，美国只有在国共之间求得平衡，才能避免今后中国出现一个亲苏反美的共产党政府。戴维斯与史迪威的交谈，已不是单纯的美国对中国的军事支援问题，而是向更深层次发展，涉及战后中国的政体问题。

1943年8月中旬，史迪威收到由董必武转来的《国共两党抗战成绩的比较》和《共产党抗击的全部伪军概况》两个文件后，拟定了一份联合共产党力量的军事计划：国共军队在华北联合行动，主动出击日军，既可打击长江以北的敌人，又可为反攻缅甸争取到准备时间，然后就可以在缅北发起反攻。这样，中印缅战区将大振声威吸引美国政府大量援华，增加军火供应和军事人员。史迪威计划还提出，应让八路军开进五台山区域，袭击平汉铁路，并将围困延安的胡宗南部队东移渡河，进攻郑州和新乡。9月，史迪威先后四次向蒋介石提出书面报告，要求将包围陕甘宁边区的国民党军调往抗日前线，提出用美援军火武装八路军，组织一次国共军队的联合行动，在华北打击日本侵略军。这个军事计划，引发了一场冲突。蒋介石认为史迪威太放肆，竟敢写信公然提出要联合共产党去作战。一怒之下，蒋介石密令云南的15个师按兵不动。同时，蒋介石又指令在美国的宋子文向罗斯福提出撤换史迪威的要求。这样的事情，罗斯福是要征求马歇尔的意见的。马歇尔高度赞扬史迪威到艰苦战区工作的牺牲精神，并当面告诉宋子文，美国军方不会撤换史迪威。不久，1943年10月上旬，在莫斯科举行的美英苏外长会议上，美国提议将中国列为四强宣言的签署国之一，力争中国成为世界四大强国的地位，在这种情况下，蒋介石不愿意因史迪威的调换问题，伤害了同美方的感情，所以要求调换史迪威之事，又搁置起来了。

三、日军的细菌战、化学战和血腥暴行

太平洋战争爆发前后，日本军国主义为了扩大战争的需要，在侵华战争中，公然违反国际公法，在中国大地上大量使用细菌、化学武器，进行细菌战和化学战。

（一）日军的细菌战、化学战

日本发动侵华战争后，在中国就开始进行细菌战、化学战。所使用的细菌武器，以感染力强、传染迅速、死亡率高的霍乱、伤寒、鼠疫、炭疽病等菌种为主，也使用白喉、痢疾等细菌；化学武器有糜烂性、刺激性和窒息性的毒剂。施放的方法多种多样，有的用飞机投放带菌的昆虫、杂物，制造病疫灾难；有的则使用炮弹、手榴弹、毒烟罐、毒气盒投掷；有的用人工毒化水源，制造人工疫区；有的用染菌的食物，毒杀俘虏，借以传播瘟疫。这种细菌战、化学战危害极大。这里仅例举主要的几次：

1940年7月，日军第七三一部队长石井四郎率航空队到华中战区，在浙江宁波地区用飞机撒放细菌。他们备有70公斤伤寒菌、50公斤霍乱菌、5公斤染有鼠疫的跳蚤，并把这些细菌分别装进投撒器里，投入蓄水池和居民区，很快宁波一带即发生鼠疫等传染病。同年10月22日，日军又在宁波上空用飞机投下掺有鼠疫菌的麦子、棉花等物。约一个星期后，鼠疫病开始流行。只要染上这种细菌的人，救治基本无效。有一个地方，对99名患者的救治中，仅救活2人。当时宁波居民死亡惨重，有的全家暴死。在瘟疫流行时，不得不把疫区付之一炬，又造成疫区居民无家可归，漂泊街头的不计其数。

1940年下半年，日军飞机接连几次在浙江金华地区，投下许多震裂了的、装满泥土的麻袋，泥土落地后，无数跳蚤向四处跑散。不久，鼠疫在金华地区流行，不少人也由于治疗无效而死亡。据不完全的统计，仅金华附近的东阳、义乌和兰溪3个县，受感染的人共438人，其中死亡361人。

1940年8月至12月，在中国第八路军进行的百团大战中，日军施放毒气有11次之多，使万余名官兵中毒。

1941年4月，日军在"扫荡"晋冀鲁豫和晋绥抗日根据地过程中，在新乡、滑县、浚县、河曲、保德、兴县、岚县等地，散布鼠疫、伤寒等病菌，造成这些地区的军民大量死亡。

1941年，日军在湖北宜昌战斗中，也使用了毒剂炸弹，造成中国军民1600人中毒，其中600人死亡。

1941年夏季，日军远征队携带50多公斤鼠疫细菌，在湖南常德一带，向中国抗日部队和当地农村投掷，引起该地区鼠疫流行，死于鼠疫者有400余人。同年11月4日，日机又在常德市区投下带有鼠杆菌的棉絮、破布、谷麦等物。八天后发现第一个鼠疫患者，入医院仅36小时即死亡。接着，鼠疫在市区蔓延，还流行到市郊及桃源、丰县等地，病死者不计其数。仅石桥镇就有80多人，因鼠疫传染致死。

1942年5月28日，日军在进攻中国敌后抗日根据地时，在河北定县北坦村发现地道后，日军向地道内施放了大量窒息性毒气，使躲在地道内的老幼妇孺 800 余人，全部中毒死亡。

1942 年 7 月，日军第七三一部队对重庆进行细菌战。他们把 130 公斤的炭疽热菌、副伤寒菌和鼠疫菌，装入标有"蛋白消化素"字样的瓶子里，用飞机投掷到重庆一带的水源、沼泽地和居民住宅区附近，使众多的居民惨死于细菌感染。8 月以后，日军又沿浙赣铁路一线的金华、衢县一带进行细菌战，屠杀了大量中国人民。以义乌县崇山村为例，全村 380 多户人家，因传染鼠疫而死的就有 320 多人，全家死光的有 30 户左右。

1942 年，日军还派出一批细菌战骨干分子，到南京两座中国战俘营，把注射有伤寒和副伤寒菌的大饼，分给关在战俘营的 3000 多人吃，并把吃过大饼的人全部放出，借以传播病疫。有时为了引诱群众误食，把染有病菌的食物，扔在树下或行人休息的地方。这样，南京地区一时也出现了病疫猖獗。

1942 年冬，日军在吉林省农安县，把带鼠疫菌的跳蚤，散布在田间、水源地和民房区，然后对这些区域进行封锁，并放火焚烧，结果，造成了中国居民四五千人的死亡。

1943 年 5 月，日军第二二二联队在太行山一带，自辽县的麻田到涉县的河南店，在长达 25 公里的路上，向水井、水池投毒 20 多箱。河南店一个 7 岁的小孩，首先染上毒菌，从臂部遍及全身，都发红疼痛，随即溃烂，当晚就惨死了。

日本军国主义者在中国进行细菌战、化学战的罪行，远不止这些。但这些例子，足以说明日本侵华的这场战争，是极其疯狂和灭绝人性的。

日军在侵华战争中进行细菌战、化学战，是经过长期准备的。法西斯分子石井四郎是鼓吹细菌、化学战争和研制细菌、化学武器的中心人物之一。1928 年，石井四郎是日本东京军事医院的军医，后来他赴德国研究细菌武器，回国后极力鼓吹细菌战。他认为：用微生物制造细菌武器，既经济，又有巨大的杀伤力，是未来战争中的可靠手段。石井四郎的主张，得到了日本军部的支持，就这样，罪恶的石井细菌研究室在日本陆军军医学校内建立起来。

1931 年九一八事变后，日军逐步占领中国东北地区。1933 年，石井四郎来到中国东北，在拉滨线上的背阴河车站附近，建立了由关东军领导的细菌实验所，又称石井部队。日本侵略者为了适应细菌战、化学战实验和扩大战争的需要，于1935年至1936年间，在关东军石井部队的基础上，建立了两个细菌战部队，一个名为"关东军防疫给水部"，一个名为"关东军兽疫预防部"。1941年6月苏德战争爆发后，这两支部队分别密称为第七三一部队和第一〇〇部队，而关东军的第六五九部队，则是这两支秘密部队对外的总称。

"关东军防疫给水部"，实际是日本军国主义培植的一支世界上规模最大的细菌战部队。1936年初，这支部队移住哈尔滨以南20公里的平房地区，称为"东乡部队"。1936年至1939年，这支部队在平房地区建立细菌工厂，其中设有培养细菌和昆虫的密封设备，囚禁中国等国人民的秘密监狱，有用活人作细菌战实验的专门设施，制造细菌武器的车间、试验场地，专用飞机和机场，以及处理在实验过程中被杀害者尸体的焚尸炉。部队占地30余平方公里。就在这座细菌杀人工厂的主体建筑"四方楼"竣工之时，日本侵略者为了掩盖其不可告人的罪恶勾当，杀人灭口，把3000多名劳工，全部秘密杀害。在以这支部队为中心、8公里为半径的范围内被划为特别军事地区。这个地区，不许飞机在上空飞行，火车经过时，在前一站就要放下窗帘，任何人不得窥视。人们把这块充满神秘和恐怖的地方，叫作"六十里地国境线"。

这支部队1941年改称第七三一部队后，在总部下面，又设了8个部：第一部从事鼠疫、霍乱、坏疽、炭疽热、伤寒、副伤寒、结核、破伤风等细菌的研究和培养，并用活人进行实验。第二部负责野外细菌武器实验，制造钢笔式、手杖式细菌放射器和石井式陶瓷细菌炸弹，并培育与繁殖供散布鼠疫用的寄生虫。第三部设在哈尔滨市内，表面上是负责"防疫给水"工作，暗地里却在制造石井式陶瓷炸弹弹壳。第四部主管生产各种细菌。第五部负责训练使用细菌武器的人员。剩余的3个部，则是器材部、医疗和总务部、直属航空队。第七三一部队生产部长川岛清和柄泽二人曾供认：该部队有各种细菌生产设备，有时在几天里，就可以制造和繁殖30公斤鼠疫菌，以1个月来计算，能培制出300公斤鼠疫菌或 600 公斤炭疽热菌或者 1000 公斤霍乱菌。

"关东军兽疫预防部",实际是日本军国主义从事细菌战的另一个工厂,也是一支细菌战部队。1938 年,这支部队迁至长春市以南 100 公里之孟家屯。1940 年以后,在大连、海拉尔(后移到克山)、佳木斯、拉古等地,建立了它的所属支队。这支部队也是专门培养和繁殖鼻疽、炭疽热和牛温等病的细菌,同时培养植物细菌,以毒害牲畜和农作物。为了研制细菌,既用牲畜作实验,也用活人进行实验。它的工作人员平撄善作曾供认:"该部队是一支细菌部队,拥有许多细菌,还专门从事研究和发展各式各样的病菌以及强烈的毒气,同时研究如何使用细菌、毒气杀害人、动物、农作物的方法。"

这支部队 1941 年改称第一〇〇部队后,下设 6 个部,并管辖 1 个实验场,拥有成套的细菌生产设施,主要精力是研制细菌和繁殖传染媒介物,以构成完整、有效的细菌武器。从 1941 年到 1942 年,这支部队生产的炭疽菌,就有 1000 公斤;生产的鼻疽菌,也有 500 公斤之多。

除第七三一部队和第一〇〇部队外,日本侵略者在南京的"荣"字第一六四四部队、在广州的"波"字第八六〇四部队、在北平的"北支甲"第一八五五部队,也都是进行秘密细菌战的部队。

日本军国主义在研制细菌、化学武器中,大量地用中国人进行惨无人道的罪恶实验。

日军把许多被抓的中国军民,"特别输送"到第七三一部队或第一〇〇部队。被抓的人,到了细菌工厂,立即被禁止使用原来的姓名,每个人被编上一个三位数的号码,保留到死亡为止。从关东军宪兵司令部下发文件中可以看到,那些被认为有"亲苏反日心理"的人,甚至为日本宪兵所怀疑的人,多要送来作实验品。石井四郎的司机越贞夫曾揭露说:当时石井部队每两天去一次哈尔滨市内的日本领事馆地厂室,接收几名中国人。这些中国人大部分是从远的地方用列车运到哈尔滨的,他们被换上日军的军装,戴上手铐,关在列车的最后一节车厢里,一下火车,立即被宪兵队关押。然后石井部队再用卡车,将这些人运走。石井用的卡车,都伪装成公共汽车的样子,叫作护送用的"特别车"。有一位在第七三一部队动力班当过劳工的人说：只见成年累月地往"兵营"里抓人，从来没有一个人能够活着走出那座杀人魔窟。凶恶的石井四郎还竭力要求增加运往第七三一部队的人数。

日军在用中国人作细菌、化学实验过程中。方法极其毒辣残忍，名目非常繁多，实在令人发指。

（一）菌液注射实验。就是把在押的中国人，关进一间透明的隔离室里，在被关者身上注射鼠疫菌液。日军则在透明室外，观察室内被注射疫液人的病情的变化。数小时后，这些被实验的人淋巴线红肿，面部和胸部皮肤变成紫黑色，其余部位皮肤呈一暗淡粉红色。在惨死后，即投入炼人炉。

（二）染菌饮食实验。就是把准备好的一公升掺有伤寒病菌的甜水，分给大约 50 个中国"犯人"喝，观察注射过伤寒预防针的人与没有注射伤寒预防针的人，是否有不同的反映。实验结果，在 50 人中，除几名事先注射防伤寒病菌者幸免于死外，其他人在短时间内，都被伤寒病折磨致死。死者的尸体。也投入炼人炉。

（三）毒气实验。就是在被抓的中国人身上，实验所制毒气的杀伤效力。有一次，日军在一间透明的玻璃房里，关着母女二人，小女孩只有 4 岁左右。然后日军往房里放入毒气。一瞬间，女孩突然从母亲怀里抬起脑袋，瞪着一对圆圆的大眼睛,向四周张望。母亲似乎在拼命地保护孩子，使小孩尽可能少受毒气残害。但是，剧烈的毒气，很快将母女二人杀死。母亲在临死前的痉挛中，还死抱着孩子不肯松手。

（四）真空环境实验。就是把被抓的中国人，放入真空间内，实验身体起什么变化。一次，日军把一个青年人赤身裸体关在玻璃房里，然后用抽气机逐渐将屋内空气抽去。在缺氧、真空的情况下，这个青年难受的用双手狠抓前胸，血顺着伤痕迅速流出，不久即在挣扎中死去。

（五）野外活人细菌战实验。就是把一群被抓的中国人，绑到一个空间的铁柱子上，然后用飞机或大炮在这个地区投掷或发射带细菌的弹头,观察被绑者是否很快感染。待弹片伤害被实验者、证明已染上细菌后，即秘密杀害这些人，尸体送去解剖。

此外，日军还有人、马、猴血液交换实验，在妇女身上进行梅毒实验，空气静脉注射实验，等等。

残暴的日军在进行细菌、化学战实验时，为了采集健康、新鲜的标本，竟把一个年仅 12 岁的男孩，活活加以解剖。这件事发生在 1943 年。一个中国少年被严刑拷打后带进解剖室，并被扒光了衣服，几个日本军医，将他按在手术台上，又用扣带将他的四肢扣住，再进行全身消毒和注射麻醉剂。不一会，这个少年失去了知觉。日本军医一刀将他的腹部切开，按肠、胰腺、肝、肾、胃的顺序取出，经一一分析扔进铁桶里，然后把这些还在抽动的内脏放入装有福尔马林的大玻璃容器内。接着，日本军医又将少年的头皮切开，把头盖骨锯成三角形后露出大脑，伸手将脑子完整地取出，放进福尔马林溶液中。最后手术台上只剩下少年的四肢和一具空壳身躯，少年惨死在手术刀下。

后来日本投降时，日军炸毁了全部进行细菌、化学武器研制的设施，销毁了几乎所有实验用品和资料。1945 年 8 月 10 日一夜，第七三一部队就把 1000 多人体标本丢入松花江，同时杀害了监狱中的数百名"囚犯"。日军来不及把尸体投进焚尸炉，就在尸体上浇汽油进行焚毁。中国人民接收东北后，在哈尔滨、齐齐哈尔、敦化等 16 个市、县，就发现日军遗留的毒剂弹 200 余万发，约 1.36 万吨。

日本军国主义者在侵华战争中，研制和使用细菌、化学武器的暴行，在人类历史上留下不可洗刷的罪行。

（二）日本对占领区的残酷殖民统治

太平洋战争爆发前后，由于日军战线延长，兵力更加分散，加剧了日本小国、少兵、力薄、不能支持大规模战争的矛盾。日本侵略者为把它在中国的占领区变成进行太平洋战争的后方基地，加强了对占领区的殖民统治。

首先，强化"治安建设"，普遍实行法西斯的恐怖政策。

为了加强对中国人民的控制和镇压，日本军警对中国人民可以滥捕、滥杀，有恃无恐。日本军警捕人的方法，大体有两种：一是个别逮捕，他们依据自己的意愿和判断,随意乱捕中国人民;二是以"抓游民"为名,集中地大批逮捕中国人民。日本侵略者在占领区，颁布了《保安矫正法》和《思想矫正法》。所谓《保安矫正法》，就是把认为有犯罪"危险"的人,送到特设的矫正辅导院，进行"精神训练"，同时强迫从事沉重劳役或残害致死。而《思想矫正法》,则是对"可能犯政治罪者",实行"预防拘禁",同时也施以劳役或残害。1941年七八月间，武汉循礼门到中山公园附近一带，发生两次日军的电线被割断事件。日本宪兵队在第一次电线被割断时，认定电线卖给了废旧货摊，于是立即分头检查，把一些有旧电线的摊贩都抓到宪兵队，严刑逼供，结果一无所获。第二次电线被割断后，日军认为中山公园附近的住户中有抗日人士，于是出动宪兵，挨家挨户把居民集中到一个竹篱笆院内"开会"，共计集中了2000多人，要他们说出割断电线的人，但没有一个人开口。日军恼羞成怒，强行把2000多人拘押在一空场上，连晒两天太阳。夏日的武汉，热如蒸炉，许多人晕死过去。同年，东北鸡西麻矿山职工刘玉清，回河北老家探亲，买回了一些紫花布，准备给全家五口各做一件罩衣。日本宪兵发现紫花布后，硬说这种布是八路军的军用布，刘玉清有通八路军的嫌疑，以"嫌疑犯"的罪名，将全家送到林口县日本宪兵队审讯，施以酷刑。刘玉清一家除16岁的小弟侥幸逃脱外，其余4人全部遇难。

　　日本侵略者关押中国人民的监狱，遍及沦陷区各地。监狱中设有各种极端残忍的刑罚，在监狱中的所谓"犯人"，过着牛马不如的生活，大批的惨遭酷刑，死于非命。以哈尔滨分监为例，这里有50多个监房，其中有两个特殊监房和四个女监房、一个刑讯室，常年关押着800多名"犯人"，其中妇女约100人。太平洋战争爆发后，"犯人"增多，有1300多人，晚上只能侧身睡在地上，"犯人"早晨5点钟就被打起来，屈膝而坐，不准动，不许说话，大小便都在监房，而且要报告,否则就遭毒打。每个"犯人"都要戴上七八斤重的脚镣，有的人同时被戴上手铐，有的人双手被反铐在背后，有的人整天被捆在凳子上。后来，曾任哈尔滨副监狱长的日本人阿部源三郎供认不讳地说：我在1942年到哈尔滨分监任职，那里监禁着900多人，以后由警察、宪兵和铁路警护团送来的犯人，一年就有一千人左右。中井久二曾下过命令：为了防止暴动和逃跑，必须严加警戒，我曾督促部下防止事故，给犯人全部戴上脚镣，发现细小的犯规行为就踢、打和动用各种刑具，对闲谈的人要打，对吵闹的人要戴手铐。据不完全的统计，在哈尔滨分监里，因生活条件极为恶劣，"犯人"发病率高达50%—60%，每天至少有一二人死亡，多则一天有五六人死亡，平均每年死亡500人至600人。

日本侵略者在占领区的监狱中，设有各种各样极端残忍、不堪目睹的刑罚，大体有：把"犯人"绑在刑柱子上，用炉钩子、铁板烙；把"犯人"绑在露天刑柱子上鞭打后，扒光衣服，冬天浇上凉水"冻冰棒"，夏天让蚊虫咬；在地上烧一堆炭火，上面放一张带刺的铁丝网，把"犯人"的衣服扒光推到网上铐，人一滚动，血肉淋漓，皮烂骨焦，日本宪兵称之为"烤"刑；还有压杠子、灌煤油、蜡烧、开水浇、滚钉笼、坐老虎凳、刀劈、刀铡、活埋、绞死、开膛破肚，等等。日本宪兵队在监狱里建立所谓"治安庭"。在院子里摆上桌子，日本宪兵坐在上面，"犯人"排队坐在地上，他们说判中国人什么刑，就判什么刑，根本无法律程序可言。判死刑者，当场被拖出去枪毙或砍头。1942年12月，承德监狱"治安庭"一次判决，就在水泉沟砍去700多人的头。

日本侵略军在中国的占领区，还经常把俘虏当活靶子，让军犬咬或让士兵练习刺杀、射击。日军华北方面军在中国北平西南的长辛店，有一个军犬饲养所。1941年7月的一天，该所加藤队长带领士兵，把50多个中国俘虏赶进一块四面是围墙的空地。加藤站在围墙上大声下令："开始袭击！"话音刚落，围墙角的一个栅栏打开了，600多只军犬像潮水一样咆哮着向俘虏扑来，有的撕咬咽喉，有的撕咬大腿，鲜血一下喷了出来，溅在狗的脸上，军犬摇摇头，又向俘虏的胸膛扑去。俘虏惨叫着、怒骂着，挣扎反抗，狼狗咬得越来越凶，这些狗咬了一口后，还左右晃动。不一会儿，50多个俘虏倒在地上，惨遭杀害。有的喉管被咬断；有的大腿的肉被撕开，露出白骨。更令人发指的是，狼狗咬过人后，加藤下令把中国俘虏的尸体剁碎，选一些肉煮熟，强迫士兵们吃。1942年7月26日晨，日军大队长安尾正纲传达上级命令：这次受检课目是用中国俘虏练习刺杀。

8时30分，太原小东门外赛马场日军第一中队的新兵约50人首先开始活靶刺杀。50名俘虏被捆绑在距日军10米远的地方，一声令下，日本兵像野兽一样嚎叫一声，跑着朝前面俘虏的胸膛刺去，俘虏一声惨叫倒了下去，鲜血像喷泉一样涌了出来。接着又进行第二批刺杀练习，这一天共有220名俘虏丧失了生命。8月上旬，又用同样的方法刺杀了120名俘虏，其中50名女俘虏。后来，曾经参加过这种屠杀的日本士兵月田，在延安的日本工农学校学员座谈会揭露说：1942年7月，我在太原时，每隔10天，城门外就有这样一次训练，拉去60个俘虏排成一列，扒去上衣，捆绑起来，让新兵练刺杀，还在俘虏们痛得呀呀叫的时候，就用石头土块活埋了。上述训狗和训兵的情况，岂止长辛店和太原，在日本占领区，像这样的屠杀，各地比比皆是。

与此同时，日本侵略者在占领区加紧经济掠夺，控制和禁运经济物资，实行配给口粮制度，强行对群众的征敛搜刮。1941年至1942年，日军在华推行了五次"治安强化运动"，作为军事、政治、经济、文化相结合的"总力战"的一个组成部分。1941年11月1日至12月25日的第三次"治安强化运动"，就是以"经济战"为主的。日军在占领区内，推行计口售粮、计口售物，强征房、地捐等各种苛捐杂税，加紧对钢、铁、粮、棉等战略物资和其他物资的掠夺。此外，日军还在各地设立"勤劳奉侍局"，掳掠和压榨劳工。这些劳工受害之深，遭遇之惨，死难之多，为人类文明史上所罕见。

1941年日本关东军和华北方面军曾达成协议，要求各地军政机关采取各种手段搜抓劳力。自此以后，日军经常在城市、集镇、交通要道遍布岗哨或突然戒严，无论什么人，只要他们认为可当劳工的，便以"形迹可疑"为名掳去。并窜入抗日根据地或游击区，把老百姓当俘虏抓走。这年夏秋，驻山东日军独立混成第十旅，有一天到博山以西地区捕捉农民充当劳工，当时日军向土丝口镇一带进发，窜进200多户人家的小村子，就抓了150人，其中还有老人和小孩。日军在驱赶被抓农民往营部走时，有个被抓的驼背老人，由于炎热、饥饿和折磨，晕倒在地上。日军排长见状凶狠地骂道："这家伙故意捣乱！"便一脚把这个老人踢到山涧去，还威胁大家说："你们看见了吧！不能走就这样处理。"由于日本侵略军到农村强征、抓捕劳力，造成许多农家因缺劳力而田地荒芜，经济负担加重，以致倾家荡产。

日本侵略者在中国强抓的大批劳力，主要是劫往占领区各地从事工矿、建筑和交通劳动，以及修建军事设施等。劳工的劳动条件和生活条件非常恶劣，没有安全设备、超时过量劳动，造成事故频繁发生、疾病流行，成批工人被折磨致死。死了后就被扔进矿山附近的山沟里。有些人病后还未死去，也被活活地抛入乱石坑。至今，中国各地发现的这种"万人坑"，已有80余处。

为了支撑太平洋战争，解决国内劳动力严重不足的矛盾，日本东条英机内阁于1942年11月27日，作出《关于中国劳工遣入日本国内的决定》。此后，日军先后从中国华北、华中和东北地区10多个省、市，成批将被俘的中国士兵和强征的中国劳苦大众，运到日本国内服役，这些劳工受尽折磨和摧残。据统计，仅1943年4月至1945年5月，日军就从中国各地掳掠劳工169批运往日本，共4.1万人。由于饥饿、疾病和迫害，乘船起程前死亡2823人，实际被赶上船的是3.89万人。他们当中大多数是20—49岁的青年和壮年，也有15岁以下的童工157人，60岁以上的老人248人，其中70岁以上的还有12人。这些劳工在途中又死亡822人。他们到达日本后，即在日本宪兵、警察的刺刀下从事繁重的劳动，衣食住行都很困难，日本当局根本不给工资，病了还要干活，一般在3个月内，即有2/5的劳工被残害致死。

日本侵略者还在占领区广泛进行思想文化上的麻醉欺骗，劫掠和破坏中国的文物古迹。1941年农历正月十四日，侵占包头的日军小岛部队，杀气腾腾地乘汽车直奔鄂尔多斯高原蒙古族人民宗教和文化中心王爱召，疯狂地进行劫掠。前额嵌有宝珠的释迦牟尼银制佛像，珍贵的成套经卷，坟庙里的银制镀金马鞍、弓箭，成捆的壁毯、地毯，都被装上汽车运走。三天后，王爱召已空无一物。更令人发指的是，18日清晨，日军在王爱召庙各建筑物上，浇上汽油，僧房里堆上干草，放火燃烧，大火一直烧了半个多月，一座雄伟壮丽的中国少数民族文化遗产，变成了一片废墟。日军这样的暴行，可谓数不胜数，罄竹难书。

四、正面战场湘、鄂、浙、赣地区的抗战

　　太平洋战争爆发前后，日本侵略者为了把中国变成"大东亚战争兵站基地"，不仅对它在中国的占领区加紧统治和掠夺，还希望尽快结束中日战争，以便摆脱多面作战，抽出主力转向太平洋和东南亚。为了达到这个目的，他们竭力设法摧毁重庆国民政府的抗战意志，在继续施展诱降同时，进一步施加军事压力，派飞机不断对重庆等地进行骚扰和轰炸。例如，1941年6月6日，在重庆市中心石灰市、磁器街、十八梯之间的防空隧道，酿成了骇人听闻的"大隧道惨案"。这一天，日机空袭持续时间很长，进入隧道的人又太多，里面缺乏通风设备，许多避难的市民被闷死在隧道中。日军空袭后，用了20辆卡车，经一天一夜，才将尸体运走，估计死亡人数达1.2万人以上。

　　日军空袭国民政府统治区的同时，在湖南、湖北、浙江、江西地区，对正面战场发动了进攻，企图对国民政府进一步施加军事压力，迫其投降。正面战场的国民党爱国官兵，进行了英勇的抵抗。给日军一定的打击，实现了中国正面战场和敌后战场在战略上的配合。

（一）第二次长沙会战

　　第一次长沙会战后，中国第九战区仍与日军第十集团军隔新墙河对峙于湘北地区。

　　1941年初，日军大本营陆军部通过了《对华长期作战指导计划》。日军中国派遣军确定：为解决中国事变创造条件，举国家全部力量在夏秋之际进行向战略要地长沙，发动一次大规模的进攻。此后，日军第十一集团军就积极研究和准备在1941年夏秋发动对长沙的大规模进攻作战。但是，在准备过程中，由于苏德战争的爆发，日本御前会议决定秘密从事对苏武力准备，又要准备对英、美开战，因而在中国长沙地区作战，已无力投入

更多的机动兵力,不得不缩小战役规模。最后确定日军进攻长沙的目的是:为摧毁中国抗战力量,对第九战区军队进行一次沉重的打击。

从1941年8月中旬开始,日军第十一集团军即在湘北集结兵力,秘密抽调一部分部队先后向岳阳、临湘以南青冈驿、桃林一带地区集结,将主力置于狭窄的正面上,以期进行纵深突破。9月7日,日军一部为掩护它的第十一集团军主力在岳阳、临湘地区集结,向中国守军大云山阵地攻击,并一度占领该地。18日凌晨开始,日军主力在飞机和炮火的掩护下,分由新墙、潼溪街、四六方、港口各附近强渡新墙河,突破南岸中国军阵地,迅速沿黄市、大荆街、关王一带进逼汨罗江北岸。另一部日军则进至汨罗江南岸新市、颜家铺、浯口等地附近。

早在1941年3月,中国第九战区制定的《反击作战计划》确定的方针是:在赣北、鄂南方面,对非主攻的日军,力求夹击于崇仁、新淦以北、宜春、万载、铜鼓、修水以东地区,对修水、长寿街、梅仙以北地区的日军,予以各个击破;在湘北方面,则诱敌主力于汨罗江以南金井、福临铺、三姐桥以北地区,反击而歼灭之。这年秋,当日军开始进攻时,第九战区根据反击作战计划,令军队一部于汨罗江南岸新市、浯口等线占领阵地阻击日军;派部队由金井向瓮江推进,由衡山向捞刀河以北急进,由新喻向浏阳附近急进,准备于汨罗江以南三姐桥、金井以北地区反击日军。

但是,第九战区下达作战命令的无线电报,被日军窃收并破译,日军遂放弃将主力用于湘江方面的方针,决定于捞刀河以北地区捕捉歼灭中国军队。9月下旬,日军强渡汨罗江,企图包围汨罗江南岸的中国守军。当时,汨罗江南岸的守军与日军激战于神鼎山、班召庙、瓮江、蒲塘地区,双方伤亡均重。结果,中国军队在汨罗江南岸作战失利。日军在突破守军阵地后,向捞刀河南岸转移,直逼长沙。国民政府军事委员会曾派军队增援长沙作战,但无济于事。9月底,日军一部自长沙城的东北角进入市内。接着,日军沿石塘铺、渡头市之道,渡过捞刀河及浏阳河,向株洲方向挺进,并冲入株洲,将军事设施破坏后,撤向金潭附近集结。这时,日军第十一集团军认为,这次进攻目的已经达到,遂决定结束作战。

在第二次长沙战役中,中国军队伤亡及失踪达7万人。但也给日军一定的打击，毙伤日军2万余人。

　　1941年10月16日至21日，蒋介石在湖南衡山主持召开第三次南岳军事会议，总结第二次长沙会战的经验教训。蒋介石说：检讨过去，日军纵横驰逐中国国土之内，而无法制服，实为我军最大的耻辱。这一次长沙会战的总评，就是我们一般高级将领战略战术的脑筋，都是陈旧的，完全没有进步。蒋介石要求国民党军今后在对日作战中，要争取时间，持久战斗，顿挫敌人攻势，乘机歼灭。他强调在战略方面，凡成为日军最大目标的基地和据点，必须重兵防守，严密戒备；在战术方面，敌情地形未判明前，应集结主力，切实掌握，待机进攻。并重申减少战术预备队，加强战略预备队的意义。

（二）第三次长沙会战

　　日军发动太平洋战争后，国民政府军事委员会为了配合英、美积极打击日军，命令各战区全面发起攻势，以牵制日军，策应友邦作战。特令第四战区攻击广州方面日军，策应香港英军作战。日军为了牵制中国军队向广东方面转用，遂决定再对长江以南发起进攻。1941年12月中旬，日军以相当数量的兵力，担负湘北主要作战任务。同时驻南昌方面的日军向赣北上高、修水等地攻击，策应湘北方面作战。

　　在日军向岳阳方向抽调、集结兵力时，中国军队第九战区迅速察觉。国民政府军事委员会判断日军攻势即将开始，遂于12月20日命令有关部队集结待命。第九战区司令长官薛岳决心彻底集中兵力于湘北方面，引诱日军主力于浏阳河、捞刀河间地区，反攻歼灭之。

　　1941年12月下旬，日军一部向中国军油港河以南阵地攻击。日军渡过新墙河后，以一部围攻守军据点，主力分向大荆街、关王桥之线突进。日军一部占领关王桥及陈家桥，一部围攻中国军在黄沙街、龙凤桥的据点。第九战区命令一部分力量进攻长乐街的日军；一部分力量固守汨罗江南岸阵地，阻止日军渡河。当日军在长乐街附近强渡汨罗江被阻止后，主力转到归义以西渡过汨罗江。这时，守军一部被迫后退至牌楼峰、大娘桥、新开市一线，逐次抵抗。于是，日军又在新开市及长乐街附近渡过汨罗江南进，中国守军一部也扼守新开市亘汨罗江南岸一线，与日军激战。由于日军的进攻遭到坚决抵抗，日军第十一集团军司令阿南惟畿改变原定计划，命令日军主力迅速向长沙攻击。骤然改变作战计划，使疲惫的日军第一线官兵处于茫然状态。

1941年12月底，当中国军队与日军主力激战于新开市、鸭婆尖、浯口一带的时候，另一部分军队分别到达浏阳、平江一带。这时军事委员会指示第九战区："在长沙附近决战时，为防敌以一部向长沙牵制，先以主力强迫我第二线兵团决战，然后围攻长沙，我应以第二线兵团位置于战场较远地区，保持外线有利态势，以确保机动之自由，使敌先攻长沙，乘其攻击顿挫，举各方全力一齐向敌围攻，以主动地位把握战机。"第九战区决心在长沙地区与日军决战，遂令一部固守长沙；另一部由株洲、浏阳、更鼓台、瓮江、清江口、三姐桥各附近，以长沙为目标，自南、东、北三个方向作求心攻势。

1942年1月1日，在日军逼近决战地区时，第九战区遂令各部开始攻击前进。当日军向长沙东南郊阵地攻击时，中国军队坚守长沙城郊阵地，在岳麓山重炮火支援下，击退了日军的反复突击，并将突入白沙岭的日军一部歼灭。处于外围的中国军队还隐蔽地从三面向长沙推进。这时，虽然日军各部合力猛攻长沙，但攻势屡兴屡挫。日军在弹药将尽，而补给线已被中国军队切断的情况下，开始空投补给。中国军队各部继续压缩包围圈，已逼近长沙。后来，日军乘夜色脱离战场，由长沙城外分别向东山、朗梨市撤退。第九战区又命令所部从不同方向堵击和追击日军，在汨罗江以南、捞刀河以北地区将日军歼灭。日军集中50余架飞机掩护退却，也挡不住中国军队的截击，伤亡很大。1942年1月中旬，日军退至汨罗江北岸，中国军队追至汨罗江南岸，并派一部分军队由浯口渡过汨罗江向长乐街以北进行超越追击。最后，日军退过新墙河，固守原阵地，中国军队一面扫荡新墙河以南残敌，一面向新墙河以北进击。至16日，恢复原态势。

在第三次长沙会战中，第九战区第一线兵团能依托各阵地逐次抵抗，给日军相当的损耗迟滞。长沙守备部队能顽强地坚守核心阵地，连续挫败日军的进攻，给日军以有力的打击。第二线反击兵团对日军合围部署得当，且协同周密，反击动作坚决有力，对撤退之日军穷追不舍，使日军无法脱离，扩大了胜利战果，从而取得了这次长沙会战大捷。日本战史也不得不承认：此次长沙作战，日军错误重重。

第三次长沙会战共毙伤日军5万余人，俘日军139人，为历次会战所罕见。这时，本来日军在太平洋战争中气焰十分嚣张，英、美接连失利；而这次战役又是太平洋战争爆发后，日军对中国战场发动的第一次大规模的攻势。在这种情况下，中国军队能够取得此次战役的胜利，格外引人注目，在国内外产生了强烈反响。在反法西斯战争中，起了良好的作用。

（三）浙赣会战

浙江、江西是中国的两个重要省区，浙赣铁路是中国南部横穿东西的交通大动脉。太平洋战争爆发后，中、美两国共同对日作战。1942年4月18日，美军16架B-25轰炸机从太平洋上的美军航空母舰起飞，轰炸了日本东京、横须贺、横滨、名古屋、神户等城市后，降落于中国浙江省某地的空军机场。

日本本土遭到美机轰炸后，民心恐慌，社会骚动，朝野震惊。日军大本营为解除美军继续实施穿梭轰炸的威胁，一方面正式批准进行中途岛战役，企图攻取中途岛；另一方面于4月命令日本中国派遣军准备进行浙江作战。日军大本营的命令指出：尽快开始作战，主要是击溃浙江省方面的中国军队，摧毁中国的主要航空基地，粉碎中美利用该地区轰炸日本本土的企图。日军大本营预定攻占的主要航空基地有丽水、衢州、玉山附近中国的机场群及各种设施。日军中国派遣军奉命后，紧急抽调兵力，准备发动浙赣战役。日军第十三集团军主力集中于奉化、绍兴、萧山、余杭一线，于5月中旬开始向浙赣铁路东段进攻；另派部分日军分别集中于杭州和南昌附近赣江右岸，于5月底向浙赣铁路西段进攻。日军企图东西夹击，打通浙赣线，摧毁浙赣地区的中国空军机场。

由于中国第三战区兵力较少，国民政府军事委员会从第九战区抽调部队加强第三战区，并令第三战区加紧袭击日军，力保浙赣间的各个机场；

同时，要引诱日军主力，以减轻陕西、湖南两地所受的压力，确保四川的安全。第三战区准备以少数兵力配置浙赣路西段，进行持久对日军作战；集中主力于浙赣路东段，利用既设阵地持久抵抗，并竭力袭扰日军的后方，迟滞牵制日军；在金华、兰溪预筑坚固阵地，竭力抵抗日军；最后在衢州附近与日军决战。第九战区的一些部队则向赣东活动，策应第三战区的作战。

5月中旬，浙赣路东段方面日军第十三集团军部分师、旅，分别由奉化、上虞、萧山、富阳等地，沿浙赣铁路东段及其两侧向西南进攻。中国军队第三战区一部，在新昌、安华、新登一线及东阳、义乌、浦江、桐庐一线逐次抵抗后，以一部转进敌人后方游击，主力向金华、兰溪东西一线撤退。日军各路跟踪追进，占领义乌、东阳、武义、建德，并向金华、兰溪攻击。中国守军固守金华、兰溪，依托阵地，坚决抵抗日军。日军一部由金华以南向汤溪迂回突进，占领汤溪；另一部到达兰溪西北地区，攻占龙游、金华、兰溪，后又放弃这些地区，向北山转移。中国军队在金、兰地区的防守作战，使日军遭受严重损失，日军一个师长酒井直次中将被地雷炸死。日军哀叹：现任师长阵亡，自陆军创建以来还是首次。

5月底，日军到达灵山镇、寿昌、龙游一线，集结兵力，准备向衢州攻击。中国军队第三战区按预定计划派一部分兵力在衢州；一部分兵力分别位于衢州之北、西、南三面，准备对进攻衢州的日军予以包围攻击。但这时南昌方面的日军开始向东进攻，根据国民政府军事委员会命令，第三战区决定避免在衢州地区与日军决战。于是，除留少数部队守备衢州，吸引日军外，战区主力避开铁路正面，撤至两侧山地，等待日军前进时，分段截击。

6月上旬，日军向衢州发起总攻，守军与优势日军浴血奋战4昼夜，为战区主力重新部署，争取了时间。日军攻陷衢州后，继续西进，于6月中旬连陷江山、玉山、广丰、上饶等地。7月初，多路日军会陷横峰。至此，日军已打通浙赣铁路，遂转取守势，从事破坏机场，拆迁铁路，夺取物资。第三战区部队转移至浙赣路南北两侧，侧击日军。

同时，日军在占领丽水、破坏丽水机场后，于7月上旬沿瓯江进占青田、温州，日军海军陆战队还在温州湾登陆，并占领瑞安。

7月上旬以后，中国军队第三战区在浙赣路东段，对日军发动了局部攻势，先后收复新澄、桐庐、建德、弋阳、横峰。

7月底，日军中国派遣军根据大本营命令，停止浙赣作战，确保金华等地。日军除留一部分兵力驻金华、武义、东阳、新昌、奉化外，其余部队于8月撤回原驻地。浙赣会战宣告结束。

在浙赣会战中，中国守军对日军的抵抗是英勇的。日军集中9个师以上的兵力，经过苦战虽然实现了预定目的，但也遭到严重损失，共伤亡1.7万余人。

（四）鄂西会战

鄂西地区，包括武当、荆山及江南之大娄、武陵山脉。1940年6月宜昌失守后，为阻止日军进攻重庆，国民政府军事委员会于7月1日设立第六战区，以陈诚为司令长官，辖境包括鄂西、鄂南、湘北、湘西及川东等地，以拱卫陪都重庆。太平洋战争爆发后，第六战区共有兵力30个师、2个独立旅、13个游击纵队，长期与日军相持，基本上无大的战斗。1943年春，国民政府军事委员会加强了鄂西、湘西兵力，以巩固川东门户。这时，第六战区的兵力已达到14个军共40余个师，且多系中国军队的精锐主力部队。第六战区所辖之处，山岳连绵，地形险要，进则可以反攻宜昌、沙市，光复武汉；守则可以保卫陪都重庆。因此，使武汉地区的日军感到极大的威胁。

1943年二三月间，日本侵略者为了打击中国军队在鄂西的第六战区主力，并打通长江上游航线，掠取洞庭湖地区的粮仓，威胁中国陪都重庆，在占领沔阳、监利、洪湖间三角地带之后，又占领江南之藕池口、石首、华容等地，准备进攻鄂西。4月，日军第十一集团军抽调部队10万余人，分别集中于宜昌、枝江、弥陀寺、藕池口、华容一带地区，并在汉口、荆门、当阳地区集中飞机200余架，向中国军队第六战区发动进攻。日军先攻安乡、南县；再夹击枝江、公安；并留一部掩护左侧背，以3个师兵力向木桥溪、石牌之线迂回攻击。

中国第六战区为了巩固重庆及待机收复宜昌、沙市，准备在鄂西地区与日军会战。计划以军队一部固守公安、枝江既设阵地；一部固守石牌宜都阵地；一部固守石牌以北既设阵地，先以坚强的抵抗不断消耗日军力量，诱使日军于石牌、要塞亘、渔洋关间，然后转移攻势，压迫日军于长江西岸，加以歼灭。在作战中，中国空军4个大队及美军第十四航空队准备负责支援。

1943年5月上旬，日军一部由藕池口、石首向津市、安乡间进攻；一部由华容向南县进攻；一部由白螺矶经洞庭湖水路至三仙湖南方登陆，向南县南方攻击。虽然中国守军按计划进行抵抗，但日军很快进抵南县、安乡附近。中国军队在南县、安乡附近与日军激战了一昼夜，因地形不利，向洞庭湖南岸转移。日军占领南县、安乡后，又向新安、暖水街、新江口进攻，并由洋溪、枝江间强渡长江，向公安的中国军队包围攻击。中国军队后路受到威胁，态势不利，遂放弃公安西撤至刘家场、渔阳关一带。

5月中旬，中国军队与日军在枝江、刘家场、暖水街、大堰两侧激战，由于伤亡较重，被迫西撤。日军向暖水街、茶元寺、宜都北方地区集结，准备渡江，继续进攻。第六战区在空军支援下，于渔洋关方面持久抵抗。日军攻陷王家畈后，夹击枝江中国军队，并在宜都以北红花套附近强渡长江。后来，日军一部向长阳附近猛攻，突入长阳。日军在宜昌两岸的进攻被中国守军击退后，又在飞机的掩护下，发动全线猛攻，一部突入偏石、津洋口间，在中国守军北南夹击下，伤亡甚重。日军发动攻势以来，虽然突破宜昌西方的坚固阵地，进至清江两岸石牌地区，但付出了巨大的代价。

5月下旬，中国第六战区部队为了确保石牌、资丘一线，依既定方针，转取攻势。攻击线为石牌、曹家畈、资丘一线。第六战区司令部命令军队一部由石门向渔洋关进逼；一部由桃源向石门、椰树东南地区前进；江防军固守石牌、曹家畈、易家坝一线；一部移至资丘附近，掩护江防军右侧。中国军队在挫败日军的进攻后，由资丘方面出击并攻克渔洋关，将日军的后方交通线切断，使日军完全陷入中国军队的包围之中。至此，第六战区正面各军乘机进行全面反攻，中国空军亦以大编队机群支援作战。5月底，日军全线动摇，开始后撤，第六战区各部把日军困围在宜都附近。到6月上旬，中国军队正面进展顺利，已完全恢复原来态势，先后光复暖水街、王家厂、新安，进逼公安附近。宜都被围日军，在飞机掩护下，经苦战突出重围，残部向东溃退。中国军队在光复宜都、枝江后，鄂西会战结束，恢复原有态势。

鄂西会战，历时一个多月，中国军队在中美空军参战飞机的配合下，阻击了日军的进攻，先凭借长江天险和依托要塞工事，与日军激战，尔后又转取攻势，尾追撤退之日军，恢复了所失阵地。这次会战，消耗了日军的力量，共毙伤日军1万余人。

1943年7月1日至3日，蒋介石亲临湖北恩施，主持召开恩施军事会议。蒋介石认为，这次鄂西会战中，中国第六战区长官所拟配备与准备方案，妥当适宜，为抗战以来的一大进步。蒋介石还认为，这次会战中出现失利的原因，是兵员不充实，训练不精良。他要求充实部队力量，增强部队的战斗力。并指出方法是：（1）加紧后调师的训练，充实前方兵员；（2）采取重点精练主义，厉行整训，充实小单位，加强小单位；（3）充实运输兵与其他特种部队员额，增强部队的机动性。

（五）常德会战

常德位于湖南西北、沅江下游，是湘西北水陆交通的枢纽、物资集散地、中国的谷仓，为湘西北最重要的战略要地。

鄂西会战后，在武汉地区，日军与中国军队成对峙状态。日本中国派遣军于1943年8月制订了"昭和18（1943）年度秋季以后作战指导大纲"，确定日军在湖南常德发动战争，并指出：进攻常德附近，搜索并歼灭中国中央军，摧毁第六战区根据地，以削弱中国继续抗战的企图，同时为中国派遣军在减少兵力之后能顺利完成任务创造条件，并牵制可能调往云南方面重庆军的机动兵力，以策应南方军作战。日军大本营于9月批准进行常德作战。接着，日军中国派遣军下达命令，并规定常德作战的方针，是进攻常德附近，追索中央军予以痛击，以促使中国继续抗战意志的逐步衰亡；同时牵制中国军向缅甸方面调动兵力，以策应南方军作战。10

月，日军第十一集团军先以原据湘北、鄂西部队占领华容、石首、藕池口、弥陀寺等处，又分别由赣北、荆沙、安庆、芜湖等地抽调兵力 10 余万人，分别集结于华容、石首、沙市、江陵一带，并在监利、沙市间江面，集泊舰船 30 余艘，滨河湖汊集泊汽艇 300 艘和民船 1000 余只，做好了大举进攻常德的准备。

10 月下旬，中国军队察觉日军的大规模调动。国民政府军事委员会综合各方情报，判断日军将向长江、洞庭湖三角地带进攻，并可能渡过澧水进攻常德，遂令第五、第六、第九战区作好应战准备。第六战区决心以部分兵力占领既设阵地，逐次抵抗，预期将日军诱至澧水及沅江两岸地区后，实施反击，将日军压迫于洞庭湖畔而歼灭。各部队于华容与藕池口间、藕池口与宜都间、宜昌以西、当阳西北、荆门以西，对当面的日军进行持久抵抗，予以阻击并摧毁其攻击威力后，即向侧后转移；并以一部分力量固守常德核心阵地，强韧抵抗；再调第九战区增援部队机动攻击，协力外围部队的回师反击。这样，就可以压迫日军于洞庭湖滨加以歼灭。

1943 年 11 月上旬，日军第十一集团军开始向中国第六战区部队防守的第一线阵地展开全面进攻：日军右路由江陵、沙市向松滋方向进攻；中路由蚌湖堤、闸口向公安方向进攻；左路由藕池口、石首、华容地区分别向澧县和南县进攻。两三天后，日军一部进占南县、公安等地，渡过松滋河。一部由公安南下，进至暖水街、王家厂附近时，遭到中国军队的有力阻击，攻势受挫。此时，日军第十一集团军一部，向暖水街进逼。到 11 月中旬，石门、澧县、津市先后失守，日军强渡澧水分三路向常德进逼。11 月下旬，日军一部在伞兵协力下袭占桃源城，并从常德四面发起总攻。

中国军队在日军进逼常德时，第六战区以主力转至慈利以西地区，侧击由石门、澧县南下的日军。同时，决定中国军队于汉寿、常德、桃源和桃源西北地区，坚固守备，阻击日军主力，给日军以决定性打击，并由衡山抽调部队北上增援，又令部队由三斗坪南下，向津市、澧县等地压迫日军背侧，迫使日军决战。在日军围攻常德时，中国守军利用城郊既设阵地，顽强抵抗，并将由东南城角突入城内的日军一部歼灭。当日军对常德发动总攻时，中国守军依托阵地与日军展开激战，反复冲杀

30 余次，顽强固守，使日军遭受重大伤亡。在守城作战中，中国空军多次临空向日军进行袭击，有力地支持了地面作战，给日军以有力打击。当日军一部攀登东城、突入城内时，中国军队与日军展开了激烈的巷战，以逐屋逐街争夺，阻止日军扩张，双方一直反复进行着极其残酷的战斗。日军虽然企图极力扩大战果，但几乎没有进展。就在这时，第九战区增援部队进至常德附近与日军一部激战，第六战区各路反击部队和第九战区部分增援部队，由沅江、澧水两岸向常德进逼，对日军实施包围，并先后克复慈利、桃源、德山及常德南站，又攻击常德、沅江南岸日军。这时，日军不惜牺牲继续猛攻常德，还施放毒气，虽然一度占领常德城，但不久由于中国军队的猛攻，又只好退出常德城。在日军撤退时，中国军队展开追击，先后克复南县、安乡、津市、澧县、公安、松滋、枝江等地。至此，常德会战结束，恢复会战前态势。

常德会战历时 50 余天，中国第六战区部队在第九战区一部分兵力的支援下，阻击了日军的进攻，收复了失去的阵地，共毙伤日军 2 万余人。第六战区部队也付出了极大代价，广大官兵在对日作战中英勇、顽强，几位师长在战役中壮烈殉国。

五、敌后军民艰苦的反"扫荡"斗争

太平洋战争爆发前后，日本侵略者为了尽快结束中日战争，更是把共产党领导的敌后抗日根据地的人民武装，作为主要进攻对象，企图在短期内，彻底消灭敌后战场的中国抗日力量。虽然这一时期日本的战争指导重心，逐渐转向太平洋方面，但中国仍是它的一个重要战场。它用于中国战场的兵力，一直保持在 130 万（含关东军）以上，而用于敌后战场的兵力，占其在华总兵力的半数左右，从而使抗日根据地军民承担着巨大的军事压力。到 1941 年，敌后的形势，"已进入敌我双方依托相当巩固的阵地，进行持久争夺战的局面"[①]。日军为了摧毁共产党及其领导的武装力量，在

---

① 《朱德选集》，人民出版社 1983 年版，第 80 页。

华北、华中进行了大规模的"扫荡"和"清乡"。

日军对华北敌后抗日根据地的"扫荡"战术，这时有所改变，由短促突击式的进攻，转为长期的"清剿"、"驻剿"；由分散的、小股兵力的"扫荡"，转为集中优势兵力的"扫荡"；由长驱直入的线式围攻，转为步步为营的纵深"扫荡"。1941 年和 1942 年两年中，日军对华北抗日根据地的"扫荡"，一次使用兵力在千人以上至万人的，达 132 次之多；万人以上至 7 万人的达 27 次，有时反复"扫荡"一个地区，达三四个月之久。

在华中，日本侵略军也进行了分时期分地区的反复"清剿"，名之为"清乡"运动。日军与汪精卫的伪军相配合，从军事"清乡"、政治"清乡"到经济、文化"清乡"，企图将长江下游日本占领区的一些点、线占领，扩展为面的占领，摧毁这里的共产党和新四军等抗日力量，实现完全的殖民地化。

无论是华北，还是华中，日本侵略者在"扫荡"或"清乡"中使用的兵力之多、次数之频繁，在中国近代历史上都是罕见的。它们实行"烧光、杀光、抢光"的"三光"政策，制造"无人区"，使抗日根据地人畜不留，庐舍为墟，手段之残暴，也是世界战争史上所没有的。

日军实行"三光"政策的命令，是 1940 年冬下达的。1940 年 10 月 2 日至 11 月 30 日间，日军在"扫荡"太行、太岳抗日根据地时，日军华北方面军下达命令说："这次作战的目的，与过去完全相异，乃是在于求得完全歼灭八路军及八路军的根据地。凡是敌人地域内的人，不问男女老幼，应全部杀死。所有房屋，应一律烧毁。所有粮秣，其不能搬运走的，亦一律烧毁。锅、碗要一律打碎，并一律埋死或下毒。"① 从 1941 年起，日军部队在"扫荡"抗日根据地时，普遍地实施了"三光"政策。原日军第五十师士兵菊池义邦曾说：我们日军每到一个村庄，要砸坏所有的家具杂物，烧毁房屋。如果日军约 500 人的部队，在 100 户左右的人家的村庄驻一夜，这个村庄恐怕十年也恢复不起来。不过对日军来说，这正

---

① 转引自军事科学院外国军事研究所编著：《日本侵略军在中国的暴行》，解放军出版社 1986 年版，第 80 页。

是他们的目的所在。

日军实行"烧光、杀光、抢光"的政策，对中国人民犯下了滔天罪行，罄竹难书，这里仅举几例，以见一斑。

1. 1941 年 1 月 25 日，日军"扫荡"晋察冀抗日根据地冀东区的潘家峪（属河北省丰润县）。在佐佐木指挥下，日军于拂晓前把潘家峪团团包围，天色微明，日军在村口打死几个去赶集的人后，闯入村里，开始挨门挨户抓人，不管男女老幼，连残废、重病人都拖出来，集中在村西。村民潘德瑞的老母因不愿离家，立即被活活砍成两段。日军把村民集中起来后，先杀掉乡长一家，要人们指出谁是共产党，说出八路军的动向。1000 多村民怒视日军，都不开口，日军气急败坏，从人群中抓出一个青年，要他说话，这个青年大骂敌人，被日军当场砍死。接着，日军又拉出几个妇女，想从她们身上得到情报。在没有达到目的时，日军又把这些妇女砍死，还将一个孕妇的肚子剖开，胎儿落在地上。后来，日军抓出 30 多个村民，在他们身上浇上汽油并点燃后，用刺刀逼他们往坡上跑，日军则在后面射击。在一阵怒骂声、惨叫声中，30 多人就被熊熊烈火吞噬了。过了一会儿，日军把村民赶进了围墙又高又坚固的潘家大院。院内铺着厚厚的玉米秸、茅草和松枝，围墙上架起机枪，人们进院后，日军首先用刺刀刺死那些挣扎反抗的年轻小伙子，然后一面用机枪扫射，一面将泼了煤油的玉米秸点燃，霎时大火冲天，烟焰蔽日。满身大火的村民在院内怒骂、哭叫，很快被烈火吞噬了性命。当时，有不少小孩没有被赶进院内，日军对这些小孩，有的抓起来往院内火里扔；有的像踩蚂蚁一样用脚踩死；有的用刺刀挑起来向墙壁或石头摔去。有一个 6 岁的女孩，被两个日军各抓一条腿，"嚓"的一声，撕成两半。日军对潘家峪这次浩劫，把一个可爱的山村，变成废墟。在这次血腥惨案中，日军共烧死和残杀潘家峪人民 1035 人，其中妇女、儿童 658 人，有 30 多户被烧尽杀绝，烧毁房屋 1000 多间。

2. 1941 年 8 月，日军集中 5 万余兵力，对晋察冀抗日根据地的北岳区、平西区进行"扫荡"，时间达两个月之久。日军在北岳区平山东黄泥一带残杀无辜群众 500 余人；在阜平、龙华奸淫妇女近千人；在涞源东杏花村残杀干部 20 余人，还将村长等人的脑浆取出煮成所谓"开脑汤"，强迫群众喝；在阳北用机枪扫射 100 多人。日军在北岳区的这次"扫荡"，总计残杀中国军民 4500 余人，烧毁房屋 15 万余间，抢走或烧毁粮食 5800 万斤，抢走牲畜 1 万余头。

3.1942 年春，日军对晋冀豫抗日根据地进行"扫荡"时，也疯狂地屠杀中国人民。日军在河南内黄县枣林村，用机枪屠杀男女老幼 1300 余人，并把尸体分别填入七八口水井中，有的群众中弹后还没有断气，也被抛在井里。日军几乎杀绝全村群众后，又命令放火将剩下的百余间房子烧尽。

4.1942 年 5 月，日军对冀中抗日根据地进行了野蛮的"五一大扫荡"，制造了累累罪行。在藁无，日军杀害 150 余人，其中有一人被日军用枪托砸破脑袋，还浇上三瓢开水，然后砸成肉饼；在白洋淀，有 50 多个妇女被凌辱，其中 50 岁以上的 7 人，11 岁至 15 岁的幼女 8 人。在这次大"扫荡"中，日军共捕杀冀中群众 5 万余人，日军还在冀中区先后修筑碉堡 1635 个，修公路、沟墙 4860 公里，根据地被分割成 2670 小块。在"扫荡"后，七八月间，冀中抗日根据地各地大雨滂沱，几条大河上游山洪暴发，大水直泻下游。正当广大群众冒雨抢修和加固河湖堤坝时，日军分头决堤炸坝，致使不少地区成为泽国，受淹地方一般水深五六尺。据不完全统计，日军共决堤 128 处，冀中 35 个县中没有一个县不受灾，受灾村庄 6752 个，占总村庄的 95%，淹没良田 153.8 万亩，冲毁房屋约 17 万间，灾民 200 余万。

5.1943 年秋，日军"扫荡"敌后抗日根据地的平阳地区。10 月 18 日，日军从平阳南山洞搜出妇孺 24 人，要她们交代共产党和八路军的情况。当这些群众拒绝回答问题时，日军首先把一个女孩的头砍掉，放在人们面前示众。女孩的母亲伸手去捧亲生骨肉的头颅时，日军把这位母亲的头也砍掉了。后米，日军没有得到什么情报，就把这些人赶回山洞，在洞口点燃大火，将全部的人烧死和闷死。12 月 9 日，日军临撤退前夕，把一个怀孕的妇女按在一口棺材里，一个日军手持尖刀，先慢慢剖开孕妇胸前的皮肤，再猛割一刀，孕妇立即晕死过去，日军则开了她的膛，挑出血红还在颤动的心脏，又挑出孕妇肚子里的胎儿和肠子，这时，鲜红的血已流满棺材底部。这次日军对平阳地区的"扫荡"，集中了 4 万兵力，历时 3 个月，是一次毁灭性的"扫荡"，共杀害中国军民 1100 多人，烧毁房屋 5200 间，抢走粮食 18 万余斤、牲畜 1200 余头、衣物 4000 余件，造成举世骇闻的平阳惨案。

日军在对中国抗日根据地实行"三光"政策的同时，还在中国的土地上搞"集团部落"，制造"无人区"。所谓"集团部落"，就是把大批老百姓赶到日军划定的变相集中营，使众多的中国人原来居住区，成为"无人区"。1942 年 8 月，日军华北方面军司令官冈村宁次在北平召开团长会议，决定于河北冀东沿长城线两侧，把老百姓赶到"集团部落"，制造"无人区"。这是日军在中国制造的规模较大的"无人区"，西起古北口，东到山海关，东西长约 350 公里，南北宽 30 公里，面积约 1 万平方公里，广及滦平、承德、兴隆、平泉、凌源、青龙、密云、遵化、迁安 9 个县。由于日军在这里制造了"无人区"，使 600 多万亩土地荒芜，1000 多个村庄被毁灭。

日军在制造"无人区"过程中，无论沟谷川道，还是崇山峻岭，总是反复"搜剿"。日军所到之处，草木过刀，屋舍过火，奸淫抢掠，无所不用其极。血腥屠杀，是日军制造"无人区"的一个重要手段。1942 年，日军在兴隆县暖和堂村"搜剿"时，抓住一户农民，强迫一家 3 口跪成行，日军用刺刀挨个捅，捅后不等被杀者断气，就扔进了火堆。日军如搜到抗日干部，屠杀的手段更残忍。兴隆车河大西村村长被日军抓去后，剁成碎块。双庙据点的日军头目中川，前后挖了 50 多个抗日干部的心脏，并把这些心脏都吃掉了。日军根据他们的上司的命令，杀死中国军民后，将死者的耳朵割下，用铁丝穿在一起，回去凭耳朵的数量领赏。

为着制造"无人区"，除屠杀和实行"集团部落"外，日军还对村落的自然生态环境，进行焚毁，并大面积地放火毁林，企图彻底摧毁中国军民赖以藏身的屏护。这样，整个"无人区"，几乎成为一片焦土和废墟，方圆几十里内，见不到一丝炊烟。看不见一个人影，听不见一声鸡鸣犬吠，只有乌鸦在空中盘旋，饿狼在草丛中穿行。

1941年至1942年，由于日军疯狂的进攻，加之连续发生自然灾害，共产党领导的抗日根据地出现了严重的困难局面。主要表现在：军事上战斗频繁，伤亡重，部队减员多，干部牺牲很大。到1942年，八路军、新四军由50万人减为约40万人。华北平原地区（产粮区）相继失掉，变成游击区。一些抗日民主政权被摧毁。抗日根据地面积缩小了，总人口由一亿减少到5000万以下。生产遭到严重破坏，财政经济情况极端困难。有些地方军民几乎没有衣穿，没有油吃，没有纸，没有菜，战士没有鞋袜，工作人员在冬天没有被盖。当时的困难真是大极了。

面临敌后抗战的严重困难局面，中国共产党和中国人民并没有被吓倒。抗日根据地聚集着的是一支困不死、打不散、压不垮的中华民族中坚力量。中共中央具体地分析了存在的困难方面和有利条件。中共中央认为，在中国人民抗战的困难年代，日本侵略者方面的困难和矛盾也在加剧。日军加紧奴役和掠夺中国人民，使中日民族矛盾空前尖锐，日本占领区各阶级、阶层的人民都感到无法照旧生活下去，这种情况为中国共产党在日本占领区开展工作，提供了有利条件。由于日本占领区交通线和据点的增加，日军兵力不足，不能不分散配置，更多地依靠伪军，而日军后方愈加空虚，也为中国抗日军民造成了更多的活动余地。日军的厌战情绪比以前严重，他们看不到在中国结束战争的希望，再加上太平洋战争的扩大，不少日本兵士感到回国无望，士气比以前低落，在这样的条件下，中国共产党只要充分依靠民族革命战争广泛的社会基础，调动最广大群众的积极性，就能战胜困难，坚持对日抗战，并争取胜利。

在敌后抗战的困难年代，中国共产党发扬了自己的长处，利用了日本的短处，充分发挥人民战争的威力，领导敌后军民对日军的残酷进攻，进行了殊死的搏斗。

1941年11月7日，中共中央军委发出《关于抗日根据地军事建设的指示》，规定在新形势下我军对日斗争的方针，是更广泛地开展群众性的人民游击战争。《指示》指出：由于日军残酷"扫荡"敌后抗日根据地，抗日斗争进入了更激烈的阶段，我们的方针应当是熬时间的长期斗争和分散的游击战争，采取一切斗争方式同敌人周旋，节省和保存自己的实力，以待有利的时机。中央军委要求每一个抗日根据地的武装力量组织，应包含主力军、地方军和群众武装三部分。根据地的军事建设，应以扩大、巩固地方军和群众武装为中心，主力军采取适当的精兵主义。主力军和地方军数量上的比例，山岳地区一般是二比一，平原地区一般是一比一，在某些困难的地区，打消主力军和地方军的区别，使全部武装地方化。群众武装是指不脱离生产的自卫队和民兵，他们占人民群众的大多数。主力军、地方武装和群众武装三位一体的人民战争的军事体制，在实践中逐步完善，形成三者间各有分工、相互配合的强大的战斗力量，使敌后抗日游击战争得以空前广泛地开展起来。

遵照中共中央军委的指示，各部队相继进行了精简整编，实行主力兵团地方化，并抽调大批精干人员充实到区、县，普遍加强人民武装的建设。各抗日根据地的一切青、壮年男女，都在自愿的和不脱离生产的原则下，组织成人民抗日自卫军。在这种三位一体的军事体制下，主力军随时执行超地方的作战任务，地方军在一定的地区内担任分散的游击战任务，民兵、自卫队以广泛的游击战打击敌人，保卫家乡。由于三方面的力量有分工、有配合，因而形成了强大的战斗力，使敌后抗日游击战争得以广泛地开展起来。

敌后军民在艰苦地反"扫荡"、反"清乡"斗争中，首先是加强敌情侦察，及时准确掌握敌人动态，广泛进行思想政治动员，大量制造和储备手榴弹、地雷、土枪、土炮等武器，从思想、物资方面做好反"扫荡"或反"清乡"的准备。

在得到日伪军即将出动"扫荡"抗日根据地的信息后，根据地军政领导迅速组织广大人民群众进行空室清野，安全转移人畜，藏好衣物和粮食，封闭水井，使日军进入根据地后，没有饭吃，没有水喝。在日伪军开始"扫荡"时，根据地军民以我之分散，对付敌之集中，主力部队除留下一部分配合地方武装和民兵坚持在内线斗争外，大部分部队机动灵活地转移到外线，打击日军的薄弱据点，或破坏交通、斩断日军的归路，或隐蔽待机袭击日军。同时，组织邻区军民，对日伪军展开攻击，吸引外出"扫荡"的日伪军回援。当日伪军疲惫撤退时，又以我之集中，对付日军的分散，人民军队的主力部队、地方武装和民兵、自卫队，密切配合，速战速决歼灭日伪军的薄弱部队，并以伏击、侧击等多种手段，乘机拔除日军的残留据点，收复和发展抗日根据地。在战斗中，广大人民群众积极参加战勤工作，运输粮食、弹药和抢救伤员。

在极其艰苦的反"扫荡"、反"清乡"斗争中，敌后军民创造了极为有效的歼敌方法，如麻雀战、地道战、地雷战、破击战、水上游击战、武装工作队，等等，发展了人民战争的战略战术。

麻雀战主要在山区实行。山区地势复杂，道路崎岖，人民自卫队（民兵）熟悉当地情况。在日伪军进入根据地后，他们像麻雀一样满天飞翔，时聚时散，到处打击敌人，而日伪军则因人地生疏，只能在大道上盘旋挨打，对他们无可奈何。

在平原，则展开地道战和破击战。华北平原地区军民首先在道路上挖沟，使日军的机械部队难以行进，而根据地军民的转移却有了掩护。随着环境的恶化，敌后军民在一家一户所挖的土洞、地窖的基础上，建成户户相通的地道。后来，地道由村内相通，发展成村村相连、能打、能藏、能机动转移的巨大地道网，日军用烟熏、水灌，或施放毒气，都无济于事。敌后军民依托地道，人自为战，村自为战，有效地打击日伪军的"扫荡"，保存自己。

无论山区和平原，都普遍运用地雷战。群众自己动手，就地取材，利用废铁、废瓶和石头、瓦罐，制成各式各样的铁雷、磁雷、石雷、瓦雷，埋在村口、路口、门庭院落，使日伪军进村入户就有触雷丧命的危险。敌后军民还一直把地雷埋到日军的碉堡下，常常把出发的日伪军炸得血肉横飞，使他们心惊胆战，防不胜防。

水上游击战主要是在华中水网地带进行。千万军民利用河湖港汊的复杂地形，采用拦河筑坝、设置水下障碍等办法，使日军汽艇难以行驶，而敌后军民的小木船则可以在广阔水域里出没自如，寻找机会狠狠打击日伪军。

武装工作队是敌后军民为扭转反"扫荡"的被动局面，争取对敌斗争的主动而创造出来的。1942年春季，在华北反"扫荡"作战中，首先实行"敌进我进"的方针，就是在日伪军向抗日根据地进行"扫荡"、"清剿"、"蚕食"时，根据地军民也以一部分力量深入敌人的后方，广泛开展军事、政治攻势，锄掉死心塌地的汉奸，争取伪军、伪组织的成员反正，或引导他们在适当范围内为人民做些工作。这部分人民武装力量后来逐步发展成为深入敌人心脏地区活动的武装工作队。每个队员既是战斗员，又是宣传员、组织员；既能打仗，又能独立进行各项宣传和动员群众的工作。他们深入到敌占区，以军事斗争同政治斗争相结合，公开斗争同隐蔽斗争相结合，广泛地向群众开展宣传，揭露敌人，搜集情报，锄奸反特，破坏两面政权，形成"隐蔽根据地"，把日伪统治的心脏地区变成打击敌人的前沿阵地。在敌人的碉堡附近，常能听到武工队员开展政治攻势的声音。武工队员还访问伪军家属，要他们转告自己的亲属早日弃恶从善。日伪军抢粮时，武工队员及时出现，帮助群众进行抵抗，夺回粮食。这样，日军在所谓的"治安区"，也得不到安宁。

在中国共产党领导的敌后广泛的人民战争中，日伪军好像被打瞎和打聋的野兽一样，虽然疯狂地乱扑，终于被淹没在人民战争的汪洋大海。

敌后各主要抗日根据地在反"扫荡"、反"清乡"中的重要战斗情况如下。

1. 晋察冀抗日根据地

1941年8月，日军调集7万余人，采取分区"扫荡"、逐个消灭的方针，运用"分进合击"等作战方法，分十三路向晋察冀边区北岳、平西区进行空前大"扫荡"，妄图一举消灭该区八路军主力。8月中旬，五台、盂县的日伪军由西向东进攻；石家庄的日军经平山、灵寿、行唐由东南向西北进攻；正太路的日军由南向北进攻，准备合击陈庄、团泊口等地的晋察冀党政军领导机关。8月下旬，日军由团堡、紫荆关、易县、十渡等地向金水口地区合击。日军"扫荡"两个月，占领了北岳、平西区全部城镇，烧毁房屋15万余间，残杀群众4500余人。八路军在反"扫荡"中，主力部队大部适时地转移到平汉、正太路沿线日军的后方，一部主力则在内线与日军周旋，诱敌深入，配合地方武装和民兵，困扰和阻击敌人。待日军分股"扫荡"而陷于疲倦时，八路军外线部队当即转戈回击，配合内

线部队夹击日军。北岳、平西军民经过两个月的奋战，进行大小战斗 800
余次，毙伤日伪军 5500 余人，到九十月间，进占北岳、平西腹地的日军，
先后被迫撤退。至此，日军这次大"扫荡"被粉碎。

1942 年 5 月 1 日，日军开始对冀中平原抗日根据地进行毁灭性的"拉
网大扫荡"，日军调集两个师团、两个旅团共 5 万兵力，先以精锐部队合
围冀中的深县、武强、饶阳、安平中心地区，妄图歼灭冀中八路军部队
主力和共产党的党政军领导机关。此举扑空后，立即进行分区的反复"扫
荡"。最后，又进行面上的"清剿"。日军在这次"扫荡"中，在 6 万平
方公里的地面上、8000 个村庄中，密布了近 3000 个据点和碉堡；在 1 万
里的网状公路上，经常使用 700 辆巡逻汽车；整个冀中地区被分割成了
2670 个小块。遭到杀害、逮捕的群众 5 万余人，造成"无村不带孝，到
处闻哭声"的惨状。共产党领导冀中军民进行了英勇顽强、灵活机智的反
击战。当日军合击时，冀中主力部队跳到敌人的腹地和铁路线，实行突
然袭击，迫使日军后撤救援。在日军进行全面"扫荡"时，冀中抗日根据
地的党政军领导机关和一部分主力部队则跳出日军的合围圈，陆续转移到
北岳、太行和冀鲁豫抗日根据地，留一部分主力配合地方武装坚持斗争。
在极端险恶的环境下，冀中军民创造了"三击"（迎击、侧击、尾击）和
"三速"（速战、速决、速撤）的火力忽袭战术。深泽县未庄一仗，八路
军 3 个连和地方武装、民兵不足千人。被日伪军 2000 余人包围，激战终日，
胜利突围，打死日军坂本旅长以下官兵 900 余人、伪军 300 余人，八路
军和地方武装仅伤亡 75 人。在两个月的反"扫荡"中，冀中军民共作战
272 次，击毙日伪军 3980 余人。击伤日伪军 7000 余人，大量地消灭了日
军的有生力量。冀中军民也付出了重大的代价，数千名战士英勇牺牲，干
部伤亡也大，地方区以上干部牺牲了 1/3 左右，成千上万的群众惨遭杀害。

1942 年 5 月下旬，日军集中两个旅、六个团，加上驻防各县的守备
队和伪军 3 万余人，号称"10 万精兵"，对冀东区进行人"扫荡"，企图
把该区八路军主力压缩到玉田、蓟县平原地带加以消灭。八路军在地方
武装的配合下，给予日军迎头痛击后，即化整为零，迅速转移到外线，
待日军"扫荡"失败后，又立即返回原地，恢复了地方工作。1942 年 7

月，冀中八路军发动对日作战 20 余次，歼灭日伪军近 2000 人。1942 年 8 月，日军又集中 4.6 万余兵力，对冀东区进行大"扫荡"，把冀东分割为 20 余块，进行分区"清剿"。冀东军民在异常艰难的环境中，坚持斗争，以少数精干部队配合地方武装、民兵，分散地进行游击战争，到处设伏，毙伤日伪军，消灭敌人的有生力量。八路军主力部队则转到长城以北热河南部山区，开辟新的抗日根据地。

2. 晋冀鲁豫抗日根据地

1941 年至 1942 年，日军对晋冀鲁豫抗日根据地进行大规模"扫荡"，达 19 次，小规模的 500 余次（袭击骚扰边境不在内），全区军民经过英勇奋战，克服了严重困难，使日军"确保华北占领区"的计划破产。

1941 年 9 月下旬，日军集中 2 万余名的兵力，向太岳南部新区发动大规模"扫荡"，在 10 月初被粉碎后，日军又集中 3 万余人，对太岳北部地区进行"扫荡"，经一个多月的斗争，又被根据地军民粉碎了。10 月底，日军以 7000 余人对太行区发动"捕捉奇袭"的"扫荡"，妄图围歼八路军总部和一二九师首脑机关。日军 4000 余人由潞城、襄垣等地出动，夜袭一二九师师部驻地赤岸和八路军总部驻地西井。太行军民不断以游击战、麻雀战、地雷战反击日军。太行军民为保卫自己的兵工厂，在水腰地区与日军进行了阵地防御战，连续打退日军的多次冲击，毙伤日军 800 多人。到 11 月下旬，日军只好逃回原地。1942 年 2 月，日军集中 1.2 万人，由长治、襄垣、武乡、辽县等地出动，奔袭太行区之黎城、石拐、王家裕八路军太行分区所在地，并对位于麻田的八路军总部进行"铁环合击"。同时，日军由同蒲、白晋线各据点出动，奔袭太岳之唐城、郭道地区。八路军主力及时转移，使日军扑空。在这次反"扫荡"中，八路军主力一部和地方武装、民兵，坚持中心区斗争，保护人民生命财产；大部转至外线，袭击日军占领的城镇据点，迫敌回援。经过 31 天的战斗，太岳、太行军民粉碎了日伪军的"扫荡"，消灭日伪军 3000 余人。5 月中旬，日军又开始了夏季大"扫荡"，集中较大兵力，首先"扫荡"太岳区，继而"扫荡"太行区，八路军在反"扫荡"中，特别注意灵活机动，避强击弱。5 月底，太行、太岳军民分别袭击辽县至黄漳、潞城至黎城等地日军主要补给线。同时，实行敌进我进，广泛进行外线作战，奇袭长治机场，攻克据点30余处，摧毁伪组织340余处，有力地配合了腹地反"扫荡"作战。在夏季反"扫荡"中,经38天战斗,消灭日伪军3000余人。但太行、太岳军民也付出重大代价，八路军副参谋长左权在战斗中光荣殉国。

1942年上半年，日军对冀南区平均每天"扫荡"两次，其中千人以上的"扫荡"达10次。4月下旬，日军集中万余人，在武城地区，对冀南军区、区党委、行署机关，突然进行合围"扫荡"，接着进行残酷的"清剿"。同时，日军7000余人合击威县、丘县地区八路军主力部队。八路军与日军激战后，胜利突围。6月，日军又集结1.2万人，在冀县、枣强地区对冀南军政领导机关实行"铁壁合围"，八路军大部及时突围。9月，日军再次集结万余人，对枣强南部地区进行大"扫荡"，八路军适时跳出包围圈，使日军扑空。1942年7月至10月，冀南军民在反"扫荡"作战中，与日伪军进行大小战斗540余次，共歼日伪军4000余人。到年底，冀南部队对日军新占领区派出数十支武装工作队和连排小分队，打击日军，进行恢复工作，建立一些秘密抗日游击根据地。

1941年4月中旬，日伪军万余人向冀鲁豫八路军第二纵队所在地进行"扫荡"。八路军以一部配合地方武装与民兵，坚持腹地斗争，另一部和群众武装在外线袭击日军据点，八路军主力则突围转向观城。冀鲁豫军民广泛进行伏击战、破袭战、麻雀战给日军以不断打击，终于粉碎了日军的"扫荡"。1942年9月，日军集中万余人，对濮县、范县、观城中心区，分八路进行"扫荡"。冀鲁豫党政军民领导机关胜利跳出日军的合围圈，根据地军民经过三个月艰苦的斗争，粉碎了日军的"扫荡"。

3. 晋绥抗日根据地

1941年至1942年,晋绥抗日根据地先后粉碎日军大小"扫荡"33次，作战3000余次。

1942年2月初，日军以1.3万人的兵力对晋西北抗日根据地进行春季大"扫荡"，分路窜抵晋西北中心区兴县和保德，妄图摧毁该区八路军主力和这块根据地，以割断陕甘宁边区同敌后抗日根据地的联系，并威胁陕甘宁边区和中共中央所在地延安的安全。晋西北军民密切配合，内外夹击日军，经过一个多月的作战，消灭日伪军500余人，迫使日军于3月初退回原据点。5月中旬，日军700余人，再次奔袭晋西北根据地领导机关，并进占兴县县城。5月19日，窜入兴县县城的日军第十六旅五十九营，在兴县东南之田家会战役中，被歼500余人，日军村川上校及多田连长受重伤，横尾连长被击毙。田家会战役中，八路军伤亡75人。日军在"扫荡"晋西北中心区的同时，还对晋西北的边缘地区加紧蚕食。至6月，日军共建据点、碉堡320多个，晋西北根据地缩小1/3。晋西北军民经过84天大小200余次战斗，粉碎了日军的"扫荡"。这期间，晋西北派出15个武装工作队，经过艰苦斗争，逐步恢复了晋西北抗日根据地。

1941年，日伪军对大青山抗日根据地进行"扫荡"，均被粉碎。1942年，日军的进攻更加频繁，大青山区日益缩小。为了粉碎日军的"扫荡"，1942年10月，大青山和雁北两地合并成立塞北军分区。

1942年5月，为了统一陕甘宁和晋绥两个地区的军事指挥，中共中央决定成立陕甘宁晋绥联防司令部。六七月间，为保卫陕甘宁边区和延安，八路军在晋绥的一部分主力部队，调回陕甘宁边区。

4. 山东抗日根据地

1941年至1942年，山东抗日根据地军民粉碎日军"扫荡"上百次，打了许多漂亮仗。

1941年11月上旬，日伪军5万余人，在空军、坦克的配合下，对山东沂蒙山区进行大"扫荡"，以沂水、临沂、费县、蒙阴间纵横各60公里至70公里地区为"扫荡"的中心，妄图一举歼灭山东部队领导机关和主力。在"扫荡"中，日军打通了临（沂）蒙（阴）、沂（水）临（沂）等公路，增修据点70余处，挖了许多封锁沟。山东军民英勇顽强地开展反"扫荡"斗争。对策是：敌进攻，我转移；敌"清剿"，我反"清剿"；敌撤退，我反击。经过52天的艰苦奋战，消灭日伪军2000余人，粉碎了日军的"扫荡"。1942年，日军对山东的"扫荡"更为频繁。日军在鲁中区、鲁南区、清河区、冀鲁边、胶东区、滨海区共建据点3000多处，山东抗日根据地大部变成游击区，仅剩下鲁南、胶东、滨海根据地，且被分割。1942年10月下旬至11月中旬，鲁中军民粉碎了日军1.5万人的大"扫荡"，11

月下旬至 12 月，胶东军民又粉碎了日军 1.5 万人的大"扫荡"。11 月，在泰山区的反"扫荡"中，山东部队 28 名战士，守卫在马鞍山上，同围攻的三四千日军奋战两昼夜，消灭日军近百名，直到弹药用尽，仍与敌人肉搏，最后壮烈殉国。

5. 华中抗日根据地

1941 年至 1942 年，日军对华中地区各抗日根据地的"扫荡"，平均每半月一次，有的地区一个星期即有一次"扫荡"。当时，中共中央华中局决定，华中抗日根据地采取一面发展一面巩固的方针。1941 年 7 月，日军集结 1 万余人，加上伪军 1.7 万人，由东台、兴化、射阳、陈家洋等地，从北、西、南三面，分四路向苏北盐城合击。8 月初，日伪军大部分兵力，撤出盐城、阜宁，转向"扫荡"苏中。新四军在反"扫荡"中，机动灵活地集中与分散，寻机歼灭日伪军。在 34 个昼夜的反"扫荡"中，苏北、苏中军民共作战 130 余次，毙伤日伪军 3800 余人，还缴获了大量轻重机枪和步枪。

1941 年 11 月下旬至 12 月中旬，日军对鄂豫边根据地鄂东、鄂中、鄂南进行"扫荡"，并集中 1 万余人对安陆、应城、大小悟山进行"扫荡"，鄂豫边军民灵活机动，英勇作战，胜利突围，粉碎了日军的"扫荡"。1941 年底至 1942 年春，新四军进行侏儒山战役，经过大小 10 余次战斗，俘伪军 950 余人，毙伤日军百余人，开辟了川（汉川）汉（阳）沔（阳）地区，发展了鄂南游击区，从而巩固了鄂豫边根据地。

1941 年 4 月，日军进犯闽、浙沿海后，新四军创立了浙东抗日游击根据地。1942 年 10 月初，日军集中千名兵力对浙东根据地进行"扫荡"，该地游击支队神速活动，四处伏击，蜀山渡、杨葛殿、竹山岙等地战斗，给日军沉重的打击，迫使日军停止"扫荡"。

1942 年 11 月中旬，日军 5000 余人合击淮海区，淮海军民粉碎了日军的"扫荡"。同时，日军又以 6000 余人，在骑兵、坦克和飞机配合下，对淮北进行反复合击，淮北军民在 33 天的反"扫荡"中，先后作战 30 余次，消灭日伪军 700 余人。其中泗洪县朱家岗一仗，不仅消灭了近 300 名日军，而且收复了泗洪县周围的一些城镇。11 月末，日军 2000 余人"扫荡"淮南区，也被淮南军民所粉碎。

此外，在华南和东北地区，共产党领导抗日军民，也坚持了艰苦的游击战争。1941 年至 1942 年，东江纵队共进行重要战斗 33 次，打击了日军，坚持了抗日根据地。香港沦陷后，琼崖地区更加重要，琼崖抗日游击纵队和广大群众密切配合，经常袭击日军，使日军侵略计划遭到挫折。1941 年以后，日军对东北抗日联军疯狂地进攻和"讨伐"，抗日游击区遭到了极大的破坏，抗日联军不得不转入深山密林开展活动，但仍然经常派出小部队，打击日军。

总之，在中国敌后抗战的困难年代，抗日根据地军民进行了英勇顽强的斗争。1941 年至 1942 年，八路军、新四军和游击队、民兵共作战 4.2 万余次，毙伤俘日伪军 33.1 万余人，敌后军民的反"扫荡"斗争，牵制、消灭了大量日军，成为坚持中国长期抗战最重要的因素，也是对盟国反法西斯战争的很大支持。

在敌后反"扫荡"斗争中，涌现出成千上万的民族英雄，谱写出无数可歌可泣的英雄事迹。例如，1941 年 8 月 1 日，日伪军包围冀中献县东辛庄，威逼村民交出英勇善战的回民支队司令员马本斋的母亲，当场杀死数人，许多人被严刑拷打，却没有人告密。马本斋的母亲不忍群众被打杀，自己挺身而出。日军对她威胁利诱，要她写信劝儿子投降。马母痛斥敌人说："我是中国人，一向不知有投降二字。"她坚贞不屈，绝食而死。1941 年 9 月 25 日，在冀西易水河畔狼牙山地区，八路军战士马宝玉、胡德林、胡福才、宋学义、葛振林，面对日伪军的进攻，为掩护党政领导机关和群众的转移，主动把敌人吸引到自己的身边，一步步退到悬崖绝壁，据险抵抗，连续打退日军四次冲锋。在打完最后一粒子弹时，他们毅然砸枪跳崖，三人坠落崖底，壮烈牺牲，二人被挂在树枝上，后来脱险。人们称他们为"狼牙山五壮士"。1942 年 5 月 25 日，驻辽县的八路军总部遭到日军的合围，在危急情况下，八路军副参谋长左权指挥部队突围，在率领最后一批人员突围时，不幸中弹殉国。像这样的民族英雄，数不胜数。中国共产党领导的敌后军民团结一致，不畏强暴，反对侵略的革命精神，是反"扫荡"斗争胜利的源泉，中国人民将永远记住抗日英烈们的丰功伟绩。

六、抗日根据地的大生产运动和中共的整风运动

抗日根据地的大生产运动和中共的整风运动，是中国共产党战胜抗日战争的严重困难，在物质生活和精神生活中，起了决定作用的两个环子。毛泽东曾经说："一九四二和一九四三两年先后开始的带普遍性的整风运动和生产运动，曾经分别地在精神生活方面和物质生活方面起了和正在起着决定性的作用。这两个环子，如果不在适当的时机抓住它们，我们就无法抓住整个的革命链条，而我们的斗争也就不能继续前进。"①

（一）大生产运动

敌后抗日根据地艰苦的反"扫荡"斗争，必须有一定的物质条件。加强抗日根据地的经济建设，是共产党独立坚持敌后长期抗日战争的重要一环。没有根据地的经济建设，要支援革命战争，改善人民生活和巩固抗日民主政权，都是不可能的。

抗战初期陕甘宁边区和八路军新四军的财政开支，相当一部分是国民政府的军饷和华侨、国际友人的捐赠。随着日军对抗日根据地的加紧进攻，陕甘宁边区和敌后抗日根据地在财政经济日益出现困难的形势下，1938年秋天，陕甘宁边区留守部队开始进行生产，一部分部队从事种菜、养猪、打柴、烧炭、做鞋等等生产劳动，以减轻人民负担，改善战士生活。在试小成功、取得经验之后，中共中央就将这一经验推广到一切部队、机关、学校。1939年2月，中共中央在延安召开生产动员大会，中共中央秘书长、财政经济工作部部长李富春作了题为《加紧生产，坚持抗战》的报告。毛泽东发出"自己动手，自力更生，艰苦奋斗，克服困难"的号召，号召根据地军民开展生产运动。这一号召，动员了陕甘宁边区党政军学人员和广大人民群众，开荒种地，发展生产，著名的《生产大合唱》

① 《毛泽东选集》第3卷，人民出版社1991年版，第1107—1108页。

等歌曲就是在那时产生和唱出来的。这一自己动手、发展生产的号召，又传播到敌后各抗日根据地。

1941年，由于日军的野蛮进攻和国民党的包围封锁，根据地的财政经济发生了极大的困难。粮食、油盐、被服、经费，都很缺乏。如果不解决这个问题，抗日斗争就无法坚持。当时，一些人以为共产党的困难是不可克服的，他们每天都在等待着敌后抗日根据地的"塌台"。在这种情况下，中共中央认为，为了克服困难，必须从敌后根据地所处的政治、军事、经济和社会环境出发，自力更生，生产自救，开展大规模的生产运动。毛泽东曾指出，在困难面前是饿死呢？解散呢？还是自己动手呢？饿死是没有人赞成的，解散也是没有人赞成的，还是自己动手吧！他还说："不论党政军民男女老幼全体一律进行伟大的生产运动，增加粮食和日用品，准备同灾荒作斗争，将是继续坚持抗日根据地的物质基础。"①陕甘宁边区首先开展了大生产运动，这种生产运动是全根据地内实行自己动手、克服困难的大规模的生产运动，是包括一切公私军民男女老少，绝无例外的群众运动。

在大生产运动中，中共中央在总结抗日根据地财政经济工作和生产建设工作的基础上，制定了正确的方针政策，先后作出发展生产等一系列指示。特别是毛泽东在领导大生产运动的过程中，先后撰写了一系列著作，如《抗日时期的经济问题和财政问题》、《开展根据地的减租、生产和拥政爱民运动》、《组织起来》、《必须学会做经济工作》、《游击区也能够进行生产》、《论军队生产自给，兼论整风和生产两大运动的重要性》等，对大生产运动的基本方针政策作了系统的阐述和总结。

"发展经济，保障供给，是我们的经济工作和财政工作的总方针。"这个总方针阐明了经济工作的重要性和财政与经济的关系。为着保证这个总方针的实现，中共中央从当时抗日根据地所处的具体环境（主要是以个体经济为基础的、被敌人分割的、进行游击战争的农村）出发，制定了如下一些经济建设的具体方针：

---

① 《毛泽东选集》第3卷，第913页。

1. 在各项生产事业中，实行农业、畜牧、工业、手工业、运输业和商业全面发展，而以农业为主的方针。中共中央认为，由于半殖民地半封建的中国，农民占整个人口的80%，抗日民主根据地处于农村环境，军队的来源主要是农民，抗战需要的物力、财力，大部分也来自农民，根据地出口的物资主要是农产品，因此必须以发展农业为主，同时发展其他生产事业，中共中央还具体提出，领导干部在经济建设中，应该掌握农业为第一位，工业与运输业为第二位，商业为第三位的方针。

2. 在公私关系上，实行"公私兼顾"和"军民兼顾"的方针。当时抗日根据地的经济成分主要有五种：政府、部队、机关、学校的公营经济；合作社经济；广大农民和个体劳动者的个体经济；资本主义经济；地主经济。当时，除对地主经济实行减租减息政策，加以削弱，限制其发展外，其他各种经济都应兼顾，既要发展公营经济，又要发展民营经济。

3. 在上下关系上，实行统一领导，分散经营的方针。这个方针是和抗日根据地的人力、物力都很分散，交通又不方便的实际情况相适应的。统一领导，主要是在中央一级、边区一级、专区一级、县署一级，建立关于统一一切生产事业的强有力的领导机关，统一企业的经营方针和政策，统一调整各企业相互间的关系。在统一领导原则下，必须让下面分散经营，允许以相当的收益归各生产单位所有。

4. 在生产和消费关系上，实行努力生产，厉行节约的方针。毛泽东指出，节约是一切工作机关都要注意的，经济和财政工作机关尤其要注意。任何地方必须十分爱惜人力物力，决不可只顾一时，滥用浪费。

5. 实行组织起来的方针。所谓组织起来，就是把一切人民群众的力量，一切部队、机关、学校的力量，一切男女老少的全劳动力和半劳动力，只要是可能的，就统统动员起来，组织成为一支劳动大军。当时，在经济上组织群众的最重要的形式，就是根据自愿和互利的原则成立合作社。在陕甘宁边区，已经组织了许多农业生产合作社。由于边区的经济是新民主主义的，所以，这些合作社还是建立在个体经济基础上（私有财产基础上）的初级的集体劳动组织，如变工队、扎工队、互助组等。集体互助的形式除农业生产合作社外，还有三种形式的合作社，即包括生产合作、消费合作、运输合作、信用合作的综合性合作社，运盐合作社以及手工业合作社。

在大生产运动中，中共中央号召一切部队、机关、学校，必须于战争条件下厉行种菜、养猪、打柴烧炭、发展手工业和部分种粮，分别不同情况，达到粮食和办公用费的自给、半自给和部分自给。中共中央认为，敌后抗日根据地遭到极端严重的物质困难，而且处于分散作战的条件下，多生产一颗粮食，就是多增加一份抗战力量。实行军队、机关、学校生产自给，既可以克服困难，改善生活，使广大指战员、干部、教员身强力壮，提高战斗力和工作效率，又可以减轻人民的负担，从而进一步取得人民的拥护，以便支持长期战争，争取最后胜利。毛泽东指出："军队和机关学校所发展的这种自给经济是目前这种特殊条件下的特殊产物"[1]。

在大生产运动中，中共中央决定实行首长负责，自己动手，领导骨干与广大群众相结合，一般号召和个别指导相结合的原则，指示各地各级党组织，成立生产委员会，作为大生产运动的领导机构。中共中央要求把最积极最有经验的干部，调到生产委员会中去工作，要求党的主要负责干部，参加生产委员会，担任主任或委员。同时，中共中央十分强调从实际出发领导大生产，并号召共产党员和广大干部认真学习经济工作。

中共中央所规定的关于大生产运动的基本方针政策和具体措施，为抗日根据地军民开展大生产运动指出了正确的方向，有力地促进了大生产运动的蓬勃发展。

1941年，陕甘宁边区首先开展大生产运动。边区政府根据中共中央的指示，采取有效措施，鼓励生产，要求在原有基础上扩大耕地面积，提高粮食产量，并号召种植经济作物，特别是纺织原料。为了加强和统一对生产的领导，陕甘宁边区组织了生产委员会，并根据部队、机关、学校的不同情况，规定了不同的生产任务，发动了党政军学各个方面数万人投入了大生产运动。当时，许多军队和机关发展了以自给为目标的农、工、商业。边区部队在"一把锄头一支枪，生产自给保卫党中央"的口号

---

[1] 《毛泽东选集》第3卷，第892页。

鼓舞下，开展了南泥湾、槐树庄、大风川、葫芦河等地的屯田大生产运动。战士们一面从事生产，一面进行军事训练，随时准备迎击日本侵略者对边区的进攻。

八路军一二〇师三五九旅于1941年3月开进古木丛生、野兽出没的南泥湾。在极其困难的条件下，从旅长王震到公勤人员、随军家属，没有一个人站在生产圈子外边。他们高唱"革命战士不怕苦，生产自给反封锁"的民谣，经过二年多的奋战，创造了"粮食堆满仓，稻谷翻金浪，猪牛羊肥壮，鱼鸭满池塘"的动人景象，把荒无人烟的南泥湾改造成为"陕北江南"。

1942年，三五九旅每人每月平均吃肉2斤以上，每人每天平均吃菜1斤半，会餐时还可吃鸡鸭和大米。到1944年，全旅不仅实现了吃用全部自给，而且达到了"耕一余一"，每年向人民政府交纳公粮1万石。

三五九旅在发展农业和畜牧业的基础上，还发展了工业、手工业、运输业和商业。新建设的纺织厂，不仅能织普通土布，而且能织格子布、花布。1942年，全旅已经做到每个战士每年供给两套单衣，一套棉衣，两双袜子，两双单鞋，一双棉鞋。他们在大生产运动中，作出了卓越的贡献。1943年，旅长王震被评选为陕甘宁边区的劳动英雄。

除三五九旅外，陕甘宁边区其他留守部队在大生产运动中也取得了可喜的成绩，1942年，生产自给率即达82%。

与此同时，陕甘宁边区的机关学校，根据毛泽东的指示，既反对只在财政上打算盘，不注意发展生产的保守观点，又反对空喊发展经济，不根据边区的客观条件，盲目求大求全的不切实际的观点，迅速掀起了大生产运动，经费达到了绝大部分自给。

1941年和1942年两年中，军队和机关学校因自己动手发展生产所获得的收益，解决了他们所需经费的大部分。毛泽东称赞说："这是中国历史上从来未有的奇迹，这是我们不可征服的物质基础。"①

由于军队、机关、学校的生产自给，人民群众的公粮负担逐年减

---

① 《毛泽东选集》第3卷，第894页。

少。1941 年边区农民所交公粮，占总收获量的 13.85%，1942 年则降为11.14%，1943 年再降为 10.16%。

陕甘宁边区的广大人民，热烈响应中共中央关于开展大生产运动的号召。广大农民普遍认识到抗日和生产的关系，认识到"多开一亩荒，就多增加一份革命力量"。人民音乐家冼星海谱写的《生产大合唱》和陕北民歌《二月里来》等成为群众最喜欢的歌曲，他们一面开荒生产，一面尽情地歌唱："加紧生产，努力苦干，多打些粮食也是抗战……"

在大生产运动中，边区农民积极响应中共中央兴修水利的号召，因地制宜地兴修了不少水利工程。如枣园乡群众，在附近部队和机关学校的帮助下，挖掘了一条 5 公里长的沟渠，灌溉了 1200 余亩耕地，使该地区生产连年丰收。人们高兴地把这条渠称为幸福渠。

陕甘宁边区政府为了调动群众的生产积极性，采取了一系列重要措施。1942 年 2 月，召开了陕甘宁边区合作社主任联席会议。会议决定，边区不仅需要发展自由竞争的私营经济，而且要发展有组织的合作经济，不仅要组织生产与消费合作社，而且要组织运输合作社。当时，边区组织了 46% 的农民实行变工、扎工之类的生产互助劳动，大大提高了生产力。此外，边区政府还拨发农贷，大规模组织移民开荒，改良农作方法。为了发展边区畜牧业，边区政府决定，从 1942 年 4 月起，完全废除全边区的羊毛税。这些措施，进一步激发了广大农民的生产热情。

在大生产运动中，广大群众有许多创造，涌现出一批批劳动英雄人物。中共中央十分重视用人民的创造性和劳动模范的事迹来教育群众。边区多次召开生产展览会和劳动英雄代表大会。毛泽东、朱德、刘少奇、周恩来等亲自参观展览，接见和嘉奖劳动模范，并亲自总结他们的经验，加以提高和推广。

在大生产运动中，党政军负责人带头参加生产劳动。毛泽东在延安的杨家岭亲手开荒、种菜，经常利用休息时间去劳动。干部、群众因他为党和国家大事日夜操劳，要求给他代耕，他说，大生产运动是党中央的号召，我应该和大家一样，响应党的号召。周恩来带头学习纺线，他说："与困难作斗争，其乐无穷"。周恩来和任弼时还参加过中共中央直属机关的纺线比赛，以优异成绩被评为"纺线能手"。朱德除了直接领导部队的生产运动，给部队勘察土地，规定任务，督促检查外，还亲自在王家坪八路军总部前开荒种地。边区政府主席林伯渠、副主席李鼎铭也制订了个人生产计划。除陕甘宁边区外，晋绥边区临时参议会副会长刘少白，年逾花甲，他与警卫员、饲养员二人变工互助，种植 60 亩，单衣、棉衣要做到全部自给，他代替警卫员、饲养员的日常工作，警卫员、饲养员耕种土地。他还用节约下来的 7000 元，购买了耕牛、农具。经过半年的变工互助，三人共生产细粮 9 大石 2 斗 2 升（每石 260 斤），除完成公家的生产任务 3 石 9 斗和底垫外，尚余 4 石零 6 升。中共中央和各地区领导人以身作则的动人事迹，给根据地广大军民以极大鼓舞，有力地推动了生产运动的大发展。

在中共中央的正确领导下，陕甘宁边区的农业和畜牧业迅速发展。粮食产量 1941 年为 163 万石，1942 年为 168 万石，1943 年为 184 万石；棉花产量 1941 年为 50.81 万斤，1942 年为 140.36 万斤，1943 年为 209.7 万斤；牛、驴、羊等的养殖量也大量增加。

在这期间，陕甘宁边区的工业生产亦有相当发展，先后办起了纺织厂、兵工厂、炼铁厂、造纸厂、农具厂、印刷厂、火柴厂、被服厂等，能炼铁、炼油、制药、修理机器、制造一些军火。在绥德、延安、子长、关中等地开发了许多煤矿，保证了军需民用。

陕甘宁边区的生产大发展，有效地克服了严重的物质困难，保障了抗日经费的供给，并使全体军民过上了在当时条件下丰衣足食的生活。1942 年，毛泽东为拍摄《南泥湾》影片，挥笔写下了"自己动手，丰衣足食"的著名题词。

敌后各抗日根据地军民，根据中共中央开展大生产运动的指示，在"劳动与武力结合"、"战斗与生产结合"的口号下，利用战争和工作的空隙从事生产劳动，在十分艰苦的环境中，创造了发展人生产的多种形式：派出小股部队，打击敌人，掩护军民生产；把军事行动与大生产的宣传结合起来，向敌人发动强大政治攻势，迫使日伪不敢轻易出来破坏生产；部队化装成老百姓，公开抢种敌人碉堡周围的耕地；武装掩护民兵抢收敌人据点附近的庄稼；农忙时节，部队大力帮助农民抢收抢种，如此等等。经过积极努力，敌后抗日根据地的生产，也取得了很大成绩。到1943年，晋绥、北岳、胶东、太行、太岳、皖中六个地区，共扩大耕地面积600万亩以上。太行区部队、机关的生产，能自给3个月的粮食和全年的蔬菜。其他地区一般也能自给全年的蔬菜和一个半月至两个月的粮食，达到了"自己动手，克服困难"的要求。毛泽东指出，我们经济上受了封锁，少了几十万块饷钱，但我们找到了自己动手的道路。这比任何薪饷任何援助都可靠。军队不要发饷，完全由自己供给，这是一个创造，我们的军队每个人不但会打仗，会做群众工作，而且还会从事生产劳动。这样，我们就能够战胜任何困难。

抗日根据地大生产运动的胜利，具有伟大的经济和政治意义。大生产运动改善了根据地军民的生活，战胜了严重的财经困难，为争取抗日战争的胜利奠定了物质基础。大生产运动增强了人们的劳动观念和革命纪律，进一步改善了根据地党政军民之间的关系，进一步巩固了抗日根据地。大生产运动为党领导经济建设积累了宝贵的经验，培养了一大批生产管理和经济建设方面的干部。大生产运动树立了自力更生，艰苦奋斗的楷模，中国人民就是依靠这种无所畏惧的革命精神，坚持了抗战，坚持了持久战，打垮了日本侵略者，取得了最后胜利。

（二）整风运动

中国共产党从1942年开始的整风运动，是一次普遍的马克思列宁主义教育运动。

抗日战争以来，中共中央在指导思想上是正确的，党的工作也是有成绩的。但是，党内还存在着需要解决的问题。毛泽东把这些问题概括为学风、党风、文风有些不正。所谓学风有些不正，就是有主观主义的毛病，特别是教条主义，还比较严重的存在；所谓党风有些不正，就是有宗派主义的毛病；所谓文风有些不正，就是有党八股的毛病。许多党员，包括一些高级干部，对于马克思列宁主义理论同中国实际相结合，还没有统一完整的了解，工作中带有很大的盲目性。同时，抗日战争爆发以来，中共在大发展中增加了 70 余万新党员，他们的积极性很高，但其中绝大多数出身于农民、小资产阶级家庭，因为斗争任务紧张，党对他们的马克思列宁主义教育还很不够。这些情况表明，在中共党内开展一次整风运动，是十分必要的。中共的这次整风运动，既关系到自身的建设，又关系到全民族抗日战争。毛泽东说："只要我们党的作风完全正派了，全国人民就会跟我们学。党外有这种不良风气的人，只要他们是善良的，就会跟我们学，改正他们的错误，这样就会影响全民族。"①

开展整风运动需要一定的客观和主观条件。这些条件在 1942 年春天已经具备。这时，已经形成了以毛泽东为首的党中央的正确领导；已经有一批比较了解党的历史上多次"左"、右倾错误的经验教训的骨干；敌后斗争虽然处于困难阶段，但总的斗争形势变化较小，特别是党中央所在地陕甘宁边区的形势比较稳定，因此，也就有可能集中精力进行一次全党性的整风运动。

1942 年春天开始整风运动，是经过充分的准备的。从 1935 年 1 月遵义会议到 1938 年秋中共六届六中全会。这期间，毛泽东分别从军事路线和政治路线两方面总结了中国革命的经验，批判了"左"倾错误，制定了正确的政治策略和中国革命战争的战略战术。接着，写了《实践论》、《矛盾论》等著作，从马克思主义的世界观和方法论的高度，揭露了教条主义错误的实质。抗日战争爆发后，王明回国积极推行共产国际的"一切经过统一战线"、"一切服从统一战线"的政策，反对中共中央洛川会议制定的全面抗战路线。中共中央对王明的右的错误进行了抵制和斗争。1938 年秋，中共六届六中全会基本上纠正了王明的右倾错误，强调中国共产党必须独立自主地领导人民进行抗日战争，明确提出"使马克思主义在中国具体化"的任务。中共六届六中全会以后，毛泽东为首的中共中央领导人，大力从事理论工作，研究中国的国情，总结中国革命的历史经验，系统阐述马克思列宁主义理论与中国革命具体实际相结合的基本原则，并对中国共产党一系列独创性的经验，作了新的理论概括。1941 年 5 月，

---

① 《毛泽东选集》第 3 卷，第 812 页。

毛泽东在延安干部会上作《改造我们的学习》的报告，指出"中国共产党的二十年，就是马克思列宁主义的普遍真理和中国革命的具体实践日益结合的二十年"，尖锐地批评了主观主义的作风，强调"实事求是"的重要性，主张将全党的学习方法和学习制度改造一下。这个报告在高级干部的思想上引起了震动。7月和8月，中共中央先后发出《关于增强党性的决定》和《关于调查研究的决定》。1941年9月10日至10月22日，中共中央召开政治局扩大会议，毛泽东作了反对主观主义和宗派主义的报告。会上，高级干部学习和研究党的历史，总结历史经验，确认土地革命战争时期王明所犯"左"倾冒险主义，是路线错误，从政治路线上分清了是非，达到了基本一致的认识。在这一基础上，会议决定在全党组织整风学习，发动反对主观主义和宗派主义的思想革命运动。9月26日，中共中央决定成立中央学习研究组，组织在延安的高级干部学习马克思列宁主义理论，研究党的六大前后的历史文件，总结党的历史经验；同时决定成立各地高级学习组，颁发了高级学习组的组织条例。经过全面周密的准备，在全党开展整风运动的条件逐渐成熟了。

中共在抗日战争时期开展的整风运动，大体经过两个阶段。

第一阶段，是全党的整风运动。1942年2月上旬，毛泽东作《整顿党的作风》和《反对党八股》的讲演。4月3日，中共中央宣传部发出《关于在延安讨论中央决定及毛泽东整顿三风报告的决定》。6月8日，中宣部又发出《关于在全党进行整顿三风学习运动的指示》。同时，中共中央成立了由毛泽东主持的总学习委员会，领导整风运动。在总学委领导下，延安的中央机关和陕甘宁边区政府近万名干部参加整风学习。这样，整风运动就展开了。

整风运动的任务，是整顿"三风"，即反对主观主义以整顿学风，使全党树立实事求是的思想路线；反对宗派主义以整顿党风，保证党的高度统一；反对党八股以整顿文风，清除无的放矢的形式主义。

反对主观主义，是全党整风运动的中心内容。党内的主观主义表现为两种形态：教条主义和经验主义。多年来，党的工作受到教条主义的危害。反对主观主义，实际上是为了提高党员认识客观世界和改造客观世界的能力，使每个共产党员，都能坚持实践第一的观点，从中国实际出发，把马克思列宁主义的理论与实际相结合，做到实事求是，使中国的革命和建设事业，无往而不胜。在整风运动中，中共中央要求党员做到：（1）加强马克思列宁主义理论学习，认识客观事物的规律性；（2）一定要从实际出发，在解决实际问题过程中，不断检验理论、修正理论、发展理论，把理论推向前进，进一步解决不断出现的新问题；（3）必须进行周密的调查研究；（4）一定要解放思想，从各种旧的思想禁锢中解放出来，不断接受新事物，研究新问题。

宗派主义，是主观主义在组织关系上的一种表现。在党内关系上，是只顾局部利益，不顾全体利益，背离了党的民主集中制，以致向党闹独立性；在党外关系上，是对党外人士妄自尊大，看不起人家，藐视人家。这就妨碍了党内的团结和统一，也妨碍了党和人民的团结。在批判宗派主义的同时，中共中央规定了正确处理党内外关系的基本原则：（1）全党要认真实行个人服从组织、少数服从多数、下级服从上级、全党服从中央的民主集中制；（2）提倡顾全大局，每一项言论和行动，必须以全党利益为出发点；（3）坚持老老实实办事；（4）共产党员要倾听人民群众的意见，联系群众，不要脱离人民。

党八股是主观主义和宗派主义的宣传工具和表现形式，它不能表现革命精神，只能窒息革命精神。只有反对党八股，主观主义和宗派主义才无藏身之地，实事求是的、生动活泼的创造精神才能发扬，才能坚持马克思列宁主义同中国实际相结合。

在整风运动中，中共中央明确规定，整风的方针是："惩前毖后，治病救人"，"既要弄清思想，又要团结同志"。这是同"左"倾错误领导所实行的"残酷斗争"和"无情打击"恰好相反的。惩前毖后和治病救人，就是对以前的错误一定要揭发，不讲情面，要以科学的态度来分析批判过去的坏东西，以便使后来的工作慎重些，做得好些。揭发错误、批判缺点的目的，好像医生治病一样，不是为了把人整死，而是为了救人，为了使犯错误的人变成好同志，这个工作决不是痛快一时，乱打一顿，所能奏效的。

中共中央还规定了整风运动的方法。认真学习整风文件，紧密联系实际，深刻领会文件的精神实质，是搞好整风运动的首要环节。当时，中共中央规定《改造我们的学习》、《整顿党的作风》、《反对党八股》等22个整风文件，要求广大干部、党员反复阅读，深入钻研，并在自学的基础上，进行必要的集体讨论，以便集思广益，共同提高。在学习过程中，必须联系实际，把文件的精神作为镜子，对照检查自己的思想、工作和历史，认清哪些是正确的，哪些是不正确的，最后写出总结，确定努力方向。同时，中共中央要求全党认真开展批评与自我批评，特别是自我批评，要求干部、党员自觉地、严肃地解剖自己，通过自我批评提高思想觉悟。

1943年秋，整风运动转入第二阶段，即高级干部研究和讨论党的历史问题。

为了更好地研究历史，中央书记处先后于1941年12月和1942年10月编辑出版了《六大以来——党内秘密文件》（上、下册）和《六大以前——党的历史材料》两部大型历史文献，共收集中共成立以来至1941年的主要文件761篇。高级干部在研究和讨论党的历史过程中，不仅掌握大量历史资料，还分别召开了许多总结历史经验的座谈会，如湘赣边区、鄂豫皖边区、红七军、华北座谈会等，通过这些会议，使干部从切身的实践中，更好地认识中共历史上的路线是非问题。

鉴于党的历史上以王明为代表的教条主义的错误，给中国革命事业带来的损害最大，因而认识、批判和总结王明错误的教训，必然成为整风运动第二阶段的一个重要内容。1943年9月上旬至12月初，中共中央连续召开了三次政治局会议，讨论王明在十年内战时期和抗战初期的错误。许多同志在会上批评了王明的错误，有的同志作了自我批评。周恩来在会上回顾了从1927年党的第五次全国代表大会到1943年党的历史，分析了王明犯错误的原因，并严格地进行了自我批评。在会上，毛泽东强调，检讨王明的错误，要用"历史的方法，从实际出发的方法，自我批评的方法"，"全党要团结"，"要避免历史上错误的斗争方法，要实行惩前毖后，治病救人"。当时，王明称病未参加会议，中共中央对王明进行了耐心细致的思想工作。毛泽东多次去看望他，并派人去听取他的意见。周恩来也曾去探望并和他促膝谈心，有时长达几小时。经过做工作，当时王明的思想有一定的变化，他于 1945 年 4 月 20 日写信给中共六届七中全会并毛主席，表示完全同意和拥护《关于若干历史问题的决议》。信中说："毛主席是我党有史以来把马克思主义的普遍真理与中国革命具体实践相结合在思想上和事业上的代表。"后来，在党的第七次全国代表大会上，经过毛泽东做工作，王明仍被选为中央委员。这说明，整风运动不是为了整某些人，它是一场马克思主义教育运动，对于任何同志，包括王明这样犯了严重错误的人，都坚决贯彻了"惩前毖后，治病救人"，"弄清思想，团结同志"的方针。

延安整风运动，是中国共产党历史上极其重要的一页，也是国际共产主义运动中的创举。这次整风运动，在党内外开展了怎样从实际出发而不是教条主义地对待马克思主义原理、怎样使马克思主义基本原理同中国实际相结合、怎样对待党内两条路线斗争等重大问题的大讨论。通过这些讨论，使全党对马克思列宁主义与中国实际相结合的毛泽东思想，有了深一层的认识，使中共达到了空前的统一和团结，并进一步成熟，为争取抗日战争和各项事业的胜利，奠定了坚实的基础。

早在 1942 年 4 月，毛泽东在一次讲话中，对整风运动将起的历史作用说过三句话：战胜目前困难，迎接未来的光明，创造一个新的世界。事实正是如此。抗日战争时期中共的整风运动，不仅使中共正确地领导人民坚持了对日作战，并取得了最后胜利；而且给中华民族留下了应当代代相传的珍贵的精神财富。

七、以抗战为中心的文艺工作的发展

文化事业，在整个社会发展中，是一个重要的领域。毛泽东曾经指出："革命文化，对于人民大众，是革命的有力武器。革命文化，在革命前，是革命的思想准备；在革命中，是革命总战线中的一条必要和重要的战线。"① 在抗日战争中，如果没有一支文化军队，就不能团结一切可能团结的力量，去进行全民族抗战，并争取抗战的最后胜利。

所谓文化军队，包括思想理论、新闻、文艺各个方面。它们肩负的任务，是团结教育人民、揭露和消灭敌人，克服自身缺点，陶冶人民情操，提高民族文化素质。在文化工作中，文艺为广大群众喜闻乐见的形式，能较快地发挥作用。

（一）抗战前期的文艺工作

中国抗日战争爆发后，在抗日救亡运动的发展中，以抗日为内容的文艺工作就逐步掀起。

1931年九一八事变和东北的沦陷，大批文艺工作者流亡入关，以诗歌、音乐、戏剧等，宣传日本的侵略和国土的沦丧。1935年一二·九运动爆发后，12月12日，上海文化界沈钧儒、马相伯、邹韬奋、章乃器等300余人发表《上海文化界救国运动宣言》，27日成立上海文化界救国会。这时，广大学生到街头巷尾、农村，用多种文艺形式，要求"打倒日本帝国主义"、"收复东北"、"保卫华北"。

在革命根据地，1936年11月22日，由丁玲等主持成立陕北第一个文艺团体——中国文艺协会。毛泽东称它为"苏维埃运动的创举"②。在中国文艺协会成立大会上，毛泽东在演讲中说："我们要抗日我们首先就要停止内战。怎么才能停止内战呢？我们要文武两方面都来。要从文的方面去说服那些不愿停止内战者，从文的方面去宣传教育全国民众团结抗日。""发扬苏维埃的工农大众文艺，发扬民族革命战争的抗日文艺，这是你们伟大的光荣任务。"③ 中国文艺协会成立后，就沿着民族革命战争和抗日文艺的方向，积极开展活动。先后建立了一些剧团，创办《红色中华副刊》、《苏区文艺》等刊物。

---

① 《毛泽东选集》第2卷，第708页。
② 李维汉：《回忆与研究》（下），中共党史资料出版社1986年版，第581页。
③ 中共中央文献研究室编：《毛泽东年谱》（1893—1949）上卷，人民出版社、中央文献出版社1993年版，第612页。

1937年春，在延安成立了人民抗日剧社，这个剧社联系了延安约10个戏剧组织，在陕北巡回演出。他们演出的剧目有《亡国恨》、《放下你的鞭子》、《阿Q正传》等。

在全国救亡文艺活动中，许多知名的文艺工作者，也卷了进来。人民音乐家冼星海于1935年从法国回国后，在上海百代唱片公司和新华电影公司担任配乐和作曲，为《壮志凌云》、《青年进行曲》、《夜半歌声》等电影配曲，同时积极投入抗日救亡运动。1937年参加上海救亡演剧队赴内地，相继创作了《救国军歌》、《在太行山上》、《到敌人后方去》等歌曲。

由于以抗日为内容的文艺工作在全国的展开，使局部地区的抗日运动，很快扩展为全国规模的群众运动，为推动全民族抗日战争的实现，作出了贡献。

1937年七七全国抗战后，以抗战为内容的文艺进一步发展。

全国抗战初期，在日军疯狂进攻、中国大片国土沦陷的情况下，生活在北平、天津、上海等城市的大批文艺、文化工作者，走出都市的"亭子间"，走向内地，走向乡村，走向前线，进行各种街头文艺演出，动员全国人民参加抗日战争。当时，抗日文艺大军迅速壮大，特别是戏剧演出队伍发展更为突出。八一三事变后，上海戏剧界救亡协会组织了13个救亡演剧队，除两个队留上海外，其余11个队全部赴前线和内地，宣传抗日，并不断发展文艺队伍。据1939年统计，全国从事戏剧工作的有13万人，成为一支强大的抗日宣传力量 ①。

抗日民族统一战线建立后，以抗战为内容的文化文艺统一战线，在国统区、陕甘宁边区、各敌后抗日根据地，都发展得比较顺利。

1937年11月20日，国民政府宣布迁都重庆之后，部分军政机关迁到武汉办公。之后，大批文艺工作者从北平、天津、上海和东北等地陆续来到武汉三镇。武汉 度成为全国抗战文艺工作的中心。在众多的文

---

① 见南方局党史资料征集小组编：《南方局党史资料·文化工作》，重庆出版社1990年版，第318页。

艺工作者中，除一部分由中共中央长江局送往延安和敌后抗日根据地外，绝大部分都留在武汉。由于广大文艺工作者亲历了战火的洗礼，体验了战乱生活，耳闻目睹了战争的现实，与中国民众有较多的接触和了解，扩大了视野，丰富于写作素材。因而在很短的时间内，创作了街头剧、街头诗、通俗文学等大量抗日文艺作品，在大城市、工矿、农村以至前线广泛开展抗日宣传工作，文艺战线出现了朝气蓬勃的现象。

1938年初，国民政府改组军事委员会，下设军令、军政、军训、政治四个部，蒋介石任命陈诚出任政治部长，黄琪翔、周恩来出任政治部副部长，同时在政治部下设第三厅主管文化宣传工作，邀请郭沫若出任第三厅厅长。郭沫若开始不愿任第三厅厅长，周恩来耐心地做他的工作，对他说："第三厅是做宣传工作的，不要小看它的作用。老实说我倒宁肯做三厅厅长，让你做副部长，因为你做三厅厅长，我才可以考虑做他们的副部长，不然那是毫无意义的。"① 这样，郭沫若同意上任就职，第三厅于1938年4月1日在武汉成立，它团结、组织文艺界，做了大量宣传抗日的工作。

1938年3月2日，中华全国文艺界抗敌协会在重庆召开成立大会。3月27日，周恩来在会上的讲话中说："今天到会后最大的感动，是看见了全国的文艺作家们，在全民族面前，空前的团结起来。这种伟大的团结不仅仅是在最近，即在中国历史上，在全世界上，如此团结，也是少有的！""有了先驱者不分思想，不分信仰的空前团结，象征我们伟大的中华民族，一定可以凝固的团结起来，打倒日本帝国主义！"②

4月1日，中华全国文艺界抗敌协会成立，并于当天发表宣言。宣言指出："对国内，我们必须喊出民族的危机，宣布暴日的罪行，造成全民族严肃的抗战情绪生活，以求持久的抵抗，争取最后胜利。""我们相信，我们的文艺的力量完全随着我们的枪炮一齐打到敌人身上，完全与前线上的杀声一同引起全世界的义愤与钦仰。"③

---

① 南方局党史资料征集小组编：《南方局党史资料·文化工作》，第8页。
② 南方局党史资料征集小组编：《南方局党史资料·文化工作》，第29页。
③ 南方局党史资料征集小组编：《南方局党史资料·文化工作》，第78、79页。

1938 年春夏，在国民政府军事委员会政治部第三厅和中华全国文艺界抗敌协会领导下，组成了一支浩荡的抗日文艺大军，武汉三镇抗日歌声回荡，戏剧演出盛行，诗歌朗诵到处都是，许多文艺工作者，组成抗敌演剧队和宣传队，分赴各战区、前线开展活动。1938 年 10 月武汉失守第三厅迁到重庆后，虽然人员减少，工作条件差些，仍坚持工作，深入前方后方，鼓动全国人民抗战到底。

1939 年 1 月 17 日，重庆召开文化工作座谈会，郭沫若在会上作了《战时文艺工作》的演讲，提出"文化人到农村去，到敌人后方去"①。许多文艺工作者积极响应了这一号召。1940 年 10 月 1 日，郭沫若根据蒋介石的旨意，在国民政府军委政治部里，成立了文化工作委员会。这个委员会的委员、工作人员，包容了比三厅更广泛的各界代表人物。文化委员会举办了各种讲座，如郭沫若讲古代社会和文艺、冯玉祥讲三国的故事、老舍讲小说、田汉讲戏剧、贺绿汀讲音乐，等等，都深受群众欢迎，广泛地团结了文艺界人士，为进行全民族抗战作出了贡献。

延安是中国人民进行敌后抗战的总后方，也是抗日文艺工作的重要发展基地。七七事变后，丁玲等组织西北战地服务团，开赴山西前线参加战斗。后来，上海和四面八方的文艺工作者涌向延安，使延安的文艺队伍不断壮大，文艺组织逐渐增多，文艺工作十分活跃。1937 年 11 月，在延安成立了陕甘宁边区文化协会，先后由艾思奇、周扬、丁玲、柯仲平主持工作。

1938 年初春，延安为纪念"一·二八"上海抗战六周年，抗大、陕北公学等单位的六七十名青年艺术家，公演了四幕话剧《血祭上海》。接着，在《血祭上海》的座谈会上，有人提议创办艺术学院，得到毛泽东等的支持。1938 年 4 月 10 日，鲁迅艺术学院成立。4 月 28 日，毛泽东在《怎样做艺术家》的演讲中指出："现在艺术上也要搞统一战线，不管是写实主义派、浪漫主义派或其他什么派，都应当团结抗日。艺术作品要有内容，要适合时代的要求、大众的要求。鲁迅艺术学院要造就具有远大理想、

---

① 南方局党史资料征集小组编：《南方局党史资料·文化工作》，第 12 页。

丰富的斗争经验和良好的艺术技巧的一派艺术工作者，这三个条件缺少任何一个便不能成为伟大的艺术家。青年艺术工作者，应到大千世界中去，到实际斗争中去，使艺术作品具有充实的内容。"①按照毛泽东指引的文艺方向，鲁艺为中国革命培养了一批批文艺人才；并在全国各抗日根据地建立了十几个鲁艺分校。

1938年7月初，陕甘宁边区民众剧团成立。当时，剧团条件很差，毛泽东给了剧团300元法币，买了毛驴、汽灯等。贺龙给了20元法币，周恩来、博古给了50元法币。贺龙还特意把一些缴获的战利品，如钢盔、皮鞋、军刀、军大衣等托人带回延安，赠给剧团做道具。张鼎丞也送了许多战利品。陈云送了一个小电影机。这个剧团的舞台两边的对联是：中国气派，民族形式，工农大众，喜闻乐见；明白世理，尽情尽理，有说有笑，红火热闹；横额是"团结抗战"②。民众剧团常年在陕甘宁边区巡回演出，颇受陕北人民欢迎。在几年间，民众剧团的足迹遍及陕甘宁边区24个县（当时边区共29个县），观众达2万人次，成绩卓著。

人民音乐家冼星海于1938年11月来到延安后，1939年即担任鲁迅艺术学院音乐系主任。1939年3月，他开始写《生产大合唱》。3月21日预演，盛况空前。从此，"二月里来好风光，家家户户种田忙，指望着今年收成好，多打些五谷充军粮"的歌声响彻四方。3月25日，艾思奇写信给冼星海说："许多人都认为音乐很好，都佩服你的创作精神，希望再在融化中国民族音乐方面作百尺竿头更进一步的努力。"3月31日，冼星海又写出《黄河大合唱》，5月11日在鲁艺公演成功。演出结束时，毛泽东高兴地说了几声"好"。延安军民听过《黄河大合唱》之后，都为中国有这样的音乐而自豪。周恩来回延安听了《黄河大合唱》后，于7月8日为冼星海题词："为抗战发出怒吼，为大众谱出呼声。"③

1939年一年中，延安文艺工作者不仅写出了30多个抗战剧本、100

---

① 中共中央文献研究室编：《毛泽东年谱》（1893—1949）中卷，人民出版社、中央文献出版社1993年版，第65页。

② 见艾克恩编：《延安文艺运动纪盛》，文化艺术出版社1987年版，第78页。

③ 中共中央文献研究室编：《周恩来年谱》（1898—1949），第444页。

多首抗战歌曲，而且创办了许多文艺刊物，有《文艺战线》、《战歌》、《草叶》、《谷雨》等，组织了一大批文艺社团。抗日的街头诗、枪杆诗十分流行。1940年1月4日至12日，陕甘宁边区文化界救亡协会第一次代表大会在延安举行，毛泽东被选为边区文化协会委员。文协成立以后，群众性文艺活动，如秧歌等，更是遍地开花，搞得热火朝天。

在全民族抗战中，随着敌后战场的开辟，以抗战为内容的文艺工作，在敌后抗日根据地也日益出现和发展。1937年9月22日，丁玲率西北战地服务团33人从延安出发，10月1日东渡黄河，进入华北前线。西北服务团在华北大地上宣传抗日救国，足迹踏遍了华北的万水千山。八路军总部共组织过五个抗战文艺工作组，先后派赴晋察冀和晋冀鲁豫等地。在晋察冀边区，以八路军一一五师宣传队为基础，组成了抗敌剧社，这个剧社编演的主要剧目有《李国瑞》、《子弟兵和老百姓》、《喜相逢》和《战斗里成长》等。在太行区，1940年比较巩固的村剧团就有100多个。一些农村的旧戏班子，也改造成抗日文艺队伍的一部分。

八路军各师和新四军的领导人，深知文化文艺工作在抗日战争中的作用，在炮火纷飞的战场上，不但指挥千军万马同日军英勇作战，而且始终不渝地指挥文化文艺工作。例如，1941年5月邓小平就在一二九师全体模范宣传队初赛会上，作了题为《一二九师文化工作的方针任务及其努力方向》的报告，指出部队文化工作的任务是："提高军队的战斗力，求得官兵一致，军民一致，团结友军，瓦解敌军，以争取抗日战争的最后胜利。"[①] 由于军队领导人狠抓文化文艺工作，敌后文艺得到较好发展，对敌后军民坚持敌后持久战，起了有效的鼓动作用。

（二）抗战后期的文艺工作和毛泽东在延安文艺座谈会上的讲话

太平洋战争爆发前后，中国抗战特别是敌后抗战，处于极端困难时期。抗战越困难，越应发展抗战文艺。

---

① 《邓小平文选》第1卷，人民出版社1994年版，第25页。

在抗战困难的条件下，住重庆的文艺界认为，在各种文艺形式中，话剧比较易于结合现实斗争，能直接和群众交流，而且观众多是年轻人，影响比较大，应首先从话剧方面开展活动。当时，一部分演员在重庆筹建中华剧艺社，由知名人士陈白尘、陈鲤庭等组成一个不到30人的精干班子。剧艺社上演的第一场戏是陈白尘创作的《大地回春》，继之上演阳翰笙的《天国春秋》，这些剧深刻地反映了团结抗日的重要性。接着又演出了郭沫若创作的《屈原》，轰动了山城。1942年至1943年，中华剧艺社演出了夏衍的《法西斯细菌》、于伶的《长夜行》、吴祖光的《风雪夜归人》等大戏。这些戏剧的演出成功，在坚持团结对敌中，起了特殊的作用。

此外，香港沦陷后，文化文艺界300余人先后转入广州湾、桂林、重庆等地。1942年冬，从香港撤到重庆的戏剧工作者金山、司徒慧敏、章泯等成立了中国剧艺社，并与中华剧艺社共同战斗在重庆，演出了《祖国在呼唤》、《北京人》等话剧。除重庆外，他们还到内江、资中、自贡、成都等地演出。这些演出，受到广大群众的欢迎，弘扬了爱国主义精神。

为了使以抗战为中心的文艺工作不断发展，中国共产党非常重视提高文艺队伍的素质和文艺工作的水平。

随着抗战的日益困难，延安的文艺工作开始出现了一些问题。有的文艺工作者思想上出现这样或那样的问题；文艺队伍内部也有些不团结的现象；关于文艺为什么人服务的问题，许多人并不明确，侈谈提高，忽视普及。1942年2月15日，延安美协主办讽刺画展，70余幅画的内容都是对延安存在的某些弱点进行讽刺，作者为张谔、华君武、蔡若虹3人。画展第3天，毛泽东、王稼祥前往参观，毛泽东对作者予以慰勉鼓励。后来，待画展结束时，毛泽东邀请华君武等3人到枣园交换意见。毛泽东肯定了3人创作的成绩，同时诚恳指出，对人民的缺点，不要老是讽刺，对人民要鼓励。4月初，作家、延安中央研究院文艺研究室主任欧阳山写信给毛泽东，如实地反映了文艺方面的种种问题。4月13日，毛泽东写信给欧阳山、草明（作家、延安中央研究院文艺研究室特别研究员）。信中说："前日我们所谈关于文艺方针诸问题，拟请代我搜集反面的意见，如有所得，祈随时赐示为盼！"①

毛泽东在认真地研究了文艺工作者的问题和意见后，中共中央于1942年5月2日在延安杨家岭召开延安文艺工作者座谈会，毛泽东在会上发表重要讲话。他指出，会议的目的是要和大家交换意见，研究文艺工作和一般工作的关系问题，求得革命文艺的正确发展，求得革命文艺对其他革命工作的更好协助，借以打倒我们民族的敌人，完成民族解放的任务。为此，必须解决文艺工作者的立场问题、态度问题、工作对象问题和学习问题。会议进行了热烈的讨论。5月16日，延安文艺座谈会举行第二次会议，毛泽东、朱德前往听取意见。文艺工作者在发言中曾说，战士和老百姓对文艺工作者的要求是很多的，要我们唱歌、演戏。群众喜欢小放牛这样的戏。民众剧团离村子的时候，群众恋恋不舍，把我们送得很远，给了许多慰劳品。这些发言深刻地说明了文艺工作在抗日战争中的重要性。5月23日，延安文艺座谈会举行最后一次会议。朱德在会上发了言，他针对延安文艺界一些人认为延安生活太苦说："有的同志觉得延安生活不好，太苦了！其实比起我们从前过雪山草地的时候，这已经是天堂呵！有的同志说，外面大城市吃的住的穿的东西比延安好。但是那再好，是人家的呵。延安的东西再不好，是我们自己的呵。"② 毛泽东在会议结论中，深刻地阐明了革命文艺为人民大众服务的根本方向和文艺工作者深入工农兵、密切联系实际、学习马克思主义和改造世界观的重要性，回答了现代文艺运动中许多有争论的问题。5月30日，毛泽东又到鲁艺，他在讲话中指出："提高要以普及为基础，不要瞧不起普及的东西，大树也是从像豆芽菜一样小的树苗长起来的。""你们现在学习的地方是小鲁艺，还有一个大鲁艺，还要到大鲁艺去学习。大鲁艺就是工农兵群众的生活和斗争，广大的劳动人民就是大鲁艺的老师。你们应当认真地向他们学习，改造自己的思想感情，把自己的立足点逐步移到工农兵这一边来，才能成为真正的革命文艺工作者。"③ 毛泽东的这些讲

---

① 《毛泽东书信选集》，第194页。

② 中共中央文献研究室编：《朱德年谱》（1886—1976），第249—250页。

③ 中共中央文献研究室编：《毛泽东年谱》（1893—1949）中卷，第385页。

话，推动了广大文艺工作者学习辩证唯物主义和历史唯物主义、改造世界观的自觉性。文艺工作者的生活、学习、精神面貌以及他们的作品和演出质量，都发生了变化。

延安文艺座谈会后，李维汉受陕甘宁边区政府的委托，筹备文教大会。1942年10月11日，文教大会开幕，会场两边贴着巨大的条幅：右边一幅写着，"要战胜日本帝国主义，必须要武装部队与文化部队的结合"；左边一幅写着，"文教工作与生产结合起来"。这次会议出席代表450余人，代表非常广泛，还有国际友人参加①。这次会议经过讨论，对群众文艺运动的方针等问题取得了一致意见。11月12日，周扬向大会作了总结，明确了三个问题："第一，要有计划地发展和普及群众新文艺运动，要求文艺工作者深入工农兵群众，也发动工农兵群众自己动手，创造表现群众生活的新艺术，各尽所能，自由发展。第二，要发展文艺统一战线，改造旧秧歌、旧戏，改造和团结旧艺人。第三，党政机关要加强领导，提高文艺工作者的政治和生活待遇，发挥他们的创作积极性。"② 这次会议增强了文化文艺工作者的荣誉感和责任心。

随着文艺工作的方针和文艺队伍等问题的解决，抗日根据地的文艺工作，逐渐出现了蒸蒸日上的好形势。

在延安，文化界200余人于1943年2月6日在青年俱乐部与吴满有、赵占魁、黄立德三位劳动模范座谈。三位劳动英雄分别讲述了他们翻身的历史和生产的事迹。文化艺术工作者听了深受感动。作家丁玲说：过去总有些伤感的心情，今天几位新的英雄已经给予我们新的健康的题材了。文化艺术界一致接受三位模范关于"到农村去，到工厂去"的意见。1943年春节，鲁艺秧歌队在延安演出《兄妹开荒》，热闹非凡。除《兄妹开荒》外，还创作了《夫妻识字》、《十二把镰刀》、《血泪仇》等许多新的作品。1943年春，延安文艺工作者纷纷下乡，诗人艾青、肖三，剧作家塞克，赴南泥湾了解部队情况并进行慰问，鲁艺30余位文艺工作者到

---

① 见李维汉：《回忆与研究》（下），第585页。

② 见李维汉：《回忆与研究》（下），第587—588页。

农村和部队去，受到广大群众的热情欢迎。

在敌后抗日根据地，1943年的群众文艺创作活动也蓬蓬勃勃开展起来，许多农村建立了俱乐部，组织了业余剧团，因地制宜开展各种文艺创作和文艺宣传活动；部队的文艺活动也非常活跃。文艺活动的内容有：对敌斗争、发展生产、农村新生活、表扬劳动模范等。形式多种多样、有民间小调、新旧梆子、秧歌、话剧、歌剧、活报剧等，极为生动活泼。各地创作出一批崭新的劳动人民群众喜欢的文艺作品，这些作品不仅数量多，而且和过去比较，从内容到形式都发生了深刻的变化。

1943年5月，赵树理写成长篇小说《小二黑结婚》，10月，又创作了《李有才板话》。这两部作品被誉为解放区文艺的代表作。除小说、戏剧外，诗歌、版画等其他许多文艺形式，也都取得了巨大的成就。

抗战后期，在国统区以抗战为内容的文艺工作也空前活跃起来，呈现一片大好形势。1944年2月15日开始，在广西桂林举办了大规模的、盛况空前的西南第一届剧展，广东、湖南、广西、贵州、福建、江西、湖北、云南等省的话剧团和地方戏剧团33个，895人参加了剧展，剧展历时90余天，演出展览计179场。这次剧展会规模宏大，内容丰富，影响深远，鼓舞了全民族抗日到底的斗志。1944年5月19日，西南第一届戏剧展览会草拟了《闭幕宣言》，指出："抗战七年来民族的呼声，使戏剧的阵营里增添了大量的新军"[1]。"目前正是战争最严重的阶段。我们虽然见到了胜利的光芒，但'行百里者半九十'，我们正面对着无比的艰辛，无比的重担。我们更确信，建国必须从抗战中奠基，中国的戏剧必须从抗战中获得其全新的生命。我们必须贯彻抗战的任务才能负起建国任务。"[2]

会议期间，田汉写了题为《八年以来》一首诗。其中说：
我们要把整个剧艺，
从内容到形式，

---

[1]　南方局党史资料征集委员会编：《南方局党史资料·文化工作》，第95页。
[2]　南方局党史资料征集委员会编：《南方局党史资料·文化工作》，第99页。

提高到更高的阶段，

使它与抗战建国，

以及全世界反法西斯运动，

紧密相关。①

在延安，也上演了一些优秀作品。1944年元旦，中央党校首次演出平剧《逼上梁山》。1月9日，毛泽东看了这个戏后，写信给该剧的编导杨绍萱、齐燕铭，认为他们做了很好的工作，向他们表示谢意。希望他们多编多演，蔚成风气，推向全国去②。1945年2月，正值春节期间，鲁艺赶排大型歌剧《白毛女》。这一年的2月22日，延安平剧院公演《三打祝家庄》，这是继《逼上梁山》之后，又一成功剧作。中央城市工作部看了这个剧后指出，《三打祝家庄》的演出，证明了平剧可以很好地为新民主主义政治服务，即为人民服务，特别是第三幕，对我们抗日战争中收复敌占区城市的斗争，是有作用的。

总之，在抗日战争时期，广大文艺工作者奋发努力，团结战斗，使以抗战为内容的文艺工作得到巨大发展，起到了教育人民、打击敌人、团结大多数、进行全民族抗战和争取抗战最后胜利的作用。同时对文艺创作和演出积累了丰富的经验，培养和造就了一大批文艺人才，为后来的解放战争和新中国文艺工作的发展，产生了深远的影响。

八、宋庆龄和保卫中国同盟的抗日活动

1941年12月8日太平洋战争爆发后，日本侵略军进攻香港。这时，以宋庆龄为首的保卫中国同盟（简称保盟）中央委员会全体人员都在香港。保盟的记录和刊物，包括一本刚印好的较全面的年报，为了不落入日军的手里，都销毁了。委员会的名誉司库诺曼·法朗士在参加城防志

---

① 南方局党史资料征集委员会编：《南方局党史资料·文化工作》，第232页。
② 见中共中央文献研究室编：《毛泽东年谱》（1893—1949）中卷，第490—491页。

愿队作战时牺牲了。委员会的两名委员被关进平民集中营，还有一位委员被关进华人监狱。有九位委员被迫乔装躲藏起来。保盟办事处主任秘书廖梦醒去澳门。在日军到达九龙启德机场前 6 个小时，经大家劝说，宋庆龄乘最后一班飞机离开香港，前往重庆，继续开展保卫中国同盟的工作。

早在抗战爆发不久，宋庆龄在上海就吁请各国民众支持中国的抗日战争。上海、南京沦陷后，宋庆龄接受中共中央的建议，于 1937 年 12 月 23 日由新西兰友人路易·艾黎护送从上海移居香港，继续呼吁世界人民援助中国抗战。为了争取国际援助，就要向各国人民介绍中国抗战的真实情况，使他们了解中国抗战最需要什么；得到外援后，也要合理分配，尽快运到最急需的地方。因此，必须成立一个专门机构担负这项任务。经过筹备，1938 年 6 月 14 日，保卫中国同盟在香港宣告成立。

宋庆龄之所以决定把保卫中国同盟总部设在香港，是因为在国民党统治区开展这些工作困难很大，会受到国民党中一些人的干扰破坏，当时的港英当局也允许宋庆龄在香港进行争取国际援助的活动。而且，香港同世界各地有密切的联系，容易取得各种国际援助。

宋庆龄胸怀宽广，团结国民党中与她政治上分野的亲友、故旧宋子文、孙科、冯玉祥等，参加与支持保盟的工作。保卫中国同盟由宋子文任会长，宋庆龄为主席，并邀请当时香港医务总监司徒永觉的夫人希尔达·沙尔文——克拉克女士任名誉书记，香港大学教授诺曼·法朗士任名誉司库，原美国合众国际社记者爱泼斯坦任宣传。廖梦醒、何香凝等积极参加支持保盟的工作。八路军驻香港办事处主任廖承志与保盟联系密切，负责转送保盟援助八路军、新四军的药品、食品、经费等。

保盟成立时，宋庆龄领衔署名发表《保卫中国同盟成立宣言》，指出："保盟目标有二：（一）在现阶段抗日战争中，鼓励全世界所有爱好和平民主的人士进一步努力以医药、救济物资供应中国；（二）集中精力，密切配合，以加强此种努力所获得的效果。"提出"为了加强和扩大国外援华工作起见，所有愿意和保盟合作的机构，均可与保盟香港中央委员会取得联系，保盟中央委员会可以：（1）成为各机构与其所支持的中国有关方面之间的桥梁；（2）供给各机构消息及有关的建议"①。

经过各方面的努力，保盟和许多国家的援华团体建立了联系。主要有：英国的中国运动委员会、美国的援华会和中国人民之友社、巴黎的中国人民之友社、加拿大和澳大利亚的和平与民主同盟，以及美国医疗援华会和伦敦的中国医疗援华会等。到 1939 年 6 月 15 日为止，各国朋友通过保盟提供的捐款约为 25 万港币。这笔款项已全部分发，大部分以医疗用品的形式送往内地。到达目的地后，由接受单位开具收据，并转给捐赠者。除现金以外，还有大量的捐赠物资运往内地，其中包括 10 辆卡车、1 辆大型救护车、几千条毯子、帐篷、几千码被单蚊帐料，以及显微镜、X 光机等医院设备。由于日本侵略者占领了中国沿海的一些港口和内地的主要交通线，给运输物资增加了困难，但保盟克服了这些困难，使捐赠物资迅速、无损地到达目的地。

保盟积极援助中共领导的敌后抗战。1938 年，在宋庆龄和保盟的帮助下，晋察冀抗日根据地成立了国际和平医院，白求恩任院长。后来又在各根据地设立了分院，逐步发展到有 8 个中心医院和 42 个分院的医疗网。马海德大夫任保盟驻国际和平医院的观察员，经常向保盟报告抗日根据地的医疗保健工作情况。保盟为国际和平医院及其下属医院提供了大量的经费。宋庆龄还在香港多次为国际和平医院募捐。1941 年春节举行的歌舞义演，收入 4500 余元，演出所得全部捐给国际和平医院。保盟上海分会根据宋庆龄的指示，开展了援助新四军的工作。1938 年 12 月，向新四军军部运去了一批手术器材、大量药品、食品、被服、文化用品等。1939年 5 月，又带给新四军医院的紧急援助物资 6000 码蚊帐用料、20 万片奎宁、4 万听炼乳、12 万剂预防霍乱疫苗、2000 个消毒包。保盟给新四军医院 1500 元，作为医院开支。宋庆龄领导的保盟，对中国敌后抗战的支持，成绩显著。

为了向各国民众说明中国抗日战争对世界反法西斯斗争的作用，争取国际友人广泛援助，宋庆龄领导的保盟，开展了大量的对外宣传工作。

---

① 尚明轩等编：《宋庆龄年谱》，中国社会科学出版社 1986 年版，第 111—112 页。

到 1940 年初，保盟出版各类英语宣传物 20 余种，其中保盟机关刊物、由爱泼斯坦负责编辑的《保卫中国同盟新闻通讯》，影响最大。宋庆龄经常在《保盟通讯》上发表文章和信函。这个刊物真实而又全面地反映中国抗日战争的情况，为国际友人、海外华侨提供了准确的消息。

《保盟通讯》于 1939 年 6 月揭露了日军飞机对重庆的狂轰滥炸，造成 1 万多军民死伤、1 万多间房屋被炸毁的罪行。并指出，日军的这一浩劫与西方国家有关，因为日本进行战争所需物资的 32% 来自美国、30% 来自英国。呼吁西方各国拒绝出售铁和石油给日本。《保盟通讯》发表了一位参加中国红十字会医疗队的外国医生的"南昌前线报告"。"报告"表明这个外国医生，两次到过南昌前线，亲眼看见中国军队与日军激战后，两度夺回南昌附近地区，中国军队在农民的帮助下，充满信心，军官很乐观，表示将把抗战进行到底。《保盟通讯》还刊文，介绍国民党正面战场医疗工作情况。

《保盟通讯》在 1940 年 9 月和 11 月，连续详细报道了八路军在华北地区对日军进行的百团大战，列举了在三个星期里取得的战果，并对这次军事行动进行了评论，认为八路军的对日进攻，对于阻止日军向西北根据地和其他地区发动秋季攻势，具有重要意义。1941 年 1 月，《保盟通讯》刊登了一篇题为《中国的新四军》的评论文章，指出新四军是八路军的兄弟部队，这支部队尽管装备和供给是微不足道的，但它的作战记录是引人注目的。《保盟通讯》还发表了外国人士介绍中国的文稿。如约翰·福斯特的《与中国西北的八路军在一起》，以作者亲眼见到和亲耳听到的事实，向世界人民报道了八路军在抵抗日军侵略的英勇斗争中所取得的战果。又如，埃文斯·卡尔逊的《在长江流域的战士当中》，记载了新四军的战斗生活，提出新四军驻地物质条件极为困难，迫切需要医疗用品和冬衣。再如，马海德的《这些儿童是中国的未来》，介绍了陕甘宁边区的战争孤儿保育院的情况，指出保育院已收儿童 400 名，但有近千名儿童等待入院，需要大量经费，并缺少各种医疗设备、奶制品、含奶食品、维他命等，通过《保盟通讯》，世界人民了解了中国共产党在艰苦的条件下，领导抗日根据地军民抗击日本侵略军的英雄事迹，推动了保盟争取国际援华抗战的活动。

《保盟通讯》用大量的篇幅报道了国际友人和爱国华侨援助中国抗战的感人事迹。《保盟通讯》报道了1939年11月21日在晋西举行的白求恩追悼会的情况，刊登了白求恩和聂荣臻司令员的合影，还刊登了白求恩1939年7月1日给保盟中央的报告，叙述他在中国抗日根据地的工作情况。1940年2月，《保盟通讯》又刊登了白求恩生前做手术时的照片和马海德回忆白求恩的文章。文章记载了白求恩每月平均要做150次手术，有一次他连续工作了69个小时，处理了150名伤病员。1940年12月出版的《保盟通讯》，为纪念白求恩逝世一周年，又发表了一组悼念文章，表明这位国际主义战士，永远活在中国人民和世界人民心中。1940年8月15日《保盟通讯》登载了一条消息，在菲律宾马尼拉的中国宏光学校学生，放弃了假日的休息和娱乐，上街为行人擦皮鞋，所得收入加上买糖果的零花钱，共筹集了300元港币，寄给保卫中国同盟。《保盟通讯》的这些宣传，效果都是很好的。

宋庆龄领导的保卫中国同盟的活动，除争取外援外，还竭力主张坚持中国的团结、民主和继续抗战，争取抗日战争的最后胜利，坚决反对分裂、倒退、投降活动。1941年1月14日，宋庆龄在国民党顽固派讨伐共军之声甚嚣尘上的时候，联合何香凝、柳亚子、彭泽民致函蒋介石和国民党中央，指责他们破坏团结抗日大局。指出"抗战进入第五年度，今年诚为我国最艰辛最重大之一年，而剿共问题，竟恍若迫在眉睫，引起国人惶惑，招致友邦疑虑"。要求蒋介石和国民党当局"撤销剿共部署，解决联共方案，发展各抗日实力，保障各种抗日党派"。[①]1月18日，宋庆龄与何香凝等又联名打电报斥责蒋介石，指出"弹压共产党则中国有发生内战之危险"，要求蒋介石"今后必须绝对停止以武力攻击共产党，必须停止弹压共产党的行动"。[②]鉴于国民党当局严密封锁皖南事变的消息，各国人民不了解事变真相，1941年2月15日出版的《保盟通讯》，

---

① 《宋庆龄选集》上卷，人民出版社1992年版，第321—322页。

② 《宋庆龄选集》上卷，第323页。

详细报道了新四军在皖南遭国民党军队袭击的情况，揭露了事变的真相，驳斥了国民党加给新四军的所谓"违抗命令"、"图谋不轨"的诬蔑；报道了周恩来1月25日向蒋介石提出的中共为解决事变的12项条件。以后，《保盟通讯》多次发表评论和报道，进一步揭露国民党顽固派在皖南事变前后对进步人士的迫害，介绍新四军在中共领导下，击退国民党顽固派的反共分裂逆流，逐步发展壮大的情况。这些报道引起了各国援华团体和华侨团体的注意，纷纷函电蒋介石，希望中国保持团结，争取抗日战争的最后胜利。

宋庆龄领导的保卫中国同盟，在皖南事变问题上采取坚持抗日、团结、进步，反对投降、分裂、倒退的立场，受到了宋子文的攻击。1941年5月30日，保盟中央收到宋子文的电报，说什么"同盟不应变为国内政党的工具"，声明"我必须脱离它"。对此，宋庆龄于6月1日发表声明，对宋子文退出保盟表示遗憾，并指出："目前在中国只有两种现实的政策：以我们的全部力量来抵抗日本帝国主义；或者是妥协、屈服和投降。保卫中国同盟全力支持第一种政策。如果我们这样做就是'有党派'的话，那么我们肯定宋博士也是有党派的"。宋庆龄表示："我们对中国团结的支持决不动摇，对任何危及中国团结的事情坚决反对。"[①] 为了进一步回答宋子文的指责，向国际友人和海外华侨表明保盟的原则立场，宋庆龄主持撰写《救济工作与政治——答宋子文先生》，以保盟中央委员会名义，发表在6月15日出版的《保盟通讯》上。文章明确指出，保卫中国同盟工作"是有政治立场的，我们的立场就是抗日统一战线的立场"，"我们的救济工作是建立在统一战线的基础上的"，"我们相信，统一战线和所有抗日力量的合作，是中国继续有效地抵抗日本侵略的唯一保证"[②]。文章明确表示，保盟支援的重点是抗日游击队，"因为我们知道，在中国所有地区中，游击作战区得到的基金和医疗物资最少；也因为我们相信，游击战和动员战区的中国人民是中国抗战的重要因素，所以我们在过去特

---

① 《宋庆龄选集》上卷，第325、326页。

② 《宋庆龄选集》上卷，第328页。

别致力于帮助华北和华中游击区的伤员和战争受害者。"① 文章最后呼吁：
"恢复中国的统一战线，巩固中国的团结，抛弃那些只会削弱中国的力量和落入敌人圈套的国内争端。"②

宋子文退出保盟之后，宋庆龄领导保盟继续高举抗日、团结、民主的旗帜，在香港大力开展争取国际援助的工作，坚定地支持中共领导的抗日武装和根据地。

1941 年 12 月宋庆龄从香港到达重庆后不久，即着手恢复保卫中国同盟的工作。廖梦醒到重庆后，也参加了保盟的重建工作。廖梦醒成了周恩来和宋庆龄之间的联系人。到 1942 年春季和夏季，保盟中央委员会原来的一些成员，有的从集中营里逃出来，有的乘渔船逃过日本海岸巡逻的封锁，有的乔装改扮，通过各种途径，从沦陷的香港陆续到达重庆。1942 年 8 月，保卫中国同盟中央委员会重新建立，宋庆龄继续担任主席。宋庆龄当时住在重庆两路口新村三号一幢普通的小楼房中，保盟总部的办公室，就设在这幢楼房底层的客厅里。

重建后的保盟，面对着一个和香港时很不一样的工作环境。国内中国法币惊人的贬值，物价比战前涨了 50 到 200 倍，而外汇兑换率只涨了 4 倍。这意味着，若要支付以前同样的开支，就需要相当于以前 10 到 20 倍的外汇数。此外，由于缺乏人员、印刷条件差和不能向国外邮寄大量的资料，也就无法继续出版定期刊物，使保盟在工作中与海外朋友，减少了联系。

在这种条件下，保盟克服重重困难，积极进行活动，在原来保盟驻重庆通讯员的帮助下，设法和国外接上了关系，争取他们继续支持保盟工作。当时，保盟与外国机构联系上的有：纽约美国援华委员会，加拿大维多利亚医疗援华委员会，加拿大维尔农中国战灾救济委员会，荷属西印度阿鲁巴爱国华侨协会和后来在伦敦的中国运动委员会。由于这些机构对保盟的继续援助，为香港沦陷后的保盟工作带来了新的生机。同

---

① 《宋庆龄选集》上卷，第 331 页。
② 《宋庆龄选集》上卷，第 336 页。

时保盟还和驻重庆的纽约联合会援华会的代表、美国红十字会和美国医药援华会的官员，建立了良好的关系，并经常和国外救济联合组织的办事处接触。此外，保盟未经申请，又得到美国劳工组织的援助，国际皮裘制革厂工人工会捐款支援晋察冀边区的白求恩国际和平医院建立分院；美国海员工会和职员也给保盟大量的捐献。

鉴于法币的经常贬值，保盟和其他救济机构联合起来，还争取到外汇率的调整，使直接救济的汇款得到 100% 的补贴，非直接救济汇款得到 50% 的补贴[①]。

面对印刷条件的困难，保盟把一些准备出版发行的报告和刊物，先在重庆编好，然后发到海外印刷出版。宋庆龄在 1943 年主持制定的关于救济情况的详细报告书和保盟的计划，就是送到纽约的美国援华会印刷，寄往世界各地的。宋庆龄在为这份报告写的题为《给中国在海外的朋友们的公开信》指出："这总报告的大部分是讲到在游击区中救护伤员"，"我们所以把重点放在游击区，是因为它们虽然牵制了并且仍在牵制着日本在中国几乎一半的兵力，但是它们已经有三年没有得到过任何武器和金钱的援助，以及与我们的工作特别有关的医药援助"[②]。保盟呼吁海外朋友继续大力支持国际和平医院。据不完全的统计，保盟在重庆期间，直接提供给国际和平医院的援助，1942 年为 7.54 万美元；1943 年为 5.4 万美元；1944 年为 1.2 万美元和 470 多万法币；1945 年为 50 多万美元和 1.6 亿法币。这些援助，构成抗日根据地的医疗事业的基本经费来源[③]。此外，保盟还对抗日根据地其他医科院校、制药厂、孤儿院、延安鲁艺和抗大等许多单位进行了长期援助。

保盟要把援助物资运往抗日根据地，交通很困难。1943 年 6 月，保盟援助国际和平医院的物资中，有宝贵的外科手术器材和磺胺药品，装物资的卡车，由八路军谈判代表护送，才得以进入游击区。1944 年，从

---

① 见《宋庆龄选集》上卷，第 371 页。

② 《宋庆龄选集》上卷，第 376、377 页。

③ 见郑灿辉等：《宋庆龄与抗日救亡运动》，福建人民出版社 1986 年版，第 270 页。

国外捐献来一架大型 X 光机,动用了美国军用飞机,才运到了延安。当时,为了运送这架 X 光机,宋庆龄派廖梦醒去找史迪威将军的副官,当史迪威得知是孙夫人提出的请求时,立即下令将一架军用飞机的舱门改建,把大型 X 光机装进机舱,并迅速运往延安。

保盟在重庆期间,除开展争取国际援助的活动外,还举行过一些影响较大的义演义卖的救灾活动。

1942 年至 1943 年春,中国广大地区发生严重旱灾,在河南省就有 500 万人死亡。在困难的条件下,宋庆龄提出自力更生,开辟财源,开展战时救济工作。她在重庆领导举行一系列赈灾义赛、义演、义卖活动。国际足球赈灾义赛,是其中影响最大的一次。1943 年 5 月 13 日下午,国际足球赈灾义赛在重庆川东师范学校球场举行。参加这场义赛的四个队是：由上海赴渝的足球队员与全国一些足球名流组成的沪星足球队；由当地组织的东平足球队；由英国驻华使馆、英国军事代表团工作人员组成的英联足球队；由韩国在华青年组织的韩青足球队。宋庆龄参加了开幕式,鼓励运动员在比赛中踢出水平,赛出技术,为受难同胞赈灾作出贡献。15 日,第二场球赛休息时,宋庆龄走到球场中与四个队的队员一一握手道谢,队员们表示一定要踢好每一场球,争取为赈灾多作贡献。16 日,举行义赛闭幕式,宋庆龄亲向各队赠送奖旗,并向运动员颁发了镌刻着“参加赈豫灾足球义赛纪念、孙宋庆龄赠,中华民国 32 年 5 月”字样的纪念章。这次球赛,共筹款 12.553 万元法币,全部寄给了设在陕西宝鸡的豫灾赈济委员会。

1944 年 4 月,为救济湖南灾民所开展的书画物品义卖和歌舞义演,是宋庆龄在重庆举办的又一次大规模救灾募捐活动。4 月 7 日上午 8 时,由宋庆龄发起主办的湘灾筹赈会古今书画义卖展览会,在重庆夫子池新运服务所正式开幕,参观展览的中外人士,争相购买义卖物品。宋庆龄捐出的珠宝粉盒一个、冯玉祥的夫人李德全捐出的《牧童画》一幅,当场义卖,被顾客高价买走。第一天书画物品义卖,总收入已突破 40 万元。4 月 14 日晚 8 时,宋庆龄邀请著名舞蹈家戴爱莲、著名歌唱家斯义桂和一个交响乐团,在重庆国泰大戏院举行音乐舞蹈义演。这次义演净收入近 50 万元。

两项收入，全部捐赠给湘灾救济机构，救济湖南省处于饥寒交迫之中的300 万灾民。

由于国民党统治区物价飞涨，文化界许多人士在贫困中挣扎。1944年 7 月，全国文艺界抗敌协会发起了各界大力援助贫病作家运动。同年 9月下旬，为了援助贫病作家，宋庆龄出面主办文娱晚会，这也是一次影响较大的募捐义演活动。两天的演出收入和文艺界抗敌协会经募款项共103.8 万余元。许多著名作家如艾芜、黄药眠、邵荃麟等，都得到了援助。

宋庆龄在重庆主办的一系列义赛、义卖、义演活动，不但募集了款项，而且产生了重大影响。它为保盟在外援减少的困难条件下，自力更生开展战时救济工作，创造了新的有效经验。

宋庆龄领导的保盟在重庆期间，还开展了反对独裁，争取民主的斗争。她说："救济只是反法西斯的救济。救济只是争取民主的救济。"①

1943 年 1 月 25 日，宋庆龄就中美、中英于 11 日分别签订《关于取消美国在华治外法权及处理有关问题之条约与换文》和《关于取消英国在华治外法权及有关特权条约与换文》事，发表谈话。她指出："所谓废除不平等条约，是要使政治、军事、经济、文化一切皆归于平等。""我们的经济与文化，尚未与国际的一般情况臻于平等。"他强调指出，必须坚持抗战，把日本侵略者驱逐出国境，否则，不惟特权无法收回，而沦陷区同胞呻吟于敌伪双重压迫之下。在庆祝签订新约之余，更应扫荡日寇，拯救沦陷区同胞。他号召全体国民党人，发扬民主精神，召开国民会议废除专制统治。

3 月，宋庆龄在重庆为纪念孙中山逝世，对记者发表谈话，明确提出"应该实现孙中山的三大政策，开国民会议，在绝对民主的原则下，动员全国群众，使他们都有同等的机会参加抗战建国工作。对各党各派，也应该给以同等的机会，使他们的党员得尽个人的能力参加工作，争取最后胜利。"

9 月，宋庆龄在《给中国在海外的朋友们的公开信》中指出："今天法西斯国家的军事失败已经在望，那末，我们就更需要保持并且加强用这

----

① 《宋庆龄选集》上卷，第 378 页。

样大代价换来的团结；我们就更需要保持并发扬民主；全世界人民就更需要孜孜不倦地为全世界一般人的共同利益而共同努力。"① 她表示：保盟的救济工作应帮助争取最后的胜利，保证维持一切反法西斯的力量的团结，不允许发生新的分裂，以免既得的斗争果实受到危害，使世界再遭到新的毁灭性的内战和国际战争。

1944年2月8日，宋庆龄在《致美国工人们》一文中，强调中国斗争中的民主部分"是在陕北和敌后的根据地"。她认为，在那些地方，工人运动得到了扶持和鼓励，许多矿工和铁路工人武装起来与游击战士通力合作，以割断日本与它在华北、华中的主要大陆基地的联系。宋庆龄还说："我们的政府曾不止一次答应我们要实行宪政，并说在战争开始后一年各党派将一律平等，彼此都通过选举来作政治上的竞争。在抗战期间，我们需要民主，因为我们必须同等看待所有抗日力量。现在第一步就是取消不人道的封锁，这种封锁使得给敌人重大杀伤的游击队的受伤战士得不到必需的医药。如果这种起码的人道主义的第一个步骤还没有做到，空谈民主是不会有多大意义的。"宋庆龄"请求美国工人公开表示，他们希望在日寇战线后方与法西斯作战的人们，也能得到一份与他们战斗任务相称的供应。"②

3月12日，宋庆龄为美国举行的孙中山纪念日，发表题为《孙中山与中国的民主》广播演说。她强调："国际民主"的意义，就是一方面国家之间是平等的，同时每一个国家内部，也有一个建立在人民利益与自由表达意志基础上的政府；只有当国际民主实现之后，世界上才会有巩固的和平。1944年春夏，宋庆龄在重庆领导保盟，坚决要求在中国实行各党各派的真正平等，保证人民民主权利。保盟活动推动了国民党统治区抗日救亡、争取民主运动的发展。

后来，由于日本侵略者已无条件投降，保卫中国同盟于1945年12月发表声明："抗日战争的胜利，为我们带来了许多新的问题和任务。要

---

① 《宋庆龄选集》上卷，第376页。
② 《宋庆龄选集》上卷，第382—383页。

解决和完成它们，需要我们更多的努力，为了继续这种努力，保卫中国同盟自即日起，改为中国福利基金会。"①

九、国共两党为改善关系团结抗日而进行的磋商

1941年春，中国共产党正确地处理了皖南事变后，国民党在全国的反共活动也暂时地缓和下来。但是，国共两党在一系列重大原则问题上仍持不同意见。为了打开僵局，改善关系，团结抗日，中国共产党提出一些具体问题同国民党磋商，希望国共关系能够有所改善。1941年4月，朱德、叶剑英接见国民党联络参谋，提出改善国共关系所应采取的办法：（1）停止逮捕共产党人员及反共军事和交通封锁；（2）继续发给第十八集团军各月份经费及弹药补充。新四军余部尚有八九万人，应即整编。至移防一节，如政治上有确实保证，自可商谈，否则，于情于理碍难遵命。同时提出，如重庆政府仍不发给十八集团军经费，将发起国际国内即速募捐运动，以维护生计。1941年4月，张冲转告周恩来，蒋介石将约见。周恩来征求毛泽东的意见后，向蒋介石表示，中共愿与国民党继续抗日，惟望国民党改变对内政策，给八路军发饷和合理解决新四军问题。1941年5月9日，周恩来会见张冲，就蒋介石要求八路军配合国民党军队进行中条山对日作战，表示"当然如此，不成问题"。同时要求：（1）速解决新四军问题；（2）速发饷弹；（3）停止反共；（4）派机送周恩来回延安开会。5月11日，周恩来应邀同蒋介石谈话，对蒋介石要求八路军配合国民党军队进行的中条山对日作战问题，向蒋介石说明，中共中央已电八路军制定作战计划，并要蒋介石通知卫立煌、阎锡山，直接与八路军总部联络，蒋介石表示应允。

苏德战争爆发后，由于英、美、苏的关系逐渐好转，影响到中国国内，国共间也没有大的冲突。中国共产党估计，国共关系好转的总方向是定了下来。因而，中国共产党在处理国共关系时，仍应紧紧抓住中日民族

---

① 《宋庆龄选集》上卷，第393页。

矛盾这个主要矛盾，采取不刺激国民党，不在报纸上反对国民党的方针，目前任务是促进谈判，促成具体解决问题，应避免一切枝节，极力表示好意。毛泽东于1941年6月28日就关于抗日民族统一战线问题复电刘少奇，电文中指出："在抗日过程中不论在全国范围内在根据地内，除汉奸外，对大地主大资本家是一拉一打政策，拉其抗日，打其反共反民主，但目前拉还是主要的，打是辅助的，打是达到拉之手段。""在中国孤立大资产阶级与俄国孤立资产阶级不同，在中国只孤立其反共方面，在俄国则是绝对孤立。"同日，毛泽东复电彭雪枫指出："在苏德战争爆发后，我党对国民党态度尤须慎重，不可大意。"1941年7月初，毛泽东指示周恩来，在纪念七七抗战四周年的时候，中共的宗旨是拉英、美、蒋，反德、日、意；你可将我党力主团结之方针告张冲，以影响他们的宣言。7月6日，毛泽东在给周恩来的电报中说："凡反法西斯者就是好的，凡助法西斯者就是坏的，以此来分界限，不会错的。"[1]7月7日，中共中央发表抗战四周年纪念宣言，指出："目前是全世界法西斯阵线与反法西斯阵线的伟大斗争时代，双方的决斗已经开始了。""大家应该警觉起来，特别团结，特别努力，坚持我们民族解放的旗帜，脚踏实地，向前奋斗，配合各国人民反抗法西斯的斗争，争取我们的完全胜"。并重申："本党坚持抗日民族统一战线政策始终不变，愿与中国国民党及一切爱国党派一切爱国人民团结到底，为抗战建国的共同目标而奋斗。"[2]

《宣言》发表前后，中国共产党在不刺激国民党，也不在报纸上反对国民党的方针指导下，积极加强中共同国民党联络人员的接触，加强国共在具体问题上的磋商。1941年9月1日，毛泽东同国民党联络参谋陈宏谟、郭亚生、周励武谈话长达4小时之久，当陈等表示蒋介石、何应钦、张治中、吴铁城在国共关系上均愿转圜，要求朱德到重庆去一次时，毛泽东明确表示中共加强国共团结抗战的愿望和立场，毛泽东提出以下意见：（1）国民党方面释放叶挺，共产党方面即派董必武一人出席

---

[1]　中共中央文献研究室编：《毛泽东年谱》（1893—1949）中卷，第311页。

[2]　中央档案馆编：《中共中央文件选集》第11册，第706—709页。

参政会，否则仍不能出席。（2）共产党决不推翻国民党政府，决不越过现有疆界，国民党承认共产党在敌后发展的权利，承认现有防地，承认边区，至于在敌后的国共两军，双方下令，互不攻击。（3）恢复新四军，发给欠饷，停止逮捕。（4）何应钦停止反对共产党，中共即停止反何，并可重新来往，但何若再反共，共产党必再反何。会见后，当天晚上毛泽东就把会见情况电告周恩来，又于9月24日致电周恩来说："我又找陈宏谟等谈了一次，欢迎他们去华北视察，看我们到底作了些什么，看一看没有八路军，全国是否能继续抗战（他们要求去晋西北与晋东南，还未下决心）"。1941年11月6日，陕甘宁边区召开第二届参议会。国民党联络参谋陈宏谟、周励武、郭亚生应邀出席开幕式。毛泽东在会上发表演说指出："中国共产党的主张就是要团结全国一切抗日力量打倒日本帝国主义，要和全国一切抗日的党派、阶级、民族合作，只要不是汉奸，都要联合一致，共同奋斗。"毛泽东在与陈宏谟、周励武、郭亚生谈话时表示：（1）何文鼎部如进攻边区，来者则打；（2）释放叶挺、给八路军发饷二事做了一件，中共就出席参政会；否则，中共请假不作别的表示，以示不与国民党为难。陈宏谟等担保何文鼎部不来进攻，并认为共产党对参政会的态度是公允的。毛泽东还对陈宏谟等说："我向你们保证，只要国民党抗日，不论国民党有何等危险，共产党决不趁火打劫，仍与你们合作的"。后来，周励武、郭亚生从西安给中共来电说明，蒋鼎文、朱绍良已呈准蒋介石，何文鼎师缓调。毛泽东电告周恩来："三个联络参谋确做了许多有利团结的工作，周、郭到渝时望接待之。"

中共对加强国共合作、改善国共关系作了贡献的人，十分尊重。国民党的谈判代表张冲，于1941年8月11日病逝。10月24日，中共中央书记处同意周恩来提议，向张冲追悼会捐送3万元，中央委托周恩来、董必武代拟挽联。11月9日，国民党为张冲举行追悼会，周恩来送了挽联，并写《悼张淮南先生》一文刊登在《新华日报》上。文中说道："先生与我，并非无党见者，惟站在民族利益之上的党见，非私见私利可比，故无事不可谈通，无问题不可解决。""先生既逝，联络乃似中断。"文章呼吁今后的"抗战还在坚持，团结更须加紧"。文章高度评价张冲说："前线的血还在流，怎能分得出属于何党何派？碧血丹心，精忠报国，都是我们中华民族的优秀儿女，而淮南先生正是其中杰出的一个。"①

　　1941年12月8日太平洋战争爆发后，国共关系日趋缓和、好转。太平洋战争爆发的第二天，中共中央于1941年12月9日发出《中国共产党为太平洋战争的宣言》说："这一太平洋战争，是日本法西斯为了侵略美国、英国及其他各国而发动的非正义的掠夺的战争，而美国、英国及其他各国起而抵抗的一方面，则是为了保卫独立自由与民主的正义的解放的战争。""全世界一切国家一切民族划分为举行侵略战争的法西斯阵线与举行解放战争的反法西斯阵线，已经最后明朗化了。"《宣言》提出"中国政府与中国人民应该继续过去五年的光荣战争，坚决站在反法西斯国家方面，动员自己一切力量，为最后打倒日本法西斯而斗争"②。不久，国民党在政策上也有转变。1941年12月15日至23日，国民党在重庆召开五届九中全会，会上通过的《加强国家总动员实施纲领案》指出："检讨以往，深觉全国各方面动员之程度，距战争之要求，相差尚远，于潜蕴之国力，犹未能充分发挥，今值太平洋战争爆发……存亡绝续之所关，自应把握时机，彻底加强全国总动员工作，使每一国民，皆能更尽其对战斗之任务，每一物质，咸能更发挥其对战争之效用。"九中全会认为，和平解决国共关系，实为正确途径。

　　这期间，国共为发展国内和国际统一战线，双方都努力开展工作。1941年12月10日，周恩来致函英、美两国驻华大使，表示将与他们的国家并肩作战。12月17日和19日，国民党代表张群、王世杰邀请周恩来、董必武商讨参政会决议案实施办法，周、董赴会。12月21日，周恩来与黄炎培、张君劢、左舜生、章伯钧、张澜在鲜特生公馆商谈关于国民政府设国事协议机关的意见。12月下旬，周恩来致电廖承志，提出将困留在香港的爱国人士接至澳门转广州湾，然后集中桂林。1942年1月中旬，周恩来就释放叶挺事同陈诚谈话，陈诚提出想联合几个前地方将领，

----

① 中共中央文献研究室编：《周恩来年谱》（1898—1949），第518页。
② 中央档案馆编：《中共中央文件选集》第11册，第786—787页。

保叶挺出狱。1942年2月，经民盟成员的联系，周恩来在重庆机房街吴晋航住宅，同西康省政府主席刘文辉见面。周恩来向刘文辉表示：中国共产党愿意同国民党民主派合作，希望西南地方的民主力量能同共产党密切联系，具体配合。5月下旬，周恩来会见随美国军事代表团来重庆的埃德加·斯诺，表示希望美国军事代表团和美国记者去延安参观，委托斯诺将宣传八路军、新四军作战业绩的有关资料带给居里，并附给居里一封信。信中表示中共不论在任何困难情况下，都必定坚持抗战，反对内战；提出为了有效地打击共同的敌人，共产党希望得到同盟国提供给中国的援助的一部分。

在纪念"七七"全国抗战五周年的活动中，中共进一步做工作，争取国共关系好转，提出不仅应团结抗日，而且战后应团结建国。1942年6月23日，毛泽东致电周恩来说："延安将举行纪念'七七'抗战五周年盛大集会，发表宣言和通电，强调团结抗战及战后建设三民主义国家。"6月26日和30日，毛泽东就国共关系问题，又致电周恩来。指出："国共一时不会好转，也不会决裂，是拖的局面。但到希特勒倒台，国际局面变化，势必影响中国，国共好转与民主共和国前途还是有的，我们好好做下去，争取此局面。"毛泽东要周恩来考虑在纪念"七七"时刻，找王世杰谈一次国共两党关系问题，表示愿见蒋介石一谈，请王向蒋转达。7月2日，中共中央召开政治局会议，讨论《为纪念抗战五周年宣言》。毛泽东在发言中指出："中央为纪抗战五周年宣言，有一个新内容，就是战后的建国方针和强调团结问题。""我对联络参谋说，谁打西安谁是汉奸，谁打延安也是汉奸。对何应钦，我们只是反对他的反共，何反我我反何，何不反共我也不反何。我们在统一战线中，没有过去的斗争是不能存在的，在斗争之后又要团结。"同天，周恩来生病住院，毛泽东致电董必武，请董必武找王世杰一谈，要求国民党联络员陈宏谟、郭亚生返延安，申述中共"七七"宣言大意，请工世杰介绍董必武见蒋介石。1942年7月7日，中共中央在《为纪念抗战五周年宣言》中指出：中国共产党认为，中国各抗日党派不但在抗战中应是团结的，而且在抗战后也应是团结的。战后的中国，应是统一和平的中国，而不是分裂的内部互相战争的中国；

应当是民主的中国，既不是专制半封建的中国，也不是苏维埃的或社会主义的中国；应当是民生幸福的经济繁荣的中国，既不是只顾一部分人经济利益，使大多数人受苦的中国，也不是以暴力没收土地工厂的中国；应当是各党派合作经人民普选的民主共和国，而不是少数人专政多数人无权的中国。《宣言》还说："为着上述目的，必须按照合理原则，改善国共两党及一切抗日党派间的关系，加强国内团结"[1]。中共中央还表示："愿尽自己的能力来与国民党当局商讨解决过去国共两党间的争论问题，来与国民党及各抗日党派商讨争取抗战最后胜利及建设战后新中国的一切有关问题。"[2]

根据中共中央指示精神，周恩来于1942年7月17日会见国民党代表张治中，提出希望和蒋介石面谈。7月21日，周恩来会见蒋介石，蒋称已指定了张治中、刘为章同中共谈判。中共对国共即将举行谈判，持欢迎态度。毛泽东于7月31日致电刘少奇时曾说：国共关系，现因国内外情势变化及我们坚持合作政策，国民党已有政治解决的表示，最近恩来见蒋介石谈得还好，蒋已重新指定代表与我们谈判，另指定卜士奇任日常联络，蒋之联络参谋继续来延安，都是好的征兆，但不能求之过急。

1942年8月14日，周恩来应约会见蒋介石，蒋介石提出拟在西安约毛泽东一谈。周恩来将这个情况电告毛泽东，并提出了两个办法：（1）以林彪为代表，赴西安见蒋介石；（2）要求蒋介石带周到西安，然后周飞回延安，再偕一人（林彪或其他负责人）回西安见蒋介石。中共中央在复周恩来电中指出，毛泽东患感冒不能启程，周恩来提出的两个方案均可行。当时毛泽东曾准备与蒋介石直接谈判，他在8月19日给周恩来电中说："我感冒已十日，过几天要动身也可以。"最后，中共中央政治局会议决定先派林彪去，看情况再定。

1942年9月中旬至次年6月，林彪在西安、重庆，代表中共同国民党谈判。可惜，由于国民党缺乏诚意，仍采取"拖"的政策，致使这次

---

[1] 中央档案馆编：《中共中央文件选集》第12册，第107页。
[2] 中央档案馆编：《中共中央文件选集》第12册，第107页。

谈判无结果。

林彪于 9 月 14 日乘车离延安，经三天旅程到达西安时，蒋介石已回重庆。在林彪离延安后，9 月 15 日，毛泽东致电在重庆的周恩来指出：目前任务是促成谈判，促成具体解决问题，故应避免一切枝节，极力表示好意；并告知：闻蒋介石返渝，我们仍要林到西安后，要求赴渝，以期打开商谈门路。

10 月 7 日，林彪到达重庆，当天见到蒋介石。林彪第一次见蒋介石时就谈到，毛泽东很愿意会见蒋介石，惟适患伤风。当时蒋介石即向毛泽东问好，未及其他。接着，林彪讲了四个问题：（1）中国抗战之目的在建国；（2）国内统一与团结是根本；（3）共产党为救国之党；（4）社会主义是社会之演进与发展。蒋介石对林彪的谈话，开始时还有兴趣听，后来便不耐烦，频看手表，遂约林彪以后再谈。10 月 16 日，周恩来、林彪应约会晤张治中，林彪提出"三停三发两编"的意见。即要求国民党停止对中共的进攻、停止对全国的政治压迫、停止对《新华日报》的压迫；发饷、发药、发弹；允许中共军队编两个集团军。张治中在谈判中，总是打断林彪的话头，建议林彪同有关各方面多谈，然后再同他谈。后来，周恩来、林彪又找国民党代表刘为章谈，刘又要周恩来、林彪找张治中谈。这样，由于国民党代表推来推去，谈判搁下来了。

1942 年 11 月 12 日至 27 日，国民党召开了五届十中全会，通过了《特种研究委员会报告今后对共产党政策之研究结果案》。这个决议案说："对共产党，仍本宽大政策，只要今后不违反法令，不扰乱社会秩序，不组织军队割裂地方，不妨碍抗战，不破坏统一，并能履行 26 年 9 月 22 日共赴国难之宣言，服从政府命令，忠实的实现三民主义，自可与全国军民一视同仁。"[①] 对此，《中共中央关于国民党十中全会问题的指示》中指出，十中全会的决议表现的解决国共关系的原则，一言以蔽之，就是要求我们不超出他们所设定的严格的范围，他们才答应和我们合作。因此，磨擦还会有的。在这种情况下，中共中央仍要求各地共产党人，对国民党应继

---

① 《抗战时期国共合作纪实》下卷，第 38 页。

续采取诚恳协商、实事求是，有理有节的态度，借以争取更进一步的好转。

1942年12月16日，林彪在张治中的陪同下见蒋介石。蒋介石对林彪说："中共是爱国的，是国家的人才。国家爱护人才，不会偏私。希望国共问题整个地迅速解决，不要零零碎碎、拖拖拉拉。"但是，当林彪要求彻底实行"三停三发两编"时，蒋介石则表示：国民党对统一团结问题，不是政治手段，希望大家在政令下工作。蒋介石只答应发给八路军一些药品，但不许再提新四军，说："承认新四军，等于不承认政府"。由于蒋介石的谈话缺乏诚意，别有用心，使谈判根本无法取得进展。

12月18日，中共中央致电周恩来、林彪，请他们根据以下四条意见同国民党交涉。（1）关于党的问题，承认中共合法地位；在此前提下，国民党可到边区和敌后办党办报。（2）关于军队问题，包括新四军在内，要求将中共领导的武装部队编4军12个师。（3）关于边区问题，陕甘宁边区改为行政区，实行中央法令，但人员与地境不变。（4）关于作战地区，在战后可重新划分，目前根据情况作适当调整。黄河以南部队战后移黄河以北，但目前只作准备，不能实行移动。24日，周恩来、林彪将上述四条意见交张治中，并声明：如认为这四条可谈，请留林彪继续谈判；如相距太远，请蒋介石提出具体方针，交林彪带回延安商量。在1943年1月9日和14日的国共谈判中，张治中表示中共的意见与国民党要求相距较远，希望中共放弃军队，周恩来据理予以驳斥。

1943年2月下旬，周恩来、林彪再次与张治中会谈，张表示解决问题的具体办法，须待何应钦由印度回国后才能答复。3月28日，周恩来、林彪会见何应钦，何主要谈两党的磨擦问题，谈判无法进行，中共代表在谈判桌上作了针锋相对的斗争。6月4日，张治中约周恩来谈话，表示国共谈判"须搁一搁"。周恩来当即声明：谈判暂搁，是我们意中事，既然国民党对谈判要搁，我们决定林彪回延安，如要谈，可再来。7日，周恩来、林彪会见蒋介石，蒋表示同意周、林回延安。在谈判无法进行下去的时候，周恩来、林彪、邓颖超、孔原等100余人于1943年6月28日乘卡车离重庆，7月9日到达西安，7月16日回到延安。

1943年，国民党统治集团又一次掀起较大规模的反共活动，中共采取宣传反击和准备迎战军事进攻方针的同时，仍然主张国共磋商，改善关系。经过中共的努力，终于制止了国民党大规模的反共活动，并于1944年5月开始，与国民党重开谈判。

1943年春，世界反法西斯战争的形势，随着苏军于2月取得斯大林格勒战役的胜利而开始根本性的变化。本来，在这样的国际环境中，中国应加强全民族的团结，实现民主改革，巩固和扩大抗日力量，准备彻底打倒日本侵略者。但是，蒋介石统治集团为了战后继续独裁统治，又加紧了企图消灭人民力量的反共活动。

1943年3月，国民党出版以蒋介石名义发表的《中国之命运》一书，歌颂封建主义，鼓吹法西斯主义，公开反对共产主义和"自由主义"（即资产阶级民主主义），诬蔑共产党领导的军队为"新式军阀"，暗示在两年内加以消灭。国民党统治区大量出版反共反民主的书刊，企图压倒进步文化。6月，国民党反共分子，利用共产国际解散的时机，要求解散中国共产党。6月中旬，国民党胡宗南部在洛川举行军事会议，准备分九路"闪击"延安。

在国民党掀起反共反民主逆流的情况下，中共中央发动了宣传反击，并准备军事力量粉碎国民党可能的武装进攻。中共中央机关报《解放日报》通过发表文章，对《中国之命运》开展了强有力的揭露和批判；说明中共为民族和人民谋利益，可以同资产阶级民主主义者团结合作；呼吁一切爱国的国民党人，坚持孙中山的三民主义，为建立民主的新中国而奋斗。同时，朱德分别致电胡宗南和蒋介石，抗议国民党的挑衅活动，呼吁团结，陕甘宁边区的警卫部队，一次次回击了国民党军队试探性的进攻。

与此同时，中国共产党仍然坚持国共团结抗日和战后团结建国，以磋商的形式解决分歧，争取国共关系好转。中共中央政治局在讨论国民党的反共活动时指出，我们过去两年采取不刺激国民党、不在报上公开反对国民党的方针，是正确的。现在情况变了，要采用以宣传对付他们的反共宣传，以军事对付他们的军事进攻。但是，必须坚持统一战线，坚持实行三民主义，尽量避免同国民党武装冲突，把国民党的力量用去对付日本。

1943年2月，国民党联络参谋陈宏谟、郭亚生，从延安撤回重庆。在《中国之命运》遭到批判后，国民党于5月派徐佛观、郭仲容到延安，接替陈宏谟、郭亚生负责驻延安联络工作。毛泽东在会见徐、郭二人时，恳谈了国共关系问题，请他们向重庆、西安国民党方面转达共产党精诚团结的意旨。7月2日，中共中央发表《为抗战六周年纪念宣言》，向国民政府提出4项建议。（1）应该加强作战。只有加强正面战场和敌后战场的互相援助，特别是加强对于敌后抗战军民的援助，才是加强整个中国战场作战努力的具体办法。（2）应该加强团结。抗日战争应该始于团结，终于团结。（3）应该改良政治，执行孙中山的三民主义。（4）应该发展生产。《宣言》重申了国共战后合作建国的主张。7月7日，毛泽东致电周子健转即将到达西安的周恩来、林彪，请他们在西安设法转圜，力求避免战事。这些事实表明，中共是尽力以磋商解决国共争端，实现团结抗日的。

到1943年秋，国民党的这次反共活动，在没有来得及发展成为大规模的武装进攻的情况下，就被制止了，抗日民族统一战线得以继续坚持下来。这时，国际局势发展到大变化的前夜，意大利军事专制政府向英、美投降；希特勒采取最后挣扎的政策；英、美正在等待希特勒摇摇欲坠时打进法国去；日本也觉察将走投无路，只能集中力量准备作最后挣扎。8月，美、英首脑举行魁北克会议。在会议的最后两天，中国外长宋子文代表蒋介石，参加了有关对日作战和有效援助中国问题的讨论。9月，美、英、中在缅甸开始了反攻。

在这样的形势下，国民党统治集团一则是喜，一则是惧。喜的是他们认为欧洲问题的解决，英、美可以腾出手来打日本，国民党可以不费力气光复南京。惧的是三个法西斯国家一齐垮台，世界成为有史以来未曾有过的伟大解放时代，国民党的一党专政将有灭顶之灾。在这种心态下，1943年9月6日至13日，国民党在重庆召开五届十一中全会。会议一方面通过《关于中国共产党破坏抗战危害国家案件总报告之决议案》，对中共进行诬蔑和攻击；另一方面又声言国内问题将实行"政治解决"，表示准备实行宪政和召开国民大会。蒋介石在会上说："首先我们应该明确地认识中共问题是一个纯粹的政治问题，因此应该以政治方法来解决。这是这次大会在努力解决这一问题所应遵循的原则。"9月18日至27日，国民政府召开了三届二次国民参政会，在大多数国民党员的操纵下，通过了和十一中全会大体相同的对共产党的决议案。国民政府三届二次参政会，选举了中共代表为驻会委员。

1943年10月5日，毛泽东在《评国民党十一中全会和三届二次国民参政会》一文中，分析了国民党的现状和发展趋势说，他们可能采取的方向，不外三种：（一）投降日本帝国主义；（二）照老路拖下去；（三）改变政治方针。毛泽东号召一切爱国的抗日党派、抗日人民和一切爱国的国民党人，团结起来，不许国民党当局走第一个方向，不让它继续走第二个方向，要求它走第三个方向。毛泽东明确表示："在蒋先生和国民党愿意的条件之下，我们愿意随时恢复两党的谈判。"①"我们希望蒋介石先生和国民党人对于这样一个伟大的时代关节有以善处"②。当天，中共中央指示各地党组织：新华总社和《解放日报》从10月6日起，暂停发稿和登载揭露国民党的言论，以示缓和，看一看国民党是否有政治解决及缓和时局的趋向。

1944年1月，毛泽东会见国民党驻延安联络参谋郭仲容。当郭征询关于两党合作的意见时，毛泽东说：中国共产党拥蒋抗战与拥蒋建国两项方针，始终不变。当郭仲容要求林伯渠、朱德、周恩来赴渝时，毛泽东表示：林伯渠、周恩来可先后赴渝。2月17日，毛泽东再次会见郭仲容，并告诉他：中共中央决定派林伯渠赴重庆谈判，行期在3月12日以后。3月1日，中共中央发出《关于宪政问题的指示》，决定参加国民党统治区掀起的宪政运动，表示了中共要求从政治上解决国共关系问题。3月12日，周恩来在延安纪念孙中山逝世19周年大会上，发表《关于宪政与团结问题》演说，指出中国共产党历来主张应实行孙中山的革命三民主义，也就是新民主主义。国民党应实行诺言，承认共党在全国的合法地位；承认陕甘宁边区及敌后各抗日根据地政权；承认八路军、新四军及一切

---

① 《毛泽东选集》第3卷，第926页。

② 《毛泽东选集》第3卷，第927页。

敌后武装；恢复新四军番号；撤退包围陕甘宁边区的 50 万大军。4 月 15 日，中共中央书记处会议专门讨论了国共关系和林伯渠赴重庆谈判问题。毛泽东在会上指出，这次谈判，总的态度是不卑不亢，表示我们要求和缓，要求抗日到底和团结到底，要求一同抗日。周恩来在会上说，我们的方针，目前是要求和缓国共关系。为缓和国共关系，这次我们不提方案。目前要解决的中心问题，是要国民党停止进攻我军，停止在大后方捉人、杀人，停止封锁我们。

1944 年 4 月 29 日，林伯渠受中共中央委派离延安赴重庆与国民党谈判。5 月 4 日至 11 日，林伯渠代表中共在西安同国民党中央和蒋介石派来的代表张治中、王世杰举行多次会谈，初步交换了意见。双方商定，在重庆继续谈判。5 月 17 日，林伯渠、张治中、王世杰都飞抵重庆。这样，中国国民党和共产党终于重开谈判。

第 五 章

世界反法西斯战争胜利
发展中的中国战局

从1943年起,世界反法西斯战争出现了根本性的转折。在欧洲战场,曾横行一时的德国法西斯对苏联的进攻遭到了遏制和惨败;在北非,德意联军在英美联军的打击下全线崩溃;在太平洋战场,曾不可一世的日本被迫转入防御。法西斯力量在战争初期所显示的优势已经丧失,与此相反的是世界反法西斯力量扭转了被动局面,由防御转为进攻。作为世界反法西斯战争重要组成部分的中国战局,也随之发生了变化。

一、世界反法西斯战争的胜利发展和中国战局的变化

1943年2月,苏军在斯大林格勒取得了历史性的胜利。在战争初期一度节节败退的苏联红军经过200个昼夜的艰苦拼杀,终于击退了德军的强大攻势,并组织实施了反攻,对被包围在斯大林格勒的法西斯德军给予毁灭性的打击。在这次大会战中,法西斯集团损失了当时在苏德战场作战兵力的1/4,死伤、被俘和失踪的官兵总数约150万人。仅在斯大林格勒一带,德军就损失了80多万人,近2000辆坦克,1万多门火炮和迫击炮,约3000架作战飞机和运输机,以及7万多辆汽车。德军有32个

师和 3 个旅全部被歼，16 个师遭到重创。此战役即将结束时，希特勒在 1943 年 2 月 1 日召开的德军高级将领会议上承认："以进攻手段结束东方战争的可能性再也不存在了。"①

斯大林格勒战役的胜利，对整个第二次世界大战的进程产生了重大影响。美国总统罗斯福把斯大林格勒会战称为名垂史册之战，称颂斯大林格勒的保卫者以"他们的光辉胜利制止了侵略的狂澜，成为同盟国反侵略战争中的转折点"。英国首相邱吉尔把苏军在斯大林格勒取得的胜利，称为一次惊人的胜利②。作为德国的轴心伙伴，意大利的墨索里尼曾对德国向苏联发动突然袭击前没给他打招呼而恼怒，因而希望德国人在东方进行的这场战争中"会被煞一煞威风"③；但他那时还是相信德国人将在俄国获胜，并主动派一支装备精良的部队参战。这位不甘心充当次等伙伴的独裁者，完全没有想到，德国人不仅在对苏战争中"被打得鼻青脸肿"④，而且一败涂地。

1943 年 7 月 5 日，希特勒对俄国库尔斯克发动了号称为"堡垒"战役的大规模攻势，企图为斯大林格勒战役的失败报仇。可是，希特勒在对苏战争中夺取战略主动权的最后尝试遭到了惨败。在这次库尔斯克会战中，德军损失了 30 个师，50 万名官兵，3000 门火炮，1500 辆坦克，3700 多架飞机。德国的元气大伤，直到战争结束也未能恢复。德军装甲兵总监古德安上将无可奈何地说："由于'堡垒'进攻战役的破产，我们遭到了决定性的失败。……主动权已完全落入敌手"⑤。从此，德军不得不在第二次世界大战所有的战场上转入战略防御。苏联红军在取得库尔斯克会战后未作任何停顿，便在从大卢基到亚速海之间宽达 2000 公里的战

---

① 〔苏〕Н·В·帕罗季金、Г·Т·霍罗希洛夫主编：《第二次世界大战史》第 6 卷，上海译文出版社 1982 年版，第 139—140 页。

② 〔苏〕Н·В·帕罗季金、Г·Т·霍罗希洛夫主编：《第二次世界大战史》第 6 卷，第 136 页。

③ 〔美〕威廉·夏伊勒：《第三帝国的兴亡》下册，世界知识出版社 1979 年版，第 1172 页。

④ 《齐亚诺日记》，商务印书馆 1983 年版，第 421 页。

⑤ 〔苏〕Б·Г·索洛维约夫主编：《第二次世界大战史》第 7 卷上册，上海译文出版社 1983 年版，第 312 页。

线上发起了战略总攻。到 1943 年末，苏军已经解放了整个第聂伯河左岸乌克兰、塔曼半岛和基辅，逼近了波兰和罗马尼亚的边界。"如果说斯大林格勒会战预告法西斯德军的没落，那么，库尔斯克会战则使德军处于崩溃的边缘"①。

远在 1942 年秋，自称"沙漠之狐"的隆美尔元帅统率的德意军在非洲已经无力继续进攻。他们驻守在埃及阿拉曼西南地区，急需补充兵员、武器装备、弹药和燃料，希特勒已经无法完全恢复这些部队的力量。英美军指挥部利用这一有利局势，决定发起代号为"火炬"的战役。首先由英军第八集团军击败在埃及的隆美尔集团军，而后实施联合战役攻入摩洛哥和阿尔及利亚。从 10 月底到 11 月初，德意军队在遭到重大伤亡后被赶出了埃及。11 月 8 日到 13 日，美英军队在北非奥兰、阿尔及尔等几个大的港口登陆，并在 11 月内占领摩洛哥和阿尔及尔全境后进入了突尼斯。1943 年 5 月 7 日，盟军占领北非轴心国的最后阵地突尼斯、比塞两大港口，俘虏德意军 5 万人，包围 12 万人。至 12 日，德军停止抵抗，总司令以下 10 万人被俘。北非战场的战斗至此结束。

1943 年 7 月，45 万英美军发起西西里岛战役。大规模的登陆从 7 月 9 日开始。25 日，意大利发生政变，墨索里尼倒台，巴多格里奥元帅组成意大利新政府。9 月 3 日，盟军在意大利南端登陆。意政府于 9 月 8 日向盟军投降，并掉转枪口对德宣战。德意日三国的"轴心国"的一角已经坍塌。

在太平洋战场，战争初期被动挨打的美国也缓过劲来，从 1943 年起与日军展开了逐岛争夺战。1943 年 2 月，美军继 1942 年五六月间在珊瑚海和中途岛海战中给日军以沉重打击后，全部攻占瓜达尔卡纳尔岛，并转入了战略反攻。日军在拼死夺回瓜岛的企图遭到多次挫败后被迫撤退。这是日军从未有过的大败北。同年 4 月 18 日，美空军飞机击毙日本海军大将、东南联合舰队总司令山本五十六。5 月 11 日至 8 月 15 日，美军夺

---

① 斯大林：《论苏联伟大卫国战争》，第 14 页；转引自〔苏〕Б·Г·索洛维约夫主编：《第二次世界大战史》第 7 卷上册，第 312 页。

取了北太平洋的阿留申群岛。6月30日至10月9日，盟军在南太平洋发动了对新乔治亚岛的登陆作战。11月1日至6日，又开始在布根尔岛的登陆作战，最后夺取了所罗门群岛。在中太平洋方面，盟军于11月2日至29日攻占了吉尔伯特群岛。在西南太平洋，盟军于6月转入反攻，到年底，已将日军全部肃清。这样，美英联军不仅逐步夺回被日军所占领的一些岛屿，而且恢复了在太平洋的制海权、制空权。他们攻击和截击日本的军舰及海上运输队，轰炸台湾和日本本土，使日本的侵略气焰受到很大打击。1943年4月20日，日军航空通信保安长官吉田喜八郎少将在视察南方各地后回到东京，向参谋总长报告说："敌人反攻的规模及速度大大超过我之预料。南太平洋方面的作战目的，由于空中形势的变化，特别是后方的补给问题，已不可能实现。"①

在急转直下的国际形势下，日本不得不重新考虑其对外包括对华的政略和战略。德国在欧洲战场惨败，德意军从北非撤退，意大利投降造成的德意日共同体的瓦解，对日本都是巨大的压力。日本希望把进攻能力集中于对付美英，特别是要粉碎美英在太平洋和东南亚地区发起的攻势。因此，日本对苏联继续采取了所谓对苏"平静"态度。鉴于苏联在德苏战争中逐渐夺回主动权和美军在太平洋上的反攻逐渐激烈，日本的政策还由当初避免刺激苏联，进而谋求日苏关系的进一步好转，以至最后发展到企图利用日苏之间的特殊关系来斡旋德苏媾和的地步。

为了对付美英在太平洋和东南亚势必还要加强的反攻，日本的唯一选择是由战略进攻转为战略防御，在军事上采取守势。日军大本营专门负责战争指导事务的参谋本部第十五课，于1943年7月7日起草的文件中分析了交战双方的国力与战斗力，认为日军"已面临严重关头"，日军"现在的情况是被迫进行超出国力的激烈的消耗战"。而"敌之生产力在1943年度急遽上升"，"其对亚洲攻势战力，1944年将激增"。这样，"战力对比恐将更加悬殊"。因此，日本参谋本部提出："今后数年之国力，只能维持现在的态势，勉强实行攻势防御作战以图摧毁敌反攻，势将破坏国

---

① 《日本军国主义侵华资料长编》（下），四川人民出版社1987年版，第103页。

力基础，难以承担战争的消耗"①。在日本国内，要求"抛开以前的观念，预见战争全局的将来，希望断然进行战略转变"，"后退到需要绝对确保的后方要线"的呼声也日益强烈。但日本陆军和海军之间还有意见分歧。陆军主张将太平洋战线后撤，海军却强烈反对，理由是"如失去特鲁克、马绍尔，日本本土即无屏障，同南方资源地带也被隔断"②。

尽管有所争论，日军在企图"突破所面临重大危局"这一点上还是一致的。1943 年 9 月 25 日，日本大本营和政府联络会议决定了《今后应采取的战争指导大纲》，虚张声势地叫嚣要"摧毁美英之攻势"，并要"更加密切与德国的合作，完成共同的战争"。在"要领"部分，首先提出要"排除万难"，确保日本在太平洋、印度洋上的"绝对防卫圈"。关于对华战争，规定"对重庆继续施加强大压力，特别是遏止从中国大陆起飞对我本土的空袭与对海上交通的破坏。同时伺机迅速解决中国问题"③。9 月 30 日，御前会议通过了以设定所谓绝对国防圈为中心课题的"战争指导大纲"。这标志着日本对战争的指导已产生战略性的根本转变。

在太平洋战局对日本越发不利的情况下，为了"绝对国防圈"的安全，日本急于尽快解决令其头痛的中国问题。为了能从中国抽调更多的兵力加强太平洋战场，日本决定采取进一步利用汪伪政权、强化以华制华的一系列新政策。

一是同意汪伪政权参加对美英作战。汪伪政权一直想通过参战来收拢人心，但日本方面担心其参战不仅不能在实力上有助于日本，反而会成为负担，因此没有同意。1942 年底，日本看到随着局势的发展，"中国的民心在逐渐叛离日本，国民政府（指汪伪政府，下同）在日益变弱，如果照此发展下去，不能说没有引起可怕事态的可能性"。因此需要"以参战为转机"，"加强国民政府的政治力量和掌握民心"④。日本之所以在这时一反常态，同意汪伪参战，一方面是为了壮大自己的声势；另一方面也是

① 《日本军国主义侵华资料长编》（下），第 101—102 页。

② 《日本军国主义侵华资料长编》（下），第 103 页。

③ 《日本军国主义侵华资料长编》（下），第 108—109 页。

④ 〔日〕服部卓四郎：《大东亚战争全史》第 2 卷，商务印书馆 1984 年版，第 650 页。

加强汪伪政权的力量，更有利于它对中国的掠夺和对重庆政府施加压力。

12月21日，日本御前会议通过了《为完成大东亚战争所需要的对华处理根本方针》。其中认为："国民政府的参战是打开日本和中国的现状的一大转机，应根据日华合作的根本精神，专心加强国民政府的政治力量，同时应力图消灭重庆借以抗日的口实，和新生的中国一起真正为完成战争而迈进"，并"在美英方面的反攻到达最高潮之前，先根据上述方针，设法使对华的各种措施获得成果"。具体实施以上方针的要点分为政治和经济两个方面：政治上对汪伪政权"尽量避免干涉，极力促进它的自发活动"；经济上要重点开发和取得占领区内的重要物资。

根据上述方针，汪精卫政府于1943年1月9日宣布"与英美进入战争状态"。同日，日本政府与汪伪国民政府发表《日华共同宣言》。声明"为共同完成对美英战争，两国以坚定的决心和信念，在军事、政治、经济上进行全面合作"。

二是交还租界和废除领事裁判权。在同意汪伪政权参战的同时，日本为使汪政权"广收人心"，还签订《交还租界撤废治外法权协定书》，日本宣布交还在中国的租界，撤销在华领事裁判权。实际上，同意汪伪政权对英美宣战，只是在表面上提高了汪政权的地位和使日本在中国驻军成为"合法"。而日本交还租界和撤销领事裁判权，更是一种政治骗局。

三是与汪伪政权缔结同盟条约。为了加强汪伪政权的力量，1943年5月31日日本御前会议制定"大东亚政略指导大纲"，决定迅速做好各项准备工作，修订1940年11月签订的"日华基本条约"，缔结"日华同盟条约"[1]。当时日本内部对与汪伪政府签订同盟条约的目的及其内容有不同意见。日本陆军部比较倾向于寻求对重庆政府的政治效果，主张"防共驻兵权及其他在华权益不交汪政权而予以保留"，"作为对蒋政权进行和平交涉的最后王牌"。但日本外相重光葵则认为从蒋政权方面寻求政治效果是没有意义的，应将防共驻兵权及其特殊权益全部归还汪精卫的国民政府。依重光葵的看法，"在重庆政府已完全受美英支配的今天"，"由蒋

---

① 〔日〕服部卓四郎：《大东亚战争全史》第2卷，第796页。

介石来实现日中或全面的和平，除非日本投降，否则无望"①。日本首相东条英机也同意外相重光葵的意见。于是，1943 年 9 月 18 日大本营政府联络会议决定了《缔结日华基本条约修订条约纲要》，还决定《关于对重庆政治工作事项》和指导事项。规定以后对重庆的诱降工作由日本方面"指导"，汪伪政权出面，日本其他机关一般不再参与。同年 10 月 30 日，《日华同盟条约》及其《附属议定书》在南京签署，规定双方要"紧密协作，尽力援助"，实行"紧密的经济合作"，等等。日本在日暮途穷之际虽然尽力扶植和抬高汪伪政权，却不能挽救自己的颓势。

汪精卫政权自获得日本准许对英美宣战后，便表示要以"同生共死"的决心，死心塌地充当日本的侵略工具。汪精卫在 1943 年 1 月 19 日发表的《告将士书》中宣称，对英美参战使汪政权已经步入保卫大东亚战争之联合战线，伪军官兵"要加紧训练，悉成精兵劲旅，以图迅扫英美敌气，进而谋东亚共荣之实现"②。

日本 1943 年的对华政略以加强汪伪政权为重点，但也对重庆国民政府继续施加军事和政治压力。1943 年 2 月日本对世界形势的判断中对重庆的动向作了如下分析："重庆的抗战能力将逐渐减弱，并由于这次帝国对华处理根本方针的彻底实现，将使其抗日阵营产生相当大的动摇，但将坚信美英的最后胜利，还不会放弃其继续抗战的意志。"在抗战能力方面，"在现在的形势下，可以继续坚持消极抗战"③。但日本方面并不排除重庆屈服、崩溃的可能性。这就要看国际形势的转变和汪伪政权"政治力量的加强"，及对"重庆抗日的根据和名义的消除"等情况④。为此，日本对重庆国民政府采取了以下措施：

一是继续在军事上施加压力，摧毁抗日的有生力量。1943 年 2 月 27 日，日本大本营对中国派遣军下达命令：努力粉碎中国的抗战企图，特

① 《日本军国主义侵华资料长编》（下），第 9—10 页。

② 《中华日报》1943 年 1 月 20 日。

③ 〔日〕服部卓四郎：《大东亚战争全史》第 2 卷，第 713—714 页。

④ 〔日〕服部卓四郎：《大东亚战争全史》第 2 卷，第 661 页。

别要扼制美驻华空军的活动①。同年中，日军先后发动湘北鄂西战役（1943年2月至6月）、对中条山南部国民党游击队的作战（1943年4月）、广德作战（10月上旬）、常德作战（1943年11月至1944年1月）。

二是通过汪伪政权对重庆继续诱降。1943年日本御前会议通过的《大东亚政略指导大纲》，规定对华方针一方面与汪伪国民政府缔结同盟条约，另一方面便是由日本"相机指导国民政府使之实施对重庆的政治工作"②。在日本的"指导"下，原国民党中央执行委员、中央组织部副部长吴开先于4月7日离开上海赴重庆进行和平谈判。临行前，日军参谋长小林少将嘱其转达蒋介石：日本"对重庆早晚必将化敌为友"，望蒋介石早日回头，共同反共。

日本在实行所谓对华新政策的过程中，加紧对共产党领导的抗日力量进行打击。根据日本大本营1943年2月27日制订的对华作战指导计划及颁发的《大陆令第757号》，侵华日军的首要任务是"确保并稳定现已占据地域"③。8月28日制订的"1943年秋季以后的中国派遣军作战指导大纲"，把在华北进行"扫共作战"作为大纲中心内容的第一条，规定"华北方面军，于今秋务须有组织地反复对共军进行扫灭作战，覆灭其根据地"④。根据日本政府加紧扶植汪伪政权的"新方针"，日本华北方面军司令官冈村宁次在1943年1月11日的谈话中强调，华北地区是日本"大东亚战争"的"兵站基地"，确保华北治安，"开发重要的国防资源"，对战争具有重要意义。华北方面军的任务，"除对重庆军加大压力外"，还要和中国的伪军"合作"，"剿灭华北建设致命之敌中国共产党军"⑤。同年初，日军为集中兵力，也为了更多地利用伪军的力量，而将"过去高度分散部署的驻兵地点减少了三分之一，将一部分警备地区移交中国

① 《日本军国主义侵华资料长编》（中），四川人民出版社1987年版，第704页。
② 〔日〕服部卓四郎：《大东亚战争全史》第2卷，第796页。
③ 《日本军国主义侵华资料长编》（中），第704页。
④ 《日本军国主义侵华资料长编》（下），第41页。
⑤ 日本防卫厅战史室编：《华北治安战》下册，第275页。

方面的治安军等"①。同年春秋两季,华北日军"为了剿灭中共势力","特别是指挥中枢、秘密设施",先后发动对冀西、太行等抗日根据地的"肃正"作战。

在世界反法西斯战争发生重大转折的关头,国民党在对日战争中主要采取保存实力的政策。因此,1943年的国民党战场比较沉寂,对日作战没有大的动作,也没有对日军发起过主动性进攻。虽然国民党军队也先后进行鄂西会战和常德会战等战事,但总的倾向是保存实力、等候盟军的胜利。

在国民党消极抗战政策的影响和日伪的引诱下,国民党有33个高级将领叛变投敌。他们伙同日军到处进攻八路军、新四军等抗日武装。国民党政府还利用1943年共产国际宣布解散之机,又一次掀起反共浪潮。

与正面战场的沉寂形成鲜明对比的是敌后战场的活跃,这里呈现出一派蓬勃景象。领导敌后战场的中国共产党正确地认识到:由于"苏联第二个冬季攻势的胜利,英美在北非的胜利,中国的六年抗战与英美过去一年在太平洋上对于日寇的打击","特别是红军在斯大林格勒的胜利"所起的主要决定作用,反法西斯同盟国一向处于劣势地位的不利情况"现在已经根本改变了。这是一个国际范围内的有决定意义的变化"②。但是,"中国的问题还要靠中国人自己努力"③。中国人民应当怎样努力呢?共产党提出,首先要"加强作战",其次是加强团结、改良政治、发展生产。加强作战的具体办法就是中国战场的正面与敌后两大战场增强互相援助,特别是援助敌后抗战军民。共产党在希望正面战场提高作战积极性的同时,也在敌后战场积极行动起来。

从1943年开始,八路军、新四军在华北、华中的抗日游击战争,进入了一个新的发展时期。敌后抗日根据地的恢复和游击战争的猛烈发展,尤其是游击队对敌人主要交通线、重要资源地区和战略据点的打击,使

---

① 日本防卫厅战史室编:《华北治安战》下册,第276页。

② 中央档案馆编:《中共中央文件选集》第14册,中共中央党校出版社1991年版,第48页。

③ 中央档案馆编:《中共中央文件选集》第14册,第256页。

日本在中国的占领区遭到严重的威胁和攻击。侵华日军对"共产党的活动又活跃起来"，"铁路事故异常多起来"感到十分"忧虑"[1]。日本本土的原料资源有限，原来积累的物资储备到 1943 年已大部消耗殆尽。敌后战场的存在和对日军的攻击，使日本指望从中国掠夺更多物质资源的企图不断落空。

综上所述，世界反法西斯战争发生的重大变化，对中国战局不能不产生重大影响。其主要表现是日本对华政策的变化和中国正面战场、敌后战场出现的不同趋势。正面战场相对来说比较沉寂，敌后战场则更为活跃。日本方面虽然力图挽救败局，但在中国战场上已经开始走下坡路了。

二、抗日根据地的恢复、发展和对日军的进攻性战役

1943 年，中国共产党领导的华北抗日根据地经过了 1941 年至 1942 年的艰苦斗争，基本渡过难关，开始重新活跃起来。侵华日军面临日益不利的战争形势，竭力扶持伪政权，组建所谓的华北特别警备队，加紧训练军队，多次对各抗日根据地进行大规模的"扫荡"和"蚕食"，并强调实施奇袭和急袭，企图捕捉八路军指挥机关，摧毁抗日根据地，挽救其在侵略战争中的颓势，特别是摆脱在中国战场的困境。

抗日根据地担负的斗争任务仍然十分艰巨。一方面要对付日伪军不断的"剿共作战"；一方面要继续克服敌人的残酷"扫荡"和"三光"政策造成的各根据地的财政经济困难。但总的形势是逐渐好转，对抗日根据地的恢复和发展有利。

根据日益发展的形势和华北对敌斗争情况，中共中央北方局 1942 年 12 月 23 日发出《关于华北敌后抗日根据地 1943 年工作方针的指示》，指

---

① 日本防卫厅战史室编：《华北治安战》下册，第 277、279 页。

出：1943 年是国际上两条战线进入决战的一年，反法西斯阵线力量在日益增长，而法西斯阵线败局已定。国际国内形势都向有利于我们方向发展。同时，敌寇为挽救其垂死的命运，必将加紧对我们的正面进攻与敌后的"扫荡"。因此，华北我党我军的基本任务"在于进一步巩固敌后根据地，坚持敌后游击战，克服困难，为反攻及战后作准备，以迎接伟大新时期的到来"。指示要求各根据地彻底实现民主政治，继续深入地发动群众，加强群众性的游击战争。1943 年 1 月 1 日，彭德怀在《新华日报》（华北版）发表新年讲话，指出日军内外交困，中国团结抗日力量日益增长。只要我们加紧增强反攻实力，克服困难，坚持斗争，就一定能够胜利。

地处华北地区的晋察冀、晋冀豫、冀鲁豫、晋绥、山东等抗日根据地军民，利用世界战局的好转、日军抽调兵力增援太平洋战场、后方日见空虚的有利形势，卓有成效地开展了缩小敌占区、恢复和扩大根据地的斗争。他们进一步贯彻"敌进我进"的方针，派遣大量敌后工作队挺进敌后方，开展政治、军事斗争，恢复和开辟根据地。据日军记载，到"1943年中期，分驻各地的日军部队、铁路警护队、华北绥靖军部队，几乎都被封锁在各自的驻地"，"至同年末，治安更加混乱，不仅日本军的小队、中队，就连大队本部有时也成了中共军夜袭的目标"①。同时，华北抗日军民积极进行反"扫荡"、反"蚕食"斗争，在根据地继续开展整风、生产运动和实行精兵简政等政策，从精神和物质方面为反攻作战进行准备。

（一）晋察冀抗日根据地的恢复

晋察冀抗日根据地是华北敌后抗战的重要战略基地。华北日军为稳固其在华北地区的统治，保证其侵华战争和太平洋战争的顺利进行，在1943 年间曾多次抽调兵力对晋察冀抗日根据地进行"扫荡"、"蚕食"，企图将抗日军民置于死地。

位于冀西的太行山脉北部地带的北岳区是晋察冀边区的主要根据地和中心，被日军视为华北治安"最大隐患"。为消灭中国共产党领导的抗

---

① 《日本军国主义侵华资料长编》（下），第 78 页。

日武装力量，剪除他们在"华北建设"的"致命之敌"，日军对北岳区进行了多次的"蚕食"和"扫荡"。

1943年初，日军采取所谓"跃进蚕食"的手段向北岳区进攻。他们拼凑了上千人的兵力，准备好建筑碉堡的器材和大批的民夫，先对预定地点采取分进合击之势，驱使八路军转移。然后驱赶民夫迅速修建碉堡、筑路、挖沟，以图把根据地置于他们的控制之下。利用这一手段，日军在1至4月间向根据地纵深跃进30至40里，建立据点80余处，"蚕食"面积3000多平方公里。北岳区军民以积极广泛的游击战消耗和打击敌人，破坏敌人的交通运输，使敌人每前进一步都要付出重大的代价。在敌人"蚕食"唐县西大洋地区时，八路军主动寻找战机，与敌作战48次，攻克碉堡5座，毙伤俘日伪军329名。八路军还乘敌立足未稳，强攻"蚕食"唐县口头地区的敌人，歼敌100余名，缴获枪支100余支，并将敌碉堡摧毁。为打击敌人的"蚕食"，八路军和地方武装还常常深入敌后，袭击和夺取敌人力量薄弱的据点，用冷枪和地雷爆炸杀伤敌人。当日伪军"蚕食"平山、灵寿地区时，八路军组成的数十个飞行射击组和爆破组，分别潜入敌后，先后袭击敌人143次，毙伤敌人863人，攻克碉堡12座，缴获枪支166支。

北岳区军民的英勇抗战，粉碎了日军的"跃进蚕食"，迫使敌人改用"辗转扫荡"的方法与抗日军民较量。4月19日至5月17日，1万多名日伪军由北岳区的东部，从南向北实行分区"辗转扫荡"，企图奔袭晋察冀军区指挥机关，并对根据地实行摧毁生存条件的"三光"政策。敌人制定的作战计划大纲规定："设法消灭该地带的共军（约1.5万人），彻底摧毁其根据地设施。"①

北岳区抗日军民针对敌人的弱点，乘敌人后方空虚，以小部队到敌后方积极活动，开辟新的游击区，配合反"扫荡"；主力部队开展分散的游击活动，打击敌人的"扫荡"。民兵的有力袭扰，使敌人出门不是挨地雷就是遭冷枪，整日提心吊胆。经过近1个月的作战，抗日军民共毙伤

———————————

① 见日本防卫厅战史室编：《华北治安战》下册，第302页。

俘日伪军 2700 余人，攻克碉堡 5 座，炸毁汽车 12 辆，缴获大量武器弹药和物质，挫败了日寇的"辗转扫荡"。

日本方面关于这次作战的经过概要也承认，当日军构成包围圈时，八路军和地方武装"从包围圈外向包围阵地猛烈攻击，以图解围"。当日军缩小包围圈，发起总攻击时，八路军主力"早已分散逃逸，或改穿便衣，终于未能歼灭"。参加这次作战的日军井手大佐在 1943 年 6 月 4 日第二十六师团队长会议上发出以下感慨："冀西地区为山岳地带，地形错综复杂，我方部队前进多受阻碍。共军则由于熟悉地形，民众又完全在其掌握之下，退避、隐藏极为容易。日军虽煞费苦心构成包围网，但因网眼过大，致使敌大股部队得以逃脱。因此，对该地区每年虽多次实行讨伐作战，但从整个情况来看，与敌人部队作战或得到捕捉敌部队的机会却极少。"①

9 月中旬，日伪军又出动 4 万多人，对北岳区进行历时 3 个月的"毁灭扫荡"。抗日军民采取全面对敌斗争的方针，把内线作战与外线作战相配合、主力部队和民兵相结合、军事打击和政治攻势相结合、武装斗争和其他斗争相结合，给敌人以沉重打击。这次反"扫荡"经历了三个阶段：

第一阶段，敌人利用秋收时节，主要对重点区进行分进合击，驱逐八路军部队，建立临时据点，以破坏秋收和抗日军民的生存条件。为此，抗日军民开展了以保卫秋收为主的反"扫荡"作战。通过破坏敌人交通、袭击敌人后方的游击作战，造成敌人的困难，粉碎了敌人合围的计划。紧接着敌人又开始分散"清剿"。9 月 25 日，4000 多名日伪军进攻神仙山，据守着有利地形的八路军指战员苦战 12 个昼夜，打退敌人多次进攻，击落敌机 1 架，毙伤敌人 400 多人，终于将敌击退。同时，围攻清虚山的敌人在死伤 100 多人后也被迫撤退。何家洼的民兵中队和部队 1 个班用手榴弹、飞雷炸死敌人 38 名、炸伤 90 人，自己无一伤亡。10 月上旬，遭到不断打击的敌人被迫结束了第一阶段的"清剿"。

第二阶段，敌人集中兵力大肆搜索、破坏坚壁物资，抢掠粮食。抗

---

① 见日本防卫厅战史室编：《华北治安战》下册，第 305 页。

日军民在敌人未严密控制的地区昼夜抢收粮食；在敌严密控制的地区以部队配合民兵掩护组织群众夜间抢收；在被敌控制我不能抢收的地区，则埋设地雷破坏敌人的抢劫。经过反复争夺，唐河、沙河、滹沱河流域的庄稼有85%被抢收回来，敌人的抢粮计划遭到破产。敌人一面继续"清剿"，一面集中兵力寻找晋察冀军区主力决战。10月29日，日军2000多人第二次进攻神仙山，八路军1个团顽强抗击4天，毙伤敌人200多人后安全转移。

第三阶段，受到沉重打击的敌人，在撤退之前有重点地对根据地党政领导机关和主力部队进行小规模的奔袭合击，以交替掩护其主力撤退。抗日军民以一部兵力引诱牵制敌人，主力部队转置敌后，包抄歼敌。奔袭合击的敌人不但一无所获，而且在撤退途中处处挨打。12月中旬，经盂县、平山地区撤退的敌人，在5天内就触发了270枚地雷，死伤300多人。12月5日，几名八路军侦察员潜入平山双石洞据点，全歼日军，缴获山炮1门、机关枪两挺。反"扫荡"战役于12月15日胜利结束。

北岳区抗日军民在这次战役中，共毙伤俘日伪军1.1万余人，攻克碉堡207座，毁火车8列，汽车244辆。根据地的民兵在反"扫荡"作战中发挥了重要作用。哪里有敌人，哪里就有民兵。晋察冀一等战斗英雄、被称为爆炸大王的李勇带领的民兵小组在3个月的反"扫荡"中使用"冷枪"结合"热雷"的拿手好戏，先以冷枪将敌人逼进布雷区，及至地雷爆炸、敌人混乱之时，复以冷枪射杀，共毙伤伪军364名，炸毁汽车25辆。北岳区反"蚕食"、反"扫荡"的胜利，不仅粉碎了敌人毁灭根据地的企图，保卫了秋收、秋种和秋征工作，而且攻克、逼退了敌人许多据点，开辟和恢复村庄1074个，恢复和扩大了根据地。

1943年，冀中区抗日游击战的坚持和平原根据地的恢复也取得显著成效。这年春季以来，日军为消灭八路军部队，扑灭已恢复起来的抗日工作，经常从各据点抽调兵力，奔袭合击八路军小部队活动地区，并对抗日工作较好的村庄进行"驻剿"。针对敌人的阴谋，八路军或是跳出包围圈，到外线钳制、打击敌人；或是采取伏击和村落隐伏的办法对敌人进行反击。对防守比较薄弱的据点也抓住时机主动出击，使敌人首尾不能相顾，被迫撤退。同年夏，敌人为防止被抗日军民各个击破和求得兵力的机动，开始收缩兵力，同时抽调兵力"扫荡"北岳区。乘此机会，冀中军民利用青纱帐的掩护，对敌人广泛出击，以拔掉敌人碉堡为主要目标，大力恢复和发展根据地。经过1年的浴血奋战，冀中军民先后攻克、逼退敌人的据点、碉堡600多处，恢复和开辟了3500多个村庄。冀中一个个分散的小块根据地逐渐连接起来，与敌人的点线构成了犬牙交错的形势，使根据地恢复到1942年"五一大扫荡"前的局面。

冀东八路军主力从1943年2月至9月，进行了两次恢复平原基本区的战役。2月5日，全面展开第一次战役。部队分三路向平原区挺进。人民群众奔走相告，热烈欢迎八路军主力回到平原区。敌人则大为震惊，急调兵力进行围攻。李运昌率领的中路军先后在丁家岭、芦各寨与敌展开激战，分别毙敌70多人、伤400多人，最后转移。这次作战，虽然主力未能在平原基本区站稳足跟，但留下了地方干部和游击队，使基本区的斗争形势日益好转。同年7月，冀东八路军又利用青纱帐发起第二次作战。部队仍分三路向冀东平原进军，所到之处，迅速驱逐围攻之敌，随即四处袭扰敌人，拔掉据点，平毁壕沟，将敌人逼走。同时，配合地方党组织恢复整顿抗日政权，逐渐恢复、扩大平原抗日游击根据地。经过3个月的作战，取得了很大的胜利，攻克敌人据点、碉堡40多处，毙伤日伪军1000多人，缴获枪支1600多支。除蓟县外，冀东平原抗日游击根据地大体恢复了1942年前的状况。

除北岳区、冀中区、冀东区以外，平西、平北区的抗日军民也不断打击敌人。平西抗日军民恢复和开辟了怀来、涿鹿以及蔚县、宣化、阳原地区的2000多个村庄，在桑干河两岸站住了脚。

（二）晋冀鲁豫抗日根据地的恢复和扩大

1943年，晋冀鲁豫抗日根据地的广大军民，在继续制止日军"蚕食"的同时，加强了边缘区的斗争和敌占区的游击战争，派出了近千支小部队和武工队到边缘区和敌占区活动，有力地打击了日伪军，恢复和扩大了根据地。

日军在 1942 年对根据地"蚕食"遭到沉重打击的情况下，在一部分地区仍然十分猖狂。他们利用占领的据点、碉堡、公路、沟墙，对八路军实行堡垒封锁政策，频繁地进行"扫荡"和"清剿"。为此，八路军派出小部队和武工队，深入敌占区除奸反特，斩断日寇的爪牙；同时发动群众，恢复和建立党的组织和群众组织，使秘密的群众武装和隐蔽的抗日根据地逐渐恢复和建立起来。到 1943 年底，冀鲁豫原有的基本区域大部分得到了恢复，冀南恢复和发展了 10 个县，约占全区面积的 1/5。太行、太岳等边缘区的工作局面也已打开。太行的平汉路西侧地区，大都恢复为游击根据地，太岳的高平、晋城以北、长子、青城等地的抗日力量也有很大增强。

1943 年 4 月，日军发起太行作战。预定作战中"首先将晋东南地区的国民党第二十四集团军急袭歼灭"，然后"将兵力转向西北方，对涉县附近的第十八集团军司令部及第一二九师，进行扫荡剿抉，消除搅乱山西省的根源"①。4 月 20 日，日军开始对国民党军发起进攻。国民党新编第五军军长孙殿英及其部下向日军投降，接着第二十四集团军司令庞炳勋也向敌投降。于是，日军全力准备攻击共产党领导的军队。

日军根据"5 月 6 日开始进攻，对以涉县为中心的共军根据地，构成严密的包围形势后，逐渐压缩三层包围圈"的设想②，部署了 17 个大队的兵力，分三路向八路军扑来。

5 月 5 日，日军对太行区的"毁灭扫荡"和"抉剿清剿"开始。八路军和根据地群众英勇作战，广泛开展游击战、地雷战，毙伤 2000 多名敌人，在抗日军民的坚决打击下，日伪军"未能取得大的成果"，被迫退出根据地。日军不得不承认："要在短期内捕捉善于避免正面交战、彻底实行地下战术的共军，是极为困难的。"哀叹他们企图对"第十八集团军军部和第一二九师部，进行跟踪扫荡，但终被逃脱"③。《解放日报》为此次反扫荡的胜利发表社论表示祝贺。

---

① 日本防卫厅战史室编：《华北治安战》下册，第 307—308 页。
② 日本防卫厅战史室编：《华北治安战》下册，第 312 页。
③ 日本防卫厅战史室编：《华北治安战》下册，第 313 页。

同年 7 月，盘踞平汉路西的伪军侵占冀鲁豫抗日根据地的林县及其周围地区，盘踞路东的伪军向卫河以南地区大举进犯。为了歼灭来犯之敌，冀鲁豫和太行两区先后组织了卫南战役、林南战役。

反击路东伪军进攻的卫南战役首先打响。7 月 30 日，冀鲁豫军区部队和一部分地方武装趁伪暂编第二十七军孤军深入，采取集中兵力打歼灭战的战术，对敌人实行迂回包围和强袭。经过 20 天的作战，歼灭伪军5600 多人，缴获机关枪 35 挺、长短枪 2000 余支。残余敌人向卫河以西逃窜，战役以八路军的胜利告终。此战不仅给敌人以沉重打击，而且全部收复了被日伪侵占的卫河以南地区，并新建 3 个县的抗日民主政府及地方武装。

在卫南战役即将结束前的 8 月 18 日，林南战役开始。太行区的八路军主力和一部分冀南、冀中部队对新近投敌并进攻根据地的伪军庞炳勋、孙殿英部发起进攻，庞炳勋的伪军很快土崩瓦解。到 8 月 26 日结束战斗时，八路军消灭伪军 7000 多人，缴获山炮 1 门、迫击炮 20 门、轻机枪83 挺。步枪 3118 支，攻克和收复据点 80 余处，解放人口 40 余万。卫南、林南战役的胜利，共歼敌 1 万多人，开辟了卫南、豫北、太南广大新区，振奋了抗日军民的斗志，为尔后继续向南发展奠定了良好的基础。

9 月 21 日至 11 月 3 日，冀鲁豫军区粉碎了 3 万多敌人的"铁壁合围"，胜利地进行了秋季反"扫荡"斗争。八路军主力开始有计划地转移，跳出了敌人的合围圈，使敌人扑了空，继而向敌人薄弱环节出击，在外线夜袭东平城，连克夏谢、大井等 11 处据点，威胁日军后方及泰安至济宁等地补给线。留在冀鲁豫抗日根据地中心区濮县、范县、观城地区坚持内线斗争的部队和民兵，积极袭击、伏击敌人，破坏交通运输线。10 天中作战116 次，给敌人以沉重打击。伤亡惨重的敌人被迫撤离抗日根据地。冀鲁豫军民在这次反"扫荡"斗争中共进行战斗 300 多次，歼灭日伪军 4000多人。这次胜利，对恢复和发展冀鲁豫抗日根据地起了重要作用。

10 月，日伪军以两万多人的兵力对太岳区实行所谓的"铁滚式扫荡"。敌人改变过去惯用的一线拉网式的"扫荡"办法，集中 2 万多兵力，编成3 个梯队分 3 层配置，滚进"扫荡"，妄图消灭抗日根据地的有生力量，

毁灭各种物质资财,建立其"山地剿共实验区"。为了粉碎敌人的"扫荡",
打破其新战法,太岳区军区以 1/3 兵力留在内线,和民兵、自卫队相配合
进行游击战争;主力转到外线,袭击敌人后方,和内线部队一起夹击敌人。
在敌人以梳篦队形漫山遍野由北向南滚进时,内线的八路军部队在民兵配
合下,积极杀伤、牵制敌人;外线的部队则破击临屯公路,寻机歼敌。

10月24日,太岳第二军区第一六团在临屯公路上韩略村设伏,全
歼日军"战地观战团",毙敌中队长至少将旅团长 120 余名军官,击毁 13
辆汽车,打乱了敌人整个"扫荡"的部署。在此期间,八路军主力部队又
在翼城、阳城间连续袭击、伏击敌人,迫使敌主力北返实行"清剿"。至
11月22日,敌人在死伤3500余人后,被迫从太岳地区撤退。这次反"扫荡"
先后作战720多次,彻底粉碎了日军的"铁滚式三层阵地新战法"和建立"山
地剿共实验区"的计划。

经过抗日军民的不懈努力,晋冀鲁豫地区在1943年不仅恢复了原有
的根据地,而且开辟了豫北、太南新区。

（三）晋绥抗日根据地的新局面

1943年1月,晋绥军区贯彻毛泽东1942年10月提出的"把敌人挤
出去"的指示,制定了对敌斗争的统一计划,决定以离(石)岚(县)、
忻(县)静(乐)、五(寨)三(岔)三条公路及交城以西山地为挤敌人
的主要方向。为了加强对敌斗争,晋绥军区不仅从主力部队抽调一批干
部战士充实到地方武装,还从部队和地方民兵中抽调300多名有斗争经
验的干部,加强武工队的领导,使每支武工队都有营以上军政干部担任
领导工作。同时,将晋绥区的武工队从15个发展到37个,还派出39个
主力连和49个游击中队配合武工队斗争。经过半年的努力,挤敌人的斗
争取得了很大的成绩。敌人的"蚕食"被制止,整个晋西北的形势发生
了根本变化。全区在827个自然村摧毁了"维持会",在535个自然村恢
复或建立了抗日民主政权,解放人口8万多;争取了403个自然村的"维
持会",其中297个表面上应付敌人,实际上是抗日的。抗日军民与敌作
战462次,毙伤日伪军939人,俘日军162人。敌人被挤到据点和交通

线附近不敢轻易外出活动，敌进我退的被动局面转变为我进敌退的主动局面。

为挽救失败命运，日军于9月1日至11月3日向晋西北发动了分区"扫荡"。9月1日，敌出动第五十九旅1500余人向离石东地区及米峪镇地区进行"扫荡"。抗日军民避其锋芒，采用袭击、伏击的游击战术，至16日歼敌100多人，将敌人击退。退至临县北白文镇的日军，不断向周围地区袭扰破坏秋收，并企图袭击兴县地区的晋绥军区领导机关。抗日军民一边抢收抢藏粮食，一边给敌人以打击。9月23日，两个营的日军从五寨及其西北的三岔堡出来抢粮。驻岚县寨子村的日军400多人西犯，驻白文镇的敌人也同时出动，企图袭击兴县城，合击晋绥军区领导机关。晋绥军区机关主动转移，敌人扑了个空。

为更有力地打击敌人，晋绥军区部队乘"扫荡"根据地的敌人撤退之时，调集兵力，在兴县甄家庄地区分段包围了日军1个营和部分伪军。日军在5架飞机的掩护下多次突围，都被阻击。战斗从10月5日至11日，八路军共歼灭日军700余人、伪军近100人，缴获重机枪2挺、轻机枪25挺、长短枪203支，子弹3万余发，取得了这次歼灭战的胜利。27日，贺龙在《解放日报》发表《论甄家庄的歼灭战》一文，总结了这次战斗的特点和执行毛泽东的战略方针、指战员英勇顽强、群众密切配合、政府大力协助等经验。尔后，敌军1000余人分兵两路对兴县地区进行报复性"扫荡"。抗日军民又以伏击、袭击等手段给予进犯之敌以严重打击，歼敌150余人。日军被迫撤退。自9月1日开始的晋绥军区反"扫荡"作战，至11月1日胜利结束。这次反"扫荡"共作战300多次，歼灭日伪军1300余人，收复保德、岢岚县城，粉碎了日伪军破坏秋收和反"挤"的阴谋，巩固了抗日根据地。

晋绥军民还以武工队的形式在敌占区展开斗争。绥南地区有1支由9名队员组成的武工队，在不到半年的时间里发展到90多人，以后又发展成为一支拥有600多人的游击支队，建立了中共林格县县委和县政府，武工队队长安正福被任命为县委书记，并当选为中共七大代表。

在1943年中，晋绥地区军民制止和粉碎了敌人的"蚕食"、"扫荡"，挤掉日伪军据点70处，收复村庄1000多个，粉碎了敌人大小13次"扫荡"，武工队由年初的15个发展到49个。晋绥抗日根据地出现了新气象。

（四）山东抗日根据地的恢复和扩大

1943年，山东抗日军民为恢复根据地，对敌人的"扫荡"、"蚕食"进行了坚决的、多方面的斗争。同华北其他抗日根据地一样，山东军区在整编部队和实行主力地方化之后，大力加强了民兵建设。山东民兵在主力和地方武装的支持下，普遍组织了村与村的联防，广泛开展联防战、地雷战、麻雀战、车轮战、推磨战等战法，给敌以沉重打击。山东沿海的民兵还在海上开展了游击战。仅1943年1月至5月，就捕获日军运送作战物资的船只17艘，成为敌人海上运输线上的"暗礁"。

1943年1月，山东滨海区民兵和群众，为策应沂蒙山区的反"扫荡"作战，在临郯公路的九曲店至重兴段的100余公里公路上，进行了为期4天的万人大破袭。在民兵的带领下，男女老幼齐上阵，破路、炸桥、毁炮楼、割电线，将敌人的交通、通讯设备破坏殆尽，使日军处于瘫痪状态，显示了民兵联防战的巨大威力。

1月10日至17日，山东清河区通过广泛的破击战，打退了日伪军7000余人的合围，歼敌700余人。4月22日至30日，又彻底打破敌人2万余人连续围歼军区领导机关的计划，歼敌400余人。5月下旬至8月底，抗日军民以分散的游击和袭击手段，粉碎了1万敌人的南北夹击，摧毁日伪军据点133个，歼敌2800余人。此次战役因战果辉煌，受到山东军区嘉奖。11月18日，八路军清河军区部队又打破日军第十二集团军司令官喜多诚一直接指挥的2.6万人的"铁壁合围"，歼敌600余人。

7月至8月间，山东滨海、鲁中军区发动了夺取诸城、日照、莒县山区的战役和夺取沂山、鲁山的战役。7月初，国民党东北军于学忠部突然从鲁山、沂山撤退，保安第二师张步云部再次投敌，鲁山、沂山地区处于完全沦入日军之手的危急关头。为抢在日军之前占领这一战略要地，八路军先后发起两次战役。7月5日，滨海军区部队越过日（照）莒（县）公路，到14日全部控制了东北军放弃的地区。日军企图阻止八路军向北发展，派兵支援张步云部侵占诸（城）日（照）莒（县）地区。八路军袭击张步云部，毙伤其600余人。经过反复争夺，滨海军区基本控制了上述地区，与胶东区打通了联系。与此同时，鲁中军区于7月12日派出部队，控制东北军放弃的朴里一带阵地，接着又控制沂山等地，打通了沂山与鲁山的联系。7月28日，盘踞沂水东北和安丘西南的伪军吴化文和厉文礼部企图南北夹击八路军，与八路军发生激战。经月余作战，八路军歼灭伪军一部，控制了沂山、鲁山地区2250平方公里。这两次战役的完全胜利，夺取了对山东抗战具有重要战略价值的沂山和鲁山地区的一部，大大改善了八路军对敌斗争的地位。

11月9日，鲁中军区开始抗击日伪军1万余人的"扫荡"。敌人企图以三面合围，歼灭鲁中军区部队主力。八路军主力适时转移，敌人扑了个空。留在内线的小部队积极袭扰和打击敌人。该军区第十一团第八连的93名指战员，为掩护群众转移，凭借天险，在沂蒙山中部的南北岱崮坚守18天，英勇抗击2000余日伪军在飞机、大炮支援下的连续进攻，最后以伤亡9人的代价取得毙伤敌人300多人的胜利。12月10日，山东军区发出嘉奖令，授予八连"岱崮连"的光荣称号。

12月4日，鲁中军区又趁日军移兵"扫荡"清河区的时机，继夏季讨伐吴化文部后，集中5个团的兵力发起了第二次讨吴战役。经过4昼夜战斗，至8日攻克鲁山以南东里店等20多个据点，歼伪军1000余人，沉重打击了伪军吴化文部，巩固和扩大了根据地。

11月15日，鲁南军区为配合鲁中军区反"扫荡"，奔袭驻在费县东子一带的伪军第十军第三师刘桂堂部。经过3个小时的激战，击毙了作恶多端、群众切齿痛恨的伪师长刘桂堂，鲁南人民欣喜若狂。八路军为民除害，声威大震。接着，八路军乘机扩大战果，攻克和逼退伪军据点13处。此役歼灭伪军1100余人，改善了鲁南区的斗争局面。

11月19日，滨海军区发起赣榆战役。当时驻赣榆的伪军李亚藩部2000余人向北"蚕食"，妄图打通海洲、青岛公路。为粉碎敌人计划，滨海军区先发制人，并组织里应外合。在政治攻势的配合下，此役以亡3人、伤37人的代价，歼灭伪军1600余人，解放了赣榆县城。之后，八路军又乘胜攻克赣榆附近的 13 个据点。

山东军区的武工队在 1943 年也非常活跃。在恢复被敌人"蚕食"地区的同时，武工队还开辟了一些新的游击区，开辟村庄 7000 多个。在开展敌占区工作中，涌现出许多出色的武工队，如鲁南闻名遐迩的铁道游击队，经常出入敌占区，活跃在枣庄至临城的铁道线上，破坏铁路、火车，袭击据点、洋行，甚至爬上飞驰的火车夺取敌人的军用物资，给敌人以很大威胁，被山东人民称赞为打击敌人的"怀中利剑，袖中匕首"。

1943 年，日军在山东地区进行了千人以上的"扫荡" 46 次，万人以上的"扫荡" 4 次。山东军民在制止、粉碎了敌人的"蚕食"、"扫荡"的同时，还利用敌兵力不足，频频发动攻势作战，拔除了日伪据点 342 处，约占山东全部日伪据点的 10%，恢复和开辟了 7000 多个村庄，瓦解伪军 7000 余人，使山东的抗日斗争形势有了显著的变化。

总之，华北抗日根据地军民经过 1943 年的艰苦努力，使根据地得到了可喜的恢复和发展，并对日伪军主动展开了卫南、林南、沂山、鲁山等进攻性的战役。这一年，八路军与敌作战 24800 余次，毙伤日伪军 136000 余人，俘虏伪军 51000 余人，日军 420 余人。侵华日军哀叹：与盘踞在华北管界内重庆军的涣散和战斗力衰退的情况相反，中共的地下组织"显著活跃起来"[①]。中共军队的活动也"突然激化"，造成华北"治安急遽开始混乱"[②]。1943 年 12 月，日本华北方面军被迫停止向抗日根据地的进攻，转入了重点守备。

与此同时，华中抗日军民继续开展反"扫荡"，反"清乡"、反"蚕食"斗争，逐步扭转了华中敌后抗战的困难局面。在苏北，盐阜区抗日军民于 1943 年 4 月 10 日粉碎了日军历时 50 多天的大"扫荡"，毙伤日伪军 1070 人，俘虏 780 人，收复据点 50 余处。华中敌后抗战形势开始好转。在苏中，抗日军民先后粉碎日伪军的"军事清乡"、"政治清乡"、"延期清乡"，在 9 个月的时间里共作战 2100 余次，摧毁敌据点 49 处，歼灭敌

---

① 日本防卫厅战史室编：《华北治安战》下册，第 301 页。
② 《日本军国主义侵华资料长编》（下），第 78 页。

人 2400 余人，还争取了 1700 多名伪军和伪行政人员投诚，削弱了敌人的力量。同时，苏中军民也付出了很大的代价。6.2 万名群众被抓和被杀，5000 多间房屋被烧毁，1000 万公斤粮食被抢走。苏南、浙苏和鄂豫皖边区的军民也展开了英勇的反"清乡"斗争。针对敌人的"蚕食"，苏北、淮北、苏中、鄂豫皖边抗日根据地的军民还积极开展以武装斗争为中心的反"蚕食"斗争，有效地制止了敌人的蚕食，恢复和发展了抗日根据地。1943 年，华中新四军与敌作战 4500 多次，毙伤日伪军 3.6 万余人，攻克据点 200 余处，扭转了局面，为转入攻势作战创造了条件。侵华日军也承认，在 1943 年中，与"重庆军被迫撤到黄河以南的山岳地带，只能苟延残喘"形成强烈对比的是，"中共军却乘日军抽调部队、兵力减少之机，在华北、华中的广阔的地带，建成牢固的根据地，站稳了脚跟"[①]。

在华南，人民抗日武装力量也不断增长。1943 年，华南抗日纵队先后粉碎日军对东莞、宝庆沿海地区和海南岛地区的围攻、"扫荡"和"清乡"，巩固和扩大了东江、琼崖抗日根据地。华北及华中、华南抗日军民的局部反攻，为 1944 年敌后战场对日军普遍开展局部反攻，奠定了良好的基础。

三、敌后战场对日军的局部反攻

1944 年，世界反法西斯战争已经胜利在望。经过 1943 年的恢复和发展，共产党领导的敌后战场形势进一步好转。八路军各部队经过 1943 年秋季以米的攻势作战，提高了部队的战斗力，增强了胜利的信心。1944 年，八路军在敌后战场对日伪军发动了强大的攻势作战。华中敌后战场的新四军和华南人民抗日武装力量也度过了最困难的时期，创造了恢复和再发展的条件。

1944 年敌后战场能够发起局部反攻，首先是由于解放区[②]抗日武装力

---

① 日本防卫厅防卫研究所战史室：《河南作战》上册，中华书局 1982 年版，第 34 页。

② 1944 年以后，敌后抗日根据地亦称解放区。

量的发展。经过 1943 年的全面斗争，八路军、新四军和其他抗日武装给敌人以巨大打击，根据地得到了迅速的恢复和扩大。八路军、新四军和华南游击队已拥有 46 万多人，民兵人数超过 100 万，使抗日军民取得了更有力地粉碎日伪军的"扫荡"、普遍发动反攻性战役的主动权。

同时，日军为加强太平洋战场的防御和向国民党正面战场的进攻，投入解放区的兵力相对减弱，也是敌后战场在 1944 年能够举行反攻的重要条件。1944 年 4 月，日军调集 15 万兵力进攻河南。接着又以 30 多万兵力对湖南发动进攻。虽然日军仍经常以攻为守，对解放区进行分区"扫荡"，但被迫收缩防线，实施重点守备。这就给敌后战场的局部反攻提供了有利的条件。

这时，敌强我弱的基本形势并未根本改变，所以敌后战场的攻势作战，是以集中适当兵力作战与分散的群众性的游击战相结合、军事攻势与政治攻势相结合来进行的。侵华日军在 1944 年初对中共的反攻作了考察后认为："中共宣称中国已经进入反攻阶段"，"中共所谓的反攻是指发动民众武装革命"及顽强的政治攻势，"并不是要进行单纯的军事进攻"。"从中共现正倡导并进行的政治攻势情况看来，随着将来客观形势的演变，并非没有发动这种反攻的可能。"[①]事实上，中共的反攻是政治攻势和军事攻势、民众武装和正规武装的紧密结合。

（一）华北敌后战场的局部反攻

在华北的晋冀鲁豫、晋察冀、晋绥、山东等解放区军民，于 1944 年向日军动了全面出击。为配合国民党军队的河南作战，敌后抗日军民频繁袭击敌人几条主要的铁路交通线，如平绥路、陇海路、同蒲路、德石路、北宁路等，奋力攻占县城，奋力扫除日军碉堡据点，在外线实行战略挺进。同时，在各内线粉碎日军的报复性"扫荡"，展开了更大规模的攻势作战。

1944 年初春，八路军前方总部根据日军动向，判断敌人有进攻河南的可能，因此于 2 月 1 日指示各部队发动攻势作战，以牵制敌军。晋冀

---

① 日本防卫厅战史室编：《华北治安战》下册，第 394 页。

鲁豫解放区的太行、太岳军区的部队，为此向晋南、豫北和平汉路西侧的敌占城镇展开了春季攻势。

1月3日，冀鲁豫军区第六军分区在单县汤楼歼灭日军1个排和伪军80余人。2月26日，水东区部队在杞县宋吉屯歼灭日军1个排。

2月至4月初，太行军区先后向蟠（龙）武（乡）、榆（社）武（乡）、水（冶）林（县）各公路沿线发起攻势作战，扫除了日伪据点，收复了蟠龙镇、榆社县城、林县城、水冶镇及其周围大批据点、堡垒，歼敌900余人。6月至7月间，太行军区部队又发起夏季攻势，向平汉铁路西侧邢台、沙河及新乡、辉县之敌发动进攻，摧毁了敌人在平汉路西侧第三道封锁线的大部，开辟了新辉地区。太岳军区部队则在春季收复沁水县城后，又向济源、垣曲地区的敌人发动攻势，攻克日伪据点20多处，歼灭日伪军800余人，争取了伪军1300余人反正，为准备进入豫西的部队开辟了道路。

5月中旬，为摧毁敌人的分割封锁，冀鲁豫军区发动了昆（山）张（秋）战役。经1周作战，攻克据点50多处，歼灭伪军1300余人，恢复了昆张地区。5月29日进攻清丰城，歼灭日伪军1200余人，并将正在清丰开会的十几个县的伪政权官员和日本顾问全部俘获，给敌人以沉重打击。6月下旬，又向湖西地区发起进攻，歼日伪军1300余人，收复了鱼台、单县、丰县、沛县之间地区，恢复了湖西中心区。8月上中旬，对郓城伪军发起进攻，歼伪军3000余人，攻克据点30余处。随后八路军乘胜追击，向菏泽、东明、曹县地区发动攻势，连克据点20余处，使鲁西南的各小块游击根据地连成了一片。

1944年上半年日军打通大陆交通线作战后，将参战的部分兵力调回华北，并对晋冀鲁豫地区进行了以攻为守的14次局部"扫荡"。晋冀鲁豫各军区部队在春夏季攻势取得胜利的基础上，一边进行反"扫荡"，一边乘敌人后方空虚之机，继续进行秋冬季攻势作战。9月中旬，日伪军2000余人"扫荡"太行壶关南部地区。民兵以地雷战、冷枪战杀伤日伪军170余人。9月11日，日军6000余人"扫荡"太行林县、辉县地区。八路军在公路两侧设伏，歼敌700余人，敌人慌忙撤退。11月1日，日军5000余人"扫荡"太行辽县、襄垣、武乡、黎城地区，太行军区部队内外线配合，歼其500余人。

经过1年的攻势作战，太行、太岳和冀鲁豫军区的部队共歼灭日伪军7.6万人，收复县城11座，解放国土6万余平方公里、人口500多万，扩大了根据地，使战局发生了有利于自己的变化。与此同时，晋冀鲁豫地区各部队利用作战间隙，进行了军事、政治大整训，进一步加强了部队的组织性、纪律性，提高了战术、技术水平。这些都为大反攻准备了良好条件。

在晋察冀解放区，八路军晋察冀军区根据中共北方局指示和结合本地情况，确定1944年春夏季对敌斗争方针为："一面坚持巩固区，一面积极向游击区、敌占区伸展。"遵照这一方针，北岳部队从1944年1月起主动向蔚县、涞源、易县、完县、平山、门头沟、昌平等地出击，至5月攻克和逼退敌军据点、碉堡350多个，并先后袭入忻口车站和定襄县城，使一些零星地区连成了较大的根据地。5月下旬至6月间，为粉碎敌人的抢麦计划，八路军进行了保卫麦收的斗争，作战84次，歼灭日伪军1500余人。6月上旬，八路军向敌纵深地区发起攻势，接连袭击了保定、望都、定县等地城关和外围据点，不断打击补给线上的日军，给日伪以很大的震动。伪组织纷纷解体，伪政权大批倒塌，日军惶惶不安，伪军更加动摇。在冀西和晋东北，抗日军民展开了挤退敌人第一线据点的斗争，恢复了大批村庄。在察南、雁北，八路军采取武工队为先导，主力部队逐次跟进的方式向前发展，打开了察北、雁南地区的新局面。

冀中部队于5月上旬至6月底作战100多次，攻克和逼退敌据点、碉堡40余处，歼灭日伪军1400余人。8月又发起攻势，解放肃宁县，袭击任丘、河间、深泽等20多座县城，还袭入长辛店、宛平城，并夺取伪宛平城武器库，计步枪500余支。经过1944年的努力，冀中区恢复和新开辟的村镇达1665个。至此，冀中区建立抗日工作的村镇已有20250个，人口819万，面积30350平方公里，北达北平近郊及北宁路北侧地区，东越津浦路达渤海湾，打开了津南、石家庄以东地区的新局面。

冀东部队积极向敌占区伸展，以主力一部开辟了通县以南地区，打通了与冀中的联系。对内线之敌也展开有力攻势，攻克和逼退了敌在滦县的一些据点。在日军先后纠集6万多人对冀东区进行的"辗转扫荡"中，八路军把反"扫荡"和开辟新区紧密结合起来，积极向敌占区、游击区及交通要道活动。在其他部队的策应和配合下，粉碎了敌军"扫荡"，歼敌2100余人，攻克据点11处。抗日武装力量也有了很大发展。仅据1944年5月的统计，冀东部队已发展到3个正规团，9个地区队，还有7个县的游击队和众多的游击小组，共12000余人，比1942年壮大了1倍，部队装备也有了很大改善。到1944年9月，由冀东等部队开辟的冀热边根据地迅速扩大，已建立21个县政权，拥有9700个村庄，54万人口，组织民兵约15万人。

晋察冀解放区在1944年的攻势作战中，共毙伤日伪军2.29多万人，俘虏2.22万多人，攻克和逼退敌人据点和碉堡1677个，解放村庄9917个、人口758万，扩大了北岳区，巩固了平西区与平北区，冀中区恢复到1942年"五一"反"扫荡"前的局面，而且有了很大的发展。

晋绥解放区在1944年继续开展把敌人挤出去的斗争。1月至8月开展的群众性的围困战，拔除敌据点58处，同时还对同蒲铁路北段和一些主要公路展开了8次全面破击，收复了大片地区。

8月下旬，晋绥军区发动秋季攻势。在对离（石）岚（县）公路沿线日伪军的攻势中，八路军灵活机动，与武工队、民兵密切配合，采用奇袭、强袭、预伏、诱伏、围困、里应外合等战术，取得了攻势作战的胜利。

汾阳是山西的军事要地，城内驻有日伪军700余人，周围的罗城、协和堡等据点还有日伪军500余人。9月14至15日，晋绥部队对汾阳东郊的火柴公司、飞机场，火车站及城西北的大营盘等目标进行连续袭击，破坏和摧毁重要设施，歼敌一部。16日晚，八路军袭击协和堡，歼日军30余人，俘虏伪军200余人。此时正在晋西北访问的中外记者团亲眼看到八路军的抗日行动，大加称赞，扩大了八路军在国内外的影响。23日至30日，敌据点多处又被攻克和收复。这次秋季攻势共进行大小战斗297次，拔除据点48处，毙伤日军499人、伪军414人，俘虏1214人，收复村庄446个，解放人口5万余人，收复国土770余平方公里。

经过1年的对敌斗争，晋绥抗日军民共收复据点106座，解放村庄

3100多个、人口40余万，根据地获得了很大的恢复和发展。

山东解放区军民从1944年春季开始，连续发动以进攻和围歼大股伪军和拔除深入根据地的日军据点为主要目标的攻势作战。当时日军将2万余人调往南面战场，山东只留下2.5万人，为抗战以来日军在山东兵力最少的时期。伪军则增到20余万人，代替日军守备。在此情况下，山东军区决定发起战役规模的攻势作战。3月上、中旬，日军调整部署，伪军整编。乘其混乱之际，鲁中军区6个团、滨海军区1个团在地方部队和民兵的配合下，于3月25日发动了第三次讨伐伪军吴化文部的战役。经过20多天的战斗，毙伤吴化文部1300余人，俘5100余人，攻克重要据点40余处，解放村镇1000余个、人口30多万，基本控制了鲁山山区，打通了沂山、鲁山、泰山、蒙山各山区的联系，建立了战略反攻的前进阵地。

5月，为打击敌人，扩大根据地，山东抗日军民发起了夏季攻势。5月1日至5日，鲁南军区进行讨伐伪军第十军荣子恒部战役，歼灭其第二师全部和第一师第二团主力，毙伤师长刘国祯以下200余人，俘团长以下516人，解放了崮口山区。8月15日，鲁中军区发起沂水战役，歼日伪军1000余人，17日收复了沂水县城，拔除了敌人深入根据地的重要据点。这一胜利，巩固了鲁山山区，使鲁中、滨海两区基本连成一片。滨海军区于7月23日至8月5日发动攻势，讨伐盘踞在诸城东南泊儿镇为中心的诸城、胶县、日照地区的伪军李永平部，歼敌600余人，攻克据点40余处，解放国土1000余平方公里，人口30余万，巩固和发展了滨海、胶东两区的联系。日军曾几次派兵增援伪军，均被击退。渤海军区于7月21日发起夏季攻势，拔除益都、寿光、临淄、广饶4县交界地区的日伪据点23处。8月17日，八路军经过7天战斗，攻克利津城，毙伤日伪军500多人，俘2500余人，缴获枪炮共1000多支（门）。此次战役扩大了渤海抗日根据地，锻炼部队攻坚作战的能力，改善了部队的装备。

8月中旬至10月，山东八路军部队发起秋季攻势。胶东军区部队从8月19日至9月下旬发起了全区性的大规模的秋季攻势，收复了两座县城，攻克和迫退据点138处、堡垒600多个，歼敌5000余人，扩大根据地5000余平方公里,解放人口140余万。这一胜利,使东海、西海、南海、北海4个军分区完全连成了一片。渤海军区在秋季攻势中,先后攻克临邑、乐陵、南皮3座县城,歼敌5000余人,使渤海军区与晋察冀军区、冀中军区连成了一片。9月上旬,鲁中军区以4个团的兵力设伏,在沂水西北的葛庄一带痛歼日军第五十九师的一个大队,歼灭日军300余人、伪军1300余人,缴获大批物资。

10月中旬,山东解放区发起冬季攻势。滨海军区集中约9个团1万余人的兵力,于10月14日发动解放莒县战役。驻莒县的伪军莫正民部3500余人经八路军长期争取,准备反正。滨海军区部队攻入城内时,莫部按计划响应。八路军向城内负隅顽抗的日军发起攻击。日军在受到重大杀伤后,退至两个碉堡内困守。由诸城增援的日伪军突破阻击,突入城内。八路军主动撤至莒城四周,对敌人实施多层包围,在城边埋设大量地雷,使莒县变成一座死城。城内日军于29日仓皇突围,莒县解放,鲁中区和滨海区完全连成一片。这次战役,是1944年山东部队攻势作战中的一次重大胜利。

与此同时,鲁中军区部队按山东军区计划,向南肃清临沂、费县两城的外围据点,向北直迫胶济铁路线。到12月4日,北线部队先后攻克据点23处。鲁南部队向南逼近陇海铁路,向西逼近津浦铁路,歼灭日伪军4000余人,迫使1000名伪军反正,使鲁中、鲁南地区连成一片。胶东军区部队于11月粉碎日伪军5000余人的"扫荡",毙伤日伪军400多人,12月14日解放栖霞城。渤海军区部队于11月中旬在惠民以西,歼灭伪军2200余人。12月上旬又粉碎日伪军500余人的"扫荡",挫败了敌人重占利津城的企图。

在1年的攻势作战中,山东抗日军民共歼灭日军4800余人、伪军5.4万多人,争取1万多名伪军反正,收复和攻克县城9座,解放国土4万多平方公里、人口930万,根据地比1943年扩大1.5倍。

通过1944年的攻势作战,华北抗日军民总共歼灭日伪军19万余人,攻克城镇40余座,收复国土10余万平方公里,为1945年的战略反攻创造了有利的条件。

（二）华中解放区的局部反攻

在华中，新四军也积极主动地向日伪军发动攻势作战，在粉碎敌人的"清乡"、"治安肃正"和"屯垦"计划，恢复和扩大华中解放区方面取得显著成绩，从而揭开了局部反攻的序幕。

在苏中，为打破日伪军的"清乡"和"屯垦"计划，新四军第一师于1944年1月间对宝应、如皋、东台一带敌军发动连续作战，攻克敌据点17个，同时争取了9000余名伪军反正。随后，第一师为改善苏中地区斗争局面，沟通与淮北、淮南根据地的联系，又在淮安、宝应以东发动车桥战役。车桥是苏中的军事要地，日军为控制这一枢纽地带，在车桥设立了战略据点，驻扎着800余人。新四军采取攻点打援的战法，以1个纵队攻取车桥，两个纵队在外围阻止增援的敌人。3月5日凌晨，主攻部队向车桥发起攻击，日军第六十五师第七十二旅等部先后4批前来增援，在车桥以西遭到沉重打击。车桥据点的敌人在新四军的攻势下，伤亡惨重，伪军全部被歼，日军残余逃窜。此役共歼灭日军460余人，伪军480余人。日军在车桥遭到惨败后，仓皇向曹甸、泾口等12处据点逃离。车桥战役对日伪军震动很大，战役中有9名日军士兵集体缴械投降，驻东台日军一个小队集体自杀，南通、五河等地日军自杀和向新四军投降的事件连续发生，平桥镇、新安镇等地伪军整连整营向新四军投降。这一战役打乱了日伪的"扩展清乡"和"屯垦"计划，进一步沟通了苏中与苏北、淮北根据地的联系，拉开了华中敌后战场局部反攻的序幕。

为彻底粉碎日伪军的"清乡"计划，苏中第四分区在夏季继续对敌人发动攻势作战。5月，连克据点28处，歼灭日伪军近1000人。6月下旬，苏中第一、二、三军分区军民又发动对日伪军的攻势作战。在如皋以东的海河滩，新四军1个团与日伪军血战3小时，全歼日军1个连，击毙日军100余人，俘14人，歼伪军1个大队共300余人。随后，新四军1个旅在3000多名民兵的配合下，攻克如东掘港以东南坎镇，歼灭日伪军100余人，并先后收复、攻占兵房、三余、洪家垛等据点。与此同时，南通、海门、如皋等抗日军民5万余人，发动了历时20余天的破袭战，破坏公路 700 余公里，攻占八总店、鲍家坝、三余、北新桥等据点，大大削弱了日伪军的机动能力，有力地瓦解了伪组织、伪政权。南通县有 7 个伪区长在同一天辞职，伪乡保、伪自卫队大部解体。

9 月，新四军第一师再次发动大规模攻势，对公开配合日伪军"蚕食"根据地、鱼肉人民，并对新四军进行破坏和袭扰的国民党税警团陈泰运部发起攻击。经过 40 多天的围困和攻击，歼灭陈部和增援伪军 2300 余人，控制了兴化、泰县、东台三角地带，建立了各级民主政权。至此，苏中军民取得了这次反"清乡"斗争的最后胜利。

在苏北，抗日军民自 1944 年初起接连发动了三次攻势，粉碎了日伪的所谓"第二期治安肃正"计划。经过 3 个月的努力，抗日军民先后攻克史集、杨庄等 30 多处据点，收复了 1942 年日伪冬季大"扫荡"时占领的大部分地区，使敌人的"治安肃正"计划彻底破产。4 月 19 日至 5 月 4 日，新四军第三师发动高杨战役。新四军以 10 个团的兵力，出敌不意，发起攻坚战，25 日攻占高沟，28 日攻克杨口。其余 12 个据点也迅速土崩瓦解。是役消灭伪军 2000 余人，杀伤来援的日军 140 多人，攻克据点 14 处，收复六塘河两岸地区，使淮海、盐阜两分区完全连成了一片。5 月，新四军和地方武装还攻克了陈家港等 7 个据点，歼灭伪军 800 余人，缴获食盐 40 万担。

6 月下旬，新四军在滨海地区发动攻势，先后攻克日伪重要据点大兴镇、通洋港，以及日伪赖以掠夺苏北资源的基地合德镇（今射阳）等地，共歼灭伪军 800 余人，日军 70 多人，缴获了大量食盐和棉花，开辟了灌河和射阳河之间地区，彻底粉碎了敌人的"屯垦"计划。9 月上旬，又在运河线上一举攻克敌据点林宫渡，全歼日军 80 余人，粉碎了日军隔断苏北根据地和淮北根据地联系的企图，并将抗日根据地的边沿推向日伪占领的陇海路，使其受到新四军的直接威胁。

在淮北，新四军第四师从 3 月 16 日起，在东至运河、西至津浦路的广大区域里展开春季攻势，对守备薄弱的日伪军据点发动了全面攻势。经过 3 个月的奋战，先后攻克据点 52 处，歼灭敌人 2300 多人，解放了泗（县）北的广大地区。6 月下旬，又进行了以攻取泗县北边张楼为主要目标的攻势，全歼伪军 500 余人。

苏南抗日根据地因直接威胁到南京、镇江等地的敌人，曾遭到敌人多次的"扫荡"、"清乡"。在这一地区坚持斗争的新四军第六师第十六旅，随着整个形势的好转，于 8 月下旬主动发起攻势。经过 1 个月作战，攻克日伪据点 25 处，歼灭伪军 4 个营，并迫使伪军两个连投诚。至年底，苏南军民攻袭县城两座，解放了溧（阳）南地区，扩大了苏南解放区。

在淮南、皖江，新四军第二师、第七师在反击国民党顽固派军队进攻的同时，也不断打击日伪军，坚持和保卫了淮南、皖江抗日根据地。1944 年上半年，第七师的一部分兵力向安庆敌后发展，半年内对日伪作战 40 余次，攻克据点 10 余处。6 月，第二师乘日军拆除淮南路南段之机发动攻势，连克三十头、五十头等据点。

在浙东，新四军浙东游击纵队坚持四明、巩固三北、发展绍北、绍南游击战争的方针，数次打击伪中央警备总队，并粉碎了日伪对余姚、慈溪、镇海以北根据地的"扫荡"和"蚕食"。8 月 25 日，海防大队第一中队 68 名指战员在岱山以西的大鱼岛抗击日伪军 500 多人海陆空的联合进攻，毙伤日伪军近百人，42 名勇士壮烈牺牲。这一年浙东游击纵队共攻克敌据点 8 个，歼灭日军 180 余人，伪军 1220 余人，坚持了抗日阵地。

在鄂豫边根据地，抗日军民在粉碎日伪的"扫荡"和顽军的进攻后，于五六月间主动出击。袭击敌据点和破坏交通运输 30 余次，毙伤日伪军千余人，牵制了日军向河南、湖南的进攻。

在 1944 年中，华中新四军共作战 6500 多次，歼灭日伪军 5 万余人，解放人口 160 余万，解放国土 7400 余平方公里，大大改善了各地区的斗争局面。

（三）开辟新区，向南发展

1944 年，八路军、新四军在发动强大的攻势作战、巩固和发展各抗日根据地的同时，还开辟新区，向南发展，即向河南、湖南、广东、广西、浙江等地进军，开创抗日新局面，以便将来在日军退到沿海地区集结时，在南方配合全国各个战场的强大反攻，收复失地，夺取抗日战争的最后胜利。

早在 1943 年 9 月 1 日，中共中央在延安杨家岭召开会议，制定了"发展两翼"的战略方针，即在内线反攻、扩大华北、华中、华南抗日根据地的基础上，在战略外线上向南、向北发展。向北发展即进军东北；向南发展则是挺进中原、华南和苏、浙、皖边，一共有三个发展方向。

地处中原、历来为军事要冲的河南，是八路军、新四军向南发展的第一个目标。鉴于国民党军队在日军发动的河南战役中不战而逃、大片国土被日军占领的情况，中共中央 7 月 25 日发出向河南进军的部署命令和政策指示。命令规定：从太行、太岳军区抽调精干部队，挺进豫西；以冀鲁豫水东部队积极策应，以新四军第五师一部沿平汉路北上配合行动。

9 月初，由太行军区第三团和新编第三五团及地方工作队组成的八路军豫西抗日独立支队（后改为豫西游击第一支队）从林县出发，向豫西挺进。部队在济源强渡黄河，打退了日伪军的阻击和追击，在登封袭击了日军正在修建的飞机场，解放了数千民工。而后分兵发动群众，在嵩山地区建立抗日民主根据地。从 11 月初到次年 1 月，第一支队在地方武装的配合下，粉碎了日军 2000 多人的"扫荡"，并新建 8 个县政府。到 1945 年 3 月，豫西抗日根据地已拥有 3 个专区、20 个县、300 余万人口，部队也发展到 1 万余人。

10 月 14 日，由太岳军区两个团组成的豫西抗日游击第二支队渡过黄河，进入洛阳以西陇海路南北地区开展游击活动。到 11 月底，就在新安、渑池、陕县地区开辟了 1200 余平方公里的抗日根据地。12 月底，中共中央党校 100 余名干部和晋绥军区第六支队 3 个连及太岳军区第五十九团一部到达新安，加强了力量。

冀鲁豫军区为策应开辟豫西抗日根据地，于 1944 年 7 月派 1 个加强营组成南下支队讲入水东（即新黄河以东地区），与在水东坚持斗争的独立团合编，尔后转战于睢县、杞县等地区，巩固、扩大了豫东地区。

在八路军开辟豫西和扩大豫东根据地的同时，新四军第五师一部于 7 月底沿平汉铁路两侧积极向北发展，开辟了豫南，挺进到豫中，在舞阳、信阳之间创建了一块 7000 多平方公里的根据地，建立了 7 个县的抗日民主政权，有力地配合了开辟河南新区的八路军。两支部队共同打通了华北与华中的联系。

同年8月，新四军第四师为恢复1941年5月撤离的豫皖苏边区，发展河南敌后抗战，以主力5个团由皖东北出发向西挺进，直捣萧（县）永（城）地区。国民党顽军拒绝西进部队合作抗日的建议，还无理阻拦第四师西进。西进部队被迫与国民党顽军作战，以打开西进的通道。同时，西进部队还对跟踪"扫荡"的日伪军进行反"扫荡"，连克敌据点多处，迅速恢复了萧（县）永（城）宿（县）地区。至9月上旬，建立了3个县政权，发展了1000多人的武装。到10月底，新四军取得自卫战的胜利，基本恢复原豫皖苏根据地，为大反攻扩大了前进阵地。

经过半年的艰苦奋战，八路军、新四军粉碎了日伪军的"扫荡"，打退了顽军的进攻，开辟了豫西，发展了豫南，扩大了豫东，恢复了豫皖苏边区抗日根据地，进一步打通了华北与华中的联系。

与此同时，中共中央为增强华南的抗日力量，决定派八路军一二〇师三五九旅挺进湘粤边，创建以五岭为中心的抗日根据地，打通与广东东江纵队的联系，造成南方一翼。南下支队于1944年11月9日从延安出发，东渡黄河，越过同蒲路进入太岳区，再南跨黄河穿过陇海路，进入新四军第五师地区。后继续南下，直到日本宣布投降后北返。

1944年9月，中共中央还重申了发展东南的方针。为发展东南，决定以新四军主力一部渡江南下，首先发展苏浙皖边与浙江沿海，尔后视敌情变化，争取控制苏浙皖闽赣诸省，使新四军在举行战略反攻中处于有利的战略地位，并能占领南京、上海、杭州、芜湖等各大城市。在西进发展河南、南下发展东南两大任务中，应以南下为主。为此，江北新四军陆续组织部队南下，进军苏浙沿海，加强了这一地区的斗争。

1944年，中共领导下的敌后战场在对日军的局部反攻中，共进行大小战斗1万多次，歼灭日伪军近20万人，攻克县城20多座，攻克和逼退据点2580多个，解放人口1700多万，进一步扩大了解放区。1944年的局部反攻和解放区的整风、生产运动，使敌后解放区在政治、经济和军事方面得到很大加强，八路军、新四军发展到78万人、民兵200多万人，解放区人口已达 9000 多万人。许多解放区连成一片，日寇在中国战场处于更加被动的地位。侵华日军华北方面军承认，"在方面军占领的三个特别市，四百个县当中，治安良好的除三个特别市以外，只有七个县（占总数 1.4%）。有一三九个县（31.5%）差不多未部署兵力，不得不听任中共活动"。还有相当于 66.9% 的 295 个县属于中间地区，行政力量大多不能充分贯彻，民心倾向共产党。日军只能以县城为中心，占领少数乡村 ①。

中国解放区的胜利发展，引起了世界的关注。1944 年，反法西斯同盟国的记者参观团和美国驻中缅印军司令部派遣的观察组，先后到敌后战场参观访问。以美国记者为主的 21 名中外记者参观团，于 1944 年 6 月 9 日到达延安。记者们不仅访问了陕甘宁边区的部队、机关、学校、工厂、农场、医院，等等，还于 9 月初东渡黄河，到晋绥军区观察汾阳攻坚战的实况，并在国际上作了客观的报道。美军观察组于 7 月 22 日和 8 月 7 日分批抵达延安，随后在敌后战场作了 1 年多的考察，受到了八路军总部和部队诚恳热情的接待。同盟国记者团和美军观察组的到来，反映了美国政界、军界中的有识之士和中国共产党合作抗日的愿望。通过记者团和观察组的参观和考察，扩大了中国共产党和八路军在国际上的影响。

四、中、美、英开罗会议讨论联合对日作战

1942 年 1 月 1 日发表的 26 个国家签署的《联合国家宣言》，宣告了中国在世界上的四强之一的地位，中国的国际威望大大提高。但是，在号称四强的美、英、苏、中四国之间，仍然存在着一些矛盾和意见分歧。

就当时的情况论，中国在与其他三国的关系中和美国的关系最为密切。太平洋战争爆发后，美国对中国抗日的作用大为重视，增加对中国的援助，以通过中国战场，更多地打击和牵制日本。具体表现是为中国提供 5 亿美元的借款，为志愿援华的空军飞虎队提供器材，取消美国在中国不平等条约规定的领事裁判权等特权。但因为受英美"先欧后亚"政策的影

---

① 见日本防卫厅战史室编：《华北治安战》下册，第 440 页。

响，中国从美国得到的租借物资比起欧洲战场来少得可怜，甚至排在亚洲其他战区之后。正如美国陆军部长史汀生所说："英美战略以对德作战为第一，以太平洋陆海空三军直捣日本为第二，至于中印缅区战场则居最末。"不仅如此，美国军部还掌握着中国租借物资的支配权。中国方面对此很有意见。而美国方面对蒋介石领导的国民政府也有不同看法。特别是一些驻华的美国外交人员认为，蒋政权腐败、无能，"丧失民心"。当时住在中国战时首都重庆的费正清便在1943年8月指出："现存政权已无多大希望，因为它无法在感情上信赖人民大众，在行政上又效力太低，实际上无法为民众做什么有益之事，而骇人听闻的苦难和灾祸总是跟随它的踪迹。它之所以能维持其摇摇欲坠的统治，只是因为还没有足够的民众拿起武器反抗它。"[①]尽管如此，美国政府为保证中国政府坚持抗战，仍向国民党蒋介石政府提供援助。中国方面为挽回不利自己的国际影响，也曾派宋美龄从1942年底到1943年7月在美国访问、多方斡旋。

中英关系当时隔阂很大。太平洋战争爆发后，中国主动提出派8万军队和飞虎队美式飞机帮助，援救缅甸，但英国只同意接收飞虎队，不欢迎中国官兵。仰光紧急时，英国被迫改变态度，允许中国军队进入缅甸。但分配给中国的租借物资在没有得到中国同意的情况下，被英缅驻军所占用。因英军作战不力，仰光失陷，中国远征军与英军面对着日军北进的威胁。英军为保守印度，有心放弃缅甸，因而在作战中步步后退。中国军队得不到英军答应提供的粮食、车辆等后勤供应，战斗力不能充分发挥。仁安羌战役中，中国远征军调出精兵救出英军7000余人，但仍未能挽回颓势，不得已撤往印度。1942年10月，英美一起表示自动放弃在中国的领事裁判权，废除对中国的不平等条约。但英国拒绝归还九龙租借地，中国只好采取暂时搁置的方式。在魁北克美英首脑会议已有初步决定的情况下，英军仍迟迟不同意在缅甸对日本实行南北缅水陆两栖的攻击，而把主要精力用于地中海地区和太平洋地区。中国对英国的以上做法非常不满。

中苏关系在苏德战争爆发前一段时间曾经比较密切。苏联在英美对

---

① 《费正清对华回忆录》，知识出版社1991年版，第284—285页。

中国抗战袖手旁观之际，为中国提供了相当多的援助。苏德战争爆发后，苏联自顾不暇，与中国关系也不如先前。1941年1月，蒋介石制造对新四军的皖南事变，苏联驻华大使和顾问提出质询，蒋介石认为苏联是为中国共产党说话，有干涉中国内政的嫌疑。同年4月，苏联与日本签订中立条约，声称互相尊重"满洲国"及宣布独立的外蒙古，这也影响到苏中关系。特别是1942年新疆盛世才表示"归顺"中央，并密告苏联图谋新疆后，中苏关系进一步恶化。虽然苏联也将盛世才多年来想在新疆搞独立王国,使新疆脱离中国的情况告诉蒋介石,但中苏隔阂已深。1943年1月，新疆省政府改组。4月，苏联将驻新疆哈密的红八团调回国内。苏联派往新疆的地质考察团、帮助修建的飞机制造厂及其技工人员，也统统撤走。中苏关系降到了最低点。

在反法西斯同盟国中，美英两国间的关系最为密切。1941年8月，罗斯福和邱吉尔举行大西洋会议，讨论了欧洲和远东局势，一致同意对日本发出严重警告,并发表阐明战争目标的联合宣言——《大西洋宪章》。但两国并非在所有问题上都完全一致。在对德决战的问题上，英国首先把重点放在地中海和巴尔干地区，因为这样可以不与德军正面冲突，尽可能地减少英军的损失；而且可以控制巴尔干，作为战后对抗苏联的棋子。邱吉尔没有改变英国的传统政策，即在任何场合，都不割断英国与殖民地的联系，并必须保证这种联系的安全与便利。而美国则考虑与苏联的关系，积极地想在法国北部开辟第二战场。特别是当苏军向西方迅猛推进之时，美国对它曾支持过的地中海战略已不再感兴趣，它担心西方盟国陷入巴尔干不能脱身时，苏联会横扫欧洲。因此，美国极力说服英国，在魁北克会议正式达成1944年开辟第二战场的协定。

苏联和美、英的关系在苏德开战后变得逐渐密切。英国立刻与苏联结成同盟，完成包围德国的作战。美国也声明对苏实行援助的方针，并在1941年7月签订美苏互助条约和单独不媾和的协定。仅同年10月签订的第一批对苏援助协定，英美计划在9个月内每月向苏联提供的物资就有：飞机400架，坦克车500辆，卡车、高射炮、电信器材等无数，总计1.377亿美元。12月，英美首脑在华盛顿召开会议，协商欧亚两面作战的政策，并拟定成立包括苏联等26国的反轴心同盟。尔后，美、英、加等国相继签署对苏联的物资协助协定，美、苏、英三国的联系日益稳固。但苏联面临德军的猛烈进攻，形势仍十分紧急。1942年5月，苏联要求美英必须立刻开辟直接攻击德国的第二战场，否则苏军很难再作战。

美国总统罗斯福口头答应了苏联的要求，并制定了在1942年9月前在法国北部开辟第二战场的相应作战计划，以与苏军东西相呼应，直接捣毁德国法西斯的根据地。可是邱吉尔对本年内开辟第二战场表示坚决反对。他认为在法国北部开辟第二战场是冒险的，必须等到有绝对把握的时候再实行。英国坚持将英美的武力先集中到地中海方面，这样可以立即击败轴心国中最软弱的意大利。英国的计划是：欧洲第一，先在地中海展开主力战，击破意大利，其次再包围德国，对日本作战延缓到最后实行。经过争论，美国作出了让步，同意按英国的意见进行，但要求美军在1942年内必须同德军直接接触。于是英美决定于年底共同发动北非登陆战。

第二战场的延期开辟，使苏联极为愤慨。苏联同英美的关系出现了危机。英美为使苏联继续战争，对苏联要求给予了最大限度的满足，迅速提供各种军需物资。因为他们意识到：战胜德、日，必须借重苏联的力量，必须设法解除与苏联间不愉快的分歧。他们预定在魁北克召开会议，讨论美英苏三国对德共同作战问题。苏联接到通知，但拒绝出席。于是，1943年8月17日至24日的魁北克会议（代号"四分仪"）由美英两国首脑参加，确定1944年5月1日实施进攻欧洲大陆的"霸王计划"，以主力进攻德国；准备在德国崩溃后的12个月内击败日本等内容。

这时，世界反法西斯战争的形势正急转直下，为了商讨和制订最后战胜德、日法西斯的战略问题，协商解决战后远东问题，美、英等几大国积极进行磋商。1943年10月19至30日，为讨论与加速粉碎法西斯同盟和战后欧洲问题，美国国务卿赫尔和英国外长艾登访问苏联，在莫斯科举行了三国外长会议。会议虽然讨论了开辟第二战场、处理德国等问题，但赫尔最努力完成的是美、英、苏、中四国签署有关战后国际机构的协约。赫尔在会议上提出设立战后国际组织的宣言草案，英国外相艾登表示支持，但苏联表示反对。苏联外长莫洛托夫提议，这次会议只讨论三强宣言，而不涉及四强问题。赫尔尽力说明，中国目前虽然没有与美、英、苏相近的强大的军力，但中国的人口比较美、英、苏三国总数还要多。中国人民若能统一团结，是有极大潜力的，并且中国已经抵抗太平洋主要敌人 6 年以上。中国已是亚洲的代表者，必须列为大国之一，"排除中国是错误的"。会前，一直注意提高中国国际地位的罗斯福曾下定决心，要全力支持四强的观念，即令现时不能达成协议，也在所不惜①。会议期间，赫尔向莫洛托夫暗示，如果不以四强名义发表宣言，则美国将重新考虑调整对英国（包括对苏联）的租借物资分配比例。在美国的强硬态度下，莫洛托夫不再反对中国参加签署。这样，苏、美、英三国邀请中国参加签署莫斯科会议关于普遍安全问题的宣言。10 月 30 日，关于普遍安全宣言由反法西斯同盟四大国签署。美、英、苏三国外长和中国驻莫斯科大使傅秉常授权在宣言上签了字。

莫斯科会议关于普遍安全的宣言，第一次由四国共同宣布将法西斯国家无条件投降作为停止战争所必需的条件。其主要内容有：1. 四国以其在作战时之联合行动，共同继续维持战后之和平与安全；2. 对共同敌人之投降及解除武装有关一切事项，当共同行动；3. 在可能的最早时期，建立一般性之国际组织，以维持国际和平与安全；4. 战争结束后，不得在他国境内使用武力，并促成一限制军备之一般协定；等等②。

在莫斯科三国外长会议期间，罗斯福、邱吉尔、斯大林通过相互的信件来往，认为战争接近结束，对战后体制取得一致意见已十分重要，三国首脑举行会晤的条件已经成熟。对罗斯福来说，他不仅希望直接与斯大林会晤，商讨全局战备和战后和平问题，而且想同蒋介石会晤，借以在英、苏面前提高中国的大国地位，协调中英、中苏关系。还在 1943 年 6 月，罗斯福即有召开美英苏中四国首脑会议的提议。由于苏联与日本订有中立条约，又由于斯大林对会晤地点的严格挑选，罗斯福决定四国首脑会议分别举行。7 月，蒋介石同意和罗斯福会谈，并准备会谈中提出以下内容：一、大西洋宪章适用于全世界各国各族人民。二、必须获

---

① 见《赫尔回忆录》下卷，1948 年英文版，第 1265 页。
② 见世界知识社辑《反法西斯战争文献》，世界知识出版社 1955 年版，第 137—138 页。

得此次战争的最后胜利。三、东北与台湾必须归还中国。四、朝鲜独立与中南半岛各国的地位。五、建立战后有力的国际和平机构。六、成立太平洋对日作战联合参谋部，分设于重庆与华盛顿。七、中美战时金融互助与战后经济建设合作。

10月28日，罗斯福致电蒋介石称，莫斯科会议进展迅速，他正促成中、英、美、苏同盟的团结。他尚不知何时能与斯大林会晤，但他希望与蒋介石和邱吉尔及早会晤，时间定在11月20日至25日之间。11月1日，罗斯福又来电说，斯大林尚未表示明确态度，但美英中三国领袖可以在开罗会晤。蒋介石考虑在美英苏会谈前，有必要就战争结束后的中国问题先取得美英两国的同意，因此电告罗斯福，要在美苏英会谈前先举行中英美会谈。11月9日，罗斯福发来第三封电报，通知蒋介石11月22日到达开罗，与他和邱吉尔会谈。这样，开罗会议正式确定下来。

为沟通情况，罗斯福派赫尔利以特使身份于11月12日到达重庆，为开罗会议预先征求蒋介石意见。赫尔利不仅说明罗斯福的用意，而且表示，如中英两国在亚洲问题上有分歧，美国可以从第三者的地位加以调解。蒋介石则强调，中国与美英合作毫无疑问，问题在苏联方面。蒋介石担心，美国会忽视苏联企图赤化和吞并中国的危险。

11月14日，中国方面拟定将在开罗会议中提出的重要提案如下："（甲）军事战略：反攻缅甸，海陆军同时出动，以曼德勒为目标。（乙）远东政治：东北与台湾、澎湖应归还中国，战后朝鲜独立，保证泰国独立及中南半岛各国与华侨的地位。（丙）国际与远东军事机构：组织成立中、美、英三国联合参谋团，并成立中、美、英、苏四国军事技术委员会，以研究国际武力的组织。（丁）日本投降后处置问题：日本在华（自九一八以来侵占的地区）所有的公私产业应完全由中国政府接受，作为赔偿损失的一部分；战争停止后，日本应以大部分残余的军械、军舰、商船与飞机移交中国。（戊）中美经济合作：将全部美国贷款划入中央银行，由中国自由运用。（己）美国租借物资与武器：要求美国供给三十师用的武器，补充中国空军。"考虑到中美英三国的关系和合作，中国决定避免在会上提出香港、九龙、西藏等中英间的悬案。对日处置提案和赔偿损失问题，中国也想等英美先提，而不由自己主动提出，以证明中国"毫无私心于世界大战"。

11月18日上午11时，蒋介石一行20人从重庆乘飞机启程，于21日上午7时半到达开罗。下午6时，蒋介石拜访已抵达开罗的邱吉尔，交换意见。次日上午邱吉尔又与蒋介石会晤。罗斯福于22日上午到达。开罗会议于23日上午11时正式开幕。

罗斯福首先在会上致词。他指出：这是一次历史性的会议，是四强莫斯科宣言的逻辑发展出来的结果。他希望这次会议的成就不仅在目前和最近的将来，甚至若干年后也会有益处。接着由盟军东南亚战区统帅蒙巴顿报告反攻缅甸的作战方案。方案计划于1944年元月中旬，由中国军向缅甸北部、英军向缅甸西部同时进攻，预定在4月间收复北缅。中国方面早就提议海陆夹攻缅甸，即在陆军反攻的同时，英国向孟加拉湾出动海军，夺得制海权，切断日军补给线，自南北两面夹攻缅甸，实行海陆军协同作战。可是蒙巴顿在计划中根本不提两栖作战问题，也不提占领印道、卡萨、密支那以后的进一步行动，与中国企图打通中缅海陆交通的目标相距甚远。因此蒋介石在蒙巴顿报告后提出意见，主张反攻缅甸时，海军和陆军应同时发动。中国代表在审议反攻缅甸计划时也一再提及三条意见：一、南北缅海陆同时夹击。二、同时占领安得曼岛。三、英军应进至曼得勒。邱吉尔却有不同的表示。美英参谋团联席会议暂缓决定此案。所以，开罗会议上没有就反攻缅甸问题达成任何协议。直到11月26日，罗斯福才向中国作出口头承诺：在陆军反攻缅北时，英国海军必能在南缅同时行动。但德黑兰会议后，罗斯福又通知中国，因须在欧洲大陆发动一大规模战役，英国海军将抽不出舰艇到孟加拉湾。这样，罗斯福的承诺就变成了一张空头支票。

对中国来说，11月23日晚蒋介石和罗斯福的会谈是最有意义的。双方谈到若干重要问题。一、中国国际地位问题。罗斯福表示：中国应以平等与四强之一的地位参加四强组织的机构及决策。二、日本皇室地位问题。罗斯福以废除日本的天皇制度问题征求蒋介石意见。蒋表示日本的国体问题应等战后日本人民自己去解决。三、对日本的军事占领问题。

罗斯福坚决主张在日本投降后，中国应为军事占领日本的主体。蒋介石表示应由美国主持。如需中国派兵协助，当尽力而为。四、日本对华赔偿问题。蒋介石建议在战争结束后，日本可用实物来做对华赔偿的一部分，日本的工厂机器设备、军舰、商船、流动股本等可作为赔偿品。罗斯福表示同意。五、中国的领土问题。蒋介石和罗斯福一致认为，东北四省与台湾、澎湖群岛必须归还中国。琉球问题，蒋介石表示愿同美国共同占领，最后可由国际机构委托中、美共管。六、中美军事合作问题。罗斯福提议，为维持太平洋的安定和平，防止外来侵略，中美两国在战争结束后应作若干相互协助的安排，美国并将在太平洋若干基地保留适当兵力，以便有效担负防止侵略的责任。蒋介石同意以上建议，并希望美国给予必要的援助以装备中国的陆海空军。蒋还建议：为达成共同安全的目的，中美两国应协议相互利用陆海军基地，中国准备将旅顺军港供美国共同使用。七、朝鲜、越南、泰国问题。罗斯福认为中美两国对这三国的将来应有一个共同的了解。蒋介石强调应协助朝鲜独立，鼓励和协助越南独立，并恢复泰国的独立地位。罗斯福完全同意。八、对华经济援助问题。蒋介石提出战后中国重建经济是一个非常艰巨的工作，需要美国贷款及各种援助。罗斯福表示一定考虑。九、外蒙古及唐努乌梁海问题。罗斯福特别询问唐努乌梁海的历史和现状。蒋介石表示，这一地区原是中国外蒙古的一部分，后来被俄国人强占吞并。这个问题和外蒙古事务都必须在时机来临时和苏俄协商。十、统一指挥问题。蒋介石建议设立中美参谋首长联席会议，或者是中国参加现已存在的美英参谋团联席会议。罗斯福表示愿和美国参谋首长商讨后决定。双方对以上问题都没有异议。但在对中国共产党的问题上，罗斯福对蒋介石派政府军监视共产党军队的做法表示不理解。24日下午，罗斯福和蒋介石会谈国共关系和香港问题时，罗斯福建议：国民政府容纳共产党组织"国共统一政府"。蒋介石回答说，如果苏联不插手东北就可以同意。罗斯福当即表示要与斯大林洽谈。

1943年11月26日下午，开罗宣言经商讨修正后定稿。因要等罗斯福、邱吉尔与斯大林在德黑兰会谈完毕，开罗宣言推迟到12月3日才正式发表。宣言明确宣布：美、中、英三国首脑偕各该国军事与外交顾问人员在北非举行的会议已经完毕。"三国军事方面的人员，关于今后对日作战计划，已取得一致意见，我三大盟国决心以不松弛之压力，从海、陆、空诸方面加诸敌人。""我三大盟国此次进行战争的目的，在于制止及惩罚日本之侵略。三国决不为自身图利，亦无拓展领土之意。三国之宗旨在剥夺日本自1914年第一次世界大战开始后在太平洋所夺得或占领之一切岛屿，在使日本所窃取的中国之领土，例如满洲、台湾、澎湖群岛等，归还中华民国。日本将被逐出于其以武力或贪欲所攫取之所有土地"，朝鲜将在相当期间内获得"自由独立"。宣言还表示，三大盟国将抱定以上各项目标，"并与其他对日作战之联合国家目标一致，将坚持进行为获得日本无条件投降所必要之重大的长期作战。"[1]

《开罗宣言》的发表，更加确定了中国作为四强之一的国际地位，鼓舞和振奋了已艰苦作战多年的中国军民，并对恢复中国领土的完整提供了重要的国际保证。美、英等国表示加强对日战争，促使日本无条件投降，将台湾、澎湖以及东北归还中国，这对日本是一个沉重的打击。《开罗宣言》表示在制止和惩罚日本侵略的同时，将使遭受日本奴役的朝鲜得到自由和独立，这说明中华民族的抗日战争与亚洲人民争取解放的斗争是密切相连的。抗日战争的胜利，有利于亚洲各国的独立。

开罗会议是第二次世界大战中反法西斯同盟国召开的一次重要的国际会议，所讨论和研究的对日作战计划和战后处理日本问题的若干原则，对加速抗日战争的胜利，对战后亚洲及世界的局势产生了积极影响。开罗会议是中国政府在第二次世界大战中参加国际会议中级别最高的一次，也是蒋介石出席反法西斯同盟国会议绝无仅有的一次。

蒋介石11月27日晚离开开罗，途中在印度稍事停留，视察中国驻印军工作，12月1日回到重庆。蒋介石对开罗会议的结果比较满意。他在12月4日的日记中写道："昨日发表开罗会议公报以后，中外舆情无不称颂为中国外交史上空前之胜利。"通过开罗会议，一些和中国的政治、军事、经济各方面关系密切的极其重要而又极其困难的问题得到了解决。

---

[1] 世界知识出版社编：《中美关系资料汇编》第1辑，世界知识出版社1957年版，第543页。

但也有许多难题如像反攻缅甸等问题悬而未决。

中国共产党对开罗会议以及德黑兰会议的基本精神是赞成的，认为中国参加的四国宣言、开罗会议，再次确定首先击败希特勒的战略与关闭公开投降之门，有利于人民而不利于反动派。1943年12月16日，毛泽东等在致邓小平《关于目前国际形势下敌后任务的指示》中指出："开罗会议，打击了日本诱降（但未最后放弃），堵塞了蒋介石寻求妥协之门，给与澎湖、台湾、满洲支票，可能招致日寇正面进攻之祸。""时局于抗日革命是极为有利的，但困难仍在增加（如开罗会议可能促使日本财阀间军阀间各派别之矛盾减少而较前更妥协团结，坚持持久战争等），特别处于敌后之华北须有充分准备，再坚持三五年，防止在德黑兰、开罗会议及苏联不断胜利下，引起轻敌，放松长期准备。"[1]1944年6月，毛泽东在接见中外记者西北参观团时还谈道："只有建筑在民主基础上的统一，才是真统一。""我们赞成大西洋宪章及莫斯科、开罗、德黑兰会议的决议，就是基于这个观点的。"[2]

五、中国驻印军和远征军的缅北、滇西反攻

1943年12月下旬至1945年3月下旬，中国驻印军和远征军在缅甸北部至云南西部开展了对日军的猛烈军事反攻。这是中国军队在抗战后期取得彻底胜利的一次战役。整个战役分为缅北、滇西两个地区，缅北反攻主要由中国驻印军于1943年10月发动，滇西反攻由中国远征军于1944年5月发起。中国驻印军和远征军最后在中缅边界缅甸一方的芒友胜利会师。

（一）中国驻印军的缅北反攻

第一次缅甸战役失败后，中国远征军一部撤回云南，一部撤往印度，

---

[1]　中央档案馆编：《中共中央文件选集》第14册，第138—139页。

[2]　中央档案馆编：《中共中央文件选集》第14册，第257页。

中国对外陆上交通线滇缅路完全中断。在这种情况下，罗斯福要求美军空军确保印度经缅甸至中国的空中补给路线即驼峰航线，以便将援华物资空运到中国。为开辟新的陆上通道，同盟国还从1942年12月起开始修筑从印度雷多到缅甸密支那的公路。这条公路全长500多公里，修通后可联结滇缅路，打通中国的对外陆上交通，以便运送更多的援华作战物资。与此同时，中国方面也积极进行反攻缅甸的准备。1942年6月，蒋介石正式批准了史迪威关于在印度训练10万军队，在滇西装备训练30个师以及反攻缅甸的计划。7月，国民政府军令部提出"中、英、美联合反攻缅甸方案大纲"。其中阐述了反攻缅甸的四点理由：（1）收复缅甸可建立反攻日本的基地，使盟国尔后攻势作战容易。（2）可巩固印度，彻底击破轴心国会师远东的企图。（3）打通中印交通，使美国援华物资大量输入，及早完成中国总反攻的准备。（4）牵制日本陆海空军，使不能再行增辟战场（如对苏对澳或袭击美国）。①

8月下旬，撤往印度的中国军队在印度东部比哈省的蓝伽开始训练。为补充部队不足的数额，从10月到12月又从国内空运军队23000人到印度参加训练。训练工作由美国军官担任教练，英国负责提供衣服、伙食、医药、运输等后勤服务，中国军官负责日常生活管理和执行纪律。训练内容主要是学习和掌握美式的步兵和炮兵武器。如美式步枪、轻重机关枪、60毫米及81毫米臼炮、火箭发射筒、手榴弹、反坦克炮等。经过美国军官的6周基本训练后，再由中国教官继续训练，并在丛林沼泽地区进行实战演习，以适应缅北作战需要。到1944年1月结束训练时，受训结业的中国军官有9667人，士兵29667人，编为新编第二十二师、第三十师和第三十八师。后来又扩编为新编第一军及新第六军，一切军械、装备和编制完全依照美式。

1943年10月末，在太平洋地区日已被迫转入防御，美军已完全掌握了战争的主动权。欧洲战场的局势也有根本改观。在此情况下，中国军事

① 见中国人民政治协商会议全国委员会文史资料委员会编：《远征军印缅抗战》，中国文史出版社1990年版，第51页。

委员会与盟军联合参谋部一再协调，协定由中国驻印军主力和英、美军一部，向缅甸北部推进。中国与英国在收复缅甸的问题上存在着战略分歧。中国希望英军出动海陆空军在仰光登陆，中国军队在缅北发起反攻，实行南北两栖作战。但英国不愿在缅甸投入较多的海空军力量，而热衷于进攻苏门答腊、反攻马来亚、新加坡和地中海的作战。后来经美国施加压力和进行调解，英国同意参加缅北反攻，但始终不愿担负在南缅水陆夹攻的任务。这样，缅北反攻的重任就主要落在了中国军队的肩上。

中国驻印军的兵力主要是新编第一军。参加反攻作战的部队以史迪威任总指挥，郑洞国为副总指挥。下辖美军第五三〇七支队，中美混合突击支队，新一军（下辖新三十师、新三十八师）、新二十二师、第十四师、第五十师、直属部队。

当时，防守在缅北的日军主要是田中新一中将指挥的第十八师。临时配置有第十三独立速射炮营、第二十一野战重炮营。主要任务是担当密支那及胡康谷地两方面的防卫。空中配合作战的是田副登中将所属的第五飞行师，还有第五十三师的一个团。日军自 1942 年起开始构筑工事，以孟拱、密支那、八莫、南坎四大据点为支撑，在新平洋至孟拱及四大据点之间依山险构筑了许多碉堡群，控制着缅北的要地。

中国驻印军的作战方针是："以协同友军歼灭敌人为目的，于 1943 年 12 月中旬，先向缅北进攻，夺取孟拱、密支那要点，然后经八莫，向曼德勒前进，将敌压迫于曼德勒附近地区，包围而歼灭之。"具体攻击作战步骤分三步："第一目标为孟拱、密支那之线。第二目标为杰沙（卡萨）、八莫之线，第三目标为曼德勒。"

按预定计划，中国驻印军新编第三十八师于 1943 年 10 月 14 日由印度阿萨姆省的雷多（列多）以南地区，向日军第十八师一部开始攻击。从雷多经崎岖绝径的野人山、胡康河谷的新平洋南折至孟拱、密支那，便可到连接滇缅路的八莫。打通这条路线，便可与云南的远征军联络，并取得全面反攻的立足点。但这一路线要经过森林遍野、人迹罕至、被称为"死亡之路"的野人山，地势险要、易守难攻、素有"绝地"之称。敌人依靠预筑工事和后方便利的交通，控制着胡康河谷和孟拱河谷，兵力调转灵活。中国部队的反攻却面临着很大的困难。但中国驻印军仍英勇地在胡康河谷拉开了缅甸反攻战的序幕。

10月29日，驻印军攻取新平洋，打开了胡康河谷的北大门。11月6日开始攻击于邦。日军死守，并派来援兵。经过1个多月苦战，中国军队于12月18日攻占于邦，消灭守敌400余人，为缅北攻势打开了胜利的道路。日军没有想到中国驻印军在道路泥泞的雨季刚过就能这么快地开始正式反攻，更没有想到"中国军，无论是编制、装备、还是战术、训练，都完全改变了面貌"。日军"不禁为之愕然"①。

12月28日，驻印军分兵左右两路向缅北进军。分别于次年1月31日攻克太洛，2月1日攻克太白家。日军残部向孟关方面溃退。至此，全面反攻缅甸的战斗开始。

驻印军在肃清了大龙河及大龙河沿岸的敌人后继续向前推进。1944年3月5日，越过原始森林迂回至孟关南方的驻印军一部，切断了日军补给线，并协助主力攻击。驻印军激战到3月5日，击溃企图据险顽抗的日军第十八师团主力，攻克缅北门户孟关，占领了整个雷多公路的一半。日军大部被歼，仅一部向瓦鲁班突围。3月9日，驻印军猛攻后占领瓦鲁班。

杰布山是胡康河谷和孟拱河谷的分水岭。高沙坎和沙杜渣是扼守杰布山的两个要隘。中间相隔约10公里，羊肠小道，形成隘路。日军在路两侧高地修筑了坚固工事，附近森林中的小路，全在日军封锁之下。驻印军经过激烈战斗，于15日夺取高沙坎，29日夺取沙杜渣，日军由胡康河谷退守孟拱河谷。驻印军于6月19日前攻克高利、英开塘、卡盟等地，将据守的日军大部歼灭，而后向孟拱前进。从攻击新平洋到夺取杰布山，中国军队共毙伤日军5700余人，缴获火炮6门，步机枪100多支。驻印军伤亡754人。

接着，驻印军向孟拱河谷展开进攻。孟拱河谷纵长110公里，平均宽度约为10公里，河谷两侧为密林地带。孟拱城位于南高江与孟拱河、南因河的交汇处，有铁路和公路通往密支那及曼德勒。6月26日，驻印

---

① 〔日〕服部卓四郎：《大东亚战争全史》第3卷，商务印书馆1984年版，第1051页。

军在完成对孟拱的包围后，经过两天战斗，攻克孟拱。残敌逃往密支那。孟拱河谷的战斗，击毙日军约 6800 人，俘虏 80 人，缴获火炮 77 门，步机枪 2600 支，载重汽车 160 辆。

密支那为缅北第一重镇，交通便利，有铁路、公路连接孟拱、曼德勒，另有公路可南达八莫。这里三面环山，地形险要，日军阵地坚固。由美军第五三〇七支队和新编第三十八师第八十八团及第五十师第一五〇团混合组成的中美突击支队，于 5 月 17 日抵达密支那近郊，并向敌外围据点攻击。经过两个多月的激烈战斗，密支那于 8 月 5 日被攻克。少数残敌向八莫退去。此役日军自称战死 2779 人，伤 1180 人，生还 800 人。中国驻印军伤亡 6000 人，其中阵亡 2000 余人 [1]。

驻印军自 8 月中旬至 10 月初在密支那休整，所属各师分编为新编第一军、第六军。10 月 15 日，部队分为左右纵队，向印道、杰沙亘瑞古发起攻击。21 日，左纵队一部南进，沿途攻克日军据点。11 月上旬，中国军队完成对八莫的包围，并逐渐缩小包围圈，12 月 15 日攻占八莫。日军 5000 余人除 60 多人泅水逃脱外，全部被歼。这是缅北反攻战中漂亮的一仗。

驻印军左纵队另一部向南坎急进。南坎位于缅北最东端，为中缅交通要冲，西北通八莫，东北达龙陵，南至腊戍。日军在这里屯集重兵和粮食弹药，还修建了半永久工事。12 月 3 日，正沿中印公路向南坎急进的驻印军与自南坎向八莫增援的日军遭遇，展开激烈战斗。后驻印军对南坎之敌形成包围。日军顽固抵抗，驻印军以优势兵力猛攻，于 1945 年 1 月 14 日将南坎攻克。

而后，驻印军向芒友进击，1 月 27 日攻占芒友，与中国远征军会师。3 月 8 日，攻克腊戍。缅北作战遂胜利结束。

（二）中国远征军的滇西反攻

为准备反攻缅甸，第一次缅甸战役失利后撤回云南的中国远征军也进行了整编、练兵。按照中美协议，这支远征军的编练完全由中国军官指

---

[1]　见中国人民政治协商会议全国委员会文史资料委员会编：《远征军印缅抗战》，第133页。

挥，美国人只负责训练及供应租借物资。为适应练兵工作需要，在昆明
设立了步兵、炮兵、通讯兵、交通兵训练中心，每期训练 6 周。每期每
一兵种调训军官 150 人至 450 人，受训结束后即回原单位担任训练教官。
1943 年 4 月 1 日，完全按照美国国内训练中心的组织设置的昆明步兵训
练中心和炮兵训练中心同时成立。1943 年、1944 年两年中，在这里接受
训练的军官约有 1 万人。到 1943 年 8 月，中国远征军的 5 个军已按每军
3 师的编制改编完成，后调来的第五十四师也在 11 月改编完成。经过整
训的中国军队装备有所改善，士气十分旺盛，为滇西反攻的胜利打下了
坚实基础。

为策应中国驻印军攻击密支那，打通中印公路，中国远征军于 1944
年 5 月在滇西开始对怒江以西的日军发动猛烈进攻。这年 3 月 17 日，美
国总统罗斯福致电蒋介石，希望他命令云南的中国军队"发起攻势，以
促良机更趋发展"。3 月 20 日，史迪威的参谋长霍恩又奉罗斯福之命，由
缅北飞往重庆，请求滇西的中国远征军从云南及时出击，"牵制当面敌军
第五十六师团，使驻印军作战容易"。并表示，如远征军能推进至腾冲或
龙陵，则驻印军可乘机推进至密支那。当时蒋介石对将中国军队投入决
定性的进攻、消耗他的嫡系部队极为慎重，加以日军正加紧集结，有对
河南和京汉线发动大规模攻势的迹象，开始不愿意立即展开滇西反攻。
但罗斯福不断施加压力，并以停止向中国运送租借物资相要挟。蒋介石
被迫作出让步。

国民政府军事委员会依照当时的情况，决定以远征军一部攻击腾冲，
策应驻印军作战。4 月 13 日，军委会对远征军发出 4 月底前完成准备，
待命"相机攻占腾冲"的命令。4 月下旬又根据战局变化，决定将远征军
主力投入，协助围歼缅北日军。

当时驻滇西的中国远征军司令长官为陈诚（1944 年 6 月后由卫立煌
代理），指挥的部队有第二十集团军、第十一集团军、第八军、第九十三师、
炮兵指挥部等。

据守滇西的日军主要是日本南方军总司令寺内寿一指挥、日本缅甸
方面军辖下的第三十三集团军。他们利用高黎贡山的险要地形，构筑了若

干据点群，其中以腾冲、松山、龙陵、平戛为主，控制着滇缅边境的要道。

4月17日，中国远征军确定渡河攻击计划。规定此次作战方针为：（1）策应驻印军攻击密支那，打通中印公路，以二十集团军为攻击军，由栗柴坝、双虹桥间渡江，以腾冲为攻击目标。（2）第十一集团军为防守军，负怒江左（东）岸防守之责；另以该集团军之新编第三十九师、第八十八师、第七十六师、新编第三十三师各派一加强团渡江攻击，策应第二十集团军之作战。（3）攻击准备限4月底以前完成。4月21日，陈诚下令以第二十集团军为攻击军，强渡怒江，攻击正面的高黎贡山及腾冲的日军；以第十一集团军为防守军，固守怒江东岸的原阵地，另由第一线各师各派一营以上兵力，加强怒江西岸的游击，牵制正面的日军。

5月11日，中国远征军强渡怒江，开始反攻。担任主攻任务的第二十集团军所属第五十四军右翼第一九八师，于5月11日从栗柴坝渡过怒江，连克大寨、茶房，后围攻高黎贡山最北的重要据点北斋公房。而后又以主力迂回袭击攻占马面关和桥头两地，完全切断北斋公房敌人后方主要的交通线。第五十四军左翼第三十六师在双虹桥附近渡河成功后，即向大尖山、唐习山、鸡心山方面的敌人发起攻击。日军利用外围据点，凭险固守。远征军连日苦战，伤亡较大。远征军第五十三军第一一六师、第一三〇师渡河增援，5月14日向大尖山等地发起攻击。先后攻下唐习山（鸡心山）、大尖山、大塘子，随后又乘胜追击，越过高黎贡山，进抵瓦甸江、江苴街以东一线。担任防守任务的第十一集团军所派的新编第三十九师1个加强团，也在惠通桥上游附近渡河成功，12日攻占红木树。第七十六师、第八十八师组成的两个加强团，则于5月12日分别由三江口、攀枝花渡河，会攻平戛，牵制敌人，歼灭敌军百余人。

渡河攻击各部队奏效后，中国军事委员会鉴于中国驻印军对密支那的攻击已经开始，日军不太可能在短期内调动大量兵力增援滇西，因此下令远征军转入攻击，迅速攻占腾冲、龙陵，与驻印军会师缅北，打通中印公路。这实际上调整了原来远征军只以腾冲为攻击目标的部署。

奉此命令，远征军决定部队全部渡江参加作战，并于5月22日指示各集团军任务如下：（1）第二十集团军为右集团军，仍照原计划攻击腾冲。

（2）第十一集团军、第七十一军为左集团军，攻击龙陵、芒市，并限于
5月底以前完成攻击准备。第十一集团军参照军令部意见，于5月22日
制定渡河计划，决定以主力渡河向龙陵、芒市包围攻击，扩张战果。两
集团军在相应调整后展开战斗。

龙陵、松山、腾冲、平戛是日军利用滇西高黎贡山的险要地形构筑
的四个主要据点。经过两年多的苦心经营，日军在据点周围修筑了大量
的半永久性工事，封锁了一切道路，并储存了充足的粮食、弹药和饮水
及所需器材。每一个据点都可以独立作战。中国远征军面对易守难攻、
敌人戒备森严的据点，视死如归，勇往直前。

6月1日，第十一集团军各部队发动全面攻击后，于6月4日攻克腊
猛，主力绕过松山向龙陵发起了突击。龙陵是日军在滇西的重要据点。
守敌依据城垣和坚固的工事顽强抵抗，又有敌军自腾冲、芒市前来增援。
加之细雨连绵，道路泥泞，行动困难，粮食弹药补充困难，远征军的攻
击受阻。远征军赶紧调兵支援，分兵三路，与敌激战。至7月7日，日
军受严重打击后由外围据点向龙陵城撤退，远征军跟踪追击，迫近城郊，
形成对峙。8月26日，中国军队经激战突至龙陵市区。此时，第八军经
3个多月围攻，终于攻占龙陵以东之松山，全歼守敌。松山至龙陵间的公
路打通，使中国远征军的补给线得到增强。同时，又有其他部队参加龙
陵作战。平戛之敌也由第二军攻歼。10月25日，远征军发动统一攻击。
11月6日，龙陵被攻克，日军大部被歼。

第八军从6月初至8月在松山与日军展开激战。松山耸立在惠通桥
西岸，扼滇缅路之咽喉，是怒江之西的制高点，也是龙陵的屏障。守敌日
军第五十六师第一一三联队及师直属炮兵团在松山盘踞两年，在大小松
山、阴登山、大垭口等山峰上修筑了有母堡、子堡构成的地堡群，工事坚
固，四通八达。其中发电、抽水、通讯等设备一应俱全。日军企图凭借天险，
负隅顽抗。中国远征军连续发动5次攻击，将松山外围日军据点全部攻
占。但其核心据点屡攻不下，远征军伤亡甚大。在此情况下，远征军采
用坑道技术，秘密挖掘地道，安装炸药，炸毁山上的地堡。经过反复攻
击，第八军历时3个月，全歼守敌，于9月8日攻克松山。在松山战斗

结束后修建的远征军阵亡将士公墓上竖立着两块墓碑，上面写着："民国33年秋，我第八军奉命收复滇西，血战百余日，伤亡官兵6000余人，始竟全功。""查松山之敌为倭寇第五十六师团松井联队及野炮兵第三大队。本师(第八军第一〇三师——引者)奉命于民国33年7月12日开始攻击。赖我忠勇将士奋不顾身，前仆后继，卒于同年9月7日完全占领，歼灭顽敌3000余人……我亦阵亡官佐59员，士兵1450名……"①

6月25日，第二十集团军越过龙川上游向腾冲推进，28日到达腾冲外围。腾冲扼滇缅路的要冲，城区在大盈江左（东）岸，西、北、东三面环水，四面环山，地形险峻。日军在城周围3.5公里内，修筑了极坚固的工事，使其成为日军在滇西高黎贡山最险固的一个据点。日军据险顽抗，远征军进展缓慢。苦战一个多月，日军退守城内。因地势险要，工事坚固，气候不好，战斗之惨烈程度为中日战争中少见。远征军经过两个月的战斗，于9月14日完全攻克腾冲，城内日军除少数被俘及部分弹尽自杀者外全数被歼。

腾冲、龙陵作战，共毙伤日军1万余人，俘虏266人，缴获日军步枪1777支，轻重机枪164挺，火炮16门。中国远征军伤亡25896人。

中国远征军攻克龙陵后，于11月6日沿滇缅路及其两侧分三路，向芒市、畹町进攻以扩大战果。据守芒市的日军为各团残部，士气低落，毫无斗志。当中国军队逼进时，日军向遮放、猛戛撤退。远征军于11月20日攻克芒市，11月底进至遮放。1945年1月上旬，三路攻击军均进抵畹町附近，并对日军进行包围。同月24日，击溃残余日军，攻占畹町，日军向南溃退。第十一集团军随即越过中缅边境，向日军追击前进。

1945年1月27日，中国远征军与在北缅作战的驻印军在芒友会师，中国西南国际交通补给线完全打通，中国云南省的领土完全收复。1月28日，中美高级将领在畹町举行会师典礼。3月，中国驻印军攻占腊戍，缅北滇西作战至此结束。中国远征军陆续回国。

缅北、滇西作战，从1943年12月起到1945年3月止，历时1年多。

---

① 成都军区编写组编：《西南戍边概览》，四川人民出版社1988年版，第205页。

中国军队在地理、气候条件恶劣的情况下艰苦奋斗，挺进 2400 余公里，收复缅北大小城镇 50 多座，歼灭日军两个师大部，毙伤俘日军共 25102 人，缴获步枪 1 万多支，轻重机枪 600 多挺，汽车 600 余辆[①]。中国驻印军、远征军伤亡 4 万余人。

中国在缅北、滇西反攻的胜利，歼灭和消耗了侵缅日军的重要力量，对日本侵略者在缅甸的统治起到了瓦解作用。这不仅使缅甸战场的日军陷入被动，而且为英印军在印度英帕尔地区的作战及整个缅甸战场的胜利创造了有利条件，减轻了美国进攻太平洋的侧面压力，提高了中国的国际声望，以至在反攻前线，美国高级将领都以争戴中国军帽为荣耀。这次巨大胜利，是中国对世界反法西斯战争作出的贡献。更为重要的是，这次反攻打破了日本妄想打通贯通南北直达南洋的陆上通道的计划，使盟国大批援华物资在陆地运输中断了 3 年后重新源源运到中国内地，为反攻作出了贡献；也粉碎了日军截断中国唯一的国际通道，威逼中国政府投降的阴谋，增强了全国抗战军民坚持抗战胜利的信心。日本关于太平洋战争的权威著作承认，"日军在缅甸战线崩溃，给日本军部一个严重的打击"，它使日本对陆战的信心破灭，其原因是"在缅甸战场上，自夸精锐的日本陆军被他们一向所轻视的中国军队打垮了"[②]。

缅北滇西反攻之所以能够取得胜利，国民党认为主要是战略指导正确和美式装备提高了战斗力。实际上这场战役的胜利除了战略指导和武器装备的因素外，还有以下几个方面：

一是爱国官兵们的不怕牺牲、浴血奋战。这次反攻取胜的主要原因，是中国军队的官兵打得相当英勇顽强。有一名在怒江前线采访的美军记者在报道中写道："中国远征军衣食都不能说十分丰足，但在崇山峻岭奋勇作战，精神至为旺盛。他们得到反攻机会，无不欢欣鼓舞，奋不顾身。"虽然日军负隅顽抗，自然条件十分恶劣，官兵们有时一天只吃一顿饭，有

---

① 又一说日军损失兵力共 31000 余人。见罗焕章、支绍曾：《中华民族的抗日战争》，第 453 页。

② 日本历史研究会：《太平洋战争史》第 4 卷，商务印书馆 1962 年版，第 42 页。

时甚至靠掘野菜剥树皮充饥，但仍无怨言，在战场上奋不顾身，前仆后继。美军联络参谋长吴德认为："中国军队耐受困苦的精神和作战的勇敢，都是世界上少有的。"[①]爱国官兵们的旺盛士气、顽强意志，主要来自他们高尚的民族精神。

二是滇西人民的支持。在这次反攻中，中国军队先后出动16万多人，参加运输的民工就达20万—30万人。尤其是直接为部队运送粮食、弹药、伤兵的几万民工，在崇山峻岭、道路崎岖的怒江两岸，靠骡马和人力挑运，保证了前线的需要。他们忍受着痛苦，以极大的爱国热情支援了这次反攻。

三是同盟国的援助和支持。这次反攻得到了世界反法西斯同盟国的支持。美国不仅为这次作战提供了相当数量的物资、弹药，大大增强了部队的战斗力；而且有空军主动参战，空投粮弹，攻击日军据点。日军失去了制空权，处于被动挨打的地步。

但是，中国军队在缅北滇西特别是滇西战役中的伤亡程度十分严重，这主要是战略指导上的失误所造成的。日军兵力单薄，但利用险要地形，建立据点，封锁道路。如果远征军由左翼先发动攻势，直趋龙陵，不但可以切断腾冲方面日军的补给线，比较容易地收复腾冲，而且可以在攻占龙陵后，直接威胁畹町，这显然比先攻腾冲更有利于支援驻印军的作战。但中国远征军反其道而行之，在左翼取守势，由右翼部队发动攻势，逐个山头地攻击占据有利地形而且工事坚固的日军。虽然最后远征军也取得了成功，但付出的代价太大。

六、正面战场豫湘桂作战的败退

1944年，侵华日军以51万人的总兵力对豫、湘、桂地区发起进攻。日军在8个月的时间里，击溃了大约100万国民党军队，长驱直入，打通了纵贯大陆的1500公里的交通线。与此同时，国民党损失军队近60

[①] 中国人民政治协商会议全国委员会文史资料委员会编：《远征军印缅抗战》，第69页。

万人，丢失大小城市 146 座，河南、湖南、广西、广东等省 20 多万平方公里的土地沦入敌手，形成抗日战争的正面战场上令人痛心的败退局面。

自从 1943 年秋季开始，日本大本营就考虑攻占中国湘桂、粤汉铁路以及京汉铁路南段各主要地区的作战。1943 年 12 月初，日本大本营在太平洋占领的吉尔帕特群岛失守，日军制海权进一步丧失的情况下，立即要求中国派遣军提出一号作战计划大纲。1944 年 1 月 24 日，日本大本营正式下达实施一号作战的命令。根据这一命令，日军参谋本部向中国派遣军下达了"一号作战纲要"，规定了作战目的、作战方针、作战指导大纲等。

关于作战目的，日军原来考虑有以下四点：一、夺取今后势将成为美国 B29 轰炸机进攻日本本土的基地桂林、柳州，以保证本土防卫万无一失。二、通过占据桂林、柳州一带，以应付将来敌军经由印度、缅甸、云南指向华南方面的进攻。三、在海上交通日益不稳的情况下，修复这些贯通南北的铁路，以开辟经过法属印度支那与南方军的联络。四、通过摧毁重庆军的骨干力量和所取得的综合战果，以策划重庆政权的衰亡。到 1944 年 1 月，根据日军的实际能力，又将作战目的集中限定到第一项①。日本驻中国派遣军 3 月 10 日拟定的作战计划规定："击败敌军，占领并确保湘桂、粤汉及京汉铁路南部沿线的要冲，以摧毁敌空军之主要基地，制止敌空军空袭帝国本土以及破坏海上交通等企图，同时摧毁重庆政权继续抗战的意图。"

整个战役分为三个阶段：

（一）战役的第一阶段——河南作战

日军按照预定的部署，首先向河南发起了进攻。日军称这次作战为平汉作战或河南会战。他们制定的作战计划将会战分为两个阶段：首先突破中国军队的正面防线，在黄河南岸集结军队。然后沿平汉线南下，以郾城为中心，主力部队向西进攻，夺取洛阳；另一部分兵力沿平汉线南下，打通至武汉的平汉线。为保证河南会战的实施，由第一军在山西进行策

---

① 见〔日〕服部卓四郎：《大东亚战争全史》第 3 卷，第 1099—1100 页。

应作战。中国方面称这次作战为豫中会战。

日军依照作战计划，从1944年春开始行动。在豫中方面，首先抢修黄河铁桥，重建邙山头据点，并将平汉铁路北段由小冀修复至黄河北岸。到4月初，日军从东北、华北地区抽调的4个师、4个独立旅、1个坦克师及1个骑兵旅共15万人已经集结完毕。参战的部队有第十二、第一、第十一、第十三集团军、第五航空军，由华北方面军司令官冈村宁次大将指挥。

中国方面对敌兵力调动有所觉察。3月中下旬，第一战区制定了于嵩山附近与敌决战之作战指导方案，并决定参战兵力统归第一战区副司令长官汤恩伯指挥。

4月17日夜，日军发起进攻。日军第十二集团军以第三十七师、独立混成第七旅在中牟附近渡过黄河，突破中牟地区中国守军第十五军的阵地。19日，日军一部攻占郑州，主力进抵新郑。24日，攻占密县。中国第四集团军扼守马驹岭亘虎牢关一线，阻止日军第六十二师西进。自26日起，第三十一集团军主力向密县、马驹岭日军反击，压迫密县西北地区的日军改为守势。30日，日军第十二集团军由新郑东西一线向禹县、许昌、襄城发起猛攻，与中国第二十八、第三十一两集团军展开激战。5月1日日军占领许昌，2日陷临颍，3日陷郏县、禹县，4日陷临汝。日军头部队进抵洛阳以南龙门附近，中国守军各部队连日苦战，被日军机动部队迂回突击，冲破防线。至6日，登封、宝丰、鲁山先后失守。7日，从许昌南下之敌攻陷郾城、螺河，同日信阳北进之敌攻陷遂平。8日，日军南北会攻西平。至此，平汉路南段被日军打通。

5月14日，日军第三十七师攻占洛阳南面的嵩县，进而向洛宁、卢氏推进。20日，连陷洛宁、陕县、卢氏，会同攻占新安后向洛阳推进的日军第一军一部围攻洛阳。

5月21日，日军骑兵数千人分三路向陕县城东南窜犯，进逼中国第三十六集团军总部。在紧急情况下，集团军总司令李家钰亲自率领特务营反复冲击，打退了敌人的进攻。不料李家钰头部和腹部中弹，当场牺牲，实践了他"男儿欲报国恩重，死到疆场是善终"的壮志，时年53岁。国民政府为表彰他的功绩，追赠他为陆军上将，并举行国葬。

5月22日，日军以第六十三师、坦克第三师、骑兵旅等向洛阳发起猛攻。中国守军奋勇抵抗，寸土必争，3次将攻入城内的敌人逐出城外。激战至25日，洛阳守军伤亡惨重，被迫弃城突围，中国著名的文化古都洛阳失陷。日军的河南会战结束。

据日方公布的数字，此次会战中，中国军队战死3.75万人，被俘约1.5万人；日军战死约850人，伤约2500人。

6月2日，中国第一、第十两战区部队向日军大举反击。日军调集步兵、骑兵6000余人及战车60余辆，于4日向函谷关猛攻，10日攻陷灵宝，11日攻陷闵乡。12日，中国第十六、第四十等军猛烈反击，击退日军，收复闵乡、虢略镇，15日收复灵宝。至此，中国方面的豫中会战（又称中原会战）结束。

此次会战，日军凭借坦克及骑兵等快速部队，横行于豫中平原，由北、东两面夹击进攻，打通了平汉线，击溃了中国第一战区主力，达到了作战目的。中国损失兵力20多万，丢失城市38座，河南全省几乎全部沦入敌手。第一战区司令长官蒋鼎文在这次会战的检讨中承认指挥上有严重失误。

豫中会战的失败，主要是因为国民党统治的腐败和消极的作战方针造成的。正如当时在中国的美国空军援华志愿队司令陈纳德所评论："河南败绩"是国民党"政治上、经济上和军事上连锁反应的初次爆发"。因这次会战的失利，第一战区副司令长官汤恩伯于8月9日被撤职，胡宗南也受到撤职留任的处分。

（二）战役的第二阶段——湖南作战

1944年5月下旬，日军为打通湘桂路、粤汉路，并摧毁铁路沿线的中美飞机场，按一号作战计划发动了湘桂作战（又称湖南会战和广西会战）。中国方面称为长衡会战（或豫湘桂战役的第二阶段，时间为5月下旬至8月上旬）和桂柳作战（又称豫湘桂战役的第三阶段，时间为9月上旬至12月中旬）。

湖南会战是一号作战的主要内容，日军非常重视。其作战计划是以5个师为主力担任主攻，向沅江、益阳附近至新墙河、汩水一带发动攻势，歼灭该地中国军队；3个师作为后续部队。攻占长沙后，以一部分兵力南下，急袭并占领衡阳。

日军参战的主要兵力有第十一、第二十三、第三十四、第十三集团军及方面军直辖部队、第五航空军、第二中国派遣舰队等部，共8个师和1个旅，总兵力达36.2万人（海、空军除外）。日本称这次战役是自七七事变后，进攻一个地区所使用的最大兵力，过去只有1904年日俄战争中日本动用过这样的兵力。因此选定当年日本海军在对马海峡打败沙俄波罗的海舰队的胜利纪念日（5月27日）为这次战役的发动日。

中国的参战部队为第九战区司令长官薛岳指挥的部队，作战计划是：以第三十军、第二十七、第二十四等集团军，各以一部利用既设阵地，节节予敌以打击，迟滞其前进，主力则分别集结于后方，诱敌于我有利地区，然后乘其疲惫而予各个包围歼灭之，以打破日军打通粤汉路之企图。

5月27日拂晓，日军左翼首先向通城东西一线发起攻击，突破通城后向渣津、平江推进；中路日军向新墙河南岸发起攻击，渡新墙河后向汩罗江北岸推进；右翼日军渡洞庭湖向沅江、益阳进攻。中国守军第七十三军、第九十九军在沅江、益阳地区，第二十军在汩罗江北岸，第三十七军在汩罗江南岸，第七十二军在通城山岳地带，曾分别阻击敌人并给予重大打击。6月1日，日军陷长寿街、平江。3日，日军第二线兵团加入粤汉线正面作战。至6月6日，各路日军进抵捞刀河一线，第四十师进抵沅江附近。

6月6日，日军第十一军下达攻占浏阳、益阳，并准备攻占长沙的命令。同日，中国守军第七十二军、五十八军、四十四军及二十军对进抵古港附近的日军左翼军展开攻击，先后击破古港及东门市的日军。日军以主力反击。6月11日，石湾附近的阵地被日军突破。中国守军第七十二军主力及五十八军协力向南进的日军尾追并截击，第二十军及四十四军则转向浏阳阻击敌人。同日，日军第四十师占益阳。14日，浏阳守军第四十四军在与敌优势兵力血战9天9夜之后撤退，浏阳失守。15日，株洲失守。16 日，宁乡失守。第九战区虽准备长沙决战，但因无机动兵团和充足的决战之兵，不能阻止敌人。18 日，日军占领长沙和岳麓山，随后继续南进。

6 月 22 日，日军占领醴陵、湘乡。26 日，抵达衡阳外围。国民政府军事委员会从第四、第七战区抽调两个军，准备在衡阳外围与敌决战。29 日，日军向衡阳发起攻击，受到中国守军第十军的顽强抵抗。7 月 2 日，日军决定暂停攻击，重新组织炮兵和航空兵支援。此时集结在祁阳西北的中国军队第六十二军、第七十九军如果适时突进，衡阳解围还有希望。但它们没有抓住战机突进，以致敌人在获得援兵增补后，于 11 日再次向衡阳发起进攻。被围守军仍顽强抵抗，日军无进展，被迫再次停止攻击。在此期间，第六十二军于 15 日曾突至衡阳近郊，但因第七十九军进展缓慢，使第六十二军腹背受敌，伤亡严重，且补给不继，不得已后撤。等第七十九军攻抵衡阳近郊时，日军又抽调优势兵力反击，第七十九军也被迫后撤。7 月 30 日，日军经过充分准备后，对衡阳发动第 3 次进攻。大批飞机不分昼夜轰炸衡阳城，并投下大量燃烧弹，城内被炸成一片废墟，存粮大多被烧毁。日军还施放毒气弹。守军冒着枪林弹雨和酷暑、疾病，勇猛杀敌。8 日黎明，守军第十军军长方先觉看到守军伤亡殆尽，带几名师长出城向日军投降，日军趁机发起猛攻，于当日占领西南战略要地衡阳。至此，历时 40 多天的衡阳保卫战以失败而告结束。在此之前，日军一部于 7 月 4 日占领耒阳。日军侵占衡阳后，继续南侵广东，于 1945 年 1 月打通了粤汉线。

在这次会战中，日军伤亡 6.6 万人，中国军队伤亡 9 万余人。

（三）战役的第三阶段——桂柳作战

日军攻占长沙、衡阳后，于 9 月 1 日开始分三路沿湘桂、粤汉线进攻。正面战场转入桂柳作战。

9 月 6 日，日军占零陵、东安，14 占领桂北重镇全州。虽然蒋介石曾三令五申第四战区第九十三军"以主力死守全州"，12 日还要求"不得已时节节抵抗，支持两个星期以上时间"，但仅隔一天，全州守军便"脱离敌军西退"①。9月22日，日军攻占梧州。28日攻占丹竹，桂柳地区已处于日军南北夹击之中。

当时参加广西作战的日军，主要是新由华北方面军调任第六方面军司令官的冈村宁次所辖的第十一军、第二十三集团军。担任桂柳地区防御任务的中国军队主要是第四战区所辖的第二十、第二十六、第三十七、第七十一、第六十二、第六十四军等。

10月下旬，日军第十一集团军由北面、第二十三集团军由南面，一齐向桂柳地区推进。防守桂林的中国守军同敌军激战10天，最后被日军突破阵地。桂林11月10日失陷。

与此同时，日军一部占领了柳州飞机场，并与沿湘桂线南下的日军会合，包围了柳州。11月11日，柳州失陷。

接着，日军向柳州以西地区进攻。11月15日攻陷宜山，并向贵州挺进。贵阳告急，重庆一片混乱。12月2日，日军攻占贵州的独山、八寨。中国军队展开反攻，日军也因战线过长，兵力不敷使用，随即后撤。至此，日军打通了湘桂线，国民党军队的桂柳会战结束。

11月24日，向南推进的日军攻占南宁。驻越南的日军一部越过国境，向南宁推进。12月10日，西路日军在距南宁70公里处的绥渌会师，中越交通线打通，广西会战结束。

湘桂作战对重庆国民政府的打击和影响是很大的。日本大本营陆军部认为，此次作战使国民政府在物质的损耗方面，弹药达2万数千吨，武器达数千吨，相当于40个师以上的装备，超过了重庆一个年度自力补充的能力。在人的损失方面，仅战斗损失也突破了例年的2.5倍，计达75万人。此外，丧失了11个以上的条件好的招兵地区，那里约可招募50—60个师，相当其总兵力的二成。更由于丧失了大片富饶的粮食产地，减少了大约可供应50万军队的给养。总之，所有这些，将对其战斗力的恢复造成极大的困难。

---

① 中国第二历史档案馆编：《抗日战争正面战场》下册，江苏古籍出版社1987年版，第1312—1315页。

日军的一号作战先后打通了平汉线、湘桂线、粤汉线，给中国造成很大的损失。但是，蒋介石一再粉饰太平，1944 年 9 月 5 日在国民参政会开幕式上声称："我可以保证军事上根本没有危险，因为危险早已过去"。到会的国民参政员对政府当局掩饰危机的做法非常愤怒。有参政员当场起来质问。从河南沦陷区来的参政员郭汝瑰报告中原战场情景时，悲痛得泣不成声。还有参政员要求枪决汤恩伯，并愿同死。国民党在军事上的失败，受到全国人民的齐声谴责，国民党的威信一落千丈。到 9 月 16 日，蒋介石虽被迫承认"中国战场……处于最艰危的时期"①。

对日本来说，一号作战似乎"在日本周围的战局极为不利的形势下，带来了一线的曙光"②，但实际上是不成功的，在战略指导上是失败的。日军有限的兵力在一号作战中消耗很大，使它借此扭转战局的希望化为泡影。在此期间，美军完成了对马里亚纳岛的攻击，此后美军便可以从马岛直接对日本展开攻击，因而使日军企图摧毁美国在中国大陆建立的空军基地，以防止轰炸日本本土的考虑完全失去了意义。

七、大后方民主运动的高涨

1943 年 2 月斯大林格勒保卫战的胜利，标志着世界反法西斯战争发生了重大的历史转折。猖狂和喧嚣一时的法西斯主义日趋没落，民主的潮流席卷世界，对中国的政治局势产生了极大的影响。与此同时，国民党的政治、经济、军事危机日益严重，引起了全国人民的强烈不满。因此，大后方一度沉寂的民主运动重新高涨起来，形成了抗日战争时期民主运动的第二个高潮。

在政治上，国民党一直坚持"一党专政"，压制其他党派、团体及广大群众的民主呼声和合理要求。在大后方，特务机关经常秘密关押、逮捕甚至杀害共产党人和民主人士，并在各地强化封建性的保甲制度，肆意

---

① 《中国现代政治史大事月表》，1944 年 9 月。
② 《日本军国主义侵华资料长编》（下），第 213—214 页。

欺压、鱼肉平民百姓。在国民党的独裁统治下,人民被剥夺了言论、集会、结社、出版等自由权利,个人生命和财产安全没有保障。为加强独裁统治,1943年9月召开的国民党五届十一中全会选举蒋介石为国民政府主席兼行政院长,集党、政、军大权于一身。与此同时,国民党党政官员日益腐败。他们中不少人营私舞弊,胡作非为,只顾在大后方通宵达旦醋歌醉舞,甚至狂嫖滥赌,根本不顾前方将士正忍饥受寒,浴血奋战,不顾战区难民无衣无食,流离失所。人民群众对此愤慨无比,强烈要求惩治贪官污吏,实行民主政治。

在经济上,蒋介石和宋子文、孔祥熙、陈立夫、陈果夫四大家族利用特权控制国家主要经济命脉,大发"国难财"。他们通过银行金融机构和其他各种垄断机构,操纵中国的商业、工业、农业,大肆扩张官僚买办资本,压制、扼杀民族工商业,致使民营工厂、商店纷纷倒闭,勉强维持的也奄奄一息。国民党统治区的物价飞涨,连国民党当局也承认:由于限价政策的失败,1943年12月的物价指数是1937年的200倍,1944年1月为208倍,2月更上升为230倍。而实际情况更为严重。人民生活水平不断下降,越来越多的人在饥饿线上挣扎,"烦闷、苦恼与怨恨的情绪,与日俱增"[1],国民党统治区面临着经济崩溃的危机。

在军事上,从太平洋战争爆发以后,国民党就更加依赖盟国,保存实力,消极抗战,等待抗战的胜利。特别是在豫、湘、桂战役中,在8个月内丢失146座城市、120万平方公里的土地,使全国人民大为失望,义愤填膺。军事上的失败,实际上暴露了国民党统治区在政治、经济上面临的重重危机。

在这种情况下,大后方中间党派和民主人士的民主呼声日益强烈。1943年8月2日,《新中国日报》发表《实现民主的先决问题》的社论,内称:"中国的政治必须以民主为归趋,并且从今天起,即须毫不犹豫毫无瞻顾的走上民主大道。"今日中国所要的"乃民主的实质,而决非民主的空名;乃真正宪政的轨范,决非一纸无从兑现的宪法"。同年,中国民

---

[1]　中央档案馆编:《中共中央文件选集》第14册,第373页。

主政团同盟主席张澜致书蒋介石，强烈要求国民政府"必须实行民主"。他痛心疾首地写道："法令纷繁苛扰，官吏敷衍唯肆贪污，从未有如今日之甚者。人民遭受压抑，痛苦百端，不能上达，厌恨之情到处可见。""群众集会偶有批评政府指摘时弊之人，即被目为反动"。可政府还实行高压统治，不准人民有怨言。他批评国民党一党专政，把持政府部门。"政府之用人，既以一党为范围，尤偏重特殊关系，使内无数才智贤能之士，皆遭排弃"。所谓民意机关的代表，也"都由党部和政府指定和圈定，于是只有党意和官意，而无真正民意之表现"。张澜要求："实行民主，不以国家政权垄断于一党。"只有这样，才能做到国共合作和各党派合作，共同"建立真正主权在民的民主国家"①。

与此同时，和国民党关系密切的美国政府也就民主问题对国民党有所建议。他们认为，中国宜从早实施宪政；国民党应与国内各党派处于同等地位，以解决纠纷②。美国舆论对国民党的独裁统治也多有抨击。1943年5月10日美国作家赛珍珠在《生活》杂志上发表《关于中国的一个警告》一文，批评国民党政府的"高压"使"要想自由的人们都跑到别处去了"。作者认为，要挽救危局，最主要的就是要立即给人民以权力改造政府，铲除当局首先是高级当局的腐败，让人民选择自己的领导者，掌握民主政治的机构。1943年7月20日，《纽约时报》登载克莱顿·拉西所写《中国民主么》一文称："中国还没有民主的政治机构，例如宪法、代议制政府、国会、普选权、多政党政府"。美国远东问题的权威学者毕生在《太平洋月刊》上更明确地指出："现在中国有两个中心，一个封建中心在重庆，一个民主中心在延安。"

此外，中国共产党力量的发展，抗日根据地的民主政权建设，特别是"三三制"的实行，在全国产生了很大的政治影响，对国民党统治区的民主运动也是有力的推动。1943年3月，国民党出版以蒋介石名义发

---

① 中国民主同盟历史委员会编：《中国民主同盟历史文献》，文史资料出版社1983年版，第16—17页。

② 见黄炎培日记，1943年9月10日。

表的《中国之命运》一书，公开提出既反对共产主义又反对自由主义，还诬蔑共产党领导的八路军、新四军是"新式军阀"，根据地为"变相割据"。共产党对国民党顽固派的反共舆论给予了坚决地揭露，并对《中国之命运》一书中宣扬的理论展开有力的批判。中共中央机关报《解放日报》发表一系列文章，呼吁和要求国民党实行民主。1943年7月1日，《解放日报》发表社论指出："陕甘宁边区和敌后根据地实行了民主，结果一切困难能克服，试问有什么不好呢？大后方贪官污吏发国难财，军队给养不足，社会颓风日长，人民困顿流离，这种不幸事件，报上登了不少，早已引起广泛的要求民主的呼声，连扫荡报都主张'借脑袋'，为什么不可以实行些民主，加强团结，整饬吏治，挽救颓风，消除不幸事件，以便克服困难，加强抗战力量呢？"共产党领导的抗日根据地自1943年开始恢复发展，人口上升到8000多万，军队发展到47万。这无疑是共产党大力实行民主的结果，也是全国人民进一步争取民主的重要力量和保证。

在上述各方面的压力和推动下，国民党为了缓和矛盾，巩固自己的统治地位，不得不提出了实施宪政的问题。

1943年9月召开的国民党五届十一中全会，一面污蔑中共"破坏抗战，危害国家"，一面又声言要"政治解决"中共问题，并在全国"准备实行宪政"，即在战后一年内，召开国大制定宪法。按照孙中山的建国纲领，中国应通过军政时期、训政时期进入宪政时期，军政时期为3年，训政时期为6年。国民党自1928年夺取全国政权以后，到1943年已经过去了15年，训政还未结束，宪政还未实现。这实在不好向全国民众作出交代。依蒋介石的判断，"最后胜利的时期，快则就这一年之内，迟则或要在一年之后"①。因此国民党在五届十一中全会上提出："特别要集中心力于建国的问题，以期得到一个圆满的方案，将来抗战结束之后，立刻可以付诸实施。"而建国的工作千头万绪，第一要紧的就是要先确立政治建设的基础即宪政的实施②。会上通过了《关于实施宪政总报告之决议案》。

---

① 《中国国民党历次代表大会及中央全会资料》下册，第828页。
② 《中国国民党历次代表大会及中央全会资料》下册，第828页。

国民党五届十一中全会结束后，蒋介石在同月召开的三届二次参政会上宣布了筹备实施宪政的消息。10月中旬，国防最高委员会决定设置宪政实施协进会，邀请和指定53人参加。1944年元旦，国民党通过宪政实施协进会发动全国人民开展研究宪草运动。国民党虽然并非诚心诚意地要实施宪政，而且认为"树立宪政的要道"在于"领导同胞养成守法的习惯"①，企图把宪政运动变成"守法运动"。但既然国民党重提宪政，就使一度沉寂的国民党统治区的民主运动有了合法的发展机会，在客观上有利于民主运动的发展。于是，大后方的民主运动就以要求实施宪政为旗帜，一浪高过一浪地发展起来。

在大后方的政治中心、国民政府的陪都重庆，民主党派、民主人士以各种方式和形式参加和推动着宪政运动的发展。他们注意利用宪政实施协进会这一合法组织进行争取民主的斗争。三届二次国民参政会结束后，张君劢、左舜生、褚辅成、黄炎培等多次商谈宪政实施问题。宪协会成立后，他们提出对宪法草案作广泛研究、提高国民参政会权限、改善图书杂志审查及新闻检查、保障人民基本权利等提案。其中保障人民基本权利的建议一案，受到《新华日报》的重视，认为它所提的人民自由，结社集会自由，言论出版自由，"虽并不包括全部民主权利，却已经涉及了重要的三项。一个国家是否民主，必须以此三项为重要的标识"②。

除了利用国民党组织的宪法草案讨论会，黄炎培、张君劢、沈钧儒、章伯钧等16人还发起宪政问题座谈会。1944年1月3日，宪政座谈会在重庆迁川工厂联合会大礼堂举行第一次座谈，除发起人外，邓初民、郭春涛、董必武、屈武、何公敢等60多人出席。到会者一致主张实行民主宪政。张君劢提出："要谈实施宪政，就要先保障人权。"王造时认为："中国颁布过多少宪法，但是从来没有实行过。"董必武强调说："民主是讨论宪章的先决条件，没有民主，没有言论集会结社自由，就不能真正由人民研究宪草。"③类似的宪政座谈会以后还进行了多次。

---

① 《抗日战争史论丛》，四川大学出版社1985年版，第91页。
② 《新华日报》1944年2月1日。
③ 《新华日报》1944年2月1日。

黄炎培、张志让等共同商定发起的《宪政》月刊，于1944年元旦在重庆正式创刊。沈钧儒、郭沫若、陶行知、史良、邓初民、潘汉年等各界知名人士纷纷为该刊撰稿。该刊成为反对独裁专制、宣传民主政治的可靠阵地。其后，《民宪》、《现代妇女》等刊物问世，加上原有的《国讯》、《再生》、《新中国日报》、《华西日报》、《华西晚报》，等等，在大后方形成了一股强大的民主舆论，在抨击国民党的一党专政，鼓吹民主宪政的过程中发挥了重要作用。

1月4日，宪政月刊社召集的宪政座谈会在重庆交通银行举行，由黄炎培和张志让主持，出席实业界、银行界及文化教育界人士20余人。与会者指出：中国需要实行民主政治、需要实施宪政。在抗战期间，更要实施宪政。抗战期间，应该在民治大道上有所设施：第一，地方自治要有切实的改进。中国地方自治根本没有办好。空空条文，有名无实；第二，改善司法制度。切实保障人民言论、出版、集会的自由；第三，取消特权阶层。废除军事审判的特种法律。一个宪政国家内，没有一个人得在法律上赋予特权的 [①]。

1月22日，中国劳动协会举行宪政座谈会。23日，中华妇女职业协进社成立宪政研究会。27日，国讯社、宪政月刊社及社会月刊社3个团体举行宪政座谈会。陈伯康发言说：宪草中对人民经济权利的规定仅仅是保护私产权，没有保障人民最低限度生活的权利。

4月28日，重庆各民主党派负责人沈钧儒、章伯钧、张申府联合举行文化界招待会，宣布要争取言论自由、思想自由、学术自由，要求民主改革。5月，民主政团同盟发表《对目前时局的看法与主张》，认为中国目前政治、外交、军事、经济、财政以及文化与教育应予彻底改善，并且时间上"刻不容缓"，"中国必须成为十足的民主国家。" [②]

民主运动在成都也十分活跃。张澜、李璜出席国民参政会回到成都后，便应邀作关于研究实施宪政问题的讲演。张澜在会上态度激昂。他提

---

① 见《中国现代政治史大事月表》，1944年1月。

② 中国民主同盟历史委员会编：《中国民主同盟历史文献》，第18—19页。

醒国民党当局："如果昧于大势，迁延不决，徒貌民主之名，而不践民主之实，内不见信于国人，外不见重于盟邦，则国家前途，必更有陷于不幸之境者。"① 李璜不仅发表谈话，还安排青年党成员到西康、富顺、綦江、泸县等地活动，准备宪政竞选，以此作为响应和配合政府实施宪政的实际行动。

2月13日，由邵从恩、张澜发起组织的"蓉市民主宪政促进会"在成都成立。推举邵为主席，张澜和李璜为副主席。参加促进会的人士都是四川年高望重的民主人士。《华西日报》发表社论，希望促进会"用大无畏的精神，百折不回，贯彻救国建国的宏愿"，"使宪政深入民众，借以奠定绝对必要的民力基础"。《新华日报》也发表短评，遥祝该会的成立②。促进会多次举行座谈会，并于6月20日发表《对于国事之十项主张》，在大后方产生了很大的影响。

在昆明，各团体于1月12日召开讨论宪政大会。5月底，昆明学术界宪政研究会发表《我们在实施宪政前的要求》宣言，向当局提出18点要求，指出："中国国民今日的要求，是立即实现民主，不是预备立宪，更不是一张空头支票的宪草"③。6月16日，罗隆基在云南大学演讲《中国需要什么样的民主》，听众非常踊跃。

在桂林，社会各界于1月17日讨论宪政，认为首先是要人权的保障和言论的自由。桂林《大公报》1月12日揭露说，在宪政运动中，各地未经合法手续侵犯人身自由者仍有，甚至连宪政座谈会的新闻记录仍多删节。6月，李济深等在桂林组织文化界抗战工作协会，提出铲除失败主义，立刻动员民众，坚持抗战。这一主张获得重庆、成都等地的热烈响应。大后方的地方报纸也连篇累牍地发表文章，要求民主自由的呼声此起彼伏。

国民党内的一些民主人士在过去召开民主座谈会的基础上，酝酿建立了三民主义同志联合会，采取组织公开、负责人不公开的办法参加民

① 中国民主同盟历史委员会编：《中国民主同盟历史文献》，第17页。
② 见《新华日报》1944年2月24日。
③ 《中国现代政治史大事月表》，1944年5月。

主运动。负责人有谭平山、陈铭枢、杨杰、朱蕴山、王昆仑等人。孙科、邵力子等人虽没参加国民党民主派的组织，但也积极发表民主言论，在当时产生了很大的影响。

四川的刘文辉、广西的李济深、云南的龙云等西南地方实力派，在反对国民党独裁统治的民主运动中发挥了特殊作用。他们一边直接反对国民党的独裁政策，呼吁国民党中央实行民主政治，放弃一党专政；一边在自己的统治范围内对民主运动采取比较宽容的政策，允许民主人士开展活动，为民主运动的发展提供了一定的环境条件。如在广西地方实力派的支持下，桂林成为抗战时期著名的"文化城"；昆明在抗战后期被称为"民主堡垒"，其中一个重要的条件是得益于龙云的支持。

一向对政治不太热心的工商界，也参加到了民主运动的行列。随着官僚资本势力的日益膨胀，特别是政治形势的日益恶化，民族工业的处境每况愈下，不少企业破产、停工、减产。为了生存，工商界人士积极参加政治活动，多次举行和参与宪政座谈会，发出了要求政治民主，经济民主的呼声。在6月13日宪政月刊社举办的"私人企业与宪政"座谈会上，发言人均要求减低工商业的税捐负担，认为目前民营企业损失大于国营企业，当前经济危机不能离开实行民主政治。

国民党对各界要求实施宪政的强烈呼声，虚与委蛇。1944年5月召开的国民党五届十二中全会通过了《限期完成地方自治确立宪政基础案》和《加强推行地方自治案》。全会似乎对地方自治问题非常重视，实际上却是在玩弄花招。对宪政实施来讲，地方自治当然必要，问题是国民党所说的地方自治只不过是召集和选举保民大会、乡镇民代表大会及临时参议会等，并且要在两年内完成。这样，宪政实施的时间就可以拖到两年以后，这与人民普遍要求提前实行宪政是完全相悖的，说明国民党并不想改变现状。正如美国驻华外交官谢伟思在1944年6月20日的一份报告中指出："国民党依然不理会国内要求民主改革的巨大政治运动"。从蒋介石的文章和国民党的报纸中可以"看到他们对民主改革没有真正的了解。宪政依然是空洞的诺言"，"民主政治的未来的根本问题，如宪法之形成，国民大会之选举，仍由国民党来指定。在言论自由和承认非国民党集团等基本条件方面，毫无进展"。"唯一的'准备，是半情不愿地企图建立一个不受欢迎和不民主的地方自治制度"。谢伟思的结论是："国民党绝未表现有意于松弛其目前势力所依据的权力主义的统制"①。

在这种情况下，人民群众要求民主的呼声更加强烈。人民群众迫切希望通过民主运动改变国民党的一党专制，赢得民族抗战的胜利，并争取和保障自己应有的政治经济等权利。大后方民主运动的矛头所向已经非常明确，就是反对已经严重脱离人民的国民党独裁统治。林伯渠 1944 年 10 月指出：在目前的抗战形势下，国内"不论在政治上、军事上、经济上、文化上，到处都存在着严重的危机"。"造成这些严重危机的最根本原因，就是由于在一党独裁制度下完全没有民主。"② 在人民群众和共产党等民主党派看来，要挽救时局，克服危机，唯一的办法就是废除国民党一党统治，实行民主。

一些过去对国民党抱有幻想的民主人士开始认识道："用磕头的办法，无论如何是不能磕出民主来的，民主也不是少数人包办得了的。"③ 他们放弃了以前对政府不切实际的希望，呼吁民众"不管政府是不是诚意"，自己起来求民主，要"求得有力"、"求得热烈"、"求得拼命"④。同时，他们对共产党抱以热切的期望。正如中共中央 1944 年底所指出："蒋军队溃败不堪，重庆及国民党区域人心惶惶。各界人民，包括许多工业家，大学教授及许多国民党员对蒋失望，希望共产党拿出办法来，我党在国民党区域人民中的威信，极大地提高。"⑤

对于大后方的民主运动，中国共产党给予了有力的支持，积极推动运动的发展。中共一方面指出国民党提出宪政并无诚意，不要受骗；一方面又不放弃督促国民党实行民主的任何可能，而是迅速采取了相应的对策。从 10 月 6 日开始，中共在报刊上暂时停止刊登揭露国民党的言论，

---

① 世界知识出版社编：《中美关系资料汇编》第 1 辑，第 591—592 页。
② 中央档案馆编：《中共中央文件选集》第 14 册，第 373 页。
③ 《张参政员精辟言论》，见《新华日报》1944 年 9 月 6 日。
④ 黄炎培：《从宪政运动看中国前途》，见《宪政月刊》第 7、8 号合刊。
⑤ 中央档案馆编：《中共中央文件选集》第 14 册，第 431 页。

看"国民党是否有政治解决及缓和时局的趋向"①。1944年3月1日，中共中央发出关于宪政运动的指示，决定参加宪政运动，"以期吸引一切可能的民主分子于自己周围,达到战胜日寇与建立民主国家之目的"②。在此之前，中共在重庆办的《新华日报》已先后发表《扩大民主运动》等一系列文章，对宪政运动进行舆论指导。3月12日，周恩来在延安发表关于宪政与团结问题的演说，明确指出，中国的宪政"应该是新民主主义的宪政"，实现宪政的三个先决条件以及对国民大会选举法、组织法及实施宪政的时间的意见③。周恩来的讲演，系统地阐明了中共对宪政问题的主张，为国民党统治区的民主运动指明了方向。

与此同时，中共还于1944年5月派林伯渠到西安、重庆进行国共谈判，用谈判的方式争取民主；通过接待同年6月到延安访问的中外记者参观团，宣传中共"希望国民政府，国民党，及一切党派从各方面实行民主"的观点。这些活动对国民党统治区的民主运动都具有重要的推动作用。

1944年9月，中共根据当时国内外形势提出的建立民主联合政府主张，使大后方民主运动的面貌为之一新，运动发展到了一个崭新的阶段。在此之前，民主运动虽在各地广泛开展，却缺乏共同的目标。中共关于联合政府的主张，完全突破了国民党所谓训政约法的框子，开辟了实现民主的新途径，使全国人民争取民主有了明确的方向和目标。1944年10月1日，重庆数千人举行追悼邹韬奋大会，力争民主自由，呼出向法西斯进军的口号。7日，成都学生2000人集会，要求建立联合政府。11月5日，成都人力车工人为抗议国民党特务暴行举行罢工。11日，成都学生举行声势浩大的示威，抗议国民党镇压学生的暴行，要求立即结束一党专政。这是国民党统治区民主运动高涨的一个信号。

大后方民主运动的开展和高涨，具有重要的意义。首先，它对揭露

---

① 中共中央统战部、中央档案馆编：《中共中央抗日民族统一战线文件选编》（下），档案出版社1986年版，第670页。

② 中共中央统战部、中央档案馆编：《中共中央抗日民族统一战线文件选编》（下），第678页。

③ 见中央档案馆编：《中共中央文件选集》第14册，第180—185页。

国民党的腐败和倒退，促进中国民主政治的进步，团结广大人民坚持抗战，争取抗战的最后胜利，起了重要的作用。其次，它推动了爱国民主力量的联合和组织，为以后中国共产党与各民主党派、民主人士的进一步合作，以至后来形成的中国共产党领导的多党合作政治格局，奠定了基础。

八、中共关于建立民主联合政府的主张

在世界反法西斯战争胜利发展、大后方民主运动逐渐深入的形势下，中国共产党适时地提出的建立民主联合政府的主张，是抗日战争后期中国政治舞台上的一件大事。

1944 年 9 月 4 日，中共中央指出：“目前我党向国民党及国内外提出改组政府主张的时机已经成熟，其方案为要求国民政府立即召集各派各军，各地方政府，各民众团体代替开国事会议改组中央政府废除一党统治，然后由新政府召开国民大会实施宪政，贯彻抗战国策实行反攻。”中共中央还提出，“这一主张，应成为今后中国人民中的政治斗争目标”①。根据这一指示，9 月 15 日林伯渠在国民参政会三届二次会议的报告中，公开地提出了“组织各抗日党派联合政府”的主张。

中共提出联合政府主张，首先适应了反对国民党一党专制斗争的迫切需要。在这年 5 月开始的国共谈判中，国民党不但顽固坚持独裁统治，不作任何改变，反而斥责中共的民主要求是“毫无边际之抽象文句”，对实行民主没有益处，“徒为异日增加纠纷”②。在 9 月召开的国民参政会上，蒋介石又在开幕式上大肆鼓吹一切都统一于国民党。面对国民党的倒行逆施，共产党人痛切地感到：“一切枝枝节节、敷敷衍衍的办法都不足以挽救今日的危局，因此，必须根据客观要求提出新的政策。”③董必武在总

---

① 中央档案馆编：《中共中央文件选集》第 14 册，第 323 页。
② 中央档案馆编：《中共中央文件选集》第 14 册，第 345—346 页。
③ 中共中央统战部、中央档案馆编：《中共中央抗日民族统一战线文件选编》（下），第 768 页。

结这段时间工作时也谈道："国民党不愿放弃他一党专政，我们既然反对一党专政，自然便要建立多党联合的政府，这是逻辑发展的必然结论。"①

民主党派的赞同，也是中共提出联合政府主张的重要原因。中共在正式提出联合政府主张前，曾同民主党派有过商谈。因为联合政府的建立，离不开民主党派的参加。得不到民主党派的默契、支持，联合政府就不可能成立。1944 年 8 月，毛泽东电告在重庆的中共代表与张澜等民主党派代表人物商谈组织各党派联合政府问题。9 月 4 日，林伯渠等曾致电中央报告与各民主党派商量的结果。其中说民主党派赞成林伯渠在参政会的报告中顺便提出改组政府的主张。在取得民主党派支持的基础上，中共的联合政府主张才有可能公开提出。毛泽东在中共七大《论联合政府》的报告中也说：中共是"在取得了其他民主派别的同意之后"，才提出联合政府主张的②。

欧洲一些国家建立联合政府的实践，也为中共提出联合政府主张提供了经验。1944 年，欧洲一些国家在反法西斯战争取得胜利的情况下，纷纷成立有各方面反法西斯力量参加的联合政府。而共产党的代表也参加了这样的政府。如法国共产党人就参加了由戴高乐组成的新的联合政府，并在其中担任部长职务。毛泽东 10 月 25 日在中央党校的报告指出："大家看到，巴黎暴动，法国共产党力量非常大，人道报的发行数，等于各报的总数。现在法国是共产党领导的，我们大家应该学习他们的经验"。又说："法国广大人民在共产党领导下起来了，在南、希、意、罗也是如此，法西斯倒了，则政治是人民的"③。由此可见，中共关于建立民主联合政府主张的提出，在某种程度上参照了法国等欧洲共产党的做法和经验。

国际舆论的同情和支持，则是中共提出建立联合政府主张有利的外部环境。还在 1943 年 11 月的开罗会议上，罗斯福在与蒋介石会晤时就提出了国民党和延安方面握手，组织一个联合政府的建议。美国开始采取

---

① 中共中央统战部、中央档案馆编：《中共中央抗日民族统一战线文件选编》（下），第 767 页。

② 见《毛泽东选集》第 3 卷，第 1051 页。

③ 转引自郭德宏：《中国革命和建设史论集》，广西教育出版社 1994 年版，第 91 页。

的促进国共合作、支持两党领导的军队联合抗日的对华政策，以及后来支持蒋介石统治、扶助蒋介石"统一"中国的政策，都不反对中国建立联合政府。他们希望蒋介石开放政权，"使其他党派中有资格的代表们来参加并分担政府的责任"，成立一个由蒋介石占主导地位的"多党的统一战线的政府"①。美国舆论认为：中国形势的严重亟待成立联合政府。美国方面赞成中国建立联合政府，主要是想让中共为了交出军队，解决国共纠纷，以便于他们在战后推行称霸世界的全球战略。即便如此，这对国民党的独裁专制也是一种限制。

中共在提出建立联合政府的主张后，进一步阐明了成立联合政府的具体步骤和方法。10月10日周恩来在延安发表《如何解决》的演讲，明确提出成立联合政府的具体方案。第一，由各抗日党派、各抗日军队、各民众团体自己推选代表人数就根据各方所代表的实际力量按比例规定；第二，国民政府于最近期间召开国事会议；第三，在国事会议上根据革命的三民主义的原则，通过切合时要、挽救危机的施政纲要；第四，在各方代表制定的共同施政纲领的基础上，成立各党派的联合政府；第五，联合政府有权改组统帅部，延纳各主要军队代表，成立联合统帅部；第六，在联合政府成立后，即着手筹备真正人民普选的国民大会，实施宪政②。

为促进联合政府主张的实现，中共同美国总统罗斯福的私人代表、新任驻华大使赫尔利在延安举行了3天会谈。赫尔利同意中共提出的废除国民党一党专政、成立民主联合政府的方针，并同中共签订了关于建立民主联合政府、联合军事统帅部及承认中共之合法地位的五项协议。其主要内容是："（一）中国政府、中国国民党与中国共产党应共同工作，统一中国一切军事力量，以便迅速击败日本与重建中国。（二）现在的国民政府应改组为包含所有抗日党派和无党无派政治人物的代表的联合国民政府，并颁布及实行用以改革军事政治经济文化的新民主政策。同时，军事委员会应改组为由所有抗日军队代表所组成的联合军事委员

① 世界知识出版社编：《中美关系资料汇编》第1辑，第585、597页。

② 中央档案馆编：《中共中央文件选集》第14册，第364—365页。

会。（三）联合国民政府应拥护孙中山先生在中国建立民有民享民治之政府的原则。联合国民政府应实行用以促进进步与民主的政策，并确立正义、思想自由、出版自由、言论自由、集会结社自由、向政府请求平反冤抑的权利，人身自由与居住自由，联合国民政府亦应实行用以实现下列两项权利即免除威胁的自由和免除贫困的自由之各项政策。（四）所有抗日军队应遵守与执行联合国民政府及其联合军事委员会的命令，并应为这个政府及其军事委员会所承认。由联合国得来的物质应被公平分配。（五）联合国民政府承认中国国民党、中国共产党及所有抗日党派的合法地位。"①

中国共产党对与赫尔利的会谈和达成的协议是满意的，毛泽东在致罗斯福的信中写道："这一协定的精神和方向，是我们中国共产党和中国人民八年来在抗日统一战线中所追求的目的之所在。""我们党的中央委员会已一致通过这一协定之全文，并准备全力支持这一协定而使其实现。"②

但是，赫尔利并不是真正赞同中共的联合政府主张，而是想通过谈判让中共交出军队。在赫尔利看来，无论付出什么代价，只要能使中共交出武装，取得对中共军队的控制权就是胜利，美国和蒋介石在战后的统治权就有了保证。因此，"最重要的是引诱共产党交出军队"③。赫尔利回到重庆后，蒋介石反对赫尔利和中共达成的改组国民政府、成立联合政府的五点协议，并针对五项协议提出三项"反建议"，片面要求中共将军队交给国民政府"整编"、"管辖"，然后再承认共产党的合法地位，对中共的联合政府主张则明确地加以拒绝。赫尔利也出尔反尔，硬说国民党的建议有积极因素，"劝说"中共接受。中共不愿为几个人到重庆去当官而"牺牲联合政府，牺牲民主原则"④，因而严正拒绝了国民党的反建议和赫尔利的游说。为实现联合政府主张到重庆参加谈判的周恩来，也随即返回了延安。

---

① 中央档案馆编：《中共中央文件选集》第 14 册，第 393—394 页。
② 中央档案馆编：《中共中央文件选集》第 14 册，第 397 页。
③ 世界知识出版社编：《中美关系资料汇编》第 1 辑，第 139 页。
④ 中央档案馆编：《中共中央文件选集》第 14 册，第 412 页。

1944 年 12 月 15 日，毛泽东把"迅速建立民主的联合政府"，作为 1945 年"全国人民的总任务"①。

在此前后，由于蒋介石拒绝接受成立联合政府的建议，中共六届七中全会及其主席团曾多次举行会议，准备组织解放区联合会，作为尔后组成独立政府的初步步骤；并且成立了由周恩来、林伯渠、李鼎铭、续范亭等 19 人共同组成的筹备委员会。毛泽东会见美军观察组的包瑞德时，还通报了准备成立解放区联合委员会的想法。后来，中央全会反复讨论，决定还是暂缓成立解放区联合委员会，明确肯定现在全国总的任务是建立统一中国一切力量的民主联合政府，其他的不提，即将召开的中共七大也要采取这种态度。12 月 28 日，周恩来在答复赫尔利的函件中提出了取消边区封锁、释放政治犯等四项起码的民主要求。国民党在回电中公然要求中共放弃这些要求，并以召开所谓的国民大会"还政于民"为幌子，公开抵制成立联合政府的要求。

1945 年 1 月 24 日，周恩来再次为联合政府到重庆谈判，提议先召开一个各党各派的会议，即国民党、共产党、民主同盟三方面和无党无派分子代表人物的会议，来讨论如何改组国民政府成为联合政府，如何起草共同纲领，如何废除一党专政。蒋介石对此采取了"概置不理"的横蛮态度。2 月 13 日，蒋介石会见周恩来时傲慢地说，他不会接受联合政府的主张，共产党"要联合政府就是要推翻政府，开党派会议就是分赃会议"②。由于国民党集团顽固坚持一党专政，反对成立联合政府，这次谈判仍无结果。周恩来于 2 月 16 日回到延安。直到抗战结束，国共双方才恢复谈判。

中国共产党联合政府的主张反映了人民群众的迫切要求，很快为各民主党派和民主人士所接受，获得了全国人民的拥护，"振奋了全国的民主运动"③，将国民党统治区的民主运动推向了一个崭新的阶段。1944 年 9 月 24 日，各党派、各界人士 500 余人在重庆集会，与会者一致认为：实

---

① 中央档案馆编：《中共中央文件选集》第 14 册，第 415 页。

② 《周恩来选集》上卷，第 205 页。

③ 《周恩来选集》上卷，第 204 页。

行民主，挽救危局，只有召开国事会议，成立联合政府。中国民主同盟主席张澜、第三党领导人章伯钧、中共领导人董必武等出席了会议。张澜代表民盟发表谈话，认为各党各派与无党派共同组织政府，成立联合政权实为今日解决国事，挽救危亡所必需，故中国民主同盟亦主张联合政权。10月10日，民盟又宣布：为"立即结束国民党一党专政，建立各党派之联合政府，实行民主政治"而斗争①。同月7日，成都召开两千多人参加的国事座谈会，张澜在会上疾呼："民主政府的开步走，就是联合政府"②。

1945年元旦，救国会、第三党、职教社等领导人纷纷献言献词响应联合政府号召。2月以后，重庆、成都、昆明等地文化界、妇女界，美洲十大华侨报要求建立联合政府的通电、宣言此起彼伏。青年学生在集会和游行示威中，也高呼结束一党专政，建立联合政府的口号。

这期间，毛泽东曾讲到联合政府的三种可能性：第一种是坏的、我们不希望的可能，即要我们交军队而做官。军队我们当然是不交的，官做不做呢？我们不要宣传做，也不要就拒绝。要准备这种可能性，其坏处是在独裁政府做官，这是可以向群众解释的；但也有好处，可以宣传。第二种可能是以蒋介石为首，形式是民主，承认解放区，实质蒋介石的政府仍是独裁的。第三种可能是以我们为中心，在我们有一百五十万军队，一亿五千万人民时，在蒋介石更加削弱无联合可能时，就要如此做。这是中国发展的基本趋势和规律，我们要建设的国家就是这样一个国家③。

联合政府主张是坚持团结抗战的主张。它表明了中共追求民主和平的真诚愿望。中国共产党虽然要取消独裁统治，同国民党的反动政策作坚决斗争，但在民族矛盾仍是主要矛盾的情况下，仍以打败日本侵略者为压倒一切的任务，把维护抗日民族统一战线的团结，作为抗战胜利的重要保证。因此，中共对一切要联合的对象，都是采取联合的态度。联合政府也力争把国民党包括在内。为此，中共作了重大让步。毛泽东在

---

① 见中国民主同盟历史委员会编：《中国民主同盟历史文献》，第32页。

② 中国人民政治协商会议四川省成都市委员会文史资料研究委员会编：《成都文史资料选辑》第7辑，1984年出版。

③ 见《胡乔木回忆毛泽东》，人民出版社1994年版，第371页。

中共六届七中全会上曾指出：我们的极大让步是与极其腐败的政府合作。我们是在不破坏解放区，不损害民主的原则下同蒋妥协①。共产党人的态度是："不管国民党当局现在还是怎样坚持其错误政策和怎样借谈判为拖延时间、搪塞舆论的手段，只要他们一旦愿意放弃其错误的现行政策，同意民主改革，我们是愿意和他们恢复谈判的。"② 在这个意义上，联合政府主张是团结抗战的主张，联合政府"是抗日民族统一战线在政权上的最高形式"③。只要国民党改变其错误政策，对共产党采取合作态度，共产党是愿意同其合作的。但国民党当时一意孤行，坚决拒绝接受联合政府主张。

联合政府主张是中共具体纲领的一个重要发展。过去国民党政府坚持独裁统治，共产党要求实行民主，现在是共产党要求参加政府，改组专制政府为联合政府。"只要成立了联合政府，一切要由国民党、共产党、民主同盟商决"。这样，国民党的文章就不好做了④。由对国民党政权在现存基础上进行机构、人事、政策的改造，到完全抛弃国民党统治，对政治制度实行根本性改造，这实际上是一个"原则的转变"⑤。联合政府主张的提出，使中共在政治上争取了主动地位。联合政府主张提出后得到国际国内民主人士的拥护和同情。毛泽东在 1945 年 3 月谈到联合政府问题时说：长期以来找不到一个适当的口号，现在有了联合政府这个口号很好。联合政府是具体纲领。这个口号一提出重庆的同志如获至宝人民群众如此广泛拥护，我是没有料到的⑥。

联合政府主张是对国民党一党专政的彻底否定。它使国民党蒋介石集团在全国人民中陷入孤立和被动的地步。蒋介石也承认，自中共提出联合政府主张后，"社会反共心理渐趋瓦解，政府也渐陷孤立地位"⑦。

---

① 见《胡乔木回忆毛泽东》，第 354 页。
② 《毛泽东选集》第 3 卷，第 1069 页。
③ 《周恩来选集》上卷，第 190 页。
④ 见《胡乔木回忆毛泽东》，第 371 页。
⑤ 见《胡乔木回忆毛泽东》，第 369 页。
⑥ 见《胡乔木回忆毛泽东》，第 371 页。
⑦ 蒋介石：《苏俄在中国》，第 159 页。

　　为了争取建立联合政府，打败日本侵略者，建立新中国，1945年4月，中国共产党召开了第七次全国代表大会。在此之前，中共先召开了扩大的六届七中全会，经过反复讨论，通过了《关于若干历史问题的决议》。这个决议对党成立以来的若干历史问题作了详细评述，特别是对王明为代表的教条主义、"左"倾冒险主义错误在政治、军事、组织、思想上的表现及其社会根源进行了深入分析，阐明了正确开展党内斗争的方针。同时，对毛泽东运用马克思列宁主义的理论和方法解决中国问题的杰出贡献作了高度评价，为七大的召开做好了准备。中共七大以联合政府为主题，阐述了建立联合政府的目的、方法、步骤以及联合政府的性质、施政纲领等问题。大会指出，由于国际反法西斯战争的胜利发展和中国人民革命力量的增长，国际反法西斯战争和国内抗战已成定局。但是国内仍然存在着严重的危机。日本侵略者还未被打败，全国人民迫切需要团结起来实现民主改革，以动员和统一抗日力量，打败日本侵略者。但国民党内的反人民集团破坏民族团结，阻挠一切民主改革，顽固地坚持一党统治。因此，中国人民面前仍然存在着光明和黑暗两种命运和两个前途。为争取光明的前途，中国人民必须团结起来，克服一切困难，实行民主改革，废止国民党的专制统治。

　　大会强调指出，为了打败日本侵略者，建立新中国，当前最重要、最迫切的任务是立即废止国民党的一党专政，建立民主联合政府。国民党的一党专政实质上是国民党内反人民集团的专政。它实行反共反人民的错误政策，是国民党战场抗日失败的负责者。中国人民只有废除国民党的一党专政，才能建立民主的联合政府，达到消灭日本侵略者，建设新中国的目的。为此，大会拟定了在彻底打败日本侵略者之前和之后建立民主联合政府的两个具体步骤。第一步是先把各党各派和无党无派的代表人物团结在一起，成立民主的临时联合政府，以便实行民主的改革，克服目前危机，动员和组织全国的抗战力量，打败日本侵略者。第二步是在广泛的民主基础上，"召开国民代表大会，成立包括更大范围的各党各派和无党无派代表人物在内的同样是联合性质的民主的正式的政府，领导解放后的全国人民，将中国建设成为一个独立、自由、民主、统一和富强的新国家"①。

关于民主的联合政府的国家性质，大会认为，既不应该是大地主大资产阶级专政的国家，也不应该是民族资产阶级统治的旧民主主义的国家，也不能是社会主义国家，而应当是在工人阶级领导下各革命阶级民主联盟的国家即新民主主义的国家。因为国民党主要统治集团18年的统治，已经证明大地主大资产阶级专政的、封建的、法西斯的、反人民的国家制度完全破产了；中国民族资产阶级在经济上政治上都表现得很软弱，不能领导革命到胜利；当中国人民的任务还是反对民族压迫和封建压迫，中国社会的经济条件还不具备时，中国人民也不可能实现社会主义。

为了建立民主的联合政府，废除国民党一党专政，为实现抗战的最后胜利和人民的解放，大会还提出了当前阶段的具体纲领和政策，以及在国民党统治区、敌占区和解放区的主要任务。

七大是中国共产党建立以后在民主革命时期举行的最后一次，也是最重要的一次代表大会。大会决定了党的路线，通过了新的党章，选举了新的党的领导机关，科学地总结了自党成立以来，特别是抗战以来党的建设、武装斗争、统一战线等方面的丰富经验，用马克思主义基本原理与中国革命具体实践相统一的毛泽东思想武装全党，使党在政治上思想上更加成熟起来，这就为党领导人民去争取抗日战争的胜利，为新民主主义在全国的胜利奠定了基础。

九、国共谈判和美国的扶蒋反共政策

1944年5月至8月，国共两党围绕军事问题、边区问题和党派问题进行了谈判。这次谈判的一个重要特点是美国方面的参与。

5月2日，林伯渠提议，这次商谈以周恩来3月12日在延安各界纪念孙中山逝世19周年大会上演说的基本精神为依据，即要在全国实行民主政治，要遵循民主途径公平合理地解决国共问题。国民党代表主张先

---

① 《毛泽东选集》第3卷，第1029—1030页。

就两党目前有关军事及边区问题进行商谈，反对先谈民主。林伯渠就势阐明共产党在军事和边区等问题上的具体要求。

在军队编整的数目上，林伯渠提出，共产党领导的分散在敌后各游击区的正规军有47.7万余人，都是久经考验、对日作战卓有成绩的部队，应立即予以整编。为了使问题容易解决，目前可以先给6个军18个师的番号。但王世杰，张治中认为太多，只同意编4个军12个师。关于边区问题，张、王主张改为陕北行政区，直属行政院，实行三民主义。关于党的问题，林伯渠要求必须给予中共以合法地位，停止捕人，停扣书报，开放言论。关于敌后游击区的军事政治经济，服从国民政府及军事委员会的领导，但一切都应按有利抗战的原则来解决。关于撤除边区军事经济封锁问题，张、王允诺先对于商业交通予以便利。林伯渠与张治中、王世杰在西安最后一次会谈时，商定将各自意见整理成记录，双方签字，各报告其中央，然后由两党中央作最后决定。结果，林伯渠在记录上首先签字，但张、王未签。西安谈判共进行了五次，双方只有一个会谈记录而没有达成协议。

5月21日，中共中央复电指示林伯渠，嘱他向国民党中央提出关于解决目前若干急切问题的意见20条。

5月22日，新一轮的国共谈判正式开始。林伯渠将中共中央拟定的《关于解决目前若干急切问题的意见》交给国民党代表。20条意见的主要内容包括两个方面：关于全国政治制度的有3条：一是要求国民党实行民主政治，保障人民的言论出版集会结社及人身自由；二是承认中共及各爱国党派的合法地位，释放爱国政治犯；三是实行名副其实的人民地方自治。关于两党悬案有17条：对于军队整编，目前至少给5个军16个师的番号，并给以给养医药等接济；承认陕甘宁边区及华北华中华南各抗日根据地民选政府为合法的地方政府；撤销对陕甘宁边区及抗日根据地的军事与经济封锁；停止对八路军、新四军的军事进攻；同盟国援助的武器、弹药、药品、金钱等应按比例分配给十八集团军及新四军；释放各地被捕人员；停止在报纸上对共产党的诬蔑和侮辱；停止特务人员对中共、十八集团军、新四军与各抗日根据地的破坏活动，停止对《新华日报》的无理检查，恢复重庆西安两办事处的电台，允许两办事处人员的行动自由；等等。林伯渠将这一提案送交王世杰、张治中。

王世杰和张治中以条文如此写法，无异是宣布国民党的罪状，"足以使人生气"为由，拒绝转交蒋介石。

为顾全大局，使谈判得以继续进行，林伯渠将张、王意见向党中央作了汇报。共产党希望通过谈判解决问题。6月3日，中央复电同意在文件上只写关于全国政治及编军、停攻、停封锁等12条，而把请求政府停止特务反共破坏活动等8条改为口头要求，于6月5日送交国民党代表。但张治中、王世杰说：中共所提12条内容与以前所提出入太大，仍不能接受。文件不予转呈政府。同时，张治中将国民党方面的《中央对中共问题政治解决提示案》18条转交林伯渠。该提示案与中共的要求有很大的距离。在军事问题上，国民党要求把八路军、新四军4/5以上的军队"限期取消"，规定现有的47万余人"合共编为4个军10个师"，并要将10个师"限期集中使用"。在陕甘宁边区问题上，只要求实行国民党中央政府的法令，不提实行三民主义，不承认边区适应抗日需要并已大见成效的各项民主设施与民主法令，对其他抗日根据地人民选举的各民主政府根本不予提及。在共产党的地位问题上，只空洞地提到"依照抗战建国纲领之规定办理"，根本不承认共产党的合法地位。至于其他抗日党派的合法地位，人民的集会、结社、人身自由，释放政治犯等重要问题，提示案均只字不谈。

6月6日，林伯渠致函王世杰、张治中，认为国民党的提示案与共产党正式提出的12条意见相距甚远；尽管如此，仍愿将提示案报告中共中央。同时也要求王、张能将中共所提12条报告国民党中央。6月8日，王、张复信，仍称中共12条与西安谈判记录出入太大，不能转呈。

6月11日，林伯渠再次写信给王世杰、张治中，指出王、张二人拒绝中共正式提案而不转报国民党中央，只是片面要求他个人接受国民党中央的提案，阻碍了谈判的进行。

拖到6月15日，张治中、王世杰才以信函形式通知林伯渠，已将中共12条转呈国民党中央。但国共问题的解决，只能按照原提案进行，不能变动。谈判陷入僵局。

为表示共产党的诚意，使谈判取得进展，林伯渠于 7 月 3 日约见张治中，就国民党提示案提出两点意见：一、要求在政治问题上，把民主尺度放宽。二、要求按 16 个师扩编共产党军队。林伯渠还转告张治中，中共中央欢迎张、王到延安商谈。张治中回答：政府正在采取各种措施促进民主问题的实现，允许中共军队编 4 个军 10 个师"已经尽到最大限度的容纳"。他表示，只有在重庆谈出结果之后，方才考虑访问延安问题。7 月 23 日，林伯渠写信给王世杰、张治中，再次邀请他们赴延安商谈。

7 月 25 日，林伯渠问王世杰、张治中，国民党中央对中共所提 12 条的具体意见如何。张、王回答说，国民党的提示案即为具体意见。会谈无法进行。

8 月 10 日，王世杰、张治中写信给林伯渠：中共所提 12 条，既未把服从国民党中央的军令政令统一列入条文，又未表示将服从国民党中央统一的军令政令；信中指责共产党不信守诺言，违反三民主义；声明国民党政府的提示案"已大部容纳"林伯渠在西安所提要求。信中还声称：中共及一切党派的合法平等地位，将在抗战结束后行宪时给与；允许中共军队扩编为 4 个军 10 个师，已属"从宽核定"；至于解除对中共陕北边区的封锁及释放政治犯等问题，得在本次商谈有结果后才能考虑。张、王要求林伯渠将上述内容转告中共中央，接受国民党的提示案并迅速答复。

在此期间，国民党宣传部长梁寒操为缓和中外舆论对国民党的压力，在 8 月 9 日举行的记者招待会上公开宣布："国共关系已有了改进，并将继续改进。"他还声称，谈判中"政府的观点和共产党的观点事实上并无严重分歧"，"国共问题已经有了一部分解决"[①]，而实际上国共谈判并无丝毫进展。为说明事实真相，周恩来于 8 月 12 日在延安对新华社记者发表谈话，回顾了国共谈判 3 个月来的经过和基本情况，驳斥了国民党关于谈判部分解决的说法。周恩来说，国共谈判 3 个月，"任何一个具体的即使

---

① 中共中央统战部、中央档案馆编：《中共中央抗日民族统一战线文件选编》（下），第 723—724 页。

是最微小的问题，都没有得到解决"。"根本解决问题的障碍，究竟在哪里呢？一句话，国民党统治人士及其政府始终固执其一党统治与拖延实行三民主义的方针，而不愿立即实行真正的民主，以加强抗战力量，以保证战后和平，这就是解决问题的障碍所在"。周恩来还以最近国民党仍在陕甘宁边区、华北、华中、华南制造军事冲突的事实，说明内战危机并未停止。中国共产党的态度是："要最后战胜日本强盗，国共两党必须团结，国共之间所存在的问题，必须从速解决。"而这种解决，只有国民党当局立即放弃一党独裁，才能得到效果①。

8月30日，林伯渠写信给张治中、王世杰转蒋介石及国民党中央，指出王、张8月10日来信的指责是完全不合事实的。林伯渠还对国民党的提示案和10日信中的无理要求、无端批评，逐一进行了驳斥。希望国民党放弃一党统治的方针，认真推进国共谈判，公平合理地解决国共关系问题，以争取全民族抗战的最后胜利。信中还再次邀请王、张赴延安继续谈判，以便看中共是怎样忠实执行四项诺言与彻底实行三民主义的。9月10日，张治中、王世杰函复林伯渠，诬林的来信"为夸张抹煞之词"和"不实之言"，且"要求与时俱增"，仍要求中共"切实"拥护国民党政权的统一，服从国民党的军事指挥，坚持一党专制，同时希望延安再派代表至重庆②。

国民党顽固地坚持一党统治，坚持削弱和消灭异己的方针，是使谈判陷入僵局、没有成效的真正原因。还在林伯渠到重庆谈判前，国民党就研究了对策和对"中共政治解决方案"③。提出应付这次谈判的原则为"注重其宣传性，而不期待其成功"，"在大的原则上坚持，俾中外人士易于理解"，"对具体细目表示无不可以商量之态度"。国民党采取以上对策的目的非常明确，就是要通过所谓的"缓和办法，逐步令其交出军权政权"④。他们以一种自大而武断的态度，只要求共产党应无条件地拥护政府、拥护

---

① 中央档案馆编：《中共中央文件选集》第14册，第307—312页。
② 见南方局党史资料征集小组编：《南方局党史资料·大事记》，第240页。
③ 《林伯渠传》编写组编：《林伯渠》，红旗出版社1986年版，第296页。
④ 中国第二历史档案馆藏《林祖涵来渝事件应付之要点》，转引自《林伯渠传》，第296页。

统一，而不许问这种统一是否对抗战民主团结有利。虽然共产党方面委曲求全，多次让步以缩小两党间的距离，力图使谈判继续进行，但始终未遂人意。即便如此，中共仍表示愿意继续谈判。直到10月3日，林伯渠还致函张治中、王世杰，仍请王、张到延安一行，并表示：只要还有一线希望，我们总会有人来谈判的①。

9月15日，林伯渠在三届三次国民参政会上作了关于国共谈判的报告。他报告了这次谈判涉及的重要问题、谈判中存在的重要分歧、谈判的全部经过及其真相，谈到了全国人民对国共谈判的关切，在当时的政治形势下调整国共关系的迫切性和重要性，对谈判没有结果表示遗憾。针对国民党代表在会上对国共谈判的歪曲性介绍，林伯渠专门介绍了共产党人对四项诺言信守不渝的情况，驳斥了国民党的无理攻击。在报告的最后部分，林伯渠根据党中央的指示，提出了挽救危局准备反攻的救急办法，即由政府召开各党各派各军各地方政府各人民团体代表的国事会议，成立抗日党派联合政府的主张②。

就在国共谈判受阻，中共提出联合政府主张之际，美国政府派出赫尔利以总统私人代表的身份来到中国。11月又任命赫尔利为美国驻华大使。赫尔利的使命非常明确："1. 防止国民政府的崩溃，2. 支持蒋介石作中华民国的主席与军队的委员长；3. 使蒋委员长与美国司令官间的关系和谐；4. 增进中国境内战争物资的生产并防止经济崩溃；5. 为击败日本计，统一中国境内一切军事力量。"③当时赫尔利面临的问题，集中表现在两个方面：一是蒋介石和史迪威的关系相当紧张，二是国共两党的关系陷入僵局。而在处理国共关系上的不同意见，又是蒋介石与史迪威产生矛盾的一个重要方面。

美国在太平洋战争后与中国结盟，支援中国抗战，支持中国进入四强国家，主要目的是想以中国的力量与日本在亚洲对抗。1943年5月的

---

① 见南方局党史资料征集小组编：《南方局党史资料·大事记》，第244页。
② 见中央档案馆编：《中共中央文件选集》第14册，第333页。
③ 世界知识出版社编：《中美关系资料汇编》第1辑，第139页。

美国参谋长联席会议在《关于击败日本的战略计划》中指出，"持续大规模的对日空袭，只能由中国的空军基地来执行"，中国军队应"由内地向东推进"。适应美国亚洲战略的需要，史迪威希望能调动中国的抗日力量采取较大的军事行动。依据他对中国观察的结果，他相信共产党是真正抗日的队伍，力图使共产党领导的军队能够和国民党军队一起参加对日作战。他以强烈的语气要求蒋介石把驻扎在陕西、甘肃专门用于防范共产党的国民党精锐部队调往山西，遭到国民党的拒绝；他提出的拨出一部分武器给共产党使用的要求，也被蒋介石置之不理。史迪威对蒋介石无视抗日大局、拒绝与共产党合作抗日非常不满。这便是史迪威与蒋介石产生矛盾、冲突的主要原因。

1943 年 12 月，史迪威指挥中国驻印军发动反攻缅北战争。他将在印度蓝伽接受美式装备和训练的两个师的中国部队调入滇缅边境，还动用了运往印度的援华物资，致使对中国战场的补给停止。为此，1944 年 3 月蒋介石对史迪威给予当面警告，两人的关系发展到了"最坏的状态"。更有甚者，当日本发动一号作战、国民党战场一败涂地之时，马歇尔决定将史迪威晋升上将，专任中国战区工作。史迪威则要求给予"全部中国军队指挥权"，这样"中共部队也可以听命，可使之攻向汉口，扭转战局"。罗斯福接受了这一建议，致电蒋介石，谓中国战局危急，欲派史迪威在蒋直属下指挥中国全部军队，并以一切租借物资归史迪威支配，还声明共产党的军队也包括在内。

蒋介石对此极为恼怒。他认为罗斯福有干涉中国内政之心，但他又考虑需要美国援助而不能公开闹翻。于是他表示"原则赞成"罗斯福建议，并要求"派一富有远大政治见解"而得罗斯福信赖的全权代表来渝，调整他与史迪威的关系，"以增进中、美之合作"。赫尔利就在这种背景下来到中国。

1944 年 9 月 15 日，史迪威和蒋介石为缅北战事发生争执。蒋介石要史迪威迅速调密支那的中国驻印军南下，进攻日军后背，否则在缅北已损失很大的中国远征军将撤回怒江东岸。史迪威不同意这一意见。他向马歇尔报告：蒋要将远征军调回昆明，多年来为打通滇缅路所付出的努力，将前功尽弃。他还抨击蒋"意在避免战争,保全实力,等待美国击败日本"。当时马歇尔正与罗斯福在加拿大魁北克参加和邱吉尔的会谈,便将此事向罗斯福作了汇报。罗斯福于 19 日致电蒋介石,要他立即补充怒江方面部队,加紧推进;同时立即委任史迪威全权指挥中国军队。罗斯福的来电,被蒋介石视为平生最大耻辱。9 月 25 日,蒋介石召见赫尔利,表示美国如派任何富于合作精神的美国将领接替史迪威,他都将竭诚欢迎,实际上要求美国召回史迪威。

对蒋介石的态度,美国内部有两种意见。一种意见同情蒋,认为史迪威的行为有侮辱蒋的嫌疑,应向蒋表示遗憾;一种意见对蒋不满,反对召回史迪威。罗斯福最后同意解除史迪威职务,说明美国已经决定采取全力支持蒋介石的政策,而开始放弃和改变史迪威那样的对中共比较友好的态度。这反映了美国对华政策所发生的微妙变化。在此之前,史迪威主张采取联合、利用共产党抗日的方针,罗斯福是基本赞成的。但当蒋介石坚持反共立场,并为指挥权问题与史迪威闹翻的时候,罗斯福却作了让步。表面上是蒋和史两人争夺军队的指挥权,实际上却隐含着对待共产党的不同态度。蒋介石讳莫如深的就是害怕美国对中共给予支持,他认为这将危及国民党的统治地位。罗斯福虽然重视中共在抗日战争中的作用,也想借助这方面的力量加快反法西斯战争的胜利,但随着战争局势的变化,反日本法西斯的胜利只是时间的早迟而已。美国开始更多地考虑战后的世界格局和在中国的利益问题,权衡利弊,认为在中国只有扶持蒋介石,才能使美国更好地控制中国,取代日本在中国的地位。

对中国共产党,美国内部也有不同意见。一些有识之士通过多方面观察,认为国民党已经腐朽,要维护美国在中国的长远利益,不能忽视中共的存在,必须与共产党人建立合作关系;另一种意见则认为中共和苏联关系密切,美国要想保持对中国的控制,只能与国民党政府紧密合作,特别是从遏制共产主义发展的角度考虑,在亚洲保持国民党这样一支反共的力量十分必要。罗斯福开始更多地受到前一种意见的影响,因而对史迪威联共抑蒋的做法表示支持。但到 1944 年 10 月,罗斯福却撤销史迪威在中国的职务,这说明美国对华政策已由联共抑蒋转向扶蒋抑共。

赫尔利在美国扶蒋抑共政策的形成过程中起了推波助澜的作用。他在罗斯福接受蒋介石要求解除史迪威为中国战区参谋长职务，但还保留训练指挥中国驻印军、远征军权力之际，致电罗斯福：如支持史迪威，则将失去蒋介石，甚至还可能失去中国。这封电报促使罗斯福下定了调回史迪威的决心。

蒋介石与史迪威的冲突由史离职得到解决后，赫尔利便着手国共关系的调解。国民党坚持反共立场，对史迪威重视共产党耿耿于怀，于是爆发了蒋介石与史迪威的冲突。史迪威离任后，国民党仍然坚持反共态度，但美国对共产党的发展壮大不能不刮目相看。美国政府深知，共产党拥有的实力，已经足以威胁到国民党的统治。中国如果在打败日本之前发生内战，以国民党的腐败状况，难免有垮台的危险。因此，最好的办法是让共产党交出军队。为达到这一目的，赫尔利直接参与了国共谈判，并不辞劳苦，到延安与共产党的领导人会晤。

美国对国共关系极为关注。罗斯福曾表示，如果国民党与共产党不能相处，可以"请一个朋友来斡旋"，他可能就是那个朋友 ①。国共双方对美国参与国共关系的协商表示欢迎。蒋介石清楚地知道，没有美国的大力支持和援助，他要维持在战后对中国的统治是十分困难的。共产党方面为保证抗战的团结，争取最后的胜利，也不反对美国政府在不干涉中国内政、支持国民党的前提下，出面调处国共关系。

在重庆，中共代表林伯渠、董必武与赫尔利进行了 3 次会谈。赫尔利声称他已解决了中美邦交中很困难的问题，现正试图解决国共关系。他还以颇为公允的态度告诉中共代表，蒋介石送给他一个方案，他考虑中共不能接受，已当场退回。现蒋介石正起草新方案，等他看后带去延安。

11 月 7 日，赫尔利带着经蒋介石修改同意的作为国共协议基础的文件飞往延安。中共中央领导人对他的到来表示诚挚的欢迎，并同他进行了3 天的会谈。赫尔利对共产党关于废除国民党一党专政、成立民主联合政府的主张表示赞同，并共同拟定了《延安协定草案——中国国民政府中

① 见世界知识出版社编：《中美关系资料汇编》第 1 辑，第 124 页。

国国民党与中国共产党协定》。11月10日，毛泽东和赫尔利在协定上签字。

为了实现联合政府的主张，中共在与赫尔利达成的协议中作了重大让步，即表示愿与国民党这个极其腐败的政府合作。但毛泽东也指出：我们承认一个联合的国民政府，并不妨碍将来我们自己组织解放区的政府。在国民党方面，如果蒋介石签字承认，即是最大的让步，因为我们得到了合法地位，这是前所未有的①。

中共领导人曾充分估计到国民党不会轻易同意成立联合政府的协议。但使人气愤的是赫尔利回到重庆后便改变态度、背弃诺言，完全支持蒋介石的意见。他还企图施加压力，逼迫共产党接受国民党的不合理要求。11月21日，赫尔利向中共转交了国民党的3条"提示案"。要求共产党把军队和敌后抗日政权都移交国民党，然后再由国民党当局给共产党"合法地位"，并挑选一些共产党人参加政府。这实际上是要取消中国人民在抗日战争中已经取得的成果和争取抗战胜利的基本力量。共产党人当然不会同意。毛泽东在12月19日接见美军驻延安观察组组长包瑞德时严肃地指出，中共不能被双手反绑着参加政府。

由于赫尔利的支持，蒋介石更加顽固地坚持一党专政的主张，拒绝接受中共关于成立联合政府要求。赫尔利还给蒋介石出谋划策，提出在行政院下，设立一个各党派参加的战时内阁性质的机构；成立一个由国共双方和美国参加的整编委员会整编中共军队，并由蒋介石委任一美国军官作总司令。这是美国干涉中国内政，实行扶蒋反共政策的突出表现。中共当即予以拒绝。

1945年1月，中共提议首先召开党派会议作为国事会议预备会议的建议。但是，蒋介石坚持要成立有美国人参加的委员会整编中共军队。国共谈判已无法进行，周恩来返回延安，抗战时期的国共谈判到此结束。

1945年初，美国疏远中共的迹象已经显露出来。1月，美国方面拒绝了朱德关于将美国贷款用以策动中国伪政府官兵携械反正、进行后方破坏等工作的要求。与此同时，美国却增加援华物资，加速装备国民党军队。

---

① 见《胡乔木回忆毛泽东》，第354—355页。

1945 年 4 月，赫尔利在华盛顿举行的记者招待会上发表声明，公开攻击和诬蔑中国共产党，表示了美国坚决支持国民党政府的明确立场。他认为统一中国最强大的力量"依然是重庆的国民政府"，声称"美国已承认国民政府为中国的政府，并且在经济上、军事上和政治上支持它"①。完全暴露了美国扶蒋反共政策的真面目。同时，解放区发现了大批由美机散发的宣传蒋介石为抗战领袖的传单。6 月，又发生"美亚事件"，主张与中共保持友好关系的美军观察组成员谢伟思及其他 5 人在美国因所谓的通共间谍罪遭到逮捕。

中国共产党对美国政策的变化开始采取了留有余地的做法。直到 6 月底美亚事件发生后，才公开抨击赫尔利所代表的扶蒋反共政策违反了中国人民的意志，损害了同中国人民的友谊。这个政策的危险性在于"助长了国民党政府的反动，增大了中国内战的危机"②。扶蒋反共的政策使美国政府将自己放在已经觉醒和正在觉醒的中国人民的对立面，谴责这对中国统一和世界和平产生了严重的消极作用。历史的发展证明，美国的政策是错误的。

在美国扶蒋反共政策的影响下，1945 年 5 月召开的国民党第六次代表大会制定了内战独裁的政策。这次大会的一个中心议题是反共。蒋介石在会上声称："今天的中心工作，在于消灭共产党！日本是我们国外的敌人，中共是我们国内的敌人，只有消灭中共，才能达成我们的任务。"③潘公展在会上所作的《关于中共问题的特别报告》中说："与中共的斗争无法妥协。今日之急务，在于团结本党，建立对中共斗争之体系，……当前对中共之争论，应集中于反驳联合政府，反驳抗日战争中有两条路线的论调，反驳中共具体纲领，与反对解放区人民代表大会"，等等④。在大会公开对外发表的《对于中共问题之决议》中，国民党虽然攻击中共"仍

---

① 《解放日报》1945 年 5 月 8 日。

② 《毛泽东选集》第 3 卷，第 1115 页。

③ 荣孟源：《蒋家王朝》，中国青年出版社 1980 年版，第 244 页。

④ 见《中国国民党第六次全国代表大会记录》，1945 年出版，转引自王功安等主编：《国共两党关系史》，武汉出版社 1988 年版，第 500 页。

坚持其武装割据之局"，但迫于国内外的压力，还表示"一切问题可以商谈解决"；而在没有对外发表的另一个决议《本党同志对中共问题之工作方针》中，则在诬蔑中共联合政府口号是"企图颠覆政府"的同时，要求全党"提高警觉"、"整军肃政，加强力量"，并提出对中共进行斗争的 6 条方针 ①。国民党的想法是，一旦对中共"政治解决"失败，便依靠美国的支持，发动反共的内战。这样，就埋下了抗日战争胜利后国共关系破裂、国民党将发动内战并导致它最后失败的种子。

---

① 见《中国国民党第六次全国代表大会记录》，1945 年出版，转引自王功安等主编：《国共两党关系史》，武汉出版社 1988 年版，第 500 页。

第 六 章
抗日战争的最后胜利

经过数年浴血奋战，中国人民克服了重重困难，付出了巨大牺牲，终于在 1945 年 8 月，同美、英、苏等反法西斯同盟国一道打败了穷凶极恶的日本帝国主义，赢得了抗日战争的最后胜利。

一、日本帝国主义的垂死挣扎

世界反法西斯战争进行到 1945 年，形势急转直下，德国法西斯迅速崩溃，日本帝国主义的处境也越来越困难。

在欧洲战场上，苏军继 1944 年对德军的十次沉重打击以后，从 1945 年 1 月 12 日起，在北起波罗的海、南至喀尔巴阡山的 1200 公里长的战线上，对德军展开全面的进攻。与此同时，美、英军队也从莱茵河地区向德国腹地进攻，于 3 月 23 日夜开始强渡莱茵河。4 月 25 日，苏、美盟军在柏林以南易北河畔会师。4 月 30 日，走投无路的希特勒绝望自杀。5 月 2 日，苏军攻克柏林。5 月 8 日，德国无条件投降。与此同时，意大利人民在北部起义，墨索里尼企图逃跑，被游击队活捉并处以死刑。至此，德、意法西斯政权全部垮台，只剩下东方的日本帝国主义孤军作战了。

在亚洲太平洋战场，中国和美、英等同盟国军队也取得重大胜利。继 1944 年的春、夏、秋季攻势以后，解放区战场又于 1945 年连续发起春、夏季攻势，歼灭和牵制了大量的日伪军，收复了大量失地，把日伪军压缩到了主要城市、交通线和沿海地区，使日军的处境越来越困难。在正面战场上，国民党军队对日军的进攻也实行了抵抗，在桂、湘、赣等省区还随着日军的撤退紧紧跟进追击，给日军造成了较大的伤亡。

在缅甸和印度尼西亚，英、澳等同盟国军队在当地人民的支援下，继续向残存的日军发起进攻。美军在继攻占所罗门群岛、吉尔伯特群岛、马绍尔群岛、马里亚纳群岛、加罗林群岛、菲律宾群岛等地以后，又于1945年2月至3月攻克靠近日本的重要军事基地硫黄岛，并于4月1日在日本南部屏障冲绳岛上登陆，经过激战于6月30日占领全岛。在这次战役中，日军伤亡9万余人，被俘7000余人，岛上居民死亡约10万人，损失飞机2000余架（不包括地面损失的飞机）和舰艇20艘，使日军受到沉重的打击。与此同时，美国空军加强了从1944年6月开始的对日本本土的大规模战略轰炸，海军加强了对日本海上运输线的拦截和袭击。从1945年3月9日至6月15日，美军对东京、川崎、名古屋、大阪、横滨、神户6个大工业城市，进行了19次大规模轰炸，其他许多城市也遭到轮番轰炸，受到严重的破坏，有的甚至被炸为一片废墟。日本海上的运输线，几乎完全被截断，"驶向南方的船队被迫停航，向北航行的船队几乎百分之七十至八十被击沉"①。

在这种情况下，日本帝国主义已是四面楚歌。军队普遍士气低落，士兵逃亡、自杀和携械投降的事件越来越多。国内的反战厌战情绪更加高涨，很多人已经发展到"诅咒和怨恨天皇"的地步；工人罢工怠工、农民抗交粮税的事件不断发生，政局动荡不已。继1944年7月战争狂人东条英机内阁垮台以后，新成立的小矶内阁亦于1945年4月垮台，由枢密院议长、海军大将铃木贯太郎组成了最后一届战时内阁。日本政坛虽然频频换马，但已回天乏术，无法挽回失败的命运。

在经济上，由于日军在海外的占领区急剧缩小，运输线被截断，国内接连遭受大轰炸，因而原料严重缺乏，大批企业被迫停产，物价飞涨，

---

① 〔日〕服部卓四郎：《大东亚战争全史》第4卷，商务印书馆1984年版，第1546页。

供应匮乏，国民生活极端困难，整个经济已面临崩溃。据铃木内阁书记官长迫水于 1945 年四五月间的调查，认为局势比任何人所能想象得都要严重，钢铁的月产量已不足 10 万吨，飞机产量降到原指标的 1/3，煤的缺乏使军火生产削减 50%；船舶总吨位也只有 100 万吨，由于缺乏燃料和装卸货物的人力，整个运输系统已处于瘫痪状态。用不了几个星期，各城市间就不会再有铁路交通，钢铁船舶的建造将会停止，化学工业也会崩溃。为了想尽办法补充不断减少的石油储备，当时决定挖松树根炼制代用品。由于国民面临饥饿的恐怖（稻米产量是 1905 年以来最低的），政府制订了把橡子制成食物的计划，号召小学生和被疏散者要完成收集 500 万石橡子的目标。官方规定的每天食物定量（如果能弄到手的话）已降至 1500 卡路里以下，只有日本人最低标准的 2/3。城里人苦难最深，每星期天都有数百万人带着衣服、首饰、家具以及任何值钱的物品，跑到乡下去换白薯、蔬菜和水果 ①。面对这种困难状况，6 月 6 日召开的最高战争指导会议，不得不承认战争很难进行下去了。

但是，日本帝国主义并不甘心失败，仍千方百计进行垂死的挣扎。

首先，在中国一方面继续发动攻势，一方面企图和缓与重庆、延安两方面的关系，争取在较为有利的条件下结束战争，最后不得已决定收缩兵力，准备与中国及从中国东南沿海登陆的美军决战。

早在 1944 年 9 月 5 日，日本内阁便制定了《关于对重庆政治工作实施文件》，决定在打通大陆交通线的同时，作出"最大限度"的"让步"姿态，以"创造彼我直接会谈机会"，让步条件是恢复到 1932 年以前的状态，保留在东北、台湾地区的统治。为此，日本政府派出已退役的宇垣一成大将到中国活动。年底，又邀请自称同重庆政府有密切关系、愿意协调中日和谈的汪伪政府考试院副院长缪斌到日本。1945 年 3 月 21 日，日本最高战争指导会议研究了缪斌提出的"解散汪伪，日本立即撤兵"等条件，但因陆军方面的反对未能形成决议。冈村宁次担任日本驻中国派遣军司令官后，还曾试图利用与何应钦的同学关系联系和谈，并让降将孙良诚联系，

---

① 见〔美〕约翰·托兰：《日本帝国的衰亡》下册，新华出版社 1982 年版，第 973 页。

企图促动蒋介石和谈，但蒋表示无意同日本进行和平谈判。直至1945年4月7日铃木内阁上台，日本仍对重庆进行工作，以求实现停战。

除了企图向国民政府诱和，日本还想缓和同延安方面的关系，以打开和谈的通道。1944年7月3日，日本大本营及政府联络会议通过的《对中国作战时宣传要领》，即规定"对中共本部暂称延安政权，对其所属军队，在需要讨伐时则以匪贼称之。对反共、剿共、灭共等名称，一般情况下应避免使用。中共的名称也尽量不用"。其原因是"为了与美国谈判，首先就需要和苏联的莫洛托夫握手，而作为与莫洛托夫谈判的手段，就要考虑怀柔毛泽东"。①

在进行诱和的同时，日军又连续发动攻势。当时，中国派遣军司令官冈村宁次想在打通大陆交通线以后，趁机进攻四川，在美军从中国东南沿海登陆之前摧毁国民政府，以避免两面作战。但日本大本营认为美军如从中国东南沿海登陆攻向日本，会对日本造成严重威胁，因而应以准备东面作战为重点。1945年1月22日，日军大本营确定了以准备东面作战为重点的东西两面作战的方针。正是根据这一精神，日军于1945年1月发动了打通粤汉铁路南部的作战，于1月底2月初迅速占领了赣南的遂川、赣州及粤北的南雄、新城，以及设在这些地方的飞机场。随后，又攻占了粤东海丰一带，加强了广东、浙江沿海的防御。

为了摧毁1945年初新起用的老河口、芷江飞机场，减少中美空军对日军的威胁，日军分别于3月22日、4月16日发动了豫西鄂北和湘西作战，向老河口和芷江发起进攻，但受到中国军队的顽强抗击，不少地方很快被中国军队夺回，没有达到预定的目的。

到1945年4月，整个形势对日本越来越不利。继4月1日美军在冲绳岛登陆后，4月5日苏联政府发出关于废除苏日中立条约的声明。鉴于这种情况，日军大本营不得不决定收缩兵力。4月14日，日军大本营发出了把在广西的第三、第十三、第三十四师，在广东的第二十七师调往华中、华北的秘密指示，接着于4月18日正式下达了命令。

---

① 日本防卫厅战史室编：《华北治安战》下册，第428、429页。

德国投降以后，日本一方面加紧准备本土作战，一方面准备在中国继续进行顽抗。6月上旬，中国派遣军确定了如下的作战方针："派遣军以主力控制华中、华北要域，在对苏联、中国策划持久战，并歼灭来攻沿海要域的美军，以使日本本土决战顺利进行。"并指出对美战备重点，首先为华中三角地带，其次为山东半岛，但应该注意识破敌对华中、华北登陆企图，力图及时将派遣军主战力集中于该地；在万不得已时，也必须确保南京、北平和武汉等地附近要域①。

根据上述计划，日本对在华兵力部署作了如下调整：令第二十三集团军以广州、香港为中心收缩兵力，确保广州、香港地区，另以3个师的兵力在摧毁粤赣边的中国第七战区主力后调往南京附近，由派遣军直辖，并限令于7月底前完成对美英作战准备；令第十三、第六集团军迅速撤回驻福州和温州的兵力，以主力确保京、沪、杭三角地带和海州地区，另分兵确保湖口下游长江地带和津浦路南段主要地区，并限令于7月底前在三角地带、9月底前在海州基本完成对美军的作战准备；令华北方面军所属各军及直属部队确保华北重要地区，并限令在9月底以前完成对中、美、苏三国军队的作战准备；令第六方面军利用所余兵力确保武汉周围地区，击溃反攻的中国军队；海军之中国方面舰队和第十三飞行师密切协同派遣军各部队，确保华北和华中的作战②。

为了加强以上地区的防御，准备最后的决战，日本为中国派遣军新组建了6个步兵师、13个独立混成旅、13个独立警备队，连同原有的部队及海军舰队，使其在中国华北、华中、华南的总兵力达到110多万人，另外还有伪军100多万人。

但是，在中国军民的连续打击下，日军的以上计划和部署，都没有起到什么作用，便迅速崩溃了。

其次，一方面企图与苏联会谈，防止苏军对日作战，一方面调集兵力，调整部署，准备与苏军决战。

---

① 见《日本军国主义侵华资料长编》（下），第631页。

② 见军事科学院军事历史研究部：《中国人民解放军战史》第2卷，军事科学出版社1987年版，第497页。

德国投降以后，苏联从 5 月开始迅速向远东地区调集兵力和作战物资，准备对日作战。日本深怕苏联参战会加速日本的败亡，因此于 5 月中旬召开的最高战争指导会议上，决定迅速开始日苏两国的会谈，以防止苏联参战，诱导苏联采取善意态度，并企图通过苏联的斡旋，在有利于日本的条件下与美、英等国停战议和。为此，日本于 5 月 15 日宣布废除同德、意之间的一切条约，以取悦于苏联。接着，委派对苏外交经验丰富的前首相广田弘毅为代表，拜访苏联驻日大使马立克，表示愿意对苏友好，并询问苏联意向。马立克说广田提案太抽象，要求日本开列条件，于是 6 月 28 日由外相东乡茂德提出一份提案，其要点是：日苏两国间缔结维护东亚和平、相互支持、两国互不侵犯之协定。日本的让步条件是：1. 满洲国"中立化"；2. 以供应石油为交换条件，放弃渔业权；3. 考虑苏联提出的其他条件。马立克答应转交。与此同时，日本驻苏大使佐藤亦在莫斯科展开活动，于 7 月 11 日拜访苏联外交人民委员莫洛托夫，提出日本拟派前首相近卫文麿公爵为赴苏特使，并透露准备接受有条件投降。7 月 12 日，日本政府正式决定派近卫文麿为赴苏特使，直接到苏联进行会谈。但是，因为苏联与日本的外交关系一直紧张，想报日俄战争失败的一箭之仇，而且在雅尔塔会议上确定了对日参战的原则，不愿另行一套，因而一直采取拖延战术，不作正面回答，直到《波茨坦公告》公开发表，才对日本来了个突然袭击，给予当头一棒。

在这同时，日本又积极准备在中国东北和北朝鲜与苏军决战。5 月 30 日，大本营命令第五十九师（驻济南）、第六十三师（驻通县）、第一一七师（驻新乡）、第三十九师（驻宜昌附近），迅速调往满洲和北朝鲜，同时调原驻汉口的第三十四集团军司令部前往北朝鲜的咸兴[①]。另外，又新组建了 6 个步兵师、11 个独立混成旅和 1 个独立坦克团，对关东军已经空虚的力量作了加强，并对原有的部署作了调整。在这同时，日军还加强了对库页岛、千岛和内蒙古一带的战备。但是，日军这些准备并没有挡住后来苏军发动的强大攻势。

---

① 见《日本军国主义侵华资料长编》（下），第 622 页。

再次，决定实行"本土作战"，以"一亿玉碎"保卫日本的本土。

早在 1944 年底和 1945 年初，日军大本营陆海军部就根据战争形势的进展，预料在 1945 年中期。敌人可能进攻日本本土，因此在他们拟定的《以昭和 20 年中期为目标的战争指导方案》中，开始体现出本土决战的思想。1945 年 1 月 20 日大本营陆海军部制定的《帝国陆、海军作战计划大纲》，更明确地提出了本土决战的思想，其基本设想是："通过本土外围地区的纵深作战，对来攻的美军进行殊死的持久战；在此期间做好本土的作战准备，在本土进行最后决战"①。

根据上述计划，日本大本营于 1945 年 2 月 6 日改组了日本本土的整个陆军指挥系统，并决定紧急动员 4 个独立混成旅和 3 个东京警备旅，海军方面也新设 2 个航空舰队。与此同时，陆军部提出了召集 150 万人的新地面军备计划。后来经过三次扩军动员，新组建了 42 个步兵师、4 个高炮师、7 个独立坦克师、17 个独立混成旅。加上本土原有和从关东军调回的 21 个步兵师、两个坦克师，使日本本土的总兵力达到 370 万人。

1945 年 3 月，大本营陆军部以 1 月 20 日商定的《帝国陆、海军作战计划大纲》为基础，制定出了被称为《"决号"作战准备纲要》的本土作战计划，4 月 8 日正式下达。这个计划的基本思想，"是灵活运用日本本土的特点，在奋起的一亿国民配合下，首先令残存的全部海、空军担任特攻攻击，争取将登陆敌军消灭在海上；然后把本土上的全部地面战斗力集中在决战的重要地区，以纵深部署向登陆敌军断然发起决战攻势，以便一举决定战争的胜负"②。

为了动员日本全国人民参战，4 月 13 日日本政府决定成立国民义勇队。25 日，日军大本营陆军部向全国颁发了《国民抗战手册》，决定把全国人民组成国民义勇战斗队，协同军队作战。6 月 22 日，帝国议会第 78 次会议通过了义勇兵役法，规定凡属 15 岁至 60 岁的男子和 17 岁至 40 岁的女子，必要时都要应征。6 月 23 日，又公布实施《国民义勇战斗队

---

① 〔日〕服部卓四郎：《大东亚战争全史》第 4 卷，第 1327 页。
② 〔日〕服部卓四郎：《大东亚战争全史》第 4 卷，第 1439 页。

统率令》，明确规定凡属上述年龄的男女国民均为国民义勇战斗队员。这样，就使组织起来的国民义勇队员达到了2800万人。

为了适应本土决战的需要，日本议会于3月28日公布了《军事特别措置法》，于6月21日公布了《战时特别措置法》，把国内的一切人力、物力都纳入战时体制，地方行政组织战时化，政府可以不受其他法律的限制而采取一切应变措施。6月7日，内阁通过了《今后实行的战争指导基本大纲》，并要求阁员以"事不成则剖腹的高度责任感"来加以实行。6月8日，御前会议正式通过了这一大纲，提出要"以七生尽忠信念（日本南北朝时代的南朝武将楠木亚成曾有七生尽忠之语，意即转生七世，也要尽忠报国——引者）为力量之源泉，利用地利、人和坚决完成战争，以维护国体、保卫皇土，务期达到征战目的"的方针[①]。

最后，采取"自杀"战法，以日本国民的生命为武器进行垂死挣扎。

早在1944年塞班岛惨败之后，就有人向天皇建议采用"特种飞机"，即让驾驶员驾驶飞机舍命去冲撞对方的军舰，因为一架飞机从天空全速俯冲，被高射炮击中的可能性充其量只有50%，飞机的效能至少能提高10倍。一架装着汽油和500磅炸弹的飞机冲撞在航空母舰甲板上造成的破坏，可能比两颗鱼雷或12颗常规炸弹造成的破坏还要大。也就是说，一架结构简单的飞机，有可能撞沉一艘超过其本身价值几千倍的军舰。于是从1945年春天起，日本加紧制造这种自杀性的"特攻飞机"，组织了"神风攻击队"；其后，又制造了多种水上和水下自杀特攻武器，并决定在本土作战中采取自杀性的反坦克肉搏战。

日本制造的自杀飞机有"樱花"、"桔花"、"藤花"三种，制造、操纵都很容易而且简单。"樱花"是由母机运往目标附近，然后在空中脱离母机，自飞冲向敌舰，即所谓"肉弹"，到战争结束时已出现了从地面发射的特殊机，载弹量为1200公斤；"桔花"是由地面发射的"肉弹"，备有两个喷射推进器，载有500公斤至800公斤的炸弹一个；"藤花"是容易大量生产的低翼、单叶、单发动机、单座的飞机，载有500公斤的炸

---

① 见《日本军国主义侵华资料长编》（下），第634—635页。

弹一个。另外，从冲绳作战时起，陆军还开始制造和使用威力很大的"樱弹"，这种炸弹是把炸药放在重型轰炸机的前半部机身里面，相当于炸弹部分的整个重量为 3 吨。

海上自杀特攻武器有"海龙"、"蛟龙"、"回天"、"震洋"、"伏龙" 5 种。"海龙"是一种带翼的小型袖珍潜艇，在舰身的下部两侧装有鱼雷发射管两个，并在头部装有炸药，当逼近敌舰时，即发射鱼雷，并撞击敌舰；"蛟龙"的秘密名称为"甲标的"，也是一种袖珍潜艇，携带鱼雷两发；"回天"是人工鱼雷，头部装有炸药 1550 公斤，由一人操纵，直接撞击敌方军舰；"震洋"是自杀摩托艇，以汽车发动机作动力，装有炸药 250 公斤和两枚 12 公分直径的火箭弹，由一人操纵，也是直接撞击敌方军舰；"伏龙"是最原始的"肉机雷"，由戴上简易潜水器的特攻兵带着棒状地雷，潜伏在敌军登陆的海中，当敌军登陆船艇经过其头上时，即用棒状地雷冲击船艇。配备这些武器的部队，都以武器名称命名为"××特攻队"。

用于反坦克肉搏战的自杀武器，有手投炸雷、穿刺炸雷、火焰瓶、坐垫式炸雷、赶制的炸雷 5 种。手投炸雷是一种圆锥形有孔的炸弹，装有 600 克黄色炸药，逼近 10 米以内时投向坦克；穿刺炸雷是一种为了保证准确命中而带有长柄的手投炸雷；火焰瓶是在空瓶里装上汽油，逼近敌军坦克后投入机舱；坐垫式炸雷是将小包炸药装入坐垫似的袋中，并装上缓燃的雷管，逼近后扔在坦克正面或突起部上，使之爆炸；赶制的炸雷是将约 10 公斤的黄色炸药捆成一包，装上雷管，由士兵背着冲入敌军坦克轨道内，与坦克同归于尽。

在冲绳作战中，日军的自杀飞机确曾起了重要作用，这种"疯狂行为使美国人不寒而栗"，"一个个魂飞魄散"[1]。日本军史说共用了特攻机 2393 架，击沉击伤敌舰船 404 艘[2]。美国人说 930 名神风攻击机飞行员击沉了美军 10 艘驱逐舰、1 艘护航航空母舰、6 艘小型舰只，重创 198 艘舰只，其中包括 12 艘航空母舰、10 艘战列舰、5 艘巡洋舰、63 艘驱逐舰，并且

---

① 〔美〕约翰·托兰：《日本帝国的衰亡》下册，第 932、933 页。
② 见〔日〕服部卓四郎：《大东亚战争全史》第 4 卷，第 1435 页。

杀死 3000 名美国水兵 ①。但是，这种疯狂的战术并没有能够阻止冲绳的陷落，冲绳作战仍以美军的胜利告终。

同样，日本帝国主义的种种垂死挣扎，也不能挽救它必然败亡的命运。

二、敌后战场的春夏季攻势和正面战场的作战

为了"消灭敌伪，扩大解放区，缩小沦陷区"②，将日本侵略者赶出中国，敌后解放区军民在继 1944 年的攻势以后，又在 1945 年连续发动了春、夏季攻势，收复了大片失地。正面战场的中国军队，在日军发动的豫西鄂北、湘西等战役中也进行了英勇的抗击，并随着日军在桂、湘、赣等地的撤退，跟进追击，相继收复了桂林、柳州等地。

（一）敌后军民的春季攻势

从 1 月开始，敌后军民的春季攻势普遍展开。

1. 八路军

在晋冀鲁豫边区，冀鲁豫军区部队于 1 月中旬首先向伪东亚同盟自治军驻守的大名城发起进攻，16 日一举攻克（18 日为敌重占），击毙伪军长和日军 1 个小队，俘日伪军 400 余人，使伪军"突击团"全部反正。

4 月下旬，冀鲁豫军区又发起南乐战役，歼灭日伪军 3400 余人，攻克南乐县城及其外围据点 32 处，解放了卫河以东大片地区；并拔除了大名以南、卫河以西的大部分敌人据点，收复了大名、新河、南宫等县城。

1 月下旬，太行军区以第七、第八军分区等部 4 个团又 3 个独立营的兵力，发起了道清战役。至 31 日，攻取了道清路以南小东、宁郭等敌人据点 16 个，并于樊庄伏击战中全歼由焦作南犯的日军 1 个中队。从 2 月 20 日至 23 日，又连续攻克道清路北五里源、赵固、峪河、百泉等重要

---

① 见〔美〕戴维·贝尔加米尼：《日本天皇的阴谋》下册，商务印书馆 1986 年版，第 1315 页。
② 毛泽东：《一九四五年的任务》，见《解放日报》1944 年 12 月 26 日。

据点，袭入辉县县城，歼灭日伪军 1000 余人，解放了辉县除县城以外的全部地区。从 3 月 23 日至 4 月 1 日，又东越平汉路向原武、阳武地区挺进，第七军分区主力两度袭入原武县城，攻克据点 7 处，歼灭日伪军 600 余人，迫使伪保安大队 300 余人反正；第八军分区主力一部南渡沁河，一度攻入温县城内。这一战役共歼灭日伪军 2500 余人，扩大解放区 2000 余平方公里，解放人口 25 万。随后，太行军区又进行了陵川、和（顺）左（权）祁（县）太（谷）平（遥）、安阳（第一次）等战役战斗，歼灭日伪军 2600 余人，收复了和顺、左权、陵川等县城。

4 月，太岳军区集中第二、第四军分区近 4 个团的兵力和地方武装，在道清路以西发起第二次豫北战役。从 4 月 3 日至月底，共攻克敌人据点 40 多处，歼敌 2800 余人，争取 1700 余名伪军反正，控制了黄河北岸除沁阳、济源、孟县等县城以外的广大农村。在开展以上战役的同时，太岳军区还加强了对沁源县城的围困，并收复了阳城、晋城等县城。沁源围困战从 1942 年 11 月已经开始，使日军弹尽粮绝，疲惫不堪，终于 4 月 11 日在沁县敌人接济下狼狈逃窜。在两年半的围困中，太岳军区部队共作战 2730 次，毙伤日伪军 4000 余人，被称为"敌后抗战中的模范典型之一"[①]。

在山东军区，鲁南军区等部队于 2 月初首先发起对泗水县伪暂编第十军荣子恒部的攻击，2 月 2 日攻克泗水县城，击毙了荣子恒及其日本顾问。与此同时，鲁中军区第三军分区部队和鲁南地方武装一部，攻克泗水外围之故县、杨庄、杨公村等据点，并击退增援之日伪军，迫使伪军 400 余人投降。这一战役，共歼敌 2000 多人。

接着，胶东军区以 5 个团又 5 个营的兵力，在 5 万民兵和群众配合下，向盘踞在莱阳东南玩底（今万第）一带的"剿共"第七路军赵保原部发起进攻。2 月 12 日，全歼玩底守军 5 个营，并截歼附近逃窜之敌大部。14 日，又攻克左村，歼灭守敌近 4 个团。此役共毙伤敌 2000 余人，俘虏 7370 人，击溃 2000 余人，给伪军赵保原部毁灭性的打击，解放人口 70 万。

---

① 《解放日报》1944 年 1 月 17 日社论：《向沁源军民致敬》。

3月上旬，鲁中军区以主力4个团和地方武装、民兵各一部，发起了蒙阴战役。10日攻克蒙阴，歼灭日伪军1300余人，使沂蒙与泰南根据地联成一片。与此同时，滨海军区部队在诸城以东和赣榆外围地区对日伪军展开进攻，攻克百尺河等据点40余处，毙伤俘敌千余人，促使诸城伪保安队1000余人反正。

从4月15日至5月14日，渤海军区在寿光东北之侯镇与羊角沟一线，发动了讨伐伪第三方面军第六军张景月部的战役，歼敌4000余人，攻克据点24处，解放了小清河以南大片地区。

在晋察冀边区，冀晋军区部队从1月中旬起，连续攻克和收复村镇、据点29处，先后袭入平山、繁峙和山阴等县城，于3月30日解放灵丘。冀察军区部队在游击队、武工队和民兵的配合下，先后袭入徐水、保定、崇礼等城，逼近北平城郊，收复了平西的紫荆关和斋堂镇，并在张家口以南开辟了2500平方公里的地区。

从2月至5月，冀热辽军区部队开展了反伪满军战役，共作战230次，歼敌5035名，粉碎了敌人"扫荡"和集家并村的阴谋，迫其退至北宁路沿线。

在四五月间，冀中军区部队发起任河、文新、安饶战役。4月13日，第九军分区部队首先发起任（丘）河（间）战役，攻克敌人的坚固据点辛中驿，并于4月30日、5月9日接连攻下任丘、河间县城。战役尚未结束，又发起文（安）新（镇）战役，一举攻下新镇和文安县城。自5月8日起，接连发起安（平）饶（阳）战役，解放了饶阳、安平、武强、深泽等县城。在这几次战役中，共歼敌3700多人，收复县城8座，拔除日伪据点359处，解放村镇357个。

在晋绥军区，春季攻势从2月17日全面展开，主要是夺取离（石）岚（县）公路沿线的敌人据点。至4月8日，敌人被迫撤出岚县、普明、寨子、东村等据点；第二天又攻克五（寨）三（岔堡）公路上的小河头据点，迫使敌人放弃原定运粮计划，遗弃粮食50万斤。随后，又攻克凤子头、八角堡、贺职等据点，使一些据点之敌投降，五寨县城日军逃窜，全县除一处外全部收复。这次攻势共作战537次，毙伤日伪军1590人，俘虏和瓦解日伪军810人，收复方山、岚县、五寨3座县城及其他据点54处，夺取离岚、五三两条公路，扩大解放区 3840 平方公里，解放人口 9.4 万。

2. 新四军

苏北新四军部队从 1 月下旬至 3 月中旬，向新调来的伪军孙良诚部主动出击，共歼敌 1200 余人，解放了灌河以北广大地区。4 月 24 日，新四军第三师又集中 11 个团的兵力，发起阜宁战役，一举攻克阜宁，收复盐（城）阜（宁）公路沿线的大施庄、沟安墩、草堰口等据点 22 处，毙伤伪军 339 人，俘伪副师长以下 2073 人。

苏中军区于 2 月下旬在兴（化）高（邮）宝（应）地区发动攻势，一举攻克沙沟、崔垛等 5 个据点，全歼伪军 900 余人。4 月 28 日，又成功地发起三垛伏击战，一举歼灭日伪军 1800 余人，其中毙日军 240 人，俘 7 人，取得了速战速决的胜利。

淮北、淮南的新四军部队，从 2 月上旬开始击退进犯之敌，连克旧县（五河东南）等 10 余个据点，仅淮南部队即歼敌近 800 人。从 4 月 15 日起，淮北部队对洋（河）众（兴）、固（镇）灵（璧）和泗（县）灵（璧）等公路展开破袭战，尔后向灵璧、睢宁之间的日伪军进击，歼敌 3000 余人，攻克泗阳县城及大店、丘集、虞姬墓等据点 21 处。与此同时，淮南部队对盱（眙）蚌（埠）公路沿线的敌人发起进攻，攻克泮里、石坝等据点多处。

鄂豫皖湘赣军区部队在日军进攻南阳、老河口时，于 4 月上旬以近 6 个团的兵力由大悟山、确山向随县以南、信阳西南之敌人后方挺进，恢复了白兆山和四望山根据地，并在豫中、鄂中和鄂南等地歼灭伪军各一部，扩大了解放区。皖江军区部队也于 4 月间对芜湖地区的敌人发起进攻，解放了部分地区。

新成立的苏浙军区，将部队整编为一、二、三纵队，从 2 月 12 日起分别向敌后的莫干山、天目山及四明山以西挺进，巩固和扩大了苏浙皖边根据地。

3. 华南抗日武装

1 月，东江纵队各部连续向日伪军出击，千余名军民向广九铁路展开破袭战，摧毁了铁路和沿线一批碉堡，使日军两列火车相撞，损失惨重，东莞伪警察大队 180 余人携械起义。当日军打通粤汉铁路后，东江纵队即组织 3 支部队挺进粤北，开辟新区。2 月至 3 月，北江支队于佛（冈）、新（丰）、翁（源）之间开辟了拥有 20 万人口的新区，西北支队开辟了以文洞（清远东北）为中心的新区，第三支队协同第四、第五支队等部开辟了罗浮山根据地。留在东江以南老区的部队，也在广九铁路两侧及惠东和海陆丰沿海地区，主动袭击敌人，至 4 月底共歼敌 500 余人，在深圳东北攻克龙冈等据点多处。

珠江纵队在 1 月至 4 月间，于珠江三角洲地区解放村庄 400 多个，巩固了五桂山根据地。中区纵队于 2 月间向阳春、阳江地区挺进，先后取得袭击恩平和出击春湾、合水（阳春东北）的胜利。在雷州半岛的南路游击队，于 2 月间挺进廉江以西的新塘地区，开辟了有 10 万人口的游击区。

琼崖纵队从 2 月至 6 月，也先后在光雅、可情、那雅、牙利等地歼灭与敌勾结的顽军百余人，使阜龙根据地得到了巩固和发展。

（二）敌后军民的夏季攻势

在春季攻势之后，敌后军民又于五六月间发动了夏季攻势。

1. 八路军

在晋冀鲁豫边区，冀鲁豫军区部队于 5 月中旬发起东平战役，第八军分区部队于 17 日攻入东平城，全歼日伪军 1300 余人；第一军分区部队同时攻克东阿，歼灭伪军大部；第 11 军分区等部队在金（乡）济（宁）公路两侧向日伪据点展开进攻，歼灭伪军 700 余人。与此同时，第二、第十军分区部队在宁晋以南和考城地区歼敌 1200 余人；第四、第五军分区部队先后攻克阜城，收复故城、枣强、威县等县城；第三军分区部队对进犯馆陶、广平之日军进行反击，歼敌大队长以下 190 余人。7 月下旬，军区又集中 4 个军分区的部队发起阳谷战役，自 20 日至 26 日，一举攻克阳谷城，毙伪团长以下 300 余人，俘伪军 2000 余人；同时攻克和收复堂邑、巨鹿、广宗、馆陶、冠县、武城等县城。

5 月至 6 月间，太岳军区在晋南地区发动攻势，先后收复安泽、高平两座县城，拔除新南庄、祁家河、梅村、安峪等据点 40 余处，歼灭日伪军 600 余人。

6 月底，太行军区以 5 个军分区之主力及"集总"警卫团等 9 个团的兵力，在 3 万多民兵和自卫队配合下，发起安阳战役，对长期盘踞在安阳以西地区的伪"剿共"第一路军实行攻击。6 月 30 日，一举攻克水冶、曲沟两镇，歼灭伪军第二旅主力、第三旅旅部及第六团，俘伪师长以下 573 人，并歼灭了由安阳增援之日军。从 7 月 1 日至 3 日，又摧毁了敌军在安阳以西的敌军据点和碉堡，全歼伪"剿共"第十路军之第二、第三旅残部及林县游击总队一部。从 7 月 4 日至 9 日，继续向观（台）丰（乐）铁路及汤阴地区扩大战果，歼灭了伪第六方面军暂九师第二十六团等部，摧毁了铁路及沿线大部分据点。至战役结束，共毙伤日伪军 800 余人，俘虏日伪军 2500 余人，击溃伪军 900 余人，攻克据点 30 余处，扩大解放区 1500 余平方公里，解放人口 1235 万。这次战役不仅战果可观，而且提高了八路军实行运动战和攻坚作战的能力；而广大有组织的民兵、自卫队的参战，显示出了人民战争的巨大威力。

为配合这一战役，冀鲁豫军区部队在平汉路东侧发起攻势，连克北皋、回隆、马头等据点 20 余处，歼敌 1500 余人；太行军区则袭入赞皇县城及焦作车站，攻克据点 10 余处。与此同时，冀鲁豫军区部队还向微山湖以西地区进击，攻克和收复丰县、单县、虞城 3 座县城，歼敌 1600 余人。

山东军区的夏季攻势，以进攻胶济铁路东段为重点。在发动攻势以前，鲁中、滨海军区部队首先进行了反"扫荡"作战，歼灭日伪军 5000 余人，仅 5 月 7 日的石桥伏击战，鲁中军区部队即歼灭日军第五十三旅旅长田坂少将以下 600 余人。随后，鲁中军区于 6 月 5 日发起讨伐安丘一带伪军厉文礼部的战役，一举攻克其核心据点夏坡。从 17 日开始，以 4 个团分三路向夏坡、临朐、景芝一带进行攻击，再克夏坡，并攻克景芝镇，歼伪军 1 个团，争取其 1 个团反正。从 24 日至 27 日，又向诸城西北斗鸡台一带进攻，歼伪军张步云部两个团另一个营。这次战役共歼灭日伪军 7300 余人，攻克据点 60 余处，解放了安丘以南、临朐以东、景芝以西 1700 多平方公里的地区，歼灭厉文礼部势力过半。

接着，滨海军区发起讨伐诸城地区伪军张步云部的战役。7月15日夜，相继攻克相州、双庙据点，随后继续追歼残敌。到30日战役结束，共歼敌5000余人，解放了诸城、高密、胶县之间2500平方公里的地区。

7月底，渤海军区在胶东军区一部的配合下，再次发起了讨伐寿光一带伪军张景月部的战役，其间争夺田柳庄的战斗十分激烈。这里防守坚固，敌人自称为攻不破的"铜墙铁壁"。但主攻部队采取以沟垒对沟垒，运用火力摧毁、坑道爆破和勇猛冲击相结合的战术，经过顽强争夺，终于8月12日攻克，并乘胜扫除其据点12处。这一战役共歼敌2540人，解放了寿光外围大片地区。

除以上战役，鲁南军区与鲁中、滨海军区一部相配合，还从5月中旬发起临（沂）费（县）边战役、郯（城）马（头）战役和讨伐伪军张里元、申从周等部的战役战斗，共歼敌7700余人，收复邳县、郯城、费县等县城；渤海军区从6月上旬起发起蒲（台）滨（县）等战役，歼灭日伪军3400余人，攻克与收复蒲台（今滨州市）、滨县、南皮、沾化、德平、庆云6座县城；胶东军区于6月下旬攻克平度以西台头、谷庄等据点24处，歼敌3400余人，接着于7月22日在昌邑东北之明家部歼敌2000余人。

晋察冀军区的夏季攻势，以攻击平绥铁路两侧和锦（州）承（德）铁路以南地区为主要目标。5月12日，冀晋军区以6个团及6个县支队的兵力发起雁北战役。经过50多天的战斗，共攻克和迫退日伪据点40多处，歼灭日伪军966名，扩大解放区5000多平方公里，解放人口约40万。

同日，冀察军区以6个团和部分县支队发起察南战役。至27日，共歼灭日伪军263名，攻克与收复怀安、涞源两座县城及其他据点43处。6月中旬，又发起平北战役，攻克龙门所、永宁等据点16处，歼敌700余人，并袭占崇礼县城。7月初，建立了万全、尚义两县抗日民主政权。通过这次攻势，共歼灭日伪军1800余人，攻克与收复县城3座，拔除据点110个，扩大解放区1.5万平方公里，解放人口57万，把冀察和冀晋新解放区联结了起来。

6月中旬，冀热辽军区组织了3支挺进部队，分三路北出长城，发起热辽战役。至7月中旬，在锦承铁路南北开辟了大片地区。

为配合热辽战役，冀中军区于 6 月 8 日发起子牙河东战役，至 7 月初歼敌 3662 名，收复大城、献县两座县城及据点 37 个，扩大解放区 4000 多平方公里。接着，又于 7 月 12 日发起大清河北战役、德石路战役和安（新）博（野）蠡（县）战役，到 7 月下旬共歼敌 3500 多人，收复交河县城及其他据点 70 多处，扩大解放区 1300 多平方公里。

晋绥军区的夏季攻势，以夺取忻（县）静（乐）、神（池）义（井）公路为重点。自 6 月中旬至 7 月下旬，军区部队连续出击，拔除敌人据点多处，给了敌人以沉重打击。

2. 新四军及华南抗日武装

5 月下旬，新四军第四师兼淮北军区以 1.3 万余人的兵力，发起宿南战役。21 日攻克任家集据点，全歼守敌，俘伪团长以下 100 余人，并全歼增援之敌。从 6 月下旬至 7 月初，连克袁店集和界沟集据点，并于神仙井伏击援敌，俘伪团长以下 180 余人。这一战役共消灭伪第十五师两个整团、两个团大部和一个团一部，计 2100 余人。接着，该部队又于 6 月中旬发起睢宁战役。至 7 月 10 日，共攻克睢宁县城及外围据点 17 处，歼敌 2200 余人，收复国土 300 余平方公里，解放人口 1220 万。

在进行以上战役的同时，苏北、苏中军区部队继续攻打伪军孙良诚部，攻克据点数十处，歼敌一部，并争取近 1000 名伪军反正。淮南军区部队于 5 月上旬争取嘉山县伪保安大队反正，并乘势攻入该城。皖江军区部队于 7 月上旬一度收复至德县城，并解放了彭泽、至德之间的部分地区。鄂豫皖湘赣军区部队 5 月间在监利、华容、岳阳附近之广兴州、洪兴港歼敌一部，攻克日伪军据点多处，并于 7 月下旬至 8 月上旬，粉碎了顽军对四望山地区的进攻，巩固了四望山根据地，收复沁阳、桐柏、信（阳）确（山）、信（阳）随（县）等县 2000 多平方公里的地区，解放人口 100 多万。

华南抗日武装的夏季攻势，也从五六月起趁敌人兵力调往华北、华中、防线缩短之机展开，收复了不少地区，扩大了抗日根据地。

敌后武装 1945 年的春、夏季攻势，取得重大的胜利，仅八路军、新四军部队，就歼灭日伪军 16 万余人，攻克与收复县城 61 座，扩大解放区24万多平方公里，解放人口约1000万，把敌人进一步压缩到大城市、主要交通线周围和沿海重要地区，而且作战规模较大，指挥趋向集中统一，运动战和攻坚战逐渐普遍，各兵种及各种部队密切配合，战果越来越大，体现出由游击战向运动战转变，由游击兵团向正规兵团转变等特点，为全国规模的大反攻创造了条件。

（三）正面战场的豫西鄂北作战（老河口战役）

1945年春，为了占领1945年初刚启用的老河口、芷江飞机场，减少从这里起飞的中美空军飞机对日本的威胁，日军接连发动了豫西鄂北、湘西作战（日军称为老河口、芷江作战）。

侵占老河口的任务由日本华北方面军第十二集团军负责，参战部队有第一一〇师、第一一五师、坦克第三师、步兵第五旅、第十一旅、骑兵第四旅、豫西地区支队、吉武支队、军直辖部队等，其作战方针是"以主力快速袭击和突破大概鲁山——舞阳、沙河店一带之敌阵地，神速挺进西峡口、老河口之线"，占领南阳及老河口空军基地，并控制其西北战略要点淅川、西峡口、重阳店等地。为配合豫西的进攻，日军同时以兵力各一部，从豫西陕县向灵宝、卢氏，从湖北荆门向襄阳发动进攻。

中国方面参战的部队是第一、第五、第十战区，共25个军59个师、14个纵队及部分特种兵，相当于73.5个师。兵力部署是以第五战区第二、第二十二、第三十三集团军等部共10个军确保南阳东南地区，并于沁阳、方城地区进行抵抗；第一战区第四、第三十一集团军等部共8个军，在南召至李青店之线及其纵深地区阻止日军进攻；第十战区以有力部队向平汉铁路线活动，以进行策应。

在豫西方面，日军第一一〇师、第一一五师、坦克第三师及步兵第十一旅、骑兵第四旅，于3月22日分别从鲁山、叶县、舞阳及沙河地区，分三路向西进犯。24日，中国第一、第五战区部队放弃李青店至象河关之线，退守南阳。25日，日军以一部进攻南阳，主力继续西犯。27日，日军之快速部队骑兵第四旅进至老河口，遭到中国守军第一二五师的顽强抵抗，但终于占领老河口机场。4月1日，日军第一一五师到达后，重新发起进攻，经过激战终于 7 日攻克老河口。但中国军队立即展开反击，4 月 12 日，第二十二集团军之第四十一、第四十五军各一部，夺回光化、老河口；13 日，第二集团军之第四十七军向李官桥等地日军发起反击，至 15 日迫使日军第一一五师退回邓县。当日军重占老河口后，第二十二集团军于 4 月 28 日再次攻入老河口。至 5 月 1 日，开始与日军隔襄河进行对峙。

进攻南阳的日军吉武支队，遭到中国守军第二集团军第六十八军第一四三师的顽强抵抗。该师激战一周，给日军以重大杀伤，但最后不得不从城东南突围，南阳终于 3 月 30 日失陷。

进攻淅川、西峡口、重阳店的日军第一一〇师、坦克第三师，也遭到中国守军的顽强逐次抵抗，双方伤亡均重。3 月 29 日，日军坦克第三师占领淅川。30 日，日军第一一〇师团占领西峡口。4 月 4 日，日军第一一九联队占领豫陕交界处的重阳店，这是日军 1945 年 "在中国大陆向西前进得最远的地点了"。但是，中国军队立即发起反击。4 月 5 日，第三十一集团军第八十五军与第七十八军一部向西峡口、魅门关反击，至 7 日晚终于克复魅门关，先后歼灭日军第一一〇师 4000 余人。4 月 28 日，日军第一一〇师再次向重阳店地区突击，但在中国军队第三十一集团军的顽强阻击和反击后，多处陷于被动，粮弹补充困难，只得喝小米粥，甚至断炊，伤亡惨重，被迫转入防御态势。

5 月中旬，日军第六十九师一部约 5000 人，从陕县分别向灵宝、官道口发起进攻，但遭到中国方面第一战区第四集团军主力及第四十军的夹击，终于 25 日被击退。

在鄂北方面，日军第三十九师团主力及独立步兵第五、第十一旅，3 月 22 日由荆门地区向北进攻，23 日占领宜城，28 日占领南漳，29 日占领襄阳，30 日占领樊城。中国军队立即进行反击，第三十三集团军一部于 29 日收复南漳。日军于是再攻南漳，并以一部西进谷城，策应老河口方面的作战。中国军队第七十七军、第五十九军等部，与进犯南漳的日军展开激烈的争夺战，于 5 月 4 日放弃南漳。但至 10 日，第七十七、第五十九军再次进行反击，夺回南漳。随后，第二十二集团军收复茨河，并于 16、

18 日分别收复襄阳、宜城、樊城。至此，襄河以西恢复会战以前态势。

在这次战役中，中国空军第四、第十一大队及中美混合团，出动飞机 1000 余架，在战斗中发挥了重要作用，在日军骑兵第四旅占领飞机场及坦克第三师进攻淅川时，都对其造成很大威胁。在中国真正可称为空地密切配合范例的，老河口作战是第一个。

日军在这次战役中，虽然达到了占领老河口飞机场及豫西地区的目的，但付出相当的代价，伤亡 1.5 万余人。

（四）正面战场的湘西作战（芷江战役）

豫西鄂北战役尚未结束，日军又于 4 月发起了以占领芷江飞机场为目的的湘西战役。

参加这次战役的日军是第二十集团军，计有第一一六、第四十七、第六十四、第三十四师及关根支队（第六十八师第五十八旅），共 4.5 个师，5 万人左右。企图从益阳、邵阳、东安一线向西进攻，把当地之中国军队主力捕捉消灭在洞口、花园市、武冈西北、高沙市周围地区，并进占芷江。

参加这次作战的中国军队，是第四方面军、第三方面军之第二十七集团军、第十集团军之第九十二军，共 9 个军 26 个师，其中第十八、第七十三、第七十四、第九十四、新编第六军等部的 15 个师，全部由美军教官训练，美军顾问指导，用美械进行装备。仅这 15 个师，力量就优于日军数倍。兵力部署是第四方面军以一部守备新宁、邵阳、益阳之线，以主力在新化、武冈之间待机与敌决战；第二十七集团军之第二十六军守备龙胜、城步各要地，阻击桂粤方面日军之增援；另以第九十四军向武冈以东挺进，第十集团军向新化以东挺进，并将新编第六军空运至芷江，作为总预备队，待机于新化、武冈之间歼灭入侵之敌，以确保芷江机场。

从 4 月上旬开始，日军分为数路向西发起进攻。16 日，日军第六十八师一部和第三十四师两路合击，攻占新宁，然后继续西犯。25 日，日军第六十八师一部进至武冈城郊；29 日，日军第三十四师攻占武阳等地。但中国守军第三方面军之第九十四军于第二天发起反击，于 5 月 1 日夺回武阳。从邵阳西犯的数路日军，在进至洞口等地后，攻势也都受挫。

于是，日军的进攻就被阻滞于巫水以东的江口、洞口、武冈一线地区。

为了向日军进行反击，中国守军急调几个美械装备的现代化部队前来增援，第四方面军一面令第十八军星夜从常德南下，一面将新编第六军空运至芷江；第三方面军也令第九十四军从湘黔边境向武阳地区急进。4月底5月初，这些部队均先后到达指定地点。日军得知这一消息后，于5月3日决定向后转移，5月5日和9日，第二十集团军和中国派遣军先后下达了停止进攻的命令。于是，日军立即分路向后撤退。随着日军的撤退，中国守军紧紧追击，抓紧机会消灭敌人。

在新宁方面，中国军队之第九十四军于5月12日收复高砂，16日将东撤之日军第三十四师3000余人歼灭于荣铺子地区。与此同时，第二十六军击溃强渡巫水之日军后，分别向武冈和新宁进行反击，于5月6日攻克新宁，5月7日与第七十四军第五十八师合击围攻武冈之日军，使武冈之围被解。16日，日军第三十四师一部3000余人由全县向新宁反扑，亦被击退。随后，中国军队继续向东追击。

在邵阳方面，第四方面军于5月6日挫败日军第一一六师约6000人的进攻后，于8日开始全线反击，分路对撤退的日军进行分割、包围、截击，使日军伤亡惨重，数部被歼。例如第一一六师第一○九团的两个营，于5月13日"被望乡亭附近之敌切断进路而陷于孤立，并遭到包围攻击，陷入苦战。部队因缺乏弹药，只好进行白刃战，粮食也已吃完，只能以杂草和水充饥。连日激战，损失极大，战力显著减退"，至5月14日整个团"弹尽粮绝，四周皆敌"，已准备"玉碎"。至6月7日，日军占领地区全部收复，恢复到战前态势。

在这次会战中，中国空军第一、第二、第三、第五大队各一部，与美国空军频繁出动，仅第五大队就出动942架次。这些空军部队不仅及时空运新编第六军到芷江，而且掌握了制空权，使日军受到较大伤亡。

据日军战史，日军在这次战役中，战死者占2.4%，战伤者占4.8%，战病者占9.6%，死伤病总计2万余人[①]。

---

① 见〔日〕桑田悦等：《简明日本战史》，军事科学出版社1989年版，第301页。

这次战役是正面战场自 1944 年以来打得最好的一次战役，没有丧军失地，迫使日军很快撤退，而且受到较大伤亡。从此，日军士气更加低落，处境更加困难，已处于被动挨打的严重不利局面，进一步加速了它的衰亡。而正面战场从此结束了被动挨打的状况，开始由防守转向反击，与敌后战场遥相呼应，展开了对日军的局部反攻。

（五）正面战场的跟进追击和收复桂柳

前已谈过，日军大本营由于美军在冲绳登陆和苏联对日态度发生变化的不利形势，于 1945 年 4 月中旬决定把驻广西的第三、第十三、第三十四师、驻广东的第二十七师调往华北和华中。随后，中国派遣军又决定把驻广东的第四十师调往南京。6 月 10 日，又决定将驻广州的第二十三集团军第一三一师调往南京，将驻湖南的第二十集团军第四十七师调往济南。

根据以上计划，日军第四十、第二十七师，分别于 4 月下旬、5 月初从广州、惠州出发，到赣州后又会合了第二十三军之第一三一师，然后一起北撤。他们没有受到多少阻拦，一路经过遂川、万安、泰和、吉安、新淦（今新干）、樟树，于 8 月中旬分别到达南昌、九江、长乐圩等地。此时日本已经宣布投降，即在这些地方停止撤退。

但是，从广西撤退的日军第三、第十三、第二十三师以及一起后撤的第五十八师，撤退却很不顺利，处处受到中国军队的跟进追击和截击。

为了适应军事形势的发展，中国陆军于 1944 年冬调整了战斗序列：第一战区司令长官胡宗南（代），第二战区司令长官阎锡山，第三战区司令长官顾祝同，第五战区司令长官李宗仁，第六战区司令长官孙连仲，第七战区司令长官余汉谋，第八战区司令长官朱绍良，第九战区司令长官薛岳，第十战区司令长官李品仙，冀察战区总司令高树勋，驻印军总司令萨尔登、副总司令郑洞国。同时，为了便于协同盟军作战，于昆明设立中国陆军总司令部，负责西南各战区部队的统一指挥及整训，由参谋总长兼任总司令，并将所辖部队编为 4 个方面军，共有 28 个军 86 个师及特种部队等。1945 年初，中国战区最高统帅部制定了代号为"白培计划"

的总反攻计划，预定到秋季对日军开始总反攻。这时，中国陆军总部所编练的 35 个步兵师已经完成，部署于湘桂及滇、越边区。从 4 月初开始，中国陆军总部为了完成最高统帅部的反攻计划，开始进行反攻的准备。恰在这时日军开始从广西撤退，于是中国军队立即进行跟进追击。

日军从广西撤退前，曾于 4 月 17 日发起都安作战，企图以第三、第十三师歼灭在这里的中国军队第四十六军。但作战刚刚开始，就得知第四十六军已离开都安。随后，日军便分路撤退，中国军队立即进行追击。

第二方面军第四十六军在日军撤退后，于 4 月 27 日重占都安。5 月 27 日，第六十四军收复南宁。此后，日军第三师分路向龙州、柳州撤退。于是，第六十四军一部向龙州追击，于 6 月 7 日、8 日收复思乐、明江，7 月 3 日收复龙州、凭祥，迫使日军撤往越南境内；第四十六军则向柳州迂回攻击前进，于 5 月 30 日收复宾阳，6 月 1 日收复迁江，随后又收复桂平、武宣等地。

第三方面军第二十九军于 5 月初开始向河池、黎明关之日军第十三师攻击，于 19 日收复河池，23 日收复德胜，6 月 6 日收复宜山。日军为保护撤退，奋力夺回宜山，但 6 月 14 日再次被第二十九军攻克。6 月 27 日，第二十九军收复柳城。29 日，迂回前来的第二方面军第四十六军收复柳州。

此后，日军分路向桂柳撤退。于是，第三方面军以第二十一军第九十一师任右路，以第二十九军为中路，以第二十军第一三三师任左路，分三路向桂林追击，并以第四方面军攻击宝庆（今邵阳）、衡阳，加以策应。中路第二十九军第一六九师连克雒容、中渡、黄冕等地后，在永福遇到日军的凭险顽抗，经过激烈争夺，终于 25 日攻克永福，打开了桂林的南方门户。右路军攻克荔浦后，也在马岭遭到敌人的顽强抵抗，于是向西北迂回，于 24、25 日连克白沙、阳朔，逼近桂林城郊。左路军亦攻克百寿，从西面逼近桂林。

与此同时，第三方面军其他部队亦从湖南方面东出越城岭，以第九十四军向义宁，第二十六军向全县、新安间攻击前进，于 7 月 10 日袭取南圩，11 日攻占了岭坳，13 日攻克惠元圩，18 日袭占长蛇岭。其间，日军曾疯狂反扑，激烈争夺，致使敌我双方伤亡均重。但是，第九十四军仍于 7 月 26 日攻克义宁，从北面逼近桂林。第二十六军由于 7 月 19 日攻占湘桂铁路北侧之王旗岭，日军曾从全县、兴安地区调集兵力向这里猛扑，进行了激烈的战斗，但终被击退。

日军在桂林四面被围的形势下，被迫于 7 月 27 日撤退，于是桂林遂被收复。

这次桂柳反击战，随着日军的撤退，全部收复了桂柳地区。台湾出版的战史说："不及三月之间，推进七百五十余公里之距离，进展五万余平方公里之幅员，此实乃反攻致胜之先声"[1]。

三、雅尔塔协定、波茨坦公告和苏联对日宣战

为了早日战胜日本帝国主义，美、英、苏三国于 1945 年 2 月在雅尔塔举行会议，中、美、英三国又于 7 月发表《波茨坦公告》；美国加紧了对日本的战略轰炸，苏联也对日宣战，从而使日本帝国主义陷入四面楚歌之中。

（一）《雅尔塔协定》和《波茨坦公告》

为了协调同盟国最后战胜德、日法西斯的战略计划，讨论战后对欧洲问题的处理和世界局势的安排，1945 年 2 月 4 日至 11 日，美国总统罗斯福、英国首相丘吉尔和苏联大元帅斯大林，在苏联克里木半岛上的雅尔塔举行了战争期间的第二次三国首脑会议，即雅尔塔会议。会议除讨论了德国问题、波兰问题和联合国组织问题，还讨论了苏联对日作战问题。对此，斯大林提出了一系列要求。为了说服苏联在打败德国后早日参加对日作战，以加速日本帝国主义的灭亡，美国决定牺牲中国的主权和利益，英国最后也表示同意。会议通过的《雅尔塔协定》规定：

---

① 《桂柳反攻作战经过概要》，见中国国民党中央委员会党史委员会编：《中华民国重要史料初编——对日抗战时期》第 2 编第 3 册，台湾 1981 年版，第 602 页。罗焕章、支绍曾所著《中华民族的抗日战争》认为推进了 350 余公里，见该书第 455 页。

苏美英三强领袖同意，在德国投降及欧洲战争结束后两个月或三个月内苏联将参加同盟国方面对日作战，其条件为：

（一）外蒙（蒙古人民共和国）的现状须予维持。

（二）由日本一九零四年背信弃义进攻所破坏的俄国以前权益须予恢复。即：

（甲）库页岛南部及邻近一切岛屿须交还苏联。

（乙）大连商业港须国际化，苏联在该港的优越权益须予保证，苏联之租用旅顺港为海军基地须予恢复。

（丙）对担任通往大连之出路的中东铁路和南满铁路应设立一苏中合办的公司以共同经营之；经谅解，苏联之优越权益须予保证而中国须保持在满洲的全部主权。

（三）千岛群岛须交予苏联。

经谅解，有关外蒙古及上述港口铁路的协定尚须征得蒋介石委员长的同意。美国总统将根据斯大林大元帅的提议，美总统将采取步骤以取得该项同意。

三国领袖已同意，苏联之此项要求须在击败日本后毫无问题地予以实现。

苏联本身表示准备和中国国民政府签订一项中苏友好同盟协定俾以其武力协助中国达成自日本枷锁下解放中国之目的。①

以上协定，对于促使苏联参加对日作战，加速日本帝国主义的灭亡，具有积极的作用。但是，这些协定有不少涉及中国的主权和利益，而不与中国协商，背着中国签署这些协定，无疑是苏、美两大国划分战后势力范围的产物，带有浓厚的强权政治色彩，严重损害了中国的主权和利益。正如西方有的著作所说："实际上，俄国人等于是受贿去做一件他们

---

① 《反法西斯战争文献》，第246—247页。

本来非常想做的事。"① 整个雅尔塔会议的决定，对于战后长期冷战局面的形成，也具有不利的影响。

4月25日至6月26日，中、美、英、苏四国联合发起召开了旧金山会议，共商建立"联合国家国际组织会议"，即50年来在国际事务中发挥重大作用的联合国。中国首席代表为宋子文，董必武作为解放区的代表，参加中国代表团出席了大会。会议在中、美、英、苏四国首席代表轮流主持下，制定了《联合国宪章》，规定中国为联合国安全理事会常任理事国。

德国投降以后，美国总统杜鲁门、英国首相丘吉尔（后期为新首相艾德礼）、苏联大元帅斯大林，又于1945年7月17日至8月2日，在德国柏林西郊的波茨坦举行了战争期间的第三次三国首脑会议。会议除继续讨论德国问题、波兰问题及如何处理德国的附属国意大利、芬兰、罗马尼亚、保加利亚和匈牙利问题外，杜鲁门会前还带来一份敦促日本投降的最后通牒草案，准备作为中、美、英三国政府首脑的联合宣言。7月24日，杜鲁门将草案送给丘吉尔，很快得到丘吉尔的同意。他们一致认为中国应被列为发起的政府之一，于是杜鲁门又将草案内容电告蒋介石，并立即得到蒋的赞同。7月26日，中、美、英三国政府联合发表了这份敦促日本投降的《波茨坦公告》（又称《波茨坦宣言》）。

《波茨坦公告》的内容共有13条，指明了当时的形势，阐明了中、美、英三国关于日本投降的条件及对日本将采取的措施，最后明确宣布："吾人通告日本政府立即宣布所有日本武装部队无条件投降，并对此种行动诚意实行予以适当之各项保证，除此一途，日本即将迅速完全毁灭。"②

因为苏联当时尚未对日宣战，所以苏联当时没有在《波茨坦公告》上签字。但是，苏联代表在波茨坦会议上，重申了在欧洲胜利后三个月内参加对日作战的保证。8月8日苏联对日宣战后，才正式加入公告，所以这个公告最后成为四国的共同对日宣言。

---

① 〔美〕约翰·托兰：《日本帝国的衰亡》下册，第838页。
② 《反法西斯战争文献》，第298—299页。

日本于 7 月 27 日早晨收听到这个公告，东乡外相认为不能拒绝，但应等苏联态度明了后再决定日本的态度。在这天上午召开的最高战争指导会议和下午召开的内阁会议上，关于是否应在国内发表这个公告，争论很激烈，最后决定政府不发表任何正式意见，各报在发表时应摘要发表，降低调子，不予评论或批评。但第二天几家报纸竟发表社论，《每日新闻》用大标题称宣言是"可笑的事件"，《朝日新闻》则宣布"美国、英国和重庆的联合宣言并不是件了不起的大事，只能加强我国政府不折不挠地将战争进行到底取得最后胜利的决心"。于是，军方要求表明政府反对公告的立场。这样，铃木首相在下午的记者招待会上发表了如下谈话："我认为那份公告不过是开罗宣言的翻版。政府认为并无任何主要价值。只有对它置之不理。我们只能为战争进行到底向前迈进。"①

日本政府的这种态度，导致了盟军对它的沉重打击，给日本人民造成了灾难性的后果。

（二）美国对日本本土的战略轰炸

早在 1944 年 6 月 15 日，美国就开始了对日本本土的大规模轰炸。这天，美军的 B-29 型轰炸机从中国的成都机场起飞，轰炸了日本的八幡钢铁厂，以后又轰炸了大村、佐世保、长崎等工业基地。这年 8 月美军占领马里亚纳群岛以后，又从塞班岛、关岛、提尼安岛等地起飞，不断对日本本土进行轰炸。因为这些轰炸对日本造成的损失并不大，从 1945 年 3 月 9 日起，美军改变战术，从白天高空轰炸改为夜间低空轰炸，并大量使用燃烧弹，开始了"火攻闪击战"的攻击。从 3 月 9 日至 6 月 15 日，美军对东京、川崎、名古屋、大阪、横滨和神户 6 个大工业城市进行了 19 次大规模轰炸，出动 B-29 型轰炸机 6000 多架次，投燃烧弹 4 万多吨，炸毁工业区 200 多平方公里，对这些城市造成严重的破坏。

从 1945 年 6 月开始，对日本全国的中小城市也进行了轰炸。从这

① 〔美〕约翰·托兰：《日本帝国的衰亡》下册，第 1008—1009 页；〔日〕服部卓四郎：《大东亚战争全史》第 4 卷，第 1630—1633 页。

年1月至8月，美军共出动B-29型轰炸机33041架次。到战争结束时，共有98个城市遭到轰炸，京滨、名古屋、阪神三大城市区分别被烧毁56%、52%、57%，中小城市福井烧毁96%，甲府、滨松、日立等地也被烧毁70%以上，给日本造成严重的困难。

7月15日，美国第一颗原子弹试验成功。为了在苏军参战之前造成美国战胜日本的印象，扼制苏联以后对远东地区的影响，确立战后对苏战略优势，美国立即决定向日本投掷原子弹。为此，美国成立了以陆军部长史汀生为首的临时委员会，制定了突击计划，并确定以设有军事设施或军火工业，有易于破坏的建筑物，易造成明显效果的广岛、小仓、长崎作为攻击目标。8月2日，美军最高当局下达了投掷原子弹的作战命令。

8月6日2时45分，美军携有原子弹的飞机从提尼安岛起飞，8时左右飞抵广岛上空，于8时15分扔下了第一颗原子弹。随着猛烈的闪光，剧烈的爆炸，巨大的烟柱腾空而起，可怕的冲击波冲向四周，整个城市几乎被夷为一片平地，92%的住户化为灰烬。地上的熊熊大火和天上的携带放射性尘埃的可怕的"黑雨"，使这个地方一下子变成了人间地狱。美方资料说广岛死亡及去向不明者71379人，伤68023人，合计139402人。日方资料说共死亡118661人，占总人口320081人的38%；伤79130人，生死不明者3677人，占总人口的25%；受害者合计201468人，占总人口的63%①。

按照原来的计划，第二颗原子弹应于8月11日投在小仓。但气象预报说11日气候不好，因此决定提前到9日进行。但这天小仓的气候仍不好，美机三次进入都没有发现目标，于是临时决定投在长崎。10时58分，美机在长崎上空扔下了第二颗原子弹。由于长崎地处山谷，当天又无风，所以遭受的损失较广岛为小。但是，仍然死伤有7万人以上。按照麦克阿瑟的说法，是10万居民"在数秒钟之间毁灭了"②。

---

① 见《日本军国主义侵华资料长编》（下），第654页。
② 曹华等编：《太阳帝国投降内幕》，团结出版社1993年版，第3页。

战后，美国一再说是这两颗原子弹迫使日本无条件投降。事实上，当时日本帝国主义已经处于穷途末路，投掷原子弹只不过加速了它的投降而已。因此，不应过分夸大这两颗原子弹的作用。

（三）苏联对日宣战

中、美、英三国《波茨坦公告》发表后，日本仍然把希望寄托在苏联身上，企图通过苏联的斡旋，在对日本有利一点的条件下结束战争。但是当斯大林于8月5日回到莫斯科以后，让莫洛托夫于8月8日接见日本驻苏大使佐藤，交给了他苏联对日宣战的宣言，要其通知日本政府。这个宣言说："美、英、中三大强国今年七月二十六日关于日本武装部队无条件投降的要求已被日本拒绝，因此日本政府要求苏联调解远东战争的建议已失去一切根据。鉴于日本拒绝投降，盟国建议苏联政府参加反对日本侵略的战争，这样使战争结束的时间更加接近，减少牺牲者的数目，并加速一般和平的最早恢复。苏联政府忠实于其对盟国的义务，接受了盟国的建议，并参加盟国今年七月二十六日的公告"，"由于以上各点，苏联政府宣布：从明天即八月九日起，苏联将认为其本身已与日本进入战争状态。"[1]

这对日本真是一个晴天霹雳！日本以苏联为居间人结束战争的最后一线希望，终于彻底破灭了。

8月9日，苏联军队以80个师的陆军、2.6万多门火炮、5500多辆坦克和自行火炮（车）、3800多架飞机、500多艘舰艇和1500多架海军航空兵飞机，总计达150多万人的庞大兵力，从西、东、北三个方向，同时向日本关东军发起了攻击，并在南库页岛和千岛群岛实施登陆作战。

当时，日本关东军辖有第一、第三两个方面军6个集团军和1个航空军，共24个师、12个旅，70多万人；火炮5000余门，坦克160辆，飞机1800架；另外，还有伪满军和伪蒙军20万人。人数虽然仍然不少，

---

① 《反法西斯战争文献》，第315页。

但由于主力部队陆续调往中国内地和太平洋战场，不少部队是新组建的，装备严重不足，战斗力已大不如前。但在边境线上，关东军建有17个筑垒地域（东面8个，北面5个，西北面2个，西南面2个），总长1000多公里，共有8000多个永久性工事和土木建筑的发射点，这些地方都有较强的防御能力。

按照日军大本营的估计，苏军起码要到9月末或者更晚些，才能集中足够的兵力向日本发动进攻，主要进攻方向是苏联远东滨海地区，日军的防御重点应在中国东北东部方向。7月5日，日军大本营确定了如下的关东军对苏作战方针："利用满洲广阔地域粉碎敌之进攻；不得已时，也要扼守长春——大连线以东、长春——图们线以南要地，坚持长期作战。"根据这个方针，关东军将第一方面军约24万人布置在中国东北东部；独立第四集团军约10万人布置在东北北部和西北部；第三方面军约20万人集结在长春、沈阳地区，作为机动部队；第十七方面军约21万人布置在朝鲜境内，作为战役预备队。

但是，苏军将打击的重点放在了日军兵力薄弱的中国东北西部方向。这时，苏军已组成3个方面军，共有11个合成集团军、1个坦克集团军、1个骑兵机械化集群、3个空军集团军、3个防空集团军，另外还有太平洋舰队和黑龙江区舰队，并组成远东苏军总部，以华西列夫斯基元帅为总司令。其部署是由马利诺夫斯基元帅为司令员的后贝加尔方面军，从西部向沈阳、长春方向突击，同时在张家口、承德和海拉尔、齐齐哈尔两个方向实行辅助攻击；以麦列茨科夫元帅为司令员的远东第一方面军，从东部兴凯湖东南地区向绥芬河、牡丹江方向突击，尔后向吉林、哈尔滨推进；以普尔卡耶夫大将为司令员的远东第二方面军，从北面沿松花江向哈尔滨方向突击。其战略方针是迅速夺取沈阳、长春、哈尔滨、吉林，切断关东军与中国派遣军的联系，以及中国东北与朝鲜的联系，歼灭关东军主力，占领中国东北全境。

苏军于8月9日发起全面进攻后，日军大本营于10日发出大陆命第1378号，命令关东军"随处击破来攻之敌，保卫朝鲜"，同时以大陆指第2539号指示："可根据作战进展，及时将司令部转移至作战地域内其他地点"①。也就是说,准备最后在中朝边界山区坚持持久战,以策应日本本土作战。

苏军的进攻使关东军措手不及,立即陷入一片混乱。接到大本营10日的命令后,关东军总司令官山田乙三和总参谋长秦彦三郎,立即决定将总指挥部由长春迁往通化预备指挥所,于12日向通化逃亡,从而使指挥中断,部队更加混乱。

在这种情况下,苏军以摧枯拉朽之势迅速前进,如入无人之境。至14日,苏军仅用6天时间,就在不同方向上推进了50公里至500公里,完成了对沈阳、长春、吉林、哈尔滨、齐齐哈尔等地日军的分割包围。其西线右翼方面的辅助攻击部队,于14、15日迅速占领多伦和张北,16、17日相继占领扎兰屯、洮南、通辽、赤峰等地,切断了关东军与关内中国派遣军的联系。日军除了少数部队还在一些地区进行顽抗外,基本上失去了有组织的抵抗。

8月15日,日本裕仁天皇宣布投降。16日,关东军收到大本营第1382号电令后,当晚向其所属部队下达了停战命令:(一)帝国已决定对美国、英国、苏联、中国停止战争;(二)关东军尽一切办法,以达成停战;(三)各方面军、军,以及直辖部队,及时中止战斗行动,在停战交涉期间,只有在遭到苏军攻击的情况下,才可进行自卫之战斗行动。17日,关东军总司令向苏联远东军总司令提出停战建议,18日下令各部队分别向当地苏军接洽投降。

当时,苏军或因燃料耗尽,或因道路受阻,均不能到达主要城市,于是临时编组小分队,先后乘飞机空降到13个重要城市(有朝鲜城市4个),接受日军投降。同时,集中剩余燃料于少数车辆,快速向前推进。19日,进占齐齐哈尔;20日,进占沈阳、哈尔滨、吉林;21日,进占长春;24日,进占大连。至8月下旬,关东军主力陆续被解除武器。到月底,在边境少数地区顽抗的日军亦被歼灭。

在向中国东北的关东军展开全线进攻的同时,苏军还向朝鲜北部、

① 见《日本军国主义侵华资料长编》(下),第678页。

南库页岛和千岛群岛的日军发起了进攻。至 8 月底 9 月初，这些地方的日军也陆续投降。

苏军在这次作战中，共歼灭在中国境内的关东军、伪满军、伪蒙军全部，在朝鲜等地的第十七和第五方面军的一半，以及松花江江上军，共 10 个军、1 个集团军级集群和 1 个区舰队。日军被击毙 83737 人，被俘 609176 人（其中有陆海空将级军官 148 人），并缴获了大量战利品，苏军伤亡 3.2 万余人。

关东军于 1919 年 4 月 12 日以中国山海关以东地区命名成立，至 1945 年八九月间，在中国东北盘踞、统治达 26 年之久，是日本帝国主义侵略中国和准备进攻苏联的一支重要军事力量。它曾有一支夸耀其武力的"军歌"，内容是："朝霞之下任遥望，起伏无比几山河。吾人精锐军威壮，盟邦庶皆康宁。满载光荣呵，关东军！"随着关东军的覆灭，它这支不可一世的"军歌"也烟消云散。

随着关东军的灭亡，由它一手扶植保护的伪满洲国也一起崩溃。苏联对日宣战后，伪总理大臣张景惠、伪参议府议长臧式毅还煞有介事地主持召开了一次伪满政府的"防卫会议"，通过了一项冠冕堂皇的《满洲防卫法》。但是，随着关东军司令部向通化的转移，伪满皇帝溥仪和大臣也狼狈地逃往通化。8 月 18 日，溥仪在宫廷列车内宣布退位。他原计划 19 日由通化飞往平壤，再飞往日本京都，后又改为先飞沈阳，然后改换大型客机飞往日本。但当他的飞机降落在沈阳北陵机场时，机场正被苏军占领，溥仪及其随从和专管伪满皇宫事务的关东军副总参谋长吉冈安直中将等人，糊里糊涂地就作了苏军的俘虏。随后，溥仪被押往苏联的战俘营。8 月 25 日、26 日左右，伪满大臣国务总理张景惠、内务府大臣熙洽、参议府议长臧式毅、军事部大臣邢士廉、外交部大臣阮振铎、司法部大臣阎传绂、民生部大臣金铭世、经济部大臣于静远、兴农部大臣黄富俊、交通部大臣谷次亭、勤劳奉仕部大臣于镜涛、文教部大臣卢元善、驻南京大使吕荣寰等，也被苏军逮捕。至此，在日本刺刀下成立的伪满傀儡政权，冰消瓦解，彻底灭亡。

苏联的对日参战，给垂死的日本帝国主义以沉重的最后一击，加速了它的灭亡，对于促使日本早日投降起了重要的作用。但是，它的参战是以《雅尔塔协定》规定的侵犯中国的许多利益和主权为代价的，参战以后又以"战利品"为名从中国攫取了大批的物资。1946 年 1 月 21 日，苏联政府提出：凡日本在东北用于军事目的之产业及设施，均为苏军之战利品。据此，苏军动用大批日俘，拆走了大批的工业设施和机器设备，运走了大批物资。这种做法，对于以后中国经济的恢复和发展，都带来了不利的影响。

四、解放区战场的全面反攻

苏联对日宣战以后，各解放区部队立即与之配合，对被包围的日军展开了全面反攻。

（一）中共中央的战略部署

中共中央听到苏联对日宣战的消息后，立即于 8 月 9 日以毛泽东、朱德的名义致电斯大林，对苏联参战表示欢迎。电文说："我们代表中国人民，对苏联政府的对日宣战，表示热烈的欢迎。中国解放区的一万万人民及其军队，将以全力配合红军及其他同盟国军队消灭万恶的日本侵略者。"①

同日，毛泽东发表《对日寇的最后一战》的声明，指出："对日战争已处在最后阶段，最后地战胜日本侵略者及其一切走狗的时间已经到来了。在这种情况下，中国人民的一切抗日力量应举行全国规模的反攻，密切而有效力地配合苏联及其他同盟国作战。八路军、新四军及其他人民军队，应在一切可能条件下，对于一切不愿投降的侵略者及其走狗实行广泛的进攻，歼灭这些敌人的力量，夺取其武器和资财，猛烈地扩大解放区，缩小沦陷区。"②

---

① 《解放日报》1945 年 8 月 10 日。
② 《毛泽东选集》第 3 卷，第 1119 页。

8月10日，日本政府向同盟国发出乞降照会，但日军大本营仍然命令各地日军继续作战。为了歼灭仍在顽抗的日本侵略军，中共中央向各中央局、中央分局和各区党委，发出关于苏联参战后准备进占城市及交通要道的指示，指出"在此伟大历史突变之时，各中央局、中央分局及各区党委，应立即布置动员一切力量，向敌、伪进行广泛的进攻，迅速扩大解放区，壮大我军，并须准备于日本投降时，我们能迅速占领所有被我包围和力所能及的大小城市、交通要道，以正规部队占领大城及要道，以游击队民兵占小城。在日本投降实现时，我军对日军应令其在一定时间内实行投降缴械，缴械后可予以优待。否则应以各种方法迫其投降缴械。对伪军，则应令其立即反正，接受我之委任与改编，并指令防区驻扎，否则应即消灭之"①。第二天，中共中央又指示各区党委："目前阶段，应集中主要力量迫使敌伪向我投降，不投降者，按具体情况发动进攻，逐一消灭之，猛力扩大解放区，占领一切可能与必须占领的大小城市与交通要道，夺取武器与资源，并放手武装基本群众，不应稍有犹豫。为此目的，各地应将我军大部迅速集中，脱离分散游击状态，分甲乙丙三等组成团或旅或师，变成超地方性的正规兵团，集中行动，以便在解决敌伪时保证我军取得胜利。"②

从8月10日夜至11日，朱德总司令连续发出延安总部命令一至七号。其第一号命令内容如下：

一、各解放区任何抗日武装部队均得依据波茨坦宣言规定，向其附近各城镇交通要道之敌人军队及其指挥机关送出通牒，限其于一定时间向我作战部队缴出全部武装，在缴械后，我军当依优待停虏条例给以生命安全之保护。

二、各解放区任何抗日武装部队均得向其附近之一切伪军、伪政权送出通牒，限其于敌寇投降签字前，率队反正，听候编遣，过期即须全

---

① 中央档案馆编：《中共中央文件选集》第15册，中共中央党校出版社1991年版，第215页。

② 中央档案馆编：《中共中央文件选集》第15册，第228页。

部缴出武装。

三、各解放区所有抗日武装部队，如遇敌伪武装部队拒绝投降缴械，应即予以坚决消灭。

四、我军对任何敌伪所占城镇交通要道，都有全权派兵接受，进入占领，实行军事管制，如有任何破坏或反抗事件发生，均须以汉奸论罪。①

在第二至第七号命令中，则直接命令晋察冀、晋绥、山东军区以及在华北之朝鲜义勇队，各以一部兵力向察哈尔、热河、辽宁、吉林等地进发，消灭抗拒的日伪军，令各解放区部队向本区一切敌占交通要道城镇展开进攻，迫使日伪军无条件投降，对收复的城镇实行军事戒严，维持秩序，保护居民。

根据中共中央和八路军总部的以上命令和指示，各解放区军民从 8 月 10 日起，向被包围和附近之日伪军发起了全面反攻。

（二）晋察冀军区部队的反攻

8 月 11 日，晋察冀军区向日本华北方面军司令官下村定发出最后通牒，限其在 48 小时以内令所属日军缴械投降。在日军拒降后，即以主力部队 11 万余人、民兵 63 万余人，在人民群众的全力支援下，展开了全线大反攻。

冀察第一、第十一军分区及冀中第十军分区、冀热辽第十四军分区活动于北平近郊的部队，从东、西、南三面向北平发起了攻击。第十四军分区一部于 8 月 20 日攻占通县飞机场，并一度攻入顺义县城，歼灭日伪军 500 余人，其他部队也逼近长辛店、丰台、南苑等地，形成了对北平的包围。

冀中军区第八、第九、第十军分区共 13 个团的兵力，从 8 月 19 日起对天津外围发起攻击，分别攻占杨柳青、韩柳墅、杨村火车站及飞机场、北仓火车站、陈官屯、唐官屯等地，并一度攻入天津西火车站和静海县城，

---

① 中央档案馆编：《中共中央文件选集》第 15 册，第 217—218 页。

切断了平津之间的交通，形成了对天津的包围，伪津南自卫团400多人被迫缴械投降。第六、第七军分区部队则向德石铁路、平汉路北段发起攻击，攻占束鹿县城及明月、张登、北大冉等据点，并一度攻入保定市，袭击伪绥靖军第六集团军司令部，毙伤俘日伪军1100余人。从9月起，北调的第十二旅发起了蔚（县）广（灵）暖（泉）战斗，连续攻克这3座县城，歼灭伪军3000多人。

冀晋军区第二、第三、第四军分区部队，向正太铁路及同蒲路北段发起攻击，分别占领行唐、盂县、平山县城，并一度攻入石门（今石家庄）和阳曲县城，切断这两条铁路的交通，逼近太原市郊。第五军分区部队则向北攻击，占领兴和、集宁、丰镇、阳高等城，逼近大同。

冀察军区第十二、第十三军分区部队，在苏军向张家口以北的狼窝沟一带日伪军展开攻击后，于8月20日从东、南、西三面向张家口发起进攻。至23日，经过激战占领张家口和万全城，并先后收复涿鹿、尚义、康保、崇礼等县城。这次战役共歼灭日伪军2000多人，缴获步枪1万多支、轻重机枪20多挺、炮50门、弹药库10余座、物资仓库60多座、骡马上万匹，并俘获伪蒙疆政府副主席及张家口市长等。为配合这次战役，其他部队还攻占龙烟铁矿、下花园发电厂及怀来、土木、沙城等火车站，解放多伦、康保、宝源、化德、察哈尔盟和锡林郭勒盟，解除该地伪蒙军、伪警察2000多人的武装，并一度攻克康庄，歼灭日伪军400多人。随后，又连续攻克平绥路沿线及附近的宣化、天镇、新保安、延庆、永宁、龙关、赤城等地，使察哈尔省的20个县市、18个盟旗的200万人民获得解放。

冀热辽军区以8个多团的兵力和地方干部共1.3万多人，分西、中、东三路向热河、辽宁挺进。西路为第十四军分区第十三、第十六团及北进支队等，向承德方向前进，先后解放围场、隆化、丰宁、滦平、兴隆、承德，争取伪满军和警察万余人起义，并在承德与苏军会师。中路为第十五军分区第十一、第五十一团等部，由喜峰口向赤峰方向前进，在平泉外围解除伪满军1个旅的武装，连续收复8座县城，俘日伪军5000余人。至9月23日，在苏军配合下，热河19个县市获得解放。东路为第十六军分区的第十二、第十八团、第七区队、朝鲜义勇队等组成，又称挺进东北的前梯队，由义院口、九门口向辽西前进，于 8 月 30 日在苏军炮兵一部配合下攻占山海关，毙俘日伪军 2000 余人，缴获步枪 3000 余支，轻重机枪 70 余挺，此后沿北宁线向辽宁挺进。冀热辽军区留在冀东的部队，一度攻入唐山，并攻克玉田、乐亭、平谷、蓟县、三河、宝坻、迁安、丰润、遵化、卢龙、抚宁等 18 座县城，收降改编伪军 5000 余人。

晋察冀军区部队在 8 月以后的大反攻中，共歼灭日伪军 7 万余人，解放了察哈尔、热河省的全部，河北省大部，山西、绥远、辽宁各一部，收复张家口、宣化、集宁、丰镇、承德、秦皇岛、山海关、绥中、锦州等 70 多座城市。

（三）晋绥军区部队的大反攻

晋绥军区于 8 月 11 日向附近日军送出最后通牒，同时决定在冀晋、太行军区各一部配合下，集中主力分南北两线向太原、归绥（今呼和浩特）及同蒲路北段、平绥路西段之敌进攻。

在北线，骑兵团先后攻占武川、陶林（今察哈尔右翼中旗）县城及归绥以东的旗下营、白塔等车站；第九、第二十七团攻克归绥以西之察素齐、毕克齐、兵州亥车站，并于 18 日攻入归绥，包围日伪军 1300 多人（后因形势变化撤出）；独立第二旅于 19 日攻克清水县城，歼灭伪军 1000 余人；第二、第五军分区部队先后攻克右玉、平鲁、朔县、左云等县城及一些据点。

在南线，第八军分区主力从 8 月 15 日至 19 日，先后攻克太原外围古交等据点，并一度攻入太原县城（今晋源），与东、南两面的冀晋、太行军区部队对太原形成包围。第六军分区部队向同蒲路北段及其两侧发起攻击，先后攻克奇村、忻口等多处据点。第二军分区部队攻克李家垣等据点，第八军分区攻克吴城镇等据点，一度攻入汾阳城，并协同第三五八旅第七一团伏击歼灭从离石撤退的日军第一一四师一部。随后，独立第一旅、第三五八旅与第八军分区会合，经过激战于 9 月 18 日攻克文水县城，毙伪县长以下 150 余人，俘伪保安副司令以下官兵 600 余人，缴获轻机枪 40 余挺、步马枪 400 余支。9 月 15 日，第三五八旅第七一五团攻占柳林镇，全歼伪军 300 余人。9 月 9 日，第三五八旅第八团攻克离石县城，毙伤伪军团长以下 300 余人，俘伪少将城防司令以下官兵 1100 余人，缴获步马枪 400 余支、机枪 35 挺，一些伪军纷纷缴械投降，离石县全境获得解放。9 月 12 日，日军被迫放弃静乐县城。

晋绥军区在 8 至 9 月的大反攻中，共毙伤日伪军 1.6 万余人，俘日伪军 5100 余人，收复离石、文水、静乐、神池、朔县、平鲁、左云、右玉、武川、陶林 10 余座县城和大批村镇，解放了大片国土。

（四）晋冀鲁豫边区部队的大反攻

晋冀鲁豫边区部队于 8 月 13 日展开大反攻。为加强军事指挥，中共中央 8 月 20 日决定成立晋冀鲁豫军区，任命刘伯承为司令员，邓小平为政治委员，同时恢复冀南军区。

太行军区以第七、第八军分区 8 个主力团组成道清支队，向道清铁路进击；以 7 个团组成西进部队，向西挺进；以第二军分区主力向榆次、太谷逼近；以第一、第五、第六军分区向平汉铁路西侧进击。8 月 16 日，道清支队攻克博爱县城，全歼日军千岛中队及伪河南保安第一师第八十三团 800 余人，接着于 19、24 日攻克辉县、获嘉两城，切断道清铁路西段。8 月底，相继攻克武陟、温县，歼日军两个分队及伪军千余人。9 月 8 日，围攻焦作，全歼伪兴亚巡抚军及矿井队 1500 余人，随后又解放修武、沁阳等城。至此，黄河北岸之重要渡口大部收复。西进部队于 8 月 22 日晚攻入沁县，尔后围攻段村（武乡），于良庄附近伏击沁县出援之伪军，俘其团长以下 500 余人。第三、第四军分区部队先后攻克潞城、襄垣两城，收复白晋线官道等据点，切断白晋铁路。第一、第五、第六等军分区部队，于 8 月 20 日、21 日相继攻克赞皇、昔阳县城及据点 50 余处；随后连克临城、内丘两县城及一些车站，歼伪军 700 余人；接着又攻占高邑、武安及沙河，10 月 2 日解放磁县，歼伪军两个旅 3000 余人。第二军分区部队在正太铁路以南，连克沾尚、马坊等据点，逼近榆次、太谷。

太岳军区主力 5 个团，于 8 月 20 日进抵平遥东南之东泉镇地区，随即向平遥、介休之间日伪军进攻，连克邢村等据点，并对同蒲路展开大破击。第一、第三、第四军分区等部队，先后攻克同蒲路沿线一些据点，切断介休至临汾段的同蒲铁路。第五军分区部队于 8 月 13 日攻占运城盐池，全歼伪军 4 个中队；接着于 16 日攻克夏县，歼日伪军 300 余人，于 17 日攻克平陆县城及重要渡口茅津渡，迫使该两地伪军 700 余人投降。8 月 29 日，第四军分区部队收复垣曲。

冀鲁豫军区除以第一军分区部队配合山东军区围攻济南外，其余部队组成中、南、北三路大军。中路军由 3 个纵队 13 个团组成，8 月 20 日攻克延津县城，全歼日伪军 1500 余人；21 日攻克阳武（今原阳）、封丘两县城，全歼日军 1 个小队及伪军共 2000 余人。第三纵队攻克长垣、曹县，歼灭伪军 5000 余人；第二纵队攻克新镇、道口（今滑县）据点后，又经过激战攻克滑县、汤阴县城，歼灭伪军 3900 余人；第一纵队连续在新乡东北、淇县东北歼灭伪军 2400 余人，并破坏了新乡至汤阴段的铁路。南路军由 3 个团组成，在切断郑州至开封段铁路后，8 月 26 日攻克通许、杞县，27 日攻克民权县城，迫使伪军 2000 余人投降。北路军由 8 个梯队 11 个团及一部分地方武装组成。第一至第五梯队向平汉路东侧开展攻击，8 月 22 日一举攻克平乡、鸡泽、曲周、广平 4 座县城；第六梯队向德石铁路进攻，8 月 17 日攻克冀县，接着收复武邑、景县两县城，全歼景县伪军 500 余人，同时占领衡水以东之团村车站，切断了德石铁路。此外，第一军分区部队于 8 月 14 日至 21 日先后攻克东阿、平阴、肥城 3 座县城，第八、第九、第十、第十一军分区部队于 8 月 15 日至 20 日先后攻克沛县、鱼台、金乡、鄄城 4 座县城，并攻占黄口、李庄车站，切断陇海铁路。

冀南军区部队首先对运河以东之伪军展开进攻，8 月 28 日攻克清平县城，8 月 31 日以第四、第六、第七军分区等部队攻克临清，俘伪山东保安第三十二、第四十旅旅长以下 2000 余人，接着向东横扫夏津、清平、高唐境内之伪军，9 月 4 日攻克夏津，歼伪军 1600 余人，随后又攻克高唐。运河东作战结束后，军区主力西返平汉线，于 9 月 4 日攻克邯郸，俘伪冀鲁道尹以下官兵 1700 余人。第二、第四军分区部队在太行军区部队配合下，在此期间攻克邢台，全歼附近各县聚集该城的伪保安团队 3000 余人。

晋冀鲁豫边区部队在 8 月至 9 月的大反攻中，共歼灭日伪军 5 万余人，收复县城 59 座，攻克日伪据点数百处，使太行、太岳、冀南、冀鲁豫根据地连成一片。

（五）山东军区部队的大反攻

山东军区于 8 月 11 日部署了大反攻的任务，随即将主力与基干部队组成山东野战兵团，共有 8 个师、12 个警备旅和 1 个海军支队，并组织 10 万民兵组成数十个临时脱离生产的"子弟兵团"，动员 10 万民工组成支前大军，在向日军第四十三集团军发出最后通牒后，分成五路大军展开了全线反攻。

以鲁中军区部队组成的第一路大军，向济南及胶济路西段、津浦路济南至兖州段展开攻击，8 月 19 日攻占临朐，23 日攻克莱芜、博山、益都（今青州市），25 日攻克淄川，26、28 日攻克章丘、周村，31 日攻克新泰，歼日伪军一部，俘伪军 5000 余人，切断胶济铁路西段，逼近济南城郊。

以滨海军区部队组成的第二路大军，分别向陇海铁路东段及胶济铁路东段发起进攻。南线部队于 8 月 21 日解放赣榆、青口，切断陇海铁路，与新四军部队形成对海州、连云港的南北夹击。北线部队于 8 月 19 日攻克胶县（今胶州市），俘伪军 2000 余人，迫使伪军 700 余人投降；9 月 6 日攻克诸城，俘伪军 2100 余人，8 日收复日照。9 月 11 日，滨海、鲁中军区部队又发起临沂战役，经过激战攻克临沂，歼伪军 2000 余人，使鲁南、鲁中、滨海解放区连成了一片。

以胶东军区部队等组成的第三路大军，向胶济路东段、青岛外围及胶东半岛沿海各城市展开了进攻，8 月 17 日攻克牟平及威海卫，19 日攻克福山，20 日攻克龙口，21 日攻克黄县、招远、莱阳，24 日攻克烟台，接着于 9 月 8 日、10 日，发起平度战役，连克平度、高密，毙伤俘各县集中在这里的伪军 6000 余人。向青岛进军的部队，切断胶济铁路，连克鳌山卫、崂山地区各要点和周围据点，占领即墨西南的流亭机场和城阳车站，逼近了青岛市郊。至此，胶东半岛除青岛、即墨二城外，均获得解放。

以渤海军区部队等组成的第四路大军，向津浦铁路济南至沧县段及胶济路西段展开了进攻，8月17日攻克寿光，19日攻克临邑，20日攻克高苑、桓台、博兴、广饶、昌邑，21日攻克长山，随后攻克阳信、吴桥、临淄等县城及辛店、淄河等车站，毙俘日伪军4800余人，切断了胶济铁路西段，并逼近济南城郊，与鲁中军区部队形成对济南的南北夹击。9月上旬，又连续攻克邹平、青城、齐东、济阳、惠民、宁津、盐山等县城，于10日将伪军4个师4000余人大部围歼于惠民东南的陈家集地区，接着于17日攻克无棣县城，歼灭伪武定道皇协军司令以下6000余人；24日攻克黄骅县城，歼灭伪军一部；26日攻克商河县城，歼灭附近各县聚集到这里的伪保安队4500人。至此，渤海腹地县城全部解放。不久，他们又发起平（原）禹（城）战役，攻克县城4座及据点多处，毙伤俘日军第九独立警备队及第四十七师各一部约2000人、伪军近万人。

以鲁南军区部队等组成的第五路大军，向徐州东北外围及津浦铁路徐州兖州段展开了攻击，8月19日连克泗水、曲阜两县城，切断津浦铁路，25日攻克台儿庄，接着于9月8日攻克峰县，全歼伪军1500余人，逼近徐州城郊。

山东军区部队经过一个多月的大反攻，共歼灭日伪军6万余人，解放县城46座，攻克烟台、威海卫等沿海城市、港口6处，攻占火车站35处，切断了胶济、陇海、津浦等铁路，解放了大片国土。

（六）新四军部队的大反攻

8月11日，新四军向华中各地日军发起最后通牒，随后向日伪军展开全面反攻。

苏浙军区主力在地方武装配合下，首先攻克东坝、定埠等市镇，歼灭伪军两个团；接着于8月19日一举攻克溧阳、溧水、金坛、长兴4座县城，从23日至28日连克句容、安吉、宜兴、郎溪、高淳、广德等县城，并攻克大小据点百余处。第二纵队在宁波近郊及三北地区，也连克市镇数十个。

苏中军区部队分别收复金沙（今南通县城）、掘港（今如东县城）及高邮以东之三垛、河口等 30 余处据点，并攻入姜堰（今泰县城）、黄桥，然后于 19 日占领扬中县城，23 日收复宝应县城，俘伪军 2000 人；9 月 1 日攻占兴化县城，全歼伪军第二十二师师长以下 5000 余人；接着攻克东台、靖江、海门、启东、泰兴、如皋县城及市镇 100 余处，歼灭伪暂编第十九师师长以下、独立第十九旅旅长以下 9000 余人。然后挥师北上，在盐阜区地方武装和民兵配合下，发起盐城战役，全歼伪第四军两个整师，俘伪军长以下 1 万余人。后来又发起高邮战役，全歼日军大队长以下 1100 余人（其中俘 900 余人），歼伪军第四师师长以下 400 余人，并在扬泰公路及泰州外围攻克市镇 16 处，歼灭伪军 4000 余人。

淮南军区部队从 8 月 14 日起连克定远、盱眙、来安、天长、六合等县城；同时攻克津浦、淮南两铁路沿线据点多处，歼伪军 1000 余人，并争取南京外围伪警卫第三师 3000 余人全部起义。随后，对津浦铁路滁县至浦口段展开大破击，连续攻克车站多处。

苏北军区部队于 8 月 18 日、21 日连克沭阳、涟水县城，歼伪军 600 余人，接着发起两淮战役，于 9 月 6 日攻克淮阴，全歼伪军第二十八师 8300 余人；接着于 9 月 22 日攻克淮安，全歼伪军 4000 余人。此后连续攻占灌云以南及东南的新安镇等市镇，解放了苏北盐场。

淮北军区部队在攻克孙疃集、双沟镇等地后，于 8 月 18 日、19 日连续收复宿迁、泗县、泗阳 3 座县城，接着又攻占五河、永城、灵璧、萧县等县城及多处据点，歼灭伪军支队司令以下 4000 余人，争取伪第十八师 4000 余人全部投诚。

鄂豫皖湘赣军区以主力第十三旅沿平汉铁路东侧南下，攻占了安陆以东的魏家店、花园等据点，迫使伪军第十二师一部投降；接着在三汊埠附近，伏击撤往汉口的日军一部。与此同时，各军分区部队也向当面之日伪军展开全面攻击，在确山、黄陂、天门、咸宁地区攻克重要据点 12 处，歼灭日伪军 3500 多人。

皖江军区部队于 8 月 17 日攻克无为县城，并一度攻入芜湖市区，占领襄安、运槽、裕溪口、铜城闸等地，歼灭日伪军一部，解放了大片地区。

河南军区以主力一部组成陇海支队和平汉支队，向这两条铁路线发起进攻，于8月18日攻克密县，22日攻克登封，并连克偃师东南的回廓镇及大金店等据点数十个，一度攻入汜水镇，歼灭伪军一部。

新四军各部队在这次大反攻中，共歼灭日伪军7万余人，解放县城40座，重要市镇440余处，收复了大片国土。

（七）华南抗日武装的大反攻

东江纵队向广九铁路沿线、东江两岸及沿海地区的日伪军发起进攻，于8月13日攻入北栅、太平，歼灭伪军一部；17日收复宝安（今南头）县城，攻克常平、西乡、固戍、翟家村等据点，歼灭伪军第三十师及日军各一部；20日占领厚街、赤岭、深圳等据点，切断广九铁路；21日至22日先后攻入博罗、增城县城，收复长洲岛和大屿山等地。23日后，又突入淡水，攻克沙头角、三门岛、稔山、澳头、老隆、平政、梅陇、赤石、高潭、平山等地。至10月上旬，先后收复惠阳、宝安、东莞、博罗、增城、海丰、陆丰等县的大小城镇60余处。

中区纵队以主力部队挺进恩（平）开（平）平原，8月中旬一度解放新会县城，并多次向日伪军发起攻击，各歼灭日伪军一部。

南路纵队在雷州半岛向日伪军发起进攻，攻入遂溪飞机场，夺得机关炮8门、重机枪2挺、步枪30余及大批弹药物资，然后烧毁军械弹药仓库，给日伪军以有力打击。

琼崖纵队以主力从五指山区分路向日伪军展开进攻，先后攻克感恩、儋县县城，解放大小市镇180余处，建立了遍及全岛6个县的抗日民主政府，解放区人口达到200多万。

（八）大反攻中的东北抗日联军

1941年初，抗日联军主力先后向中苏边境地区转移后，留在东北地区坚持抗日游击战争的十几支小部队，继续顽强地进行斗争。1942年8月1日，抗日联军南、北野营合编成立东北抗日联军教导旅（第八十八独立步兵旅），在苏军帮助下进行了3年的紧张整训。1945年7月下旬，教导旅抽出几百人，有的组成空降小分队，到一些地区进行战略侦察；

有的参加苏军先遣支队，为苏军提供情报资料，或为苏军担任向导，为大反攻进行准备。留在东北地区活动的小部队，则扩充队伍，加强对日伪军的袭击活动。8月22日，教导旅兵分三路，在苏军的策应和掩护下，迅速向沈阳、长春、哈尔滨、牡丹江、佳木斯、齐齐哈尔、吉林、延吉、绥化、大连等57个大中城市和重要县城进军。仅一个月时间，即组织起一支4万余人的东北人民自卫军，控制了一部分重要的军事据点，收复了大片国土。

在中国东北地区的朝鲜共产主义者和爱国分子所创建的抗日武装，也参加了东北抗日联军的大反攻，为打败日本帝国主义、解放中国东北作出了贡献。

为了东北的解放，从9月至11月，按照中共中央和中央军委的指示，山东军区主力6万多人和新四军第三师陆续进入东北，晋绥、冀鲁豫、冀中军区的少数部队，以及准备南下湘粤边的八路军游击第二、第三支队和延安炮兵学校、抗日军政大学、教导第二旅等部，也先后进入东北。至12月上旬，到达东北各地的部队共约11万人，另外还有从各解放区派去的干部2万人。

这些部队进入东北以后，与东北抗日联军和当地人民一起，承担起了收缴伪军及残留日军人员武装，摧毁伪满各级政权，剿灭土匪特务，稳定社会秩序，建立东北解放区的任务。日军残留人员虽已不多，但有的仍在顽强或进行破坏活动。例如驻吉林通化地区的日本关东军直辖第一二五师参谋长藤田实彦上校拒绝投降，于8月17日率部分人员携带武器潜伏于附近山区。1946年春，他发动了一些尚未回国的日侨，制造了通化暴动事件，杀害人民军队伤病员及人民群众数百人。暴动很快被人民军队平息，案犯全部被擒获，藤田实彦等人均被处决。

华北、华中、华南解放区和东北抗日联军的大反攻，共歼灭日伪军398700余人，缴获步、马枪243000余支，轻重机枪5000余挺，各种火炮1300余门，收复县级以上城市250余座，切断了北宁、平绥、津浦、平汉、同浦、胶济、德石、正太、陇海、广九等铁路线，给日伪军以沉重的打击，为争取抗日战争的最后胜利作出了重要的贡献。

五、日本宣告无条件投降

早在 1945 年 2 月 14 日，日本前首相近卫文麿即上奏裕仁天皇："从维护国体的原则出发，最值得忧虑的，与其说是战败，毋宁说是伴随战败而可能发生的共产主义革命"，主张"应该尽快设法结束战争"，并于 3 月拟定一份"和平谈判纲要"，建议积极争取苏联调停，以期谈判成功，万一失败，即立即开始与美英谈判 ①。后来，日本政府也确曾同苏联联系，企图通过苏联的斡旋，在较为有利的条件下结束战争。

但是，当中、美、英三国的《波茨坦公告》发表以后，日本政府又采取"置之不理"的态度，大本营甚至下令各地日军继续顽抗，垂死挣扎。一直到美国在广岛扔下原子弹和苏联对日宣战以后，日本政府和军方才乱作一团，一筹莫展，不得不重新考虑接受《波茨坦公告》，宣告投降。

8 月 8 日下午，东乡外相谒见裕仁天皇，建议迅速接受《波茨坦公告》提出的关于日本投降的条件，裕仁也表示继续进行战争已经不可能了，为争取有利条件，应该争取尽快结束战争。当夜，日本接到苏联对日宣战的消息。但在 9 日上午召开的战争指导会议和下午召开的临时内阁会议上，对在什么条件下接受《波茨坦公告》的问题，没有取得一致意见。这时，又传来了长崎遭受原子弹轰炸的消息。于是，铃木首相前往皇宫拜见天皇，要求召开御前会议。御前会议于 9 日夜 11 时 50 分至 10 日凌晨 2 时在皇宫防空洞内召开，讨论两小时之久仍无定论，外相东乡、首相铃木主张在保留皇室这一个条件下接受《波茨坦公告》，但陆相阿南、参谋总长梅津、军令部总长丰田坚持要在保留皇室、自主地撤兵、在本国处理战争责任者、不实行保障占领这四个条件下接受，否则就继续进行战争。最后，铃木只好请求天皇"圣断"，这在日本历史上是从未有过的。裕仁表示同意外相的意见，接受盟国公告提出的条件，并说：彼我战力悬殊，

---

① 郭洪茂：《日本投降条件透视》，见曹华等编：《太阳帝国投降内幕》，团结出版社 1993 年版，第 36 页。

纵继续战争，徒使无辜涂炭，文化摧毁，导致国家灭亡，尤其原子弹出现，后果更为严重。为此，决定结束战争①。这时，满场只有呜咽之声，要求在保留天皇的条件下投降的事就决定了下来。

8月10日上午，日本外务省将《关于接受美、英、中三国共同公告的照会》，拍发给驻瑞士公使加濑及驻瑞典公使冈本，令其转达给美、英、苏、中四国，同时要求尽快得到对方答复。照会中说："日本政府准备接受中美英三国政府首脑于1945年7月26日在波茨坦发表、后经苏联政府赞同的联合公告所列条款，而附以一项谅解，即上项公告并不包括任何有损天皇为最高统治者权利的要求。日本政府竭诚希望这一谅解获得保证，且希望迅速得到关于对此的明确表示。""帝国政府请求瑞士及瑞典政府将上述情形转达给美国、中国、英国及苏联政府，不胜荣幸。"②

在发出上述照会的同时，外务省于10日夜将上述照会对国外作了秘密广播。但是，日本陆军部为了维持军队士气，陆相阿南于10日下午4时发表谈话，鼓励军队"战斗到底"③。

11日，美国国务卿贝尔纳斯将中、美、英、苏四国对日本乞降照会的复文，送交瑞士公使馆代办葛拉斯理，托其转达日本政府。其中关于日本政府在保留天皇的条件下接受公告的要求，表示态度如下："自投降之时刻起，日本天皇及日本政府统治国家之权力，即须听从盟国最高统帅之命令。最高统帅将采取其认为适当之权力，实施投降条款。日本天皇必须授权并保证日本政府及日本帝国大本营能签字于必须之投降条款，俾波茨坦公告之规定能获实施，且须对日本一切陆海空军当局以及彼等控制下之一切部队（不论其在何处）实施号令停止积极活动，交出武器，此外并须发布盟国最高统帅在实施投降条款时所需之其他命令。日本政府在投降之后，应立即将战俘及所扣侨民运至指定之安全地点，俾能速登同盟国之运输船只。按照波茨坦公告，日本政府之最后形式将依日本

---

① 见《日本军国主义侵华资料长编》（下），第670—671页。
② 〔日〕服部卓四郎：《大东亚战争全史》第4卷，第1652—1653页。
③ 《日本军国主义侵华资料长编》（下），第674—675页。

人民自由表示之意愿确定之。同盟国之武装部队将留于日本，直至达到波茨坦公告所规定之目的为止。"①

但日本政府收到这个答复以后，对于其中内容的理解及是否接受仍意见纷纭，争持激烈。12 日，陆军大臣及参谋总长联名向大本营直辖的军司令官发出明确反对的电报，要求再次发出照会，表明日本的态度，如不同意即继续战争，以期死里求生。军部的一些将校则计划动用武力，弹压主和派，以彻底保证维护国体。

8 月 14 日 10 时 50 分至 12 时，日本在皇宫防空洞内召开最后一次御前会议。当铃木、梅津、丰田各申明自己的意见后，裕仁天皇发表"圣谕"，表示"看法仍和上次谈过的一样"，认为"再继续战争下去不妥当"，"此时可以接受对方的要求"②。晚 11 时，裕仁颁布接受《波茨坦公告》的诏书。与此同时，外务大臣通过驻瑞士公使加濑，致电美、英、中、苏四国，告知此事。15 日正午，裕仁公开广播了接受《波茨坦公告》的诏书，其中说："朕深鉴于世界大势及帝国之现状，欲采取非常之措施，以收拾时局，兹告尔等臣民，朕已饬令帝国政府通告美英中苏四国愿接受其联合公告。"③

这个停战诏书根本不提对中国之侵略，还把发动太平洋战争说成是"为希求帝国之自存与东亚之安定"，掩饰其战争罪行，但也不得不承认日本的侵略战争已无法进行下去，宣布接受《波茨坦公告》，即向中、美、英、苏等国投降。

但是，军队中的少数死硬分子并不愿意投降。14 日午夜，军务局科员椎琦二郎、烟中健二与近卫第一师参谋石原贞吉、古贺秀正，杀害了近卫第一师师长森赳，发动叛乱，企图切断主和派在皇宫的出入，抢夺准备于第二天广播的天皇停战诏书录音盘，以阻止投降的进行。与此同时，他们还袭击了铃木首相的官邸及私邸等。但是，这场叛乱至 15 日晨便被

---

① 《反法西斯战争文献》，第 319 页。
② 〔日〕服部卓四郎：《大东亚战争全史》第 4 卷，第 1668 页。
③ 《日本帝国主义对外侵略史料选编》，上海人民出版社 1975 年版，第 549 页。

平定。

除此之外，一批高级将领或因主张继续进行战争，或因战败自咎，纷纷自杀，如原陆军大臣阿南惟几、日军参谋总长杉山元、原关东军司令官本庄繁、第十方面军司令官兼台湾总督安藤利吉、军令部次长大西泷次郎，等等。其中不少人在侵略中国的战争中罪行累累，这种下场完全是罪有应得。

8月15日，铃木内阁总辞职，随后成立了以东久迩宫为首相的贵族内阁。16日，大本营向全体陆海军下达了停止战斗、向同盟国投降的命令。

9月2日，星期天，日本政府及大本营全权代表于停泊在东京湾中的美国军舰"密苏里"号上，正式签署投降书。这天是从立春算起的第210天，正是水稻开花期，但常有台风袭来，因此日本农民把这一天视为忌日。

签字仪式由美国新任命的接受日本投降的同盟国最高司令官麦克阿瑟元帅主持。参加签字仪式的，还有同盟国方面的美国代表尼米兹海军上将，英国代表福莱塞海军上将，苏联代表德雷维扬库中将，澳大利亚代表布拉梅将军，加拿大代表科斯格雷夫上校，法国代表勒克莱将军，荷兰代表赫尔弗里克海军上将，新西兰代表艾西特空军少将。中国代表是国民政府军事委员会军令部部长徐永昌将军。

上午9时4分，日本政府全权代表重光葵"遵照天皇和政府的命令并以天皇和政府的名义"，大本营全权代表梅津美治郎"遵照大本营的命令并以大本营的名义"，分别在投降书上签了字。当时，以每9架编成一队的盟国飞机隆隆地从军舰上空飞过，下面则响着军乐队的吹奏声。就在这欢庆声中，9时8分，麦克阿瑟代表美、英、中、苏等所有对日作战国家，进行了接受日本投降的签字。他签字时一共用了5支自来水笔，后来他自留一支，其余4支送给了美国政府等，以作纪念。所以有的著作称这次签字仪式是"五支派克笔，一纸受降书"。

日本投降书全文如下：

（一）余等兹对合众国、中华民国及大英帝国各国政府首脑于1945

年 7 月 26 日在波茨坦宣布及尔后由苏维埃社会主义共和国联盟参加之宣言条款，根据日本天皇、日本帝国政府及日本帝国大本营之命令，代表接受。上述四国以下简称为同盟国。

（二）余等兹宣布：日本帝国大本营与所有之日本国军队以及日本国指挥下任何地带之一切军队，对同盟国无条件投降。

（三）余等兹命令：无论何地之一切日本帝国军队及日本臣民，即刻停止敌对行为，保存所有船舶、飞机及军用民用财产，防止损毁，并服从同盟国最高司令官或在其指挥下之日本政府各机关所课之一切要求。

（四）余等兹命令：日本帝国大本营对于处于任何地区之一切日本军队及由日本支配下之一切军队之指挥官，立即发布使彼等自身及其支配下之一切军队无条件投降之命令。

（五）余等兹对所有官厅、陆军及海军之职员，命令其服从及施行同盟国最高司令官为实施投降条款认为适当而由其自己发布或根据其权力委任发布之一切布告、命令及指示；并命令上述职员，除由同盟国最高司令官或根据其权力委任被解除任务者外，均应留于各自岗位，继续执行各自之非战斗任务。

（六）余等为天皇、日本国政府及其后继者承允忠实履行波茨坦宣言之条款，发布为实施该宣言之联合国最高司令官或其他同盟国指令代表所要求之一切命令及一切措置。

（七）余等兹命令：日本帝国政府及日本帝国大本营立即解放现在日本控制下之一切联合国战俘及被拘平民，并负责采取对彼等之保护、照顾、给养及即速运输至指定地点之措置。

（八）天皇及日本国政府统治国家之权力，应置于为实施投降条款而采取其所认为适当步骤之同盟国最高司令官之下。

1945 年 9 月 2 日午前九时四分于东京湾签字。①

---

① 世界知识出版社编辑：《国际条约集》（1945—1947），世界知识出版社 1961 年版，第 112—114 页。

对于日本的战败投降，浴血奋战了 14 年、作出了重大牺牲的中国人民，高兴万分。在日本裕仁天皇公开宣布投降的 8 月 15 日，中国国民政府军事委员会委员长蒋介石，就在《告全国军民及世界人士书》中说："我们的'正义必然胜过强权'的真理，终于得到了它最后的证明，这亦就是表示了我们国民革命历史使命的成功。我们中国在黑暗和绝望的时期中，八年奋斗的信念，今天才得到了实现。"他还说："我全国同胞们自抗战以来，八年间所受的痛苦与牺牲虽是一年一年的增加，可是抗战必胜的信念，亦是一天一天的增强，尤其是我们沦陷区的同胞们，受尽了无穷摧残与奴辱的黑暗，今天是得到了完全解放，而重见青天白日了。"

9 月 5 日，延安的《解放日报》也发表题为《庆祝抗战最后胜利》的社论，指出我们中国人民，半世纪以来受尽了日本帝国主义的侵凌欺压，日本帝国主义给予我中华民族的损失和耻辱，实在是书不胜书，"现在这个万恶的敌人，已被中苏美英的联合力量所打倒了。中华民族已从日本帝国主义的压迫下解放出来了。日本帝国主义对我中华民族独立生存的严重威胁已被消除。半世纪来，我中国民族所受到的奇耻大辱，血海深仇，现在报仇雪耻了。这的确是我中华民族百年来未有的大事，值得全国同胞的热烈庆祝。"

六、中国战区的受降

1945 年 7 月初，中国陆军总司令部曾制定一个反攻计划，决定先夺取广州，作战方针是"以打通广州海口之目的，先以有力部队攻略桂林，夺取雷州半岛，再分别攻击衡阳、曲江，并牵制越北之敌，以主力沿西江流域攻略广州"，并立即完成一切部署。至 8 月上旬，第二、第三方面军之部队已推进至梧州、贺县、全县等地区。陆军总司令何应钦也将陆军总部推进至柳州，并在南宁设立前进指挥所。但由于日本于 8 月 15 日宣布投降，这一反攻广州的计划没有来得及实施。随着日本的投降，中国战区的受降工作也立即开始。

（一）日本中国派遣军的态度及国共双方关于受降问题的斗争

日本中国派遣军在投降前共有105万人，其司令官冈村宁次是主张继续进行战争的死硬分子。当8月12日接到陆军大臣、参谋总长关于准备以不变更天皇统治大权为条件，接受《波茨坦公告》的电报以后，他认为真是晴天霹雳。自12日至14日，他三次发出主张维护国体的电报，并于12日向派遣军将士下达训令，要求全军将士抱"玉碎之决心"，"克服万难，一心一意为击灭骄敌而奋斗"[1]。与此同时，还和海军中将福田密议，在不得已时"尽一切可能将陆海军兵力向山东东部集结，并以烟台、青岛为根据地，形成半独立占领地区，以等待祖国命运终结的方案"[2]，作最后的挣扎。

8月15日广播裕仁天皇投降诏书以后，冈村宁次虽然不得不根据大本营的命令，于16日2时及夜晚连续命令将士"停止积极的进攻作战"、"即时停止战斗行动"，但仍然指示"停战交涉未有协议之前，敌若来攻，在不得已之情况下，为了自卫可采取战斗行动"。

日军已经准备投降，但在由谁受降的问题上，在国共两党之间发生了尖锐的斗争。

8月11日，蒋介石致电延安第八路军总司令朱德、副总司令彭德怀说："现在敌国已宣告正式向四大盟国投降，关于盟邦受降各种问题，正在交换意见，即将作具体决定，本委员长经电令各部队一律听候本会命令，根据盟邦协议，执行受降之一切决定。所有该集团军所属部队，应就原地驻防待命。其在各战区作战地境内之部队，并应接受各该战区司令长官之管辖。政府对于敌军之缴械，敌俘之收容，伪军之处理及收复地区秩序之恢复、政权之行使等事项，均已统筹决定，分令实施。为维护国家命令之尊严，恪守盟邦共同协议之规定，各部队勿再擅自行动，为要。

---

① 《冈村宁次回忆录》，中华书局1981年版，第27页。

② 齐景山：《冈村宁次低下了头》，见王季平主编：《八·一五这一天》，光明日报出版社1985年版，第94页。

除分令外，希即严饬所部一体遵照。此令。"①也就是说，受降事宜完全由国民党垄断，八路军等人民武装部队不得分享。

8月15日裕仁天皇宣布投降的当天，蒋介石致电冈村宁次，投出6项投降原则，也明确规定日军只能向国民党军队投降。电文内容如下："一、日本政府已正式宣布无条件投降。二、该指挥官应即通令所属日军停止一切军事行动，并派代表至玉山接受中国陆军总司令何应钦之命令。三、军事行动停止后，日军可暂保有其武装及装备，保持现有态度，并维持所在地之秩序及交通，听候中国陆军总司令何应钦之命令。四、所有飞机及船舰应停留现在地，但长江内之船舰应集中宜昌、沙市。五、不得破坏任何设备及物资。六、以上各项命令之执行，该指挥及所属官员，均应负个人之责任，并迅速答复为要。"

8月16日，蒋介石致电柳州及各地军政长官，正式委派何应钦"全权处理受降事宜"，各地，"应即从速准备接收"。18日，又在给何应钦的12项受降任务中规定："对于非经政府指定之受降部队，如有擅自接受敌军投降，企图扰乱我受降计划者，得呈请本委员长下令惩罚之"；"敌军应对本委员长所指定之部队投降，如对非指定之部队而擅自向其投降或让防，或于投降期间不遵我军命令实施者，得由陆军总司令下令以武力制裁之，并对不遵命令之敌部队长或敌军最高指挥官，直接予以处置"。

为了使国民党军队能够到各地受降，蒋介石令其直辖部队"积极推进，勿稍松懈"②，并让美国的军队在天津、青岛、上海等地登陆，在美国的帮助下将大批部队空运到许多大城市。与此同时，还命令各地伪军"负责维持地方治安"，等待国民党军队收编。中央社8月11日自湖南沅陵发出的电讯即说："湘省府顷令本省陷区各专员，转奉蒋委员长十一日对陷区各地下军及各地伪军发布之紧急命令，须切实负责，维持治安，保护人民，并妥筹救济。更饬本省陷区伪军，应就现在驻地安谧地方，保卫人民，趁此赎罪，努力自效，非经蒋委员长许可，不得擅自迁移驻地，

---

① 重庆《大公报》1945年8月13日。
② 中央社重庆8月11日电，转引自《毛泽东选集》第4卷，人民出版社1991年版，第1141页。

或受任何部队改编。"①

蒋介石不让八路军、新四军等中国共产党领导的部队接受所包围之日军的投降，中国共产党当然是不会同意的。8月13日，朱德、彭德怀联名致电蒋介石，严正声明："我们认为这个命令你是下错了，并且错的很厉害，使我们不得不向你表示：坚决的拒绝这个命令"②。16日，朱德又致电蒋介石，再次指出"你那个命令是错误的"，"我站中国及同盟国的利益上，坚决的彻底的反对你的命令"，声明"中国解放区，中国沦陷区及其一切抗日的人民武装力量，有权根据波茨坦宣言条款及同盟国规定之受降办法，接受我们所包围之日伪军队的投降，收缴其武器资财，并负责实施同盟国在受降后之一切规定"③。

8月15日，朱德又以中国解放区抗日军总司令的名义，向美、英、苏三国大使提交一份《说帖》，请其转达本国政府，说明中国解放区、沦陷区一切抗日的人民武装力量有权接受日伪军队投降的理由，提出五项声明和要求，请他们理解和支持。

根据以上理由，朱德总司令于8月15日向冈村宁次下达了令其投降的命令，内容如下：

（一）日本政府已正式接受波茨坦宣言条款宣布投降。

（二）你应下令你所指挥下的一切部队，停止一切军事行动，听候中国解放军八路军、新四军及华南抗日纵队的命令，向我方投降。除被国民党政府的军队所包围的部分外。

（三）关于投降事宜，在华北的日军，应由你命令下村定将军派出代表至八路军阜平地区，接受聂荣臻将军的命令；在华东的日军，应由你直接派出代表至新四军军部所在地天长地区，接受陈毅将军的命令；在鄂、豫两省的日军，应由你命令在武汉的代表，至新四军第五师大别山

---

① 重庆《大公报》1945年8月13日。

② 《解放日报》1945年8月14日。

③ 《解放日报》1945年8月17日。

地区，接受李先念将军的命令；在广东的日军，应由你指定在广州的代表，至华南抗日纵队东莞地区，接受曾生将军的命令。

（四）所有在华北、华东、华中及华南之日军（被国民党军队包围的日军在外），应暂时保存一切武器、资材，静候我军受降，不得接受八路军、新四军及华南抗日纵队以外之命令。

（五）所有华北、华东之飞机、舰船，应即停留原地；但沿黄海、渤海之中国海岸的舰船，应分别集中于连云港、青岛、威海卫、天津。

（六）一切物资设备，不得破坏。

（七）你及你所指挥的在华北、华东、华中及华南的日军指挥官，对执行上述命令应负绝对的责任。①

但是，因为蒋介石以中国战区最高统帅、中国政府的名义命令日军只向国民党军队投降，于是冈村宁次在8月17日发布的《中国派遣军通告》中，不但规定完全"按蒋委员长之命令"行事，而且声明对其他部队"自今不稳之行动，或不服从蒋委员长之命令及被视为违背其意图时，派遣军在不得已之情况下，将采取断然之自卫行动"。

冈村宁次的这种错误的命令，给华北、华中尤其是山东的日军带来严重的后果。由于这些地方的日军拒绝向八路军、新四军投降，并且进行抗拒，因此在八路军、新四军的攻击下，日军的损失不断加大。据冈村宁次后来回忆，从8月15日以后由于日军"对共军之攻击实行自卫战斗，共死伤七千多人"②。

蒋介石不准许八路军、新四军等人民抗日武装受降，也给战后中国的局势带来不好的影响。当时任第六十二军军长的林伟俦在《日军投降与中国受降实录》一文中就说："当时未安排八路军和新四军受降地区接受日军投降，这是极端不合理的，其结果导致矛盾百出，虽有国民党代表郑介民和共产党代表叶剑英及美国代表马歇尔在北平设立军调部进行

---

① 《解放日报》1945年8月16日。
② 齐景山：《冈村宁次低下了头》，见王季平主编：《八·一五这一天》，第100页。

军事调处工作，但毫无结果，到1947年3月军调部宣告结束，中国陷于内战的后果"①。

（二）芷江洽降与南京受降

在日本投降前夕，日本中国派遣军司令官冈村宁次仍然企图通过与国民政府的会谈，在较为有利的条件下结束战争。当时蒋介石也担心苏联进入中国东北后会有损中国权益，令在河南省南部的第十战区副司令长官何柱国设法同日方联系，希望日本从中国东北等地撤兵，以取消苏联出兵的借口，作为回报，中国则不妨碍日本在中国以外的活动，同时声明中国的目的不是要毁灭日本。经过何柱国部下李耀的联系，日本中国派遣军副总参谋长今井武夫于7月9日率两名部下，到河南郾城东南的新站集会晤何柱国。双方的目的都是在试探对方的态度，因而会谈没有任何结果。

在这同时，日本中国派遣军还企图通过重庆方面的密使张叔平，和浙江省省长取得联络，使今井武夫会见第三战区司令官顾祝同。7月下旬，双方秘密商定今井和顾祝同8月8日在杭州西南的桐庐会谈，后又改为8月中旬在江西省玉山。8月15日日本投降后，国民政府于18日通知将会见地点改为湖南芷江。

按照国民政府的指令，冈村宁次令今井武夫于8月20日飞抵武汉，然后于21日乘坐挂有红色布条标记的飞机飞抵芷江。下午4时，开始洽谈投降事宜。坐在今井武夫等人对面的，是中国陆军总部参谋长萧毅肃中将、副参谋长冷欣中将，以及中国战区美军参谋长巴特勒准将和译员王武上校，列席的有很多从各地赶来的军政两界要人，以及100多名中美两国的新闻记者。会谈一直进行到23日，第二天下午何应钦亦到场。

在会谈中，何应钦奉蒋介石之命将《中国陆军总司令部备忘录第一号》交给今井武夫，让他交给冈村宁次，主要内容如下：一、余以中国战区陆军总司令之地位，接受在中华民国（辽宁、吉林、黑龙江三省除外）、

---

① 曹华等编：《太阳帝国投降内幕》，第57—58页。

台湾及越南北纬16度以北地区之日本高级指挥官及全部陆海空军并附属部队之投降。二、日本中国派遣军最高指挥官冈村宁次将军自接到本备忘录时起，应立即执行本司令之一切规定；台湾及越南北纬16度以北地区内之日本军亦须按此规定执行，且冈村宁次将军宜负责指导该项日军之投降。三、冈村宁次将军在接到本备忘录后，宜将投降有关事项即时向日本陆海空军下达必要之命令。四、为监视日本军对本总司令之一切命令的执行，本总司令特派冷欣中将去南京，并设立本总司令前进指挥所。凡冷欣中将所要求之事项，应迅速实行。

何应钦等人在会谈中对今井武夫等人十分优待，但对拒绝八路军等受降十分严厉，甚至允许日军可以"采取自卫行动"。当时日方代表提出："中共军想以武力强行解除日军武装。为了自卫，日军决定对此采取断然处置。"冷欣等人竟表示："除受命于何应钦总司令者外，可一律视为土匪，日本军对他们即使采取自卫行动，也是可以理解的。"

何应钦要求日方迅速确实地将备忘录中要日方所做的事项付诸行动，并说8月26日以后到8月30日以前，要将中国军队的先遣部队空运到南京。最后中方代表告诉日方，已经决定投降签字仪式在南京举行。双方谈完后，今井武夫等人于8月23日下午4时离开芷江飞往南京。

在会谈中，今井武夫说有两件事给他印象很深，一是冷欣为"亲自进驻南京而要求日军用誓约文书保证其安全"，他觉得"一位战胜国的高级将领竟然向战败国使节要求保证安全，既无意义又不自然，总觉得未免有些滑稽之感"；二是"中国方面向日军提出的要求中，对有关军械、军需品、设备及财产的接收问题，表示了异常的关心，再三强调要全部接收，并反复坚决要求对于命令系统以外的分子的介入，要严加拒绝。特别是和冷中将的协议，几乎完全集中在这一点上"，后来的事实也是"大小纠纷多半是围绕着接收武器和财宝问题而发生的"，他慨叹由此"国民政府军队的威信一落千丈，国民政府的前途也就岌岌可危了"①。

为了在南京受降，冷欣与中国陆军总部前进指挥所全体人员，于8

---

① 《今井武夫回忆录》，第229—230页。

月 27 日启程赴南京。9 月 8 日，何应钦也乘"美龄"号飞机从芷江飞往南京。

受降仪式确定在 9 月 9 日上午 9 时举行，寓意为"三九良辰"。地点在原中央陆军军官学校大礼堂。礼堂前的通道两侧，每隔 10 步便挂有同盟国国旗一面。礼堂门外的松柏牌楼上，写着"和平永奠"四个鲜艳夺目的大字。另外还树立了一座胜利屏障，缀着一个象征胜利的大红"V"字。礼堂中挂满了各色彩布，正中悬挂着中、美、英、苏四国的大幅国旗。礼堂中央为受降席，席前设有一较小长桌，为日军投降代表席，左侧为高级将领席及中国记者席，右侧为盟国军官席及外国记者席。

上午 8 时许，参加受降仪式的各界代表千余人陆续到场。8 时 51 分，何应钦入席，居中坐于受降席上，左为海军上将陈绍宽及空军上校张廷孟，右为陆军二级上将顾祝同及中将萧毅肃。8 时 52 分，日军投降代表被引导入席。冈村宁次脸色惨白，肩头高耸，向何应钦行鞠躬礼后坐于投降席上。与他坐在一起的还有中国派遣军总参谋长小林茂三郎、副总参谋长今井武夫等 7 人。中国方面参加典礼的还有国民政府高级将领郑洞国等，盟国方面有美国麦克鲁中将、柏德勒少将、英国海斯中将等，中外来宾共 307 人。8 时 53 分，何应钦宣布中外记者摄影摄像 5 分钟，然后请冈村宁次呈交证明文件。

9 时正，激动人心的投降签字仪式正式开始。何应钦将事先写好的日军降书中文本两份，交萧毅肃转送冈村宁次。冈村宁次阅读完毕以后，分别在两份投降书上签了字，然后从袋中取出圆形水晶图章盖在签名之下，因为紧张，他签字时手微颤抖，所盖图章也略微向右倾斜，并在签字盖章后低头俯视降书达 50 秒钟之久。9 时 6 分，何应钦在日本投降书上签字受降。9 时 8 分，何应钦将蒋介石的《中国战区最高统帅命令第一号》交萧毅肃转送冈村宁次，冈村宁次再于受领证上签字盖章。至 9 时 10 分，签字仪式全部完毕，日方投降代表退出会场。

随后，何应钦发表了即席广播讲话。他说："敬告全国同胞及全世界人士：中国战区日军投降签字已于本日上午九时在南京顺利完成，这是中国历史上最有意义的一个日子；这也是八年抗战艰苦奋斗的结果。东亚及全世界人类和平与繁荣，亦从此辟一新的纪元。"①

日本投降书内容共九条，其中第二条至第五条的主要内容如下：

二、联合国最高统帅第一号命令规定"在中华民国（东三省除外）台湾与越南北纬十六度以北地区内之日本全部陆海空军与辅助部队，应向蒋委员长投降"。

三、吾等在上述区域内之全部日本陆海空军及辅助部队之将领，愿率领所属部队向蒋委员长无条件投降。

四、本官当立即命令所有上第二款所述区域内之全部日本陆海空军各级指挥官及其所属部队与所控制之部队向蒋委员长特派受降代表中国战区中国陆军总司令何应钦上将及何应钦上将指定之各地区受降主官投降。

五、投降之全部日本陆海空军立即停止敌对行动，暂留原地待命……

蒋介石的《中国战区最高统帅命令第一号》，对有关日军投降的问题作了更详细的规定。

同日，何应钦还下达了《中国战区中国总司令部命令军字第一号》，命令从9日开始取消日本中国派遣军总司令官之名义；从10日起，改称为中国战区日本官兵善后总联络部长官，原中国派遣军总司令部改称中国战区日本官兵善后总联络部，任务为执行或传达中国总司令部的命令；各地区代表日本投降部队的司令部及司令官，亦改称该地区日本官兵善后联络部队及联络部长。

何应钦是有名的亲日派，从九一八事变后替蒋介石做了许多对日妥协的事，深遭国人谴责，蒋介石选择他主持受降仪式，除了他与冈村宁次军阶相等、关系密切等原因外，有意替他洗刷过去的污点也是一个重要原因，他在受降过程中深切体察蒋介石"以德报怨"的思想，不但始终对冈村宁次表示宽容和友好，有时甚至有失受降主官的身份。按照事先拟定

---

① 何应钦：《受降签字顺利完成》，转引自熊宗仁：《何应钦传》下册，山西人民出版社1993年版，第594页。

的程序，日方投降代表在投降仪式上前后要向何应钦行三次礼，何应钦均不应作答，但当冈村宁次签名盖章后的投降书呈交给他和仪式结束时，他都微笑起立还礼，致使盟军顾问团为此提出抗议。

冈村宁次签字投降后，立即向中国派遣军，以及9月2日后划归他指挥的日本驻台湾第十方面军、驻越南北部的第三十八集团军和中国方面舰队，下达了所谓"泣血训示"的投降命令。至此，自1939年9月23日成立、在侵华战争中耀武扬威的日本中国派遣军，终于得到了它应有的下场。

（三）日军在台湾、香港地区的投降与南京伪政权的垮台

日军在南京签字投降以后，在中国其他地方的部队，除在东北的关东军已向苏军投降以外，在台湾、香港的部队也随后投降。

台湾自古是中国的领土，1894年中日甲午战争以后，被割让给日本。日本8月15日宣布投降以后，国民政府于9月1日成立了台湾省行政长官公署、台湾省警备总司令部，任命陈仪为台湾省行政长官兼警备总司令，从10月17日起，中国第十七、第六十二军主力陆续在基隆、左营、高雄港登陆。10月25日上午，受降仪式在台北市中山堂（原公会堂）举行。中方受降代表为陈仪，日方投降代表为台湾总督兼第十方面军司令官安藤利吉上将等人。10时正，安藤利吉在投降书上签字。陈仪在即席广播演说中说："本人奉中国陆军总司令何（应钦）转奉中国战区最高统帅蒋（介石）之命令，为台湾受降主官，此次受降典礼，经于中华民国三十四年十月二十五日上午十时在台北中山堂举行；顷已顺利完成。从今天起，台湾及澎湖岛已正式重入中国版图，所有一切土地、人民、政事，皆已置于中华民国国民政府主权之下，这件具有历史意义的事实，本人报告给中国全体同胞及世界周知。现在台湾业已光复，我们应该感谢历来为光复台湾而牺牲的革命先烈及此次抗战的将士，并感谢协助我们光复台湾的同盟国家，而尤其教我们衷心铭感不忘的，是创导中国国民革命的国父孙先生。"① 当日下午3时，各界代表在中山堂举行了台湾光

---

① 潘景隆：《台湾受降记》，见王季平主编：《八·一五这一天》，第398—399页。

复大会。第二天，台北学联又组织全市学生进行庆祝光复大游行。至此，脱离中国 50 年的宝岛台湾又回到了祖国的怀抱。

香港的受降仪式本来应该由中国主持，可是由于英国坚持要由他们主持，中国作了让步。兼香港总督的原日军第二十三集团军司令官田中久一中将，于 9 月 16 日代表驻香港日军，向英国海军少将哈考特投降。

随着日本帝国主义的战败投降，由它一手扶植的傀儡政权南京伪国民政府亦同时垮台。日本裕仁天皇于 8 月 15 日宣告投降后，南京伪中央政治委员会即于 16 日举行临时会议，决定将伪中央政治委员会改为南京临时政务委员会，伪南京国民政府即日宣告解散，所有职务即日移交临时政务委员会分别处理，以待结束，并随后发表宣言。但他们在这个解散宣言中，还厚颜无耻地说建立伪南京政权，是"于国家残破之余，以和平求国家之独立自由，以宪政求国家之建设复兴，还都以来，一切行政设施，在全面和平未实现之前，务求保全国家之元气，抚辑流亡之人民"。该《宣言》还继续颠倒黑白，将共产党及其部队称为"匪徒"，声称继续反共，原属伪军"均有守土安民之责，际此时局动荡，尤应固守原防，苟有匪徒乘机扰乱意图破坏统一仍宜痛剿以遏乱祸，静候整编，以为国用"①。但是，他们的谎言掩盖不了投降的本质，反共的叫嚣也阻挡不了历史的前进。

（四）日军在各地的投降与日俘、日侨的遣返

由于国民政府不准日军向八路军、新四军等人民武装投降，所以各地日军的投降都是向国民党军队进行的。而各地日本陆军的投降，首先是从铁路沿线附近开始的。为了迅速办理接受日军投降事宜，国民政府划分了 15 个受降区，并指派当地最高军事长官分别接受日军投降。在九十月间，日本中国派遣军 1056000 人，海军 39729 人，以及驻台湾的第十方面军，在越南北纬 16 度以北地区的第三十八军、第二十一师、第三十四旅等部队，分别向当地国民党军事长官投降。

---

① 原载南京伪《中央日报》，见王季平主编：《八·一五这一天》，第 159—160 页。

关于日本海军之投降，除香港与九龙地区由英军接收，海南岛由中国陆军接收，航空部队由中国空军接收外，其他均由中国海军接收。自9月13日中国海军总司令部到达上海后，接收即开始，在九十月间接收完毕。

根据《中国战区中国陆军总司令受降报告书》，当时中国接受的日俘共1255000人。但据后来台湾公布的材料，除东北、香港以外，在中国关内地区、台湾及越南北纬16度以北地区向中国投降的日军，共有1283200人，其中华北方面军326244人，第六方面军（华中）290367人，第六、第十三集团军（京沪）330397人，第二十三集团军（广东）137386人，第十方面军（台湾）169031人，第三十八集团军（越南）29815人。其指挥机关及部队单位共有派遣军总司令部1个，方面军3个，集团军10个，师36个（内战车师1个、飞行师2个），独立旅41个（内骑兵旅1个），独立警备队19个（含守备队、支队等），海军陆战队6个（含特别根据地队）。另外一个材料，则说当时投降的日军官兵共1240471人。

关于缴获的日军主要武器、车辆、飞机、舰船，数量如下：（一）主要武器：步骑枪685807支，手枪60377支，轻重机枪29822挺，各型火炮12446门。（二）弹药：步骑枪、机枪弹180994000粒，手枪弹2035000粒，各型炮弹2070000颗。（三）主要车辆：战车383辆，装甲车151辆，卡车15785辆（包括特种车辆）。（四）马匹：74159匹。（五）主要航空器材：飞机1068架（内可用者291架，待修者626架，不堪用者151架），炮弹6000吨，飞机汽油10000吨。（六）主要舰艇：各型舰艇船舶1400艘共54600吨，其中军舰19艘（仅有3艘可出海），驱逐舰7艘（6艘可用），鱼雷快艇6艘，小型潜艇3艘（2艘可用），小炮艇200艘（大部不堪用），其他多系小艇帆船，且多损坏或不堪用。相对于120多万日本军队来说，缴获的这些武器、车辆、飞机、舰船数量太少了，从这方面也可以看出，日军的侵略这时确已势穷力竭了。另外，因为日军投降后即下令将军旗"奉烧"，以免天皇御赐之物落于敌手，所以缴获的军旗很少。

关于日本投降后在中国的日侨，《中国战区中国陆军总司令部受降报告书》说共有784974人，另有韩人56665人，台胞41714人，共计883353人，加上日俘1255000人，总计日俘日侨为2138353人。根据后来台湾公布的材料，说原来共有日本侨民 779874 人，韩俘 14428 人，韩侨 50935 人，台胞 44118 人，共计 889355 人，加上日俘 1240471 人，总计日韩官兵侨民 2129826 人。

对于这 210 多万数量庞大的日俘、日侨（因台湾当时被日本统治，所以台胞也计算在日侨数目中），要想在短期内将他们迅速遣送回国是很不容易的。当时国民政府紧急调配了船舶 30 万吨（占当时中国船舶运力的 80%），同时增配火车，甚至不惜停止国内的民用运输，将散处各地的日俘、日侨运至塘沽、青岛、连云港、上海、厦门、汕头、广州、海口、三亚、海防、高雄、基隆 12 个港口，然后由美国军舰和部分日本船只运送回国。从 1945 年 11 月至 1946 年 6 月，全部日俘、日侨遣返完毕。

按照国际惯例，战败的军队被缴械后，军官与士兵应分别拘集，受战俘待遇。可是投降后的日军并没有作为"俘虏"，而是作为"徒手官兵"，即不带武器的军人，并且保留原建制，委派冈村宁次以联络部长官的名义，名正言顺地发号施令。除此之外，日俘回国时还允许携带 30 公斤行李。日军在中国烧杀掳掠，无恶不作，犯下了滔天的罪行，可是中国政府对于战败的日俘，则是非常宽容的。

日本投降后，在中国还有他们一手扶植的 100 多万伪军。除郝鹏举的 3 个师一度被迫起义，孙良诚所属的 1 个军 3 个师在盐城、高邮被新四军缴械，李守信的 3 个师被苏军解除武装外，其余的大多被蒋介石改编为"自新军"。据《中国战区中国陆军总司令部受降报告》统计，国民政府将伪军改编为"自新军"的共有 238996 人，收缴伪军各类武器 134472 件。除此之外，还将各种"游杂部队"整编拨补，共改编补充团 39 个，计 79468 人；保安团 133 个，计 452417 人①，合计共整编拨补 779116 人。加上"自新军"，共收编伪军及游杂部队 1018112 人。这样，这些在抗日战争期间为虎作伥的部队，不但没有受到惩处，反而成为"国军"的一部分，成为继续反共的一支力量。但是，随着人民革命的胜利

---

① 《中国战区中国陆军总司令部受降报告》附表 9、表 10。

进行，它们最终都没有逃脱灭亡的命运。

七、对日本战犯及汪伪汉奸的审判

为了清算战争罪犯对各国人民犯下的滔天罪行，伸张正义和人道；为了彻底消灭法西斯和军国主义势力，维护世界和平，同盟国在德国纽伦堡和日本东京设立了国际军事法庭，分别审判了德、日等国的战争罪犯。各国也在本国设立了军事法庭，审判了其他对本国犯下滔天罪行的战犯。中国在审判日本战犯的同时，还审判了汪伪政权的汉奸，分别给他们以严惩。

（一）东京远东国际军事法庭对日本等国战争罪犯的审判

东京远东国际军事法庭是根据中、美、英三国《波茨坦公告》的原则，美、英、苏三国外长在莫斯科的协商，以及中、美、英、苏、法、澳、新（西兰）、加（拿大）、荷9国磋商的结果（后来印度和菲律宾也参加了这项协议）设立的。法庭由以上11国的11名法官组成，审判长为澳大利亚人威廉姆·韦伯，中国法官为国民政府立法院委员兼外交委员会主席梅汝璈[1]；另有11国的11名检察官组成国际联合检察团，进行起诉，检察长为美国人约瑟夫·基南，中国代表是上海特区法院首席检察官向哲浚[2]。中国参加法庭工作的除梅、向二人外，还有他们的助理、顾问裴劭恒、方福枢、杨寿林、刘子健、倪征燠、鄂森、桂浴、吴学义及翻译周锡卿等[3]。

从1945年9月2日日本签字投降以后，占领日本的远东盟军总司令部即开始逮捕战犯。从1945年9月11日至1946年4月26日，共下令

---

① 新中国成立后任全国人民代表大会代表。
② 新中国成立后任上海财经学院教授。
③ 新中国成立后倪征燠任外交部顾问、中国人民政治协商会议全国委员会委员，裴劭恒任全国人民代表大会代表，其余人员大都在高等学校从事教学工作。

逮捕甲级战犯 123 名（其中东条英机自杀未遂，前首相近卫文麿、日军参谋总长杉山元、陆军大臣阿南惟几、关东军司令官本庄繁等自杀）。但是，后来只对其中的 28 名战犯提出了起诉。

法庭设在东京市之谷原日本陆军省和参谋本部旧址，即日本策划发动侵略战争的地方，于 1946 年 5 月 3 日正式开庭。审判席上坐着 11 位法官，他们身后是本国的国旗，其中包括中国的国旗。从 5 月 3 日至 4 日，检察长宣读了起诉书，按 3 类罪行对东条英机等 28 名被告提出了 55 条罪状：一、反对和平罪（1—36 条），控告他们从 1928 年 1 月 1 日至 1945 年 9 月 2 日期间，在东亚、太平洋和印度洋地区发动战争的罪行；二、杀人罪（37—52 条），控告他们在战前、战中杀害各国军民的罪行；三、战争罪及反人道罪（53—55 条），控告他们指挥军队虐待各国战俘及平民的罪行。

从 5 月 6 日起，法庭根据英美法惯例进行认罪传讯，出庭的战犯全部否认有罪。法庭给予被告充分的辩护权利，由日本和美国的著名律师组成辩护律师团，辩护团副团长兼东条英机的辩护人清濑一郎百般狡赖，否认法庭审判这些战犯的权利，把当年日本粉饰侵略的借口等都搬了出来，国际联合检察团据理驳斥了他的这些狡辩。

从 6 月 4 日起，审判进入检察方面的立证阶段，检察长首先作了长达 4 万言的陈述，概述了所要立证的基本侵略事实等问题。6 月 13 日再次开庭时，检察团向法庭提出一系列证据文件并开始具体立证。立证首先从被告进行军国主义宣传和教育、准备侵略战争开始。第二部分进行侵略中国的立证，指出 1928 年以后，日本已不满足于在中国东北获得的权益，企图占领整个东北，于 1927 年 5 月和 1928 年 4 月两次出兵中国，1928 年 6 月炸死张作霖，1931 年 9 月 18 日炸毁南满铁路并嫁祸于中国，出兵占领了全东北，1932 年建立了伪满傀儡政府，以后又进一步侵入热河，向华北扩张，终于于 1937 年 7 月 7 日发动了全面侵华战争，并制造了惨绝人寰的南京大屠杀。

对于以上罪行，日本前首相冈田启介出庭作证炸死张作霖事件是关东军司令本庄繁手下阴谋集团所为；原陆军省兵务局长田中隆吉揭露了关东军高级参谋河本大作及当时担任师长的坂垣征四郎发动九一八事变的罪行；伪满皇帝溥仪就日本制造傀儡政权的过程作证，揭露了日本人控制伪满并杀死自己妻子的罪行；中国检察官向哲浚对日本侵略中国的罪行作了具体论证；原北平市市长、第二十九军副军长秦德纯揭露了日本发动七七事变的罪行；南京大学医学院美籍医生罗伯特·威尔逊，红十字会国际委员许传音，中国居民尚德义、伍长德、陈福宝，南京大学历史系教授别兹等，以亲身经历控诉了日军在南京犯下的杀人、强奸、抢劫等滔天罪行；别兹、许传音、原北平使馆区英国警官劳伦斯等，还以事实揭露了日本在中国贩卖鸦片毒品的罪行。

为了提出足够的关于被告罪行的具体实证，中国在东京的工作人员查找了盟国的大量档案材料，裘劭恒经法庭同意后还带着两个美国人回国搜集关于日军南京大屠杀的材料，取得了许多实证，并带了证人到东京出庭作证。

南京大屠杀的幸存者伍长德，出庭控诉了日本在南京进行大屠杀的罪行，说他当时被日军押送到汉中门，那里有两千多人，都是青壮年男子，被分批带到城外，用机枪射杀。他被押到尸体旁时扑倒在地，免遭枪击，但后来日军用刺刀在尸堆中乱刺尚未绝气的人时，他还是挨了一刺刀，血流如注。后来日军又往被害者身上浇煤油，点火焚烧，他身上也着了火，痛得难以忍受，便滚入护城河以求速死，但河水不多未被淹死，挣扎着爬到岸上，才幸免一死，但后腰上一直留着一个 5 寸长的伤疤。他的证词让人听了毛骨悚然。以上这些工作和证词，对于侵华主犯明正典刑起了很大作用。

9 月 19 日，检察团对被告发动太平洋战争的罪行进行立证，以后又审理了被告对印尼、菲律宾的侵略。至 1947 年 2 月 24 日，检查立证阶段结束，进入辩护团的反证阶段，清濑一郎等为被告的罪行进行辩护，联合检察团对他们的狡辩再次作了驳斥。这次审判认定 4336 件证据成立，共有 419 名证人出庭，779 名证人提出书面证词，审理过程的英文记录长达 48412 页。

1948 年 11 月 4 日，审判长宣读判决书。这份判决书共 3 篇 11 章，其中第 2 篇第 5 章论述了日本从 1931 年 9 月 18 日至 1945 年 9 月 2 日期间的侵华过程，指出 28 名被告参加这一过程的时间虽有早有晚，但侵略中国是以被告为首的日本统治集团的主要罪行。内中共分 7 节：1. 侵略和奴役满洲；2. 统一和开发满洲的"二位一体制"；3. 进一步侵略中国的计划——"天羽声明"；4. 从卢沟桥事变到"近卫声明"；5. 在中国组织傀儡政权；6. 所谓"大东亚共荣圈"；7. 日本对中国东北及其他地区的支配。判决书第 2 篇第 6 章关于国际公约所规定的战争犯罪中，也有很多篇幅论述了日军屠杀中国人民等罪行，如记载了日军在上海、苏州、南京、汉口、广州、长沙等处的暴行，对南京大屠杀的记叙尤为详细，确认"在日军占领后最初六个星期内，南京及其附近被屠杀的平民和俘虏，总数达二十万人以上"[①]。

11 月 12 日，法庭对被告进行宣判。在 28 名被告中，除永野修身、松冈洋右中途病亡，法西斯理论家大川周明装疯逃避了审理外，其余 25 名罪犯被作出如下判决：

绞首刑：东条英机、广田弘毅、土肥原贤二、坂垣征四郎、木村兵太郎、松井石根、武藤章；

终身监禁：木户幸一、平治骐一郎、贺屋兴宣、嶋田敏太郎、白鸟繁夫、大岛浩、荒木贞夫、星野直树、小矶国昭、畑俊六、梅津美治郎、南次郎、铃木贞一、佐藤贤二、桥木欣五郎、冈敬纯；

20 年徒刑：东乡茂德；

7 年徒刑：重光葵。

1948 年 12 月 23 日上午,7 名被判处绞刑的罪犯在日本巢鸭监狱就刑。远东盟军司令部特邀中、美、英、苏四国代表到场作证，中国代表为国民政府商震上将。

在以上被判刑和处决的 25 名罪犯中，有不少在侵华战争中犯下了滔

---

① 转引自余先予等：《东京审判始末》，浙江人民出版社 1986 年版，第 107 页。

天罪行：东条英机曾任关东军参谋长、陆军大臣、首相，是日本头号战犯；广田弘毅在 1936 年至 1937 年任总理大臣兼外务大臣，曾提出压迫中国政府屈服的著名的"广田三原则"；土肥原贤二是著名特务，九一八事变、华北事变等许多阴谋事件的策划者；坂垣征四郎曾任关东军参谋长和中国派遣军参谋长，带领"坂垣师团"蹂躏过中国许多地方；松井石根是南京大屠杀时的华中派遣军司令官；荒木贞夫是 1931 年九一八事变时的陆军大臣；畑俊六曾任华中派遣军、中国派遣军司令官；梅津美治郎曾任中国驻屯军、关东军司令官，强迫中国政府签订"何梅协定"；南次郎曾任关东军司令官；武藤章曾任中国方面军副参谋长，积极主张出兵侵略中国；小矶国昭是日军侵略东北和全中国的主要策划人物之一；桥木欣五郎是日军南京大屠杀时的炮兵纵队长，曾指挥所属炮兵狂轰南京；星野直树是日本派驻伪满洲国的总务厅长，控制了伪满的经济大权；松冈洋右曾任南满铁道总裁，贺屋兴宣曾任华北开发公司总裁，都是对中国实行经济掠夺的主要人物；等等。

由于东京审判是在美国陆军元帅、远东盟军总司令麦克阿瑟的领导下进行的，因而审判从美国的利益及战后的冷战需要出发，对战犯罪行的追究不够全面和深入，例如未追究裕仁天皇的战争责任；未审理违反国际公法的细菌武器问题；在对东条英机等行刑的第二天就释放了在押的 19 名甲级战犯，其中包括原中国派遣军司令官西尾寿造、华北派遣军司令官多田骏、伪满总务厅长岸信介等；1950 年麦克阿瑟又下令在日执行徒刑的一切战犯均予提前释放，对此，中国政府总理周恩来曾发表严正声明表示反对。在量刑上，东京审判也较为重视对美国造成直接损害的罪行，对其他方面包括侵略中国的罪行比较宽大，例如对日本袭击珍珠港时的外相东乡茂德判处 20 年徒刑，对九一八事变时任驻中国公使、后来历任外相和"大东亚"事务大臣的重光葵却只判 7 年徒刑，对在中国犯下滔天罪行的畑俊六、梅津美治郎、南次郎等也未判死刑。另外由于日本辩护律师的刁难、拖延，这次审判一直延续了 30 个月 15 天，而纽伦堡法庭审判只用 11 个半月就完成了。尽管东京审判存在这些缺点和不足，但终究作出了侵略有罪的判决，伸张了正义和人道，使一批作恶多端的战犯受到了应有的惩罚①。

（二）英国、苏联等国对日本战犯的审判

在东京进行审判的同时，受到侵略的各国也都成立了军事法庭，对乙级和丙级日本战犯进行了审判。其中英国、苏联、荷兰（在印尼）等国审判的简要情况如下：

日军在香港和东南亚投降以后，英国即发动民众检举，并根据有关情报，逮捕和审判日本战犯。在香港，对118名日本军人予以起诉，其中21人被判死刑，86人被判有期徒刑，11人无罪释放。在新加坡，日军山下奉文②的第二十五集团军1942年2月28日曾血腥屠杀（主要是投入海中）70699名华侨，英国对此非常重视，对446名日俘进行起诉，并逮捕了日本昭南市（即新加坡）市长大达茂雄，经审判112名战犯被判死刑，2名被判处终身监禁，283名被处以有期徒刑。

日军在印度尼西亚也犯有严重的罪行，中国著名的文学家郁达夫，即在印尼的苏门答腊岛被日军杀害。荷兰政府在印尼各地对995名日本战争罪犯进行起诉，判处226人死刑，30人终身监禁，697人有期徒刑，42人无罪释放。

苏联将60多万关东军和148名将官俘至苏联各地以后，一面监督他们劳动改造，一面组织他们检举、揭发日军在侵华战争中的罪行，逮捕了969名与这些罪行有关的战犯，并于1950年7月31日引渡给中国政府，将他们关入辽宁省抚顺监狱。其余的战俘从1946年底起开始遣送回国，至1950年4月基本遣返完毕。

原关东军总司令官山田乙三上将等12人，因在中国东北生产细菌武器，以大批的中国人及他国人进行惨无人道的细菌武器试验，经在哈尔滨以南平房镇调查和缴获的文件证实，苏联特别军事法庭于1949年12月

---

① 参见周维宏：《东京审判纪实》、周锡卿：《远东国际军事法庭实录》，见曹华等编：《太阳帝国投降内幕》，第175—193页；余先予等：《东京审判始末》。

② 日军投降时任第十四方面军司令官，在菲律宾被美军逮捕并处死刑。

25 日至 30 日，在伯力（哈巴罗夫斯克）对他们准备和使用细菌武器一案进行公开审判。在 12 月 16 日由检察官提出的起诉书中，指出他们的主要罪行是：1. 建立第 731 部队和第 100 部队（兽疫部队）准备和进行细菌战；2. 在活人身上进行罪恶实验；3. 1940 年对中国华东地区（主要是浙江宁波一带）部分地使用细菌武器，致使宁波一带发生鼠疫；4. 加强准备对苏联的细菌战；5. 在日本投降前消灭一切用于细菌试验的建筑物、装备和文件等罪迹。被告对上述罪行都当庭认罪，并进一步交代了自己的罪行。

12 月 30 日，法庭对以上被告进行宣判：判处拘留劳动改造营 25 年徒刑的有山田乙三、前关东军医务处长梶冢隆二、前关东军兽医处长高桥隆笃、前 731 部队部长川岛清；其余 8 人分别被判处 2 年至 20 年拘留劳动改造营的徒刑 ①。但到 1956 年 12 月 12 日苏日两国恢复邦交以后，苏联即提前将山田乙三等释放回国。

当时盟国除中国、苏联外，共设立军事法庭 39 所，其中英国 11 所，荷兰 12 所，澳大利亚 9 所，美国 5 所，法国、菲律宾各 1 所；除苏联数字不详外，中、英、荷、澳、美、法、菲 7 国共起诉日本战犯罪行 2244 件，涉及人员 5700 名，经审判判处死刑 984 名（执行 920 名），无期徒刑 475 名，有期徒刑 2944 名，无罪释放 1018 名，其他 279 名 ②。日本有的战史说日本被盟国起诉的各类战犯共 5423 人，被判刑者 4226 人，其中被处死刑者 941 人 ③。

（三）国民政府对日本战犯的审判

根据远东国际军事法庭条例，甲级战犯（发动战争的谋议者）由国际军事法庭审判，乙级战犯（战时屠杀行为指挥者）、丙级战犯（屠杀行为的实施者）由各国军事法庭审判。为了审判在中国犯有乙、丙级罪行

---

① 见余先予等：《东京审判始末》，第 125—135 页。

② 王辅：《日军侵华战争》第 4 册，辽宁人民出版社 1990 年版，第 2814—2815、2852、2958—2860 页。

③ 〔日〕服部卓四郎：《大东亚战争全史》第 4 卷，第 1797 页。

的战犯，国民政府在 1945 年 11 月 6 日成立了战争罪犯处理委员会（1946年国防部成立后，该委员会改隶国防部，主任委员为秦德纯），12 月中旬在南京、上海、北平、汉口、广州、沈阳、徐州、济南、太原、台北设立了 10 所军事法庭，其中南京军事法庭于 1945 年 2 月 15 日成立，直属陆军总司令部（后改隶国防部，1947 年 8 月 15 日与上海军事法庭合并），其他各地的军事法庭隶属于各绥靖区，分别审判各地区的战犯。

在日本战俘遣返以前，国民政府发动民众对其中的战犯进行了揭发检举，并从 1946 年 4 月开始审判。至 1949 年 1 月 26 日结束，各地的审判情况见下表① ：

地点	时间	被审判人数	处死刑	处终身刑	处有期徒刑	无罪释放
上海	1946.4—1949.1.26	116	14	22	25	5
广州	1946.7—1948.3.10	118	46	16	39	17
南京	1946.5—1947.12	24	8	2	12	2
汉口	1946.6—1948.5.15	80	7	20	26	27
北平	1946.4—1948.12.17	78	31	13	31	3
济南	1946.8—1947.11.13	19	9	1	7	2
徐州	1946.7—1947.7.12	22	7	3	11	1
太原	1946.12—1948.1.14	7	3	0	4	0
沈阳	1946.7—1948.1	38	23	4	9	2
台北	1946.12—1948.12.22	15	0	0	15	0
总计		517	148	81	229	59

另外，美军在上海还从日俘中检举出战犯 45 名，于 1946 年 2 月至 9 月 2 日进行审判，判处死刑 6 名，终身刑 8 名，有期徒刑 26 名，无罪释放 5 名②。

在中国审判的战犯中，重要的有田中久一、谷寿夫、田中军吉、向井敏明、野田岩、冈村宁次等人。

---

① 图表引自王辅：《日军侵华战争》第 4 册，第 2851 页。其中地点作了几处改动。

② 王辅：《日军侵华战争》第 4 册，第 2851 页。

田中久一原为日军第二十三集团军司令官，因在广东地区纵容其部队屠杀群众，1947 年 3 月 27 日在广州被处决。

谷寿夫投降时为日军第五十九集团军（驻广岛）司令官，攻占南京时任第六师师长，当时指挥其部队与中岛今朝吾的第十六师、末松茂治的第一一四师，在南京城内进行了惨绝人寰的大屠杀，在东京被捕后于 1946 年 8 月被引渡到中国，关入上海战犯拘留所，10 月 16 日押至南京。在讯问时，他极力否认指挥部队进行大屠杀的罪行，军事法庭当即拿出了大量中外证人的证词、证物及受害者家属的控诉，并号召南京尤其是中华门一带的人民揭发其罪行，广大受害者及其家属纷纷进行揭发。12 月 31 日，检察官正式对其起诉。在起诉书附件中，附有其部队杀人事实 122 例，受害人数 334 人；刺杀事实 14 例，受害人数 195 人；集体杀害 15 例，受害人数 95 人；其他杀害包括屠杀、打死、烧死、勒死、淹死、暗杀 69 例，受害人数 310 人；强奸 15 例，受害人数 43 人；抢劫及肆意破坏财产 3 例，受害人数 17 人。1947 年 2 月 6 日至 8 日，军事法庭在励志社礼堂（今中山东路 307 号）对其进行公审，中外 80 余名证人出庭作证。在大量铁的事变面前，谷寿夫不得不承认怂恿部队屠杀南京平民和战俘的犯罪事实，表示愿对这次大屠杀负主要责任。3 月，正式宣判其死刑，并于 4 月 26 日将其押赴中华门雨花台执行枪决。在押赴刑场前他从衣袋里掏出一首自己写的诗，大意是在樱花盛开的季节，他伏罪在异国；他希望自己的死，能消弭一点中国人民对日本的仇恨。这个双手沾满中国人民鲜血的刽子手，终于在他率部进行大屠杀的地方得到了应有的下场。

田中军吉在日军攻占南京时任第六师第四十五团上尉连长，曾持其名为"助广"的军刀屠杀 300 多人，以后又在湖北通城地方挥刀砍杀一名中国平民。日本《皇兵》一书曾刊登其军刀照片，并标明"曾斩三百人之队长爱刀助广"的字样。在日本被捕后亦被引渡到中国，1947 年 12 月 12 日由南京军事法庭进行公审，12 月 18 日判处死刑，在南京枪决。

向井敏明是日军攻占南京时的第十六师片桐部队富山营炮兵排长，野田岩是当时富山营副官，他们曾在紫金山下以杀人进行比赛。《东京日日新闻》报道说："向井少尉与野田少尉举行杀人的友谊比赛，谁先杀死100个中国人，谁算夺得了锦标。在他俩碰头的时候，向井已杀了106人，野田已杀了105人，两人拿着砍缺了口的军刀相对狂笑。他俩虽都超过了100人的记录，但无法断定谁是先杀够了100人的胜利者，两人同意不以百人为标准，而以150人为标准。"1937年12月5日，他们还在江苏句容县城屠杀平民78人。1947年12月18日，南京军事法庭判处他们死刑，在南京枪决。

但是，被远东国际军事法庭列入战犯名单，被延安宣布为首要战争罪犯，本人也"自忖不仅被判为战犯且死刑也在所难免"的原中国派遣军司令官冈村宁次，最后却被宣布无罪释放。

冈村宁次1928年任日军步兵团长，是济南惨案的主凶。1932年任日本上海派遣军副参谋长，参加了日军侵占上海的战争。1933年，代表日本政府同中国签订《塘沽协定》。1937年至1945年，历任日军第十一军、华北方面军、第六方面军司令官、中国派遣军总司令官，在中国实行了惨无人道的烧光、杀光、抢光的"三光"政策，犯下了滔天的罪行。可是由于蒋介石、何应钦、汤恩伯等人的庇护，直到1948年8月23日，才在上海对冈村宁次进行第一次公审，于1949年1月26日进行第二次公审，并宣判其"无罪"，理由是"所有长沙、徐州各大会战日军之暴行，以及酒井隆在港粤，松井石根、谷寿夫等在南京大屠杀，均系发生于被告任期之前，原与被告无涉……日本政府正式宣告投降，该被告乃息戈就范，率百万大军听命纳降。迹其所为既无上述之屠杀、强奸、抢劫，或计划阴谋发动，或支持侵略战争等罪行，自不能仅因其身份系敌军总司令官，遂以战罪相绳。……综上所述，被告既无触犯战规，或其他违反国际公法之行为。应予谕知无罪，以期平允。"① 就这样，冈村宁次的滔天罪行被一笔抹杀了。1月30日，冈村宁次从上海搭乘美轮回国。对此，中国共产党曾提出抗议，要求引渡冈村，并以此作为维持国内和平的条件之一。但第二年，蒋介石即聘他为台湾"革命实践研究院"的高级教官。这样，

----

① 大保：《日本战犯审判秘闻》，见曹华等编：《太阳帝国投降内幕》，第236页。

就使冈村宁次逃避了对其战争罪行的惩罚。

（四）新中国对日本战犯的审判

新中国成立后，除关押着苏联政府于 1950 年 7 月移交给中国的 969 名日本战犯外，还有被人民解放军逮捕的 140 人，至 1956 年，共死亡 47 名，还有 1062 名在押。根据形势的变化和这些日本战犯已关押多年的情况，第一届全国人民代表大会常务委员会第 34 次会议，于 1956 年 4 月 25 日通过了《关于处理在押日本侵略中国战争中战争犯罪分子决定》，并于同年 6 月至 7 月间，分别在沈阳和太原两地，对铃木启久、富永顺太郎、城野宏、武部六藏等 45 名重要日本战犯进行了审判。

对前日军第一一七师师长铃木启久、第三十九师师长佐佐真之助、第五十九师师长藤田茂等 8 名罪犯的审判，是 1956 年 6 月 9 日至 19 日在沈阳特别军事法庭进行的。铃木启久指挥所属部队，在 1941 年 12 月至 1944 年 10 月，在河北省冀东地区和河南省浚县等地进行残酷的"扫荡"和"讨伐"时，犯下了 6 起集体屠杀和平居民的罪行，其中包括 1942 年 10 月集体屠杀 1280 多人的著名的潘家峪惨案。8 位被告都当庭服罪。铃木启久说："这完全是事实，我诚恳地谢罪。"藤田茂也说："我现在认识到：对中国进行的残暴的侵略战争，不仅对中国人民犯下了滔天的罪行，同时，也给日本人民带来了空前的灾难。今天，通过代表六亿中国人民意志的法庭，向中国人民特别是被害者们表示痛改前非，真诚接受法庭的裁判。"经审判，最后判处铃木启久徒刑 20 年，藤田茂等 2 人各徒刑 18 年，佐佐真之助等 2 人各徒刑 16 年，其余 2 人各徒刑 14 年，1 人徒刑 13 年，刑期从判决之日算起，以前关押的日数以 1 日抵徒刑 1 日。

对伪满洲国总务长官武部六藏等 28 名罪犯的审判，是 1956 年 7 月 1 日至 20 日在沈阳特别军事法庭进行的。这 28 人在伪满洲国行政、司法、警察等机关和宪兵队中担任过各种不同的军政职务，操纵或者参与操纵伪满政府，犯下了各种罪行。经审判，武部六藏和伪满洲国宪兵训练处处长齐藤美夫各被判徒刑 20 年，伪满洲国总务厅次长古海忠之等 5 人各被判徒刑 18 年，伪铁路警护军参谋长原弘志等 5 人各被判徒刑 16 年，其余 16 人各被判徒刑 12 年至 15 年，刑期从判决之日算起，以前关押的日数以 1 日抵徒刑 1 日。

对长期在中国进行间谍活动的日本特务骨干分子富永顺太郎的审判，是 1956 年 6 月 10 日至 11 日由太原特别军事法庭进行的。富永顺太郎从 1933 年起就在中国进行间谍活动，日本投降后仍潜伏在中国，以所属特务公子为骨干组成国民政府国防部第二厅北平工作队，继续进行间谍活动。经审判，最后将其判处有期徒刑 20 年，刑期从判决之日算起，以前关押的日数以 1 日抵徒刑 1 日。

对伪山西省政府顾问辅佐官、太原绥靖公署教导总队总队附兼政工部（处）长城野宏等 8 名罪犯的审判，是 1956 年 6 月 12 日至 20 日在太原特别军事法庭进行的。城野宏是山西省日伪政权的参与操纵者，曾主谋策划和直接指挥省直属保安大队进行多次"扫荡"；日本投降后又参与策划和组织"残留山西运动"，纠合日本军政人员 5000 多人，于 1946 年春组成变相的侵略武装部队"特务团"，后来改为"暂编独立第十总队"、"太原绥靖公署教导总队"，一直参与对中国人民解放军的作战，直至 1949 年 4 月 24 日太原解放时被歼灭。其余罪犯也都参与了这些活动。经审判，城野宏表示服罪，说："我犯了严重罪行，是个不可饶恕的罪犯，可是中国人民却给我人道主义的待遇。我完全错了，我完全有罪，请给我以严厉的惩处吧！"其余罪犯也都承认自己的罪行。最后城野宏被判处徒刑 18 年，刑期从判决之日算起，以前被关押的日数以 1 日抵徒刑 1 日。

在沈阳和太原审判的同时，最高人民检察院还于 1956 年 6 月至 8 月，先后分三批对上中正高、小羽根建治、小林高安等在押的 1070 名罪行较轻、悔罪表现较好的日本战犯，宣布从宽处理，免予起诉，即行释放。

正如参加过远东国际军事法庭工作的梅汝璈先生所说："中国政府对日本战争犯罪分子的处理是严正的，同时也是非常宽大的。"这种审判和处理，在国内外都产生了良好的影响①。

---

① 参见余先予等：《东京审判始末》，第 137—149 页。

（五）对汪伪汉奸的审判

在汪伪南京政权中，头号汉奸汪精卫于 1944 年 11 月 10 日病死于日本，逃避了法律的惩罚，因此对汪伪汉奸的审判，主要是对继任伪代理国民政府主席的陈公博等人的审判。

日本投降前夕，汪伪政权的要人已感到末日来临。8 月 12 日，伪行政院长周佛海急电蒋介石表示"效忠"；19 日，陈公博也致函蒋介石"献策"，并于 25 日与妻子李励庄、伪安徽省长林柏生、伪实业部长陈君慧、伪行政院秘书长周隆痒、伪经理总监何炳贤等，急急忙忙逃往日本。与此同时，历任伪江苏省政府主席、安徽省省长的高冠吾、伪申报社社长陈彬和等人趁乱逃跑藏匿。有的甚至干脆自杀，如历任伪内政部部长、考试院院长的陈群，于伪政权解散的当天在南京服毒自杀。

蒋介石为了阻止八路军、新四军在沦陷区受降，竟于 8 月 14 日任命周佛海为国民政府军事委员会上海行动总队总指挥，伪税警团总团长罗君强为副总指挥。19 日，又任命周佛海为上海行动总队总司令、罗君强为副总司令。与此同时，还任命伪第一方面军总司令任援道为南京先遣军司令，伪杭州绥靖主任公署绥靖主任丁默邨为浙江省军事专员，伪华北绥靖军总司令门致中为暂编第一路军总司令，伪第二方面军总司令孙良诚为第二路军总司令，伪第三方面军总司令吴化文为第五路军总司令，伪第四方面军总司令张岚峰为第三路军总司令，伪第五方面军总司令庞炳勋为晋冀鲁豫"剿共"总司令，伪第六方面军总司令孙殿英为第四路军总司令。于是，一批汉奸立即成了抗日的"功臣"。

对此，全国人民怨声载道，舆论哗然，纷纷要求严惩汉奸。在这种情况下，国民政府不得不下令逮捕除伪满、伪蒙汉奸及已任命者以外的其他汉奸，并于 10 月 3 日将陈公博等人从日本引渡回国。11 月 23 日，国民政府颁布《处理汉奸案件条例》11 条；12 月 6 日，又重新制定《惩治汉奸条例》16 条，规定将犯有"通谋敌国"罪中 13 条罪状之一者，处死刑或无期徒刑。从 1946 年 4 月起，开始对逮捕的汉奸进行审判。至 1946 年 10 月底，各省市法院处理汉奸案件的情况是：检察方面办结 45679 案，起诉者 30185 人，不起诉者 20055 人，其他 13323 人；审判方面办结25155 案，其中死刑 369 人，无期徒刑 979 人，有期徒刑 13570 人，罚款14 人 ①。

在大汉奸中，最早伏法的是伪考试院副院长缪斌，1946 年 4 月 8 日被江苏高等法院判处死刑，5 月 21 日在苏州狮子口监狱被枪决。

伪代理国民政府主席陈公博从日本押送回国后，1946 年 4 月 12 日被江苏高等法院判处死刑，6 月 3 日在苏州狮子口监狱被枪决。

曾任伪行政院副院长兼外交部长、最后任伪广东省长兼广州绥靖主任、保安司令的褚民谊，1946 年 4 月 22 日被江苏高等法院判处死刑，8月 23 日在苏州狮子口监狱被枪决。

在上海最早伏法的是组织伪南京维新政府、后任汪伪政权监察院长的梁鸿志，1946 年 6 月 25 日被上海高等法院判处死刑，11 月 9 日在提篮桥监狱被枪决。

在南京最早伏法的是伪内政部长梅思平，1946 年 5 月 9 日被首都高等法院判处死刑，9 月 14 日在宁海路看守所被枪决。

在南京老虎桥监狱伏法的有丁默邨、殷汝耕等。丁默邨为伪社会部长，被江苏高等法院判处死刑，1947 年 7 月 5 日被枪决。殷汝耕曾组织"冀东防共自治政府"，后任汪伪政权治理运河工程局局长等，1947 年 7月 31 日被首都高等法院判处死刑。

除以上这些人外，被判死刑的大汉奸，还有伪安徽省长林柏生，伪浙江省长傅式悦，伪 76 号特工总部南京区长苏成德，伪海军部长凌霄，伪首都警察厅长胡毓坤，伪警备师师长李讴一，伪武汉行营参谋长杨揆一，伪政治保卫局长万里浪，历任汪伪考试院院长、华北政务委员会委员长兼内务总署督办王揖唐，伪华北政务委员会绥靖总署督办齐燮元，以及叶蓬等。曾两度出任伪华北政务委员会委员长的王克敏，被捕后未及审判即在北平狱中畏罪服毒自杀。

---

① 据 1948 年《中华年鉴》，其中数字有不符之处，原文如此。转引自朱金元、陈祖恩：《汪伪受审纪实》，浙江人民出版社 1988 年版，第 108 页。

汪精卫的妻子陈璧君，曾任伪中央监察委员及政治委员会委员，1946 年 4 月 22 日被江苏高等法院判处无期徒刑，先后被关押在苏州第三监狱和上海提篮桥监狱，直到 1959 年 6 月 17 日病死。

历任伪税警团总团长、安徽省省长、上海市政府秘书长兼财政局长、警察局长等职的罗君强，1947 年 3 月 6 日被首都高等法院判处无期徒刑，先后被关押在南京老虎桥监狱和上海提篮桥监狱，直至 1970 年 2 月 22 日病死。新中国成立后他在狱中曾检讨说："我之落水当汉奸，完全昧于国内国际形势的正确认识，只从反革命立场看问题，醉心个人权势，忘了民族大义，一失足成千古恨。今日向隅而泣，悔之何及！"[1] 他的这段话，大体反映了这批汉奸投降的原因及后来的心情。

伪立法院院长汪宗尧，1946 年 7 月 8 日被首都高等法院判处无期徒刑，关押于南京老虎桥监狱，1947 年 11 月 30 日病死。

伪华北政务委员会委员长王萌泰，1946 年 10 月 8 日由首都高等法院判处死刑，不服申诉后被最高法院改判为无期徒刑，后在南京老虎桥监狱病死。

在大汉奸中逃脱死刑的还有周佛海。他于 1945 年 9 月底开始逮捕汉奸时"请准辞职"，被软禁于重庆，1946 年秋被押赴南京，11 月 7 日被南京高等法院判处死刑，1947 年 1 月 20 日被最高法院复判为死刑，但 3 月 26 日蒋介石发布特赦令说："查该犯自民国 30 年以后，屡经呈请自首"，"在敌寇投降前后能确保沪杭一带秩序，使人民不致遭受涂炭，对社会之安全，究属不无贡献"，"兹依约法第 68 条之规定，准将该犯周佛海原判之死刑，减为无期徒刑"[2]。然而，他在 1948 年 2 月，仍病死于南京老虎桥监狱中。

被判处无期徒刑的大汉奸，另外还有伪广东省长陈春圃，伪储备银行副总裁钱大櫆，伪南京市长周学昌，伪江苏省警察处长张北生，伪华

---

① 罗君强：《伪廷幽影录——汪伪情况的回忆纪实》（未刊），转引自黄美真主编：《汪伪十汉奸》，上海人民出版社 1986 年版，第 321 页。

② 国民党中央党史会库藏史料。转引自朱金元、陈祖恩：《汪伪受审纪实》，第 105 页。

北政务委员会经济总督办汪时璟，伪司法行政部长吴颂皋，伪审计部长夏奇峰，伪上海市警察局长卢英，伪驻日大使蔡培，以及陈则民、周贯虹、郭秀峰、江亢虎等。

国民政府在当时虽然审判了一大批大小汉奸，使他们得到了应有的下场，但审判中黑幕重重，贪赃枉法、敲诈勒索、乱抓无辜以充数等现象普遍存在。因此，时人编了句顺口溜："有条（指金条）有理，无法（指法币，也暗指法律）无天"。这样，就使一批汉奸没有得到应有的惩罚。

但在各解放区，凡是有严重罪行的汉奸都得到了应有的惩罚。各级革命政府广泛发动群众，首先让直接受害的一般人民群众来告发汉奸，揭露和控诉他们的罪行，然后才进行审判，因此惩处汉奸的工作做得比较彻底。

八、中国普天同庆抗日战争的伟大胜利

日本宣布投降的消息传来，浴血奋战了14年的中国人民，顿时奔走相告，欢欣鼓舞，庆祝抗日战争的胜利，使全国汇成了一片欢乐的海洋。

（一）解放区的欢庆

在各解放区，8月10日晚得到日本宣布无条件投降的消息后，立即掀起了狂欢的热潮。

在延安，欢乐的人们涌向街道，涌向广场，欢庆胜利的到来。诗人艾青在当夜写的《人民的狂欢节》一诗中，记述了当时人们欢庆的情景：

"日本无条件投降了！"
消息象闪电
划过黑夜的天空
人们从各个角落涌出
向街上奔走
向广场奔走

"日本投降了！"
没有话比这
更动人
更美丽！
……

人人的脸映着火光，
人人的心象火把一样，
忧愁被锣鼓赶跑了！
阴影被火光吓退了！
锣鼓更响了！
火把更亮了！
天地合抱了！
笑呀！叫呀！
奔呀！跳呀！
舞蹈呀！
拥抱呀！
没有人能抑住自己的感情！
人人的心都像火把一样燃烧……
地壳在群众的脚步下震动了！
这是伟大的狂欢节！
胜利的狂欢节！
解放的狂欢节！ ①

萧三也在《延安狂欢夜》一诗中记述当时的情景说：

人似潮水涌向街头。
旗帜招展在星空。

---

① 《解放日报》1945 年 8 月 14 日。

人们舞火炬，扭秧歌，喊口号。

人们只是叫，只是跳，只是笑。

卖瓜果的争着送给人们吃，

你给他钱——无论如何也不要。

叫喊中间一声特别响亮：

"日本要求无条件投降"！

人们觉得自己的血在沸腾，

人们忘却了整天工作的疲困……①

在晋察冀，边区政府与晋察冀日报星夜组织宣传队奔赴附近机关乡村，宣传这一划时代的事件。先得消息的群众，都奔走相告，说："盼了七八年，出头的日子到了！"

在晋绥，拂晓听到消息后，各地完全沸腾起来了。送号外的骑兵和通讯员，把大小村庄都呼醒了，有些人刚揉开眼睛，就跑出被窝欢叫起来。到处是兴奋的人群，到处是欢笑和议论。《抗战日报》8 月 14 日还报道说：11 日晨 3 时传来消息后，人们立即浸入狂欢中。在晨鸡竞鸣中，全村充满狂呼欢笑的声音。一个抗属老太太，巍巍颤颤地进入人丛，连声惊喜地说："熬了七八年，可熬出来了，可熬出来了！"

在晋冀鲁豫，太行版《新华日报》报道说：消息一传出，全区各界欢欣若狂。11 日早上，消息传到索堡，轰动了全镇。这天正逢集，有的连买卖都不愿做了，顿时街上遍挂国旗，结彩志庆。商店门前，都用巨幅的红绿彩色广告写着："庆祝日寇无条件投降，本号大减价。"各机关更是紧张兴奋，听到这消息的人，有的跳起舞来，有的目瞪口呆，称为"八年来未曾有过的兴奋"。

8 月 15 日，革命圣地延安全城沸腾起来。夜晚，群众欢呼跳跃，从四面八方涌上街头，汇成热烈欢庆抗战胜利的洪流。第二天《解放日报》报道说：昨日上午日本投降的消息传出后，全市轰动，万人欢腾，街上

---

① 《解放日报》1945 年 8 月 15 日。

张灯结彩，国旗飘扬……晚间东南北各区到处举行火炬游行，全市灯火辉煌，欢呼声从各处发出；霎时，鼓乐喧天，无数火炬照亮山岭河畔。机关与群众的乐队、秧歌队，纷纷出发游行。当十余支秧歌队在新市场十字街口汇合时，市民高呼"中华民族解放万岁"等口号，声震山谷。在蜂拥来去的人群中，有一位拄着拐杖的荣誉军人被群众拥戴着，他十分感动而吃力地说："八年啦，我的血没有白流！……"一个卖瓜果的小贩欢喜得跳起来，把筐子里的桃梨，一枚一枚地向空中抛掷，高呼"不要钱的胜利果，请大家自由吃呀！"群众报以热烈的掌声。庆祝的人群像潮水一样地涌来，秧歌队越跳越大，完全卷成一片人海。为庆祝胜利，边区政府决定放假 3 天。

9月5日，延安各界人民2万人在南门外广场举行庆祝大会。会议由曹力如主持，朱德总司令和边区政府林伯渠主席等讲话。第二天《解放日报》报道说：延安各界人民2万人于昨日下午2时集会于南门外广场，热烈庆祝抗日战争的伟大胜利。一时，各机关部队学校的漫长行列及延安县柳林区川口区及延安市四郊赶来的群众，从东南北各个方向穿过国旗飘扬彩楼林立的街道，向会场汇集。鲁艺、联政、文协、完小等秧歌队喧闹的锣鼓声音，随着欢呼的人群此起彼伏。拥进会场，会场四周新树立的木牌上，张贴着各种颜色的标语。每个人的脸上，都流露着经过八年艰辛苦斗所换取的欢愉。晚上，各地都在演剧及举行晚会，热烈庆祝。7日的《解放日报》继续报道说：这天人们冒着纷飞的细雨，从四面八方赶来，由各种各样的人组成的秧歌队，一队队地在移动，锣鼓声和人声混成一片。一架涂着国徽的飞机从上空掠过，红色、黄色、绿色的传单犹如一片片彩色的云，在天空飘飞着，人们欢呼着，伸开手臂追逐着。林伯渠主席的白发因激动而上下飘动，他说："我们中国和日本五十年的血海深仇，今天已清算了。我们已得到了胜利。"回答他的是无休止的欢呼，红缨枪高高地举起①。

在这段欢庆的日子里，革命老人谢觉哉也赋诗抒怀。他于中秋节这

---

① 齐素兰：《抗战胜利在解放区》，见王季平主编：《八·一五这一天》，第278—284页。

天写的《抗日战争胜利》一诗说："八月十五复仇节，八月十五胜利天。伏尸流血五千里，尝胆卧薪一百年。虎待全擒须扫穴，鱼还未得莫忘筌。拼将福祉贻孙子，嘉岭山头看月圆。"①

（二）大后方的欢庆

8月10日下午6点多，重庆市无线电波中传出了"日本政府无条件投降！""日本已接受《波茨坦宣言》！"的消息。顿时，全市欢腾起来。第二天，重庆各报都报道了群众狂欢的情景。《中央日报》报道说：市民知道了他们期待已久的一件事，直接的反应是狂欢的踊跃拍手。地面窗口，层层大楼的窗口，都燃放着鞭炮，黑暗中鞭炮的火花和天空的探照灯光互相辉映。《国民公报》以17条小消息综述了人民群众各种自发的庆祝活动，说"市民大放爆竹，欢欣之状，空前绝后"，"各交通要道市民狂呼"，"熟人遇于途，手舞足蹈，大举狂欢"……《新华日报》以"山城沉浸在狂欢之中"为题，描写了群众的欢乐，说千千万万的市民涌到街头，一片海涛似的欢呼，连珠炮似的鞭炮，狂烈的鼓掌声，顿时掩盖了整个山城；无数的小朋友，成群结队，在鞭炮的火焰和人群中钻动，大声呼喊："日本鬼子也有今天呵！"其他报纸也以"抗战胜利和平再造，百万市民热烈狂欢"、"日本投降消息传出，重庆大欢庆，百万市民兴奋不眠"、"百万民齐声欢唱胜利进行曲，重庆人同庆和平"等大字标题，报道了群众欢庆胜利的场面。

8月12日，《中央日报》继续报道群众欢庆的场面：成批的卡车载着群众，在市区行驶欢呼；无数的群众手持火炬，到处游行，陶醉于胜利达一日一晚整24个小时；有欢呼至声嘶力竭而不止者，有狂欢至流泪而不自禁者；各处餐馆饮酒猜拳，兴趣正浓，山城禁酒令已无形取消。晚间，耍龙灯备极热闹，人人忘却睡眠休息与疲劳。"此情此景，闻川籍七十老翁言，为生平所未见"。

在成都，从8月10日晚亦出现了欢庆的高潮。《成都晚报》以《胜

---

① 《谢觉哉诗选》，湖南文艺出版社1986年版，第62页。

利来临夜，成都狂欢时》为题报道说：满街的人群像洪水般的激流，到处都在汹涌着，许多人，脑筋已失去主宰似的，拿着一长串鞭炮沿街飞跑，有的在敲锣，有的在打鼓，有的甚至把洗面盆也拿出来乱拍乱捶，与狂欢高嚷的声音混合成宏亮的交响曲，直到午夜时分，尚有游人欢叫庆祝，比大年夜尤为热闹，疯狂欢乐之情状，为蓉市空前所未有。《新民日报》的报道更加精彩："疯狂了，疯狂了，日本投降消息传开后，全城都欢喜得疯狂了"，"无论是锣鼓、喇叭、口笛、口哨、脸盆、手掌、嘴、黄包车上的铃子，都为胜利发出了声音"。

在昆明，8月10日晚同样出现了欢庆的高潮。《国民公报》以《胜利激荡昆明，狂乐震撼人心》为题报道说：日本投降的消息突然传来了，就像一颗原子弹一样，一经投到这里，便猛烈地爆炸开去，而千百万人的热情，也因而燃烧、灼耀，浴成一片火海；胜利的声音把所有的人都集拢来了，街上挤得水泄不通，大学生们表现得最狂热，男的女的挤在一块，排成一条队伍，高喊着，又跳跃着。14日，闻一多先生兴奋得把蓄了8年的胡须也剃掉了。

在古城西安，也从8月10日晚开始了热烈的欢庆活动。《中央日报》报道说：人们涌进街头，叫着，笑着，跑着，跳着，初秋晚凉的古城在沸腾！这一夜，茶馆有免费的茶，酒馆有免费的酒，冷饮店有"冰淇淋"奉送。甚至路旁果摊卖"沙果"的也任人尝用，卖西瓜的把那挺像太阳旗的半截红瓤瓜，操刀狠狠地切成一片片，随便过路人吃。

8月15日，蒋介石对全国军民及世界人士发表广播演说，自即日起放假3天，民众狂欢，情绪非任何笔墨所能形容于万一。

9月3日，重庆市在较场门举行规模巨大的庆祝活动。第二天《新华日报》报道说：会场上空设有一活动地球，上书"世界和平"等字样，会场上悬有巨幅同盟国领袖画像和用电灯饰成的大"V"字。开幕不久，7架一队的空军飞机飞成"V"字形凌空而过。会议主席莫德惠在致辞中说："中国五十年及东北十四年的大耻，今日已得以雪。"会后即开始游行，当队伍经过中兴路时，蒋介石乘车检阅了游行队伍。《中央日报》也报道说：是人潮，是热浪，是欢腾的海。胜利的空气，到处在流，泛滥着。从都邮街，到较场口，真是万民欢腾，雍雍穆穆。到处有爆竹，到处有舞龙，巨大的牌坊一座又一座雄峙在各冲要处。晚上，较场口广场的露天演奏会，千万民众合唱了庄严的国歌、义勇军进行曲，这种共鸣，这种热烈，才是中国国民真正的自由之声。这个声浪响彻云际，历久不散……①

这天，柳亚子先生在 12 日赋诗一首后，又赋《为庆祝胜利日有作七迭城字韵》，抒发自己极度喜悦的心情："还我河山百二城，阴霾扫尽睹光明。半生颠沛肠犹热，廿载艰虞志竟成。团结和平群力瘁，富强康乐兆民荣。嘤鸣求友真堪喜，抵掌雄谈意态京。"②

当时，大后方的许多报刊都发表了社论或评论，欢呼这一伟大的胜利。

《新华日报》于 8 月 11 日发表社论说："全中国人都欢喜得发疯了！这是一点也不值得奇怪的，半世纪的愤怒，五十年的屈辱，在今天这一天宣泄清刷了，八年间的死亡流自徙，苦难艰辛，在今天这一天获得了报酬了，中国人民骄傲地站在战败了的日本法西斯侵略者面前，接受了他们的无条件投降，这是怎样的一个日子呵！谁说我们不该欢喜得发疯？谁说我们不该高兴得流泪呢？"

《大公报》在评论中引用了杜甫"剑外忽传收蓟北，初闻涕泪满衣裳……"的诗句，并说："日本投降了！抗战结束了！在八年抗战之余，得见这胜利的伟大的日子到来，我们真是欢欣，真是感激，在笑靥上淌下泪来！……中国人在今天真可以抬头看人了！我们焉得不喜？"

就连偏处雅安的《西康青年》杂志也发表文章说："自从八月十日之夜，以迄今（何止今日，来日方长），无日不薰沐于欢欣气氛中，吾人何幸，躬逢而亲得此旷代而不一见之胜利！天佑世界，使正义不没，缘致全面之和平；天眷中国，使得道多助，终获最后之胜利，无惑乎举世狂欢，不觉真喜极而热泪交迸也。"③

---

① 都成宴辑：《陪都——重庆胜利日》等，见王季平主编：《八·一五这一天》，第349—360页。

② 《柳亚子选集》下册，人民出版社 1989 年版，第 912 页。

③ 苑广才：《国民党统治区报刊评论抗战胜利》，见王季平主编：《八·一五这一天》，第386—387页。

（三）沦陷区的欢庆

据《民众周刊》报道，8 月 10 日重庆中央电台播出的胜利的消息，11 日早上就传遍了北平，然而没有人敢大声高呼，也没有人敢有所表示。15 日伪北平电台播放日本天皇的投降诏书后，当天下午青天白日满地红的国旗就飘扬在每一个人家门口，人们跳了起来，高声呼喊着胜利。在这之前物价飞涨，可是从这天起便一落千丈。新出版的报纸如同雨后的春笋一般，其中以前燕京大学教授张东荪及前清华大学教授俞平伯所办的《正报》最为出色，天津的《益世报》也在北平复刊。《红叶》杂志发表言论说："漫世的硝烟烽火，被光明的正义毁灭了。侵略者的残忍暴行，终于俯伏在和平之神的手掌下。一些乖戾主义的倡导者终于毁灭了自己，毁灭了自己的国家和民族。今日就是法西斯主义及军国主义的末路，也就是这些主义的倡导者的结束。"

在上海，日本投降的消息于 8 月 10 日晚首先由苏联侨民中传出，得到消息的人再也睡不着觉了，有些便立刻穿好衣服，像大年夜走喜神方一样兴奋地在马路上徘徊，许多打烊了的店铺重新燃起了灯火。11 日晨便全都市停业，爆竹之声整天不绝，国旗到处飘扬，在国际饭店之颠升起了上海最高的一面国旗，临风招展，使数百万人仰起了头致敬。在热闹市区，有数千人在游行示威，狂呼"中华民族解放万岁"等口号。市民们在狂喜中，看见敌军，就拥上去摘掉他们的帽子，以泄多年来忍辱含垢的积愤，因而发生了小规模的冲突，引起了群众更大的激怒。从 12 日，街头更现出疯狂、活力，旗帜更多了，上海从死寂中复活了！

在这欢庆的时刻，京剧艺术大师梅兰芳兴奋地剃掉了已蓄 8 年的胡须，宣布重登舞台，使戏迷们欢欣鼓舞，群众奔走相告，把全上海都轰动了。《祖国》杂志也发表署名文章指出："八年的苦难，终于今天得到了胜利的结束，全国同胞的欢欣鼓舞，几乎近于忘形，乃是人情之常……恐怕任何生花之笔，也难形容其万一。"①

---

① 《京津沪"八·一五"见闻》，苑广才：《国民党统治区报刊评论抗战胜利》，纪恩：《梅兰芳留须》，均见王季平主编：《八·一五这一天》，第 153—158、386—387、461—462 页。

（四）海外华侨华人的欢庆

对于中国抗日战争的胜利，旅居海外的华侨华人也高兴万分，在世界各地热烈庆祝。

8月14日下午美国总统杜鲁门发表日本正式投降的讲话后，美国各大城市华侨欢欣鼓舞，载歌载舞。旧金山全市汽笛及警报号角齐鸣，飞机多架翱翔市空。大小唐人街，爆竹喧天，震耳欲聋。当地友人来华埠助兴者，肩摩踵接，入夜更多，直至凌晨，人迹始稀。后杜鲁门宣布9月2日为正式胜利日，中华会馆特组织庆祝胜利委员会，拨款4000美元以备开全侨庆祝胜利大会。纽约华侨庆祝胜利的盛况也极为热烈。14日至16日，一连三天华埠人流不息，人潮汹涌，许多外国人士纷纷来参观或参加庆祝胜利游行，每日华埠逾30万人，16日多达50万。各商户张灯结彩，高悬国旗，少年舞狮，妇女队提灯游行，平均每日有10次之多。到18日纽约街头仍有数千华侨冒雨举行胜利游行，中国驻美大使及纽约市长拉加第等著名人士皆到场检阅。在西雅图，庆祝胜利的情形也毫不逊色，中华会馆及公昌隆俱乐部门前，首先燃放数万响之爆竹，全埠响应，华埠街道，人山人海，乐艺社青年乘时舞狮，兴高采烈，至深夜始散①。波士顿等地的唐人街，也均燃放大量鞭炮，并有舞狮及龙灯等节目。

在秘鲁，共有华侨近11000人，他们听到日本无条件投降的消息后，无不欢腾庆祝。8月14日清晨，各华侨领袖纷纷到中国大使馆祝贺。16日下午，侨胞假中国大使馆花园举行祈祷庆祝大会，秘鲁总统代表海门少校、国务总理及许多内阁官员等前来参加会议，总统府乐队32人前来奏乐助兴，男女老幼5000余名侨胞参加盛会，许多人参加讲演，口号声震天，鸣爆竹5万发，其盛况空前热烈。②

法国巴黎，华侨庆祝抗战胜利的活动从8月中旬持续到9月上旬。8月15日，华侨在中国大使馆进行庆贺。9月5日，华侨及法国友人在巴

---

① 刘伯骥著：《美国华侨史》续编，台北黎明文化事业公司1981年版，第589页。
② 《秘鲁全体侨胞热烈庆祝胜利》，见《中央日报》1945年9月26日。

黎最大的戏院举行庆祝会，3000个座位全无虚席。中国驻法大使发表演说。在文艺节目中，表演了平（京）戏及魔术，舞厅中跳舞直达通宵。

在缅甸，从8月15日到9月末，庆祝胜利的狂欢一直洋溢在各地的华侨中。八莫县的华侨接连举行庆祝集会，其中8月20日的集会是缅甸空前的大盛会。这一天，八莫华夏学校装饰得庄严、辉煌而美丽，英、美、缅都有嘉宾光临，缅甸嘉宾发表演说。会罢举行运动会，观众如堵。黄昏时举行大宴会，每个人深感志豪气壮，席间高举酒杯，互贺胜利，共呼自由。夜间召开游艺会，树上挂满了红灯，一片灿亮，学生们歌唱、跳舞、演话剧，一直欢闹了半夜。

在菲律宾，有120多个华侨团体组成的联合庆祝抗日胜利筹委会决定，在首都马尼拉的华侨连续举行3天的庆祝活动。这里的华侨，商人停业，工人停工，学生停课，踊跃参加游行和庆祝大会，气氛热烈，盛况空前。

在泰国，广大华侨听到抗战胜利的消息后，也异常兴奋，他们走上街头游行，到处悬挂国旗以示庆祝。但一直亲日的泰国政府对此正义之举严加镇压，广大侨胞奋起反击，各地发生流血事件，在一次冲突中侨胞即被打死7人①。

在其他国家和地区，广大侨胞也举行了各种各样的庆祝活动，与全国人民一样，热烈欢庆抗日战争胜利的到来。

---

① 《中央日报》1945年9月26日。以上并参见任贵祥：《华侨第二次爱国高潮》，中共党史资料出版社1989年版，第216—217页；元一：《海外华侨欢欣鼓舞庆祝活动风靡全球》，见王季平主编：《八·一五这一天》，第471—472页。

结　束　语

　　中国人民经过艰苦奋战，终于赢得了抗日战争的伟大胜利。这个胜利，在中国近代反侵略战争史、民主革命史和世界反法西斯战争史上，都具有重要的意义。

　　从 1840 年鸦片战争以来，外国资本主义、帝国主义国家不断入侵中国，瓜分领土，侵犯主权，掠取钱财，屠杀人民，无恶不作，把独立的中国变成了它们的半殖民地，部分地区甚至完全变成了它们的殖民地。与此相伴随，从外国侵略者入侵中国的那一天起，中国人民也开始了波澜壮阔，持续不断，英勇不屈的反侵略斗争。但是，这些斗争一次次地失败了。直到抗日战争，中国人民经过浴血奋战，才彻底打败了穷凶极恶的日本帝国主义，洗刷了日本侵华以来使中国人民蒙受的耻辱。因此，抗日战争是中国近代以来第一次完全胜利的反侵略战争，是中国近代以来第一次完全胜利的民族解放战争。而这个伟大的胜利，是中华民族最终战胜一切入侵的帝国主义，推翻一切帝国主义在中国的统治的关键性的一环，是中国反帝斗争由败到胜的转折点。

　　从五四运动开始，中国进入了新民主主义革命时期，其任务是反对帝国主义、封建主义和官僚资本主义。通过抗日战争，中国人民不仅打败了日本帝国主义，为彻底驱逐一切入侵的帝国主义打下了基础，使革命的任务完成了相当大的一部分，而且使国内的政治力量发生了有利于革命的消长变化。与帝国主义有密切联系，并且直接代表封建主义、官僚资本主义的中国国民党，在抗日战争中力量大为削弱。它在抗日战争中执行的错误政策，大大降低了它在全国人民中的威信。与此相反，以中国共产党为代表的人民革命力量，在抗日战争中得到迅速的发展壮大。在1937年以后的8年间，中国共产党党员从4万发展到120多万；人民军队的人数也从4万发展到120多万，还有民兵220万人；根据地人口从150多万发展到近1亿。到抗日战争结束时，共产党的力量虽然还没有国民党大，但差距已经大大缩小。国共两党力量的这种消长，就为新民主主义革命的彻底胜利，为新中国的成立奠定了重要的基础。可以说，没有抗日战争及其胜利，就没有解放战争的胜利，没有中华人民共和国的成立，没有新民主主义革命的彻底胜利。因此，抗日战争也是中国近现代革命史上的重大转折点，是新民主主义革命由挫折、失败走向胜利的关键。

中国的抗日战争不仅是一场民族解放战争，而且是世界反法西斯战争的重要组成部分。在世界反法西斯战争中，中国战场开辟最早，持续时间最长。从九一八事变起，中国就打响了反法西斯斗争的第一枪，拉开了世界反法西斯战争的序幕。在1939年欧洲大战爆发以前，中国是世界上唯一一个长期坚持反法西斯战争的国家。在1941年太平洋战争爆发以前，中国也是一直单独抗击第二号法西斯强国日本的国家。在这之后，中国又和其他反法西斯国家并肩作战，一直坚持到战争取得最后胜利。从九一八事变算起，中国的反法西斯战争长达14年；从七七事变全民族抗战爆发算起，中国的反法西斯战争也长达8年，超过其他任何一个国家。

世界反法西斯战争主要分为欧洲战场和亚洲太平洋战场。在亚洲太平洋战场的对日作战中，中国牵制和消灭的日军最多，是抗击日本帝国主义的主力军，对打败日本帝国主义起了极为重要的作用。仅在七七事变以后的8年中，中国军队进行的对日军的大会战就有22次，重要战役200余次，大小战斗近20万次，参战兵力最多时将近500万人，另外还有民兵200多万人。由于中国人民的长期英勇作战，日本陆军的主力在1937年至1945年的绝大部分时间里被牵制在中国。从1937年冬到1940年冬，日本在中国的陆军数量占其总数的78%以上，最高时达到94%。从1941年底太平洋战争爆发到1943年冬，日本在中国的陆军师数量也占其总数的 50% 以上，最高时达到 69%。1944 年日军在太平洋诸岛及东南亚的陆军师数量虽然一度超过其在华的数量，但 1945 年日本投降时，它在中国大陆（不含东北）、台湾的陆海军部队共 1288248 人，超过它在太平洋诸岛及东南亚的陆海军部队总数①。关于日军在中国的伤亡，一般认为是 150 多万人②。有的人根据日本统计数字，说日军在战争中共死伤 195 万人，其中在中国战场死伤 133 万人，占伤亡总数的 70%③。有的人认为日军在战争中共死伤 287.4 万人，其中在中国战场伤亡 198.4 万人，在太平洋和亚洲其他战场伤亡 89 万余人，在中国战场的伤亡数比在其他战场的伤亡总数还多 1.2 倍④。说法虽然不同，但毫无疑问，中国是歼灭日军最多的国家⑤。正如日本历史学家伊豆公夫所说："日本帝国主义的失败和投降，是有很多原因的，其中绵延十四年的中国人民的民族解放斗争，起了决定性的作用。"⑥

七七事变后，由于中国牵制了日军的主力，德、意、日三个主要法西斯国家结成军事同盟的计划一拖再拖。当德国在欧洲顺利推进的时候，日本在亚洲却连遭挫折，使德、日军队在中东会师的计划彻底破产，它们只能在欧亚两地各自为战。这为反法西斯国家赢得了时间，为美、英等盟国实行"先欧后亚"的战略创造了有利条件。如果没有中国的顽强抵抗，德、意、日法西斯国家在第二次世界大战爆发时的战略地位就会优越得多。对此，美国总统罗斯福在 1942 年春曾明确地对他的儿子指出："假

---

① 见刘庭华：《中国抗日战争与第二次世界大战系年要录·统计荟萃》，海军出版社 1988 年版，第 477、503—504 页。

② 见罗焕章、支绍曾：《中华民族的抗日战争》，第 506 页；刘庭华：《中国抗日战争与第二次世界大战系年要录·统计荟萃》，第 481 页。

③ 见军事科学院军事历史研究部：《中国抗日战争史》上卷，第 9 页。

④ 见龚古今等：《中国抗日战争史稿》下册，湖北人民出版社 1984 年版，第 414 页。刘建业、段晓微：《中国抗日战争对第二次世界大战的贡献》，见张春祥主编：《卢沟桥事变与八年抗战》，北京出版社 1990 年版，第 328 页。

⑤ 关于中国战场歼灭日军的数字，还有其他许多说法。如宦乡《庆祝世界反法西斯战争胜利四十周年》一文说，"中国战场歼灭日军在太平洋战场死伤总数的八倍，击毙日军总数的三十一倍"，见《世界历史》1985 年第 9 期，等等。

⑥ 〔日〕伊豆公夫：《日本小史》，湖北人民出版社 1956 年版，第 122 页。

如没有中国，假如中国被打垮了，你想一想有多少师团的日本兵可以因此调到其他方面来作战？他们可以马上打下澳洲，打下印度……并且可以一直冲向中东"。"日本可以和德国配合起来，举行一次大规模的反攻，在近东会师，把俄国完全隔离起来，割掉埃及，斩断通过地中海的一切交通线"①。由此可见，中国的抗战对世界反法西斯战争的形势，产生了明显的影响。

中国的抗日战争，还打乱了日本"北进"和"南进"的计划。按照日本的计划，是要在占领中国以后，或北上进攻苏联，或南下占领东南亚、南洋各国甚至澳大利亚和新西兰，以实现其称霸世界的野心的。由于被中国拖住了后腿，日本军队始终未能"北进"。这就使苏联在对德作战中避免了后顾之忧，能够在困难时期不断地从远东地区把精锐兵力调往西线，以集中力量对德作战。从 1941 年春到 1944 年秋，苏联先后从远东地区西调的兵力共有 39 个师另 21 个旅又 10 个团，共计 542000 人，火炮和迫击炮 5000 多门，坦克 3300 多辆，另外还有大批的海军和空军部队。苏联的历史著作充分肯定了"在对德战争最艰难最主要的时刻"调到苏德前线的苏联远东部队的重要作用，认为它们对战胜法西斯德国作出了"巨大贡献"②。而这些部队能够西调，加速德国法西斯的败亡，与中国的抗战所起的牵制作用是分不开的。同样，由于被中国拖住了后腿，日本军队"南进"发动太平洋战争的日期也大大推迟，英、美等反法西斯国家由此赢得了部署同德、意、日军队作战的时间。不仅如此，中国还在太平洋战争中牵制了大量日军，为盟军提供了战略后方基地，并且直接出兵缅甸，与盟军协同作战，为东南亚人民的解放事业贡献了自己的力量。

为了世界反法西斯战争的胜利，中国人民作出了难以估量的巨大牺牲，共计伤亡 3500 多万人 ③，直接财产损失达 1000 亿美元以上，还有间

---

① 〔美〕伊里奥·罗斯福：《罗斯福见闻秘录》，新群出版社 1950 年版，第 49 页。

② 〔苏〕乌斯季诺夫主编：《第二次世界大战史》第 11 卷，莫斯科 1984 年版，第 184—185 页。

③ 江泽民 1995 年 5 月 9 日在莫斯科伟大卫国战争纪念馆揭幕式上的讲话，见《人民日报》1995 年 5 月 10 日。

接财产损失 5000 亿美元 ①。除苏联以外，在世界反法西斯战争中没有其他任何一个国家付出了如此巨大的代价。

中国是一个贫穷落后的国家，能够以主力军的重要角色同反法西斯盟国一道打败强大的日本帝国主义是极不容易的。中国抗日战争的胜利，为世界上被侵略的国家以及被奴役的民族和人民，提供了一个弱国打败帝国主义强国的榜样，从而促进了各国革命和进步力量的增长，推动了第二次世界大战以后殖民地、半殖民地国家和人民争取民族解放的斗争，对战后世界特别是远东局势的发展产生了深远的影响。

从近代以来一直贫穷落后、被动挨打的中国，在抗日战争中一举打败了强大的日本帝国主义，取得胜利的主要原因和经验是什么呢？

首先的一条主要原因和经验，就是中华民族在抗日战争中真正觉醒起来，全国各族人民，各阶级、阶层、党派、团体以及海外的广大侨胞，都焕发出了高度的爱国主义精神，万众一心地投入了这场轰轰烈烈的战争之中。过去，中国虽然也屡遭侵略，许多志士仁人奔走呼号，呼吁挽救危亡，但都没有把整个民族动员起来，一次次的斗争终因势单力薄而失败。这次抗日战争就不同了。在长达 14 年的战争中，一切不愿做亡国奴的中华儿女，一步步地觉醒起来。不论是军人、工人、农民、商人、学生或其他各界人民，不论是男人、妇女，不论是青壮年、老人、少年儿童，无不以各种方式，贡献出自己的一份力量。在他们之中，有多少人血洒疆场，壮烈牺牲；有多少人毁家纾难，捐资破敌；有多少人宁死不屈，以身殉国……在 960 万平方公里的土地上，到处是"送儿、送郎上战场"的动人场面，到处是汹涌澎湃的救亡浪潮，到处是奋勇杀敌的壮烈景象。这样，日本帝国主义面对的不再是少数人，而是拥有四亿五千万人民的整个中华民族！是四亿五千万人民用血肉筑起的新的长城！在这种情况下，它只能遭到失败的命运。

爱国主义在中华民族的历史上从来就是一股巨大的精神力量，是动员和鼓舞全国人民团结奋斗的一面旗帜，是各族人民共同的精神支柱。

①　国务院新闻办公室：《中国的人权状况》白皮书，见《人民日报》1991 年 11 月 2 日。

今天，在建设中国特色的社会主义的伟大事业中，我们仍然需要继承和发扬爱国主义的光荣传统，进一步振奋民族精神，增强民族凝聚力，树立民族自尊心和自豪感，团结一心，开拓奋进。

抗日战争取得胜利的第二条主要原因和经验，就是国共两党顺应历史的潮流，捐弃前嫌，适时地实现了第二次国共合作，从而在全国建立起抗日民族统一战线，实现了全民族的大团结。全国人民的觉醒和奋起，是抗日战争胜利的重要基础，但是如果没有一个团结的核心，就不能形成一股坚强的力量。在当时，中国国民党和中国共产党是全国最有力量、最有影响的两大政党。两党在大革命时期曾经实行第一次合作，取得了北伐战争的胜利。但是由于历史的原因，从 1927 年以后，两党进行了持续数年的内战。在日本帝国主义大举侵略中国的关键时刻，如果两党不能捐弃前嫌，团结一致，就不能挽救中国的危亡。有鉴于此，中国共产党首先发出建立抗日民族统一战线的号召，中国国民党也顺应历史的潮流，放弃内战政策，从而实现了第二次国共合作，建立起抗日民族统一战线，使全国人民有了团结的核心。在抗日民族统一战线之中，国共两党虽然在不少问题上存在分歧，并且时有磨擦，但中国共产党始终以大局为重，努力巩固和发展统一战线，维护国共合作，从而得到了广大人民的拥护，成为抗日战争的中流砥柱。中国国民党先后执行了不少错误的政策，影响了抗日民族统一战线的巩固和发展，但它始终没有公开破裂国共合作的局面，没有破裂抗日民族统一战线。特别是国民党中的许多左派人士和有识之士，始终为维护国共合作和抗日民族统一战线而奋斗，广大的国民党爱国官兵，在各个战场上奋勇杀敌，数百万将士血洒疆场，留下了许多可歌可泣的动人事迹，为抗日战争的胜利作出了贡献。这些，都是应该充分加以肯定的。

抗日战争取得胜利的第三条主要原因和经验，就是在广大的敌后战场放手发动群众，实行了人民战争，采取了正确的战略战术。在战争中，能否根据客观形势采取正确的战略战术，对于能否取得战争的胜利是至关重要的。抗日战争中，正面战场和敌后战场采取了不同的战略战术。在正面战场，虽然也在有限的时间内和有限的范围与程度上发动了人民群众，但主要是依靠政府和军队抗战；虽然也采用了一些运动战的战术，并试图开展一些游击战，但主要是进行阵地战，实行消极防御。因而，虽然广大爱国官兵打得很英勇，也打了一些像台儿庄战役这样的漂亮仗，但多数情况下是被动挨打，许多战役丧师失地，甚至失败。与此相反，敌后战场根据敌强我弱、敌宜速决我宜持久的客观形势，广泛开展人民战争，充分采用游击战的战略战术，充分发挥人民群众的主动性、积极性、创造性，把敌人的后方也变成了战场，使敌人无时不受到惊扰，被淹没于人民战争的汪洋大海之中，就像一头野牛冲入了火阵，只能遭致灭亡。通过人民战争，敌后战场有力地消耗了敌人，壮大了自己，逐渐改变了敌强我弱的形势，并且积极地配合了正面战场的作战，成为抗日战争的中流砥柱。如果没有广大的敌后战场的成功作战，正面战场的压力肯定会大得多，战争形势更不容乐观。因此，创造性地广泛开展人民战争和游击战争，使之发挥出巨大的威力，不仅是中国的抗日战争取得胜利的一条主要原因和经验，也是中国的抗日战争在世界军事发展史上的一大贡献。

在科学技术高度发展的今天，由于现代化的武器和科学技术被大量运用于战争之中，战争的形式已经有了很大的发展变化。但是，无论战争形式怎样发展变化，抗日战争中的成功经验和战略战术，仍然值得认真总结和吸取。

抗日战争的历史还充分说明，落后就要挨打。当年日本帝国主义敢于大规模侵略中国，除了因为中国在政治上腐败衰朽以外，就是因为中国的经济落后，力量弱小。新中国成立以后，经过几十年的奋斗、努力，中国的经济建设取得了伟大的成就，国力明显增强，但是，与发达国家相比，经济发展水平仍然比较落后。要想避免历史悲剧的重演，我们必须抓住时机，深化改革，努力发展经济，发展教育和科学技术，加强军队的现代化建设，建立强大的国防，进一步增强国力，把中国建设成为繁荣、富强的社会主义现代化强国。没有雄厚的经济、先进的科技和强大的国防，我们就不能有效地防止和抵御外敌的入侵，保卫国家的安全，并且在保卫世界和平的事业中发挥应有的作用。

抗日战争的胜利已经过去70年了，世界形势迄今发生了很大的变化，但是，这场伟大的战争所提供的丰富的经验教训，仍然值得我们认真地吸取。在建设中国特色的社会主义的奋进过程中，我们应该充分发扬中华全民族在伟大的抗日战争中所表现出来的那种高度的爱国主义精神，紧密团结奋斗的精神，不怕任何困难的英雄主义气概，不断夺取新的胜利，尽快地把我们的社会主义国家建设好。

引 用 书 目

（按引用先后为序）

第一章　局部抗战的兴起

魏宏运主编：《中国现代史资料选编》第 3 册，黑龙江人民出版社 1983 年版。

陈觉：《九一八后国难痛史资料》第 1 卷，东北问题研究会 1932 年版。

〔日〕关宽治等：《满洲事变》，上海译文出版社 1983 年版。

黄德诏等选编：《西安事变资料》第 1 辑，人民出版社 1980 年版。

罗家伦主编：《革命文献》第 34 辑，台北 1957 年版。

〔美〕戴维·贝尔加米尼：《日本天皇的阴谋》上册，商务印书馆 1984 年版。

军事科学院军事历史研究部：《中国抗日战争史》上卷，解放军出版社 1991 年版。

华振中等：《十九路军抗日战争史》，神州国光社 1947 年版。

中国人民政治协商会议全国委员会文史资料研究委员会编：《文史资料选辑》第 37 辑，文史资料出版社 1963 年版。

《回忆与怀念：纪念革命老人何香凝逝世十周年》，北京出版社 1982 年版。

中国人民政治协商会议全国委员会文史资料研究委员会编：《文史资料选辑》第 6 辑，文史资料出版社 1960 年版。

复旦大学历史系日本史组编译:《日本帝国主义对外侵略史料选编》(1931—1945),上海人民出版社1983年版。

温永录主编:《东北抗日义勇军史》上册,黑龙江人民出版社1987年版。

中国人民政治协商委员会文史资料研究委员会编:《从九一八到七七事变:原国民党将领抗日战争亲历记》,中国文史出版社1987年版。

中国现代史资料编委会:《从"九一八"到"七七"国民党的投降政策与人民的抗战运动》,上海人民出版社1958年版。

中国人民政治协商会议全国委员会文史资料研究委员会编:《文史资料选辑》第14辑,文史资料出版社1961年版。

终南山人:《二十九军血战长城辑略》,北平东方学社1934年版。

南开大学马列主义教研室中共党史教研组编:《华北事变资料选编》,河南人民出版社1983年版。

张蓬舟:《近五十年中国与日本》第1卷,四川人民出版社1985年版。

《毛泽东选集》第1卷,人民出版社1991年版。

中共北京市委党史资料征集委员会编:《一二九运动》,中共党史资料出版社1987年版。

《毛泽东书信选集》,人民出版社1983年版。

中国社会科学院现代史研究室编:《西安事变资料》第1辑,人民出版社1980年版。

中共中央党史资料征集委员会编:《第二次国共合作的形成》,中共党史资料出版社1989年版。

李金洲:《西安事变亲历记》,台湾传记文学出版社1976年版。

《缄默50余年张学良开口说话》,辽宁人民出版社1992年版。

中国人民政治协商会议全国委员会文史资料研究委员会编:《西安事变资料选编》第2集,1980年编印。

蒋介石:《苏俄在中国》,台北1956年版。

傅虹霖:《张学良与西安事变》,香港利文出版社1989年版。

应德田:《张学良与西安事变》,中华书局1980年版。

司马春秋:《张学良传奇》,群众出版社1987年版。

西安事变研究会编：《西安事变电文选》，陕西师范大学出版社 1986 年版。

《张闻天文集》第 2 集，中共党史出版社 1993 年版。

中央统战部、中央档案馆编：《中共中央抗日民族统一战线文件选编》中册，北京档案出版社 1985 年版。

《周恩来选集》上卷，人民出版社 1980 年版。

西安事变史领导小组编：《西安事变简史》，中国文史出版社 1986 年版。

《毛泽东选集》第 2 卷，人民出版社 1991 年版。

西北大学历史系中国现代史教研室编：《西安事变资料选辑》，1979 年出版。

罗家伦主编：《革命文献》第 76 辑，台北 1976 年版。

孟广涵主编：《抗战时期国共合作纪实》，重庆出版社 1992 年版。

《周恩来书信选集》，中央文献出版社 1988 年版。

第二章　　全国性抗战的爆发

《卢沟桥血战记录》，东北国防出版社 1937 年版。

武月星等编著：《卢沟桥事变风云篇》，中国人民大学出版社 1987 年版。

沈继英等著：《卢沟桥事变前后》，北京出版社 1986 年版。

中央统战部、中央档案馆编：《中共中央抗日民族统一战线文件选编》下册，北京档案出版社 1986 年版。

宋庆龄：《我的奋斗》，人民出版社 1952 年版。

荣孟源主编：《中国国民党历次代表大会及中央全会资料》下册，光明日报出版社 1985 年版。

中共中央文献研究室编：《周恩来年谱》（1898—1949），人民出版社、中央文献出版社 1989 年版。

中共中央文献研究室编：《朱德年谱》（1886—1976），人民出版社、中央文献出版社 1986 年版。

中央档案馆编:《中共中央文件选集》第 11 册,中共中央党校出版社 1991 年版。

程思远:《政坛回忆》,广西人民出版社 1983 年版。

〔美〕伊斯雷尔·爱泼斯坦:《中国未完成的革命》,新华出版社 1987 年版。

蒋曙晨:《傅作义传略》,中国青年出版社 1990 年版。

赵荣生:《回忆卫立煌先生》,文史资料出版社 1985 年版。

罗焕章、支绍曾:《中华民族的抗日战争》,军事科学出版社 1987 年版。

中国革命博物馆编:《国民党将领传略》,新华出版社 1989 年版。

中国第二历史档案馆编:《抗日战争正面战场》上册,江苏古籍出版社 1987 年版。

中国人民政治协商会议全国委员会文史资料研究委员会《南京保卫战》编审组编:《南京保卫战》,中国文史出版社 1987 年版。

日本商工会议编:《南京攻略史》。

张宪文主编:《抗日战争的正面战场》,河南人民出版社 1987 年版。

张效林译:《远东国际军事法庭判决书》,五十年代出版社 1953 年版。

中共中央文献研究室编:《周恩来传》(1898—1949),人民出版社、中央文献出版社 1989 年版。

日本防卫厅防卫研究所战史室:《中国事变陆军作战史》第 2 卷第 1 分册,中华书局 1979 年版。

张蓬舟:《近五十年中国与日本》第 3 卷,四川人民出版社 1987 年版。

第三章　相持阶段前期两个战场的作战

日本防卫厅战史室编纂、天津市政协编译委员会译校:《日本军国主义侵华资料长编》上册,四川人民出版社 1987 年版。

蔡德金:《历史的怪胎——汪精卫国民政府》,广西师范大学出版社 1993 年版。

黄美真、张云编：《汪精卫集团投敌》，上海人民出版社1984年版。

中央档案馆编：《中共中央文件选集》第12册，中共中央党校出版社1991年版。

何香凝著：《双清文集》下卷，人民出版社1985年版。

《今井武夫回忆录》，中国文史出版社1987年版。

黄美真、张云编：《汪精卫国民政府成立》，上海人民出版社1984年版。

《聂荣臻回忆录》，解放军出版社1984年版。

日本防卫厅战史室：《华北治安战》上册，天津人民出版社1982年版。

《百团大战历史文献资料选编》，解放军出版社1991年版。

〔日〕服部卓四郎：《大东亚战争全史》第1卷，商务印书馆1984年版。

马振犊：《惨胜——抗战正面战场大写意》，广西师范大学出版社1993年版。

中央档案馆编：《皖南事变》（资料选辑），中共中央党校出版社1982年版。

中央档案馆编：《中共中央文件选集》第13册，中共中央党校出版社1991年版。

南方局党史资料征集小组编：《南方局党史资料·大事记》，重庆出版社1986年版。

《皖南事变》编纂委员会编：《皖南事变》，中共党史出版社1990年版。

孟广涵主编：《国民参政会纪实》上卷，重庆出版社1985年版。

第四章　世界反法西斯统一战线形成前后的中国战场

《斯大林文选》上册，人民出版社1962年版。

世界知识社辑：《第二次世界大战参考文献》，世界知识出版社1955年版。

乐怒人：《缅甸随军纪实》，胜利出版社1942年版。

〔美〕史汀生：《在和平与战争年代服务》，纽约 1948 年版。

《朱德选集》，人民出版社 1983 年版。

军事科学院外国军事研究所编著：《日本侵略军在中国的暴行》，解放军出版社 1986 年版。

《毛泽东选集》第 3 卷，人民出版社 1991 年版。

李维汉：《回忆与研究》下册，中共党史资料出版社 1986 年版。

中共中央文献研究室编：《毛泽东年谱》（1893—1949），人民出版社、中央文献出版社 1993 年版。

南方局党史资料征集小组编：《南方局党史资料·文化工作》，重庆出版社 1990 年版。

艾克恩编：《延安文艺运动纪盛：1937.1—1948.3》，北京文化艺术出版社 1987 年版。

《邓小平文选》第 1 卷，人民出版社 1994 年版。

尚明轩等编：《宋庆龄年谱》，中国社会科学出版社 1986 年版。

《宋庆龄选集》上卷，人民出版社 1992 年版。

郑灿辉等：《宋庆龄与抗日救亡运动》，福建人民出版社 1986 年版。

第五章　世界反法西斯战争胜利
发展中的中国战局

〔苏〕帕罗季金等主编：《第二次世界大战史》第 6 卷，上海译文出版社 1982 年版。

〔美〕威廉·夏伊勒：《第三帝国的兴亡》下册，世界知识出版社 1979 年版。

《齐亚诺日记》，商务印书馆 1983 年版。

〔苏〕索洛维约夫主编：《第二次世界大战史》第 7 卷，上海译文出版社 1983 年版。

〔日〕服部卓四郎：《大东亚战争全史》第 2 卷，商务印书馆 1984 年版。

中央档案馆编：《中共中央文件选集》第 14 册，中共中央党校出版社 1991 年版。

日本防卫厅防卫研究所战史室：《河南作战》上册，中华书局 1982 年版。

《费正清对华回忆录》，知识出版社 1991 年版。

《赫尔回忆录》下卷，1948 年英文版。

世界知识社辑：《反法西斯战争文献》，世界知识出版社 1955 年版。

世界知识出版社编：《中美关系资料汇编》第 1 辑，世界知识出版社 1957 年版。

中国人民政治协商会议全国委员会文史资料委员会编：《远征军印缅抗战》，中国文史出版社 1990 年版。

〔日〕服部卓四郎：《大东亚战争全史》第 3 卷，商务印书馆 1984 年版。

成都军区编写组：《西南戍边概览》，四川人民出版社 1988 年版。

日本历史研究会：《太平洋战争史》第 4 卷，商务印书馆 1962 年版。

中国第二历史档案馆编：《抗日战争正面战场》下册，江苏古籍出版社 1987 年版。

《中国现代政治史大事月表》，1944 年 9 月印。

中国民主同盟历史委员会编：《中国民主同盟历史文献》，文史资料出版社 1983 年版。

四川大学历史系、成都市社会科学研究所编：《抗日战争史论丛》，四川大学出版社 1985 年版。

中央统战部、中央档案馆编：《中共中央抗日民族统一战线文件选编》下册，北京档案出版社 1986 年版。

郭德宏：《中国革命和建设史论集》，广西教育出版社 1994 年版。

中国人民政治协商会议四川省成都市委员会文史资料研究委员会编：《成都文史资料选辑》第 7 辑，1984 年版。

《胡乔木回忆毛泽东》，人民出版社 1994 年版。

《林伯渠传》编写组编：《林伯渠传》，红旗出版社 1986 年版。

荣孟源：《蒋家王朝》，中国青年出版社 1980 年版。

王功安等主编：《国共两党关系史》，武汉出版社 1988 年版。

第六章　抗日战争的最后胜利

〔日〕服部卓四郎:《大东亚战争全史》第4卷,商务印书馆1984年版。

〔美〕约翰·托兰:《日本帝国的衰亡》下册,新华出版社1982年版。

军事科学院军事历史研究部:《中国人民解放军战史》第2卷,军事科学出版社1987年版。

〔美〕戴维·贝尔加米尼:《日本天皇的阴谋》下册,商务印书馆1986年版。

〔日〕桑田悦等:《简明日本战史》,军事科学出版社1989年版。

中国国民党中央委员会党史委员会编:《中华民国重要史料初编——对日抗战时期》第2编第3册,台北1981年版。

中央档案馆编:《中共中央文件选集》第15册,中共中央党校出版社1991年版。

曹华等编:《太阳帝国投降内幕》,北京团结出版社1993年版。

世界知识出版社编辑:《国际条约集》(1945—1947),世界知识出版社1961年版。

《冈村宁次回忆录》,中华书局1981年版。

王季平主编:《八·一五这一天》,光明日报出版社1985年版。

《毛泽东选集》第4卷,人民出版社1991年版。

《中国战区中国陆军总司令部受降报告》。

余先予:《东京审判始末》,浙江人民出版社1986年版。

王辅:《日军侵华战争》第4册,辽宁人民出版社1990年版。

朱金元等:《汪伪受审纪实》,浙江人民出版社1988年版。

黄美真主编:《汪伪十汉奸》,上海人民出版社1986年版。

《谢觉哉诗选》,湖南文艺出版社1986年版。

《柳亚子选集》下册,人民出版社1989年版。

刘伯骥著:《美国华侨史》续编,台北黎明文化事业公司1981年版。

任贵祥：《华侨第二次爱国高潮》，中共党史资料出版社 1989 年版。

结　束　语

刘庭华：《中国抗日战争与第二次世界大战系年要录·统计荟萃》，海军出版社 1988 年版。

龚古今：《中国抗日战争史稿》下册，湖北人民出版社 1984 年版。

张春祥主编：《卢沟桥事变与八年抗战》，北京出版社 1990 年版。

〔日〕伊豆公夫：《日本小史》，湖北人民出版社 1956 年版。

〔美〕伊里奥·罗斯福：《罗斯福见闻秘录》，新群出版社 1950 年版。

〔苏〕乌斯季诺夫主编：《第二次世界大战史》第 11 卷，莫斯科 1984 年版。

后　记

　　在本书编写过程中，我们参考和吸收了已有的科研成果。特别是关于敌后战场的战争的内容，参考了军事科学院军事历史研究部编著的《中国人民解放军战史》第二卷、《中国抗日战争史》上、中卷等书。特此说明。

　　本书初稿写出以后，著名专家何理、罗焕章、支绍曾、郑惠等在百忙中帮助审阅，提出了许多宝贵的修改意见。在本书出版之际，特向他们表示衷心的感谢！

　　由于本书是在短时间内赶写出来的，缺点和错误在所难免，请读者鉴谅，并欢迎批评指正。

著　者

1995 年 4 月 14 日

编 辑 后 记

《中华民族抗日战争史》（1931—1945）是为纪念中国抗日战争胜利50周年而写的，作为一本有质量的全民族抗战史，出版后影响很大，曾多次重印。本书虽已出版20年，但仍然有它的特点和价值，因此，在纪念中国抗日战争胜利70周年之际，我们决定在2005年再版的基础上进行修订重印。

这次修订重印，我们并没有让原撰写者审阅修改，内容几乎没有做改动，主要是对封面、版式、开本做了调整，对发现的个别文字、标点错误做了订正，对部队番号的数字用法做了统一，并校订了一些引文中的差错。此外，为方便读者，我们将原书中连续出现同一注释时使用的"同上"字样替换为完整注释，并将注释格式做了统一和规范。

当然，本次修订重印后书中的疏漏和不当之处仍在所难免，敬请读者批评指正。

责任编辑

2015 年 1 月 28 日